Kommunikation & Recht

AF901919

Praxishandbuch KI und Daten

von

Prof. Dr. Fabian Pfuhl
Rechtsanwalt, Frankfurt am Main

und

Dr. Jasper Siems
Rechtsanwalt, Hamburg

Fachmedien Recht und Wirtschaft | dfv Mediengruppe | Frankfurt am Main

Alle im Buch verwendeten Begriffe verstehen sich geschlechterneutral. Aus Gründen der besseren Lesbarkeit wird auf eine geschlechtsspezifische Differenzierung verzichtet – entsprechende Begriffe gelten im Sinne der Gleichbehandlung grundsätzlich für alle Geschlechter. Die verkürzte Sprachform hat lediglich redaktionelle Gründe und beinhaltet keine Wertung.

Bibliografische Information der Deutschen Nationalbibliothek

Die Deutsche Nationalbibliothek verzeichnet diese Publikation in der Deutschen Nationalbibliografie; detaillierte bibliografische Daten sind im Internet über http://dnb.de abrufbar.

ISBN 978-3-8005-1959-0

dfv Mediengruppe

© 2026 Deutscher Fachverlag GmbH, Fachmedien Recht und Wirtschaft, Mainzer Landstraße 251, 60326 Frankfurt am Main, buchverlag@ruw.de

www.ruw.de

Das Werk einschließlich aller seiner Teile ist urheberrechtlich geschützt. Jede Verwertung außerhalb der engen Grenzen des Urheberrechtsgesetzes ist ohne Zustimmung des Verlages unzulässig und strafbar. Das gilt insbesondere für Vervielfältigungen, Bearbeitungen, Übersetzungen, Mikroverfilmungen und die Einspeicherung und Verarbeitung in elektronischen Systemen.

Druck: Beltz Grafische Betriebe GmbH, 99947 Bad Langensalza

Printed in Germany

Vorwort

Der Einsatz Künstlicher Intelligenz stellt die Rechtsanwendung vor eine der zentralen Querschnittsherausforderungen der Gegenwart.

Dieses Handbuch ist aus unserer kontinuierlichen anwaltlichen Beratungspraxis zur Nutzung von Künstlicher Intelligenz und der sie antreibenden Daten hervorgegangen. In der Begleitung konkreter Projekte zeigt sich fortlaufend, dass sich die rechtlichen Fragen rund um Entwicklung, Implementierung und Nutzung von KI-Systemen nicht isoliert entlang einzelner Regelwerke beantworten lassen. Zwar hat insbesondere die KI-Verordnung die regulatorische Diskussion maßgeblich geprägt. In der praktischen Anwendung erweist sich der Einsatz von Künstlicher Intelligenz jedoch als ein genuines Querschnittsthema, bei dem zahlreiche Rechtsbereiche ineinandergreifen – insbesondere Daten(schutz)recht, IT-Recht, Immaterialgüterrecht und Haftungsrecht sowie sektorspezifische Regulierung. Eine rechtssichere Gestaltung entsprechender Projekte erfordert daher regelmäßig eine integrierte Betrachtung dieser unterschiedlichen regulatorischen Ebenen.

Ziel unseres Handbuchs ist es, für diese Fragestellungen einen strukturierten und zugleich praxisnahen Zugang zu bieten. Es soll dazu beitragen, typische Problemkonstellationen frühzeitig zu erkennen, rechtlich einzuordnen und tragfähige Lösungen für die Praxis zu entwickeln. Das Buch versteht sich bewusst als Praxishandbuch. Im Mittelpunkt stehen daher nicht allein dogmatische Fragen, sondern vor allem die rechtliche Gestaltung konkreter Projekte sowie die Schnittstellen verschiedener Rechtsgebiete, die bei KI-bezogenen Anwendungen regelmäßig zusammentreffen.

Ein solches Werk entsteht nicht ohne die Unterstützung vieler Beteiligter. Unser besonderer Dank gilt Felix Ackermann, Alina Schneider, Lisa Häring und Kevin Schmolowski für ihre engagierte Mitarbeit. Ihre Unterstützung bei Recherche sowie durch zahlreiche Diskussionen und wertvolle Gedankenanstöße haben wesentlich zur Entstehung dieses Buches beigetragen.

Frankfurt am Main/Hamburg,
März 2026

Prof. Dr. Fabian Pfuhl und Dr. Jasper Siems

Inhaltsverzeichnis

Zweiter Teil
Rechtliche Rahmenbedingungen

Dritter Teil
Ausgewählte Praxisfelder

Abkürzungsverzeichnis

A&R	Arzneimittel & Recht
A.L.I.C.E.	Artificial Linguistic Internet Computer Entity
Abs	Absatz
AcP	Archiv für die civilistische Praxis
AG	Aktiengesellschaft
AGG	Allgemeines Gleichbehandlungsgesetz
AI	Artificial Intelligence
AktG	Aktiengesetz
Anm	Anmerkung
API	Application Programming Interface
ArbG	Arbeitsgericht
ArbRAktuell	Arbeitsrecht Aktuell
ARP	Arbeitsrechtliche Praxis
Art.	Artikel
Aufl.	Auflage
B2B	Business-to-Business
B2C	Business-to-Consumer
B2G	Business-to-Government
BAG	Bundesarbeitsgericht
BB	Betriebs-Berater
BDSG	Bundesdatenschutzgesetz
BeckOGK	beck-online Großkommentar
BeckOK	Beck'scher Online-Kommentar
BeckOK BGB	Beck'scher Online-Kommentar BGB (hrsg. von Hau/Poseck)
BeckOK DatenschutzR	Beck'scher Online-Kommentar zum Datenschutzrecht (hrsg. von Wolff/Brink/v. Ungern-Sternberg)
BeckOK GeschGehG	Beck'scher Online-Kommentar zum Geschäftsgeheimnisgesetz (hrsg. von Fuhlrott/Hiéramente)
BeckOK IT-Recht	Beck'scher Online-Kommentar zum IT-Recht (hrsg. von Borges/Hilber)
BeckOK KI-Recht	Beck'scher Online-Kommentar zum KI-Recht (hrsg. von Schefzig/Kilian)
BeckOK UrhR	Beck'scher Online-Kommentar zum Urheberrecht (hrsg. von Götting/Lauber-Rönsberg/Rauer)
BERT	Bidirectional Encoder Representations from Transformers
BeschDG-E	Referentenentwurf eines Beschäftigtendatengesetzes
BetrVG	Betriebsverfassungsgesetz
BGB	Bürgerliches Gesetzbuch
BGH	Bundesgerichtshof
BPatG	Bundespatentgericht
BRMG	Betriebsrätemodernisierungsgesetz

BT-Drs.	Bundestagsdrucksache
bzw.	beziehungsweise
C2PA	Coalition for Content Provenance and Authenticity
CB	Compliance Berater
CCZ	Corporate Compliance Zeitschrift
CE	Conformité Européenne
CLIP	Contrastive Language-Image Pretraining
COM	Dokumentnummer der Europäischen Kommission (Commission Document)
CR	Computer und Recht
CRM	Customer Relationship Management
CSV	Comma-Separated Values
CT	Computertomographie
DALL-E	Discrete Autoencoder for Language and Image Generation
Data Act	Verordnung (EU) 2023/2854 des Europäischen Parlaments und des Rates vom 13.12.2023 über harmonisierte Vorschriften für einen fairen Datenzugang und eine faire Datennutzung sowie zur Änderung der Verordnung (EU) 2017/2394 und der Richtlinie (EU) 2020/1828 (Datenverordnung, engl. Data Act)
DB	Der Betrieb
DENDRAL	Dendritic Algorithm
DG CNECT	Directorate-General for Communications Networks, Content and Technology
DGA	Verordnung (EU) 2022/868 des Europäischen Parlaments und des Rates vom 30.5.2022 über europäische Daten-Governance und zur Änderung der Verordnung (EU) 2018/1724 (Daten-Governance-Rechtsakt)
DGRI	Deutsche Gesellschaft für Recht und Informatik
DiGA	Digitale Gesundheitsanwendung
DiGAV	Verordnung über das Verfahren und die Anforderungen zur Prüfung der Erstattungsfähigkeit digitaler Gesundheitsanwendungen in der gesetzlichen Krankenversicherung (Digitale Gesundheitsanwendungen-Verordnung)
DMA	Verordnung (EU) 2022/1925 des Europäischen Parlaments und des Rates vom 14.9.2022 über bestreitbare und faire Märkte im digitalen Sektor und zur Änderung der Richtlinien (EU) 2019/1937 und (EU) 2020/1828 (Gesetz über digitale Märkte)
DSA	Verordnung (EU) 2022/2065 des Europäischen Parlaments und des Rates vom 19.10.2022 über einen Binnenmarkt für digitale Dienste und zur Änderung der Richtlinie 2000/31/EG (Gesetz über digitale Dienste)
DSB	Datenschutz-Berater

DSFA	Datenschutz-Folgenabschätzung
DSGVO	Verordnung (EU) 2016/679 des Europäischen Parlaments und des Rates vom 27.4.2016 zum Schutz natürlicher Personen bei der Verarbeitung personenbezogener Daten, zum freien Datenverkehr und zur Aufhebung der Richtlinie 95/46/EG (Datenschutzgrundverordnung)
DSK	Datenschutzkonferenz
DSM-RL	Richtlinie (EU) 2019/790 über das Urheberrecht im digitalen Binnenmarkt
DSRITB	DSRI-Tagungsband
EDSA	Europäischer Datenschutzausschuss
EL	Ergänzungslieferung
ELIZA	Frühes dialogbasiertes Computerprogramm von Joseph Weizenbaum (1966)
Erwgr	Erwägungsgrund
etc.	et cetera
EU	Europäische Union
EuGH	Gerichtshof der Europäischen Union
EuZW	Europäische Zeitschrift für Wirtschaftsrecht
EWG	Europäische Wirtschaftsgemeinschaft
f.	folgende
FDA	Food and Drug Administration (USA)
ff.	fortfolgende
FGCS	Fifth Generation Computer Systems
FRAND	Fair, Reasonable and Non-Discriminatory
GenDG	Gesetz über genetische Untersuchungen bei Menschen (Gendiagnostikgesetz)
GeschGehG	Gesetz zum Schutz von Geschäftsgeheimnissen
GewO	Gewerbeordnung
GG	Grundgesetz für die Bundesrepublik Deutschland
ggf.	gegebenenfalls
GPAI	General Purpose Artificial Intelligence
GPT	Generative Pre-trained Transformer
GPT-3	Generative Pre-trained Transformer 3
GPU	Graphics Processing Unit
GRUR	Gewerblicher Rechtsschutz und Urheberrecht
GRUR-Prax	GRUR-Praxis
GuP	Gesundheit und Pflege
GWR	Gesellschafts- und Wirtschaftsrecht
HK-KI-VO	Handkommentar KI-VO (hrsg. von Hilgendorf/Härtlein)
HR	Human Resources
Hrsg.	Herausgeber
i. S. d.	im Sinne des
i. S. v.	Im Sinne von

IBM	International Business Machines Corporation
IG-NB	Interessengemeinschaft der Benannten Stellen für Medizinprodukte in Deutschland
InfoSoc-RL	Richtlinie 2001/29/EG zur Harmonisierung bestimmter Aspekte des Urheberrechts und der verwandten Schutzrechte in der Informationsgesellschaft
IoT	Internet of Things
IP	Intellectual Property
IT	Informationstechnologie
IVD-VO	Verordnung (EU) 2017/746 des Europäischen Parlaments und des Rates vom 5.4.2017 über In-vitro-Diagnostika und zur Aufhebung der Richtlinie 98/79/EG und des Beschlusses 2010/227/EU der Kommission (In-vitro-Diagnostika-Verordnung)
Jg.	Jahrgang
JSON	JavaScript Object Notation
JZ	JuristenZeitung
K&R	Kommunikation & Recht
Kfz	Kraftfahrzeug
KI	Künstliche Intelligenz
KIR	KI und Recht
KI-VO	Verordnung (EU) 2024/1689 des Europäischen Parlaments und des Rates vom 13.6.2024 zur Festlegung harmonisierter Vorschriften für künstliche Intelligenz und zur Änderung der Verordnungen (EG) Nr. 300/2008, (EU) Nr. 167/2013, (EU) Nr. 168/2013, (EU) 2018/858, (EU) 2018/1139 und (EU) 2019/2144 sowie der Richtlinien 2014/90/EU, (EU) 2016/797 und (EU) 2020/1828 (Verordnung über künstliche Intelligenz)
KMU	Kleine und mittlere Unternehmen
KNN	Künstliche neuronale Netze
LfDI BW	Landesbeauftragter für Datenschutz und Informationsfreiheit Baden-Württemberg
lit.	litera
LLM	Large Language Model
LTZ	Zeitschrift für Landes- und Kommunalrecht
M&A	Mergers & Acquisitions
MDR	Verordnung (EU) 2017/745 des Europäischen Parlaments und des Rates vom 5.4.2017 über Medizinprodukte, zur Änderung der Richtlinie 2001/83/EG, der Verordnung (EG) Nr. 178/2002 und der Verordnung (EG) Nr. 1223/2009 und zur Aufhebung der Richtlinien 90/385/EWG und 93/42/EWG des Rates (Medizinprodukteverordnung, engl. Medical Device Regualtion)

MedR	Medizinrecht
Mitt	Mitteilungen der deutschen Patentanwälte
ML	Machine Learning
MMR	Multimedia und Recht
MPDG	Gesetz zur Durchführung unionsrechtlicher Vorschriften betreffend Medizinprodukte (Medizinprodukterecht-Durchführungsgesetz)
MPG	Gesetz über Medizinprodukte (Medizinproduktegesetz)
MPR	MedizinProdukteRecht
MRT	Magnetresonanztomographie
MüKoBGB	Münchener Kommentar zum BGB (hrsg. v Säcker/Rixecker/Oetker/Limperg/Schubert).
NDA	Non-Disclosure Agreement
NJW	Neue Juristische Wochenschrift
NK-ProdR	NomosKommentar Produkthaftungs- und Produktsicherheitsrecht (hrsg. von Ehring/Taeger)
Nr.	Nummer
NZA	Neue Zeitschrift für Arbeitsrecht
NZA-RR	Neue Zeitschrift für Arbeitsrecht – Rechtsprechungsreport
öAT	Zeitschrift für Öffentliches Arbeitsrecht
PinG	Privacy in Germany
ProdHaftG	Gesetz über die Haftung für fehlerhafte Produkte (Produkthaftungsgesetz)
ProdukthaftungsRL	Richtlinie (EU) 2024/2853 des Europäischen Parlaments und des Rates vom 23.10.2024 über die Haftung für fehlerhafte Produkte und zur Aufhebung der Richtlinie 85/374/EWG des Rates (Produktshaftungsrichtlinie)
QMS	Quality Management System
QR-Code	Quick Response Code
RAG	Retrieval-Augmented Generation
RdA	Recht der Arbeit
RDi	Recht Digital
Richtlinienvorschlag KI-Haftung	Vorschlag für eine Richtlinie des Europäischen Parlaments und des Rates zur Anpassung der Vorschriften über außervertragliche zivilrechtliche Haftung an künstliche Intelligenz (Richtlinie über KI-Haftung), COM(2022) 496 final
RL	Richtlinie
RNS	Ribonukleinsäure
S.	Seite/Satz
SaaS	Software as a Service
SGB V	Sozialgesetzbuch Fünftes Buch
SNARC	Stochastic Neural Analog Reinforcement Calculator
SPA	Sales and Purchase Agreement
StGB	Strafgesetzbuch

StPO	Strafprozessordnung
StVG	Straßenverkehrsgesetz
TDM	Text and Data Mining
TTDSG	Gesetz über den Datenschutz und den Schutz der Privatsphäre in der Telekommunikation und bei Telemedien (Telekommunikation-Telemedien-Datenschutz-Gesetz)
u. a.	unter anderem
UAbs.	Unterabsatz
UI	User Interface
UrhDaG	Gesetz über die urheberrechtliche Verantwortlichkeit von Diensteanbietern für das Teilen von Online-Inhalten (Urheberrechts-Diensteanbieter-Gesetz)
UrhG	Gesetz über Urheberrecht und verwandte Schutzrechte (Urheberrechtsgesetz)
US	United States – Vereinigte Staaten
USA	United States of America – Vereinigte Staaten von Amerika
Var.	Variante
VAX	Virtual Address eXtension
VO	Verordnung
VuR	Verbraucher und Recht
Weights	Gewichtungen neuronaler Netze
WzS	Wirtschafts- und Sozialwissenschaftliches Studium
XCON	eXpert CONfigurer
XML	Extensible Markup Language
z. B.	zum Beispiel
ZAT	Zeitschrift für Arbeitsrecht und Tarifpolitik
ZD	Zeitschrift für Datenschutz
ZD-Aktuell	ZD-Aktuell
ZdjW	Zeitschrift für deutsches und europäisches Wirtschaftsrecht
ZFA	Zeitschrift für Arbeitsrecht
ZfDR	Zeitschrift für Digitalisierung und Recht
ZfPC	Zeitschrift für Datenschutz und Privacy Compliance
ZGE	Zeitschrift für Geistiges Eigentum
ZGI	Zeitschrift für das gesamte Informationsrecht
ZGR	Zeitschrift für Unternehmens- und Gesellschaftsrecht
ZRP	Zeitschrift für Rechtspolitik
ZUM	Zeitschrift für Urheber- und Medienrecht

Erster Teil
Einleitung und Grundlagen

Kapitel 1
Allgemeine Einführung in die Thematik

Literatur: *Barudi* (Hrsg.), Das neue Urheberrecht, 1. Aufl. 2021; *Bauermeister*, Personen im Recht – über Rechtssubjekte und ihre Rechtsfähigkeit, ZGR 2022, 733; *Baumann*, Generative KI und Urheberrecht – Urheber und Anwender im Spannungsfeld, NJW 2023, 3673; *Bendel*, Pflegeroboter, 1. Aufl. 2018; *Bernzen*, Fruit of the poisonous KI? Welche Rechte beim KI-Training zu beachten sind, K&R 2023, 6; *Borges/Keil* (Hrsg.), Big Data, Grundlagen, Rechtsfragen, Vertragspraxis, Rechtshandbuch, 1. Aufl. 2024; *Bundesärztekammer*, Stellungnahme „Entscheidungsunterstützung ärztlicher Tätigkeit durch Künstliche Intelligenz", Deutsches Ärzteblatt, Jg. 118 Heft 33-34, 11; *Chibanguza/Kuß/Steege* (Hrsg.), Künstliche Intelligenz, Recht und Praxis automatisierter und autonomer Systeme, Generative KI, 1. Aufl. 2021; *de la Durantaye*, »Garbage in, garbage out« – Die Regulierung generativer KI durch Urheberrecht, ZUM 2023, 645; *Ebers/Heinze/Krügel/Steinrötter* (Hrsg.), Künstliche Intelligenz und Robotik, Rechtshandbuch, 1. Aufl. 2020; *Fitting/Trebinger/Linsenmaier/Schelz/Schmidt* (Hrsg.), Betriebsverfassungsgesetz, Kommentar, 32. Aufl. 2024; *Ganseforth*, Brauchen wir eine e-Person im deutschen Recht, DSRITB 2021, 545; *Hetmank/Lauber-Rönsberg*, Künstliche Intelligenz – Herausforderungen für das Immaterialgüterrecht, GRUR 2018, 574; *Hobbes*, Leviathan or the Matter, Form and Power of a Commonwealth Ecclesiasticall und Civil, 1. Aufl. 1651; *Hoeren/Pinelli* (Hrsg.), Künstliche Intelligenz – Ethik und Recht, 1. Aufl. 2022; *Kaulartz/Braegelmann* (Hrsg.), Rechtshandbuch Artificial Intelligence und Machine Learning, 1. Aufl. 2020; *Klingbeil*, Schuldnerhaftung für Roboterversagen, JZ 2019, 718; *Künstner/Louven* (Hrsg.), Plattform-Governance und Recht, 1. Aufl. 2024; *Lang/Schwaab*, Einsatz von Künstlicher Intelligenz in Personalabteilungen, LTZ 2025, 28; *Maamar*, Urheberrechtliche Fragen beim Einsatz von generativen KI-Systemen, ZUM 2023, 481; *Mayrhofer*, Die Haftung des Verwenders von KI-Systemen auf der „ersten Stufe", EuZW 2024, 882; *Meder*, Doppelte Körper im Recht, 1. Aufl. 2015; *Sahm*, Digitale Anthropologie: Ethische Probleme der Anwendung künstlicher Intelligenz und Robotik in der Pflege und Medizin, MedR 2019, 927; *Schönberger*, Deep Copyright: Up and Downstream Questions Related to Artificial Intelligence (AI) and Machine Learning (ML), ZGE 2018, 35; *Schulze/Janssen/Kadelbach* (Hrsg.), Europarecht – Handbuch für die deutsche Rechtspraxis, 4. Aufl. 2020; *Steege*, Chancen und Risiken beim Einsatz künstlicher Intelligenz in der Medizin GuP 2021, 125; *Stollberg-Rilinger*, Der Staat als Maschine, 1. Aufl. 1986; *Wilmer*, Herausforderungen der Vertragsgestaltung mithilfe Künstlicher Intelligenz, EuZW 2024, 868; *Zenner*, Die KI-Haftungsrichtlinie: das fehlende Puzzleteil in der KI-Strategie der EU, ZfPC 2024, 242.

Alle Internetfundstellen wurden zuletzt am 2.3.2026 abgerufen.

Übersicht

I. Hintergrund und Problemaufriss

1. Künstliche Intelligenz im Überblick – Begriff und Entwicklung

1 Künstliche Intelligenz (KI) gehört zu den prägendsten technischen Entwicklungen der Gegenwart. Teils werden die prognostizierten Auswirkungen der Technologie mit den tiefgreifenden Konsequenzen verglichen, die im 18. Jahrhundert die industrielle Revolution mit sich gebracht hat. Und tatsächlich ist die Idee Künstlicher Intelligenz bereits älter als die industrielle Revolution. So brachten schon die Arbeiten der Staatstheoretiker und Philosophen des 17. Jahrhunderts verwandte Ideen auf: Für *Thomas Hobbes* etwa wurde im Rahmen seiner Idee vom Abschluss des Gesellschaftsvertrages ein künstlicher Mensch als Artefakt einer Maschine geschaffen.[1] *René Descartes* wird der Gedanke zugeschrieben, dass Maschinen irgendwann in der Lage seien, selbstständig zu denken, zu lernen und Entscheidungen zu treffen.[2]

2 Der Begriff Künstliche Intelligenz selbst geht insbesondere auf den Informatiker *John McCarthy* zurück, der 1956 auf einer Konferenz am Dartmouth College (USA) die Bezeichnung „Artificial Intelligence" prägte. Gemeint sind seither Computerprogramme oder Maschinen, die Fähigkeiten nachahmen, die mit menschlicher Intelligenz assoziiert werden – etwa Lernen,

1 Vgl. *Hobbes,* Leviathan or the Matter, Form and Power of a Commonwealth Ecclesiasticall und Civil.

2 Näher zu den frühen Anfängen: *Stollberg-Rilinger*, Der Staat als Maschine; *Meder*, Doppelte Körper im Recht, S. 112 ff.; *Meder*, in: Chibanguza/Kuß/Steege, Künstliche Intelligenz, 2. Teil, § 8 D Rn. 4 ff.

Planen, Problemlösen oder Sprachverstehen. Eine einheitliche Definition der Begrifflichkeit existiert dabei weiterhin nicht wirklich. Zumindest für juristische Zwecke wird durch die KI-VO aber nun als KI-System ein solches maschinengestütztes System verstanden, „das für einen in unterschiedlichem Grade autonomen Betrieb ausgelegt ist und das nach seiner Betriebsaufnahme anpassungsfähig sein kann und das aus den erhaltenen Eingaben für explizite oder implizite Ziele ableitet, wie Ausgaben wie etwa Vorhersagen, Inhalte, Empfehlungen oder Entscheidungen erstellt werden, die physische oder virtuelle Umgebungen beeinflussen können“[3]. Darunter fallen heute vor allem Systeme des maschinellen Lernens, die aus großen Datenmengen Muster erkennen und eigenes Verhalten adaptiv anpassen können. Künstliche Intelligenz ist also nicht eine einzelne Technologie, sondern ein ganzes Spektrum von Ansätzen – von regelbasierten Expertensystemen der 1980er Jahre bis zu den neuronalen Netzen und „Deep Learning“-Algorithmen, die seit den 2010er Jahren enorme Leistungsfortschritte brachten. Dabei gab es bereits in der zweiten Hälfte des 20. Jahrhunderts erste beeindruckende Meilensteine in der Entwicklung Künstlicher Intelligenzen:

Zwischen 1964 und 1966 schuf *Joseph Weizenbaum* mit ELIZA den ersten **3**
Chatbot, eine virtuelle Psychotherapeutin, die einfache Gespräche simulierte. Im Jahr 1997 besiegte IBMs Deep Blue den damaligen Schachweltmeister *Garri Kasparov*. 2011 triumphierte IBMs Künstliche Intelligenz Watson in der US-Quizshow Jeopardy! über menschliche Champions, was eindrucksvoll demonstrierte, dass Maschinen natürliche Sprache verstehen und komplexe Fragen in Echtzeit beantworten können. In jüngerer Zeit haben selbstlernende Systeme weitere Durchbrüche erzielt – man denke etwa an AlphaGo (2016), das das hochkomplexe Brettspiel Go auf Weltklasseniveau meistert, oder an personalisierte Sprachassistenten und selbstfahrende Fahrzeuge. Spätestens jedoch die generativen KI-Modelle der neuesten Generation haben der Thematik Künstliche Intelligenz breite Aufmerksamkeit verschafft. So erreichte ChatGPT von OpenAI, ein dialogfähiges Sprachmodell, innerhalb von nur zwei Monaten nach Veröffentlichung im November 2022 über 100 Millionen Nutzer und wurde damit seinerzeit zu der am schnellsten wachsenden Online-Anwendung der Geschichte.[4] Solche KI-Systeme können in natürlich wirkender Sprache Texte verfassen, Programmcodes schreiben oder Bilder und Audios erzeugen – Fähigkeiten, die noch vor wenigen Jahren wie Science-Fiction anmuteten.

Die Erfolgsgeschichte der Künstlichen Intelligenz verlief allerdings nicht **4**
linear. Phasen großer Erwartungen wurden in der Vergangenheit von soge-

3 Art. 3 Nr. 1 KI-VO.

4 Vgl. Meldung der Nachrichtenagentur Reuters vom 2.2.2023 unter Bezugnahme auf eine UBS-Studie, https://www.reuters.com/technology/chatgpt-sets-record-fastest-growing-user-base-analyst-note-2023-02-01/.

nannten KI-Wintern abgelöst, in denen Fortschritte und Forschungsgelder zeitweise stagnierten. Doch dank exponentiell gestiegener Rechenleistung, riesiger verfügbarer Datenmengen („Big Data") und verbesserter Algorithmen erlebt Künstliche Intelligenz seit etwa 2012 einen neuen Aufschwung. Maschinelles Lernen – insbesondere Deep Learning mit künstlichen neuronalen Netzen – hat zu erheblichen Leistungssprüngen geführt, z.B. in der Bild- und Spracherkennung oder Übersetzung. Künstliche Intelligenz hat damit den Weg aus den Labors in den Alltag gefunden: von Empfehlungsalgorithmen in sozialen Netzwerken über Chatbots im Kundenservice bis hin zu medizinischen Diagnosesystemen. Eine ausführliche Aufarbeitung der technischen Entwicklungen auf dem Weg zu heutigen KI-Modellen und KI-Systemen ist in Kap. 2 Rn. 2 ff. dieses Handbuchs dargestellt.

2. Gesellschaftliche und wirtschaftliche Auswirkungen der KI

5 Die rasante Entwicklung der KI-Technologie geht einher mit tiefgreifenden Veränderungen in Wirtschaft und Gesellschaft. Studien prognostizieren, dass Künstliche Intelligenz bis 2030 global einen enormen ökonomischen Schub auslösen könnte – durch Produktivitätssteigerungen, neue Geschäftsmodelle und Effizienzgewinne. So wird geschätzt, dass Künstliche Intelligenz mit bis zu 14% zur weltweiten Wirtschaftsleistung im Jahr 2030 beitragen könnte (etwa zusätzliche 15,7 Billionen US-Dollar).[5] Unternehmen können mit Künstlicher Intelligenz Routineaufgaben automatisieren, Abläufe optimieren und personalisierte Produkte oder Dienste anbieten, was Innovation und Wachstum fördert. Künstliche Intelligenz gilt daher als General Purpose Technology, also als Querschnittstechnologie mit katalysatorischer Wirkung für nahezu alle Branchen – von der Industrie 4.0 über den Finanzsektor bis zur Landwirtschaft.

6 Gleichzeitig mahnt der Blick auf die gesellschaftlichen Folgen zur Differenzierung: Künstliche Intelligenz bringt nicht nur Chancen, sondern auch **Umbrüche** mit sich. Insbesondere am Arbeitsmarkt erwarten Experten erhebliche Verschiebungen. Eine aktuelle Studie des McKinsey Global Institute geht davon aus, dass in den USA bis 2030 knapp 30% der heutigen Arbeitsprozesse durch Automatisierung (inklusive generativer KI) erledigt werden könnten.[6] Für Europa geht das McKinsey Global Institute davon aus, dass diese strukturellen Veränderungen den Wechsel von bis zu 12 Millionen Er-

5 PWC, Sizing the prize – What's the real value of AI for your business and how can you capitalise, S. 5, https://www.pwc.com.au/government/pwc-ai-analysis-sizing-the-prize-report.pdf.

6 McKinsey Global Institute, Generative AI and the future of work in America, S. 13, https://www.mckinsey.com/mgi/our-research/generative-ai-and-the-future-of-work-in-america#/.

werbstätigen in neue Berufe oder Tätigkeiten erforderlich machen könnten.[7] Vor allem administrativ-bürokratische und einfachere Dienstleistungstätigkeiten stehen vor einem Wandel, während gleichzeitig die Nachfrage nach hochqualifizierten Tech-Fachkräften steigt. Diese Polarisierung des Arbeitsmarkts birgt sozialpolitischen Sprengstoff. Es wächst die Verantwortung von Unternehmen und Staat, Beschäftigte durch **Weiterbildung** und Umschulung auf die KI-Ära vorzubereiten. Denn nur mit einer Qualifizierungsoffensive können möglichst viele Menschen „mitgenommen" werden und am Produktivitätsschub der Künstlichen Intelligenz teilhaben.

Neben den Arbeitsmarktwirkungen rücken **juristische, ethische und gesellschaftliche Fragen** in den Vordergrund. So ermöglicht Künstliche Intelligenz völlig neue Anwendungsszenarien, wirft aber zugleich Probleme auf: etwa bei Diskriminierung und Bias, Transparenz automatisierter Entscheidungen, dem Schutz der Privatsphäre oder der informationellen Selbstbestimmung, der Kommerzialisierung von Daten sowie beim Schutz von Urheberrechten und Geschäftsgeheimnissen. KI-Systeme lernen aus historischen Daten – sind diese vorbelastet, kann die Künstliche Intelligenz bestehende Vorurteile zementieren oder bestimmte Gruppen systematisch benachteiligen. Bekannt geworden sind etwa Fälle, in denen algorithmische Systeme bei Kreditwürdigkeitsprüfungen oder im Personalrecruiting Frauen oder Minderheiten schlechter stellten, weil die Trainingsdaten Verzerrungen enthielten. Hier stellen sich Grundfragen der **Gerechtigkeit** und **Erklärbarkeit**: Wie kann sichergestellt werden, dass KI-Entscheidungen nachvollziehbar und fair bleiben? Welche Prüfpflichten oder Audits braucht es für automatisierte Systeme? – Auch der **Datenschutz** wird durch Künstliche Intelligenz vor neue Herausforderungen gestellt. Persönliche Verhaltensdaten gelten als der „Rohstoff" für viele KI-Anwendungen. Systeme zur Gesichtserkennung, Sprachassistenten oder personalisierte Dienste verarbeiten in großem Umfang personenbezogene Informationen. Ohne wirksame Schutzmechanismen drohen Missbrauch und Verletzungen von Persönlichkeitsrechten. 7

Nicht zuletzt verändern fortschrittliche KI-Anwendungen unser **tägliches Leben und die gesellschaftliche Kommunikation**. KI-generierte Inhalte – von synthetischen Videos („Deepfakes") bis zu automatisch erstellten Textnachrichten – erschweren es, zwischen Mensch und Maschine als Urheber zu unterscheiden. Damit gehen sowohl Chancen – wie barrierefreie Kommunikation und kreative Werkzeuge – als auch Risiken wie Desinfor- 8

7 McKinsey Global Institute, Eine neue Zukunft der Arbeit – Der Wettlauf um die Einführung von KI in Europa – welche Fähigkeiten jetzt gefragt sind, https://www.mckinsey.de/de/~/media/mckinsey/locations/europe%20and%20middle%20east/deutschland/news/presse/2024/2024%20-%2005%20-%2023%20mgi%20genai%20future%20of%20work/mgi%20report%20genai%20future%20of%20work%20deutsch.pdf.

mation und eine Beeinflussung der Meinungsbildung einher. Ein aktuelles Beispiel ist die Debatte um Chatbots wie ChatGPT im Bildungsbereich: Sie können beim Lernen unterstützen, aber auch zum massenhaften Plagiieren von Inhalten missbraucht werden. Die **gesellschaftlichen Regelungen und Werte** müssen sich daher anpassen: Was bedeutet z. B. Authentizität, Verantwortung oder Urheberrecht in einer Welt, in der Künstliche Intelligenz auf Knopfdruck Inhalte erzeugt? All dies zeigt, dass Künstliche Intelligenz mehr ist als nur ein Technikthema – sie berührt fundamentale rechtliche, soziale und philosophische Fragen.

9 Angesichts dieser tiefgreifenden Auswirkungen haben Politik und Regulierung das Thema Künstliche Intelligenz auf die Agenda gesetzt. National und international wird diskutiert, wie man die Vorteile der Künstlichen Intelligenz nutzen kann, ohne ihre Risiken aus den Augen zu verlieren. Die Europäische Union hat hier eine Vorreiterrolle übernommen und im Rahmen ihrer Digitalstrategie einen wertebasierten Ansatz formuliert: KI-Entwicklung und -Einsatz sollen mit europäischen Grundrechten und -werten vereinbar sein, also etwa die menschliche Autonomie achten, Sicherheit gewährleisten und Diskriminierung verhindern. Dieses Spannungsfeld – **Innovation fördern** einerseits, **Grundrechte schützen** andererseits – zieht sich als Leitmotiv durch die aktuellen rechtlichen Diskussionen zu Künstlicher Intelligenz.

3. Rechtliche Herausforderungen im KI-Kontext

10 Die geschilderten Veränderungen durch Künstliche Intelligenz werfen eine Fülle von **juristischen Fragen** auf. Künstliche Intelligenz ist keine rechtsfreie Zone – im Gegenteil: Je stärker KI-Systeme in wirtschaftliche Prozesse und soziale Interaktionen eingebunden werden, desto dringlicher stellt sich die Frage, wie unsere geltende Rechtsordnung darauf angewendet werden kann und ob sie an bestimmten Stellen angepasst oder ergänzt werden muss. Im Folgenden sollen einige zentrale Problemfelder umrissen werden, die im Zusammenhang mit Künstlicher Intelligenz auftreten. Diese Themen werden im weiteren Verlauf dieses Handbuchs vertieft behandelt.

11 Von zentraler Bedeutung ist zunächst die Entwicklung des Verständnisses, dass mit der KI-VO zwar ein Regelwerk für den Einsatz Künstlicher Intelligenz geschaffen wurde. Dieses Regelwerk adressiert aber nur einen Bruchteil der rechtlichen Problemfelder, die im Zusammenhang mit Künstlicher Intelligenz zu beachten sind. Tatsächlich ist der Einsatz von Künstlicher Intelligenz ein Schnittmengenthema, das eine Vielzahl von Rechtsbereichen betrifft. Während auf die Details dieser Rechtsbereiche in den einzelnen Kapiteln dieses Buches eingegangen wird, soll diese Einleitung einen kurzen ersten Blick über die grundlegenden Fragen und Probleme erlauben, die es dort jeweils im Rahmen der Nutzung Künstlicher Intelligenz zu bewältigen gilt.

II. Rechtliche Rahmenbedingungen für den Einsatz von KI

1. KI-VO und Data Act

Angesichts der rechtlichen Herausforderungen unternimmt die Europäische Union den Versuch, mit proaktiver Rechtssetzung und Regulierung einen Ordnungsrahmen für Künstliche Intelligenz und die Nutzung unterliegender Daten zu schaffen. Insbesondere zwei zentrale Gesetzesinitiativen – die KI-VO[8] und der Data Act[9] – sollen die bisherigen Regeln ganz wesentlich ergänzen. **12**

Die KI-VO kann als das weltweit erste umfassende Regelwerk speziell für KI-Systeme angesehen werden. Ziel ist es, Vertrauen in Künstliche Intelligenz zu fördern und Grundwerte zu sichern, ohne Innovation unnötig zu beeinträchtigen.[10] Die KI-VO verfolgt einen risikobasierten Ansatz. Stark vereinfacht lässt sich sagen: Je höher das Risiko ist, das von einem bestimmten KI-Systems ausgeht, desto stärker ist dessen Einsatz reglementiert. Die relevanten Einzelheiten zu den Vorgaben, die sich aus der KI-VO sowohl für Anbieter von KI-Systemen als auch für Betreiber (und andere an der Wertschöpfungskette Beteiligte) ergeben, sind ausführlich dargestellt in Kap. 3 Rn. 7 ff. dieses Handbuchs. **13**

Parallel zur KI-VO zielt der EU Data Act darauf ab, einen ausgewogenen Datenzugangs- und Datenteilungsrahmen in der EU zu gewährleisten.[11] Der Data Act reagiert auf die Erkenntnis, dass im digitalen Binnenmarkt eine Vielzahl wertvoller Daten entweder brachliegt oder monopolisiert ist.[12] Er verpflichtet daher Hersteller smarter Produkte (vom vernetzten Auto bis zur IoT-Kaffeemaschine), die durch diese Produkte generierten Daten den Nutzern zugänglich zu machen. Wer ein Gerät kauft oder nutzt, soll die da- **14**

---

8 Verordnung (EU) 2024/1689 des Europäischen Parlaments und des Rates vom 13.6.2024 zur Festlegung harmonisierter Vorschriften für künstliche Intelligenz und zur Änderung der Verordnungen (EG) Nr. 300/2008, (EU) Nr. 167/2013, (EU) Nr. 168/2013, (EU) 2018/858, (EU) 2018/1139 und (EU) 2019/2144 sowie der Richtlinien 2014/90/EU, (EU) 2016/797 und (EU) 2020/1828 (Verordnung über künstliche Intelligenz).

9 Verordnung (EU) 2023/2854 des Europäischen Parlaments und des Rates vom 13.12.2023 über harmonisierte Vorschriften für einen fairen Datenzugang und eine faire Datennutzung sowie zur Änderung der Verordnung (EU) 2017/2394 und der Richtlinie (EU) 2020/1828 (Datenverordnung).

10 Vgl. Erwgr. 1, 2 KI-VO.

11 Vgl. Erwgr. 4 DA.

12 *Beberich*, in: Borges/Keil, Big Data, § 3 Rn. 94; vgl. Erwgr. 2, 3 DA.

rin anfallenden Daten nicht länger „automatisch“ dem Hersteller überlassen, sondern davon Kopien erhalten können – gratis und möglichst direkt. Das stärkt die Rechte von Verbrauchern und Geschäftskunden, ihre eigenen Nutzungsdaten für andere Zwecke einzusetzen oder Drittanbietern zur Verfügung zu stellen (etwa um Reparatur- oder Optimierungsservices von unabhängigen Dienstleistern zu ermöglichen). Gleichzeitig will der Data Act faire Vertragsbedingungen in der Datenökonomie fördern: Er enthält Vorschriften, die verhindern sollen, dass marktmächtigere Dateninhaber Datennutzern einseitig nachteilige Klauseln aufzwingen.[13] Auf die Regelungssystematik des EU Data Acts und die sich hieraus ergebenden Vorgaben wird in Kap. 6 Rn. 3 ff. dieses Handbuchs im Einzelnen einzugehen sein.

15 In Summe wirken KI-VO und Data Act als zwei wichtige Säulen der zukünftigen Digitalordnung: Die KI-VO fokussiert auf vertrauenswürdige Künstliche Intelligenz durch Auflagen und Verbote, der Data Act auf Datenzugang und Fairness in der Datennutzung. Beide zusammen werden die Spielregeln für KI-Anbieter und -Anwender in Europa maßgeblich beeinflussen. Unternehmen müssen sich darauf einstellen, **Compliance-Programme** zu erweitern – sei es, um KI-Produkte zu zertifizieren oder um Datennutzungsrechte und -pflichten zu managen. Aus juristischer Perspektive betreten wir Neuland: Erstmals werden Begriffe wie „KI-System“ oder „Nutzungsdaten“ in Verordnungen definiert und mit Rechtsfolgen verknüpft. Die kommenden Jahre werden zeigen, wie effektiv diese Regulierungen in der Praxis sind und ob ggf. Nachjustierungen nötig werden. Klar ist aber schon jetzt, dass Europa eine Vorreiterrolle einnimmt, da insbesondere die USA oder auch China die KI-Entwicklung bislang weit weniger umfassend gesetzlich angegangen sind. Für deutsche Akteure bedeutet dies, sich im europäischen Rahmen zu bewegen. Deutschland selbst hat kaum national eigenständige KI-Regelungen erlassen, sondern vertraut auf die Umsetzung der EU-Vorgaben und die Technikneutralität des geltenden Rechts. Die Besonderheiten des deutschen Rechts (z. B. starke Persönlichkeitsrechte, föderale Zuständigkeiten, etwa im Polizeirecht, und ein traditionell dichtes Netz von Sicherheitsnormen) werden aber natürlich in der Anwendung der europäischen Regelungen mitklingen.

2. Künstliche Intelligenz und Datenschutz

16 Für die Datenverarbeitung gelten in Europa strenge Regeln, allen voran die Datenschutz-Grundverordnung (DSGVO)[14]. KI-Systeme aber hungern nach Daten – insbesondere nach personenbezogenen Informationen, wenn sie

13 Erwgr. 58 DA.

14 Verordnung (EU) 2016/679 des Europäischen Parlaments und des Rates vom 27.4.2016 zum Schutz natürlicher Personen bei der Verarbeitung personenbezogener Daten, zum

etwa Vorlieben von Nutzern lernen oder menschliche Sprache und Bilder analysieren sollen. Hier prallen Innovationsinteresse und Persönlichkeitsrecht unmittelbar aufeinander. Schon beim Training von Künstlicher Intelligenz stellt sich die Frage: Dürfen Entwickler einfach beliebige im Internet verfügbare Datensätze heranziehen, auch wenn darin persönliche Angaben stecken? So ist etwa das automatisierte Auslesen von Websites („Scraping") und anderer Online-Quellen durch KI-Systeme datenschutzrechtlich problematisch, da es oft ohne Wissen oder Einwilligung der Betroffenen erfolgt. Zwar erlaubt die DSGVO in gewissem Umfang die Verarbeitung öffentlich zugänglicher Daten – aber eben nicht schrankenlos, sondern nur dort, wo ein gesetzlicher Erlaubnistatbestand die Verarbeitung rechtfertigen kann. Entwickler müssen prüfen, ob eine Rechtsgrundlage (z. B. berechtigtes Interesse) tragfähig ist und ob die Datenverarbeitung im Training mit Grundsätzen wie Zweckbindung, Datenminimierung und Transparenz vereinbar ist. So fordert etwa Art. 5 DSGVO Fairness und Zweckbindung bei der Datennutzung – ein Prinzip, das im KI-Kontext oft schwer zu gewährleisten ist, wenn Daten für einen neuen Zweck (Trainingszwecke) zweckentfremdet werden.

Noch heikler kann der Einsatz fertiger KI-Systeme sein, die **automatisierte Entscheidungen** über Menschen treffen. Beispielhaft ist der Einsatz von Künstlicher Intelligenz in der Personalrekrutierung oder Kreditvergabe: Hier entscheiden Algorithmen über Jobchancen oder Kreditwürdigkeit. Gemäß Art. 22 DSGVO haben Betroffene aber ein Recht darauf, nicht ausschließlich einer automatisierten Entscheidung unterworfen zu sein, die ihnen gegenüber rechtliche Wirkung entfaltet oder sie erheblich beeinträchtigt. Solche Prozesse verlangen also entweder eine informierte Einwilligung der Person oder es müssen geeignete Vorkehrungen wie ein menschliches Überprüfungsrecht bestehen. In der Praxis wirft das Fragen auf: Wie stellt man sicher, dass trotz Einsatz von Künstlicher Intelligenz ein „menschlicher Faktor" erhalten bleibt? Und wie erfüllt man die Informationspflichten gegenüber Betroffenen – muss man den Einsatz von Künstlicher Intelligenz und deren Funktionsweise offenlegen? Der Datenschutz normiert hier wesentliche Transparenzpflichten, die neben jene der KI-VO treten. 17

Auch der Umgang mit sensiblen Daten ist ein Thema: Künstliche Intelligenz im Gesundheitswesen etwa benötigt regelmäßig Gesundheitsdaten, die einem strengen Schutz unterliegen (Art. 9 DSGVO). Für Forschung und Entwicklung wurde zwar jüngst im Rahmen der DSGVO öffnungsklauselbedingt in Deutschland (§§ 22, 27 BDSG) und durch den Data Governance Act ein rechtlicher Rahmen für Datentreuhänder und Datenspenden geschaf- 18

freien Datenverkehr und zur Aufhebung der Richtlinie 95/46/EG (Datenschutz-Grundverordnung).

fen, doch bleiben datenschutzrechtliche Hürden hoch. **Anonymisierung** und **Pseudonymisierung** von Trainingsdaten sind technische Mittel, die datenschutzrechtlich helfen können – aber bei komplexen KI-Modellen ist nie ganz auszuschließen, dass Personen vielleicht doch wiedererkannt werden könnten (Stichwort Re-Identifizierung). Hier ist noch viel juristisches Neuland zu betreten, um Innovation und Datenschutz in ein ausgewogenes Verhältnis zu bringen.

19 Im Ergebnis stellt sich also auf vielfältige Weise in der Praxis die Frage, wie Datenschutz und Einsatz Künstlicher Intelligenz miteinander zu vereinbaren sind – und welche Grenzen hierbei zu beachten sind. Diese Grenzen sowie praktische Lösungsmöglichkeiten werden in Kap. 5 dieses Handbuchs aufgezeigt.

3. Künstliche Intelligenz contra Urheberrechte und Geschäftsgeheimnisse

20 Künstliche Intelligenz fordert das Geistige Eigentum in neuartiger Weise heraus. Schon heute entstehen mit Hilfe von Künstlicher Intelligenz beeindruckende **kreative Outputs** – Texte, Bilder, Musikstücke und Videomaterialien –, bei denen man sich fragen muss: Wem gehören diese Werke? Nach klassischem Urheberrecht genießt ein Werk nur dann Schutz, wenn es auf menschlicher Schöpfung beruht. Reine KI-Ergebnisse ohne menschlichen Beitrag sind daher urheberrechtlich grundsätzlich nicht geschützt.[15] Dies hat weitreichende Konsequenzen: Wenn z. B. eine Künstliche Intelligenz einen Werbetext oder ein Logo entwirft, kann der Verwender daran regelmäßig kein Urheberrecht geltend machen. Dritte dürften es theoretisch kopieren und verwerten, solange keine anderweitigen Rechte (Marken-, Design-, Datenbankrechte, etc.) greifen. Für Unternehmen, die KI-Generatoren einsetzen, stellt sich somit die Frage nach alternativen Schutzstrategien – etwa dem Vertragsrecht (z. B. Nutzungsbedingungen, die Ergebnisse exklusiv zur Verfügung stellen) oder Lizenzmodellen. In der Praxis bieten einige KI-Anbieter inzwischen vertragliche Zusagen an, dass der Kunde exklusive Nutzungsrechte an den Outputs erhält. Dennoch bleibt die Rechtsunsicherheit: Könnte nicht doch jemand Urheberrechte an KI-Inhalten reklamieren – etwa die Entwickler der Künstlichen Intelligenz oder die Nutzer, die durch Prompting den Output beeinflusst haben?

21 Eine andere „urheberrechtliche Baustelle" ist das **Training von Künstlicher Intelligenz mit geschützten Werken**. KI-Modelle wie Bilderkennungs- oder Textgeneratoren werden häufig mit riesigen Datenbeständen trainiert, in denen sich auch urheberrechtlich geschütztes Material befindet (Bilder aus dem Web, Bücher, Artikel etc.). Das Training ist technisch ge-

15 *Maamar*, ZUM 2023, 481, 490.

sehen ein Vervielfältigungsvorgang[16]: Die Werke werden eingelesen und mathematisch verarbeitet. Ist das vom Zitatrecht, der Privatkopie oder anderen Schranken gedeckt? Oder braucht man die Einwilligung der Rechteinhaber? Hier herrscht international einige Uneinigkeit; auch weil die weltweiten Urheberrechts- und Copyrightsysteme gerade im Bereich der jeweiligen Schrankenregelungen einen – verglichen mit anderen IP-Rechten – geringeren Harmonisierungsgrad aufweisen.[17] In den USA etwa sind Klagen von Künstlern gegen KI-Anbieter anhängig wegen der unautorisierten Verwendung ihrer Bilder als Trainingsdaten.[18] In Deutschland müsste man prüfen, ob das temporäre Kopieren zum Text- und Data-Mining unter der Schrankenregelung des § 44b UrhG bzw. Art. 4 InfoSoc-RL zulässig sein kann – allerdings nur, wenn die Rechteinhaber dem nicht widersprochen haben (Opt-out). Als Reaktion versuchen Rechteinhaber durch den Einsatz von „robots.txt"-Dateien oder ähnlich gelagerte Mechanismen ein solches Opt-out zu erklären, um ihr Online-Material vom KI-Training auszuschließen.[19] Auf der anderen Seite ist zu beachten, dass KI-Trainingsdatenbanken oft Millionen Werke enthalten – eine nachträgliche Zuordnung oder Lizenzierung jedes einzelnen Inhaltes wäre kaum praktikabel. In Anbetracht der wirtschaftlichen Bedeutung der Thematik scheint es nicht unwahrscheinlich, dass der Gesetzgeber hier in Zukunft spezifische Lösungen vorgeben wird, um einen fairen Ausgleich zwischen Kreativschaffenden und KI-Entwicklern zu schaffen.

Ein drittes Spannungsfeld betrifft die **Verwertung KI-generierter Inhalte**. Auch sofern KI-Outputs nicht dem Urheberrechtsschutz unterfallen, sind bei ihrer Nutzung dennoch rechtliche Vorgaben zu beachten. Beispielsweise können Marken- oder Persönlichkeitsrechte tangiert sein (etwa, wenn eine Künstliche Intelligenz das Porträt einer realen Person generiert). Zudem werden Diskussionen geführt, inwieweit KI-Generierungen gekennzeichnet werden müssen – um Transparenz zu wahren und keine Irreführungsgefahr zu begründen. So sieht die KI-VO vor, dass etwa sogenannte *Deepfakes* eindeutig als KI-Erzeugnisse markiert sein müssen, damit Betrachter sie nicht für echte Aufnahmen halten. Für Unternehmen stellen sich auch Compli- 22

---

16 *Bernzen*, in: Künstner/Louven, Plattform-Governance und Recht, Kap. V Rn. 37; *Heinze/Wendorf*, in: Ebers/Heinze/Krügel/Steinrötter, Künstliche Intelligenz und Robotik, § 9 Rn. 6; *Maamar*, ZUM 2023, 481, 483; *Steinrötter/Schauer*, in: Barudi, Das neue Urheberrecht, § 4 Rn. 9; *Bernzen*, K&R 2023, 6, 6; a. A. *Schönberger*, ZGE 2018, 35, 53 f.

17 *Haedicke*, in: Schulze/Janssen/Kadelbach, Europarecht, § 22 Rn. 8.

18 Verbraucherschutzforum Berlin, Autoren verklagen Microsoft wegen angeblicher Nutzung von 200.000 Raubkopien zum KI-Training, https://verbraucherschutzforum.berlin/2025-06-26/376756-376756/#:~:text=Eine%20Gruppe%20von%20Autorinnen%20und%20Autoren%20wirft%20den,wurde%20bei%20einem%20Bundesgericht%20in%20New%20York%20eingereicht.

19 *de la Durantaye*, ZUM 2023, 645, 649; *Baumann*, NJW 2023, 3673, 3674.

ance-Fragen: Darf z.B. ein Verlag einen komplett KI-geschriebenen Ratgeber als Menschenwerk ausgeben? Muss eine Zeitung offenlegen, wenn Sportberichte automatisiert erstellt wurden? Hier werden in Zukunft branchenbezogene Standards entstehen müssen. In jedem Fall sollten Anwender von generativer Künstlicher Intelligenz stets prüfen, ob die Inhalte Rechte Dritter tangieren und wie sie haftungsrechtlich abgesichert sind. Denn auch wenn kein Urheberrecht besteht, kann ein fehlerhafter KI-Text, der z.B. rufschädigende falsche Behauptungen über eine Person enthält, Unterlassungs- und Schadensersatzansprüche auslösen. Insgesamt erfordert der Umgang mit KI-generierten Inhalten ein neues Maß an Sorgfalt und rechtlicher Kreativität – sowohl um die Chancen dieser Inhalte zu nutzen als auch um Risiken zu kontrollieren.

23 Spätestens in Zeiten Künstlicher Intelligenz sind Daten ein wettbewerbsrelevantes Asset – man spricht vom „Öl des 21. Jahrhunderts". Unternehmen investieren viel, um einzigartige Datensammlungen aufzubauen (z.B. Nutzungsprofile, Fertigungsdaten, Marktanalysen), aus denen sie mittels Künstlicher Intelligenz verwertbares Wissen schöpfen. Diese Datensammlungen und die daraus trainierten Modelle gilt es vor Konkurrenz und unbefugtem Zugriff zu schützen. Geschäftsgeheimnisse im Sinne des Geschäftsgeheimnisgesetzes (GeschGehG) bieten hier einen zentralen rechtlichen Schutz: Algorithmen, Quellcode, spezifische Trainingsdaten oder interne KI-Modelle können Geschäftsgeheimnisse darstellen, sofern der Inhaber sie geheim hält und ein berechtigtes Geheimhaltungsinteresse hat. Ein Problem besteht allerdings darin, dass KI-Modelle oft auf externen Daten basieren oder auf Open-Source-Software – die Grenzlinie zwischen unternehmenseigenem Know-how und allgemein verfügbarem Wissen verwischt. Wenn z.B. ein KI-System mit öffentlichen Web-Daten trainiert wird, steckt darin zwar eine kreative Leistung (die Auswahl, Reinigung und Modellierung der Daten), aber der Rohstoff war frei verfügbar. Können daraus resultierende Erkenntnisse dann exklusiv als Geschäftsgeheimnis beansprucht werden?

24 Ein weiteres Spannungsfeld: Datenweitergabe und Kooperation. Immer häufiger schließen sich Unternehmen zusammen, um gemeinsame Datenpools für KI-Projekte zu nutzen (etwa in Konsortien oder via Data-Sharing-Plattformen). Der Data Act der EU schreibt solche Datenzugangs- und -nutzungsrechte in bestimmten Fällen sogar verbindlich vor – etwa zugunsten der Nutzer von vernetzten Produkten oder zugunsten staatlicher Stellen in Ausnahmesituationen. Unternehmen müssen daher sorgfältig abwägen, welche Informationen sie teilen. Der Data Act zielt darauf ab, einen ausgewogenen Rechtsrahmen für die datengestützte Wertschöpfung zu schaffen, indem er einerseits den Zugang zu und die Weitergabe von Nutzungsdaten fördert, zugleich aber auch den Schutz sensibler Unternehmensinformationen gewährleistet.[20] Die Regelung in Art. 4 Abs. 6 bis 9 DA konkretisiert dies für den Fall von Geschäftsgeheimnissen: So hat der Dateninhaber gegenüber dem Nutzungsberechtigten geeignete technische und organisatorische Maßnahmen zur Wahrung der Vertraulichkeit zu vereinbaren.[21] Kommt es zu keiner Einigung über solche Maßnahmen oder werden diese nicht eingehalten, kann der Dateninhaber die Weitergabe verweigern oder aussetzen.[22] In Ausnahmefällen kann die Herausgabe vollständig verweigert werden, sofern mit hinreichender Wahrscheinlichkeit eine Offenlegung zu schwerwiegenden wirtschaftlichen Nachteilen führen würde.[23] Einzelfallentscheidungen des Dateninhabers unterliegen einer behördlichen oder einvernehmlichen Überprüfung.[24] Zudem wird in Art. 43 DA klargestellt, dass bestimmte Immaterialgüterrechte – wie das Sui-generis-Datenbankrecht – keine Abwehrkante gegen die im Data Act geregelten Zugriffsansprüche bilden dürfen. Dies ist bemerkenswert, da hier ein bestehendes IP-Recht gezielt eingeschränkt wird, um den Datenfluss nicht zu behindern. Für die Praxis bedeutet das: Ein Hersteller kann sich nicht mehr auf das Datenbankrecht berufen, um etwa Telemetriedaten seines Produkts vor dem Käufer geheimzuhalten – er muss sie teilen, darf aber vertragliche und technische Vorkehrungen treffen, damit der Empfänger die Daten vertraulich behandelt und nicht zur Konkurrenz trägt.

Die Entwicklung hin zu mehr Datenökosystemen stellt Juristen vor neu- **25**
artige Fragen: Wie entwirft man Datenlizenzverträge, die den Know-how-Schutz gewährleisten? Welche Compliance-Vorgaben gelten beim Umgang mit fremden Daten in KI-Systemen? Bereits an dieser Stelle sei betont, dass schon bei der Entwicklung von Künstlicher Intelligenz die Einhaltung von Datenschutz und Geschäftsgeheimnisschutz essenziell ist, um neue datengetriebene Geschäftsmodelle rechtssicher aufzusetzen. So sollten etwa Trainingsdaten auf ihre Herkunft und ihren Geheimhaltungsstatus geprüft werden – wer unbedacht fremde Geschäftsgeheimnisse in sein KI-Modell einspeist, läuft Gefahr, gegen Geheimnisschutz oder Vertragspflichten zu verstoßen (man denke z. B. an Entwickler, die geleakte Datensätze aus dem Internet nutzen). Umgekehrt müssen Unternehmen, die KI-Lösungen von externen Dienstleistern beziehen, vertraglich sicherstellen, dass ihre eigenen sensiblen Daten nicht unkontrolliert abfließen. Geschäftsgeheimnisschutz, Datenschutz und Vertragsrecht greifen hier eng ineinander.

Insgesamt lässt sich bereits jetzt in der Frühphase der Massendurchsetzung **26**
Künstlicher Intelligenz prognostizieren, dass das Spannungsfeld „Urhe-

20 Vgl. Erwgr. 5, 61 DA.
21 Vgl. Art. 4 Abs. 6 DA; vgl. auch Art. 6 Abs. 2 lit. d DA im Verhältnis zu Dritten.
22 Vgl. Art. 4 Abs. 7 DA.
23 Vgl. Art. 4 Abs. 8 DA; zur Abwägung siehe auch Erwgr. 61 Satz 4.
24 Vgl. Art. 4 Abs. 9 DA; vgl. auch Art. 10 Abs. 1 lit. b DA zur alternativen Streitbeilegung.

berrecht vs Künstliche Intelligenz" eines von besonderer Relevanz ist und sein wird. Die hier zu beachtenden Fallstricke und den Umgang mit diesem Spannungsfeld haben wir in Kap. 4 dieses Handbuchs skizziert.

4. Haftung für KI-Systeme

27 Wenige Fragen treiben die juristische KI-Diskussion so um wie die nach der **Haftung**: Wer steht rechtlich ein, wenn ein KI-System Schaden verursacht? Sei es der autonome Lieferroboter, der einen Unfall baut, die Diagnose-KI, die einen Tumor übersieht, oder auch nur der Chatbot, der eine falsche Auskunft erteilt, auf die jemand sich verlässt – stets stellt sich die Haftungsfrage. Im Ausgangspunkt gilt: Es gibt in Deutschland aktuell noch **kein eigenes „KI-Haftungsrecht"** als abgeschlossenes Regelwerk. Vielmehr greifen die allgemeinen Vorschriften des Zivilrechts, allen voran das Deliktsrecht (§§ 823 ff. BGB) und das Produkthaftungsgesetz (ProdHaftG) sowie vertragliche Haftungsregelungen, soweit anwendbar. Diese Normen sind technologieneutral formuliert und knüpfen an menschliches Verhalten oder an Produktfehler an. Allerdings stößt das traditionelle Haftungsrecht in einigen KI-Konstellationen an **praktische Grenzen**. So setzt etwa die Verschuldenshaftung (§ 823 Abs. 1 BGB) voraus, dass einem Verantwortlichen (Hersteller, Betreiber, Anwender) ein Fahrlässigkeitsvorwurf gemacht werden kann. KI-Entscheidungen entziehen sich aber bisweilen der vollständigen Kontrolle und Vorhersehbarkeit durch den Menschen. Wenn ein fortgeschrittenes System selbständig „lernt" und dadurch ein unvorhergesehenes Verhalten zeigt, stellt sich die Frage: War das das Verschulden des Entwicklers, weil er das System freigesetzt hat? Oder haftet der Betreiber, weil er es in Betrieb hatte? Oder haftet niemand, weil es höhere Gewalt war? – Solche Lücken sorgen für Unsicherheit.

28 Das deutsche Recht begegnet dem teilweise durch Gefährdungshaftungstatbestände. So haftet z. B. der Kfz-Halter nach § 7 StVG auch ohne Verschulden, wenn von seinem (auch autonom fahrenden) Fahrzeug ein Unfall ausgeht. Für andere KI-Anwendungen fehlen aber bisher spezielle Gefährdungshaftungen. Es wird diskutiert, etwa für **hochautonome Systeme** (wie autonome Fahrzeuge der höchsten Stufe, autonome Drohnen oder Robotik in der Pflege) neue verschuldensunabhängige Haftungstatbestände zu schaffen, um Opfern den Ersatz zu erleichtern. Die EU setzte hier ebenfalls an: Parallel zur KI-VO wurde über einen Rechtsakt zur KI-Haftung beraten. Die EU-Kommission hatte 2022 einen Entwurf für eine **KI-Haftungsrichtlinie** vorgelegt, der das Deliktsrecht der Mitgliedstaaten harmonisieren und insbesondere Beweiserleichterungen schaffen sollte. Vorgeschlagen waren u. a. ein Auskunftsanspruch gegen KI-Betreiber über interne Vorgänge sowie eine widerlegliche Kausalitätsvermutung zugunsten des Geschädigten, wenn eine hochriskante Künstliche Intelligenz beteiligt war. Allerdings war dieses Vorhaben politisch umstritten – im Februar 2025 hat die EU-Kommission die Pläne vorerst zurückgestellt und die weitere Beratung der Richtlinie aus ihrem Arbeitsprogramm genommen. Kritiker monierten eine potenzielle Überregulierung, zumal zeitgleich das Produkthaftungsrecht überarbeitet wird.[25] Befürworter wie das EU-Parlament verwiesen hingegen darauf, dass ohne spezielle Regeln Haftungslücken drohen, da KI-Schäden ansonsten nach 27 unterschiedlichen nationalen Rechtsordnungen behandelt würden.[26]

In der Tat steht auch das **Produkthaftungsrecht** vor einem Update: Die EU plant eine Neufassung der Produkthaftungsrichtlinie (85/374/EWG) aus dem Jahr 1985, um sie an das digitale Zeitalter anzupassen. Künftig sollen ausdrücklich auch Software und KI-Systeme als „Produkte" gelten, für die Hersteller bei Fehlern strikt haften. Zudem soll die Beweisführung erleichtert werden, etwa indem Gerichte vermuten dürfen, dass ein Produkt fehlerhaft war, wenn bestimmte Umstände vorliegen. Dieses neue Regime wird allerdings frühestens 2026 in Kraft treten. Bis dahin – und darüber hinaus – bleibt die Anwendung der bestehenden Normen im Einzelfall knifflig. Schon heute gibt es Streitfragen: Gilt ein komplexes KI-System als „Produkt" im Sinne des ProdHaftG? Wann ist es „fehlerhaft" – muss z. B. ein autonomer Roboter stets so programmiert sein, dass er im Zweifel den geringsten Gesamtschaden verursacht? Und wie weist ein Geschädigter nach, dass gerade die Künstliche Intelligenz und nicht ein menschlicher Bedienfehler ursächlich war? Diese **Beweislastproblematik** ist real, denn Künstliche Intelligenz agiert oft in einer Black-Box-Manier. Daher fordert die Diskussion mehr Transparenzpflichten und technische Vorkehrungen, um Ereignisse nachvollziehbar zu protokollieren (Stichwort Logging).[27] Die KI-VO greift dies auf, indem sie für Hochrisiko-KI umfangreiche Protokollierungs- und Dokumentationspflichten vorgibt, was im Haftungsprozess hilfreich sein kann. Dennoch wird man vermutlich neue versicherungsrechtliche Lösungen diskutieren müssen, falls sich herausstellt, dass Geschädigte sonst zwischen Stuhl und Bank fallen. 29

Ein exotisch anmutender, aber viel diskutierter Ansatz war die Idee einer **eigenen Rechtsperson für Künstliche Intelligenz** – einer sogenannten elektronischen Person oder „ePerson".[28] Die Überlegung dahinter: Man könnte 30

25 *Zenner*, ZfPC 2024, 242, 243.

26 Europäisches Parlament, Bericht mit Empfehlungen an die Kommission für eine Regelung der zivilrechtlichen Haftung beim Einsatz künstlicher Intelligenz, unter 2., https://www.europarl.europa.eu/doceo/document/A-9-2020-0178_DE.html.

27 Mayrhofer, EuZW 2024, 882, 884; *Wilmer*, EuZW 2024, 868, 874.

28 *Ganseforth*, DSRITB 2021, 545, 551; *Riehm*, in: Kaulartz/Braegelmann, Rechtshandbuch Artificial Intelligence und Machine Learning, Kap. 6.1 Rn. 13–15; Europäisches

sehr autonome KI-Systeme rechtlich wie Gesellschaften behandeln, ihnen also Haftungssubjektivität verleihen und sie für Schäden „haftbar" machen, ggf. über einen vom Hersteller zu speisenden Fonds. Diese Idee wurde 2017 sogar vom EU-Parlament in einer Resolution erwähnt[29], stieß aber auf breite Ablehnung.[30] Juristisch wäre sie ein Paradigmenwechsel und praktisch schwer umzusetzen. Vor allem aber übersieht sie, dass auch hinter vermeintlich autonomen Entscheidungen immer noch menschliche Beiträge stehen – sei es in Form der Programmierung, der Datenauswahl oder der Zielvorgaben, die das System erhalten hat. Die herrschende Meinung plädiert daher dafür, die Haftung weiter an natürliche oder juristische Personen anzuknüpfen, die den KI-Einsatz veranlassen oder von ihm profitieren.[31] Gleichwohl zeigt die ePerson-Debatte exemplarisch, wie sehr das traditionelle Haftungsgefüge unter Druck gerät. Die Gretchenfrage bleibt: **Wer soll das Risiko tragen, wenn Künstliche Intelligenz fehlgeht?** Der Hersteller, der Betreiber, der Benutzer – oder alle über eine Versicherungsgemeinschaft? Diese Frage wird uns in den kommenden Jahren weiter begleiten und ggf. zusätzliche gesetzgeberische Antworten erfordern. Den aktuellen Rechtsstand zu den relevanten Fragestellungen haben wir in diesem Handbuch zusammengefasst (siehe in Kap. 7).

III. Besondere Praxisfelder

1. Einsatz von Künstlicher Intelligenz im Beschäftigungskontext

31 KI-Technologien halten Einzug in die Arbeitswelt – mit Chancen zur Entlastung von Routinetätigkeiten, aber auch mit neuen arbeitsrechtlichen He-

---

Parlament, Entwurf eines Berichts mit Empfehlungen an die Kommission zu zivilrechtlichen Regelungen im Bereich Robotik, unter Nr. 31 lit. f, https://www.europarl.europa.eu/doceo/document/JURI-PR-582443_DE.pdf?redirect; bitkom, Stellungnahme Rechtsfragen der digitalisierten Wirtschaft: Haftung für Systeme Künstlicher Intelligenz, S. 40, https://www.bitkom.org/sites/default/files/2020-10/bitkom-position-zu-haftung-fur-ki-mit-one-pager.pdf; Datenethikkommission, Gutachten der Datenethikkommission, S. 219, https://www.bfdi.bund.de/SharedDocs/Downloads/DE/Arbeitshilfen/Datenethikkommission_20191023_Gutachten.pdf?__blob=publicationFile&v=6; Robotics – openletter.eu, Open letter to the European Commission – Artificial Intelligence and Robotics, unter Nr. 2, http://www.robotics-openletter.eu/.

29 Europäisches Parlament, Bericht mit Empfehlungen an die Kommission zu zivilrechtlichen Regelungen im Bereich Robotik, https://www.europarl.europa.eu/doceo/document/A-8-2017-0005_DE.pdf, S. 8.

30 *Hetmank/Lauber-Rönsberg*, GRUR 2018, 574, 591; *Riehm*, in: Kaulartz/Braegelmann, Rechtshandbuch Artificial Intelligence und Machine Learning, Kap. 6.1 Rn. 16 ff.; *Wilmer*, EuZW 2024, 868, 874.

31 *Wilmer*, EuZW 2024, 868, 874; *Bauermeister*, ZGR 2022, 733, III. 6., *Riehm*, in: Kaulartz/Braegelmann, Rechtshandbuch Artificial Intelligence und Machine Learning, Kap. 6 Rn. 35; *Klingbeil*, JZ 2019, 718, 722 f.

rausforderungen. In vielen Unternehmen kommen bereits **algorithmische Entscheidungssysteme** zum Einsatz, etwa zur automatisierten Lebenslaufanalyse im Recruiting, zur Schichtplanung oder zur Leistungskontrolle. Man spricht hierbei auch von Algorithmic Management. Arbeitsrechtlich wirft dies Fragen des **Datenschutzes von Beschäftigtendaten**, des **Mitbestimmungsrechts** und des **Diskriminierungsschutzes** auf. So sind Arbeitgeber nach § 26 BDSG bei der Verarbeitung von Mitarbeiterdaten an enge Voraussetzungen gebunden – die Einführung eines KI-Systems zur Personalbewertung bedarf regelmäßig entweder einer gesetzlichen Erlaubnis oder der Zustimmung des Betriebsrats. Letzterer hat gemäß § 87 Abs. 1 BetrVG mitzubestimmen, wenn technische Einrichtungen eingesetzt werden sollen, die das Verhalten oder die Leistung der Arbeitnehmer überwachen können.[32] Ein KI-Tool, das z. B. das Arbeitsverhalten der Mitarbeiter per Zutrittserkennungen oder Zeiterfassungen durch Gesichtserkennung analysiert, fällt zweifellos darunter.[33] Betriebsräte achten daher zunehmend darauf, bei der Einführung von KI-Systemen frühzeitig eingebunden zu werden und Betriebsvereinbarungen abzuschließen, die den Einsatzrahmen regeln (z. B. keine Individualleistungsüberwachung, Wahrung des Datenschutzes, Transparenz über Algorithmen).

Auch der **Gleichbehandlungsgrundsatz** und das AGG (Allgemeine Gleich- **32**
behandlungsgesetz) spielen eine Rolle: Wenn eine Künstliche Intelligenz bei Einstellungen oder Beförderungen mitentscheidet, muss sichergestellt sein, dass keine unzulässigen Kriterien (Geschlecht, Alter, Herkunft, etc.) einfließen. Als berühmtes Negativbeispiel kann insoweit der Recruiting-Algorithmus dienen, der Frauen systematisch benachteiligt, weil er aus Daten einer männerdominierten Belegschaft „gelernt" hat. Hier kann der Arbeitgeber haftbar sein, selbst wenn die Diskriminierung durch „seine" Künstliche Intelligenz unabsichtlich erfolgte. Auch vor diesem Hintergrund scheint es zwingend, KI-Systeme vor dem Einsatz auf Bias zu testen und ihre Entscheidungskriterien regelmäßig zu evaluieren.

Darüber hinaus ist **Arbeitsschutz** ein Thema: Wenn Mensch und Künstliche **33**
Intelligenz eng kollaborieren (Stichwort Cobots in der Produktion), müssen Sicherheit und Gesundheitsschutz gewährleistet bleiben. Künstliche Intelligenz kann helfen, monotone oder gefährliche Arbeiten zu übernehmen, zugleich dürfen neue Gefahren (durch unberechenbares Maschinenverhalten) nicht entstehen. Die bestehenden Arbeitsschutzvorschriften (etwa die Betriebssicherheitsverordnung) gelten auch für KI-gestützte Maschinen. Hier zeigt sich erneut das Prinzip der Technikneutralität: Der Einsatz eines KI-Roboters in der Fabrikhalle erfordert eine Gefährdungsbeurteilung und

---

32 *Trebinger/Linsenmaier/Schelz/Schmidt*, in: Fitting, BetrVG, § 87 Rn. 241.
33 *Lang/Schwaab*, LTZ 2025, 28, 33.

Schutzmaßnahmen nach den gleichen Grundsätzen wie bei einem „dummen“ Industrieroboter. Allerdings könnten in Zukunft Anpassungen nötig werden, etwa spezifische Anforderungen an die **Erklärbarkeit von KI-Systemen** am Arbeitsplatz, damit Beschäftigte nachvollziehen können, warum ein Assistenzsystem bestimmte Anweisungen gibt. Auch psychische Belastungen (ständige KI-Überwachung kann Stress erzeugen) müssen im Rahmen des Arbeitsschutzes mitbetrachtet werden.

34 In Summe steht das Arbeitsrecht durch Künstliche Intelligenz vor der Aufgabe, einen fairen Ausgleich zwischen **Innovationspotenzial und Arbeitnehmerrechten** zu finden. Die **Sozialpartnerschaft** – also das Zusammenwirken von Arbeitgebern, Arbeitnehmern und ihren Vertretungen – wird hier entscheidend sein, um Leitlinien für den KI-Einsatz in Betrieben zu entwickeln. In einigen Branchen (etwa der Versicherungswirtschaft oder Logistik) gibt es bereits gemeinsame Erklärungen der Tarifparteien zur „menschenzentrierten Einführung von KI“.[34] Dies zeigt: Die Technik mag neu sein, doch die Gestaltung ihrer Nutzung bleibt eine zutiefst soziale und rechtliche Frage. Angesichts der enormen Praxisrelevanz widmet dieses Handbuch dem „Einsatz von Künstlicher Intelligenz im Beschäftigungsverhältnis“ einen separaten Abschnitt (in Kap. 8).

2. Gesundheitswesen und Künstliche Intelligenz

35 Kaum ein Bereich verdeutlicht die Ambivalenz Künstlicher Intelligenz so sehr wie das Gesundheitswesen. Einerseits eröffnen KI-Systeme hier revolutionäre Chancen: Sie können medizinische Bilder (Röntgen, MRT) in Sekunden auswerten, Muster in Genomdaten erkennen, individuelle Therapievorschläge aus Millionen Studiendaten ableiten und sogar als virtuelle Assistenz für Patienten dienen. Andererseits geht es um höchst schützenswerte Güter – **Gesundheit, Leben und sensible Gesundheitsdaten** –, sodass die rechtlichen Anforderungen besonders hoch sind. Für Ärzte entsteht daher eine Sorgfaltspflicht, KI-Ergebnisse auf deren Plausibilität hin zu überprüfen und ihnen nicht blind zu vertrauen. Die Bundesärztekammer hat hierzu betont, dass Künstliche Intelligenz ein Assistenzwerkzeug ist, die letztliche Verantwortung aber beim Arzt verbleibt.[35] Spannend wird es, wenn Künstliche Intelligenz einmal Entscheidungen trifft, die heute ein Arzt trifft – etwa in der Medikamentendosierung. Würde dann noch der Arzt haften, oder eine Klinik, oder niemand?

---

34 BVK, Bonner Erklärung „Versicherungsvertrieb der Zukunft – „Gamechanger“ KI?, https://www.bvk.de/themen/publikation/position/bonner-erklarung-versicherungsvertrieb-der-zukunft-gamechanger-ki.820/; Verdi, Künstliche Intelligenz und Gute Arbeit gestalten, https://innovation-gute-arbeit.verdi.de/++file++5df736aac66a02389b29be54/download/ver.di-Flyer_KI%20in%20der%20betrieblichen%20Arbeit.pdf.

35 Bundesärztekammer, Deutsches Ärzteblatt, Jg. 118, Heft 33-34, 11.

Ein zentraler Aspekt des Einsatzes künstlicher Intelligenz im Gesundheitswesen ist der **Datenschutz**: Gesundheitsdaten gehören nach Art. 9 DSGVO zu den besonderen Kategorien von Daten, deren Verarbeitung strengen Anforderungen unterliegt. KI-Systeme brauchen aber oft große Mengen an Patientendaten zum Training (z. B. tausende MRT-Bilder). Die DSGVO erlaubt Forschung an solchen Daten nur unter engen Voraussetzungen, meist pseudonymisiert und mit bestimmten weiteren Einschränkungen.[36] In der Versorgung selbst kommt hinzu, dass Patientenrechte wie das Recht auf informationelle Selbstbestimmung berührt sind, wenn Künstliche Intelligenz eingesetzt wird. Patienten müssten aufgeklärt werden, wenn z. B. ein KI-Algorithmus eine Zweitmeinung liefert. Möglicherweise entsteht sogar ein Recht auf menschliche Zuwendung – man denke an KI-Psychotherapeuten oder Pflege-Roboter: Ist es zulässig, menschliche Zuwendung durch Maschinen zu ersetzen, oder verletzt dies die Menschenwürde? Solche ethisch-rechtlichen Fragen sind derzeit Gegenstand lebhafter Debatten.[37] **36**

Insgesamt verspricht Künstliche Intelligenz im Gesundheitswesen immense Vorteile, stellt aber zugleich eines der **risikoreichsten Anwendungsfelder** dar. Der rechtliche Rahmen wird sich voraussichtlich weiterentwickeln, z. B. mit sektorspezifischen Leitlinien oder Anpassungen im Haftungsrecht. Für Praktiker im Gesundheitssektor – seien es Krankenhäuser, Ärzte oder Medtech-Unternehmen – ist es essenziell, die **Regeln der Technik** und die rechtlichen Vorgaben gleichermaßen im Blick zu behalten, um Künstliche Intelligenz verantwortungsvoll zu implementieren. **37**

Gesundheit – so heißt es seit jeher im Volksmund – ist unser höchstes Gut. Gleichzeitig ist Künstliche Intelligenz nicht nur die prägende Technologie unserer Zeit, sondern ihr Einsatz und Nutzen ist gerade im Gesundheitsbereich aus den oben skizzierten Gründen auch besonders naheliegend. Entsprechend widmet dieses Handbuch der rechtlichen Betrachtung von „Künstlicher Intelligenz im Gesundheitswesen" ein eigenständiges Kapitel (in Kap. 5). **38**

3. Prüfung der Nutzung Künstlicher Intelligenz bei Unternehmenstransaktionen

Die Ökonomie der Künstlichen Intelligenz ist durch einen regelrechten Wettlauf um technologische Vorherrschaft gekennzeichnet. Datengetriebene Start-ups schießen aus dem Boden; etablierte Unternehmen kaufen KI-Firmen auf, um Know-how und Datenressourcen zu sichern. Bei Unter- **39**

36 *Steege*, GuP 2021, 125, 131.

37 *Haag*, in: Hoeren/Pinelli, Künstliche Intelligenz – Ethik und Recht, Kap. 6 C. I.; *Sahm*, MedR 2019, 927, 930 ff.; *Bendel,* Pflegeroboter, S. 224; *Rammos/Lange/Clausen*, in: Ebers/Heinze/Krügel/Steinrötter, Künstliche Intelligenz und Robotik, § 22 Rn. 12 f.

nehmensübernahmen spielen Künstliche Intelligenz und Daten eine immer wichtigere Rolle in der Due Diligence: Käufer prüfen genau, welche Datenbestände und KI-Modelle ein Zielunternehmen besitzt und – aus juristischer Sicht ebenso wichtig – ob die Nutzung dieser Daten rechtlich einwandfrei ist. Fälle, in denen ein hoher Firmenwert auf umfangreichen Trainingsdaten beruht, könnten sich als Fehlinvestition erweisen, wenn sich nachträglich herausstellt, dass jene Daten z. B. gegen Datenschutz oder Urheberrecht verstoßen (etwa, weil sie ohne Einwilligung der Betroffenen gesammelt oder aus geschützten Quellen extrahiert wurden). Daher umfasst eine moderne Legal Due Diligence auch stets Fragen der KI-Compliance: Gibt es dokumentierte Zustimmungen für Daten? Wurden Open-Source-Komponenten in der Künstlichen Intelligenz korrekt lizenziert? Liegen Verstöße gegen Nutzungsbedingungen fremder Datenbanken vor? Solche Punkte entscheiden mit über Deal oder No-Deal. Gleichzeitig müssen „klassische" M&A-Verträge an immaterielle Assets wie Algorithmen und Daten angepasst werden. Beim Unternehmenskauf wird man Garantien verlangen, dass keine (Bußgeld-)Verfahren im Zusammenhang mit dem Einsatz von Künstlicher Intelligenz bzw. der hieran enthaltenen Daten anhängig sind oder dass die Trainingsdaten frei von Rechten Dritter sind. Andernfalls drohen dem Käufer Wertberichtigungen oder sogar Haftung gegenüber Dritten nach Vollzug der Übernahme.

40 Insgesamt zeigt sich in M&A und Wettbewerb: Künstliche Intelligenz erhöht die Dynamik am Markt, was **Innovation** fördert, stellt aber etablierte **Rechtsprinzipien** auf die Probe. Bei Unternehmensübernahmen werden Juristen verstärkt interdisziplinär denken müssen – Tech-Know-how und IP-/Datenschutzwissen sind gefragt, um Fallstricke zu vermeiden. Hierauf ausgerichtet ist Kap. 10 dieses Handbuchs, das sich speziell mit der Prüfung der KI-Compliance im Rahmen von Unternehmenstranskationen auseinandersetzt.

IV. Zielsetzung und Aufbau des Handbuchs

41 Die vorstehenden Ausführungen haben verdeutlicht, dass Künstliche Intelligenz eine **Querschnittsmaterie** ist, die eine Vielzahl von Rechtsbereichen berührt. Für juristische Praktiker – seien es Rechtsanwälte, Unternehmensjuristen, Compliance-Verantwortliche oder Richter – wird es immer wichtiger, die Grundzüge der KI-Technologie zu verstehen und vor allem die damit verbundenen Rechtsfragen einordnen zu können. Dabei geht es nicht nur um akademische Überlegungen, sondern um ganz praktische Auswirkungen: vom Vertrag, der eine KI-Klausel enthält, über die Datenschutz-Folgenabschätzung für ein neues KI-Tool bis hin zur Frage der Haftung, wenn Künstliche Intelligenz nicht arbeitet, wie sie soll.

Dieses **Praxishandbuch KI und Daten** hat sich zum Ziel gesetzt, eine systematische Aufarbeitung der juristischen Problemfelder rund um den Einsatz künstlicher Intelligenz zu bieten – in einer Weise, die sowohl juristisch fundiert ist als auch für Nicht-Juristen mit technischem Interesse verständlich bleibt. Künstliche Intelligenz ist nicht nur ein vorübergehender Trend, sondern ein dauerhafter Transformationstreiber für Wirtschaft und Gesellschaft. Entsprechend kann das Recht nicht in isolierten Einzelfragen reagieren, sondern muss ganzheitliche Konzepte entwickeln. Es genügt nicht, nur hier ein bisschen Datenschutz anzupassen und dort eine Sonderregel im Haftungsrecht einzuführen – gefordert ist ein Zusammenspiel der Rechtsgebiete und ein Grundverständnis dafür, wie Künstliche Intelligenz funktioniert. Dieses Buch möchte dazu beitragen, indem es die **vielschichtigen Rechtsfragen** strukturierend aufbereitet. Die Devise lautet: Juristen müssen „mitlernen", wie Künstliche Intelligenz denkt, um die richtigen Fragen an die Technik stellen zu können; umgekehrt sollten Techniker Grundwissen über rechtliche Leitplanken haben, um ihre Innovationen rechtskonform zu gestalten. Nur in diesem Dialog lässt sich das enorme Potenzial der Künstlicher Intelligenz sicher und zum Wohle aller ausschöpfen. **42**

Der **Aufbau des Buches** orientiert sich dabei an den zentralen Regelungsbereichen, die beim KI-Einsatz relevant werden. Zunächst werden kurz die technischen Grundlagen gelegt, um ein gemeinsames Verständnis davon zu schaffen, wie KI-Systeme arbeiten und welche Wertungen bei ihrem Einsatz eine Rolle spielen. Daran anknüpfend widmen sich jeweils eigene Kapitel den gesetzlichen Rahmenbedingungen und den hier vorskizzierten Fragestellungen. Zusätzlich wird spezifisch der Einsatz von Künstlicher Intelligenz in den drei relevanten Bereichen Beschäftigungsverhältnisse, Gesundheit und Unternehmenstransaktion beleuchtet – einige der Felder, die im Rahmen der „KI-Revolution" aktuell von besonderem Interesse sind. **43**

Zielgruppe dieses Handbuchs sind primär Praktikerinnen und Praktiker, die mit den geschilderten Fragen konfrontiert sind – in Kanzleien, Unternehmen, Verbänden oder der Verwaltung. Ihnen möchte das Buch einen **Leitfaden** an die Hand geben, um die technischen Implikationen besser zu verstehen und tragfähige rechtliche Lösungen zu finden. Dabei wird stets versucht, eine klare Sprache zu verwenden und die Materie auch für jene zugänglich zu machen, die keine vertieften IT-Kenntnisse haben. **44**

Die Autoren hoffen, dass das vorliegende Werk Impulse für diese notwendige Auseinandersetzung liefert. Es soll zeigen: Das Recht ist weder hilflos gegenüber Künstlicher Intelligenz, noch sollte es blindlings jede Neuerung durchwinken. Vielmehr gilt es, mit Augenmaß und Expertise den Rahmen für vertrauenswürdige Künstliche Intelligenz zu gestalten – ein Rahmen, der Innovation ermöglicht, ohne fundamentale Werte preiszugeben. In diesem Sinne verstehen wir das Praxishandbuch als Einladung und Werkzeug zu- **45** gleich: Einladung, sich intensiv mit Künstlicher Intelligenz und ihren rechtlichen Facetten zu befassen, und Werkzeug, um im eigenen beruflichen Kontext sachgerechte Lösungen zu entwickeln. Denn letztlich liegt es an uns allen – JuristInnen wie TechnikerInnen, Wirtschaft wie Zivilgesellschaft –, die Zukunft der Künstlichen Intelligenz verantwortungsvoll zu formen. Dieses Buch möchte einen Beitrag dazu leisten.

Kapitel 2
Technische und historische Grundlagen

Literatur: *AbuShawar/Atwell*, ALICE Chatbot: Trials and Outputs, Computación y Sistemas, Vol. 19, No. 4 (2015), S. 625–632; *Alom/Taha/Yakopcic/Westberg/Sidike/Nasrin/Van Essen/Awwal/Asari*, The History Began from AlexNet: A Comprehensive Survey on Deep Learning Apporaches, 2018; *Balderas/Lastra/Benítez*, Can persistent homology whiten Transformer-based black-box models? A case study on BERT compression, 2023; *Bommasani* et al., On the opportunities and risks of foundation models, 2022; *Buxmann/H. Schmidt* (Hrsg.), Künstliche Intelligenz – Mit Algorithmen zum wirtschaftlichen Erfolg, 2. Aufl. 2021; *Chen/Mei/Fan/Wrang*, Opportunities and challenges of diffusion models for generative AI, National Science Review 11 (2024); *De Rouck*, Moral rights & AI environments: the unique bond between intelligent agents and their creations, GRUR Int. 2019, 432; *Demmerling/Stekeler-Weithofer*, Sprachphilosophie (Künstliche Intelligenz), Ausgabe 2014; *Ebers/Heinze/Krügel/Steinrötter* (Hrsg.), Künstliche Intelligenz und Robotik, Rechtshandbuch, 1. Aufl. 2020; *Feigenbaum/Shrobe*, The Japanese National Fifth Generation Project: Introduction, survey, and evaluation, Future Generation Computer Systems 9 (1993), S. 105–117; *Fink*, Big Data and Artificial Intelligence, ZGE/IPJ 9 (2017), S. 288–298; *Frost/Kießling*, Künstliche Intelligenz im Bereich des Gesundheitswesens und damit verbundene haftungsrechtliche Herausforderungen, MPR 2020, 178; *Gao/Xiong/Gao/Jia/Pan/Bi/Dai/Sun/Wang*, Retrieval-Augmented Generation for Large Language Models: A Survey, 2024; *Gemini Team Google*, Gemini: A Family of Highly Capable Multimodal Models, Google DeepMind, 2025; *Görz/Nebel*, Weitere Vertiefungen zu: Künstliche Intelligenz, 1. Aufl. 2003; *Grätz*, Künstliche Intelligenz im Urheberrecht – Eine Analyse der Zurechnungskriterien und der Prinzipien der verwandten Schutzrechte vor dem Hintergrund artifizieller Erzeugnisse, 2021; *Haider/Farooq/Siddique/Marron*, Looking into Black Box Code Language Models, 2024; *Handorn/Juknat*, KI und Haftung bei Medizinprodukten, MPR 2022, 77; *Hewage/Meedeniya*, Machine Learning Operations: A survey on MLOps Tool Support, 2022; *Hinkelmann/Hoppe/Humm* (Hrsg.), Hybride KI mit Machine Learning und Knowledge Graphs – Innovative Lösungen aus der Praxis, 1. Aufl. 2025; *Käde*, Kreative Maschinen und Urheberrecht, 1. Aufl. 2021; *Kaul/Enslin/Gross*, History of artificial intelligence in medicine, Gastrointestinal Endoscopy Vol. 92 No. 4 (2020), S. 807–812; *Kaulartz/Braegelmann* (Hrsg.), Rechtshandbuch Artificial Intelligence und Machine Learning, 1. Aufl. 2020; *Khan*, AI and Machine Learning in Transformer Fault Diagnosis: A Systematic Review, American Journal of Advanced Technology and Engineering Solutions Vol. 1 Issue 1 (2025), S. 290–318; *Knuth*, Lernende Entscheidungsbäume – Überholtes Verfahren oder vielseitige KI-Methode?, Informatik Spektrum 2021, 364; *Lewke*, „…aber das kann ich nicht tun!“: Künstliche Intelligenz und ihre Beteiligung am öffentlichen Diskurs, InTer 2017, 207; *Lindsay* et al., Dendral: a case study of the first expert system for scientific hypothesis formation, Artificial Intelligence 61 (1993), S. 209–261; *Lorenz*, Chatbots im praktischen Einsatz: Grundbegriffe, Rechtsfragen und Anwendungsszenarien, K&R 2019, 1; *Luitse/Denkena*, The great Transformer: Examining the role of large language models in the political economy of AI, Big Data & Society 8(2) 2021, S. 3–10; *Meniere/Pihlajamaa*, Künstliche Intelligenz in der Praxis des EPA, GRUR 2019, 332; *Narapareddy*, Generative

AI and Foundation Models, Universal Library of Innovative Research and Studies Vol. 2 Issue 2 (2025), S. 7–21; *Ng/Soo,* Data Science – was ist das eigentlich?! – Algorithmen des maschinellen Lernens verständlich erklärt, 2018; *Penn*, Animo nullius: on AI's origin story and a data colonial doctrine of discovery, BJHS Themes 2023, 8, S. 19–34; *Rojas*, Theorie der neuronalen Netze, 1. Aufl. 1993; *Russel/Norvig*, Künstliche Intelligenz – Ein moderner Ansatz, 4. Aufl. 2023; *Sander/v. Gross/Hugger* (Hrsg.), Handbuch Medienpädagogik, 2. Aufl. 2021; *Schneider/Meske/Kuss*, Foundation Models – A New Paradigm for Artificial Intelligence, Bus Inf Syst Eng 66(2), 2024, S. 221–231; *Steele Jr./Gabriel*, The evolution of Lisp, in: Proceedings of the second ACM SIGPLAN conference on History of programming languages (HOPL-II) 1993, S. 231–270; *Sviokla*, An Examination of the Impact of Expert Systems on the Firm: The Case of XCON, MIS Quaterly Vol. 14 No. 2 (June 1990), S. 127–140; *Vaswani/Shazeer/Parmar/Uszkoreit/Jones/Gomez/Kaiser/Polosukhin*, Attention is all you need, in: NIPS'17: Proceedings of the 31st International Conference on Neural Information Processing Systems, 2017, S. 2–8; *Wietzke*, Retrieval Augmented Generation – eine urheberrechtliche Betrachtung, RDi 2024, 538; *WIPO* (Hrsg.), WIPO Technology Trends 2019: Artificial Intelligence, 2019; *Zhang/Zhang/Zhang/Kweon/Kim*, Text-to-image Diffusion Models in Generative AI: A Survey, 2024.

Alle Internetfundstellen wurden zuletzt am 2.3.2026 abgerufen.

Übersicht

I. Einleitung

1 Künstliche Intelligenz ist das Ergebnis einer jahrzehntelangen technologischen Evolution, die nunmehr die rechtliche Beratungspraxis in nahezu allen Sektoren durchdringt. Für den Rechtsanwender stellt sich dabei zunehmend die Herausforderung, die technologischen Grundlagen von KI zu verstehen, um Haftungsfragen, die urheberrechtliche Schutzfähigkeit oder die regulatorische Compliance – insbesondere unter der neuen KI-VO – fundiert bewerten

zu können. Ein Verständnis der technischen Grundlagen ist dabei keine bloße Kür, sondern wird zur Voraussetzung für die juristische Subsumtion: Nur wer zum Beispiel versteht, ob ein KI-System auf deterministischen Regeln oder auf probabilistischen Wahrscheinlichkeiten basiert, kann die Haftungsrisiken adäquat einschätzen. Dieses Kapitel legt daher das technisch-historische Fundament, um die Funktionsweise moderner KI nicht als „Magie“, sondern als mathematisch-logische Prozesse begreifbar zu machen.

II. Historische Entwicklung der Technologie „Künstliche Intelligenz“

Um die heutige Leistungsfähigkeit sowie die Limitationen moderner KI-Systeme zu verstehen, ist ein Blick in die Historie unerlässlich. Die Entwicklung der KI verlief dabei keineswegs linear, sondern war geprägt von einem Wechselspiel aus Phasen euphorischer Aufbruchstimmung („KI-Sommer“) und Perioden der Stagnation und Desillusionierung („KI-Winter“). Diese historischen Zyklen verdeutlichen, dass der aktuelle Durchbruch generativer KI nicht aus dem Nichts kam, sondern auf verschiedenen, teils konkurrierenden Forschungssträngen aufbaut, deren Wurzeln weit in das 20. Jahrhundert zurückreichen und die das heutige Verständnis von intelligenter Datenverarbeitung maßgeblich geformt haben. **2**

1. Erste Schritte in den 1940er und 1950er Jahren

Die Anfänge der KI reichen bis in die Zeit vor den 1940er Jahren zurück, **3**
wurden dort jedoch erstmalig konkreter. Im Jahr 1943 entwickelten *Warren McCulloch* und *Walter Pitts* als erste Wissenschaftler ein Computermodell, das die Funktionsweise von Neuronen simulierte. Auch *Alan Turing* befasste sich frühzeitig mit dem Potenzial der künstlichen Intelligenz, indem er 1950 das Imitation Game konzipierte, das später in den Turing-Test umbenannt wurde.[1] Dies leitete die Debatte über die „Maschine als Erfinder“ ein und markierte somit den Beginn der Auseinandersetzung mit Künstlicher Intelligenz.

Im Sommer 1951 entwickelte *Marvin Lee Minsky* das Modell SNARC (Sto- **4**
chastic Neural Analog Reinforcement Calculator), das als erstes künstliches neuronales Netz gilt.[2] Die Maschine simulierte das grundlegende elektrische Verhalten des Gehirns und konnte durch Verstärkungen zufällig entstehender neuronaler Verbindungen ein Labyrinth lösen. Auch hierin konnte bereits das Potenzial der Künstlichen Intelligenz erkannt werden. Erstmals wurde

1 *Niederée/Nejdl*, in: Ebers/Heinze/Krügel/Steinrötter, Künstliche Intelligenz und Robotik, § 2 Rn. 6.
2 *De Rouck*, GRUR Int. 2019, 432, 432 f.

der Begriff der Künstlichen Intelligenz sodann auf der sechswöchigen Sommerkonferenz, dem Summer Research Project on Artificial Intelligence, von *John McCarthy* an der U. S.-amerikanischen Universität Dartmouth im Jahr 1955 verwendet.[3] Die hohen Erwartungen an dieses Forschungsgebiet wurden im Laufe der verschiedenen Epochen teilweise erfüllt und sogar übertroffen, während sie in anderen Phasen wiederholt enttäuscht wurden.

5 Bereits ein Jahr später stellten *Allen Newell*, *Herbert A. Simon* und *Cliff Shaw* auf der darauffolgenden Sommerkonferenz das Programm The Logic Theorist vor. Die Maschine konnte mathematische Thesen überprüfen und wurde seitdem umstrittenerweise als erste KI bezeichnet.[4]

2. Die symbolische Künstliche Intelligenz: Regeln und Logik

6 Die Phase der symbolischen Künstlichen Intelligenz begann 1957 und prägte die Entwicklung bis in die 1980er Jahre. Bei diesem symbolischen Ansatz werden intelligente Systeme konstruiert, indem man Wissen und logisches Schlussfolgern abstrahiert und in strukturierter Form als Fakten und Regeln zur Wissensverarbeitung ablegt.[5] Im Mittelpunkt stand der Versuch, menschliches Denken durch klare Symbole und Regeln nachzubilden. Man ging davon aus, dass intelligente Leistungen durch struktursensitive Verarbeitungsprozesse modelliert werden können und dass solche Systeme zu deduktiven Schlussfolgerungen fähig sind.[6]

7 Die symbolische Künstliche Intelligenz eignet sich daher besonders für klar strukturierte Probleme, etwa mathematische Problemlösungen, da sie rationales, jedoch kein kreatives oder intuitives Denken nachahmen kann.[7] Hier zeigt sich die zentrale Schwachstelle der symbolischen Künstlichen Intelligenz: Sie ist nicht in der Lage, über die vorgegebenen Regeln hinaus zu denken und bleibt auf diese beschränkt. Diese Einschränkungen führten zur Erforschung alternativer Ansätze, insbesondere zur Entwicklung neuronaler Netze, die auf biologischen Prinzipien basieren und eine neue Ära einleiteten.

---

3 *Kaulartz/Braegelmann*, in: Kaulartz/Braegelmann, Rechtshandbuch Artificial Intelligence und Machine Learning, Kap. 1 Rn. 16; *Niederée/Nejdl*, in: Ebers/Heinze/Krügel/Steinrötter, Künstliche Intelligenz und Robotik, § 2 Rn. 4.

4 *Penn*, BJHS Themes 2023, 8, S. 19, 26.

5 *Luitse/Denkena*, The great Transformer: Examining the role of large language models in the political economy of AI, Big Data & Society 8(2) 2021, S. 4.

6 *Müller*, in: Demmerling/Stekeler-Weithofer, Sprachphilosophie (Künstliche Intelligenz), S. 2.

7 *Müller*, in: Demmerling/Stekeler-Weithofer, Sprachphilosophie (Künstliche Intelligenz), S. 2 f.; *Görz/Nebel*, Weitere Vertiefungen zu: Künstliche Intelligenz, S. 1 f.

3. Künstliche Neuronale Netze

Im Laufe der Epoche der symbolischen Künstlichen Intelligenz kristallisierte sich die Entwicklung von neuronalen Netzen heraus. Das von *Frank Rosenblatt* 1957 entwickelte Perceptron ist in der Lage, grundlegende Muster zu erkennen, und stellte mithin einen frühen Versuch dar, ein neuronales Netz zu entwickeln.[8] Er legte den Grundstein für spätere Entwicklungen im Bereich des maschinellen Lernens. Dies schlug auch die Brücke zwischen der regelbasierten und erklärbaren symbolischen Künstlichen Intelligenz einerseits und der datengetriebenen, hierarchisch lernenden, aber schwer interpretierbaren subsymbolischen Künstlichen Intelligenz andererseits.[9] **8**

Neuronale Netze sind kurz erläutert: Der zentrale Mechanismus, durch den subsymbolische Künstliche Intelligenz funktioniert, besteht darin, dass sie Lernen und Problemlösung durch verteilte, adaptive Prozesse ermöglichen, ohne auf explizite Regeln angewiesen zu sein. **9**

Das vorrangig auf der Sommerkonferenz neu entstandene Forschungsgebiet der Künstlichen Intelligenz erzielte in dieser Zeit der symbolischen Künstlichen Intelligenz schnell bedeutende Erfolge: *John McCarthy* entwickelte 1958 die Programmiersprache LISP, die symbolische Informationen auf Basis mathematischer Logik verarbeiten kann.[10] LISP zeichnet sich durch eine klare Trennung von Code und Datenstruktur aus, was metaprogrammatische Techniken sowie Makrosysteme ermöglicht.[11] Diese Logikprogrammierungen stießen allerdings bald an ihre Grenzen, da die Entscheidbarkeit nur bei stark eingeschränkten logischen Formalismen gewährleistet werden konnte.[12] Hieran ist erneut die Beschränkung der Systeme, die rein auf Regeln beruhen, erkennbar. Auch litten die logikbasierten Ansätze der Künstlichen Intelligenz unter begrenzter Rechenleistung, hoher Problemkomplexität, fehlender Wissensbasis sowie mangelnder Fähigkeit zum Lernen. **10**

---

8 *Alom* et al., The History began from AlexNet: Comprehensive Survey on Deep Learning Approaches, S. 6; *Luitse/Denkena*, The great Transformer: Examining the role of large language models in the political economy of AI, Big Data & Society 8(2) 2021, S. 4.

9 *Niederée/Nejdl*, in: Ebers/Heinze/Krügel/Steinrötter, Künstliche Intelligenz und Robotik, § 2 Rn. 11 und 17.

10 *Steele Jr./Gabriel*, The evolution of Lisp, in: Proceedings of the second ACM SIGPLAN conference on History of programming languages (HOPL-II) 1993, S. 234; *Feigenbaum/Shrobe*, The Japanese National Fifth Generation Project: Introduction, survey, and evaluation, Future Generation Computer Systems 9 (1993), S. 105, 107.

11 *Steele Jr./Gabriel*, The evolution of Lisp, in: Proceedings of the second ACM SIGPLAN conference on History of programming languages (HOPL-II) 1993, S. 234.

12 *Niederée/Nejdl*, in: Ebers/Heinze/Krügel/Steinrötter, Künstliche Intelligenz und Robotik, § 2 Rn. 12.

11 Im Jahr 1965 brachte das von *Edward Feigenbaum*, *Bruce Buchanan*, *Joshua Lederberg* und *Carl Djerassi* entwickelte Programm DENDRAL neue Erfolge. Das Programm verwendete wegen seiner technischen Vorteile für die Darstellung und Manipulation der Baumstruktur chemischer Graphen die Programmiersprache LISP und baute damit auf den bisherigen Entwicklungen auf.[13] Auch die Defizite des General Problem Solver wurden für die Forschung DENDRALs herangezogen und standen damit im Kontrast zur neuartigen heuristischen Programmierung. DENDRAL ist aus heutiger Sicht nicht ganz unumstritten das erste Expertensystem, das mithilfe der Simulation der Hypothesenbildung den Entscheidungsprozess organischer Chemiker automatisiert. Es war jedenfalls die erste Anwendung Künstlicher Intelligenz auf ein Problem wissenschaftlichen Denkens. Damit war das Programm seiner Zeit voraus, da sich Expertensysteme erst ab 1980 vermehrt etablierten.

12 Ein Jahr später entwickelte *Joseph Weizenbaum* das Programm ELIZA, welches die Kommunikation zwischen Mensch und Maschine in natürlicher Sprache imitierte, indem es so reagierte, als würde es tatsächlich Antworten geben, und damit den Vorgänger heutiger Chatbots verkörpert. Die Versuchspersonen waren folglich nicht in der Lage, zu unterscheiden, ob sie mit einem Menschen oder mit einer Maschine kommunizierten, da das System bei der Identifikation eines bestimmten Themenbereichs gezielt themenbezogene Antworten generierte und im Übrigen auf unspezifische Fragen ausweichend reagierte.[14] Zu dieser Zeit war die Möglichkeit, mit einem Computer zu kommunizieren, bahnbrechend. Aus heutiger Sicht ist klar das Defizit eines solchen rein regelbasierten Systems zu erkennen, welches bei außergewöhnlicheren oder nicht identifizierbaren Themen versagt.

13 *James Lighthill* präsentierte 1973 dem British Science Research Council einen wichtigen Bericht zur KI-Forschung, in dem er seine Einschätzung äußerte, dass die damaligen Erwartungen an die Künstliche Intelligenz nicht erfüllt wurden. Er betonte, dass das Forschungsfeld bisher keine bedeutenden Durchbrüche erzielt habe, und führte mit seinen Aussagen zu einem Rückgang der Betätigungen in diesem Feld.

14 Die darauffolgende Stagnation der symbolischen Künstlichen Intelligenz in den 1970er Jahren, auch als „erster Winter" der Künstlichen Intelligenz bekannt, machte deutlich, dass neue Ansätze erforderlich waren, um die Grenzen der bisherigen Systeme zu überwinden. Dieser Stillstand lässt sich unter anderem mit dem sehr kritisch formulierten Beitrag von *Lighthill* sowie mit der Erkenntnis begründen, dass diese KI-Lösungsansätze keine realen Prob-

13 *Lindsay* et al., Dendral: a case study of the first expert system for scientific hypothesis formation, Artificial Intelligence 61 (1993), S. 210 ff.

14 *Schröder*, in: Kaulartz/Braegelmann, Rechtshandbuch Artificial Intelligence und Machine Learning, Kap. 2.5 Rn. 1.

leme lösen konnten.[15] Beispielhaft genannt blieben Systeme wie der General Problem Solver und ELIZA aufgrund ihrer reinen Symbolik weit hinter der realweltlichen Komplexität zurück.

Diese Erkenntnis führte zur Entwicklung wissensbasierter Expertensysteme, die dank ihrer spezialisierten Wissensbasis die Wiederaufnahme der Forschung im Bereich der Künstlichen Intelligenz ermöglichten. **15**

4. Die Wiederbelebung der Forschung: Expertensysteme

Aber erst ab dem Jahr 1980 erlebte die Forschung zur Künstlichen Intelligenz durch die Einführung wissensbasierter Expertensysteme eine solche Wiederbelebung.[16] Ein Expertensystem nutzt eine von Fachleuten erstellte, anwendungsspezifische Wissensbasis, um den Nutzer wie ein Experte zu beraten, wobei es aus dem vorhandenen Wissen selbstständig neue Erkenntnisse ableiten kann.[17] Expertensysteme nutzen demnach automatisiert in informationsverarbeitenden Systemen hinterlegtes Wissen, um darauf basierende Entscheidungen zu treffen.[18] Aufgrund ihrer umfangreichen regelbasierten Wissensbasis für klar definierte Probleme sind solche Expertensysteme daher eher mit umfangreichen Datenbanken zu vergleichen.[19] **16**

Nennenswert ist diesbezüglich insbesondere *Edward Feigenbaum*, der als Vater der Expertensysteme bezeichnet wird und ein medizinisches Expertensystem namens MYCIN entwickelte, das Diagnosen stellen und Therapieempfehlungen geben konnte.[20] *John P. McDermott* hingegen wurde 1978 durch XCON bekannt, ein Expertensystem, das die Bestellung von VAX-Computersystemen unterstützte.[21] **17**

---

15 *Niederée/Nejdl*, in: Ebers/Heinze/Krügel/Steinrötter, Künstliche Intelligenz und Robotik, § 2 Rn. 8.

16 WIPO (Hrsg.), WIPO Technology Trends 2019: Artificial Intelligence, S. 19.

17 *Niederée/Nejdl*, in: Ebers/Heinze/Krügel/Steinrötter, Künstliche Intelligenz und Robotik, § 2 Rn. 15.

18 *Stiemerling*, in: Kaulartz/Braegelmann, Rechtshandbuch Artificial Intelligence und Machine Learning, Kap. 2.1 Rn. 34.

19 *Damberger*, in: Sander/v. Gross/Hugger, Handbuch Medienpädagogik, S. 577, 580; *Käde*, Kreative Maschinen und Urheberrecht, S. 59.

20 *Kaul* et al., History of artificial intelligence in medicine, Gastrointestinal Endoscopy Vol. 92 No. 4 (2020), S. 807, 809; *Stiemerling*, in: Kaulartz/Braegelmann, Rechtshandbuch Artificial Intelligence und Machine Learning, Kap. 2.1 Rn. 34; *Handorn/Juknat*, MPR 2022, 77, 79.

21 *Sviokla*, An Examination of the Impact of Expert Systems on the Firm: The Case of XCON, MIS Quaterly, Vol. 14, No. 2 (June 1990), S. 127, 132; *Steele Jr./Gabriel*, The evolution of Lisp, in: Proceedings of the second ACM SIGPLAN conference on History of programming languages (HOPL-II) 1993, S. 297.

18 In juristischer Hinsicht traten insoweit neue Fragen bezüglich der Medizin- und Produkthaftung sowie der Software als Produkt auf.[22] Die Entwicklung großer Expertensysteme war mit erheblichem Aufwand verbunden[23], sodass ihr Einsatz oft unwirtschaftlich war. Auch die Wartung und Pflege war deutlich zu aufwendig.[24] Zuletzt war ihr großes Manko, dass sie keine Lernfähigkeit besaßen und im Vergleich zu modernen Modellen, die von Daten lernten, nur sehr unflexibel waren.[25] Regelbasierte Systeme sind daher für den breiten Einsatz in Wirtschaft und Verwaltung zu wenig anpassungsfähig und die Aktualisierung des in den Expertensystemen gespeicherten Wissens erwies sich als zu kostspielig.[26]

19 Die Schwächen der Expertensysteme und die damit einhergehende Enttäuschung führten zu einem erneuten Rückgang der Forschung im Bereich der Künstlichen Intelligenz und damit zu einem zweiten KI-Winter. Zudem spielten die Enttäuschung und letztlich das Scheitern des japanischen FGCS-Projekts im Jahr 1992 eine Rolle. Insgesamt waren die Erwartungen an die Systeme und deren Ergebnisse teilweise zu hoch angesetzt und konnten nicht erfüllt werden.

5. Der nächste Sommer: Maschinelles Lernen

20 Ein erneuter Auftrieb gelang mit Beginn der 1990er Jahre bis hin zu den 2000er Jahren. Dort stand sodann das maschinelle Lernen im Fokus, sodass Zurückhaltung hinsichtlich des Begriffs der Künstlichen Intelligenz präferiert wurde.[27] In den Vordergrund rückten zu diesem Zeitpunkt das Implementieren von Support-Vector-Machines[28], Entscheidungsbäume und Ensemble-Methoden, woraus sich neue Debatten bezüglich des Datenschutzes ergaben.[29] Diese neue Ära mitsamt ihren technischen Errungenschaften eröffnete völlig neue Möglichkeiten und legte den Grundstein für viele der heutigen Entwicklungen von KI-Systemen.

21 Support-Vector-Machines sind überwacht lernende Klassifikatoren, die eine optimale Hyperebene konstruieren können und so komplexe Fehlermuster

---

22 *Frost/Kießling*, MPR 2020, 178, 180.

23 *Damberger*, in: Sander/v. Gross/Hugger, Handbuch Medienpädagogik, S. 577, 580.

24 *Sviokla*, An Examination of the Impact of Expert Systems on the Firm: The Case of XCON, MIS Quaterly, Vol. 14, No. 2 (June 1990), S. 127.

25 *Schneider* et al., Foundation Models – A New Paradigm for Artificial Intelligence, Bus Inf Syst Eng 66(2), 2024, S. 221, 222.

26 WIPO (Hrsg.), WIPO Technology Trends 2019: Artificial Intelligence, S. 19.

27 *Fink*, ZGE 9 (2017), 288, 289.

28 *Khan*, AI and machine learning in transformer fault diagnosis: A systematic review, American Journal of Advanced Technology and Engineering Solutions Vol. 1 Issue 1 (2025), S. 290, 299 f.

29 *Knuth*, Informatik Spektrum 2021, 364 f.

erkennen, um eine bessere Generalisierung des Modells zu ermöglichen.[30] Mithilfe der sogenannten Kernel-Funktionen, die es ermöglichen, auch komplexere Zusammenhänge in den Daten zu erkennen, erleichtern sie die Fehlerdiagnose von elektrischen Transformatoren.[31] Support-Vector-Machines stellten daher zunächst ein mächtiges Werkzeug für die industrielle Fehlerdiagnose dar. Sie sind allerdings, insbesondere bei besonders großen Datenmengen, nicht universell einsetzbar, sodass dies einen Anreiz zur Weiterentwicklung dieses Bereichs gab.

Auch lernende Systeme wie solche, die mithilfe von Entscheidungsbäumen agieren, formten die Zeit bis in die 2000er Jahre. Entscheidungsbäume bestehen aus einer Wurzel, inneren Knoten zur Darstellung der Entscheidungen, Verzweigungen und Blättern.[32] Jeder Pfad folgt einer logisch verknüpften Regel, weshalb Entscheidungsbäume besonders erklärbar und auch transparent sind. Diese positiven Merkmale führen dazu, dass Entscheidungsbäume auch heute die Grundlage vieler verfügbarer Systeme im Bereich der Künstlichen Intelligenz bilden. Einzelne Entscheidungsbäume neigen jedoch dazu, durch übermäßige Tiefe und Komplexität die Trainingsdaten inflationär anzupassen – ein sogenanntes Overfitting –, was ihre Genauigkeit und Robustheit gegenüber neuen Eingaben mindert. **22**

Auch aus diesem Grund wurden sogenannte Ensemble-Methoden entwickelt. Die Methode kombiniert mehrere, eher schwächere, Einzelmodelle zu einem Gesamtmodell, um verbesserte Ergebnisse erzielen zu können.[33] Aufgrund der einfachen Erklärbarkeit der Entscheidungsbäume fehlt es meist an der Möglichkeit, diese auch auf komplexere Situationen anzuwenden, sodass Modelle wie Random Forests und Gradient Boosted Trees diese Nachteile mithilfe von Ensemble-Methoden ausgleichen.[34] Random Forests erstellen viele Entscheidungsbäume parallel, in denen die Merkmalsuntergruppen zufällig gewählt werden und die finale Entscheidung sodann nach Mehrheit getroffen wird, während Gradient Boosted Trees wiederum eine aufeinanderfolgende Erstellung von Entscheidungsbäumen bevorzugen, um jeweils eine Verbesserung hervorzubringen.[35] **23**

---

30 *Khan*, AI and machine learning in transformer fault diagnosis: A systematic review, American Journal of Advanced Technology and Engineering Solutions Vol. 1 Issue 1 (2025), S. 290, 299.

31 *Khan*, AI and machine learning in transformer fault diagnosis: A systematic review, American Journal of Advanced Technology and Engineering Solutions Vol. 1 Issue 1 (2025), S. 290, 299 f.

32 *Knuth*, Informatik Spektrum 2021, 364, 365.

33 *Khan*, AI and machine learning in transformer fault diagnosis: A systematic review, American Journal of Advanced Technology and Engineering Solutions Vol. 1 Issue 1 (2025), S. 290, 300.

34 *Knuth*, Informatik Spektrum 2021, 364, 365.

35 *Knuth*, Informatik Spektrum 2021, 364, 367.

24 Aber auch diese Entwicklungen reichten für die erwarteten Leistungen, wie sie auch nach dem heutigen Stand in modernen KI-Modellen zu erkennen sind, nicht aus. Mithin wurden weitere Forschungen bezüglich der neuronalen Netze betrieben.

III. Die moderne Entwicklung: Was man heute zunehmend unter Künstlicher Intelligenz versteht

25 Die Grenzen dieser klassischen Verfahren bei der Verarbeitung komplexer, unstrukturierter Daten machten jedoch einen Paradigmenwechsel erforderlich, der den Weg für die Renaissance neuronaler Netze ebnete. Es ist diese technologische Disruption, die den Übergang zum „Deep Learning" markiert und das heutige Verständnis von Künstlicher Intelligenz – sowie die damit verbundenen rechtlichen Herausforderungen – maßgeblich definiert.

1. Der Durchbruch des Deep Learning: Backpropagation

26 Die Entwicklung moderner neuronaler Netze wurde sodann maßgeblich durch die Wiederentdeckung des Backpropagation-Algorithmus im Jahr 1986 durch *Geoffrey Hinton*, *David Rumelhart* und *Ronald Williams* vorangetrieben.[36] Dieser Algorithmus ermöglichte es, die Verbindungen in mehrschichtigen neuronalen Netzen effizient anzupassen, und legte den Grundstein für das heutige Deep Learning.

27 Auf Grundlage des von *Weizenbaum* entwickelten Programms ELIZA erschuf *Richard Wallace* 1995 den Chatbot A.L.I.C.E. (Artificial Linguistic Internet Computer Entity). A.L.I.C.E. arbeitete im Gegensatz zu ELIZA, das einfache Skripte nutzt, mit AIML (Artificial Intelligent Markup Language), einer XML-basierten Sprache, um Wissen zu repräsentieren und daraufhin Gespräche simulieren zu können. Die damit einhergehende Anpassungsfähigkeit des Chatbots eröffnete die Türen für weitere dialogorientierte Künstliche Intelligenz.[37]

28 Einen Durchbruch in der Zeit des datengetriebenen Lernens stellte insbesondere das auf maschinellem Lernen basierende IBM-System Deep Blue dar, welches 1997 den damaligen amtierenden Schachweltmeister *Gary Kasparov* bezwang.[38] Im Grunde genommen handelte es sich jedoch schlicht

36 *Alom* et al., The History began from AlexNet: Comprehensive Survey on Deep Learning Approaches, S. 6; *Luitse/Denkena*, The great Transformer: Examining the role of large language models in the political economy of AI, Big Data & Society 8(2) 2021, S. 4.

37 *AbuShawar/Atwell*, ALICE Chatbot: Trials and Outputs, Computación y Sistemas, Vol. 19, No. 4 (2015), S. 625 ff.

38 *Damberger*, in: Sander/v. Gross/Hugger, Handbuch Medienpädagogik, S. 577, 580 f.

um einen schnell agierenden Computer, der den Brute-Force-Algorithmus nutzte, also alle Möglichkeiten in Betracht zieht, um etwa 200 Millionen Schachzüge pro Sekunde auswerten zu können.[39] Bei dieser Art der Auswertung handelt es sich erneut um einen rein regelbasierten Ansatz, der keine Möglichkeit zur Weiterentwicklung durch Lernen bietet. Dennoch war das System aufgrund seiner Reaktionszeit und der hohen Siegeswahrscheinlichkeit für diese Zeit revolutionär.

Die Kombination von symbolischer und datengetriebener Künstlicher Intelligenz zeigte das Potenzial hybrider Ansätze. Diese Hybridansätze, auch als neuro-symbolische Künstliche Intelligenz bekannt, verbinden die logische Nachvollziehbarkeit der symbolischen Künstlichen Intelligenz mit der Flexibilität und Lernfähigkeit des Deep Learning.[40] Solche Ansätze sind besonders in Bereichen wie der Medizin oder der Rechtspraxis von Bedeutung, in denen Transparenz und Nachvollziehbarkeit entscheidend sind. **29**

2. GPU-gestütztes Deep Learning

Dieser Durchbruch schlug sich sodann in der Deep-Learning-Renaissance der Künstlichen Intelligenz in den Jahren 2006 bis 2012 nieder.[41] Es folgte die Einführung sogenannter GPU-beschleunigter Netzwerke (Graphics Processing Unit): künstlicher neuronaler Netze, die das menschliche Gehirn nachahmen und rechenintensive Prozesse mithilfe von Grafikprozessoren parallelisieren.[42] Dies führt zu einer erheblichen Steigerung der Rechenleistung, wobei die Entwicklung durch die stark gewachsene Verfügbarkeit sowie den erleichterten Zugriff auf große Datenmengen begünstigt wurde.[43] Ohne GPUs wären moderne Deep-Learning-Modelle daher weder vernünftig trainierbar noch praktikabel einsetzbar und damit deutlich weniger brauchbar. **30**

Auch wenn viele Verfahren dieser Zeit heute durch bessere Systeme ersetzt wurden, prägen ihre Prinzipien und Konzepte weiterhin maßgeblich die Struktur, Nachvollziehbarkeit und Leistungsfähigkeit moderner KI-Systeme. So auch die Einführung von Siri durch Apple im Jahr 2011: ein virtueller Assistent, der in das iOS-Betriebssystem integriert ist und über Sprach- **31**

---

39 *Damberger*, in: Sander/v. Gross/Hugger, Handbuch Medienpädagogik, S. 577, 580 f.

40 *Hinkelmann*, in: Hinkelmann/Hoppe/Humm, Hybride KI mit Machine Learning und Knowledge Graphs, Geleitwort und S. 7.

41 WIPO (Hrsg.), WIPO Technology Trends 2019: Artificial Intelligence, S. 19.

42 *Luitse/Denkena*, in: The great Transformer: Examining the role of large language models in the political economy of AI, Big Data & Society 8(2) 2021, S. 3.

43 *Meniere/Pihlajamaa*, GRUR 2019, 332; *Ng/Soo,* Data Science – was ist das eigentlich?!, S. 131.

befehle des Benutzers das Endgerät steuern kann.[44] Dieses sehr individuelle Erlebnis, welches mithilfe des Spracherkennungssystems geschaffen wurde, ist als enormer Fortschritt in der Künstlichen Intelligenz abseits von Forschung und Industrie zu erkennen.

32 Auch das System AlphaGo von DeepMind, das 2016 den Weltmeister im Brettspiel Go besiegte, sorgte für einen weiteren Meilenstein in der Entwicklung der Künstlichen Intelligenz in dem Bereich des Deep Learning. Dabei griff es auf Muster zurück, um hochkomplexe strategische Probleme lösen zu können.[45] Dies demonstrierte bereits die Fähigkeiten und die Reichweite an Möglichkeiten moderner KI-Systeme, wie wir sie heute teilweise schon nutzen.

3. Die Transformer-Modelle: Ära der Sprach-KI

33 Sodann vollzog sich im Bereich des Natural Language Processing ein Paradigmenwechsel: Statt auf sequenzielle Verarbeitung, wie in den klassischen Deep-Learning-Modellen etwa rekurrenter neuronaler Netze, setzte man zunehmend auf massiv parallele Rechenprozesse. Dies ist insbesondere darauf zurückzuführen, dass rekurrente Modelle nicht innerhalb eines Beispiels parallelisiert werden können, wodurch sie ineffizient werden.[46]

34 Die nächste bahnbrechende Entwicklung erfolgte im Bereich der Sprachverarbeitung. Es entwickelte sich die Transformer-Ära, die sich den Jahren 2017 bis 2020 zuordnen lässt und in der Generative Pre-trained Transformer (GPT-3) für großes Aufsehen im Bereich der Sprachmodelle sorgten.

35 Die Kernidee findet sich in der Selbstaufmerksamkeit, bei der jedes Eingabesymbol parallel alle anderen bewertet, wodurch Syntax, Semantik und Position gleichzeitig erfasst werden.[47] Dargestellt werden die typischen grammatikalischen Strukturen, thematisch verbundene Begriffe und die situationsabhängige Verwendung der Sprache. Das Modell ist dadurch in der Lage, sprachliche Zusammenhänge (semantisch, syntaktisch und positionsbezogen) ohne explizite Regeln oder sequenzielle Verarbeitung zu erfassen. Dies reduziert die Trainingszeiten massiv.[48] Rekurrente Netze wurden mit-

---

44 *Kaul* et al., History of artificial intelligence in medicine, Gastrointestinal Endoscopy Vol. 92 No. 4 (2020), S. 807, 808.

45 *Damberger*, in: Sander/v. Gross/Hugger, Handbuch Medienpädagogik, S. 577, 581; WIPO (Hrsg.), WIPO Technology Trends 2019: Artificial Intelligence, S. 19.

46 *Vaswani* et al., in: Attention is all you need, in: NIPS'17: Proceedings of the 31st International Conference on Neural Information Processing Systems, 2017, S. 2.

47 *Luitse/Denkena*, The great Transformer: Examining the role of large language models in the political economy of AI, Big Data & Society 8(2) 2021, S. 7.

48 *Vaswani* et al., Attention is all you need, in: NIPS'17: Proceedings of the 31st International Conference on Neural Information Processing Systems, 2017, S. 7 f.

hin im Sprachbereich weitgehend verdrängt; die Transformer-Modelle dominieren seitdem Benchmarks und laufen auf spezialisierten Rechenzentren mit Milliarden Matrixoperationen pro Sekunde.[49]

Neben GPT-3 war auch BERT (Bidirectional Encoder Representations from Transformers), das 2018 von Google vorgestellt wurde, ein bedeutender Meilenstein im Bereich des Natural Language Processing (NLP). Es besteht ausschließlich aus mehreren übereinander geschichteten Encoder-Schichten und enthält keinen Encoder.[50] BERT ermöglicht es, den Kontext von Wörtern in einem Text bidirektional zu erfassen, was die Genauigkeit vieler NLP-Anwendungen erheblich verbessert.[51] Transformer-Modelle wie GPT-3 und BERT werden bereits in der Rechtspraxis eingesetzt, um Verträge zu analysieren, juristische Schriftsätze zu erstellen oder rechtliche Fragen zu beantworten. **36**

Trotz ihrer hohen Genauigkeit bleiben Transformer-basierte Code-Modelle weitgehend undurchsichtig: Angesichts der enormen Anzahl von Neuronen, Schichten und Parametern lässt sich der innere Zustand eines solchen Netzes zu keinem Zeitpunkt adäquat offenlegen; folglich bleibt auch die Herleitung seiner Ausgaben weitgehend undurchschaubar.[52] Die Forschung optimiert vor allem Metriken, untersucht aber kaum die entscheidenden Feed-Forward-Schichten, sodass diese Systeme als Black Boxes angesehen werden.[53] Probleme dieser Intransparenz äußern sich insbesondere im Hinblick auf Haftungs- und Compliancefragen[54], welche bisher nicht gelöst zu sein scheinen und die auch nicht durch die technische Überlegenheit dieser Modelle ausgeglichen werden können. **37**

Trotz der genannten Probleme begründet die Modellarchitektur der Transformermodelle das Fundament für nachfolgende moderne KI-Modelle, insbesondere große Sprachmodelle wie GPT und BERT. Die technische Basis des maschinellen Lernens setzte mithin einen weiteren Meilenstein in der Entwicklung der Künstlichen Intelligenz. Die Fortschritte in der Transfor- **38**

---

49 *Luitse/Denkena*, The great Transformer: Examining the role of large language models in the political economy of AI, Big Data & Society 8(2) 2021, S. 4 f. und 10.

50 *Luitse/Denkena*, The great Transformer: Examining the role of large language models in the political economy of AI, Big Data & Society 8(2) 2021, S. 8.

51 *Narapareddy*, Generative AI and Foundation Models, Universal Library of Innovative Research and Studies, Vol. 2 Issue 2 (2025), S. 7, 8.

52 *Balderas/Lastra/Benítez*, Can persistent homology whiten Transformer-based black-box models? A case study on BERT compression, S. 2.

53 *Haider* et al., Looking into Black Box Code Language Models, S. 1.

54 *Frost/Kießling*, MPR 2020, 178, 182; *Haider* et al., Looking into Black Box Code Language Models, S. 1; *Khan*, AI and machine learning in transformer fault diagnosis: A systematic review, American Journal of Advanced Technology and Engineering Solutions Vol. 1 Issue 1 (2025), S. 290, 307; *Handorn/Juknat*, MPR 2022, 77, 83.

mer-Technologie ebneten den Weg für die Entwicklung weiterer moderner Modelle.

4. Foundation- und Generative-Models

39 Die jüngste Entwicklung im Bereich der Künstlichen Intelligenz ist seit 2021 geprägt von der Etablierung sogenannter Foundation-/Generative-Models: großskaliger neuronaler Netze, welche mithilfe selbstüberwachter Lernverfahren auf großen, heterogenen Datensätzen vortrainiert werden und sich effizient auf vielfältige Aufgaben anpassen lassen.[55] Somit ist in der Entwicklung erkennbar, dass sich von den Einzwecksystemen hin zu universell einsetzbaren, skalierbaren und domänenübergreifenden KI-Systemen orientiert wird. Diese können als Grundlage und damit als Foundation, wie auch begrifflich geprägt von *Bommasani* et al.,[56] in Wissenschaft, Wirtschaft und Gesellschaft dienen.

40 Die Foundation- und Generative-Models werden fälschlicherweise vielfach verwechselt oder ihre Begriffe als Synonyme angenommen. Einfach dargestellt sind Foundation-Models große domänen-unspezifische KI-Modelle, die auf gewaltigen Datensätzen vortrainiert werden und somit als vielseitige Basis für viele verschiedene Anwendungen dienen, wohingegen Generative-Models aus bestehenden Daten lernen und dazu dienen, neue Inhalte zu erzeugen.[57] Foundation-Models sind somit eine Untergruppe der generativen Modelle, die sich durch ihre Vielseitigkeit und ihr breites Einsatzspektrum auszeichnen. Beispielhaft für Foundation-Models sind die namhaften Modelle wie GPT, PaLM und BERT[58] während Generative Models demgegenüber spezialisierte Textgeneratoren sowie Stable-Diffusion-Modelle umfassen. Foundation-Models sind daher universell einsetzbar und bilden, wie soeben erläutert, die Basis für spezialisierte generative Modelle.

41 Mit generativen Diffusionsmodellen wie Stable Diffusion und DALL-E 3 wurde die Bildsynthese auf Basis natürlicher Sprache technisch revolutioniert. Während DALL-E 3 auf einem autoregressiven Transformer aufbaut,[59] nutzt Stable Diffusion latente Diffusionsprozesse, um hochauflösende Bildinhalte durch schrittweise Umwandlung von Rauschmustern zu strukturier-

55 *Schneider* et al., Foundation Models – A New Paradigm for Artificial Intelligence, Bus Inf Syst Eng 66(2), 2024, S. 221 ff.

56 *Bommasani* et al., On the opportunities and risks of foundation models, S. 3.

57 *Naraparedd*y, Generative AI and Foundation Models, Universal Library of Innovative Research and Studies, Vol. 2 Issue 2 (2025), S. 7.

58 *Naraparedd*y, Generative AI and Foundation Models, Universal Library of Innovative Research and Studies, Vol. 2 Issue 2 (2025), S. 7.

59 *Zhang* et al., Text-to-image Diffusion Models in Generative AI: A Survey, S. 11.

ter Semantik zu generieren.[60] Dabei zeigen sich grundlegend unterschiedliche technische Gegebenheiten: DALL-E 3 verarbeitet Sprache und Bild in einem gemeinsamen Modell, wobei die enge Verknüpfung von Sprache und Bild zu einer erhöhten Rechenleistung führt.[61] Stable Diffusion hingegen arbeitet zweiteilig, indem es die Bedeutung des Textes erkennt und sodann ein Bild sinnvoll generiert, sodass es dem Inhalt des Textes entspricht.[62]

Beide Modelle demonstrieren, wie große multimodale Modelle semantisch kohärente Inhalte erzeugen können, die zuvor explizit modelliert werden müssen. Diese Modelle werden zunehmend steuerbar, kontextsensitiv und interaktiv. Damit wird die Grundlage geschaffen für universell einsetzbare KI-Modelle, die sich kontextspezifisch an neue Aufgaben anpassen und domänenübergreifend eingesetzt werden können. **42**

5. Multimodale Künstliche Intelligenz und hybride Ansätze

Ein weiterer technologischer Fortschritt im Gebiet der Künstlichen Intelligenz ist das Konzept der Retrieval-Augmented Generation (RAG), das generative Transformer-Modelle mit externen Wissensdatenbanken kombiniert, um präzisere und aktuellere Ergebnisse zu erzielen.[63] Das Modell besteht aus zwei klar abtrennbaren Modulen: Retriever und Generator, wobei der Retriever mittels seiner semantischen Vektorsuche die Wissensdatenbank durchsucht.[64] Die Modellantwort wird so nicht nur ergänzt, sondern auch ein neuer Pfad zwischen abrufbarem und verinnerlichtem Wissen geöffnet, was eine wichtige Entwicklung insbesondere für domänenspezifische oder dynamische Anwendungsfelder darstellt.[65] Große Sprachmodelle erzeugen Texte somit autoregressiv, lernen aus menschlichem Feedback und können über semantische Suchsysteme externes Wissen einbinden.[66] Dies gewährleistet einerseits Aktualität und reduziert andererseits Halluzinationen, indem die Antworten auf verifizierbare Quellen verweisen.[67] **43**

---

60 *Chen/Mei/Fan/Wrang*, Opportunities and challenges of diffusion models for generative AI, National Science Review 11 (2024), S. 12 f.

61 *Chen/Mei/Fan/Wrang*, Opportunities and challenges of diffusion models for generative AI, National Science Review 11 (2024), S. 5.

62 *Chen/Mei/Fan/Wrang*, Opportunities and challenges of diffusion models for generative AI, National Science Review 11 (2024), S. 3.

63 *Wietzke*, RDi 2024, 538, 540 ff.

64 *Wietzke*, RDi 2024, 538.

65 *Gao* et al., Retrieval-Augmented Generation for Large Language Models: A Survey, S. 1.

66 *Schneider* et al., Foundation Models – A New Paradigm for Artificial Intelligence, Bus Inf Syst Eng 66(2), 2024, S. 221, 223.

67 *Gao* et al., Retrieval-Augmented Generation for Large Language Models: A Survey, S. 1.

44 RAG-Modelle lassen sich grundsätzlich in drei Paradigmen, sprich: unterschiedliche Gestaltungs- und Architekturprinzipien von Systemen, einordnen: Der klassische „Retrieve-then-Generate"-Ansatz, auch naive RAG genannt, eine verbesserte RAG und eine modulare RAG.[68] Während die erstgenannte als einfachste Form von RAG lediglich die Indizierung, den Abruf und die Generierung umfasst, sodass es zu unpräzisen Ergebnissen kommen kann, greift die verbesserte Form genau diese Schwäche auf und die modulare Form ermöglicht darüber hinaus eine maximale Anpassungsfähigkeit.[69]

45 RAG-Modelle werden aufgrund dessen vorrangig dort eingesetzt, wo verlässliche, aktuelle und transparent herleitbare Antworten benötigt werden, sprich in Szenarien mit hoher Präzisionsanforderung und aktuellem Wissensbedarf.[70] Damit markieren RAG-Modelle einen entscheidenden Schritt hin zu hybriden KI-Systemen, die die Stärken generativer Sprachverarbeitung mit gezieltem Wissenszugriff verbinden.

46 Zu den generativen Modellen gehören auch multimodale Systeme wie CLIP (Contrastive Language-Image Pretraining) und Googles Gemini, welche unterschiedliche Eingabekanäle wie Text, Bild, Ton oder Video in ein gemeinsames Repräsentationsformat verarbeiten. Während CLIP Sprach- und Bildinformation in einem gemeinsamen latenten Raum verankert[71], erlaubt Gemini durch seine Integration multimodaler Inputs und erweiterter Steuerungsebenen komplexere Interaktionen wie die simultane Auswertung visueller und textueller Kontexte zur Lösung der jeweiligen Aufgabe. Dadurch, dass CLIP diesen gemeinsamen Raum begründet, lassen sich Ähnlichkeiten zwischen einem Bild und einer Beschreibung effizient berechnen.

47 CLIP wurde jedoch ursprünglich entworfen, um die generisch multimodale Aufgabe der Vorhersage zu lösen, ob ein Text zu einem Bild passt, was anhand der Erkennung von semantischen Übereinstimmungen erfolgen sollte.[72] Googles Gemini geht in dieser Hinsicht weit darüber hinaus, indem es verschiedene Eingabetypen gleichzeitig integrieren und verarbeiten kann. CLIP beruht somit auf rein kontrastivem Lernen, wohingegen Gemini auf einer transformatorbasierten Decoder-Architektur basiert, die verschiedenartige Inputs wie Texte, Bilder, Videos und Audios in einer kohärenten Repräsentation zusammenführt. Während CLIP im Wesentlichen als Zu-

---

68 *Gao* et al., Retrieval-Augmented Generation for Large Language Models: A Survey, S. 8 f.

69 *Gao* et al., Retrieval-Augmented Generation for Large Language Models: A Survey, S. 5 ff.

70 *Wietzke*, RDi 2024, 538.

71 *Wietzke*, RDi 2024, 538, 545; *Zhang* et al., Text-to-image Diffusion Models in Generative AI: A Survey, S. 10.

72 *Bommasani* et al., On the opportunities and risks of foundation models, S. 106.

ordnungsmodell eingesetzt wird, agiert Gemini als generatives, interaktives Multimodalsystem, das kontextsensitive Inhalte verarbeiten und erzeugen kann.

IV. Fazit und Perspektiven

Mit der rasanten Entwicklung von KI-Technologien gehen neue rechtliche **48** und ethische Herausforderungen einher. Insbesondere die Verwendung und Einspeisung von Trainingsdaten in KI-Modelle führt derzeit zu zahlreichen Konflikten im Urheberrecht.[73] Die Transparenz beziehungsweise Intransparenz der Modelle und KI-Systeme wirft Fragen auf, die künftig sowohl die Forschung als auch die Gesetzgebung prägen werden. Daneben können Rechte am eigenen Bild und das allgemeine Persönlichkeitsrecht durch mögliche Deepfakes relevant werden. Ähnlich kann es bei der Imitation von Marken, Logos und Designs zu einer marken- oder wettbewerbsrechtlichen Verletzung kommen. Ohnehin wird künftig jedenfalls die Einhaltung und Durchsetzung der KI-VO juristisch in den Fokus rücken.[74]

Perspektivisch ist außerdem zu erwarten, dass sich KI-Modelle technisch **49** und funktional stark diversifizieren. Während multimodale Modelle verschiedene Inhaltstypen verarbeiten und erzeugen können, entwickeln sich parallel spezialisierte Foundation-Modelle mit klarer Ausrichtung auf bestimmte Anwendungsbereiche. Dies wirft, wie bereits beschrieben, sowohl neue Möglichkeiten als auch Probleme auf. Insbesondere wird die Diskussion um die Herkunft und Qualität der Trainingsdaten – und damit um die Basis generativer KI – künftig weiter an Bedeutung gewinnen.

Fest steht, dass – fast unabhängig vom Rechtsgebiet – zukünftig die Aus- **50** einandersetzung mit den genauen technischen Grundlagen des jeweils betroffenen KI-Modells oder KI-Systems für die sachgerechte rechtliche Einschätzung von maßgeblicher Bedeutung sein wird. Das zeigt jüngst das wegweisende Urteil des LG München I im Verfahren der GEMA gegen OpenAI.[75] Das Gericht setzte sich hierbei in einer für die deutsche Rechtsprechung bemerkenswerten Tiefe mit der Funktionsweise von Large Language Models auseinander, um urheberrechtliche Tatbestandsmerkmale zu prüfen. Dabei differenzierte die Kammer zwischen der reinen Wahrscheinlichkeitsberechnung bei der Token-Vorhersage und den nachgelagerten Mechanismen zur Erzeugung von Varianz.

---

73 *Wietzke*, RDi 2024, 538, 540.

74 *Schneider* et al., Foundation Models – A New Paradigm for Artificial Intelligence, Bus Inf Syst Eng 66(2), 2024, S. 221, 228; *Wietzke*, RDi 2024, 538, 542.

75 LG München I, Endurt. v. 11.11.2025 – 42 O 14139/24, GRUR 2025, 1917 ff.

51 Entscheidend war hierbei die technische Erkenntnis, dass – nach Ansicht des Gerichts – trotz der stochastischen Natur generativer KI eine „Memorisierung" von Trainingsdaten in den Modellparametern (Gewichten) stattfindet, die bei entsprechenden Prompts zu einer reproduzierbaren Ausgabe führt. Das Gericht erkannte in der in den Parametern fixierten Wahrscheinlichkeitsstruktur eine urheberrechtlich relevante „körperliche Festlegung" im Sinne des urheberrechtlichen Vervielfältigungsrechts. Diese Entscheidung verdeutlicht exemplarisch, dass das Verständnis technischer Konzepte im Bereich von KI keine bloße Theorie bleibt, sondern zum entscheidenden Faktor für die juristische Subsumtion wird – sei es bei der Frage nach der Urheberrechtsverletzung, der Produkthaftung oder der regulatorischen Einordnung unter die KI-VO.

Zweiter Teil
Rechtliche Rahmenbedingungen

Kapitel 3
Die KI-VO

Literatur: *Albrecht*, KI-Kompetenz im Unternehmen im Jahr 2025 – Umsetzung des Art. 4 KI-VO in der betrieblichen Praxis, GWR 2025, 303; *Bernzen/Heinze/Steinrötter* (Hrsg.), Digitalregulierung in der Bewährung, DSRI Herbstakademie 2025, 1. Aufl. 2025; *Blasek*, Künstliche Intelligenz in China und der EU, KI-Regulierung in unterschiedlichen Wertesystemen und Rechtskulturen, KIR 2025, 100; *Bomhard/Pieper/Wende* (Hrsg.), KI-VO, Verordnung über künstliche Intelligenz, Kommentar, 1. Aufl. 2025; *Bomhard/Siglmüller*, AI Act – das Trilogergebnis, RDi 2024, 45; *Bosman*, KI-Systeme von Nicht-EU-Anbietern – Wertschöpfungskette, Pflichten, Anbieterfiktion, DSRITB 2024, 579; *Bronner*, Behördliche und private Rechtsdurchsetzung im Kontext der KI-Verordnung, DSRITB 2024, 477; *Bronner*, Risikoklassifizierung, Risikobewertung und Risikominimierung nach der KI-Verordnung, KIR 2024, 55; *Chibanguza/Kuß/Steege* (Hrsg.), Künstliche Intelligenz, Recht und Praxis automatisierter und autonomer Systeme, Generative KI, 2. Aufl. 2026; *Denga*, Konformitätsbewertung von KI-Systemen, ZfPC 2023, 154; *Determann/Paal*, KI-Recht international, Compliance Field Guide, 1. Aufl. 2025; *Ebers/Quarch* (Hrsg.), Rechtshandbuch ChatGPT, KI-basierte Sprachmodelle in der Praxis, 1. Aufl. 2024; *Ebers/Streitbörger*, Die Regulierung von Hochrisiko-KI-Systemen in der KI-Verordnung, RDi 2024, 393; *Ebert/Spicker*, Der Kommissionsentwurf für eine KI-Verordnung der EU, Die EU als Trendsetter weltweiter KI-Regulierung, NVwZ 2021, 1188; *Ehring/Taeger* (Hrsg.), NomosKommentar Produkthaftungs- und Produktsicherheitsrecht, 1. Aufl. 2022; *Geminn/Johannes* (Hrsg.), Europäisches Datenrecht, DA | DGA | DS-GVO | DMA | DSA | AI Act, 1. Aufl. 2026; *Gerdemann*, Konformitätsbewertung als Kernpflicht der KI-Verordnung, NJW 2024, 2209; *Heinze/Engel*, Das Verbot von ausbeuterischen und manipulativen KI-Praktiken, Eine Analyse von Art. 5 Abs. 1 lit. a und lit. b KI-VO, KIR 2025, 19; *Heinze/Wolf*, Das Verbot von Social Scoring in der KI-VO, KIR 2025, 360; *Herbers/Rappenglück*, Die Durchsetzung der KI-Verordnung auf EU-Ebene: Das EU AI Office, RDi 2024, 432; *Hilgendorf/Härtlein* (Hrsg.), Verordnung über künstliche Intelligenz: KI-VO, Handkommentar, 1. Aufl. 2025; *Hilgendorf/Roth-Isigkeit* (Hrsg.), Die neue Verordnung der EU zur Künstlichen Intelligenz, Rechtsfragen und Compliance, 2. Aufl. 2025; *Hoeren*, Digital-Omnibus der EU-Kommission, MMR-Aktuell 2025, 01501; *Höving/Ringlage/Weschky*, Zwischen horizontaler Geltung und sektoraler Delegation: Die Funktionsweise des Art. 2 Abs. 2 KI-VO im Gefüge des europäischen Produktsicherheitsrechts, ZfPC 2025, 241; *Hüger/Radtke*, Das Zusammenspiel der Akteure und Verantwortlichkeit unter der KI-Verordnung und der DS-GVO, KIR 2025, 154; *Klos/Taylan*, Von der Theorie zur Praxis: Die EU-KI-Verordnung effektiv umsetzen, CCZ 2024, 205; *Knappertsbusch/Rappenglück*, KI-Kompetenz und verbotene KI-Praktiken als Compliance-Pflichten für Arbeitgeber Anforderungen an die strategische Neuausrichtung der innerbetrieblichen Governance, CR 2025, 281; *Koreng/Lachenmann* (Hrsg.), Formularhandbuch Datenschutzrecht, 4. Aufl. 2025; *Kumkar/Griesel*,

Transparenzpflichten für Deepfakes und synthetische Medieninhalte in der KI-VO, KIR 2024, 117; *Lauber-Rönsberg/Meinel/Laux/Ruschemeier*, Hochrisiko oder Ausnahme?, Zur Auslegung von Art. 6 Abs. 3 KI-VO, KIR 2025, 399; *Martini/Wendehorst* (Hrsg.), KI-VO: Verordnung über künstliche Intelligenz, Kommentar, 1. Aufl. 2024; *Molavi Vasse'i*, Watermarking von KI-generierten Inhalten als regulatorisches Instrument – Risiken synthetischer Inhalte und maschinenlesbare Kennzeichnungsmethoden, RDi 2024, 406; *Niehaus/Siems*, Die verbotenen Praktiken Künstlicher Intelligenz – Anwendungsbereich und Auswirkungen von Art. 5 AI Act, DSRITB 2024, 459; *Ossmann-Magiera/Dehmel*, Das Risikomanagementsystem nach den neuen Regeln für Künstliche Intelligenz, KIR 2024, 134; *Rappenglück/Vonthien*, Art. 4 KI-VO operativ umsetzen – Ein Drei-Säulen-Ansatz für KI-Kompetenz, KI-Governance und KI-Compliance im Unternehmen, RDi 2025, 398; *Roth-Isigkeit*, KI-Aufsicht auf der Zielgeraden – Der aktuelle Referentenentwurf eines KI-Marktüberwachungsgesetzes, KIR 2025, 356; *Sassenberg*, AI Governance Framework – Regelungsgegenstand der AI Policy, RDi 2025, 346; *Schefzig/Kilian* (Hrsg.), Beck'scher Online-Kommentar zum KI-Recht, 4. Edition, Stand: 1.11.2025; *Schippel*, Ich komme wieder ... mit menschlicher Aufsicht, KIR 2025, 368; *Schwartmann/Zenner/Köhler*, Handreichung zu den verbotenen Praktiken gemäß der KI-VO unter Berücksichtigung der Leitlinien der Kommission, EuDIR 2025, 74; *Seitz*, Künstliche Intelligenz: Geltung der ersten Bestimmungen der KI-Verordnung, EuZW 2025, 203, 204; *Söbbing*, Die Anforderungen an das Qualitätsmanagement durch die KI-Verordnung, RDi 2025, 337; *Ulbricht/Brajovic/Duhme/Hawighorst/Huber/Iber/Nemec* (Hrsg.), Praxishandbuch KI und Recht, 1. Aufl. 2024; *Wendt/Wendt* (Hrsg.), Das neue Recht der Künstlichen Intelligenz, 2. Aufl. 2025; *Wirtz/Baumann*, Einsatz von eDiscovery-Tools durch Unternehmen im Rahmen von internen Untersuchungen, Einstufung als Hochrisiko-KI-Systeme iSd KI-Verordnung?, RDi 2024, 27; *Wybitul*, Geldbußen wegen Verstößen gegen die KI-Verordnung, NJW 2024, 2641.

Alle Internetfundstellen wurden zuletzt am 2.3.2026 abgerufen.

Übersicht

I. Einleitung

Die zunehmende Bedeutung von Künstlicher Intelligenz und der Einfluss der Technologie auf alltägliche Vorgänge werfen zunehmend rechtliche, sicherheitstechnische, aber auch ethische Fragen nach einer stärkeren Regulierung dieser Technologie auf. Vor diesem Hintergrund hat der europäische Gesetzgeber die KI-VO[1] erlassen, die den Einsatz Künstlicher Intelligenz mit den in der EU verankerten Werten und Grundrechten in Einklang bringen soll. 1

Die Verordnung soll durch die Etablierung eines angemessenen Schutzniveaus Innovationen innerhalb der EU sowie die Funktionsweise des Binnenmarktes fördern, um das Vertrauen in KI zu stärken und schädliche Auswirkungen durch KI-Systeme zu verhindern (Art. 1 Abs. 1 KI-VO). Die KI-VO 2

1 Verordnung (EU) 2024/1689 des Europäischen Parlaments und des Rates vom 13.6.2024 zur Festlegung harmonisierter Vorschriften für künstliche Intelligenz und zur Änderung der Verordnungen (EG) Nr. 300/2008, (EU) Nr. 167/2013, (EU) Nr. 168/2013, (EU) 2018/858, (EU) 2018/1139 und (EU) 2019/2144 sowie der Richtlinien 2014/90/EU, (EU) 2016/797 und (EU) 2020/1828 (Verordnung über künstliche Intelligenz).

fügt sich damit in den sogenannten New Legislative Framework[2] ein, im Zuge dessen bereits einige Produkte im Bereich des Produktsicherheitsrechts harmonisiert wurden.[3] Letzterer beabsichtigt ebenfalls, ein durchgängig hohes Schutzniveau für Produkte im EU-Binnenmarkt sicherzustellen.[4] Den zentralen Anknüpfungspunkt stellt dabei im Wesentlichen das Erfordernis einer Konformitätsbewertung durch Dritte dar.[5] Im Kern handelt es sich bei der KI-VO mithin um (ergänzendes) Produktsicherheitsrecht. Auf diesem Gedanken fußt auch die systematische Aufteilung im Rahmen der KI-VO in vier Risikoklassen: verbotene Praktiken, Hochrisiko-KI-Systeme, KI-Systeme mit bestimmten Anforderungen sowie solche von geringem Risiko, jeweils mit den hieraus resultierenden Anforderungen und Pflichten.[6]

3 Insgesamt sind die Vorschriften der KI-VO jeweils im Lichte des Spannungsfeldes zwischen Innovation und Prävention und der zwei Leitprinzipien[7] (Grundrechtsschutz und Produktsicherheit) auszulegen und anzuwenden, wobei dem Schutzniveauaspekt in Anbetracht der Systematik der Verordnung ein gewisser Vorrang einzuräumen sein wird.[8]

II. Anwendungsbereiche der KI-VO

4 Die KI-VO definiert ihren Anwendungsbereich anhand mehrerer Dimensionen. Aufschlüsseln lassen sich diese Dimensionen insbesondere in den persönlichen, sachlichen, räumlichen und zeitlichen Anwendungsbereich, wobei teilweise Überschneidungen bestehen. Es bedarf einer näheren Betrachtung der Begrifflichkeiten, um das jeweilige Pflichtenprogramm entlang der KI-Wertschöpfungskette zu ermitteln und etwaige Verantwortlichkeiten den jeweiligen Adressaten zuzuordnen.

1. Persönlicher Anwendungsbereich

5 Das Spektrum des persönlichen Anwendungsbereichs verfolgt den Gedanken, KI- basierte Systeme bzw. Modelle bereits vor Veröffentlichung bzw. Marktplatzierung einem gewissen Kontrollmechanismus zu unterwerfen, um so etwaigen im Nachhinein schwerer behebbaren Folgeproblemen vor-

---

2 Der neue Rechtsrahmen setzt sich aus der Verordnung (EG) 764/2008, der Verordnung (EG) 765/2008 sowie dem Beschluss Nr. 768/2008/EG zusammen, hierzu ausführlich *Heuser*, in: NK-ProdR, vor § 9 ProdSG Rn. 2 ff.

3 *Ebers/Streitbörger*, RDi 2024, 393, 395.

4 *Heuser*, in: NK-ProdR, vor § 9 ProdSG Rn. 3.

5 Vgl. *Ossmann-Magiera/Dehmel*, KIR 2024, 134, 135.

6 *Niehaus/Siems*, DSRITB 2024, 459, 461 f.

7 Eingehend hierzu *Niehaus/Siems*, DSRITB 2024, 459, 461 f.

8 Vgl. *Voigt*, in: BeckOK KI-Recht, Art. 1 KI-VO Rn. 3.

zubeugen.[9] Adressaten der KI-VO sind nach Art. 2 Abs. 1 KI-VO unter anderem Anbieter, Betreiber, Einführer, Produkthersteller, Bevollmächtigte, auch als Akteure bezeichnet, sowie sogenannte betroffene Personen.[10] Eine besonders zentrale Rolle spielen dabei die Anbieter und Betreiber von KI-Systemen.

a) Anbieter

Nach der Begriffsbestimmung in Art. 3 Nr. 3 KI-VO ist unter einem Anbieter „eine natürliche oder juristische Person, Behörde, Einrichtung oder sonstige Stelle, die ein KI-System oder ein KI-Modell mit allgemeinem Verwendungszweck entwickelt oder entwickeln lässt und es unter ihrem eigenen Namen oder ihrer Handelsmarke in Verkehr bringt oder das KI-System unter ihrem eigenen Namen oder ihrer Handelsmarke in Betrieb nimmt, sei es entgeltlich oder unentgeltlich", zu verstehen. Das Inverkehrbringen meint dabei die erstmalige Bereitstellung eines KI-Systems oder eines GPAI-Modells in der Union (Art. 3 Nr. 9 KI-VO). Daran anknüpfend definiert Art. 3 Nr. 10 KI-VO das Bereitstellen auf dem Markt mit der „entgeltliche[n] oder unentgeltliche[n] Abgabe eines KI-Systems oder eines KI-Modells mit allgemeinem Verwendungszweck zum Vertrieb oder zur Verwendung auf dem Unionsmarkt im Rahmen einer Geschäftstätigkeit". Die Inbetriebnahme erfasst dagegen „die Bereitstellung eines KI-Systems in der Union zum Erstgebrauch direkt an den Betreiber oder zum Eigengebrauch entsprechend seiner Zweckbestimmung" (Art. 3 Nr. 11 KI-VO). Vereinfacht gesagt handelt es sich hierbei zumeist um den Entwickler bzw. Hersteller.[11] 6

Die Anbieterstellung umfasst jedoch nicht nur den ursprünglichen Entwickler, sondern kann sich auch auf andere Akteure ausweiten, so beispielsweise auf solche, die entsprechend Art. 25 Abs. 1 lit. a KI-VO ein bereits in Verkehr gebrachtes oder in Betrieb genommenes Hochrisiko-KI-System mit ihrem Namen oder ihrer Handelsmarke versehen. Ebenso ist eine erweiterte Anwendung des Begriffs bei wesentlichen Veränderungen eines (Hochrisiko-) KI-Systems nach Art. 25 Abs. 1 lit. b oder c KI-VO möglich. Bei einer modifikationsbedingten Hochstufung zu einem Hochrisiko-KI-System führt dies unter anderem dazu, dass nicht der anfängliche Entwickler, sondern vielmehr der das KI-System verändernde Anbieter zum Adressaten der hiermit einhergehenden Pflichten wird.[12] 7

---

9 Vgl. *Wendt*, in: Wendt/Wendt, Das neue Recht der Künstlichen Intelligenz, § 3 Rn. 36.
10 *Voigt*, in: BeckOK KI-Recht, Art. 2 KI-VO Rn. 11.
11 *Hawighorst*, in: Ulbricht/Brajovic/Duhme/Hawighorst/Huber/Iber/Nemec, Praxishandbuch KI und Recht, S. 165.
12 *Hawighorst*, in: Ulbricht/Brajovic/Duhme/Hawighorst/Huber/Iber/Nemec, Praxishandbuch KI und Recht, S. 165.

8 Diese Verknüpfung ist von hoher praktischer Relevanz, da die Anbieterpflichten der KI-VO erst mit dem Zeitpunkt des Inverkehrbringens oder der Inbetriebnahme ausgelöst werden vor dem Hintergrund der ab diesem Moment gegebenen Realisierungsmöglichkeit systembedingter Gefahren.[13]

b) Betreiber

9 Den Begriff des Betreibers definiert die KI-VO in Art. 3 Nr. 4 als „eine natürliche oder juristische Person, Behörde, Einrichtung oder sonstige Stelle, die ein KI-System in eigener Verantwortung verwendet, es sei denn, das KI-System wird im Rahmen einer persönlichen und nicht beruflichen Tätigkeit verwendet". In der Variante des Eigengebrauchs durch den Entwickler des KI-Systems können die Anbieter- und die Betreibereigenschaft gleichermaßen vorliegen, sie schließen sich nicht gegenseitig aus.[14] In diesem Falle müssen von dem Betroffenen beide Pflichtenkreise kumulativ wahrgenommen werden (Erwgr. 83 Satz 3 KI-VO). Die Abgrenzung zur Nutzung im Rahmen einer persönlichen und nicht beruflichen Tätigkeit dürfte sich nach allgemeiner Verkehrsauffassung im Wesentlichen an die im Datenschutzrecht entwickelten Grundsätze angelehnt bemessen.[15]

2. Sachlicher Anwendungsbereich

10 Aufgrund der Mannigfaltigkeit der Erscheinungsformen von KI, die ohne Weiteres in den unterschiedlichsten wirtschaftlichen bzw. gesellschaftlichen Bereichen zur Anwendung gelangen können (Erwgr. 3 KI-VO), verfolgt der Unionsgesetzgeber einen horizontalen Ansatz bei der Regulierung Künstlicher Intelligenz.[16] Durch die damit einhergehende sektorübergreifende Herangehensweise soll Kohärenz mit bestehenden sektorspezifischen Regelungen betreffend KI auf Unionsebene geschaffen werden.[17] Ihr kommt insofern eine ergänzende Funktion zu, die jedoch teilweise aufgrund der entstehenden Überschneidungen Potenzial für Mehrbelastungen und Wertungswidersprüche birgt, die es in Zukunft ins Verhältnis zu setzen gilt.[18]

---

13 *Hilgendorf/Härtlein*, in: Hilgendorf/Härtlein, HK-KI-VO, Art. 2 Rn. 3.

14 Vgl. *Hilgendorf/Härtlein*, in: Hilgendorf/Härtlein, HK-KI-VO, Art. 2 Rn. 3.

15 *Hilgendorf/Härtlein*, in: Hilgendorf/Härtlein, HK-KI-VO, Art. 2 Rn. 3.

16 Europäische Kommission, Vorschlag für eine Verordnung zur Festlegung harmonisierter Vorschriften für Künstliche Intelligenz (Gesetz über künstliche Intelligenz), COM(2021) 206 final, S. 3.

17 Europäische Kommission, Vorschlag für eine Verordnung zur Festlegung harmonisierter Vorschriften für Künstliche Intelligenz (Gesetz über künstliche Intelligenz), COM(2021) 206 final, S. 12.

18 Vgl. *Ebers*, in: Ebers/Quarch Rechtshandbuch ChatGPT, § 2 Rn. 72 f.

a) Begriff des KI-Systems

Der sachliche Anwendungsbereich ist eröffnet, sofern ein KI-System in den Verkehr gebracht, in Betrieb genommen oder verwendet wird (Art. 2 Abs. 1 lit. a KI-VO). Nach der Begriffsbestimmung des Art. 3 Nr. 1 KI-VO versteht der Verordnungsgeber unter dem Ausdruck ein „maschinengestütztes System, das für einen in unterschiedlichem Grade autonomen Betrieb ausgelegt ist und das nach seiner Betriebsaufnahme anpassungsfähig sein kann und das aus den erhaltenen Eingaben für explizite oder implizite Ziele ableitet, wie Ausgaben wie etwa Vorhersagen, Inhalte, Empfehlungen oder Entscheidungen erstellt werden, die physische oder virtuelle Umgebungen beeinflussen können“. Die nunmehr technologieneutrale Formulierung führt zu einer sehr weiten Auslegung des Begriffs des KI-Systems und führt als Konsequenz zu Abgrenzungsschwierigkeiten.[19] Insbesondere die Grenze von Software zu einem KI-System bleibt in Anbetracht der Formulierung der Begriffsbestimmung unklar.[20] Zur Abgrenzung dient lediglich Erwgr. 12 Satz 11 KI-VO, der auf das variierende Ausmaß an Autonomie abstellt und letzteren Begriff dahingehend definiert, dass KI-Systeme „bis zu einem gewissen Grad unabhängig von menschlichem Zutun agieren und in der Lage sind, ohne menschliches Eingreifen zu arbeiten“. Eine Klarstellung in Bezug darauf, unter welchen Bedingungen generell von einem ausreichenden Autonomiegrad auszugehen ist, fehlt jedoch.[21] In diesem Kontext dürften zur Beurteilung auch das zugrunde liegende KI-Modell bzw. andere Komponenten des KI-Systems nicht von unbedeutender Relevanz sein.[22] **11**

Die bereits im Kommissionsentwurf angeklungene Kritik hinsichtlich der zu weit geratenen Definition des KI-Systems bleibt daher im Hinblick auf die finale Fassung weiterhin von Relevanz.[23] Aufgrund der noch bestehenden Unklarheiten hinsichtlich der Auslegung des Begriffs des KI-Systems empfiehlt es sich in praktischer Hinsicht, bei Vorhaben, die potenziell den Anwendungsbereich der Verordnung tangieren, vorsorglich Maßnahmen zur Einhaltung der Bestimmungen der KI-VO zu treffen.[24] Dies nicht zuletzt aufgrund des Umstandes, dass nach derzeitiger Auslegung beinahe alles, was ansatzweise in den KI-Bereich fallen könnte, als Regelungsgegenstand betrachtet werden könnte. **12**

---

19 *Kirschke-Biller/Füllsack*, in: BeckOK KI-Recht, Art. 3 KI-VO Rn. 9 f.

20 *Hawighorst*, in: Ulbricht/Brajovic/Duhme/Hawighorst/Huber/Iber/Nemec, Praxishandbuch KI und Recht, S. 162 f.

21 *Ebers*, in: Ebers/Quarch Rechtshandbuch ChatGPT, § 2 Rn. 96.

22 *Kirschke-Biller/Füllsack*, in: BeckOK KI-Recht, Art. 3 KI-VO Rn. 10.

23 *Pieper*, in: Bomhard/Pieper/Wende, KI-VO, Art. 3 Rn. 35.

24 Glauner/*Pieper*, in: Bomhard/Pieper/Wende, KI-VO, Art. 3 Rn. 20.

b) Erstreckung des Anwendungsbereichs auf GPAI-Modelle

13 Für den sachlichen Anwendungsbereich von Bedeutung sind insbesondere auch KI-Modelle mit allgemeinem Verwendungszweck, sogenannte GPAI (General Purpose AI). Er gilt nach Art. 2 Abs. 1 lit. a KI-VO bei dem anbieterseitigen Inverkehrbringen solcher KI-Modelle als eröffnet. Die Begriffsbestimmung definiert ein GPAI als ein KI-Modell, „das eine erhebliche allgemeine Verwendbarkeit aufweist und in der Lage ist, unabhängig von der Art und Weise seines Inverkehrbringens ein breites Spektrum unterschiedlicher Aufgaben kompetent zu erfüllen, und das in eine Vielzahl nachgelagerter Systeme oder Anwendungen integriert werden kann“ (Art. 3 Nr. 63 KI-VO). Zwar stellen KI-Modelle eine wesentliche Komponente von KI-Systemen dar, sie sind jedoch nicht mit letzteren gleichzusetzen, da es der Ergänzung weiterer Bestandteile, wie beispielsweise einer Nutzerschnittstelle, bedarf (Erwgr. 97 Satz 6 und 7 KI-VO). Vereinfacht ausgedrückt, bildet das GPAI-Modell die KI-Grundlage für das später für den Endnutzer zugängliche KI-System.[25]

14 Der Anwendungsbereich ist dem Wortlaut nach bezüglich etwaiger die Pflichten der KI-VO auslösender Handlungen im Vergleich zu KI-Systemen enger gefasst. Allerdings stellt Erwgr. 97 KI-VO klar, dass der Entwickler des GPAI-Modells auch dann zum Adressaten der Verordnung werden kann, wenn das Modell dem Grunde nach nicht für Vertriebszwecke entwickelt wurde.[26] Das heißt, die Anbieterpflichten des fünften Kapitels werden in diesem Fall trotz fehlender eigenständiger Markteinführung des KI-Modells ausgelöst.[27] Dies folgt aus Erwgr. 97 Satz 11 KI-VO, wonach bei der Integrierung eines GPAI-Modells in ein eigenes KI-System, das auf dem Markt bereitgestellt wird oder in Betrieb genommen wird, Pflichten sowohl in Bezug auf das KI-Modell als auch auf das KI-System ausgelöst werden. Die gleichermaßen in Erwgr. 97 Satz 12 KI-VO vorgesehene Ausnahme weist durch das Erfordernis dreier kumulativ vorliegender Voraussetzungen einen vergleichsweise engen Anwendungsbereich auf.[28]

3. Zeitlicher Anwendungsbereich

15 Die KI-VO ist am 1.8.2024 in Kraft getreten. Für die Praxis ist dabei der Geltungsbeginn bedeutend, der festlegt, ab welchem Zeitpunkt die Ver-

25 *Bomhard/Siglmüller*, RDi 2024, 45, 50.
26 *Schmetzer*, in: Bernzen/Heinze/Steinrötter, Digitalregulierung in der Bewährung, DSRI Herbstakademie 2025, S. 443 ff. (unter 2.4).
27 *Hofmann-Coombe*, in: Hilgendorf/Roth-Isigkeit, KI-VO, § 7 Rn. 19.
28 *Schmetzer*, in: Bernzen/Heinze/Steinrötter, Digitalregulierung in der Bewährung, DSRI Herbstakademie 2025, S. 443 ff. (unter 2.4).

pflichtungen der KI-VO einzuhalten sind (Art. 113 Abs. 2 KI-VO).[29] Einen vollumfänglichen Geltungsanspruch hat die KI-VO erst ab dem 2.8.2026. Die Kapitel I und II, die sich mit allgemeinen Bestimmungen und verbotenen Praktiken im KI-Bereich befassen, gelten bereits seit dem 2.2.2025. Die Kapitel III Abschnitt 4, Kapitel V, Kapitel VII und Kapitel XII sowie Art. 78 KI-VO beanspruchen seit dem 2.8.2025 Geltung, mit Ausnahme des Art. 101 KI-VO. Mit Kapitel V und den darin enthaltenen Art. 51 bis 56 KI-VO sind insoweit insbesondere Anbieter von GPAI betroffen. Abweichend davon gelten Art. 6 Abs. 1 KI-VO und die sich hieraus ergebenden Pflichten erst ab dem 2.8.2027.

4. Räumlicher Anwendungsbereich

Wie auch die DSGVO unterliegt die KI-VO in räumlicher Hinsicht dem **16**
Marktortprinzip (vgl. Art. 2 Abs. 1 lit. a KI-VO), sodass maßgeblich ist, ob das entsprechende KI-System bzw. GPAI-Modell den Unionsmarkt adressiert.[30] Selbst wenn das KI-System nicht direkt in der Union in Verkehr gebracht oder in Betrieb genommen wird, sieht Art. 2 Abs. 1 lit. c KI-VO vor, dass die Regelungen der Verordnung Geltung beanspruchen, wenn der vom KI-System hervorgebrachte Output in der Union verwendet wird. Als Konsequenz dieser extraterritorialen Wirkweise können sich auch Anbieter und Betreiber aus Nicht-Mitgliedstaaten den Bestimmungen der KI-VO nicht entziehen, sofern sie auf Unionsebene – wenn auch nur mittelbar – agieren.[31]

Niederschlag gefunden hat zudem das Niederlassungsprinzip in Art. 2 Abs. 1 **17**
lit. b KI-VO, das Betreiber von KI-Systemen, die ihren Sitz in der Union haben oder sich in der Union befinden, in den räumlichen Anwendungsbereich einschließt. Mangels verordnungsinterner Definition des Sitzes bedarf es einer unionsautonomen Auslegung, wobei sich insbesondere Vorschläge finden, die auf den Ort der Niederlassung abstellen.[32] Ein Anhaltspunkt zur Auslegung des Niederlassungsbegriffs kann dabei unter anderem in Erwgr. 22 Satz 2 DSGVO gefunden werden, wonach eine Niederlassung die effektive und tatsächliche Ausübung einer Tätigkeit durch eine feste Einrichtung voraussetzt. Ergänzend wird hierzu vorgeschlagen, im KI-Kontext zu verlangen, dass der Betreiber das KI-System bzw. zumindest den Output

29 *Herold/Kehrberger*, in: Bomhard/Pieper, KI-VO, Art. 113 Rn. 9.

30 *Hilgendorf/Härtlein*, in: Hilgendorf/Härtlein, HK-KI-VO, Art. 2 Rn. 6.

31 Vgl. *Wendt*, in: Wendt/Wendt, Das neue Recht der Künstlichen Intelligenz, § 3 Rn. 53 anhand des Beispiels von OpenAI.

32 So *Voigt*, in: BeckOK KI-Recht, Art. 2 KI-VO Rn. 20 unter Hinweis auf weitere Sprachfassungen, die sich in diesem Punkt von der deutschen Sprachfassung unterscheiden und auf den Ort der Niederlassung abstellen sowie unter Bezugnahme auf Erwgr. 21 KI-VO.

in dieser Niederlassung in der EU auch verwendet.[33] Ausreichend soll es dabei jedoch bereits sein, wenn wesentliche Vorgänge in der Union stattfinden, was beispielsweise die Möglichkeit eröffnet, dass sich die Server in einem Drittland befinden oder dort ein nicht unbedeutender Teil von Arbeitnehmern beschäftigt wird.[34]

III. KI-Kompetenz und Umsetzungsmöglichkeiten

18 Anbieter und Betreiber von KI-Systemen haben nach Art. 4 KI-VO Maßnahmen zu ergreifen, um nach besten Kräften sicherzustellen, dass ihr Personal und andere Personen, die in ihrem Auftrag mit dem Betrieb und der Nutzung von KI-Systemen befasst sind, über ein ausreichendes Maß an KI-Kompetenz verfügen. Unter dem Begriff der KI-Kompetenz sind dabei gem. Art. 3 Nr. 56 KI-VO „die Fähigkeiten, die Kenntnisse und das Verständnis, die es Anbietern, Betreibern und Betroffenen unter Berücksichtigung ihrer jeweiligen Rechte und Pflichten im Rahmen dieser Verordnung ermöglichen, KI-Systeme sachkundig einzusetzen sowie sich der Chancen und Risiken von KI und möglicher Schäden, die sie verursachen kann, bewusst zu werden", zu verstehen. Die hierin enthaltene Verpflichtung besteht dabei unabhängig von der sonst risikobasierten Aufteilung der KI-VO und beansprucht somit Geltung für sämtliche KI-Systeme.[35]

19 Für die Praxis dürften sich die Auswirkungen der Vorschrift insbesondere im Bereich der Verkehrssicherungs- bzw. Sorgfaltspflichten zeigen.[36] Schon der betriebsinterne Einsatz KI-gestützter Chatbots oder Übersetzungstools kann dem Regelungsbereich des Art. 4 KI-VO unterfallen.[37] Zur Umsetzung kommen insbesondere Schulungen, die Festlegung und Etablierung von Best Practices und Standards sowie die Einführung der Position eines KI-Beauftragten in Betracht.[38] Letzterer dient der Zentralisierung interner KI-basierter Thematiken; denkbar ist insoweit eine ähnliche Handhabung wie beim Datenschutzbeauftragten (Art. 37 ff. DSGVO) bzw. sogar eine Verknüpfung der Aufgabenbereiche.[39] Eine pauschale Aussage zum Spektrum der zu fordernden KI-Kompetenz ist dabei nicht zu treffen, da dies von den jeweiligen Umständen des Einzelfalls, wie unter anderem dem Ausmaß und

---

33 *Voigt*, in: BeckOK KI-Recht, Art. 2 KI-VO Rn. 21.
34 *Wendehorst*, in: Martini/Wendehorst, KI-VO, Art. 2 Rn. 23.
35 *Hilgendorf/Härtlein*, in: Hilgendorf/Härtlein, HK-KI-VO, Art. 4 Rn. 1.
36 *Hilgendorf/Härtlein*, in: Hilgendorf/Härtlein, HK-KI-VO, Art. 4 Rn. 1.
37 *Rappenglück/Vonthien*, RDi 2025, 398, 399.
38 *Böning/Schindler*, in: Geminn/Johannes, Europäisches Datenrecht, § 28 Rn. 57; *Wendehorst*, in: Martini/Wendehorst, KI-VO, Art. 4 Rn. 12 ff.
39 *Wendehorst*, in: Martini/Wendehorst, KI-VO, Art. 4 Rn. 18 f.

der Intensität der KI-Nutzung sowie den diesbezüglichen Zielsetzungen, abhängt.[40]

Abgesehen von dem realen Erfordernis der Sicherstellung spezifischer Kenntnisse der Beschäftigten bei der unternehmensinternen Integration von KI-Systemen, stellt sich aus praktischer Hinsicht sehr wohl die Frage nach der tatsächlichen Daseinsberechtigung der Vorschrift. Dies vor dem Hintergrund, dass die EU-Kommission klarstellt, dass Art. 4 KI-VO keine verpflichtende Überprüfung bzw. Messung der Sicherstellung der KI-Kompetenz vorsieht und insgesamt keine strengen Anforderungen an das „ausreichende Maß" gestellt werden.[41] Dieser Aspekt und der Umstand, dass bisher zwar einige Vorschläge zur praktischen Umsetzung, jedoch keine eindeutigen und fassbaren Leitlinien zur Verfügung stehen, lassen an der beabsichtigten Tragweite der Vorschrift zweifeln. Dennoch sollte nicht außer Acht gelassen werden, dass die schlichte Nichtumsetzung bzw. mangelhafte Umsetzung bußgelderhöhend wirken kann, selbst wenn Art. 4 KI-VO selbst nicht ausdrücklich Gegenstand der Bußgeldvorschriften der KI-VO ist.[42] **20**

IV. Anforderungen und Pflichten nach risikobasiertem Ansatz

Zur Wahrung der Verhältnismäßigkeit verfolgt die KI-VO einen risikobasierten Ansatz, der je nach Intensität und Risikopotenzial für die Grundrechte der EU-Bürger des KI-Systems unterschiedliche Anforderungen und Pflichten vorsieht (Erwgr. 26 KI-VO).[43] Durch diese Vorgehensweise wird dem Umstand Rechnung getragen, dass der grundsätzlich horizontal und sektorübergreifende Ansatz der KI-VO nicht ausreicht, um den unterschiedlichen Risikopotenzialen etwaiger KI-Systeme ausreichend differenziert zu begegnen.[44] Im Zentrum der Klassifizierungsvorschriften steht dabei der Begriff des KI-Systems, wobei es in eine von der KI-VO vorgegebene Risikoklasse einzuordnen ist.[45] Unterteilt wird in KI-Systeme mit minimalem oder mittlerem bzw. spezifischem Risiko und Hochrisiko-KI-Systeme sowie verbotene KI-Systeme, wobei unter den derzeit verfügbaren KI-Systemen überwiegend von solchen mit minimalem bzw. geringem Risiko auszugehen **21**

---

40 *Rappenglück/Vonthien*, RDi 2025, 398, 400.

41 Europäische Kommission, KI-Kompetenz – Fragen & Antworten v. 7.5.2025, https://digital-strategy.ec.europa.eu/de/faqs/ai-literacy-questions-answers.

42 *Knappertsbusch/Rappenglück*, CR 2025, 281, 284.

43 Vgl. Europäische Kommission, Vorschlag für eine Verordnung zur Festlegung harmonisierter Vorschriften für Künstliche Intelligenz (Gesetz über künstliche Intelligenz), COM(2021) 206 final, S. 8.

44 *Wendt*, in: Wendt/Wendt, Das neue Recht der Künstlichen Intelligenz, § 3 Rn. 38.

45 *Bronner*, KIR 2024, 55, 57.

sein dürfte.[46] Unter dem Risikobegriff ist die Kombination aus der Wahrscheinlichkeit des Auftretens eines Schadens und der Schwere dieses Schadens zu verstehen (Art. 3 Nr. 2 KI-VO).

1. Verbotene KI-Systeme

22 Art. 5 Abs. 1 KI-VO normiert Praktiken, die im KI-Bereich verboten sind, wobei der Katalog grundsätzlich abschließender Natur ist.[47] Die Vorschrift dient insbesondere der effektiven Umsetzung des Grundrechtsschutzes der EU-Bürger, da solche Praktiken nach Auffassung des Verordnungsgebers im „Widerspruch zu den Werten der Union stehen" (Erwgr. 28 Satz 2 KI-VO). Teilweise kommt der Aufnahme etwaiger Praktiken aufgrund normativer Überschneidungen mit Vorschriften, die etwaige Vorgehensweisen bereits unabhängig davon einem Verbot unterworfen haben, lediglich deklarativer Charakter zu.[48] Dass die Vorschrift für sich genommen als abschließend anzusehen ist, schließt jedoch eine weite Auslegung der jeweiligen Tatbestände nicht aus, was mittelbar den Anwendungsbereich und dessen Reichweite beeinflusst und teilweise die Frage nach der Bestimmtheit aufwirft.[49]

23 Für die Praxis ist die Vorschrift im Vergleich zu Art. 6 KI-VO, der sich mit Hochrisiko-KI-Systemen beschäftigt, von deutlich geringerer Relevanz, was insbesondere auf die sehr spezielle und bereichsspezifische Ausrichtung der Vorschrift zurückzuführen ist.[50] Die Vorschrift macht keine Differenzierung zwischen spezifischen KI-Systemen und GPAI-Systemen.[51] Es empfiehlt sich daher, aus Sicht des Anbieters eines GPAI-Systems, sowohl in technischer als auch in vertraglicher Hinsicht, vorsorglich Maßnahmen zur Vermeidung einer Verwendung entgegen den Verbotsvorschriften des Art. 5 KI-VO zu treffen.[52]

24 Die Verbotsvorschrift umfasst dabei unter anderem Praktiken zur Manipulation (lit. a, b), zum sogenannten Social Scoring (lit. c), zur Vorhersage von Straftaten (lit. d), zu Gesichtsdatenbanken (lit. e), zu Emotionserkennungssoftware (lit. f), zu biometrischen Kategorisierungen (lit. g) und zur biomet-

---

46 *Seitz*, EuZW 2025, 203, 204; vgl. *Wendt,* in: Wendt/Wendt, Das neue Recht der Künstlichen Intelligenz, § 3 Rn. 38.

47 *Bronner*, KIR 2024, 55, 57; a.A. *Wendehorst*, in: Martini/Wendehorst, Ki-VO, Art. 5 Rn. 192, der darauf hinweist, dass „jedes Verhalten, das generell verboten ist, auch dann verboten bleiben, wenn es mit Hilfe von KI-Systemen erfolgt".

48 *Bomhard/Siglmüller*, RDi 2024, 45, 48; *Benedikt*, in: Bomhard/Pieper/Wende, KI-VO, Art. 5 Rn. 7.

49 *Niehaus/Siems*, DSRITB 2024, 459, 462.

50 *Lachenmann*, in: Koreng/Lachenmann, Formularhandbuch Datenschutzrecht, Form. Q. II. Anm. 1.

51 *Schwartmann/Zenner/Köhler*, EuDIR 2025, 74, 81.

52 *Schwartmann/Zenner/Köhler*, EuDIR 2025, 74, 81.

rischen Echtzeit-Fernidentifikation (lit. h). Für die Praxis ist in der Regelung ein überwiegend absolutes Verbot zu sehen, das nur in äußerst geringem Maße Ausnahmen zulässt.[53] Von geringer Relevanz für den privatwirtschaftlichen Sektor dürften dabei lediglich die Verbotstatbestände der lit. d, e und h sein.[54] Die nachfolgenden Ausführungen fokussieren sich entsprechend auf die Bestimmungen in Art. 5 Abs. 1 lit. a, b, c, f und g KI-VO.

Die in Art. 5 KI-VO adressierten Handlungen (Inverkehrbringen, Inbetriebnahme, Verwendung) lassen den Schluss zu, dass die zeitlich vorangestellte Entwicklung solcher KI-Systeme bzw. KI-Modelle von den Bestimmungen unberührt und damit weiterhin gestattet bleibt.[55] Anders als die Begriffe des Inverkehrbringens (Art. 3 Nr. 9 KI-VO) und der Inbetriebnahme (Art. 3 Nr. 11 KI-VO) erfährt der Begriff der Verwendung keine Definition, dürfte aber im Hinblick auf die in Erwgr. 28 KI-VO näher dargelegte Zielsetzung einer weiten Auslegung unterliegen.[56] Aufgrund der potenziell massiv freiheitseinschränkenden Auswirkungen der Vorschrift und vor dem Hintergrund der vergleichsweise hohen Geldbußen (vgl. insbesondere Art. 99 Abs. 3 KI-VO) unterliegt Art. 5 KI-VO grundsätzlich einer engen Auslegung.[57] **25**

– **Schädliche Manipulation (Art. 5 Abs. 1 lit. a und b KI-VO):** Die in Art. 5 Abs. 1 lit. a und b KI-VO enthaltenen Bestimmungen weisen einige gemeinsame Tatbestandsmerkmale auf und behandeln thematisch schädliche Manipulationen, Täuschung sowie Ausbeutung, sodass deren Regelungsgehalt einer gemeinsamen Betrachtung zugänglich ist.[58]

  Im Zentrum des Verbotstatbestandes des Art. 5 Abs. 1 lit. a KI-VO steht der Begriff der unterschwelligen Beeinflussung. Gemeint sind damit insbesondere Techniken, die Betroffene unterbewusst zur Vornahme von Handlungen steuern, die sie ansonsten nicht vorgenommen hätten, beispielsweise durch eine bestimmte (nicht menschlich wahrnehmbare) Reizgenerierung in Gestalt von Ton-, Bild oder Videomaterial (Erwgr. 29 Satz 3 KI-VO. Trotz bereits auf diesem Gebiet gewonnener Erkenntnisse wird eine Abgrenzung der unterschwelligen Beeinflussung zur bewussten Wahrnehmung die Praxis vor einige Herausforderungen stellen.[59]

53 *Benedikt*, in: Bomhard/Pieper/Wende, KI-VO, Art. 5 Rn. 2.

54 *Niehaus/Siems*, DSRITB 2024, 459, 463.

55 *Niehaus/Siems*, DSRITB 2024, 459, 462.

56 *Niehaus/Siems*, DSRITB 2024, 459, 462.

57 Europäische Kommission, Leitlinien der Kommission zu verbotenen Praktiken der künstlichen Intelligenz gemäß der Verordnung (EU) 2024/1689 (KI-Verordnung), (2025) C(2025) 5052 final, S. 26.

58 Vgl. auch Europäische Kommission, Leitlinien der Kommission zu verbotenen Praktiken der künstlichen Intelligenz gemäß der Verordnung (EU) 2024/1689 (KI-Verordnung), (2025) C(2025) 5052 final, S. 26 ff.

59 *Niehaus/Siems*, DSRITB 2024, 459, 465 f. unter Hinweis auf Art. 9 Abs. 1 lit. b AVMD-Richtlinie.

Am zutreffendsten dürfte die Formulierung sein, dass zwar die objektive Schwelle, nicht jedoch die subjektive Schwelle auf Ebene der Wahrnehmung erreicht ist.[60] Jedenfalls für übliche und bisher als rechtmäßig erachtete Geschäftspraktiken, beispielsweise und insbesondere im Werbebereich, soll die bisherige Einordnung von der Vorschrift unberührt bleiben, wie Erwgr. 29 Satz 11 KI-VO klarstellt. Unter die Vorschrift kann beispielsweise ein KI-basierter Chatbot gefasst werden, der beim Nutzer unterbewusst Anreize zur Begehung von Gewalttaten oder terroristisch motivierten Handlungen schafft.[61]

– **Social Scoring (Art. 5 Abs. 1 lit. c KI-VO):** KI-Systeme, die unter Art. 5 Abs. 1 lit. c KI-VO fallen, „bewerten oder klassifizieren natürliche Personen oder Gruppen natürlicher Personen in einem bestimmten Zeitraum auf der Grundlage zahlreicher Datenpunkte in Bezug auf ihr soziales Verhalten in verschiedenen Zusammenhängen oder aufgrund bekannter, vermuteter oder vorhergesagter persönlicher Eigenschaften oder Persönlichkeitsmerkmale“ (Erwgr. 31 Satz 3 KI-VO). Das Verbot einer solchen Vorgehensweise wird insbesondere mit der damit potenziell einhergehenden Schlechterstellung bzw. Benachteiligung der Betroffenen im sozialen Kontext bei Zusammenhangslosigkeit zur ursprünglichen Erhebung der Daten bzw. unverhältnismäßigen Konsequenzen gerechtfertigt. Hieraus lässt sich jedoch ebenso folgern, dass zwischen Bewertung und Benachteiligung ein Zusammenhang besteht, der die Bewertung als vom Zweck der Datenerhebung gedeckt erscheinen lässt und damit die Möglichkeit eines rechtmäßigen KI-basierten Social Scoring eröffnet.[62] Dies umfasst beispielsweise Bonitätsprüfungen, Risikobewertungen oder Antragsprüfungen im Finanz- und Versicherungswesen, aber auch Praktiken zur Optimierung von Dienstleistungen oder zur Bewertung von Nutzerverhalten auf Online-Plattformen. Vermieden werden sollen mit Einführung des Verbotstatbestands daher insbesondere solche Arten von Social-Scoring-Systemen nach chinesischem Vorbild.[63] Im privatwirtschaftlichen Sektor ist zu berücksichtigen, dass sich der die Bewertung Durchführende unter anderem auf seine grundrechtlich verankerte unternehmerische Freiheit (Art. 16 GRCh) berufen kann, was sich auf die Beurteilung der Verhältnismäßigkeit auswirken kann.[64]

---

60 *Heinze/Engel*, KIR 2025, 19, 23.

61 Europäische Kommission, Leitlinien der Kommission zu verbotenen Praktiken der künstlichen Intelligenz gemäß der Verordnung (EU) 2024/1689 (KI-Verordnung), (2025) C(2025) 5052 final, S. 39 mit weiteren Beispielen.

62 *Niehaus/Siems*, DSRITB 2024, 459, 468 f.

63 *Ebert/Spicker*, NVwZ 2021, 1188, 1189; *Benedikt*, in: Bomhard/Pieper/Wende, KI-VO, Art. 5 Rn. 19; ausführlich zum Vergleich der Regulierung von KI in der EU und China *Blasek*, KIR 2025, 100, 101 ff.

64 *Heinze/Wolf*, KIR 2025, 360, 361.

- **Emotionserkennung (Art. 5 Abs. 1 lit. f KI-VO):** Verboten sind nach Art. 5 Abs. 1 lit. f KI-VO das Inverkehrbringen, die Inbetriebnahme sowie die Verwendung emotionsableitender KI-Systeme gegenüber natürlichen Personen am Arbeitsplatz und in Bildungseinrichtungen. Nicht ganz zutreffend ist dabei die Zuordnung zu Emotionserkennungssystemen im Sinne des Art. 3 Nr. 39 KI-VO, mithin solchen KI-Systemen, die dem Zweck dienen, Emotionen oder Absichten natürlicher Personen auf der Grundlage ihrer biometrischen Daten festzustellen oder daraus abzuleiten.[65] Unter Rückgriff auf den Wortlaut der Norm sollen ausdrücklich nur solche KI-Systeme erfasst sein, die der Ableitung von Emotionen einer natürlichen Person dienen, wobei die Erkennung notwendige Voraussetzung der anschließenden Ableitung ist.[66]

  Der Anwendungsbereich wird insbesondere mit dem im Arbeits- und Bildungsumfeld herrschenden Machtungleichgewicht begründet, welches das Risiko der Schlechterstellung bzw. Benachteiligung Einzelner oder bestimmter Gruppen birgt (Erwgr. 44 Satz 4 KI-VO). In diesen Branchen kann daher insbesondere die Personal- oder IT-Abteilung dazu angehalten werden, sicherzustellen, dass keine unter das Verbot fallenden KI-Systeme zur Anwendung gelangen.[67] Denkbare Beispiele im Bereich der HR-Abteilung umfassen unter anderem die Verwendung im Rahmen des Recruitings oder der Probezeit.[68]

  Der Verbotstatbestand greift ausweislich des Wortlauts jedoch dann nicht, wenn die Verwendung des KI-Systems aus medizinischen oder sicherheitstechnischen Gründen erfolgt. Kritik herrscht im Hinblick auf die nicht ganz eindeutige Formulierung der Ausnahme bezüglich der Handlungsformen, wobei wohl eine Erstreckung sowohl auf das Inverkehrbringen als auch die Inbetriebnahme und die Verwendung beabsichtigt ist.[69] Sofern die Ausnahme eingreift, ist immer auch Art. 6 Abs. 1 KI-VO i. V. m. Anhang III Nr. 1 lit. c KI-VO zu beachten, der KI-Systeme, die bestimmungsgemäß zur Emotionserkennung verwendet werden sollen, als Hochrisiko-KI-Systeme einstuft. Erstaunlich ist insofern, dass die Einordnungen als Hochrisiko-KI-System der Vorschriften des Art. 6 Abs. 1 KI-VO i. V. m. Anhang III Nr. 3 und 4 KI-VO in den Bereichen der allgemeinen und beruflichen Bildung sowie der Beschäftigung, des Personalmanage-

65 So *Böning/Schindler*, in: Geminn/Johannes, Europäisches Datenrecht, § 28 Rn. 73 bereits mit Verweis auf die weitere Formulierung in Art. 3 Nr. 39 KI-VO.

66 Vgl. Europäische Kommission, Leitlinien der Kommission zu verbotenen Praktiken der künstlichen Intelligenz gemäß der Verordnung (EU) 2024/1689 (KI-Verordnung), (2025) C(2025) 5052 final, S. 103.

67 *Lachenmann*, in: Koreng/Lachenmann, Formularhandbuch Datenschutzrecht, Form. Q. II. Anm. 1.-5.

68 *Knappertsbusch/Rappenglück*, CR 2025, 281, 288.

69 *Böning/Schindler*, in: Geminn/Johannes, Europäisches Datenrecht, § 28 Rn. 75.

ments und des Zugangs zur Selbstständigkeit im Ergebnis einen deutlich kleineren Anwendungsbereich aufweisen als der Verbotstatbestand des Art. 5 Abs. 1 lit. f KI-VO im Hinblick auf die jeweils daraus folgenden Konsequenzen.[70]

– **Biometrische Kategorisierung (Art. 5 Abs. 1 lit. g KI-VO):** Der Regelungszweck des Art. 5 Abs. 1 lit. g Hs. 1 KI-VO betrifft das Verbot einer KI-basierten biometrischen Kategorisierung, indem natürliche Personen anhand ihrer biometrischen Daten zur Ermittlung ihrer Rasse, politischen Einstellung, ihrer Gewerkschaftszugehörigkeit, ihrer religiösen oder weltanschaulichen Überzeugungen oder ihres Sexuallebens bzw. ihrer sexuellen Ausrichtung kategorisiert werden. Dies entspricht dem Katalog aus Art. 9 Abs. 1 DSGVO mit Ausnahme von Gesundheitsdaten.[71] Art. 3 Nr. 40 KI-VO versteht darunter ein „KI-System, das dem Zweck dient, natürliche Personen auf der Grundlage ihrer biometrischen Daten bestimmten Kategorien zuzuordnen, sofern es sich um eine Nebenfunktion eines anderen kommerziellen Dienstes handelt und aus objektiven technischen Gründen unbedingt erforderlich ist". Die genannten Kategorien können sich beispielsweise auf Charakteristiken wie Geschlecht, Alter, Haarfarbe, Augenfarbe, Tätowierungen, Verhaltens- oder Persönlichkeitsmerkmale, Sprache, Religion, Zugehörigkeit zu einer nationalen Minderheit oder die sexuelle oder politische Ausrichtung beziehen (Erwgr. 16 Satz 2 KI-VO). Für den Begriff der biometrischen Daten sieht die KI-VO in Art. 3 Nr. 34 KI-VO eine Legaldefinition vor; es handelt sich um mit speziellen technischen Verfahren gewonnene personenbezogene Daten zu physischen, physiologischen oder verhaltenstypischen Charakteristika einer natürlichen Person. Dies ist unter anderem der Fall für Gesichtsbilder oder daktyloskopische Daten, wie Finger-, Hand- oder Fußabdrücke.[72] Auch hier findet sich eine Ausnahme von dem Verbot; namentlich gilt dieses nicht für die Kennzeichnung oder Filterung rechtmäßig erworbener biometrischer Datensätze (Art. 5 Abs. 1 lit. g Hs. 2 KI-VO), insbesondere auf dem Gebiet der Strafverfolgung.[73]

26 Zudem findet die Vorschrift keine Anwendung, wenn es sich bei der Kategorisierung um eine reine Nebenfunktion handelt, die mit einem anderen kommerziellen Dienst notwendigerweise verbunden ist, wie beispielsweise bei der Filterfunktion anhand der Kategorisierung von Gesichts- und Körpermerkmalen zur Unterstützung bei einer Kaufentscheidung auf On-

---

70 *Niehaus/Siems*, DSRITB 2024, 459, 472.

71 *Benedikt*, in: Bomhard/Pieper/Wende, KI-VO, Art. 5 Rn. 35.

72 *Niehaus/Siems*, DSRITB 2024, 459, 772.

73 Als Beispiel nennt die Vorschrift Bilder, die auf Grundlage biometrischer Daten oder die Kategorisierung biometrischer Daten im Bereich der Strafverfolgung erworben wurden.

line-Marktplätzen (Erwgr. 16 Satz 3 und 4 KI-VO). Die Eigenschaft als Nebenfunktion und die objektiv technische Notwendigkeit müssen dabei kumulativ erfüllt sein.[74] Dies betrifft insbesondere das Anprobieren mithilfe einer Virtual-Reality-Funktion, die insbesondere für (Sonnen-)Brillen eine gängige Methode ist, aber auch für Piercings oder andere Kleidungsstücke eingesetzt werden kann.[75] Dies gilt nach Erwgr. 16 Satz 5 KI-VO ebenfalls für solche Filterfunktionen auf sozialen Netzwerken zur Ermöglichung des Hinzufügens von Bildern oder Videos bzw. deren Veränderung, da hier die Hauptdienstleistung in der Verbreitung digitaler Inhalte besteht.

2. Hochrisiko-KI-Systeme

Besondere Aufmerksamkeit kommt den als Hochrisiko-KI-Systeme einzustufenden KI-Systemen zu. Der Verordnungsgeber knüpft zur Einordnung in Art. 6 Abs. 1 KI-VO daran an, dass ein KI-System als Sicherheitsbauteil Komponente eines unter Anhang I KI-VO und die dort aufgeführten Harmonisierungsvorschriften fallenden Produkts ist bzw. dieses Produkt selbst verkörpert und das entsprechende Produkt einer Konformitätsbewertung durch Dritte hinsichtlich des Inverkehrbringens oder der Inbetriebnahme unterliegt. In der Systematik spiegelt sich insofern der produktsicherheitsrechtliche Bezug der KI-VO wider.[76] Zusätzlich werden in Anhang III KI-VO aufgeführte KI-Systeme als hochriskant eingestuft (Art. 6 Abs. 2 KI-VO). **27**

Bereits aus Erwgr. 46 Satz 4 KI-VO geht hervor, dass Anbieter in Bezug auf die Konformität eines Produkts ein gewisses Maß an Entscheidungsflexibilität auf operativer Basis aufweisen sollten. In praktischer Hinsicht wird hieraus gefolgert, dass die Einstufung als Hochrisiko-KI-System dynamisch ist, mit der Folge, dass auch eine erst nachgelagerte Einordnung in diese Kategorie möglich ist.[77] Dies hängt nicht zuletzt mit dem vom Verordnungsgeber gewählten „list-based approach" zusammen, der durch Verweisungen auf die jeweils gültigen Fassungen etwaiger harmonisierender Vorschriften dynamische Entwicklungen zu berücksichtigen beabsichtigt.[78] **28**

---

74 Europäische Kommission, Leitlinien der Kommission zu verbotenen Praktiken der künstlichen Intelligenz gemäß der Verordnung (EU) 2024/1689 (KI-Verordnung), (2025) C(2025) 5052 final, S. 114.

75 *Niehaus/Siems*, DSRITB 2024, 459, 473.

76 Vgl. *Gerdemann*, NJW 2024, 2209; *Gehrmann*, in: Bomhard/Pieper/Wende, KI-VO, Art. 6 Rn. 1.

77 *Beurskens*, in: Marly, Praxishandbuch Softwarerecht, § 16 Rn. 31 f.

78 *Gehrmann*, in: Bomhard/Pieper/Wende, KI-VO, Art. 6 Rn. 47.

a) Einstufung als Hochrisiko-KI-System nach Art. 6 Abs. 1 i. V. m. Anhang I KI-VO

29 Art. 6 Abs. 1 lit. a KI-VO sieht die Varianten vor, dass das KI-System entweder als Sicherheitsbauteil eines unter die in Anhang I aufgeführten Harmonisierungsvorschriften der Union fallenden Produkts verwendet werden soll oder selbst als Produkt in diesem Sinne anzusehen ist. Der Produktbegriff ist jeweils im Kontext der harmonisierenden Vorschrift, auf die verwiesen wird, auszulegen.[79] Die Variante des eigenständigen Produkts kommt nur dann in Betracht, wenn die jeweiligen Harmonisierungsvorschriften Software überhaupt als Produkt ansehen, also von einem nur körperlichen Begriffsverständnis abrücken.[80] Trotz der zu verfolgenden Entwicklung des Produktbegriffs im Hinblick auf die potenzielle Einordnung als Software bleibt wohl die Variante des KI-Systems als Bestandteil in Form eines Sicherheitsbauteils derzeit praktisch bedeutender.[81]

30 Für den Begriff des Sicherheitsbauteils nimmt Art. 3 Nr. 14 KI-VO eine eigene Definition vor als „einen Bestandteil eines Produkts oder KI-Systems, der eine Sicherheitsfunktion für dieses Produkt oder KI-System erfüllt oder dessen Ausfall oder Störung die Gesundheit und Sicherheit von Personen oder Eigentum gefährdet“. Während die erste Alternative der Sicherheitsfunktion maßgeblich auf der subjektiven Zweckbestimmung des Anbieters basiert, ist für die Alternative der Gefährdung ein eher objektiver Maßstab anzulegen, der auf eine faktenbasierte Prognose abzielt.[82] Hieraus wird insgesamt deutlich, dass die Vorschrift vordergründig die verlässliche Funktionsweise von KI-Systemen gewährleisten soll.[83] Als Alternative zur Sicherheitsfunktion wird in der Regel ein KI-System zur Minimierung eines bestehenden Sicherheitsrisikos eingesetzt, wie etwa die Integration eines KI-basierten Temperaturkontrollmechanismus zur Vermeidung der Überhitzung industriell eingesetzter Maschinen.[84] Ein Rückgriff auf andere Rechtsvorschriften ist, anders als beim Produktbegriff, aufgrund unterschiedlicher Begriffsverständnisse nicht erforder-

---

79 *Gehrmann*, in: Bomhard/Pieper/Wende, KI-VO, Art. 6 Rn. 47; siehe beispielweise Kap. 9 für den Begriff des Medizinprodukts und dessen Definition in Art. 1 Abs. 4 MDR.

80 *Ruschemeier*, in: Martini/Wendehorst, KI-VO, Art. 6 Rn. 38, 41 mit dem Hinweis, dass dies de lege lata nur für die Medizinprodukteverordnung (MDR), die In-vitro-Diagnostika-Verordnung (IVD-VO) und die Funkanlage-Richtlinie der Fall ist.

81 *Ruschemeier*, in: Martini/Wendehorst, KI-VO, Art. 6 Rn. 42.

82 *Höving/Ringlage/Weschky*, ZfPC 2025, 241, 244; *Kirschke-Biller/Füllsack*, in: BeckOK KI-Recht, Art. 3 KI-VO Rn. 260 ff.

83 *Hilgendorf/Härtlein*, in: Hilgendorf/Härtlein, HK-KI-VO, Art. 6 Rn. 3.

84 *Kirschke-Biller/Füllsack*, in: BeckOK KI-Recht, Art. 3 KI-VO Rn. 261 ff.

lich.[85] Zwar lässt die KI-VO nach Art. 2 Abs. 9 die Vorschriften anderer Rechtsakte der Union zum Verbraucherschutz und zur Produktsicherheit unberührt, allerdings dürften ihre Bestimmungen in diesem Kontext bei Widersprüchen als lex specialis anzusehen sein.[86]

Bereits aus dem Wortlaut der Norm wird ersichtlich, dass die Voraussetzungen von lit. a und b kumulativ vorliegen müssen. Letzterer Umstand dient der Eingrenzung des Anwendungsbereichs der Vorschrift sowie der hieraus folgenden Konsequenzen in der Umsetzung des risikobasierten Ansatzes der KI-VO.[87] Insofern kommt es darauf an, ob nach den sektorspezifischen Produktsicherheitsvorschriften eine Konformitätsbewertung durch Dritte, also eine externe Stelle, vorgesehen ist.[88] **31**

b) Einstufung als Hochrisiko-KI-System nach Art. 6 Abs. 2 i. V. m. Anhang III KI-VO

Anhang III der KI-VO enthält eine Auflistung von acht näher spezifizierten Bereichen, die in Verbindung mit Art. 6 Abs. 2 KI-VO grundsätzlich zur Einstufung als Hochrisiko-KI-System führen. Der Verordnungsgeber versteht hierunter sogenannte eigenständige KI-Systeme, die aufgrund ihrer Zweckbestimmung ein hohes gesundheitliches, sicherheitstechnisches oder grundrechtlich geprägtes Schadensrisiko bergen (Erwgr. 52 Satz 1 KI-VO). Zweckbestimmung meint dabei nach der Begriffsbestimmung in Art. 3 Nr. 12 KI-VO die „Verwendung, für die ein KI-System laut Anbieter bestimmt ist, einschließlich der besonderen Umstände und Bedingungen für die Verwendung, entsprechend den vom Anbieter bereitgestellten Informationen in den Betriebsanleitungen, im Werbe- oder Verkaufsmaterial und in diesbezüglichen Erklärungen sowie in der technischen Dokumentation". Ob es hierbei ausschließlich auf die vom Anbieter subjektiv vorgenommene Zweckbestimmung ankommen kann, wird aufgrund des hieraus folgenden nicht unerheblichen Missbrauchsrisikos zu Recht in Frage gestellt.[89] Vorschläge finden sich insoweit dahingehend, es ausreichen zu lassen, wenn der in Anhang III genannte Bereich vom Anwendungsbereich des KI-Systems grundsätzlich erfasst werden soll im Sinne einer unzweifelhaften Er- **32**

---

85 *Hilgendorf/Härtlein*, in: Hilgendorf/Härtlein, HK-KI-VO, Art. 6 Rn. 5 am Beispiel der abweichenden Begriffsbestimmung für ein Sicherheitsbauteil in Art. 3 Nr. 3 Verordnung (EU) 2023/1230.

86 *Gehrmann*, in: Bomhard/Pieper/Wende, KI-VO, Art. 6 Rn. 52.

87 *Klawonn*, in: BeckOK KI-Recht, KI-VO Art. 6 Rn. 13.

88 Für den Gesundheitssektor siehe Kap. 9.

89 *Gehrmann*, in: Bomhard/Pieper/Wende, KI-VO, Art. 6 Rn. 67.

kennbarkeit für einen objektiven Dritten, unter Wahrung der Verhältnismäßigkeit.[90]

c) Ausnahmen nach Art. 6 Abs. 3 KI-VO

33 Abweichend von Art. 6 Abs. 2 i. V. m. Anhang III KI-VO gilt ein KI-System nicht als hochriskant, wenn es kein erhebliches Risiko der Beeinträchtigung der Gesundheit, Sicherheit oder Grundrechte natürlicher Personen birgt. Dabei sieht Art. 6 Abs. 3 UAbs. 1 KI-VO selbst vor, dass dies unter anderem insbesondere dann der Fall ist, wenn das Ergebnis der Entscheidungsfindung nicht wesentlich durch das KI-System beeinflusst wird. Diese Ausnahme erstreckt sich, wie Art. 6 Abs. 3 UAbs. 3 klarstellt, jedoch nicht auf Fälle des Profilings. Die Bedingungen zur Anwendbarkeit der Ausnahmevorschrift müssen dabei nicht kumulativ vorliegen, sondern es reicht, wenn eine davon erfüllt ist. Die Aufzählung möglicher Bedingungen ist abschließend.[91] Die Ausnahmen nach Art. 6 UAbs. 2 lit. a und d KI-VO betreffen dabei insbesondere Aufgaben, die im Vorfeld einer Entscheidungsfindung stattfinden und potenziell menschlich oder automatisiert durchgeführt werden, wohingegen Art. 6 UAbs. 2 lit. b und c die Situation nach bereits erfolgter menschlicher Handlung thematisieren.[92]

34 Wann genau die Erheblichkeitsschwelle für die Risikobeurteilung im Einzelfall überschritten wird, lässt die KI-VO unbeantwortet. Als wahrscheinlich erscheint es, dass hierunter Risiken zu verstehen sind, die „aufgrund ihrer Schwere, Intensität, Eintrittswahrscheinlichkeit und Dauer nachteilige Auswirkungen auf die Gesundheit oder Sicherheit oder Grundrechte haben“[93]. Die Ausnahmetatbestände haben gemein, dass dem KI-System keine endgültige Entscheidungsgewalt eingeräumt wird.[94]

35 In praktischer Hinsicht ist Art. 6 Abs. 4 Satz 1 KI-VO von besonderer Relevanz, der dem Anbieter eine verpflichtende Bewertungsdokumentation vorschreibt, falls nach dessen Auffassung die zuvor genannten Ausnahmen auf sein KI-System Anwendung finden und insofern von vornherein kein Hochrisiko-KI-System vorliegt. Die Komplexität der Regelungssystematik legt einen hohen Sorgfaltsmaßstab für die vorzunehmende Dokumentation nahe.[95] Im Zusammenhang mit der bestehenden Problematik der subjektiv ge-

90 *Wirtz/Baumann*, RDi 2024, 27, 30; *Gehrmann*, in: Bomhard/Pieper/Wende, KI-VO, Art. 6 Rn. 67.

91 *Hilgendorf/Härtlein*, in: Hilgendorf/Härtlein, HK-KI-VO, Art. 6 Rn. 14; *Gehrmann*, in: Bomhard/Pieper/Wende, KI-VO, Art. 6 Rn. 156.

92 *Lauber-Rönsberg/Meinel/Laux/Ruschemeier*, KIR 2025, 399, 401.

93 *Gehrmann*, in: Bomhard/Pieper/Wende, KI-VO, Art. 6 Rn. 160 f. unter Einbeziehung der Definition des „erheblichen“ Risikos in Art. 3 Nr. 1b KI-VO-E.

94 *Gehrmann*, in: Bomhard/Pieper/Wende, KI-VO, Art. 6 Rn. 162.

95 *Klos/Taylan*, CCZ 2024, 205, 208.

prägten Zweckbestimmung aufgrund der zunächst vom Anbieter selbst vorzunehmenden Beurteilung besteht ein gewisses Missbrauchsrisiko; dieses dürften die Dokumentationspflichten jedoch erheblich einschränken.[96] Dies, zumal der Anbieter die entsprechende Dokumentation seiner Bewertung auf Verlangen der zuständigen nationalen Behörde vorzulegen hat (Art. 6 Abs. 4 Satz 3 KI-VO). Eine proaktive Mitteilungspflicht gegenüber der Behörde in Bezug auf die Selbsteinschätzung als Nicht-Hochrisiko-KI-System sieht die Vorschrift jedoch gerade nicht vor.[97] Zu beachten ist auch der Zeitpunkt der vorzunehmenden Dokumentation vor dem Inverkehrbringen bzw. der Inbetriebnahme des KI-Systems. Will sich ein Anbieter auf die Ausnahmeregelung stützen, so geht damit gem. Art. 6 Abs. 4 Satz 2 KI-VO die Pflicht zur Registrierung gem. Art. 49 Abs. 2 KI-VO für die in Art. 71 KI-VO vorgesehene EU-Datenbank einher.

d) Anforderungen an Hochrisiko-KI-Systeme

Der zweite Abschnitt der KI-VO behandelt entsprechend dem risikobasierten Ansatz die Anforderungen, die sich als Konsequenz der Einstufung als Hochrisiko-KI-System ergeben, wobei Art. 8 KI-VO den zentralen Ausgangspunkt bildet. Letzterer gibt vor, dass sämtliche Anforderungen stets im Lichte der Zweckbestimmung des allgemein anerkannten Stands der Technik auszulegen sind (Art. 8 Abs. 1 Satz 1 KI-VO). Die Anknüpfung an die konkrete Zweckbestimmung hat zur Folge, dass sich nicht für alle Hochrisiko-KI-Systeme gleichlautende Anforderungen ergeben, und auch der Verweis auf den allgemeinen Stand der Technik beabsichtigt ein gewisses Maß an Flexibilität.[98] Besondere praktische Relevanz kommt zudem den harmonisierten Normen und Normungsdokumenten (Art. 40 KI-VO) zu, die an den New Legislative Framework des Produktsicherheitsrechts angelehnt sind.[99] **36**

Die Einhaltung der Compliance-Vorgaben aus Art. 8 bis 15 KI-VO müssen die Anbieter von Hochrisiko-KI-Systemen durch die Ausstellung einer EU-Konformitätserklärung im Sinne des Art. 47 KI-VO belegen (Art. 16 lit. g, 47 KI-VO). Art. 8 Abs. 2 KI-VO regelt das Verhältnis der Anforderungen des zweiten Abschnitts zu anderen unionsrechtlichen Harmonisierungsvorschriften.[100] Mit dem Zweck, den diesbezüglichen Aufwand von KI-Anbietern nicht überdurchschnittlich mit den weiteren Anforderungen der KI-VO zu überspannen, sieht Art. 8 Abs. 2 Satz 2 KI-VO vor, dass etwaige KI-bezogene Pflichten auch in bereits etablierte Dokumentationen und Ver- **37**

96 Vgl. *Ruschemeier*, in: Martini/Wendehorst, KI-VO, Art. 6 Rn. 96.
97 *Lauber-Rönsberg/Meinel/Laux/Ruschemeier*, KIR 2025, 399, 405.
98 *Spindler/Gerdemann*, in: Hilgendorf/Roth-Isigkeit, KI-VO, § 5 Rn. 2.
99 *Spindler/Gerdemann*, in: Hilgendorf/Roth-Isigkeit KI-VO, § 5 Rn. 5.
100 *König*, in: Bomhard/Pieper/Wende, KI-VO, Art. 8 Rn. 29.

fahren zur Umsetzung der Harmonisierungsvorschriften integriert werden können.[101] Es handelt sich hierbei, bereits nach dem Wortlaut der Vorschrift, um ein Wahlrecht des Anbieters, das heißt, es bleibt ihm überlassen, wie er in diesem Punkt verfahren will.

38 Im Zentrum des Pflichtenkatalogs steht das **Konformitätsbewertungsverfahren** gemäß Art. 43 KI-VO.[102] Ähnlich wie im klassischen Produktsicherheitsrecht müssen Anbieter *vor* dem Inverkehrbringen oder der Inbetriebnahme nachweisen, dass ihr Hochrisiko-KI-System die Anforderungen der KI-VO erfüllt. Dies mündet in der Ausstellung einer **EU-Konformitätserklärung** (Art. 47 KI-VO) und der Anbringung der **CE-Kennzeichnung** (Art. 48 KI-VO). Das Verfahren selbst kann je nach KI-System variieren: Während für viele KI-Systeme eine interne Kontrolle genügt (Selbstzertifizierung), ist für bestimmte biometrische Systeme (Anhang III Nr. 1) die Einbindung einer notifizierten Stelle (z. B. TÜV) zwingend erforderlich. Teilweise ist sogar eine Behörde zu beteiligen.

39 Voraussetzung für die Konformität eines Hoch-Risiko-KI-Systems ist die Einhaltung der materiellen Anforderungen aus Art. 9 bis 15 KI-VO. Diese müssen während des gesamten Lebenszyklus[103] des KI-Systems gewährleistet sein:

- **Risikomanagementsystem (Art. 9 KI-VO):** Anbieter müssen ein kontinuierliches, iteratives System etablieren, das Risiken für Gesundheit, Sicherheit und Grundrechte identifiziert, bewertet und minimiert. Dies umfasst Tests vor und nach dem Inverkehrbringen. Restrisiken sind dem Nutzer transparent zu machen.
- **Daten-Governance (Art. 10 KI-VO):** Trainings-, Validierungs- und Testdaten unterliegen strengen Qualitätskriterien. Sie müssen relevant, repräsentativ, fehlerfrei und vollständig sein, um Verzerrungen (Bias[104]) und Diskriminierung zu verhindern.
- **Technische Dokumentation (Art. 11 KI-VO):** Es ist eine umfassende Dokumentation zu erstellen, die Behörden die Bewertung der Konformität ermöglicht. Sie muss alle Elemente des Systems, den Entwicklungsprozess und die Überwachungsmaßnahmen detailliert beschreiben (vgl. Anhang IV KI-VO).
- **Protokollierung (Art. 12 KI-VO):** Das System muss technisch in der Lage sein, Ereignisse automatisch aufzuzeichnen („Logs"), um die Rück-

101 *König*, in: Bomhard/Pieper/Wende, KI-VO, Art. 8 Rn. 29.
102 Vgl. *Kilian*, in: BeckOK KI-Recht, Art. 43 KI-VO Rn. 1.
103 Zum Lebenszyklus eines KI-Systems *Kirschke-Biller/Füllsack*, in: BeckOK KI-Recht, Art. 3 KI-VO Rn. 26 f.
104 Vgl. hierzu *Braun Binder/Egli*, in: Martini/Wendehorst, KI-VO, Art. 10 Rn. 25 ff.

verfolgbarkeit des Betriebs zu gewährleisten.[105] Dies dient der Fehleranalyse und der Überwachung von Risiken.

- **Transparenz und Bereitstellung von Informationen für die Betreiber (Art. 13 KI-VO):** Das System muss so konzipiert sein, dass seine Funktionsweise für Nutzer verständlich ist. Eine beigefügte Gebrauchsanweisung muss klare Informationen über Zweck, Leistung, Grenzen und Wartung enthalten.[106]
- **Menschliche Aufsicht (Art. 14 KI-VO):** Hochrisiko-KI-Systeme müssen so gestaltet sein, dass sie von natürlichen Personen wirksam überwacht werden können („Human-in-the-loop“[107]). Das Aufsichtspersonal muss in der Lage sein, den Output zu verstehen, zu korrigieren oder das System im Notfall zu stoppen („Kill Switch“).[108]
- **Genauigkeit, Robustheit und Cybersicherheit (Art. 15 KI-VO):** Das System muss ein angemessenes Maß an Genauigkeit und Widerstandsfähigkeit gegen Fehler oder Angriffe (z. B. Data Poisoning[109]) aufweisen, das über den gesamten Lebenszyklus hinweg konstant bleiben muss.

Flankiert werden diese produktbezogenen Anforderungen durch organisatorische Pflichten (Art. 16 ff. KI-VO), die den Anbieter als verantwortlichen Akteur adressieren: **40**

- **Qualitätsmanagementsystem (QMS) (Art. 17 KI-VO):** Anbieter müssen ein QMS einrichten, das die Einhaltung der KI-VO sicherstellt. Es umfasst Strategien zur Einhaltung der Vorschriften, Verfahren zur Datenverwaltung und Prozesse für die Berichterstattung über schwerwiegende Vorfälle.
- **Dokumentationsaufbewahrung (Art. 18 KI-VO):** Die technische Dokumentation und die Konformitätserklärung sind für zehn Jahre nach dem Inverkehrbringen des Systems aufzubewahren und den Behörden auf Anfrage zur Verfügung zu stellen.
- **Automatische Protokollierung (Art. 19 KI-VO):** Soweit die Protokolle (Logs) unter der Kontrolle des Anbieters stehen, sind diese für mindestens sechs Monate aufzubewahren, um eine Ex-post-Kontrolle zu ermöglichen.
- **Korrekturmaßnahmen (Art. 20 KI-VO):** Stellt der Anbieter fest, dass sein System nicht konform ist, muss er unverzüglich Maßnahmen ergreifen, um die Konformität herzustellen, das System vom Markt zu nehmen oder zurückzurufen. Zudem sind die zuständigen Marktüberwachungsbehörden zu informieren.

---

105 Vgl. *Siglmüller/Zdanowiecki*, in: BeckOK KI-Recht, Art. 12 KI-VO Rn. 1.

106 *Bartel/Khuat/Wehling-Mauntel*, in: Chibanguza/Kuß/Steege, Künstliche Intelligenz, 2.Teil, § 7 B. Rn. 70.

107 Vgl. hierzu *Buchner*, in: BeckOK KI-Recht, KI-VO Art. 14 Rn. 34.

108 Vgl. *Schippel*, KIR 2025, 368, 370.

109 Vgl. hierzu *Moritz*, in: Martini/Wendehorst, KI-VO, Art. 15 Rn. 69.

- **Kooperation mit Behörden (Art. 21 KI-VO):** Anbieter sind verpflichtet, auf begründete Anfrage einer nationalen Behörde alle Informationen und Unterlagen bereitzustellen, die für den Nachweis der Konformität erforderlich sind. Dies schließt den Zugang zu den Logs und ggf. zum Quellcode ein.

41 Diese umfassenden Pflichten verdeutlichen, dass die KI-VO nicht nur technische Standards setzt, sondern tief in die organisatorischen Strukturen der Anbieter eingreift. Die Implementierung eines robusten KI-Compliance-Managements ist daher keine Kür, sondern die zwingende Voraussetzung für den Marktzugang.

3. Besondere Transparenzpflichten nach Art. 50 KI-VO

42 Neben den Anforderungen an Hochrisiko-KI-Systeme sieht der Verordnungsgeber in Kapitel IV (Art. 50 KI-VO) spezifische Transparenzpflichten für bestimmte KI-Systeme vor, die ein besonderes Manipulations- oder Täuschungsrisiko bergen. Diese Pflichten gelten unabhängig von einer Einstufung als Hochrisiko-KI-System und treffen, je nach Konstellation, Anbieter und/oder Betreiber.

a) Interaktion mit natürlichen Personen (Art. 50 Abs. 1 KI-VO)

43 Anbieter von KI-Systemen, die für die direkte Interaktion mit natürlichen Personen bestimmt sind (z. B. Chatbots, Voicebots, Serviceroboter), müssen sicherstellen, dass die Nutzer spätestens zum Zeitpunkt der ersten Interaktion darüber informiert werden, dass sie mit einer KI kommunizieren. Ziel ist es, den Nutzer vor Täuschung über die Natur des Gegenübers zu schützen.[110]

44 Eine praxisrelevante Ausnahme besteht, wenn die Interaktion mit KI für eine angemessen informierte, aufmerksame und verständige Person aufgrund der Umstände offensichtlich ist (Erwgr. 132 Satz 3 KI-VO).[111] Dies dürfte beispielsweise bei Navigationssystemen im Fahrzeug oder bei offensichtlich maschinellen Sprachdialogsystemen an Hotlines der Fall sein. In Zweifelsfällen empfiehlt sich jedoch eine proaktive Kennzeichnung[112] (z. B. „Ich bin ein virtueller Assistent"), um Bußgeldrisiken zu vermeiden.

b) Kennzeichnung synthetischer Inhalte (Art. 50 Abs. 2 KI-VO)

45 Anbieter von KI-Systemen, die synthetische Audio-, Bild-, Video- oder Textinhalte erzeugen (Generative AI), müssen sicherstellen, dass die Aus-

110 Erwgr. 132 Satz 1 KI-VO; vgl. hierzu *Lauber-Rönsberg*, in: BeckOK KI-Recht, Art. 50 KI-VO Rn. 15.
111 Vgl. auch Erwgr. 132 KI-VO
112 Vgl. *Martini*, in: Martini/Wendehorst, KI-VO, Art. 50 Rn. 63.

gaben in einem maschinenlesbaren Format als künstlich generiert oder manipuliert gekennzeichnet sind. Diese Pflicht zielt darauf ab, die Verbreitung von Desinformationen und Deepfakes einzudämmen. Die technische Umsetzung dieser „Watermarking“[113]-Pflicht (z. B. mittels C2PA-Standards oder kryptografischer Metadaten) stellt Anbieter vor Herausforderungen. Ausgenommen sind KI-Systeme, die lediglich eine unterstützende Funktion bei der Standardbearbeitung haben (z. B. Rechtschreibkorrektur, einfache Bildfilter) oder die den Inhalt nicht wesentlich verändern.[114]

c) Emotionserkennung und biometrische Kategorisierung (Art. 50 Abs. 3 KI-VO)

Setzen Betreiber KI-Systeme zur Emotionserkennung oder zur biometrischen Kategorisierung ein, müssen sie die betroffenen natürlichen Personen hierüber informieren. Dies gilt auch im Arbeitskontext oder im Fahrzeug (z. B. bei Systemen zur Aggressionserkennung, jedoch nicht bei reiner Müdigkeitserkennung, die auf Fahrdaten basiert). Die Information muss vor der Verarbeitung erfolgen und klar verständlich sein. **46**

d) Deepfakes und Texte von öffentlichem Interesse (Art. 50 Abs. 4 KI-VO)

Betreiber von generativen KI-Systemen treffen gesonderte Offenlegungspflichten, wenn diese Systeme nachfolgende Risiken aufweisen: **47**

- **Deepfakes:** Wer Bild-, Ton- oder Videoinhalte erzeugt oder manipuliert, die echten Personen, Orten oder Ereignissen ähneln und fälschlicherweise als echt erscheinen könnten („Deepfakes“), muss dies offenlegen (Art. 50 Abs. 4 UAbs. 1 KI-VO). Dies betrifft etwa satirische Videos oder KI-generierte Werbespots.[115]
- **Texte zur Information der Öffentlichkeit:** Wer KI-generierte Texte veröffentlicht, um über Angelegenheiten von öffentlichem Interesse zu informieren, muss den künstlichen Ursprung kennzeichnen (Art. 50 Abs. 4 UAbs. 2 KI-VO). Eine wichtige Ausnahme gilt hier für redaktionell verantwortete Inhalte: Wenn ein KI-generierter Text (z. B. ein journalistischer Artikel oder ein juristischer Newsletter) einer menschlichen Überprüfung unterzogen wurde und eine natürliche oder juristische Person die redaktionelle Verantwortung trägt, entfällt die Kennzeichnungspflicht.[116]

---

113 Vgl. hierzu *Vasse'I*, RDi 2024, 406, 408 ff.
114 Vgl. *Kumkar/Griesel*, KIR 2024, 117, 125.
115 Vgl. *Kumkar/Griesel*, KIR 2024, 117, 119.
116 Vgl. *Lauber-Rönsberg*, in: BeckOK KI-Recht, Art. 50 KI-VO Rn. 73.

4. Besonderheiten bei KI-Modellen mit allgemeinem Verwendungszweck

48 Der grundsätzlich technologieneutrale Ansatz der KI-VO, der auf den konkreten Anwendungsfall eines KI-Systems zur Einordnung in eine Risikostufe abstellt, läuft bei KI-Modellen mit allgemeinem Verwendungszweck (GPAI) weitgehend leer, was eine Anpassung erforderlich macht.[117] Für die Bestimmung des praktischen Anwendungsbereichs der KI-VO auf GPAI ist es wichtig, zwischen KI-Modellen und KI-Systemen zu unterscheiden, da der Unionsgesetzgeber hier eine klare Trennung vornimmt, wodurch Regelungen, bezogen auf KI-Systeme, nicht ohne Weiteres für GPAI gelten.[118]

V. Aufsicht und Sanktionen

49 Eine Regulierung ist nur so effektiv wie ihre Durchsetzung. Um das Ziel der KI-VO – die Gewährleistung vertrauenswürdiger und menschenzentrierter KI – zu erreichen, hat der Unionsgesetzgeber ein komplexes Aufsichts- und Sanktionsregime etabliert. Die Einhaltung der materiellen Anforderungen der Verordnung wird durch eine neuartige Aufsichtsstruktur sichergestellt, die sich teilweise von bekannten Ansätzen wie der DSGVO unterscheidet:

1. Aufsicht: Geteilte Zuständigkeiten zwischen EU und Mitgliedstaaten

50 Die Aufsichtsarchitektur der KI-VO folgt einem dualen Ansatz, der eine vertikale Kompetenzverteilung zwischen der EU und den Mitgliedstaaten vorsieht. Während im Binnenmarkt harmonisierte Produktvorschriften traditionell von nationalen Marktüberwachungsbehörden durchgesetzt werden, weicht die KI-VO für den Bereich der KI-Modelle mit allgemeinem Verwendungszweck sowie für bestimmte GPAI-Systeme von diesem Prinzip ab.

51 Der Grund für diese Zweiteilung zwischen EU und Mitgliedstaaten liegt in der unterschiedlichen Risikostruktur: KI-Systeme mit spezifischem Verwendungszweck (z.B. im HR-Bereich oder im Kreditwesen) entfalten ihre Risiken typischerweise im konkreten Anwendungskontext, weshalb eine Kontrolle durch nationale Behörden sachgerecht erscheint. GPAI-Modelle hingegen bilden die technologische Basis für eine Vielzahl nachgelagerter Anwendungen im Rahmen der KI-Wertschöpfungskette in der gesamten Union. Ein Fehler oder ein systemisches Risiko in einem solchen Basismodell multipliziert sich in Tausenden darauf aufbauenden Anwendungen.

117 *Wendt*, in: Wendt/Wendt, Das neue Recht der Künstlichen Intelligenz, § 3 Rn. 48.
118 *Wendehorst*, in: Martini/Wendehorst, KI-VO, Art. 3 Rn. 396, anzweifelnd, ob dies dem Sinn und Zweck bestimmter Vorschriften entspricht.

Um diesen zentralisierten Risiken sowie der Marktmacht der wenigen, oft außereuropäischen Anbieter von GPAI-Modellen effektiv zu begegnen, hat der Gesetzgeber die Aufsicht über GPAI auf EU-Ebene zentralisiert.[119] Zuständig für die Überwachung ist damit primär die Europäische Kommission durch das neu geschaffene „Büro für Künstliche Intelligenz" (AI Office).

a) Aufsicht über General Purpose AI

Die Zentralisierung der Aufsicht über GPAI-Modelle bei der Europäischen Kommission stellt eine der wesentlichen Neuerungen im finalen Text der KI-VO dar. Das neu geschaffene AI Office fungiert hierbei als De-facto-Regulierungsbehörde mit weitreichenden Befugnissen.[120] Das AI Office wurde durch Kommissionsbeschluss vom 24.1.2024 gegründet und ist organisatorisch als Abteilung der Generaldirektion Connect (DG CNECT) in die Verwaltungsstruktur der Kommission eingegliedert.[121] Es besitzt keine eigene Rechtspersönlichkeit, sondern handelt im Namen der Kommission. Seine Hauptaufgabe ist die einheitliche Durchsetzung der KI-VO, insbesondere hinsichtlich GPAI-Modelle und bestimmter GPAI-Systeme. Unterstützt wird es dabei durch ein wissenschaftliches Gremium unabhängiger Sachverständiger (Scientific Panel), das insbesondere bei der Bewertung der Fähigkeiten und Risiken von GPAI-Modellen eine Schlüsselrolle spielt (Art. 68 KI-VO). 52

Für die Praxis entscheidend und dogmatisch anspruchsvoll ist die Abgrenzung der Zuständigkeiten zwischen dem AI Office und den nationalen Behörden im Bereich der GPAI-Systeme. Die KI-VO unterscheidet strikt zwischen „GPAI-Modellen" (Art. 3 Nr. 63 KI-VO) und „GPAI-Systemen" (Art. 3 Nr. 66 KI-VO), auch wenn diese Trennung technisch in der Praxis oft schwierig ist: 53

- **Exklusive Zuständigkeit der Kommission für GPAI-Modelle:** Die Aufsicht über Anbieter von GPAI-Modellen (z. B. die GPT-Modellfamilie von OpenAI) liegt exklusiv beim AI Office (Art. 88 Abs. 1 KI-VO). Dies umfasst die Überwachung der Einhaltung der Dokumentations- und Transparenzpflichten nach Art. 53 und 54 KI-VO sowie der zusätzlichen Pflichten für Modelle mit systemischen Risiken nach Art. 55 KI-VO.[122]
- **Komplexe Zuständigkeit für GPAI-Systeme:** Bei GPAI-Systemen ist die Lage differenzierter. Grundsätzlich unterfallen KI-Systeme der nationalen Marktaufsicht. Eine Ausnahme gilt jedoch gemäß Art. 75 Abs. 1 KI-VO: Wenn das GPAI-System auf einem GPAI-Modell desselben Anbieters beruht (vertikale Integration, z. B. OpenAI als Anbieter von GPT-5 und

119 Vgl. *Herbers/Rappenglück*, RDi 2024, 432, 434.
120 Vgl. *Herbers/Rappenglück*, RDi 2024, 432 ff.
121 Vgl. *Bronner*, DSRITB 2024, 477, 481.
122 Vgl. *Bronner*, DSRITB 2024, 477, 481.

ChatGPT), ist das AI Office auch für die Überwachung des KI-Systems zuständig. Stammt das KI-System hingegen von einem nachgelagerten Anbieter, der das KI-Modell eines Dritten nutzt (z. B. integriert ein Unternehmen ein GPAI-Modell via API in seine eigene Anwendung), verbleibt die Zuständigkeit bei den nationalen Behörden.

54 Das AI Office verfügt gegenüber Anbietern von GPAI-Modellen über einen spezifischen Werkzeugkasten an Befugnissen (Art. 91–93 KI-VO), der jedoch im Vergleich zum Wettbewerbsrecht (keine „Dawn Raids“[123]) etwas eingeschränkter ist:

- **Dokumentationsanforderungen (Art. 91 KI-VO):** Das AI Office kann von Anbietern die Vorlage sämtlicher zur Überprüfung der Konformität erforderlichen Dokumentationen verlangen. Dies betrifft insbesondere die technische Dokumentation und die Trainingsdatenbeschreibungen.
- **Bewertungen (Art. 92 KI-VO):** Bei Verdacht auf systemische Risiken kann das AI Office – unterstützt durch das wissenschaftliche Gremium – Bewertungen des Modells vornehmen. Es kann den Anbieter auch zu Tests auffordern oder (nach Konsultation des wissenschaftlichen Gremiums) eigene Tests durchführen.
- **Abhilfemaßnahmen (Art. 93 KI-VO):** Stellt das AI Office fest, dass ein Modell gegen die KI-VO verstößt oder unvorhergesehene systemische Risiken birgt, kann es weitreichende Maßnahmen anordnen. Diese reichen von der Aufforderung zur Risikominderung über die Einschränkung der Bereitstellung bis hin zum Rückruf des Modells vom Markt.

55 Ein zentrales Element der Durchsetzung ist der „strukturierte Dialog“. Vor dem Erlass harter Maßnahmen soll das AI Office in einen Austausch mit dem Anbieter treten, um Probleme kooperativ zu lösen.[124] Dies spiegelt den Ansatz wider, Innovationen nicht unnötig durch bürokratische Härte zu ersticken, solange die Risiken kontrollierbar bleiben. Verstöße von Anbietern von GPAI-Modellen unterliegen einem eigenen Sanktionsregime, das direkt von der Europäischen Kommission exekutiert wird (Art. 101 KI-VO). Dies unterscheidet sich von den allgemeinen Bußgeldern für KI-Systeme (Art. 99 KI-VO), die von nationalen Behörden verhängt werden.

56 Für die Praxis ist zu beachten, dass zwar die materiellen Pflichten für GPAI-Modelle bereits ab dem 2.8.2025 gelten, die Bußgeldvorschrift des Art. 101 KI-VO jedoch erst ab dem 2.8.2026 anwendbar ist (Art. 113 lit. b KI-VO). Dies führt zu einer einjährigen „Schonfrist“ (Enforcement Gap), in der Verstöße zwar rechtswidrig sind, jedoch nicht unmittelbar von der Europäischen Kommission bestraft werden können. Allerdings bleibt das Risiko

123 Vgl. *Herbers/Rappenglück*, RDi 2024, 435.
124 Vgl. *Ambrock/Raji*, in: BeckOK KI-Recht, Art. 91 KI-VO Rn. 29.

privater Rechtsdurchsetzung (z. B. über das Wettbewerbsrecht) oder behördlicher Anordnungen ohne Bußgeld bestehen.

57 Zusammenfassend lässt sich festhalten, dass mit dem AI Office eine mächtige neue Institution geschaffen wurde, deren Effektivität maßgeblich von ihrer personellen und technischen Ausstattung abhängt. Für Anbieter von GPAI-Modellen bedeutet dies, dass ihr primärer Ansprechpartner nicht mehr eine nationale Behörde, sondern direkt Brüssel ist. Für nachgelagerte Anbieter und Betreiber, die GPAI-Modelle nutzen, bleibt hingegen die nationale Aufsicht relevant, wobei hier Schnittstellenprobleme (z. B. wenn eine nationale Behörde Informationen über das zugrunde liegende Modell benötigt, vgl. Art. 75 Abs. 3 KI-VO) vorprogrammiert sind.

b) Aufsicht über KI-Systeme mit einem spezifischen Anwendungszweck

58 Während die Aufsicht über GPAI-Modelle und bestimmte GPAI-Systeme zentralisiert erfolgt, verbleibt die Kontrolle über die breite Masse der KI-Systeme – insbesondere der Hochrisiko-KI-Systeme (Art. 6 KI-VO) – in der Zuständigkeit der Mitgliedstaaten. Dies folgt dem bewährten Prinzip der europäischen Marktüberwachung, stellt die nationalen Gesetzgeber jedoch vor erhebliche organisatorische Herausforderungen. Art. 70 KI-VO verpflichtet jeden Mitgliedstaat, mindestens eine Marktüberwachungsbehörde und eine notifizierende Behörde zu benennen, wobei eine Bündelung in einer Stelle möglich ist.[125]

59 In Deutschland spielt die Bundesnetzagentur (BNetzA) eine zentrale Rolle. Nach dem Durchführungsgesetz zur KI-VO soll die BNetzA sowohl als Marktüberwachungsbehörde als auch als notifizierende Behörde fungieren.[126] Damit bündelt der deutsche Gesetzgeber die Kompetenzen in einer bereits etablierten Regulierungsbehörde, um eine Zersplitterung der Aufsicht zu vermeiden. Die BNetzA wird damit zur zentralen Anlaufstelle für Anbieter und Betreiber von KI-Systemen in Deutschland, sofern diese nicht in spezifische Sektoren fallen, für die bereits spezialisierte Aufsichtsstrukturen bestehen (z. B. Finanzdienstleistungen, Medizinprodukte).[127]

60 Besonders brisant ist dabei die Frage der behördlichen Unabhängigkeit. Art. 70 Abs. 1 Satz 2 KI-VO fordert, dass die nationalen Behörden ihre Aufgaben „unabhängig, unparteiisch und unvoreingenommen“ wahrnehmen. In der rechtswissenschaftlichen Diskussion ist umstritten, ob dies eine „völlige Unabhängigkeit“ (ähnlich wie bei Datenschutzbeauftragten) erfordert oder

125 Vgl. *Herbers/Rappenglück*, RDi 2024, 437 f.
126 Vgl. *Roth-Isigkeit*, KIR 2025, 356.
127 Vgl. *Roth-Isigkeit*, KIR 2025, 357.

ob eine fachliche Weisungsfreiheit genügt. Der deutsche Gesetzgeber tendiert zu Letzterem, was jedoch im Spannungsfeld mit den strengeren Anforderungen stehen könnte, die für KI-Systeme im Bereich der Strafverfolgung und Justiz gelten (Art. 74 Abs. 8 KI-VO).[128]

61 Die Befugnisse der nationalen Marktüberwachungsbehörden sind weitreichend (Art. 74 KI-VO i. V. m. VO (EU) 2019/1020). Sie umfassen unter anderem:

- **Zugangsrechte:** Die Behörden haben das Recht, Zugang zu allen relevanten Informationen und Dokumentationen zu verlangen, die für die Konformitätsbewertung erforderlich sind. Dies schließt in begründeten Fällen auch den Zugriff auf den Quellcode und die Trainingsdaten ein.
- **Abhilfemaßnahmen:** Bei Feststellung von Verstößen können sie Maßnahmen anordnen, die von der Aufforderung zur Beseitigung der Nichtkonformität über Verkaufsverbote bis hin zum Rückruf des KI-Systems vom Markt reichen.
- **Sanktionen:** Sie sind zuständig für die Verhängung der in Art. 99 KI-VO vorgesehenen Geldbußen (siehe dazu sogleich unten).

62 Ein Novum ist die institutionelle Einbindung der nationalen Behörden in das europäische KI-Gremium (European AI Board). Dieses Gremium, bestehend aus Vertretern der Mitgliedstaaten und dem Europäischen Datenschutzbeauftragten, soll eine einheitliche Anwendung der KI-VO sicherstellen. Es fungiert als Bindeglied zwischen der nationalen Aufsicht und dem AI Office der Kommission. Für Unternehmen bedeutet dies, dass nationale Entscheidungen zunehmend europäisch koordiniert werden, was die Gefahr des „Forum-Shopping" reduziert, aber auch die Komplexität der Compliance-Verfahren erhöhen kann.

2. Sanktionsregime nach der KI-VO

63 Das Durchsetzungsregime der KI-VO ist, ähnlich wie bei der DSGVO oder dem DSA, mit empfindlichen Geldbußen bewehrt, um eine abschreckende Wirkung zu erzielen.[129] Art. 99 KI-VO statuiert hierfür einen Rahmen, den die Mitgliedstaaten ausfüllen müssen. Die konkrete Bußgeldzumessung obliegt den nationalen Marktüberwachungsbehörden, wobei sie eine Vielzahl von Kriterien wie Art, Schwere und Dauer des Verstoßes sowie die Größe des Unternehmens (insb. KMU-Status) berücksichtigen müssen.[130]

---

128 Vgl. zum Kriterium der Unabhängigkeit *Roth-Isigkeit*, KIR 2025, 357.
129 Vgl. *Nemitz*, in: Martini/Wendehorst, KI-VO, Art. 99 Rn. 3 f.
130 Vgl. Erwgr. 168.

Das Bußgeldregime ist dreistufig konzipiert, wobei die Höchstgrenzen jeweils entweder als absoluter Betrag oder als Prozentsatz des weltweiten Jahresumsatzes definiert sind. Es gilt stets der höhere Wert: **64**

- **Verbotene KI-Praktiken (Art. 99 Abs. 3 KI-VO):** Für Verstöße gegen das Verbot bestimmter KI-Praktiken gemäß Art. 5 KI-VO (z. B. Social Scoring, manipulative Techniken oder biometrische Fernidentifizierung) drohen die höchsten Sanktionen: Bis zu 35 Mio. EUR oder 7 % des weltweiten Jahresumsatzes.
- **Verletzung von Pflichten (Art. 99 Abs. 4 KI-VO):** Verstöße, unter anderem gegen die Pflichten für Hochrisiko-KI-Systeme sowie gegen die besonderen Transparenzpflichten aus Art. 50 KI-VO, können mit bis zu 15 Mio. EUR oder 3 % des Umsatzes geahndet werden. Dies betrifft etwa das Fehlen eines Risikomanagementsystems, mangelhafte Datenqualität oder Verstöße gegen Dokumentationspflichten.
- **Falsche Informationen (Art. 99 Abs. 5 KI-VO):** Die Bereitstellung unrichtiger, unvollständiger oder irreführender Informationen an notifizierte Stellen oder nationale Behörden kann mit bis zu 7,5 Mio. EUR oder 1 % des weltweiten Jahresumsatzes sanktioniert werden.

Für KMU und Start-ups sieht die Verordnung eine Privilegierung vor: Für sie gilt bei den Sanktionsobergrenzen jeweils der niedrigere der beiden Werte (Art. 99 Abs. 6 KI-VO). Dies soll sicherstellen, dass Innovationen nicht durch existenzbedrohende Risiken erstickt werden.[131] **65**

In Deutschland wird das Sanktionsregime durch das Durchführungsgesetz zur KI-VO[132] konkretisiert. Die Bundesnetzagentur als zuständige Marktüberwachungsbehörde erhält darin die Befugnis, Geldbußen zu verhängen. Neben den Geldbußen sieht das Gesetz auch die Möglichkeit von Zwangsgeldern vor, um die Befolgung behördlicher Anordnungen (z. B. zur Auskunftserteilung oder Einstellung eines Verstoßes) durchzusetzen. Für die Praxis bedeutet dies, dass Unternehmen nicht nur die materiellen Anforderungen im Blick haben müssen, sondern auch im Umgang mit Behördenanfragen höchste Sorgfalt walten lassen sollten, um nicht bereits durch formale Fehler in den Fokus von Sanktionsverfahren zu geraten. **66**

Ein besonderes Spannungsfeld ergibt sich schließlich im Verhältnis zum Datenschutzrecht. Da viele KI-Systeme personenbezogene Daten verarbeiten, können Verstöße gleichzeitig den Anwendungsbereich der DSGVO und **67**

---

131 Vgl. *Brams*, in: Bomhard/Pieper/Wende, KI-VO, Art. 99 Rn. 37.

132 Entwurf eines Gesetzes zur Durchführung der Verordnung (EU) 2024/1689 des Europäischen Parlaments und des Rates vom 13.6.2024 zur Festlegung harmonisierter Vorschriften für künstliche Intelligenz und zur Änderung der Verordnungen (EG) Nr. 300/2008, erreichbar unter: https://bmds.bund.de/service/gesetzgebungsverfahren/gesetz-zur-durchfuehrung-der-ki-verordnung.

der KI-VO eröffnen.[133] Zwar soll eine Doppelbestrafung („*ne bis in idem*“) vermieden werden, doch in der Praxis droht eine kumulative Aufsicht durch Datenschutz- und KI-Behörden, was das Compliance-Risiko für Unternehmen zusätzlich erhöht.[134]

VI. (Weitere) praktische Umsetzungsaspekte

68 Die theoretische Durchdringung der KI-VO ist nur der erste Schritt; die eigentliche Herausforderung liegt in der operativen Implementierung der Vorgaben in die Unternehmensprozesse. Hierbei zeigt sich, dass KI-Compliance kein einmaliger Akt, sondern ein fortlaufender Prozess ist, der tief in die Unternehmensgovernance eingreift und eine enge Abstimmung zwischen Rechtsabteilung, IT und Produktentwicklung erfordert:

1. Klassifizierung der KI-Systeme im Unternehmen und Rolle des Unternehmens an erster Stelle jeder KI-VO-Compliance

69 Die drängendste und zugleich komplexeste Aufgabe, der sich derzeit nahezu jedes Unternehmen gegenübersieht, ist die Erstellung eines umfassenden KI-Inventars.[135] Angesichts der Tatsache, dass KI-Systeme mittlerweile in unzähligen Softwareprodukten – von HR-Tools über CRM-Systeme bis hin zu Sicherheitssoftware – integriert sind, ist eine lückenlose Erfassung mit erheblichem Aufwand und oft rechtlichen Unsicherheiten verbunden.[136] Ohne eine solche Bestandsaufnahme ist eine rechtssichere Compliance jedoch unmöglich, da die KI-VO kein pauschales Regelwerk vorsieht, sondern einen strikt risikobasierten Ansatz verfolgt.

70 Auf Basis des erstellten Inventars muss im nächsten Schritt eine präzise Risikoklassifizierung erfolgen.[137] Diese dient als entscheidender Filter, um Ressourcen effizient auf kritische Anwendungen zu lenken. Zunächst sind Systeme zu identifizieren, die unter die verbotenen Praktiken des Art. 5 KI-VO fallen (z. B. Emotionserkennung am Arbeitsplatz); diese sind unverzüglich außer Betrieb zu nehmen.

71 Für die weitaus größere Zahl der Unternehmensanwendungen ist die Abgrenzung zwischen Hochrisiko-KI-Systemen (Art. 6 KI-VO i. V. m. Anhang III, z. B. im Recruiting oder Kreditwesen) und Systemen mit begrenztem oder minimalem Risiko (z. B. Spam-Filter, einfache Chatbots) zentral.

---

133 *Wybitul*, NJW 2024, 2641.

134 Vgl. *Hüger/Radtke*, KIR 2025, 154, 160.

135 *Rappenglück/Vonthien*, RDi 2025, 398, 403.

136 Vgl. *Determann*, in: Determann/Paal, KI-Recht international, § 3 Rn. 29 ff. mit Hinweisen zur Durchführung einer Bestandsaufnahme.

137 *Sassenberg*, RDi 2025, 346, 347 f.

Ein in der Praxis oft übersehener, aber strategisch wertvoller Hebel ist hierbei die Ausnahmeregelung des Art. 6 Abs. 3 KI-VO: Selbst wenn ein System formal einen Hochrisiko-Tatbestand des Anhangs III erfüllt (z. B. KI im Personalmanagement), kann es herabgestuft werden, wenn es die menschliche Entscheidungsfindung nicht wesentlich beeinflusst.[138] Da diese Bewertung oft eine Gratwanderung darstellt, ist eine sorgfältige interne Dokumentation („Assessment-Log") unerlässlich, um im Falle behördlicher Rückfragen die Nicht-Einstufung als Hochrisiko-System belegen zu können.[139]

Parallel zur technischen Klassifizierung muss die eigene Rolle im Sinne der Verordnung geklärt werden. Die Unterscheidung zwischen Anbieter (Provider) und Betreiber (Deployer) ist die wichtigste Weichenstellung für das Pflichtenprogramm. Besondere Vorsicht ist geboten, wenn Unternehmen eingekaufte Standardsoftware anpassen. Nimmt ein Unternehmen an einem KI-System eine „wesentliche Veränderung" vor oder ändert dessen Zweckbestimmung (z. B. Nutzung einer allgemeinen KI für einen spezifischen Hochrisiko-Zweck), fingiert Art. 25 KI-VO den Rollenwechsel vom Betreiber zum Anbieter. Das Unternehmen tritt dann ungewollt in die volle Herstellerverantwortung ein – mit allen haftungs- und bußgeldrechtlichen Konsequenzen.[140] Eine klare Governance-Richtlinie, die definiert, welche Abteilungen KI-Systeme modifizieren dürfen, ist daher ein unverzichtbarer Bestandteil der Compliance.[141] **72**

Stellt sich nach dieser Prüfung heraus, dass das Unternehmen tatsächlich als Anbieter eines Hochrisiko-KI-Systems agiert (sei es durch Eigenentwicklung oder durch wesentliche Modifikation), greifen die strengen Anforderungen an das Qualitätsmanagement und die technische Dokumentation. Für Anbieter von Hochrisiko-KI-Systemen schreibt die KI-VO ein Konformitätsbewertungsverfahren vor (Art. 16 lit. f, 43 KI-VO). Zwar erlaubt Art. 43 KI-VO für viele Anwendungsfälle des Anhangs III (sofern harmonisierte Normen eingehalten werden) eine interne Kontrolle (Self-Assessment). Aus strategischer Sicht kann es sich für Unternehmen jedoch anbieten, freiwillig Dritte (z. B. TÜV, DEKRA oder andere notifizierte Stellen) in die Bewertung einzubeziehen. **73**

Eine externe Zertifizierung verursacht zwar initial höhere Kosten, bietet aber im Haftungsfall erhebliche Vorteile: Sie dient als starkes Indiz für die Einhaltung der Sorgfaltspflichten und verlagert das technische Prüfrisiko teilweise auf den Zertifizierer.[142] Zudem ist zu erwarten, dass Versicherer **74**

138 Vgl. *Bronner*, KIR 2024, 55, 59.
139 Vgl. *Gehrmann*, in: Bomhard/Pieper/Wende, KI-VO, Art. 6 Rn. 168 f.
140 Vgl. *Bosman*, DSRITB 2024, 579, 588.
141 *Sassenberg*, RDi 2025, 346, 347.
142 Vgl. *Gerdemann*, NJW 2024, 2209, 2212.

bei Policen für den KI-Einsatz (z. B. Tech-E&O oder Cyber-Versicherungen) deutlich günstigere Konditionen gewähren, wenn die Compliance nicht nur intern behauptet, sondern durch unabhängige Dritte testiert wurde.[143] Gerade bei haftungsträchtigen Einsatzszenarien kann der Weg über eine externe Konformitätsbewertung daher der wirtschaftlich vernünftige sein.

2. Schwerpunkt der Regulierung auf Hochrisiko-KI-Systemen

75 Für betroffene Unternehmen stellt der Pflichtenkatalog der KI-VO in Bezug auf Hochrisiko-KI-Systeme weit mehr dar als eine bloße Checkliste technischer Vorgaben. Sie erzwingen einen grundlegenden Wandel in der Produktentwicklung und der Corporate Governance. Die Transformation von einer agilen „Move fast and break things"-Mentalität hin zu einem regulierten Compliance-Framework, vergleichbar mit der Medizintechnik oder der Luftfahrtindustrie, wird erhebliche Ressourcen binden und die „Time-to-Market" neuer Produkte beeinflussen.

76 Die wohl größte praktische Hürde ist das Aufbrechen interner Silos. Die Anforderungen der KI-VO lassen sich nicht mehr isoliert von der IT-Abteilung oder den Data Scientists lösen.

– **Beispiel Daten-Governance (Art. 10):** Die Forderung nach repräsentativen und fehlerfreien Trainingsdaten verlangt eine enge Abstimmung zwischen Fachabteilungen (die den Geschäftszweck definieren), Data Scientists (die die Daten kuratieren) und der Rechtsabteilung (die Diskriminierungsrisiken und Datenschutz prüft).
– **Beispiel Transparenz (Art. 13):** Gebrauchsanweisungen müssen so formuliert sein, dass sie technische Metriken (z. B. Accuracy-Werte) für den nicht-technischen Nutzer verständlich übersetzen.[144] Dies erfordert eine neue Form der Kommunikation zwischen Technik und Legal.

77 Die technische Dokumentation (Art. 11, Anhang IV KI-VO) und das Qualitätsmanagementsystem (Art. 17 KI-VO) erzeugen einen hohen Aufwand. Unternehmen müssen dokumentieren, warum sie bestimmte Designentscheidungen getroffen haben, wie sie Risiken bewertet haben und weshalb sie bestimmte Restrisiken für akzeptabel halten. Eine erst nachträglich – kurz vor dem Launch – erstellte Dokumentation („Reverse Engineering" der Compliance) ist in der Praxis kaum durchhaltbar und haftungsträchtig.[145] Unternehmen müssen „Compliance-by-Design"-Prozesse etablieren, bei de-

143 Vgl. *Denga*, ZfPC 2023, 154, 156; vgl. *Beurskens*, in: Marly, Praxishandbuch Softwarerecht, § 16 Rn. 84.

144 *Bartel/Khuat/Wehling-Mauntel*, in: Chibanguza/Kuß/Steege, Künstliche Intelligenz, 2. Teil, § 7 B. Rn. 70.

145 Vgl. *Spindler/Gerdemann*, in: Hilgendorf/Roth-Isigkeit, KI-VO, § 5 Rn. 42.

nen jeder Entwicklungsschritt (z. B. Modell-Auswahl, Hyperparameter-Tuning) automatisch oder prozessbegleitend dokumentiert wird.[146]

Viele Unternehmen entwickeln KI-Systeme nicht von Grund auf neu, sondern bauen auf bestehenden Modellen (z. B. GPT-5, Llama, Open-Source-Bibliotheken) auf. Hier entsteht ein erhebliches Abhängigkeitsrisiko: Der Anbieter des Hochrisiko-Systems haftet im Außenverhältnis für die Konformität des Gesamtsystems. Er ist jedoch darauf angewiesen, dass ihm der KI-Modellanbieter (z. B. OpenAI, Google, Microsoft) die notwendigen Informationen für die technische Dokumentation bereitstellt. Unternehmen müssen sicherstellen, dass KI-Modellanbieter zur Bereitstellung von Informationen beitragen. Fehlen diese Informationen, kann das eigene KI-System nicht konformitätsbewertet werden. **78**

Die Pflichten enden nicht mit dem Inverkehrbringen.[147] Das geforderte System zur Beobachtung nach dem Inverkehrbringen (Art. 72 KI-VO) zwingt Unternehmen dazu, die Performance ihrer KI im Feld kontinuierlich zu überwachen. KI-Systeme können sich aufgrund veränderter Eingabedaten in der Realität anders verhalten als in der Testumgebung („Data Drift"). Unternehmen müssen Monitoring-Dashboards implementieren, die Alarm auslösen, wenn sich die Genauigkeit verschlechtert oder Bias-Indikatoren auftreten. Jedes wesentliche Update (z. B. Nachtraining mit neuen Daten) kann eine erneute Konformitätsbewertung auslösen.[148] **79**

3. Allgemeine KI-Pflichten teilweise schwierig technisch umsetzbar

Jenseits des strengen Regimes für Hochrisiko-KI-Systeme enthält die KI-VO auch allgemeine Pflichten, die eine breite Masse von Unternehmen treffen. In der praktischen Priorisierung treten diese jedoch häufig hinter die Hochrisiko-Regulierung zurück, wenngleich aus unterschiedlichen Gründen. **80**

Art. 4 KI-VO verpflichtet Anbieter und Betreiber, „nach besten Kräften" sicherzustellen, dass ihr Personal über ein ausreichendes Maß an KI-Kompetenz („AI Literacy") verfügt. In der juristischen Beratungspraxis wird diese Norm jedoch als weitgehend „zahnlos" wahrgenommen. Der Begriff „nach besten Kräften" deutet auf eine reine Bemühenspflicht hin, die kaum justiziabel ist. Zudem fehlt es an messbaren Kriterien, wann ein Kompetenzniveau als „ausreichend" gilt. Für Unternehmen bedeutet dies: Die Pflicht ist primär ein Thema für die HR-Abteilung und interne Schulungsprogramme.[149] Solange Unternehmen nachweisen können, dass sie Sensibilisierungsmaß- **81**

146 *Wendt*, in: Wendt/Wendt, Das neue Recht der Künstlichen Intelligenz, § 7 Rn. 5
147 *Söbbing*, RDi 2025, 337, 338.
148 Vgl. *Saurin/Thiermann*, in: Bomhard/Pieper/Wende, KI-VO, Art. 43 Rn. 40.
149 Vgl. *Albrecht*, GWR 2025, 303, 304.

nahmen (z. B. E-Learnings zum Umgang mit KI, Guidelines für Prompting) anbieten, dürfte dem gesetzlichen Soll Genüge getan sein. Ein echtes Compliance-Risiko oder gar ein Marktzutrittshindernis erwächst aus dieser Norm derzeit nicht.[150]

82 Anders verhält es sich bei den besonderen Transparenzpflichten des Art. 50 KI-VO. Diese sind für die Unternehmenspraxis durchaus greifbar und relevant, da sie direkt an der Schnittstelle zum Kunden oder zum Mitarbeiter ansetzen (z. B. durch die Kennzeichnung von Chatbots oder KI-generierten Inhalten). Die Herausforderung liegt hier weniger in der juristischen Komplexität als vielmehr in der technischen Umsetzung. Insbesondere die Pflicht zur maschinenlesbaren Kennzeichnung synthetischer Inhalte (Art. 50 Abs. 2 KI-VO, „Watermarking") stellt Unternehmen vor ungelöste Probleme, da interoperable Standards (wie C2PA) zwar existieren, aber noch nicht flächendeckend in alle Tools integriert sind.[151] Bei der reinen Interaktionstransparenz (Art. 50 Abs. 1 KI-VO, z. B. „Ich bin ein Bot") genügt zwar ein einfacher Hinweis, doch muss dieser im User Interface (UI) so platziert werden, dass er nicht übersehen werden kann.

83 Es ist zu erwarten, dass delegierte Rechtsakte oder standardisierte Verhaltenskodizes (Codes of Practice) klären, welche technischen Verfahren (z. B. Metadaten-Tags, unsichtbare Wasserzeichen) als „wirksam, interoperabel und robust" anerkannt werden.[152] Bis dahin sollten Unternehmen pragmatische Lösungen wählen (z. B. deutliche Disclaimer im Frontend), um dem Transparenzgedanken Rechnung zu tragen.

VII. Fazit und Ausblick

84 Die KI-VO markiert einen Paradigmenwechsel in der europäischen Digitalregulierung. Mit ihrem risikobasierten Ansatz schafft sie einen umfassenden Rechtsrahmen für KI-Systeme, der Innovation fördern und zugleich Grundrechte schützen soll. Für Unternehmen stellt sie jedoch primär eine erhebliche operative Herausforderung dar: Sie müssen komplexe Pflichtenkataloge in ihre bestehenden Prozesse integrieren. Besonders die strengen Anforderungen an Hochrisiko-KI-Systeme zwingen zu einer Professionalisierung der KI-Governance, bei der Rechtsabteilung, IT und Produktentwicklung eng miteinander verzahnt agieren müssen. Wer dem nicht Rechnung trägt, riskiert nicht nur empfindliche Bußgelder, sondern auch den Verlust der Marktfähigkeit seiner Produkte.

---

150 Ausführlich hierzu bereits auch Kap. 3 Rn. 18 ff.
151 Vgl. *Molavi Vasse'i*, RDi 2024, 406, 409.
152 Vgl. hierzu Erwgr. 133 Satz 4 KI-VO.

Ein Lichtblick am Regulierungshorizont könnte das von der Europäischen Kommission vorgeschlagene „Digital Omnibus"-Paket[153] sein. Angesichts der wachsenden Kritik an der bürokratischen Last plant die Kommission eine grundlegende Vereinfachung und Harmonisierung des europäischen Digitalrechtsrahmens. Ziel ist es, Doppelstrukturen abzubauen und Schnittstellen – etwa zwischen KI-VO, DSGVO und Cyber Resilience Act – zu glätten.[154] **85**

Für die KI-VO selbst zeichnen sich im Rahmen dieses Pakets gezielte Anpassungen durch den am 20.11.2025 veröffentlichten Entwurf ab, unter anderem: **86**

- **Zentralisierung der Aufsicht**: Das AI Office soll gestärkt werden, um eine einheitliche Rechtsanwendung insbesondere bei großen, grenzüberschreitenden KI-Modellen sicherzustellen und nationale Alleingänge zu verhindern.
- **Vermeidung von Doppelregulierung**: Es wird erwogen, ob KI-Systeme aus bereits stark regulierten Sektoren (z. B. Medizintechnik, Maschinenbau) von bestimmten Hochrisiko-Pflichten entlastet werden können, sofern äquivalente Standards bestehen.
- **Praxisnahe Erleichterungen**: Geplant ist die Ausdehnung der vereinfachten Nachweispflichten und Ausnahmen von Dokumentationspflichten für KMU auf SMCs, um die wirtschaftliche Belastung zu reduzieren.
- **Gestaffelter Anwendungsbeginn bei Hochrisiko-KI-Systemen**: Die Implementierung soll an die Verfügbarkeit von Leitlinien oder anderen Unterstützungsinstrumenten gekoppelt werden.
- **Neuausrichtung der KI-Kompetenzpflichten:** Die Förderung der KI-Kompetenz soll zur Aufgabe der Kommission und der Mitgliedstaaten werden, anstelle deren Ausgestaltung in unklarer Weise Unternehmen zu überlassen. Schulungsanforderungen sollen im Hinblick auf Hochrisiko-KI-Systeme jedoch grundsätzlich bestehen bleiben.

Ob diese Reformbemühungen überhaupt zustande kommen oder ob Unternehmen zunächst mit dem bestehenden, komplexen Regelwerk arbeiten müssen, bleibt abzuwarten. Fest steht jedoch: KI-Compliance ist kein statischer Zustand, sondern ein dynamischer Prozess, der auch künftig hohe Aufmerksamkeit erfordert. **87**

153 Europäische Kommission, Proposal for a Regulation of the European Parliament and of the Council amending Regulations (EU) 2024/1689 and (EU) 2018/1139 as regards the simplification of the implementation of harmonised rules on artificial intelligence (Digital Omnibus AI), COM(2025) 836 final.

154 *Hoeren*, MMR-Aktuell 2025, 01501.

Kapitel 4
Urheberrecht und KI

Literatur: *Antoine*, Die Pflichten aus Art. 53 I KI-VO – Hilfreich für das Urheberrecht?, GRUR 2025, 118; *Apel/Kaulartz*, Rechtlicher Schutz von Machine Learning-Modellen, RDi 2020, 24; *Baumann*, Generative KI und Urheberrecht – Urheber und Anwender im Spannungsfeld, NJW 2023, 3673; *Baumann/Nordemann/Pukas*, Haftung für Urheberrechtsverletzungen im Output generativer KI-Systeme, GRUR 2025, 955; *Becker*, Das Urheberrecht als Trostpreis für den Menschen?, Die überraschende Verteilung von Leistungsschutzrechten für KI-Erzeugnisse, GRUR 2024, 505; *Bomhard*, KI-Training mit fremden Daten – IP-rechtliche Herausforderungen rund um §44b UrhG, DSRITB 2023, 255; *Bomhard*, Text und Data Mining auf Grundlage von Webcrawling und Webscraping, InTeR 2023, 174; *Borges/Hilber* (Hrsg.), Beck'scher Online-Kommentar zum IT-Recht, 18. Edition, Stand: 1.1.2025; *Conraths,* Künstliche Intelligenz in der Medienproduktion, Datenschutz-, urheber- und vertragsrechtliche Fragen aus Sicht eines Medienunternehmens, MMR 2021, 457; *de la Durantaye*, »Garbage in, garbage out« – Die Regulierung generativer KI durch Urheberrecht, ZUM 2023, 645; *Degen/Emmert,* Elektronischer Rechtsverkehr, beA-Mobil, beSt, KI, OZG, eIDAS 2.0, NIS2, 3. Aufl. 2025; *Determann/Paal* (Hrsg.), KI-Recht international, Compliance Field Guide, 1. Aufl. 2025; *Dornis*, Generatives KI-Training und Text- und Data-Mining, Eine funktionale Unterscheidung, KIR 2024, 156; *Dreier/Schulze* (Hrsg.), Urheberrechtsgesetz: UrhG, Kommentar, 8. Aufl. 2025; *Dregelies*, KI-Training unter dem AI-Act, GRUR 2024, 1484; *Ebers/Heinze/Krügel/Steinrötter* (Hrsg.), Künstliche Intelligenz und Robotik, Rechtshandbuch, 1. Aufl. 2020; *Ehinger/Grünberg*, Der Schutz von Erzeugnissen künstlicher Kreativität im Urheberrecht, Zur Anwendung des Begriffs der persönlichen geistigen Schöpfung im Zusammenhang mit computergeneriertem Content, K&R 2019, 232; *Ehinger/Stiemerling*, Die urheberrechtliche Schutzfähigkeit von Künstlicher Intelligenz am Beispiel von Neuronalen Netzen, CE 2018, 761; *Flöter/Cordes*, KI und Geistiges Eigentum: Neuronale Netze, Trainingsdaten und Output, GRUR-Prax 2024, 668; *Fromm/Nordemann* (Hrsg.), Urheberrecht, Kommentar, 13. Aufl. 2024; *Gola/Heckmann* (Hrsg.), Datenschutz-Grundverordnung – Bundesdatenschutzgesetz, 3. Aufl. 2022; *Götting/Lauber-Rönsberg/Rauer* (Hrsg.), Beck'scher Online-Kommentar zum Urheberrecht, 46. Edition, Stand: 1.2.2025; *Heidrich/Orlowski,* Zwischen Code und Klausel, Verträge über KI-generierte Werke schließen, MMR 2024, 537; *Heine*, Generative KI: Nutzungsrechte und Nutzungsvorbehalt, GRUR-Prax 2024, 87; *Hoeren/Pinelli* (Hrsg.), Künstliche Intelligenz – Ethik und Recht, 1. Aufl. 2022; *Hofmann*, Retten Schranken Geschäftsmodelle generativer KI-Systeme?, ZUM 2024, 166; *Käde*, Training generativer KI-Modelle ist (auch) Text- und Data-Mining, Anwendbarkeit der TDM-Schranke des §44b UrhG, KIR 2024, 162; *Kaulartz/Braegelmann* (Hrsg.), Rechtshandbuch Artificial Intelligence und Machine Learning, 1. Aufl. 2020; *Kögel*, Urheberrechtliche Implikationen bei der Verwendung kreativer und generativer Künstlicher Intelligenz, DSRITB 2023, 285; *Kraetzig*, KI-Kunst als schöpferische Zerstörung, NJW 2024, 697; *Krone*, Urheberrechtlicher Schutz von ChatGPT-Texten?, RDi 2023, 117; *Kunitz*, Urheberrechtliche Herausforderungen bei KI-generierten Werken, LTZ 2025, 10; *Kuschel/Rostam*, (Nur) Zur Zulässigkeit von Vervielfältigungen für die Erstellung eines Datensatzes, ZUM 2025, 71; *Künstner/Louven* (Hrsg.), Plattform-Governance und Recht, 1. Aufl. 2024; *Lauber-Rönsberg*, Autonome „Schöpfung" – Urheberschaft und Schutzfähigkeit, GRUR 2019, 244; *Legner*, Erzeugnisse Künstlicher Intelligenz im Urheberrecht, ZUM 2019, 807; *Leistner*, Urheberrecht und Künstliche Intelligenz, GRUR 2025, 1123; *Lejeune*, Text und Data Mining unter der KI-VO und die Einwilligung der Urheber, ITRB 2025, 71; *Lutzhöft/Hendel*, Rechte von Urhebern und Leistungsschutzberechtigten an mittels künstlicher Intelligenz geschaffener Musik, GRUR 2024, 1841; *Maamar*, Urheberrechtliche Fragen beim Einsatz von generativen KI-Systemen, ZUM 2023, 481; *Malcher,* Künstliche Intelligenz-Anwendung im Wege des Software as a Service (KIaaS), MMR 2022, 617; *Molavi Vasse'i,* Watermarking von KI-generierten Inhalten als regulatorisches Instrument – Risiken synthetischer Inhalte und maschinenlesbare Kennzeichnungsmethoden, RDi 2024, 406; *Olbrich/Bongers/Pampel*, Urheberrechtsschutz für Kunstwerke künstlicher Intelligenz?, GRUR 2022, 870; *Raue/Hegemann* (Hrsg.), Münchener Anwaltshandbuch Urheber- und Medienrecht, 3. Aufl. 2023; *Reinfeld/Leister* (Hrsg.), Praxishandbuch Geschäftsgeheimnisschutz, 1. Aufl. 2024; *Sassenberg/Faber* (Hrsg.), Rechtshandbuch Industrie 4.0 und Internet of Things, Praxisfragen und Perspektiven der digitalen Zukunft, 2. Aufl. 2020; *Schack*, Auslesen von Webseiten zu KI-Trainingszwecken als Urheberrechtsverletzung de lege lata et ferenda, NJW 2024, 113; *Schaub*, Nutzung von Künstlicher Intelligenz als Pflichtverletzung?, Sorgfaltspflichten beim Einsatz generativer Künstlicher Intelligenz, NJW 2023, 2145; *Scherer*, Beeinträchtigung des Urheberpersönlichkeitsrechts durch KI-Output – Das Urheberpersönlichkeitsrecht als Innovationshindernis?, ZUM 2025, 437; *Schippel*, KI-Chatbot-Erzeugnisse: Vertragsklausel zur Weitergabe und Nutzung, Absicherung in Software-Entwicklungsverträgen, MMR 2024, 371; *Schneider/Kremer*, Rechtsschutz für KI-Erzeugnisse in Kunst und Design, IRTB 2020, 166; *Schumacher*, Schutzfähigkeit Künstlicher Intelligenz, Die immaterialgüterrechtliche Schutzfähigkeit von KI-Technologien, 2023; *Siems/Wiborg*, Urheberrechtlicher Schutz für KI-generierte Arbeitsprodukte – Möglichkeiten der Vertragsgestaltung für Auftraggeber, RDi 2025, 136; *Söbbing*, Möglicher Rechtsschutz von KI-Output nach dem UrhG oder GeschGehG – Genießt der Output von generativen Chatbots wie ChatGPT rechtlichen Schutz?, ITRB 2024, 184; *Steinrötter/Borchert*, Urheber- und Investitionsschutz von (und vor) KI-Output Generative KI als Werkzeug, Werkerzeuger oder „Nichtwerk"-Erzeuger?, CR 2024, 558; *Stieper/Denga*, Die Reichweite des EU-Urheberrechts nach der KI-VO, GRUR 2024, 1473; *Theodoridis*, Die Auswirkungen von KI auf das Urheberrecht mit besonderem Bezug auf die Kunst, NJW 2025, 689; *Ulbricht/Brajovic/Duhme/Hawighorst/Huber/Iber/Nemec* (Hrsg.), Praxishandbuch KI und Recht, 1. Aufl. 2024; *Ventroni*, KI-Regelungen in urheberrechtlichen Lizenzverträgen, Vertragsklauseln zum KI-Training und Einsatz von KI-Tools, MMR 2025, 253; *Ventroni/Kaiser*, KI-Training als neue urheberrechtliche Nutzungsart, MMR 2025, 163; *von Welser*, Generative KI und Urheberrechtsschranken, GRUR-Prax 2023, 516; *Wagner*, Generative KI: Eine „Blackbox" urheberrechtlicher Haftungsrisiken? – Balanceakt zwischen Innovationsförderung und effektivem Rechtsschutz für Werke Dritter, MMR 2024, 298; *Wagner*, KI-generierter Content: Ein Boost für den Public Domain oder Quell neuer Urheberrechtswerke? – Potenzielles Schutzbedürfnis und aktuelle Schutzdefizite bei durch Künstliche Intelligenz hervorgebrachtem Content, MMR 2023, 811; *Wandtke/Bullinger* (Hrsg.), Praxiskommentar Urheberrecht, 6. Aufl. 2022.

Alle Internetfundstellen wurden zuletzt am 2.3.2026 abgerufen.

Übersicht

I. Einleitung

1 Die Bandbreite potenzieller Einsatzgebiete von KI-Systemen nimmt stetig zu. So reicht das Spektrum u. a. von künstlerisch geprägter Nutzung (z. B. durch KI-generierte Bilder, Lieder etc.) hin zu geistigen Leistungen wie der KI-basierten Übersetzung von bestimmten Werken unterschiedlichs-

ter Größe.[1] Das hiermit einhergehende vielversprechende Potenzial birgt jedoch auch einige Herausforderungen für das derzeit geltende Urheberrecht.[2] Mit dem stetig wachsenden Einsatz von KI-Systemen und den sich hieraus ergebenden breit gefächerten Anwendungsbereichen stellt sich aus IP-rechtlicher Sicht insbesondere die Frage nach dem richtigen Umgang mit Arbeitsprodukten, die durch KI-Systeme erstellt worden sind. Da diese oftmals einen nicht zu unterschätzenden Verkehrswert aufweisen, ist zum einen zu erörtern, inwieweit diese urheberrechtlichen Schutz genießen, und zum anderen, welche Konsequenzen sich hieraus ergeben.[3] Unabhängig davon stellt auch die Schutzfähigkeit der KI-Systeme selbst einen der zentralen Aspekte dar, die es in diesem Zusammenhang zu beleuchten gilt. Weitere urheberrechtliche Fragen ergeben sich hinsichtlich des in das KI-System eingeführten Inputs, was insbesondere die Thematik der Schutzfähigkeit von Prompts umfasst, aber auch hierdurch begangene Rechtsverletzungen sowie die Anwendbarkeit potenzieller Ausnahmevorschriften. Bereits im Vorfeld der eigentlichen Nutzung durch den Endnutzer stellen sich zudem Fragen im Blick auf die Zulässigkeit und den rechtlichen Rahmen hinsichtlich des datenbasierten Trainings von KI-Modellen und einer etwaigen daraus folgenden Memorisierung.

II. Schutz von KI-generierten Werken

1. Fehlender Schutz für (ausschließlich) KI-generierte Werke

Die Frage, ob KI-generierte Werke urheber- oder leistungsschutzrechtlich 2
geschützt sind, gewinnt insbesondere dann an Bedeutung, wenn diese Inhalte abseits vom rein privaten Kontext genutzt oder verbreitet werden. Wenn ein Werk im Einzelfall tatsächlich unter ein Schutzrecht fällt, können die damit verbundenen Rechte bei Verletzungen durch Dritte durchgesetzt werden. Ebenso können solche Rechte – soweit sie bestehen – bereits bei Vertragsschlüssen mit Dritten berücksichtigt und in entsprechenden Klauseln geregelt werden. Dies kann nicht nur rechtliche Klarheit schaffen, sondern auch helfenn Haftungsrisiken zu vermeiden. Umgekehrt sollte aber auch der Fall bedacht werden, dass ein KI-generiertes Werk möglicherweise überhaupt keinem Schutz unterliegt. In solchen Fällen ist es sinnvoll, durch vertragliche Regelungen den rechtlichen Rahmen eindeutig zu definieren, insbesondere im Verhältnis zu Kunden, Auftraggebern oder Nutzern.

---

1 Vgl. *Heinze/Weindorf*, in: Ebers/Heinze/Krügel/Steinrötter, Künstliche Intelligenz und Robotik, § 9 Rn. 2.

2 *Nemec*, in: Ulbricht/Brajovic/Duhme/Hawighorst/Huber/Iber/Nemec, Praxishandbuch KI und Recht, S. 39.

3 Vgl. *Heinze/Weindorf*, in: Ebers/Heinze/Krügel/Steinrötter, Künstliche Intelligenz und Robotik, § 9 Rn. 2.

a) Zuordnung der Urhebereigenschaft – Schöpferprinzip

3 Schon die Zuordnung eines KI-generierten Werkes zu einer natürlichen Person als Urheber und damit Schöpfer des Werkes nach § 7 UrhG bereitet Schwierigkeiten. Dass lediglich natürliche Personen als Urheber in Betracht kommen, wurzelt in dem dem Urheberrecht zugrunde liegenden Schöpferprinzip, wonach der Schöpfungsakt als solcher als Realakt zu qualifizieren ist.[4] Dies steht in Einklang mit § 2 Abs. 2 UrhG, wonach Werke nach dem Urheberrechtsgesetz nur solche sein können, die der persönlichen geistigen Schöpfung unterliegen.

4 Der Entwickler der KI kommt in der Regel nicht als Urheber in Betracht, was insbesondere bei generativer Künstlicher Intelligenz auf die weitestgehend autonome Funktionsweise zurückzuführen ist und auf die damit einhergehende Unvorhersehbarkeit des generierten Outputs.[5] Auch der Nutzer – also derjenige, der Eingaben macht oder sogenannte Prompts formuliert – scheidet meist als Urheber aus, da seine Mitwirkung lediglich in der Vorgabe von Ideen oder Anweisungen besteht, die mit der bloßen Idee eines Werkes vergleichbar sind.[6] Ideen als solche sind jedoch im Urheberrecht nicht geschützt.[7] Für die Praxis bedeutet das, dass derjenige, der ein KI-Erzeugnis generiert, in vielen Fällen keine urheberrechtlichen Ansprüche auf das Ergebnis geltend machen kann – auch wenn er den kreativen Impuls geliefert oder finanzielle Mittel in die Entwicklung des KI-Tools eingebracht hat.

b) Schöpfungsakt

5 Neben diesen Zuordnungsproblemen fehlt es bei ausschließlich durch Künstliche Intelligenz generierten Werken zudem an dem notwendigen Schöpfungsakt im Sinne des § 2 Abs. 2 UrhG, da es im Falle einer Generierung durch ein autonom arbeitendes KI-System gerade an dem erforderlichen menschlichen Beitrag fehlt.[8] Daher sind Inhalte, die vollständig oder teilweise von einer Künstlichen Intelligenz erstellt wurden oder bei denen letzterer zumindest mehr Bedeutung als die eines bloßen Hilfsmittels zukommt, in der Regel nicht urheberrechtlich schutzfähig.[9] Dies gilt selbst für solche KI-Erzeugnisse, die auf umfangreichen bzw. komplizierten Prompts beruhen, da auch insoweit die Unvorhersehbarkeit des Prozesses nach Ein-

4 *Paul*, in: Borges/Hilber, BeckOK IT-Recht, § 7 UrhG Rn. 1 f.
5 *Determann*, in: Determann/Paal, KI-Recht international, § 2 Rn. 31.
6 *Siems/Wiborg*, RDi 2025, 136, 137.
7 *Baumann*, NJW 2023, 3673, 3677.
8 *Siems/Wiborg*, RDi 2025, 136, 137; *Schippel*, MMR 2024, 371; *Heidrich/Orlowski*, MMR 2024, 537; *Krone*, RDi 2023, 117, 121; *Wagner*, MMR 2023, 811, 812; *Lauber-Rönsberg*, GRUR 2019, 244, 245; *Legner*, ZUM 2019, 807, 808.
9 *Söbbing*, ITRB 2024, 184, 185; *Flöter/Cordes*, GRUR-Prax 2024, 668, 670.

gabe die menschliche Vorbereitungshandlung gewissermaßen überschattet und die Kernleistung immer noch durch das KI-System erbracht wird.[10] Gerade im kommerziellen Kontext kann dies zu Unsicherheiten führen – etwa wenn KI-generierte Bilder für ein Produktdesign, ein Buchcover oder eine Marketingkampagne verwendet werden sollen. Ohne Schutzrecht folgt aus der Gemeinfreiheit das Risiko, dass Dritte das Werk ebenfalls nutzen bzw. nachahmen, ohne dass Unterlassungs- oder Schadensersatzansprüche durchgesetzt werden könnten.[11]

c) Leistungsschutzrechte

Über das klassische Urheberrecht hinaus sieht das Urheberrechtsgesetz verschiedene Leistungsschutzrechte vor. Diese setzen im Gegensatz zur urheberrechtlichen Schöpfung keine persönlich-geistige Leistung voraus, sondern bezwecken vielmehr den Schutz bestimmter technischer bzw. organisatorischer Leistungen.[12] In der Praxis kann dies bedeuten, dass auch autonom durch KI-Systeme generierte Erzeugnisse unter bestimmten Voraussetzungen schutzfähig sind, insbesondere wenn sie Ergebnis eines strukturierten Produktionsprozesses oder einer wirtschaftlich relevanten Investition sind.[13] Ein solcher Schutz kann sich insbesondere aus dem Lichtbildschutz (§ 72 UrhG), dem Schutz des Tonträgerherstellers (§ 85 ff. UrhG), dem Schutz des Datenbankherstellers (§§ 87a ff. UrhG), dem Schutz des Presseverlegers (§§ 87f ff. UrhG) oder dem Schutz von Laufbildern (§ 95 UrhG) ergeben, wie aus dem Katalog des zweiten Teils ersichtlich. **6**

Solche Rechte bieten vor allem dort einen rechtlichen Rahmen, wo kreative oder technische Prozesse automatisiert ablaufen, aber dennoch erheblicher organisatorischer oder finanzieller Aufwand betrieben wird.[14] Im Gegensatz zu Urheberrechten sind die Leistungsschutzrechte dabei frei übertragbar und können neben natürlichen Personen auch juristische Personen zum Inhaber haben.[15] So kann etwa die Person bzw. das Unternehmen, das ein KI-System entwickelt, betreibt oder damit Produktionen durchführt, unter bestimmten **7**

10 *Rauer/Bibi*, in: Götting/Lauber-Rönsberg/Rauer, BeckOK UrhR, § 2 UrhG Rn. 59; *Söbbing*, ITRB 2024, 184, 186; *Kraetzig*, NJW 2024, 697, 702.

11 *Kögel*, DSRITB 2023, 285, 295; *Siems/Wiborg*, RDi 2025, 136, 137.

12 *Jani*, in: Raue/Hegemann, Münchener Anwaltshandbuch Urheber- und Medienrecht, § 4 Rn. 1.

13 *Kraetzig*, NJW 2024, 697, 702; *Ehinger/Grünberg*, K&R 2019, 232, 236; *Heinze/Wendorf*, in: Ebers/Heinze/Krügel/Steinrötter, Künstliche Intelligenz und Robotik, § 9 Rn. 67.

14 *Nägele/Apel*, in: Kaulartz/Braegelmann, Rechtshandbuch Artificial Intelligence und Machine Learning, Kap. 7.1 Rn. 14.

15 Vgl. *Nägele/Apel*, in: Kaulartz/Braegelmann, Rechtshandbuch Artificial Intelligence und Machine Learning, Kap. 7.1 Rn. 14.

Voraussetzungen als Rechtsinhaber gelten – etwa im Sinne des Herstellers eines Tonträgers nach § 85 Abs. 1 UrhG.[16]

8 Lichtbilder und andere ähnlich hergestellte Erzeugnisse i. S. d. § 72 Abs. 1 UrhG können auch dann geschützt sein, wenn das autonome KI-System eigenständig über den Zeitpunkt der Aufnahme entscheidet und den Aufnahmevorgang technisch kontrolliert, sofern ein gewisser Mindestanteil menschlicher geistiger Leistung gegeben ist.[17] Diese Konstellation betrifft vor allem Szenarien, in denen die Lichtbilder nicht lediglich von dem KI-System im Anschluss an deren Aufnahme algorithmenbasiert ausgewählt werden, sondern dieses bereits in deren Erstellung involviert ist.[18] Fraglich ist allerdings, ob dieser Schutz auch auf rein digital erzeugte, nicht fotografisch aufgenommene Bilder anwendbar ist – also auf solche, die vollständig durch ein generatives KI-System erstellt wurden. Hierzu besteht derzeit noch Uneinigkeit. Während einige Stimmen in der Literatur vertreten, dass auch diese Werke vom Schutz des § 72 UrhG erfasst sein könnten, wird dem häufig mit Verweis auf den Wortlaut der Norm widersprochen und mit der Begründung, dass nicht entscheidend auf das fertige Produkt abzustellen ist, sondern vielmehr auf die Umstände der Herstellung.[19] Werke, die durch elektronische Befehle erzeugt wurden und virtuelle Objekte abbilden, gelten damit nach dieser Auffassung nicht als Lichtbilder – auch dann nicht, wenn sie wie Fotografien aussehen.[20] Begründet wird dies damit, dass es an der „Abbildung eines im Moment der Bilderschaffung vorhandenen, körperlichen Gegenstands“[21] fehlt.[22]

9 In der Praxis bedeutet dies, dass ein KI-generiertes Bild, das fotorealistisch wirkt, derzeit nach herrschender Auffassung als nach dem Urheberrechtsgesetz nicht schutzfähig anzusehen ist, wenn es keinen Bezug zur realen Welt aufweist. Wer solche Werke verwendet, etwa für Designs oder Veröffentlichungen, sollte daher keine rechtliche Exklusivität erwarten und stattdessen über vertragliche Vereinbarungen absichern, dass eine gewisse Verwertungsfreiheit oder -exklusivität gewährt wird.

---

16 *Siems/Wiborg*, RDi 2025, 136, 137.
17 *Conraths*, MMR 2021, 457, 460.
18 *Conraths*, in: Ebers/Heinze/Krügel/Steinrötter, Künstliche Intelligenz und Robotik, § 29 Rn. 2.
19 *Schulze/Dreier*, in: Dreier/Schulze, UrhG, § 72 Rn. 6; *Nordemann*, in: Fromm/Nordemann, UrhG, § 2 Rn. 193.
20 KG Berlin, Urt. v. 16.1.2020 – 2 U 12/16.Kart, GRUR 2020, 280, 283.
21 KG Berlin, Urt. v. 16.1.2020 – 2 U 12/16.Kart, GRUR 2020, 280, 284.
22 *Becker*, GRUR 2024, 505, 511.

2. Schutz für KI-assistierte Werke

Anders zu beurteilen ist die Rechtslage bei Werken, bei deren Erstellung der Mensch ein KI-System lediglich als Werkzeug eingesetzt hat und die gestalterischen Entscheidungen maßgeblich selbst getroffen hat.[23] In solchen Fällen kann der urheberrechtliche Schutz grundsätzlich in Betracht kommen, da die menschlich-geistige Schöpfung im Vordergrund steht. Entscheidend ist hierbei das Maß der Eigenständigkeit des KI-Systems: Je mehr die kreative Gestaltung vom Menschen ausgeht und je stärker die KI nur als technisches Hilfsmittel dient, desto eher spricht dies für eine Schutzfähigkeit des Werkes nach § 2 Abs. 2 UrhG.[24] **10**

Zur Abgrenzung muss daher darauf abgestellt werden, ob der Nutzer der Künstlichen Intelligenz so konkrete Vorgaben gemacht hat, dass das spätere Ergebnis in seiner künstlerischen Ausprägung im Wesentlichen schon als vom Menschen bestimmt anzusehen ist und diesem daher gewissermaßen zurechenbar ist.[25] In diesem Fall wirkt das KI-System lediglich als ausführende Technik – vergleichbar mit einem Bildbearbeitungsprogramm – und nicht als selbstständig schöpferischer Akteur. Wird die Gestaltung jedoch im Kern durch die Künstliche Intelligenz bestimmt und bleiben die menschlichen Vorgaben vage oder allgemein, fehlt es an der erforderlichen menschlich-geistigen Leistung.[26] Dann kommt ein Urheberrechtsschutz nicht in Betracht. **11**

Gerade in der praktischen Anwendung ist diese Abgrenzung nicht immer einfach vorzunehmen. So kann etwa ein Werbegrafiker, der ein KI-Tool nutzt, um auf Basis sehr detaillierter Prompts ein Bild exakt nach seinen Vorstellungen zu erzeugen, durchaus als Urheber des Werks gelten – vorausgesetzt, die kreative Prägung stammt überwiegend von ihm. Gibt er dagegen nur eine grobe Beschreibung vor und überlässt der KI die Auswahl von Stil, Komposition und Detailtiefe, dürfte kein urheberrechtlicher Schutz entstehen. **12**

In der Praxis empfiehlt es sich daher, die Entstehung von KI-unterstützten Inhalten möglichst genau zu dokumentieren. Dies gilt insbesondere, wenn auf Grundlage dieser Werke später Schutzrechte beansprucht oder exklusive Nutzungsrechte vertraglich geregelt werden sollen. Wer als Urheber auftreten will, sollte zeigen können, dass die kreative Kontrolle bei ihm lag, etwa durch gespeicherte Promptverläufe, Bearbeitungsschritte oder konzeptionelle Vorüberlegungen. **13**

---

23 *Maamar*, ZUM 2023, 481, 490.
24 *Maamar*, ZUM 2023, 481, 490.
25 *Lauber-Rönsberg* GRUR 2019, 244, 247; *Olbrich/Bongers/Pampel*, GRUR 2022, 870, 871 f.
26 *Maamar*, ZUM 2023, 481, 490.

14 Auch unternehmensintern sollte klar definiert werden, wie KI eingesetzt wird bzw. eingesetzt werden darf und wie mit der Rechteklärung gegenüber Auftraggebern umzugehen ist. Auch in der Kundenkommunikation kann es sinnvoll sein, offenzulegen, inwieweit ein Werk unter Einsatz von Künstlicher Intelligenz entstanden ist. Dies vor allem dann, wenn urheberrechtliche Garantien abgegeben oder Exklusivrechte eingeräumt werden.

3. Schutzfähigkeit KI-generierter Arbeitsprodukte als Teil eines Gesamtprojekts

15 Ein weiterer Ansatzpunkt für urheberrechtlichen Schutz eines mithilfe von Künstlicher Intelligenz erzeugten Werks kann sich ergeben, wenn das KI-generierte Ergebnis Teil eines größeren Gesamtprojekts ist.[27] In solchen Fällen wird die autonome Gestaltung des KI-Outputs nicht isoliert betrachtet, sondern als künstlerisches oder funktionales Element innerhalb eines kreativen Prozesses eingebettet, der insgesamt vom Menschen gesteuert wird.[28] Insoweit sollte in praktischer Hinsicht von der Möglichkeit Gebrauch gemacht werden, in den Vertragsbedingungen zum Einsatz Künstlicher Intelligenz eindeutige Regelungen zu treffen, sodass im Ergebnis die Sicherstellung des menschlich notwendigen Einflusses garantiert ist.[29] Der Mensch tritt dabei als konzeptionell leitender Schöpfer auf, der die Einbindung des KI-Ergebnisses bewusst gestaltet – etwa durch die Auswahl, Bearbeitung und Einbettung in ein Gesamtkonzept. In diesen Fällen kann trotz der maschinellen Teilgenerierung insgesamt ein schutzfähiges Werk entstehen.

16 Solche Konstellationen sind in der Praxis zahlreich und betreffen viele Berufsgruppen, bei denen KI heute bereits ein fester Bestandteil kreativer Prozesse ist. Beispiele für typische Arbeitsprodukte, bei denen dieser Ansatz in der Praxis relevant wird, sind unter anderem:

- Illustrationen oder Grafiken für ein Kinderbuch, bei denen einzelne Bildkomponenten von einer KI erzeugt und anschließend vom Illustrator überarbeitet, kombiniert und in ein Gesamtseitenlayout eingebunden werden. Die KI ist hier Hilfsmittel innerhalb einer redaktionellen und gestalterischen Gesamtleistung.
- 3D-Designs oder Architekturvisualisierungen, bei denen eine KI aus groben Skizzen oder Vorgaben erste Entwürfe generiert, die dann vom Architekten oder Designer verfeinert, angepasst und in das Gesamtprojekt integriert werden.
- Film- oder Videoproduktionen, bei denen KI-Tools zur Generierung einzelner Hintergründe, Übergänge oder Spezialeffekte verwendet werden,

27 *Maamar*, ZUM 2023, 481, 490.
28 Vgl. *Maamar*, ZUM 2023, 481, 490.
29 *Siems/Wiborg*, RDi 2025, 136, 139.

während Regie, Schnitt und Dramaturgie vom Filmteam verantwortet werden. Der kreative Rahmen stammt hier klar vom Menschen.

In all diesen Fällen ist die zentrale Frage, wer die gestalterische Verantwortung für das Endergebnis trägt. Der urheberrechtliche Schutz wird in der Regel nicht für das KI-Ergebnis an sich beansprucht, sondern für das Gesamtwerk, das durch menschliche Auswahl, Bearbeitung und Konzeption entstanden ist. Die KI-Ausgabe ist dann nur ein Bestandteil eines größeren kreativen Prozesses. **17**

Daher empfiehlt es sich, in Projektkontexten, in denen KI-Tools eingesetzt werden, sowohl die Rolle der KI als auch den menschlichen Anteil am Ergebnis nachvollziehbar zu dokumentieren.[30] Für Verträge, Rechteübertragungen oder spätere Schutzrechtsansprüche kann dies entscheidend sein – etwa um darlegen zu können, dass ein urheberrechtlich geschütztes Gesamtwerk vorliegt, auch wenn einzelne Bestandteile maschinell erzeugt wurden. **18**

4. Vertragsgestaltungsmöglichkeiten aus Sicht des Auftraggebers

Für den Auftraggeber dürften insbesondere solche Klauseln von Interesse sein, die zunächst die grundsätzliche Zulässigkeit des Einsatzes von KI regeln und in einem zweiten Schritt den Umfang eines solchen Einsatzes, sofern eine Einigung über den Einsatz erzielt wurde. Darf bzw. soll der Auftragnehmer KI-Systeme nutzen, sollte der Fokus zudem auf entsprechenden Dokumentationsverpflichtungen liegen. **19**

a) Vertragsklauseln über das „Ob“ und „Wie“ des KI-Einsatzes

Die wohl naheliegendste Maßnahme zur Erreichung der notwendigen Schöpfungshöhe bildet die vertragliche Verpflichtung des Auftragnehmers zur Erbringung eines gewissen Maßes an menschlichen Inputs im Entwicklungsprozess des Arbeitsproduktes.[31] Sinnvoll erscheint es insoweit, in der entsprechenden Klausel zum einen die grundsätzliche Möglichkeit des Einsatzes von Künstlicher Intelligenz („Ob“) und anschließend den Umfang und die Art der Nutzung („Wie“) zu regeln, wobei sichergestellt werden sollte, dass das KI-System eine bloß untergeordnete Funktion als eine Art Werkzeug bzw. Hilfsmittel einnehmen darf.[32] Dies dient nicht nur der Klärung der urheberrechtlichen Schutzfähigkeit, sondern betrifft mittelbar auch die Problematik der Verletzung der Rechte Dritter durch den generierten Out- **20**

---

30 *Siems/Wiborg*, RDi 2025, 136, 139.

31 *Siems/Wiborg*, RDi 2025, 136, 138.

32 *Siems/Wiborg*, RDi 2025, 136, 138 mit einem Formulierungsbeispiel für eine entsprechende Vertragsklausel.

put.[33] Insofern kann zur Vorbeugung letzterer Situation die Klausel um eine Passage ergänzt werden, die es verbietet, dass urheberrechtlich geschützte Werke als Bestandteil eines Prompts in ein KI-System hochgeladen werden dürfen, wobei sich dies nicht nur auf Werke Dritter, sondern insbesondere auch auf solche des Auftraggebers selbst bezieht.[34] Denkbar erscheint es insoweit, insbesondere im Kontext von Rahmenverträgen auch die Nutzung von KI-Systemen einem Genehmigungsvorbehalt zu unterwerfen, wobei dies wiederum mit einem erhöhten bürokratischen Aufwand verbunden ist.[35] Bei der Formulierung dahingehender Vertragsklauseln ist im Vorhinein zu bedenken, welche konkreten Einsatzmöglichkeiten von Künstlicher Intelligenz im betroffenen Fall von Relevanz sind, und die diesbezügliche Terminologie in technischer Hinsicht anzupassen.[36]

b) Vertragsklauseln zu Dokumentationspflichten

21 Nicht zuletzt aufgrund der Sicherstellung der Nachweisbarkeit des in den Prozess eingeflossenen menschlichen Schöpfungsbeitrags, sondern auch für den Fall eines Disputs zwischen den Vertragsparteien sollte der Einsatz Künstlicher Intelligenz detailliert dokumentationspflichtig gemacht und eine diesbezügliche Regelung in das Vertragswerk aufgenommen werden.[37] Die Einbettung einer solchen Vertragsklausel dient dabei auch vorbereitend der Umsetzung der sich aus Art. 50 Abs. 2 KI-VO ergebenden Transparenzpflichten, wonach Anbieter von GPAI-Modellen sicherstellen müssen, dass der Output in maschinenlesbarer Form gekennzeichnet ist und als künstlich erzeugt oder manipuliert erkennbar ist.[38] Die Dokumentationspflicht kann sich dabei nicht nur auf den Umfang und die Art des Einsatzes Künstlicher Intelligenz im Allgemeinen beziehen, sondern viel kleinteiliger bspw. auch die Dokumentation sämtlicher eingegebener Prompts in KI-Systeme umfassen.[39] Wurde die Integration einer solchen Klausel versäumt, bietet die Einholung einer auftragnehmerseitigen Bestätigung, die den nur untergeordneten Einsatz von KI-Systemen im Rahmen der Erstellung des Arbeitspro-

33 *Ventroni*, MMR 2025, 253, 255.
34 *Ventroni*, MMR 2025, 253, 257.
35 *Siems/Wiborg*, RDi 2025, 136, 139.
36 *Ventroni*, MMR 2025, 253, 256 mit dem Hinweis, dass die schlichte Verwendung von „Künstlicher Intelligenz" aufgrund des weiten Anwendungsbereichs des Begriffs die Gefahr birgt, unbeabsichtigt bestimmte Arbeitsweisen auszuschließen, die von der Vertragsklausel jedoch nicht hätten erfasst werden sollen.
37 Vgl. *Siems/Wiborg*, RDi 2025, 136, 139 mit einem Formulierungsbeispiel für eine entsprechende Vertragsklausel.
38 *Molavi Vasse'i*, RDi 2024, 406, 407.
39 *Ventroni*, MMR 2025, 253, 257.

duktes bescheinigt, eine weitere Möglichkeit zur Sicherung der Dokumentation.[40]

III. Urheberrechtliche Schutzfähigkeit der Komponenten Künstlicher Intelligenz

Mit der immer mehr an Bedeutung gewinnenden Rolle von KI-Systemen in **22**
der digitalen Welt geht die Frage nach deren eigener Schutzfähigkeit bzw. einer solchen ihrer Komponenten einher. Aufgrund der komplexen Funktionsweise von KI-Systemen, der eine Zusammensetzung aus einigen divergierenden Komponenten immanent ist, kommen mehrere Anknüpfungspunkte für einen Schutz nach dem Urheberrecht in Betracht.[41] Während in der Regel von der urheberrechtlichen Schutzfähigkeit des KI-Systems in seiner Gesamtheit als Computerprogramm im Sinne des § 69a UrhG auszugehen ist, herrscht hierüber in Bezug auf künstliche neuronalen Netze (KNN) Uneinigkeit.[42] Aber auch bei der Beurteilung der Schutzfähigkeit des KI-Systems kommt es maßgeblich auf die konkrete Ausgestaltung des zugrunde liegenden Modells und dessen Umsetzung innerhalb des KI-Systems an.[43] Bei der Frage nach der Schutzfähigkeit von KNN wird aufgrund der unterschiedlichen Funktionsweise und Struktur überwiegend eine Trennung in trainiert und untrainiert vorgenommen.[44]

1. Schutzfähigkeit untrainierter KNN

Als Anknüpfungspunkt für eine Schutzfähigkeit untrainierter KNN dient **23**
§ 69a UrhG, was zunächst das Vorhandensein eines Computerprogrammes voraussetzt. Das Urheberrechtsgesetz sieht für den Begriff jedoch keine eigene Legaldefinition vor.[45] Nach allgemeinem Verständnis muss für das Vorliegen eines Computerprogramms als Eigenschaft jedoch eine Steuerungsfunktion gegeben sein, die dahingehend zu verstehen ist, dass auf das Rechensystem eines Computers eingewirkt werden kann.[46] Bei eher restriktiver Handhabung dieses Merkmals gelangen einige zu dem Schluss, dass eine solche Steuerungsfunktion untrainierten KNN dem Grunde nach nicht

---

40 *Siems/Wiborg*, RDi 2025, 136, 139.

41 *Kuss/Sassenberg*, in: Sassenberg/Faber, Rechtshandbuch Industrie 4.0 und Internet of Things, § 13 Rn. 41.

42 *Flöter/Cordes*, GRUR-Prax 2024, 668, 669; *Nemec*, in: Ulbricht/Brajovic/Duhme/Hawighorst/Huber/Iber/Nemec, Praxishandbuch KI und Recht, S. 54.

43 *Bernzen*, in: Künstner/Louven, Plattform-Governance und Recht, Kap. V B Rn. 9.

44 *Schumacher*, Schutzfähigkeit Künstlicher Intelligenz, S. 158.

45 *Dreier*, in: Dreier/Schulze, UrhG, § 69a Rn. 12.

46 *Filikhina*, DSRITB 2023, 269, 271.

zu entnehmen ist.[47] Im Hinblick auf die technischen Entwicklungen wird jedoch in diesem Kontext eine weite Auslegung des Computerprogrammbegriffs erwogen, die das Kriterium einer steuernden Funktion um einiges umfassender interpretiert.[48] Nach anderer Ansicht soll es für eine Steuerungsfunktion bereits ausreichend sein, dass das untrainierte KNN (unbestimmte) Befehle an die Hardwarekomponente entsendet.[49] Teilweise wird die Eigenschaft trotz Bejahung einer gewissen Steuerungsfunktion verneint, da es dem untrainierten KNN an einem ausreichenden Sinngehalt fehle, mithin dieses (noch) nicht dazu imstande ist, ein sinnvolles Ergebnis zu generieren.[50]

24 Nach derzeitigem Stand sprechen gute Argumente dafür, untrainierten KNN eine urheberrechtliche Schutzfähigkeit nach § 69a UrhG zuzusprechen.[51] In praktischer Hinsicht sollten jedoch aufgrund der derzeit noch überwiegend bestehenden Rechtsunsicherheiten anderweitige Schutzmechanismen – wie etwa der Geschäftsgeheimnisschutz – in Betracht gezogen werden.[52]

2. Schutzfähigkeit trainierter KNN

25 Praxisrelevanter im Vergleich zu untrainierten KNN erweist sich der als Grundlage dienende Algorithmus sowie das trainierte Pendant.[53] Zumindest hinsichtlich der Algorithmen herrscht jedoch weitestgehend Einigkeit darüber, dass diese unter Ideen und Grundsätze zu fassen und insofern als gemeinfrei einzustufen sind (§ 69a Abs. 1 Satz 2 UrhG), wobei es ihnen zudem auch an der erforderlichen eigenen geistigen Schöpfung nach § 69a Abs. 3 Satz 1 UrhG fehlt.[54]

---

47 *Dreier*, in: Dreier/Schulze, UrhG, § 69a Rn. 12; *Schröler/Kuß*, in: Chibanguza/Kuß/Steege, Künstliche Intelligenz, E. Rn. 46.

48 Vgl. *Borutta*, in: Hoeren/Pinelli, Künstliche Intelligenz – Ethik und Recht, S. 349; *Dreier*, in: Dreier/Schulze, UrhG, § 69a Rn. 12; *Hartmann/Prinz*, DSRITB 2018, 769, 778.

49 *Schumacher*, Schutzfähigkeit Künstlicher Intelligenz, S. 158; *Ehinger/Stiemerling*, CR 2018, 761, 765 unter hilfsweiser Einordnung als Entwurfsmaterial; *Nemec*, in: Ulbricht/Brajovic/Duhme/Hawighorst/Huber/Iber/Nemec, Praxishandbuch KI und Recht, S. 54; kritisch *Heinze/Wendorf*, in: Ebers/Heinze/Krügel/Steinrötter, Künstliche Intelligenz und Robotik, § 9 Rn. 49.

50 *Schumacher*, Schutzfähigkeit Künstlicher Intelligenz, S. 158.

51 *Kuss/Sassenberg*, in: Sassenberg/Faber, Rechtshandbuch Industrie 4.0 und Internet of Things, § 13 Rn. 45; a.A. *Schumacher*, Schutzfähigkeit Künstlicher Intelligenz, S. 163.

52 Vgl. *Apel/Kaulartz*, RDi 2020, 24, 28 in Bezug auf KI-Modelle.

53 *Kuss/Sassenberg*, in: Sassenberg/Faber, Rechtshandbuch Industrie 4.0 und Internet of Things, § 13 Rn. 46.

54 *Czychowski*, in: Fromm/Nordemann, UrhG, § 69a Rn. 30; *Grützmacher*, in: Wandtke/Bullinger, UrhG, § 69a Rn. 29; *Flöter/Cordes*, GRUR-Prax 2024, 668, 669; *Söbbing*, MMR 2021, 111, 114.

Auch im Hinblick auf trainierte KNN mangelt es den in den jeweiligen Neuronen enthaltenen Werten, die für den Output verantwortlich sind, an der notwendigen persönlichen geistigen Schöpfung durch einen Menschen, da diese letztlich Gegenstand eines Automatismus sind.[55] Die Ausschlusskriterien für einen urheberrechtlichen Schutz als Computerprogramm haben insofern einen anderen Begründungsansatz als solche im Hinblick auf untrainierte KNN.[56] Sie genießen daher keinen Schutz als Computerprogramm im Sinne des § 69a UrhG.[57] **26**

Teilweise wird ein Schutz nach dem Urheberrechtsgesetz auch für die Gewichtungen der Neuronen bei trainierten KNN in Betracht gezogen. Problematisch im Hinblick auf die Schutzfähigkeit sogenannter Weights erscheint, dass diese im Ergebnis nicht durch einen Menschen, sondern von der Künstlichen Intelligenz selbst vorgenommen werden.[58] **27**

Den Weights sowie (Hyper-)Parametern kommt dabei auch kein urheberrechtlicher Schutz als Datenbank im Sinne des § 87a Abs. 1 UrhG zu, da die einzelnen Weights nicht die erforderliche Unabhängigkeit aufweisen, sondern vielmehr nur in ihrer Gesamtheit im Rahmen des KI-Systems sinnvoll verwertbar sind.[59] Der EuGH geht diesbezüglich davon aus, dass die Einordnung als Datenbank davon abhängt, ob diese aus einer Vielzahl von „Elementen [besteht], die sich voneinander trennen lassen, ohne dass der Wert ihres informativen, literarischen, künstlerischen, musikalischen oder sonstigen Inhalts dadurch beeinträchtigt wird"[60]. **28**

3. Schutzfähigkeit durch Geschäftsgeheimnisschutz

KNN sowie deren Bestandteile – wie unter anderem die Weights – können unabhängig von ihrer urheberrechtlichen Schutzfähigkeit grundsätzlich nach § 2 Nr. 1 GeschGehG als Geschäftsgeheimnisse Schutzfähigkeit erlangen, wenn sie Gegenstand von den Umständen nach angemessenen Geheimhaltungsmaßnahmen sind.[61] Aufgrund der derzeit noch bestehenden Unklarheiten ist es Unternehmen dringend anzuraten Maßnahmen zu treffen, um das im Zusammenhang mit KI-Systemen entstandene Know-How dem **29**

---

55 *Dreier*, in: Dreier/Schulze, UrhG, § 69a Rn. 12.

56 *Schumacher*, Schutzfähigkeit Künstlicher Intelligenz, S. 163 f.

57 *Dreier*, in: Dreier/Schulze, UrhG, § 69a Rn. 12.

58 *Kuss/Sassenberg*, in: Sassenberg/Faber, Rechtshandbuch Industrie 4.0 und Internet of Things, § 13 Rn. 47.

59 *Flöter/Cordes*, GRUR-Prax 2024, 668, 669; *Bernzen*, in: Künstner/Louven, Plattform-Governance und Recht, Kap. V B Rn. 16.

60 EuGH, Urt. v. 9.11.2004 – C-444/02, GRUR 2005, 254, 255 – FIXTURES MARKETING I.

61 Vgl. *Flöter/Cordes*, GRUR-Prax 2024, 668, 669; vgl. *Söbbing*, MMR 2021, 111, 115.

Geschäftsgeheimnisschutz zu unterwerfen.[62] Diesbezügliche Regelungen können dabei beispielsweise Verschwiegenheitsverpflichtungen zum Inhalt haben.[63] Im Falle derartiger Geheimhaltungsklauseln sollte eine entsprechende Vertragsstrafe aufgenommen werden, da es bisher nicht als eindeutig geklärt gilt, ob dies Voraussetzung für die Angemessenheit einer Geheimhaltungsmaßnahme nach § 2 Nr. 1 GeschGehG ist.[64] Die Frage nach der Angemessenheit ist, wie es der Wortlaut der Vorschrift bereits nahelegt, anhand der konkreten Umstände zu beurteilen.[65] Auf diese Weise können nicht nur KNN, sondern auch die nicht dem Schutz des Urheberrechts unterliegenden Algorithmen geschützt werden.[66] Denn letztere fallen als mathematischer Vorgang unter technische Informationen, die einem Geheimnisschutz grundsätzlich zugänglich sind.[67]

30 Für Forschungs- und Entwicklungsprojekte empfiehlt es sich, entsprechende Geheimhaltungsklauseln in die zugrunde liegenden vertraglichen Vereinbarungen zu integrieren.[68] Zu berücksichtigen sind hierbei insbesondere das Verhältnis der Parteien zueinander und die Differenzierung zwischen bereits bestehenden Rechten, beispielsweise solchen an dem untrainierten KNN oder den Trainingsdaten sowie solchen Rechten, die erst im Rahmen des Projekts entstehen.[69]

31 Für Anbieter von KI-Systemen bietet sich der Weg über eine SaaS-Lösung anstelle einer „On-site"-Lösung an, da so sichergestellt wird, dass der Nutzer lediglich in dem für seine Zwecke erforderlichen Umfang Zugriff erhält.[70] Vorsicht geboten ist im Hinblick auf Vertragsklauseln, die das sog. Reverse Engineering verbieten, da diese im Falle der bereits erfolgten öffentlichen Zugänglichmachung nach überwiegender Auffassung als unwirksam anzusehen sind.[71] Anders liegt dies für nicht veröffentliche Anwendungen, bei denen individualvertraglich, sowie nach vordringender Auffassung auch im Rahmen von Allgemeinen Geschäftsbedingungen, ein Reverse Engineering wirksam ausgeschlossen werden kann.[72]

---

62 *Filikhina*, DSRITB 2023, 269, 281; *Apel/Kaulartz*, RDi 2020, 24, 30.
63 *Schneider/Kremer*, ITRB 2020, 166, 173.
64 *Malcher*, MMR 2022, 617, 622.
65 Vgl. *Söbbing*, MMR 2021, 111, 116.
66 *Lampe*, in: Hoeren/Sieber/Holznagel, Handbuch Multimedia-Recht, Teil 29 Rn. 30.
67 *Schneider/Kremer*, ITRB 2020, 166, 171.
68 *Flöter/Cordes*, GRUR-Prax 2024, 668, 669.
69 *Flöter/Cordes*, GRUR-Prax 2024, 668, 669.
70 *Apel*, in: Reinfeld/Leister, Praxishandbuch Geschäftsgeheimnisschutz, § 15 Rn. 22.
71 *Apel*, in: Reinfeld/Leister, Praxishandbuch Geschäftsgeheimnisschutz, § 15 Rn. 26.
72 *Apel*, in: Reinfeld/Leister, Praxishandbuch Geschäftsgeheimnisschutz, § 15 Rn. 28.

IV. Nutzung urheberrechtlich geschützter Werke zu KI-Trainingszwecken

Im Kontext des Trainings von KI-Modellen ergeben sich einige urheberrechtliche Fragestellungen, die bislang noch nicht geklärt sind. Problematisch erscheint insbesondere die Erstellung des Trainingskorpus unter Nutzung urheberrechtlich geschützter Werke. Wichtig ist es, in diesem Kontext die zu betrachtende Handlung exakt zu benennen, da im Rahmen des Trainingsprozesses und einer möglicherweise nachfolgenden Speicherung, der sogenannten Memorisierung, unterschiedliche Phasen durchlaufen werden. Im Fokus stehen dabei insbesondere die Vervielfältigung (§ 16 UrhG) und die öffentliche Zugänglichmachung (§ 19 UrhG). **32**

1. Vervielfältigung durch Memorisierung im trainierten KI-Modell

Erst kürzlich hat das LG München I in der GEMA/OpenAI-Entscheidung die Memorisierung der streitgegenständlichen Liedtexte im betroffenen KI-Modell nach der Trainingsphase als Vervielfältigung i. S. d. § 6 UrhG angesehen.[73] Es betont die einheitliche, autonome und richtlinienkonforme Auslegung des Vervielfältigungsbegriffs auf Unionsebene folgend der Infopaq-Entscheidung des EuGH[74]. Wie das LG München I zutreffend feststellt, ergibt sich eine weite Auslegung des Vervielfältigungsbegriffs bereits aus Erwgr. 21 InfoSoc-RL[75], der sich in Art. 2 InfoSoc-RL widerspiegelt und auf nationaler Ebene in § 16 UrhG umgesetzt wurde. Letzterer versteht die Vervielfältigung als „jede körperliche Festlegung eines Werks […], die geeignet ist, das Werk den menschlichen Sinnen auf irgendeine Art mittelbar oder unmittelbar wahrnehmbar zu machen“[76]. Die der Reproduzierbarkeit unterliegende Memorisierung definiert das LG München I als das Vorhandensein der Trainingsdaten in den Modellen, verbunden mit der Möglichkeit, diese als Output zu extrahieren.[77] Dabei stellt es sich ganz klar auf den Standpunkt, dass die womöglich einfach gehaltenen Prompts nicht die Generierung der Trainingsdaten als Output verantworten, sondern vielmehr die Memorisierung als solche im Modell beweisen.[78] Die memorisierten Vervielfältigungen stellen nach Auffassung des LG München I auch keine **33**

---

73 LG München I, Endurt. v. 11.11.2025 – 42 O 14139/24, GRUR-RS 2025, 30204 Rn. 176.
74 EuGH, Urt. v. 16.7.2009 – C-5/08, GRUR 2009, 1041, 1043 – Infopaq.
75 Richtlinie 2001/29/EG des Europäischen Parlaments und des Rates vom 22.5.2001 zur Harmonisierung bestimmter Aspekte des Urheberrechts und der verwandten Schutzrechte in der Informationsgesellschaft.
76 BGH, Urt. v. 23.10.2024 – I ZR 112/23, NJW 2025, 443, 450 – Manhattan Bridge.
77 LG München I, Endurt. v. 11.11.2025 – 42 O 14139/24, GRUR-RS 2025, 30204 Rn. 169.
78 LG München I, Endurt. v. 11.11.2025 – 42 O 14139/24, GRUR-RS 2025, 30204 Rn. 171.

unwesentlichen Beiwerke i. S. d. § 57 UrhG im Verhältnis zu dem Trainingsdatensatz dar.[79]

2. Öffentlich verfügbare Inhalte: Text- und Data-Mining-Ausnahmen

34 Ein zentraler rechtlicher Aspekt beim Einsatz generativer KI-Systeme ist die Frage, unter welchen Voraussetzungen bestehende – unter Umständen urheberrechtlich geschützte – Werke für das Training solcher Systeme verwendet werden dürfen. Denn das Training basiert in der Regel auf großen Mengen an Daten, die häufig aus öffentlich zugänglichen Quellen stammen.[80] Dabei handelt es sich beispielsweise um Webseiten, Bilddatenbanken, wissenschaftliche Publikationen, Audioaufnahmen oder Social-Media-Inhalte.

35 Um möglichst exakte, aktuelle und diskriminierungsfreie Ergebnisse mit der Künstlichen Intelligenz erreichen zu können, wird kein Weg daran vorbeiführen, dass das zuvor notwendige Training nicht lediglich auf Basis gemeinfreier Werke erfolgt.[81]

36 Bereits das Auslesen, Sammeln, Speichern und strukturelle Auswerten dieser Inhalte – etwa durch sogenannte Webscraper oder Webcrawler – kann eine urheberrechtlich relevante Handlung darstellen, insbesondere dann, wenn die betroffenen Inhalte als Werke im Sinne des Urheberrechts gelten.[82] Das betrifft sowohl Texte und Bilder als auch Musik, Filme oder andere Medienformate. In solchen Fällen stellt sich die Frage, ob es sich bei der Verwendung im Rahmen des KI-Trainings um eine zustimmungspflichtige Vervielfältigung oder sonstige Nutzung handelt (§ 15 Abs. 1 Nr. 1, § 16 UrhG).[83]

a) Text- und Data-Mining im Sinne des § 44 UrhG

37 Das Urheberrechtsgesetz enthält mit § 44b UrhG eine Schrankenregelung, die bestimmte Arten der Datennutzung erlaubt, ohne dass eine Zustimmung der Rechteinhaber erforderlich ist.[84] Die Vorschrift setzt Art. 4 DSM-RL[85] ins nationale Recht um und schafft damit die Grundlage für die automatisierte Analyse einer Vielzahl digitaler Inhalte.[86]

---

79 LG München I, Endurt. v. 11.11.2025 – 42 O 14139/24, GRUR-RS 2025, 30204 Rn. 215.
80 *Hofmann*, ZUM 2024, 166, 167; *Dornis*, GRUR 2024, 1676.
81 *Dregelies*, GRUR 2024, 1484.
82 Vgl. *Schack*, NJW 2024, 113, 113 f.; vgl. *Bomhard*, DSRITB 2023, 255, 255 ff.
83 *Bomhard*, DSRITB 2023, 255, 258.
84 *Bomhard*, in: BeckOK UrhR, § 44b UrhG Rn. 1 ff.
85 Richtlinie (EU) 2019/790 des Europäischen Parlaments und des Rates vom 17.4.2019 über das Urheberrecht und die verwandten Schutzrechte im digitalen Binnenmarkt und zur Änderung der Richtlinien 96/9/EG und 2001/29/EG.
86 BT-Drs. 19/27426, S. 88.

aa) Anwendungsbereich und Begriffsbestimmung

§ 44b UrhG gilt in sachlicher Hinsicht für die rein kommerzielle Nutzung **38**
und in persönlicher Hinsicht für jedermann.[87] Die in § 44b Abs. 1 UrhG enthaltene Legaldefinition des Text- und Data-Mining umfasst nach dem Gesetzeswortlaut ausdrücklich die Vervielfältigung und Auswertung von Werken mit dem Ziel, darin Muster, Trends oder Zusammenhänge zu erkennen. Da das Trainieren von KI-Modellen regelmäßig dieses Ziel verfolgt, wird es rechtlich überwiegend als Form des Text- und Data-Mining eingeordnet.[88] Letztere Einordnung dürfte auch dem Verständnis des nationalen Gesetzgebers zugrunde liegen, wenn dieser davon ausgeht, dass Text- und Data-Mining „für das maschinelle Lernen als Basis-Technologie für Künstliche Intelligenz von besonderer Bedeutung ist"[89]. Andere lehnen dies ab unter Verweis auf die unterschiedlichen Funktionen von Text- und Data-Mining und dem Training generativer KI-Systeme.[90] Mit der Entscheidung des LG München I zu GEMA/OpenAI wurde zum ersten Mal auf nationaler Ebene entschieden, dass im Kontext des Trainings von KI-Modellen, grundsätzlich die Ausnahme des Text- und Data-Mining zum Tragen kommen kann und die diesbezüglichen Schranken anzuwenden sind.[91] Es differenziert dabei zwischen zwei Phasen und betont dabei, dass die Text- und Data-Mining-Ausnahme nicht zur Anwendung gelangt für solche Vervielfältigungen, die erst im Modell selbst erfolgen, da diese nicht der Vorbereitung des Text- und Data-Mining dienen (Phase 2).[92] Die erste Phase betrifft dagegen insbesondere die Erstellung der Trainingsdaten, wobei letztere primär zu Analysezwecken vervielfältigt werden und insofern das urheberrechtliche Verwertungsinteresse nicht tangiert wird.[93] Nur in diesem Fall soll nach Auffassung des LG München I die Ausnahme des Text- und Data-Mining in Betracht kommen.[94] Es stellt insbesondere auch klar, dass hinsichtlich in der zweiten Phase stattfindender Vervielfältigungen auch keine analoge Anwendung von Art. 4 DSM-RL in Betracht kommt, da es jedenfalls an einer

---

87 *Theodoridis*, NJW 2025, 689, 691; *Bullinger*, in: Wandtke/Bullinger, UrhG, § 44b Rn. 6.
88 Vgl. *Kunitz,* LTZ 2025, 10, 13; *Käbe*, KIR 2024, 162, 168; *Baumann*, NJW 2023, 3673, 3674 f.; *Bomhard*, DSRITB 2023, 255, 259; *de la Durantaye*, ZUM 2023, 645, 651; *Maamar*, ZUM 2023, 481, 483; zweifelnd *von Welser*, GRUR-Prax 2023, 516, 517; *Schack*, NJW 2024, 113, 114; offen gelassen durch LG Hamburg, Urt. v. 27.9.2024 – 310 O 227/23, MMR 2024, 973, 974.
89 BT-Drs. 19/27426, S. 60.
90 *Dornis*, KIR 2024, 156, 157.
91 LG München I, Endurt. v. 11.11.2025 – 42 O 14139/24, GRUR-RS 2025, 30204 Rn. 193, 196.
92 LG München I, Endurt. v. 11.11.2025 – 42 O 14139/24, GRUR-RS 2025, 30204 Rn. 193.
93 LG München I, Endurt. v. 11.11.2025 – 42 O 14139/24, GRUR-RS 2025, 30204 Rn. 195.
94 LG München I, Endurt. v. 11.11.2025 – 42 O 14139/24, GRUR-RS 2025, 30204 Rn. 200. f.

vergleichbaren Interessenlage fehle, begründet durch die daraus folgende Schutzlosigkeit der Urheber.[95]

39 Auf europäischer Ebene findet die Auslegung, dass für das systematische Herunterladen und Vervielfältigen solcher Daten zur Trainingsvorbereitung von KI-Systemen als Form des Text- und Data-Mining § 44b UrhG gilt, Unterstützung durch Art. 53 Abs. 1 lit. c KI-VO.[96] Anbieter von KI-Modellen mit allgemeinem Verwendungszweck haben danach eine Strategie zur Einhaltung des unionsrechtlichen Urheberrechts und insbesondere zur Ermittlung und Einhaltung eines gemäß Art. 4 Abs. 3 DSM-RL geltend gemachten Rechtevorbehalts, auch durch modernste Technologien, zu entwickeln. Nach dem LG Hamburg fallen KI-Modelle unter den Begriff der „modernsten Technologien" im Sinne der Verordnung.[97] Wie sich aus Erwgr. 97 KI-VO ergibt, erstreckt sich der Adressatenkreis des Art. 53 Abs. 1 lit. c KI-VO dabei explizit nur auf Anbieter von KI-Modellen mit allgemeinem Verwendungszweck, nicht hingegen auf die Anbieter von KI-Systemen.[98]

40 Nach § 44b Abs. 2 Satz 1 UrhG ist weitere Voraussetzung für die Zulässigkeit von Vervielfältigungen, dass es sich um rechtmäßig zugängliche Werke handelt. Darunter fällt insbesondere die freie Verfügbarkeit im Internet oder der Fall, dass der Nutzer über eine entsprechende Lizenz verfügt, bzw. es sich um eine Open-Access-Veröffentlichung handelt.[99] Der Anwendungsbereich der Norm ist dabei auf Vervielfältigungen begrenzt und rechtfertigt daher gerade nicht deren Verbreitung bzw. eine Zugänglichmachung für die Öffentlichkeit sowie eine Bearbeitung.[100]

bb) Löschungspflicht hinsichtlich Vervielfältigungen bei Wegfall der Erforderlichkeit

41 Die Vorschrift des § 44b Abs. 2 Satz 2 UrhG sieht vor, dass Vervielfältigungen zu löschen sind, sofern sie für den ursprünglichen Zweck, das Text- und Data-Mining, nicht mehr erforderlich sind. Eine Speicherung auf Dauer ist in Anbetracht dessen nicht vom Erlaubnisumfang gedeckt – auch dann nicht, wenn eine solche dem zukünftigen Training weiterer generativer KI-Syste-

---

95 LG München I, Endurt. v. 11.11.2025 – 42 O 14139/24, GRUR-RS 2025, 30204 Rn. 208.

96 LG Hamburg, Urt. v. 27.9.2024 – 310 O 227/23, MMR 2024, 973, 976 m. Anm. *Hoeren* und m. Anm. *Matras/Grosmann* – LAION; im Ergebnis zustimmend *Lejeune*, ITRB 2025, 71, 76 unter Übertragung der Grundsätze in BGH, Urt. v. 11.9.2024 – I ZR 140/23, GRUR 2024, 1528 ff. – Coffee.

97 LG Hamburg, Urt. v. 27.9.2024 – 310 O 227/23, MMR 2024, 973, 976 m. Anm. *Hoeren* und m. Anm. *Matras/Grosmann* – LAION.

98 *Antoine*, GRUR 2025, 118, 119.

99 BT-Drs. 19/27426, S. 88.

100 *Käde*, KIR 2024, 162.

me dient.[101] Vorgeschlagen wird insofern die zeitliche Koppelung der Löschungspflicht an den Zeitpunkt des Abschlusses des Text- und Data-Mining-Projekts, da so sichergestellt werden könne, dass ein gegebenenfalls notwendiger Rückgriff auf die Daten während der Auswertungsprozesses ermöglicht wird.[102] Andere bezweifeln in diesem Kontext das Eingreifen der Löschungspflicht vor dem Hintergrund, dass KI-Modelle zur Vorbeugung eines Model Drift in regelmäßigen Abständen eines Trainings mittels sowohl alter als auch neuer Daten bedürften.[103]

cc) Voraussetzungen und Auswirkungen eines Nutzungsvorbehalts

Gem. § 44b Abs. 3 Satz 1 UrhG besteht die grundsätzliche Möglichkeit des Rechtsinhabers, sich etwaige Nutzungen vorzubehalten. Bei online zugänglichen Werken, was bei dem Training generativer KI-Systeme regelmäßig zutrifft, ist ein solcher Nutzungsvorbehalt allerdings nur als wirksam anzusehen, wenn er in maschinenlesbarer Form erfolgt (§ 44b Abs. 3 Satz 2 UrhG). Die Verortung kann auch im Impressum oder den Allgemeinen Geschäftsbedingungen erfolgen, sofern die erforderliche Maschinenlesbarkeit weiterhin gegeben ist, da nur in letzterem Fall die charakteristische Funktionsweise des Text- und Data-Mining als automatisierter Vorgang ermöglicht werden kann.[104] Mittlerweile unstreitig dürfte eine maschinenlesbare Form zumindest durch Hinterlegung einer robots.txt Datei gegeben sein.[105] Das Telos der Norm verlangt dabei, dass der Nutzungsvorbehalt im direkten Zusammenhang zu dem Werk erklärt werden muss, sodass es nicht ausreichend ist, wenn die Nutzung auf einer eigenen separaten Webseite vorbehalten wird, das Werk jedoch auf der Webseite eines Medienunternehmens veröffentlicht wird.[106] Will sich der das Training des KI-Systems Betreibende auf das Fehlen eines solchen Nutzungsvorbehalts berufen, obliegt ihm in seiner Eigenschaft als Nutzer die hierauf bezogene Beweislast.[107] **42**

In praktischer Hinsicht können sich Verwertungsgesellschaften bspw. ein vertragliches Recht zur Erklärung eines Nutzungsvorbehalts einräumen lassen und wiederum ihre Lizenznehmer zur Erklärung eines Nutzungsvorbehalts verpflichten, wenn sie die betroffenen Werke öffentlich zugänglich machen.[108] **43**

---

101 *Maamar*, ZUM 2023, 481, 483; *Nemec*, in: Ulbricht/Brajovic/Duhme/Hawighorst/Huber/Iber/Nemec, Praxishandbuch KI und Recht, S. 60 f.

102 *Dreier*, in: Dreier/Schulze, UrhG, § 44b Rn. 15.

103 *Bomhard*, InTeR 2023, 174, 177.

104 BT-Drs. 19/27426, S. 89.

105 *Heine*, GRUR-Prax 2024, 87, 88.

106 *Heine*, GRUR-Prax 2024, 87, 88.

107 Vgl. BT-Drs. 19/27426, S. 89.

108 *Heine*, GRUR-Prax 2024, 87, 89 am Beispiel der GEMA.

b) Vorübergehende Vervielfältigungshandlungen im Kontext von KI-Systemen

44 Nach § 44a UrhG sind solche vorübergehenden Vervielfältigungshandlungen zulässig, deren alleiniger Zweck es ist, eine Übertragung in einem Netz zwischen Dritten durch einen Vermittler (Nr. 1) oder eine rechtmäßige Nutzung (Nr. 2) eines Werkes zu ermöglichen, und die dabei keine eigenständige wirtschaftliche Bedeutung haben. Die Vorschrift sieht zudem vor, dass die Handlung flüchtig oder begleitend sein muss. Flüchtig im Sinne des § 44a UrhG meint dabei, dass die „Lebensdauer [der Vervielfältigung] auf das für das ordnungsgemäße Funktionieren des betreffenden technischen Verfahrens Erforderliche beschränkt ist, wobei dieses Verfahren derart automatisiert sein muss, dass es diese Handlung automatisch, d. h. ohne Beteiligung einer natürlichen Person löscht, sobald ihre Funktion, die Durchführung eines solchen Verfahrens zu ermöglichen, erfüllt ist“[109]. Begleitend ist sie, wenn sie gegenüber „dem technischen Verfahren, dessen Teil sie ist, weder eigenständig ist noch einem eigenständigen Zweck dient“[110]. Im Zusammenhang mit generativen KI-Systemen wird teilweise angenommen, dass eine nach § 44a UrhG zulässige Vervielfältigung dann vorliegen könnte, wenn mithilfe solcher Systeme eine Zusammenfassung von Werken nach erfolgtem Scraping bzw. Hochladen unter ausreichender Unterscheidbarkeit vom ursprünglichen Werk erfolgt.[111] Praktisch gesprochen wäre dies beispielsweise vorstellbar, wenn das Werk lediglich im Arbeitsspeicher zwischengespeichert wird und anschließend an das Training des KI-Systems eine unmittelbare Löschung erfolgt.[112]

c) Text- und Data-Mining zu wissenschaftlichen Forschungszwecken

45 Daneben enthält das Urheberrechtsgesetz mit § 60d UrhG eine weitere spezielle Regelung für Text- und Data-Mining, die allerdings nach Abs. 1 auf wissenschaftliche Forschungszwecke beschränkt ist. Der Begriff der wissenschaftlichen Forschung umfasst sowohl Zwecke im Bereich der Natur- als auch der Geisteswissenschaften.[113] Anders als § 44b UrhG ist § 60d UrhG damit gerade nicht anwendbar, wenn das Text- und Data-Mining kommerzi-

---

109 LG Hamburg, Urt. v. 27.9.2024 – 310 O 227/23, MMR 2024, 973, 974 m. Anm. *Hoeren* und m. Anm. *Matras/Grosmann* – LAION; vgl. EuGH, Urt. v. 16.7.2009 – C-5/08, BeckRS 2009, 70820 Rn. 64.

110 LG Hamburg, Urt. v. 27.9.2024 – 310 O 227/23, MMR 2024, 973, 974 m. Anm. *Hoeren* und m. Anm. *Matras/Grosmann* – LAION; vgl. EuGH, Urt. v. 5.6.2014 – C-360/13, MMR 2014, 541, 543.

111 *Heine*, GRUR-Prax 2024, 87, 89.

112 *Maamar*, ZUM 2023, 481, 485; *Nemec*, in: Ulbricht/Brajovic/Duhme/Hawighorst/Huber/Iber/Nemec, Praxishandbuch KI und Recht, S. 61.

113 *Bullinger*, in: Wandtke/Bullinger, UrhG, § 60d Rn. 6; vgl. Erwgr. 12 Satz 2 DSM-RL.

ellen bzw. wirtschaftlichen Zwecken dient.[114] Grundsätzlich sind beide Vorschriften in der Praxis jedoch nebeneinander anwendbar, je nachdem, welchem Zweck das Training der Künstlichen Intelligenz dient.[115] Wie sich aus dem Verweis in § 60d Abs. 1 UrhG ergibt, liegt der Vorschrift ebenfalls die Legaldefinition des § 44 Abs. 1 UrhG zugrunde. Kein Verweis erfolgt jedoch dabei auf die in § 44b Abs. 2 Satz 2 UrhG normierte Löschungspflicht sowie die in § 44b Abs. 3 UrhG vorgesehene Möglichkeit des Rechteinhabers, sich die Nutzung vorzubehalten. Die dahinterstehende Forschungsorganisation muss einen Erkenntnisgewinn zum Ziel haben.[116] Auch insoweit hat das LG München I kürzlich klargestellt, dass die Gewinnorientierung der Einordnung als Forschungsorganisation grundsätzlich nicht entgegensteht, jedoch in diesem Falle die weiteren Kriterien nach § 60 Abs. 2 Nr. 2 und 3 UrhG vorliegen müssen.[117] Das heißt, entweder müssen sämtliche Gewinne in die wissenschaftliche Forschung reinvestiert werden (Nr. 2) oder die Organisation im Rahmen eines staatlich anerkannten Auftrags im öffentlichen Interesse tätig sein (Nr. 3).

d) Folgen für die Praxis anhand der aktuellen Entwicklungen

Das Trainieren einer KI mit Daten aus öffentlich zugänglichen Quellen ist **46**
in der Regel rechtlich zulässig, sofern keine technischen Schutzmaßnahmen umgangen werden und keine besonderen Lizenzbedingungen verletzt werden. Allerdings endet die rechtliche Absicherung dort, wo Inhalte aus Quellen stammen, die ausdrücklich eine automatisierte Nutzung oder Vervielfältigung untersagen – sei es über technische Barrieren oder über Nutzungsbedingungen wie Allgemeine Geschäftsbedingungen. Wer etwa Inhalte aus kommerziellen Datenbanken verwendet, muss vor der Verwendung klären, ob und unter welchen Bedingungen dies erlaubt ist. In solchen Fällen kann eine ausdrückliche Lizenzierung oder Einwilligung erforderlich sein. Ebenso sollte darauf geachtet werden, dass Inhalte mit Creative-Commons-Lizenzen keine Bedingungen enthalten, die einer kommerziellen KI-Nutzung entgegenstehen, etwa eine Beschränkung auf nicht-kommerzielle Zwecke. Im Ergebnis trifft den Verwender für den Umstand, dass die für das Training und eine ggf. nachfolgende Memorisierung verwendeten

---

114 *Theodoridis*, NJW 2025, 689, 691.

115 *Bomhard,* in: BeckOK UrhR, § 44b UrhG Rn. 2.

116 *Kuschel/Rostam*, ZUM 2025, 71, 72; LG München I, Endurt. v. 11.11.2025 – 42 O 14139/24, GRUR-RS 2025, 30204 Rn. 213.

117 LG München I, Endurt. v. 11.11.2025 – 42 O 14139/24, GRUR-RS 2025, 30204 Rn. 213.

Trainingsdaten frei verfügbar und zugänglich waren, die Darlegungs- und Beweislast.[118]

47 Insgesamt ist es daher ratsam, bei der Auswahl und Verarbeitung von Trainingsdaten die verwendeten Quellen sorgfältig zu dokumentieren und rechtlich zu prüfen, insbesondere wenn die KI kommerziell genutzt oder weiterentwickelt werden soll. Wer sich auf die Schrankenregelungen berufen will, muss im Streitfall belegen können, dass die Daten rechtmäßig zugänglich waren und kein vertraglicher oder technischer Ausschluss bestanden hat. Gerade in komplexeren Projekten oder bei der Nutzung durch Dritte empfiehlt sich auch der Entwurf einer vertraglichen Regelung zur Herkunft und rechtlichen Zulässigkeit der Trainingsdaten, um spätere urheberrechtliche Auseinandersetzungen oder Haftungsfragen zu vermeiden.

48 Weitere Klärung dürfte die noch zu erwartende Entscheidung des EuGH in der Rechtssache C-250/25 Like Company/Google Ireland Limited bringen, der insbesondere in Vorlagefrage 2 zu entscheiden hat, ob der Trainingsprozess eines auf KI basierenden LLM-Chatbots, der auf der Grundlage der Beobachtung und des Abgleichs von Mustern entwickelt worden ist, wodurch das Modell das Wiedererkennen linguistischer Muster erlernen kann, eine Vervielfältigung darstellt.[119] Sofern der EuGH diese Vorlagefrage im positiven Sinne beantwortet, hat er im Zuge der dritten Vorlagefrage sodann die Frage zu klären, ob eine solche Vervielfältigung rechtmäßig zugänglicher Werke unter die Text- und Data-Mining-Ausnahme des Art. 4 DSM-RL fällt.[120] In dem zugrunde liegenden Fall geht es im Wesentlichen um das Leistungsschutzrecht der Presseverleger aus Art. 15 DSM-RL im Kontext eines identische Textpassagen enthaltenden Outputs eines KI-basierten Chatbots.[121] Ebenfalls Gegenstand des Verfahrens ist zudem die Frage, ob in der Output-Generierung neben einer Vervielfältigung auch eine öffentliche Zugänglichmachung zu sehen ist.[122]

3. Nicht-öffentlich verfügbare Inhalte

49 Während öffentlich zugängliche Inhalte unter bestimmten Voraussetzungen durch Schrankenregelungen wie § 44b oder § 60d UrhG im Rahmen des Text- und Data-Mining ohne Zustimmung genutzt werden dürfen, gilt dies nicht für nicht-öffentlich verfügbare Inhalte. Solche Inhalte – etwa in Daten-

118 LG München I, Endurt. v. 11.11.2025 – 42 O 14139/24, GRUR-RS 2025, 30204 Rn. 218.
119 EuGH, Gerichtsmitteilung v. 3.4.2025 – C-250/25, BeckEuRS 2025, 771662.
120 EuGH, Gerichtsmitteilung v. 3.4.2025 – C-250/25, BeckEuRS 2025, 771662.
121 *Leistner*, GRUR 2025, 1123, 1129.
122 *Baumann/Nordemann/Pukas*, GRUR 2025, 955, 963; EuGH, Gerichtsmitteilung v. 3.4.2025 – C-250/25, BeckEuRS 2025, 771662.

banken hinter Paywalls, in geschlossenen Plattformen, in Verlagsarchiven oder in urheberrechtlich geschützten Bild- und Musikbibliotheken – dürfen nicht ohne ausdrückliche Zustimmung der Rechteinhaber in KI-Trainingsdatensätze übernommen werden. Maßgeblich ist, dass die Inhalte nicht ohne Weiteres für die Allgemeinheit zugänglich sind oder mit Nutzungsbeschränkungen und Lizenzbedingungen belegt wurden, die eine automatisierte Auswertung untersagen oder einschränken (vgl. § 44b Abs. 2 Satz 1 UrhG). In solchen Fällen ist das KI-Training nur dann rechtlich zulässig, wenn zuvor eine entsprechende Lizenz eingeholt oder ein Nutzungsvertrag mit dem Rechteinhaber abgeschlossen wurde.[123]

Oftmals sind solche Inhalte zudem durch vertragliche Regelungen ge- **50** schützt, etwa Nutzungsbedingungen, Lizenzverträge oder Vertraulichkeitsvereinbarungen. Diese vertraglichen Verpflichtungen sind unabhängig vom Urheberrecht einzuhalten, da ein Verstoß hier zu vertragsrechtlichen Konsequenzen führen kann – wie zu Unterlassungsansprüchen oder Schadensersatz. In KI-Projekten müssen daher Zugriffsrechte eindeutig geklärt und dokumentiert sein, insbesondere welche Inhalte zu welchen Zwecken genutzt werden dürfen.

Nicht-öffentliche Inhalte enthalten häufig auch personenbezogene oder sen- **51** sible Daten, etwa aus internen Dokumenten oder Kundeninformationen. Die Nutzung dieser Daten zu KI-Zwecken muss datenschutzrechtlich zulässig sein. Dabei sind Grundsätze wie Datenminimierung[124], Zweckbindung[125] und erforderliche Einwilligungen verbindlich. Technische Schutzmaßnahmen wie Zugangsbeschränkungen oder Verschlüsselung sind einzuhalten, um Datenschutz- und Compliance-Verstöße zu vermeiden.

In der Praxis bedeutet dies, dass Unternehmen und Entwickler, die KI-Sys- **52** teme mit nicht-öffentlichen oder lizenzierten Inhalten trainieren, die rechtlichen Rahmenbedingungen vorab vollständig klären müssen, was insbesondere auch die Klärung von etwaigen Berechtigungen erfasst.[126]

V. Urheberrechtliche Fragen im Zusammenhang mit KI-Input

Hinsichtlich des Inputs in KI-Systeme durch Nutzer stellen sich nicht nur **53** Fragen in Bezug auf eine mögliche Urheberrechtsverletzung durch den Upload etwaiger geschützter Werke. Vielmehr bildet auch die mögliche Schutz-

---

123 Vgl. *Ventroni*, MMR 2025, 253, 255.

124 Zum Grundsatz der Datenminimierung *Pötters*, in: Gola/Heckmann, DS-GVO/BDSG, Art. 5 Rn. 22 ff.

125 Zur datenschutzrechtlichen Zweckbindung vgl. *Steinrötter*, in: BeckOK IT-Recht, Art. 5 DSGVO Rn. 15 ff.

126 *Ventroni/Kaiser*, MMR 2025, 163.

fähigkeit der hochgeladenen Inhalte, insbesondere der durch den Nutzer eingegebenen Prompts Anlass zur Debatte. Insofern stellt sich auch die Frage, ob es diesbezüglich weiterer klarstellender und harmonisierender Vorgaben des EuGH bedarf, oder ob dies aufgrund der bislang gefestigten urheberrechtlichen Praxis bereits beantwortet werden kann.

1. Eigene Schutzfähigkeit von Prompts

54 Für Prompts, also Anweisungen an das KI-System, bestimmte Inhalte zu erzeugen, stellt sich nicht zuletzt aufgrund der bereits verbreiteten Existenz von Prompt-Marktplätzen und der steigenden Beliebtheit von sogenanntem Prompt-Engineering die Frage nach deren urheberrechtlicher Schutzfähigkeit.[127] Dem Grunde nach denkbar wäre eine Subsumtion als Sprachwerk im Sinne des § 2 Abs. 1 Nr. 1 UrhG.[128] Auch insoweit kommt es maßgeblich auf das Vorhandensein einer nach § 2 Abs. 2 UrhG erforderlichen persönlichen geistigen Schöpfung an. Zwar ist die benötigte Schöpfungshöhe dem Grunde nach nicht von vornherein bei auf die Länge betrachtet kürzeren Eingaben ausgeschlossen, jedoch bedarf es auch in diesem Fall eines spürbaren individuellen Einflusses bzw. eines gewissen Maßes an kreativer Eigenleistung.[129] Dies wird bei eher simpel ausfallenden Prompts regelmäßig nicht der Fall sein, so beispielsweise, wenn die Eingabe sich in einer schlichten Anweisung erschöpft, die keine konkreten Angaben zur Generierung enthält.[130] Auch wird die erforderliche Gestaltungshöhe nicht gegeben sein, wenn sich der Prompt auf streng technische Parameter beschränkt.[131] Der Prozess der Konzeptentwicklung, der sich in dem Prompt widerspiegelt, wird insoweit häufig vielmehr als Beitrag bzw. eine Art Vorbereitungshandlung in Bezug auf ein noch zu schaffendes Werk anzusehen sein, ohne dabei selbst in den Genuss urheberrechtlichen Schutzes zu gelangen.[132] Im Regelfall wird daher der natürlichen Person, die hinter dem verfassten Prompt steht, kein Urheberrecht zuerkannt werden können.[133] Es bleibt insofern bei einer Entscheidung anhand des konkret zu betrachtenden Prompts im Ein-

---

127 Vgl. *Maamar*, ZUM 2023, 481, 486 f.

128 *Kögel*, DSRITB 2023, 285, 294.

129 Vgl. *Determann*, in: Determann/Paal, KI-Recht international, § 2 Rn. 33; *Maamar*, ZUM 2023, 471, 487.

130 *Krone,* RDi 2023, 117, 122.

131 *Maamar*, ZUM 2023, 481, 487 mit dem Promptbeispiel „Schreibe ein Gedicht im Stil von Goethe über das Urheberrecht“ und *Nemec*, in: Ulbricht/Brajovic/Duhme/Hawighorst/Huber/Iber/Nemec, Praxishandbuch KI und Recht, S. 62 mit dem Promptbeispiel: „Generiere ein Bild im Stil von Monet“.

132 *Becker*, GRUR 2024, 505, 506.

133 *Degen/Emmert*, Elektronischer Rechtsverkehr, § 10 Rn. 20.

zelfall anhand von dessen gestalterischer Schöpfungshöhe.[134] Wichtig ist in diesem Kontext jedoch die strikte Unterscheidung zwischen der urheberrechtlichen Schutzfähigkeit des Prompts als solchem und dem durch dessen Eingabe bezweckten Outputs, welche grundsätzlich nicht gleichzusetzen sind und im Übrigen auch nicht einander bedingen.[135]

2. Prompts als Anknüpfungspunkt der urheberrechtlichen Verletzungshandlung

Unabhängig von der Frage, ob Prompts aus sich heraus eine urheberrechtliche Schutzfähigkeit aufweisen, können sich durch Eingabe solcher Prompts urheberrechtlich relevante Konsequenzen und damit verbundene Haftungsrisiken ergeben. **55**

Neben dem Hochladen urheberrechtlich geschützter Werke als Vervielfältigungshandlung i. S. d. § 16 UrhG ist beispielsweise auch eine die Zustimmungspflicht des Urhebers auslösende Bearbeitung gem. § 23 Abs. 1 Satz 1 UrhG denkbar.[136] Der eingegebenen Prompt ist dabei als Eingabeaufforderung Anknüpfungspunkt zur Begehung eines Verstoßes gegen die Rechte des Urhebers.[137] Bereits marginale Abänderungen des eingegeben Prompts können dabei zu einer unterschiedlichen Beurteilung hinsichtlich der urheberrechtlichen Relevanz führen.[138] Das Eingreifen bestimmter Schrankenregelungen, wie etwa § 23 Abs. 1 Satz 2 UrhG, wonach keine urheberrechtlich relevante Bearbeitung vorliegt, wenn das neu geschaffene Werk einen hinreichenden Abstand zum benutzten Werk aufweist, stellt im Ergebnis eine Frage des konkreten Einzelfalls dar.[139] Unterschieden werden kann in diesem Kontext zwischen dem äußeren und dem inneren Abstand.[140] Unter einem äußeren Abstand versteht man dabei die Situation, dass „die aus einem vorbestehenden Werk entlehnten eigenpersönlichen Züge dem Gesamteindruck nach gegenüber der Eigenart des neuen Werkes so stark ‚verblassen', dass das vorbestehende Werk nicht mehr oder nur noch rudimentär zu erkennen ist"[141]. Innerer Abstand setzt dagegen eine inhaltliche Auseinander- **56**

134 *Söbbing*, ITRB 2024, 184, 187; *Nemec*, in: Ulbricht/Brajovic/Duhme/Hawighorst/Huber/Iber/Nemec, Praxishandbuch KI und Recht, S. 62.

135 *Maamar*, ZUM 2023, 481, 487.

136 *Nemec*, in: Ulbricht/Brajovic/Duhme/Hawighorst/Huber/Iber/Nemec, Praxishandbuch KI und Recht, S. 64 f. beispielhaft bejahend für die Übersetzung eines zuvor hochgeladenen Zeitungsartikels oder das Sampling eines Remixes aus zwei existenten Liedern.

137 *Determann*, in: Determann/Paal, KI-Recht international, § 2 Rn. 36.

138 So *Scherer*, ZUM 2025, 437, 442 in Bezug auf das Erfordernis einer Urheberkennzeichnung nach § 13 UrhG.

139 Vgl. *Stieper/Denga*, GRUR 2024, 1473; *Schaub*, NJW 2023, 2145, 2147.

140 Vgl. hierzu BT-Drs. 19/27426, S. 78.

141 BT-Drs. 19/27426, S. 78.

setzung des neuen Werks mit dem alten Werk voraus, wie beispielsweise im Falle der Parodie.[142]

57 In Zukunft könnte in diesem Hinblick auch § 51a UrhG an Relevanz gewinnen, der als Schrankenregelung die zulässige Vervielfältigung zum Zweck des Pastiches vorsieht trotz eines grundsätzlich bestehenden Urheberrechts bzw. eines anderen verwandten Schutzrechts.[143] Der Begriff des Pastiches beschreibt dabei seinem Ursprung nach die stilistische Nachahmung nach einem bestimmten Vorbild, beispielsweise des eines konkreten Malers oder Dichters.[144] Mangels der urheberrechtlichen Schutzfähigkeit eines bestimmten Stils bezieht sich der Begriff im Kontext des Urheberrechts primär auf die Einbindung konkreter Werke bzw. Werkteile.[145] Als zwingende Voraussetzung zur Subsumtion unter die Begriffsbestimmung muss sich aus dem Pastiche ergeben, dass sich mit dem betroffenen Werk auseinandergesetzt wurde, wobei dies nicht karikaturartig erfolgen muss, sondern vielmehr auch von wertschätzendem Charakter geprägt sein kann.[146] Werden bei der Eingabe urheberrechtlich geschützte Inhalte eingebunden, ohne dass der Nutzer sich hierüber im Bilde ist, so fehlt es an der erforderlichen Auseinandersetzung für die Schrankregelung des § 51a UrhG, was wiederum das Risiko daraus resultierender Urheberrechtsverletzungen birgt.[147] Teilweise wird im Kontext von Stilimitationen durch generative KI-Systeme vorgeschlagen, de lege ferenda eine Beschränkung der Gemeinfreiheit eines künstlerischen Stils auf menschliche Nachahmungen vorzunehmen, sodass KI-gestützte Stilimitationen als Konsequenz urheberrechtliche Relevanz entfalten würden.[148]

58 Werden dem urheberrechtlichen Schutz unterliegende Werke in ein KI-System hochgeladen, kann dies zudem mit vertraglich eingeräumten Nutzungsrechten konfligieren.[149] In der Praxis finden sich vor diesem Hintergrund immer öfter Vertragsklauseln, die die Eingabe von dem Urheberrecht unterstehenden Inhalten verbieten, gepaart mit Klauseln, die eine durchgängig verpflichtende Dokumentation verwendeter Prompts vorschreiben.[150] So sehen beispielsweise die Allgemeinen Geschäftsbedingungen für die juristische Datenbank beck-online unter Abschnitt 10.2 vor, dass es unzulässig ist, „KI-Anwendungen (z. B. Microsoft Copilot), insbesondere Sprachmodellen, Zugriff zu im Browser angezeigten Dokumenten, Trefferlisten und/

---

142 Vgl. BGH, Urt. v. 11.3.1993 – I ZR 263/91, BGHZ 122, 53, 60 f. – Alcolix.
143 *Schaub*, NJW 2023, 2145, 2147.
144 Vgl. BT-Drs. 19/27426, S. 91.
145 BT-Drs. 19/27426, S. 91.
146 Vgl. BT-Drs. 19/27426, S. 91.
147 *Schaub*, NJW 2023, 2145, 2147.
148 *Steinrötter/Borchert*, CR 2024, 558, 562.
149 *Nemec*, in: Ulbricht/Brajovic/Duhme/Hawighorst/Huber/Iber/Nemec, Praxishandbuch KI und Recht, S. 63.
150 *Ventroni*, MMR 2025, 253, 257.

oder Inhalten zu ermöglichen oder zu verschaffen, oder Dokumente, Trefferlisten und/oder Inhalte in KI-Anwendungen, insbesondere Sprachmodelle, einzugeben oder hochzuladen“[151]. Hieraus ergeben sich daher nicht nur ausschließlich dem Kern des Urheberrechts entspringende Konsequenzen, sondern insbesondere auch vertragliche Haftungsrisiken.

Einige Anbieter von KI-Systemen sehen in Anbetracht verbundener Risiken **59** in ihren Nutzungsbedingungen eine Zuweisung der Verantwortlichkeit für den verwendeten Input und etwaiger damit einhergehender Rechtsverletzungen vor.[152] Beispielsweise regelt OpenAI ausdrücklich in den Nutzungsbedingungen, dass der Nutzer im Sinne einer Garantie dafür einzustehen hat, dass für die Nutzung etwaigen Inputs die notwendigen Rechte bzw. Lizenzen vorliegen, sodass hierdurch keine Verletzung der Rechte des Rechtsinhabers erfolgt.[153] Fraglich erscheint nach derzeitigem Kenntnisstand jedoch, ob solche Nutzungsbedingungen einer Überprüfung standhalten und im Streitfall tatsächlich zum Tragen kommen.

VI. Urheberrechtsverletzungen im Zusammenhang mit KI-Output

Unabhängig von der (meist fehlenden) eigenen Schutzfähigkeit KI-generierter Erzeugnisse ergeben sich auch klärungsbedürftige Fragestellungen im Hinblick auf durch den Output potenziell hervorgerufene Urheberrechtsverletzungen.[154] **60**

1. Vervielfältigung/Bearbeitung durch Outputgenerierung

Ein wesentliches Risiko im Umgang mit KI-generiertem Output besteht **61** darin, dass das Ergebnis bestehenden urheberrechtlich geschützten Werken stark ähnelt oder sogar Teile von ihnen übernimmt. Aufgrund der Ausrichtung generativer Künstlicher Intelligenz auf die Schaffung neuartiger bzw. nahezu grenzenloser Erzeugnisse bildet ein sich schlicht wiederholender Output als Vervielfältigung (§ 16 UrhG) nicht den Regelfall.[155] Denn im

151 Allgemeine Geschäftsbedingungen für Beck‘sche digitale Dienste, https://rsw.beck.de/beck-online-service/agb-beck-online.

152 *Nemec,* in: Ulbricht/Brajovic/Duhme/Hawighorst/Huber/Iber/Nemec, Praxishandbuch KI und Recht, S. 63.

153 Terms of Use von OpenAI unter „Content“, https://openai.com/policies/row-terms-of-use/; *Nemec, in:* Ulbricht/Brajovic/Duhme/Hawighorst/Huber/Iber/Nemec, Praxishandbuch KI und Recht, S. 63.

154 *Lejeune,* ITRB 2025, 71, 74.

155 *Lutzhöft/Hendel*, GRUR 2024, 1841, 1843; *Becker*, GRUR 2024, 505, 506; *Nemec*, in: Ulbricht/Brajovic/Duhme/Hawighorst/Huber/Iber/Nemec, Praxishandbuch KI und Recht, S. 67 f.

Rahmen des Trainings werden die Werke, mit denen das KI-System trainiert wird, dem Grunde nach als bloße mathematische Werte erfasst und daher gerade nicht eine Art Bestandteil des Systems.[156] Mittlerweile herrscht jedoch weitestgehend Einigkeit darüber, dass eine solche Reproduktion bezogen auf urheberrechtlich geschützte Werke bzw. Werkteile durch generative KI-Modelle zumindest möglich ist – sei es in Form von Textpassagen, Bildmerkmalen oder musikalischen Sequenzen.[157] Letzterer Aspekt erscheint zumindest seit der Entscheidung des LG München I zum Training und der anschließenden Memorisierung von urheberrechtlich geschützten Songtexten in GEMA/OpenAI vorerst geklärt.[158]

62 Insofern besteht bei vorherigem Training der Künstlichen Intelligenz mit urheberrechtlich geschützten Werken die Problematik einer möglichen – zumindest teilweisen – Entsprechung dieser Inhalte mit dem KI-generierten Output.[159] Denkbar sind insoweit Eingriffe in das Vervielfältigungs- bzw. Bearbeitungsrecht (§§ 16, 23 UrhG) des Urhebers.[160] Bei KI-Chatbots werden die Outputs auf den Bildschirmen der Nutzerendgeräte und damit in deren Arbeitsspeicher vervielfältigt, bei eingeloggten Nutzern liegt zudem eine Vervielfältigung i. S. v. § 16 UrhG in der Bereitstellung der cloudbasierten Chathistorie.[161] Im Hinblick auf Bearbeitungen muss dabei eine Abgrenzung zur freien Benutzung im Sinne des § 23 Abs. 1 Satz 2 UrhG erfolgen. Bereits der Wortlaut der Vorschrift legt nahe, dass eine solche freie und damit auch zustimmungsfreie Benutzung durch hinreichenden Abstand zum geschützten Werk nur in Betracht kommt, wenn der generierte Output eigene Werkqualität aufweist.[162] Mitunter entscheidend ist dabei, wie stark und in welcher Weise die KI-generierten Inhalte mit dem Original übereinstimmen, was sich insbesondere nach dem Kriterium der Wiedererkennbarkeit beurteilt.[163] Abzustellen ist dabei nicht auf den Gesamteindruck, sondern vielmehr auf die einzelnen Elemente, die Ausdruck der Persönlichkeit des Ur-

156 *Kögel*, DSRITB 2023, 285, 288.

157 So *von Welser*, GRUR-Prax 2023, 516 f.; *Baumann*, NJW 2023, 3673, 3677 mit Nachweisen zu diesbezüglichen Studien; *Heine*, GRUR-Prax 2024, 87 am Beispiel des Gedichts „Osterspaziergang" von Johann Wolfgang von Goethe sowie der Klage der New York Times gegen OpenAI; *Wagner*, MMR 2024, 298, 299.

158 LG München I, Endurt. v. 11.11.2025 – 42 O 14139/24, GRUR-RS 2025, 30204 Rn. 182.

159 *Steinrötter/Borchert*, CR 2024, 558, 561.

160 *Baumann*, NJW 2023, 3673, 3677.

161 LG München I, Endurt. v. 11.11.2025 – 42 O 14139/24, GRUR-RS 2025, 30204 Rn. 274.

162 *Ahlberg/Lauber-Rönsberg*, in: BeckOK UrhR, § 23 UrhG Rn. 36; BGH, Urt. v. 7.4.2022 – I ZR 222/20, ZUM 2022, 547, 552 f. – Porsche 911.

163 Vgl. EuGH, Urt. v. 29.7.2019 – C-476/17, GRUR 2019, 929, 931 – Metall auf Metall III; LG München I, Endurt. v. 11.11.2025 – 42 O 14139/24, GRUR-RS 2025, 30204 Rn. 243, BGH, Urt. v. 7.4.2022 – I ZR 222/20 – ZUM 2022, 547, 552 f. – Porsche 911.

hebers durch die Verkörperung dessen freier und kreativer Entscheidungen sind.[164] Eine solche Wiedererkennbarkeit der schöpferischen Komponenten ist beispielsweise dann anzunehmen, wenn ein KI-generiertes Lied unter Ergänzung von Tonspuren und weiteren musikalischen Charakteristika die ursprüngliche Gesangsspur mit der Hauptmelodie des hochgeladenen Werkes beibehält.[165] Gleiches gilt, wenn beispielsweise der Refrain eines Liedtextes als (Teil-)Werk i. S. d. § 2 Abs. 1 Nr. 1 UrhG im Output eines KI-Chatbots wörtlich wiedergegeben wird.[166]

2. Öffentliche Zugänglichmachung/Wiedergabe

Der wiedererkennbare, kreative Elemente enthaltende Output kann, wie zu- **63**
letzt durch das LG München I in GEMA/OpenAI vertreten, zudem einen unzulässigen Eingriff in das Recht auf öffentliche Zugänglichmachung nach § 19a UrhG darstellen, der die nationale Umsetzung des Art. 3 InfoSoc-RL darstellt. Für eine öffentliche Zugänglichmachung kommt es dabei nicht auf einen tatsächlichen Zugriff an, vielmehr genügt die Zugriffsmöglichkeit als solche.[167] Die öffentliche Wiedergabe erfolgt dabei durch den Betreiber des KI-Modells, der Nutzern den Zugriff auf Basis der memorisierten (Teil-) Werke in Form der Nutzung des Chatbots ermöglicht, sowie durch Wiedergabe in den Outputs.[168] Insofern dürfte im Kontext des Outputs von Chatbots auch das Kriterium der Öffentlichkeit in quantitativer („unbestimmte Anzahl möglicher Adressaten und im Übrigen recht viele Personen“[169]) als auch qualitativer Hinsicht („neues Publikum“[170]) erfüllt sein.[171] Auch gegeben ist die Abrufbarkeit nach Wahl des Nutzers hinsichtlich Ort und Zeit (on-demand), da die Nutzung etwaiger Chatbots lediglich einen funktionierenden Zugang zum Internet und ein kompatibles Gerät voraussetzt.[172]

---

164 LG München I, Endurt. v. 11.11.2025 – 42 O 14139/24, GRUR-RS 2025, 30204 Rn. 243; Generalanwalt beim EuGH (Szpunar), Schlussantrag vom 8.5.2025 – C-580/23, C-795/23, GRUR-RS 2025, 9109 Rn. 67 – Mio.

165 *Lutzhöft/Hendel*, GRUR 2024, 1841, 1843.

166 LG München I, Endurt. v. 11.11.2025 – 42 O 14139/24, GRUR-RS 2025, 30204 Rn. 249.

167 LG München I, Endurt. v. 11.11.2025 – 42 O 14139/24, GRUR-RS 2025, 30204 Rn. 260; EuGH, Urt. v. 7.8.2018 – C-161/17, GRUR 2018, 911, 912 – Cordoba.

168 LG München I, Endurt. v. 11.11.2025 – 42 O 14139/24, GRUR-RS 2025, 30204 Rn. 261, 263.

169 EuGH, Urt. v. 20.6.2024 – C-135/23, GRUR 2024, 1030, 1032 – GEMA.

170 EuGH, Urt. v. 20.6.2024 – C-135/23, GRUR 2024, 1030, 1033 – GEMA.

171 LG München I, Endurt. v. 11.11.2025 – 42 O 14139/24, GRUR-RS 2025, 30204 Rn. 266 ff.

172 LG München I, Endurt. v. 11.11.2025 – 42 O 14139/24, GRUR-RS 2025, 30204 Rn. 271 ff.

3. Ausnahme der Doppelschöpfung

64 Eine urheberrechtsrelevante Handlung scheidet aus, wenn es sich um eine bloße Doppelschöpfung handelt.[173] Von einer Doppelschöpfung ist auszugehen, wenn mehrere Urheber unabhängig voneinander gleiche bzw. sich derart ähnelnde Werke erschaffen haben, dass eine Verbindung derer im Sinne einer Bearbeitung bzw. Umgestaltung anzunehmen ist.[174] Mangels im Urheberrecht geltenden Prioritätsgrundsatzes liegt die Konsequenz in dem gleichzeitigen Schutz beider unabhängig voneinander geschaffener Werke trotz möglicher Überschneidungen.[175] Da der urheberrechtliche Begriff der Bearbeitung bereits dem Wortsinn gemäß das Zurückgreifen auf ein bereits existentes Werk voraussetzt, sind solche Konstellationen nicht als rechtsverletzend einzustufen, bei denen der identische Inhalt auf einen Zufall zurückzuführen ist.[176] Dies wäre unter anderem insbesondere dann der Fall, wenn das verwendete KI-Modell von vornherein nicht mit dem betroffenen urheberrechtlich geschützten Werk trainiert wurde.[177]

65 Da sich das Wissen des Nutzers in der Regel nicht auf den Trainingsdatenbestand des zugrunde liegenden KI-Modells erstreckt und daher ein hohes Restrisiko verbleibt, kommt der Doppelschöpfung in der Praxis eine vergleichsweise geringe Bedeutung zu.[178] Für mittels generativer Künstlicher Intelligenz erschaffene Inhalte wird bei Übereinstimmung urheberrechtlich geschützter Bestandteile eines Werkes mit dem generierten Output die Annahme eines Anscheinsbeweis für eine rechtsverletzende Übernahme vertreten.[179]

4. Verantwortlichkeit für rechtsverletzenden KI-Output und praktische Handlungsempfehlungen

66 Besonders in kommerziellen Kontexten, in denen der KI-Output weiterverwendet oder veröffentlicht wird, ist eine Prüfung auf die potenzielle Verletzung der Rechte Dritter unerlässlich. Ungeprüfter Einsatz kann sonst zu Abmahnungen, Schadensersatzforderungen oder Unterlassungsansprüchen führen. Urheberrechtliche Ansprüche kann der Inhaber denkbar gegenüber dem Anbieter bzw. Betreiber des KI-Systems sowie dem den Output Nut-

173 *Baumann*, NJW 2023, 3673, 3677.
174 *Nordemann*, in: Fromm/Nordemann, UrhG, § 23 Rn. 64.
175 *Nordemann*, in: Fromm/Nordemann, UrhG, § 23 Rn. 64.
176 Vgl. *Raue*, in: Dreier/Schulze, UrhG, § 23 Rn. 35; *Steinrötter/Borchert,* CR 2024, 558, 562; *Baumann*, NJW 2023, 3673, 3677.
177 *Steinrötter/Borchert*, CR 2024, 558, 562.
178 Vgl. *Steinrötter/Borchert*, CR 2024, 558, 562.
179 *Raue*, in: Dreier/Schulze, UrhG, § 23 Rn. 37.

zenden geltend machen.[180] Der Anbieter haftet dabei nicht nur für eigene Verletzungshandlungen, die beispielsweise durch das Training des KI-Systems begangen werden, sondern kann auch für Verletzungshandlungen durch den Nutzer mit zur Verantwortung gezogen werden.[181] Die diesbezüglichen Verteidigungsmöglichkeiten erweisen sich für den KI-Entwickler als schwierig aufgrund der regelmäßig fehlenden Vorhersehbarkeit (Blackbox-Problematik).[182] Das LG München I hat in der GEMA/OpenAI-Entscheidung eine Verantwortlichkeit des Betreibers des betroffenen KI-Chatbots hinsichtlich der durch den Output erfolgenden Urheberrechtsverletzungen gesehen.[183] Begründet wird dies insbesondere durch die Systematik und innere Architektur des jeweiligen KI-Modells, das im konkreten Fall die geschützten Werke in den Trainingskorpus aufgenommen und anschließend memorisiert hat, sodass bereits mittels sehr einfach gehaltener Prompts von Seiten der Nutzer urheberrechtsverletzender Output generiert werden konnte.[184] Auf dieser Basis geht das LG München I im Hinblick auf die Vervielfältigung hinsichtlich der Betreiber aufgrund der systembedingten Tatherrschaft von deren täterschaftlicher Stellung nach strafrechtlichen Grundsätzen aus.[185]

Insbesondere in puncto Regress dürften bei der Geltendmachung etwaiger Ansprüche durch den Rechteinhaber einschlägige Verantwortlichkeitszuweisungen in den Nutzungsbedingungen der Anbieter bzw. Betreiber der KI-Systeme eine wichtige Rolle spielen. Im Zuge dessen wird sich zukünftig auch herausstellen, ob bisher bereits verwendete Klauseln in den Nutzungsbedingungen einer gerichtlichen Überprüfung standhalten. Dies verdeutlicht die Dringlichkeit, etwaige Regelungen darüber zu treffen, wer im Fall einer Verletzung haftet und welche Rechte an den generierten Ergebnissen bestehen, sofern letztere sich als schutzwürdig erweisen. Unternehmen ist daher zu empfehlen, ihre internen Prozesse so zu gestalten, dass die Herkunft der Daten und der Entstehungsprozess des Outputs jederzeit nachvollziehbar sind. 67

180 *Nemec,* in: Ulbricht/Brajovic/Duhme/Hawighorst/Huber/Iber/Nemec, Praxishandbuch KI und Recht, S. 67.

181 *Determann*, in: Determann/Paal, KI-Recht international, § 2 Rn. 36.

182 Vgl. *Determann*, in: Determann/Paal, KI-Recht international, § 2 Rn. 37.

183 LG München I, Endurt. v. 11.11.2025 – 42 O 14139/24, GRUR-RS 2025, 30204 Rn. 263.

184 LG München I, Endurt. v. 11.11.2025 – 42 O 14139/24, GRUR-RS 2025, 30204 Rn. 263.

185 LG München I, Endurt. v. 11.11.2025 – 42 O 14139/24, GRUR-RS 2025, 30204 Rn. 277.

Kapitel 5
Datenschutz und Künstliche Intelligenz

Literatur: *Dieker*, Datenschutzrechtliche Zulässigkeit der Trainingsdatensammlung, Wie Scraping und Crawling zur KI-Entwicklung eingesetzt werden, ZD 2024, 132; *Durmus*, Privacy by Design und Privacy by Default: Alles nur eine Frage der Einstellung?, DSB 2024, 236; *Ebers/Heinze/Krügel/Steinrötter* (Hrsg.), Künstliche Intelligenz und Robotik, Rechtshandbuch, 1. Aufl. 2020; *Hessel/Dillschneider*, Datenschutzrechtliche Herausforderungen beim Einsatz von Künstlicher Intelligenz, Aktuelle Entwicklungen bei den Datenschutzaufsichtsbehörden, RDi 2023, 458; *Hüger*, Die Rechtmäßigkeit von Datenverarbeitungen im Lebenszyklus von KI-Systemen, Zum datenschutzrechtlichen Rechtfertigungsbedürfnis im Rahmen der Entwicklung und des Einsatzes von KI-Systemen nach der DS-GVO und der neuen KI-Verordnung, ZfDR 2024, 263; *Kaulartz/Braegelmann* (Hrsg.), Rechtshandbuch Artificial Intelligence und Machine Learning, 1. Aufl. 2020; *Laue/Nink/Kremer*, Datenschutzrecht in der betrieblichen Praxis, 3. Aufl. 2024; *Lemke*, Datenschutz in der Betriebsratsarbeit, Datenschutzgrundsätze – Informations- und Verarbeitungsrechte – Datenschutz-Grundverordnung, Edition 40, Stand 2025; *Lukas*, Privacy Enhancing Technologies im Zusammenspiel mit der DS-GVO, Beispiele aus der Praxis und rechtliche Auswirkungen, ZD 2023, 321; *Martini/Wendehorst* (Hrsg.), KI-VO: Verordnung über künstliche Intelligenz, Kommentar, 1. Aufl. 2024; *Moos*, Personenbezug von Large Language Models, CR 2024, 442; *Paal*, KI-Training mit öffentlich frei zugänglichen Daten im Lichte der DS-GVO-Vorgaben, ZfDR 2024, 129; *Paal/Pauly* (Hrsg.), Datenschutz-Grundverordnung Bundesdatenschutzgesetz: DS-GVO BDSG, Kommentar, 3. Aufl. 2021; *Piltz/Weiss*, Berechtigte Interessen als Rechtsgrundlage für das Training von KI-Modellen, DSB 2024, 291; *Puschky*, Federated Learning – eine datenschutzfreundliche Methode zum Training von KI-Modellen, ZD-Aktuell 2022, 00019; *Reichert/Radtke/Eske*, KI-Verordnung: Rechtsgrundlagen für die Bereitstellung und Nutzung von KI, Betrachtung des vom LfDI BW initiierten Diskussionspapiers, ZD 2024, 483; *Schäfer*, Datenschutz-Compliance im KI-Training, Datenschutzkonformes KI-Training in der Praxis, ZD 2025, 12; *Schefzig/Kilian* (Hrsg.), Beck'scher Online-Kommentar zum KI-Recht, 3. Edition, Stand: 1.8.2025; *Specht/Mantz* (Hrsg.), Handbuch Europäisches und deutsches Datenschutzrecht, Bereichsspezifischer Datenschutz in Privatwirtschaft und öffentlichem Sektor, 1. Aufl. 2019; *Steinrötter/Markert*, Datenbezogene Vorgaben der KI-Verordnung, RDi 2024, 400; *Sydow/Marsch* (Hrsg.), DS-GVO/BDSG, Handkommentar, 3. Aufl. 2022; *Taeger/Gabel* (Hrsg.), DSGVO BDSG TTDSG, Kommentar, 4. Aufl. 2022; *Ulbricht/Brajovic/Duhme/Hawighorst/Huber/Iber/Nemec* (Hrsg.), Praxishandbuch KI und Recht, 1. Aufl. 2024; *Werkmeister/Laux*, Large-Language-Models und die DSGVO – „Wer den Datenschutz nicht ehrt, ist die KI nicht wert?“, PinG 2023, 103; *Wolff/Brink/v. Ungern-Sternberg* (Hrsg.), BeckOK Datenschutzrecht, 53. Edition, Stand: 1.8.2025.

Alle Internetfundstellen wurden zuletzt am 2.3.2026 abgerufen.

Übersicht

I. Einleitung

Ein wesentlicher Vorteil von Künstlicher Intelligenz besteht darin, große Datenmengen schnell zu analysieren, Muster zu erkennen und daraus eigenständig zu lernen. KI-Systeme können repetitive Aufgaben automatisieren und menschliche Arbeitskräfte entlasten. Damit einher geht das Potenzial für erhebliche Effizienzsteigerung und Reduzierung von Fehlern, insbesondere bei repetitiven und fehleranfälligen Aufgaben, sowie für Kostensenkungen und die Schaffung neuer innovativer Produkte und Dienstleistungen. **1**

Entscheidend für die Qualität der Ergebnisse, die ein KI-System liefert, ist die Qualität der zugrunde liegenden Daten. Das gilt allen voran für die Trainingsdaten, aber auch für die Eingabedaten. Ein KI-System ist nur so leistungsfähig wie die Daten, die es nutzt. Diese Abhängigkeit wird pointiert **2** durch die Formel „garbage in, garbage out.“[1] Werden fehlerhafte, ungenaue oder unzureichend aufbereitete Daten verwendet, führt dies unweigerlich zu unzuverlässigen und fehlerhaften Ergebnissen. Das unterstreicht die Bedeutung einer sorgfältigen Datenvorbereitung und -bereinigung.

3 Die Daten, die für das Training eines KI-Modells verwendet werden, müssen von hoher Qualität sein, um zu gewährleisten, dass das Modell zuverlässige und präzise Ergebnisse liefert. Enthalten die Daten Verzerrungen oder Vorurteile, werden auch die Ergebnisse des Modells entsprechend verzerrt. Diese Abhängigkeit wirft ein Schlaglicht auf die Frage, aus welcher Quelle die zugrunde liegenden Daten stammen und, sofern es sich dabei um personenbezogene Daten handelt, ob ihre Verarbeitung mit dem Datenschutz vereinbar ist. Doch auch aus anderer Richtung ist der Datenschutz relevant: So abhängig KI-Systeme von Daten sind, bergen sie im selben Maße das Potenzial für die Gefährdung der Privatsphäre, etwa durch immer ausgefeiltere Formen der digitalen Überwachung.

4 In diesem Abschnitt werden die wesentlichen Rechtsquellen und Grundprinzipien des Datenschutzrechts beleuchtet, die beim Einsatz von Künstlicher Intelligenz zu beachten sind. Besonderes Augenmerk wird dabei auf die DSGVO gelegt.

II. Rechtsquellen und Grundprinzipien

5 Zentrale Rechtsquelle des Datenschutzrechts innerhalb der EU ist die DSGVO. Sie setzt weitreichende Standards zum Schutz personenbezogener Daten und hat insbesondere im Zusammenhang mit der Künstlichen Intelligenz eine herausragende Bedeutung, da KI-Systeme regelmäßig große Mengen personenbezogener Daten verarbeiten.

1. Anwendbarkeit der DSGVO

a) Räumliche Anwendbarkeit, Art. 3 DSGVO

6 In räumlicher Hinsicht findet die DSGVO Anwendung, soweit personenbezogene Daten im Rahmen der Niederlassung eines Verantwortlichen oder eines Auftragsverarbeiters in der EU erfolgt, unabhängig davon, ob die Verarbeitung in der EU stattfindet, Art. 3 Abs. 1 DSGVO. „Im Rahmen der Niederlassung“ ist nicht gleichzusetzen mit „durch“ die entsprechende

---

1 Die Phrase stammt aus der Mitte des 20. Jahrhunderts, vgl. *Stenson*, Is This the First Time Anyone Printed, »Garbage In, Garbage Out«?, 14.3.2016, https://www.atlasobscura.com/articles/is-this-the-first-time-anyone-printed-garbage-in-garbage-out; vgl. auch *Steinrötter/Markert*, RDi 2024, 400.

Niederlassung.[2] Maßgeblich ist vielmehr, ob die Niederlassung den Geschäftszweck des in einem Drittstaat ansässigen Verantwortlichen fördert.[3] Die DSGVO definiert den Begriff „Niederlassung" nicht. Die Definition der „Hauptniederlassung" in Art. 4 Nr. 16 DSGVO bezieht sich primär auf die Bestimmung der zuständigen Aufsichtsbehörde nach Art. 56 DSGVO und kann für die Bestimmung des Begriffs „Niederlassung" nicht herangezogen werden.[4] Gleichwohl lässt sich Erwgr. 22 entnehmen, dass eine Niederlassung die „effektive und tatsächliche Ausübung einer Tätigkeit durch eine feste Einrichtung" voraussetzt. Für eine feste Einrichtung kann unter Umständen bereits das Vorhandensein eines einzigen Vertreters ausreichen, wenn dieser mit einem ausreichenden Grad an Beständigkeit tätig ist.[5] Nicht ausreichend sind dagegen bloße Hardwarekomponenten wie Server oder Rechner ohne Personal oder bloße Briefkastenfirmen.[6] Auf die Rechtsform der Niederlassung kommt es nicht an.

Ferner findet die DSGVO nach dem Marktortprinzip Anwendung auf die **7** Verarbeitung personenbezogener Daten von betroffenen Personen, die sich in der EU befinden, durch einen nicht in der EU niedergelassenen Verantwortlichen oder Auftragsverarbeiter, wenn die Datenverarbeitung im Zusammenhang damit steht, betroffenen Personen in der EU Waren oder Dienstleistungen anzubieten, und zwar unabhängig davon, ob von diesen betroffenen Personen eine Zahlung zu leisten ist, oder das Verhalten betroffener Personen zu beobachten, soweit ihr Verhalten in der EU erfolgt, Art. 3 Abs. 2 DSGVO. Insbesondere beim Einsatz von Künstlicher Intelligenz für die Zwecke der Personalisierung von Werbung und Profiling kommt dieser Marktortanknüpfung erhebliche Bedeutung zu.[7]

b) Sachliche Anwendbarkeit

In sachlicher Hinsicht erfasst die DSGVO die ganz oder teilweise automati- **8** sierte Verarbeitung personenbezogener Daten sowie die nichtautomatisierte Verarbeitung personenbezogener Daten, die in einem Dateisystem gespeichert sind oder gespeichert werden sollen (Art. 2 Abs. 1 DSGVO).

---

2 Vgl. bereits zur Datenschutzrichtlinie 95/46/EG EuGH, Urt. v. 13.5.2014 – C-131/12, Rn. 52 – Google Spain.

3 *Hanloser*, in: BeckOK DatenschutzR, Art. 3 DSGVO Rn. 25.

4 Vgl. EDSA, Leitlinien 3/2018 zum räumlichen Anwendungsbereich der DSGVO (Artikel 3), S. 6.

5 EuGH, Urt. v. 1.10.2015 – C-230/14, Rn. 30 – Weltimmo.

6 *Schmidt*, in: Taeger/Gabel, DSGVO BDSG TTDSG, Art. 3 DSGVO Rn. 11.

7 *Krügel/Pfeiffenbring*, in: Ebers/Heinze/Krügel/Steinrötter, Künstliche Intelligenz und Robotik, § 11 Rn. 8.

aa) Personenbezogene Daten

9 Die DSGVO definiert personenbezogene Daten als alle Informationen, die sich auf eine identifizierte oder identifizierbare natürliche Person beziehen. Als identifizierbar wird eine natürliche Person angesehen, die direkt oder indirekt, insbesondere mittels Zuordnung zu einer Kennung wie einem Namen, zu einer Kennnummer, zu Standortdaten, zu einer Online-Kennung oder zu einem oder mehreren besonderen Merkmalen, die Ausdruck der physischen, physiologischen, genetischen, psychischen, wirtschaftlichen, kulturellen oder sozialen Identität dieser natürlichen Person sind, bestimmt werden kann (Art. 4 Nr. 1 DSGVO).

10 Aus dem Erfordernis der Identifizierbarkeit einer natürlichen Person folgt, dass die DSGVO keine Anwendung auf anonyme oder anonymisierte Informationen findet, anhand derer eine betroffene Person nicht oder nicht mehr identifiziert werden kann.[8] Eine absolute Anonymität in der Form, dass die Herstellung eines Personenbezugs für niemanden möglich ist, ist dabei in der Regel aber nicht erforderlich und dürfte auch technisch häufig nicht darstellbar sein.[9] Ausreichend ist in der Regel eine „faktische Anonymisierung“[10], nach der sich eine Re-Identifizierung praktisch als nicht durchführbar darstellt, weil sie nur mit unverhältnismäßigem Aufwand wiederhergestellt werden kann.[11]

11 Häufig unproblematisch zu erkennen sind Informationen, die sich auf eine identifizierte Person beziehen. Probleme bereitet dagegen die Prüfung, ob eine Person identifizierbar ist. Um festzustellen, ob eine natürliche Person identifizierbar ist, sind nach der DSGVO alle Mittel zu berücksichtigen, die nach allgemeinem Ermessen wahrscheinlich genutzt werden, um die natürliche Person direkt oder indirekt zu identifizieren.[12] Maßgeblich ist also nicht, ob der Verantwortliche einen Personenbezug herstellen kann, sondern ob irgendjemand wahrscheinlich anhand der Daten eine natürliche Person identifizieren kann.[13] Bei der Feststellung, ob Mittel nach allgemeinem Ermessen wahrscheinlich zur Identifizierung der natürlichen Person genutzt werden, ist auf alle objektiven Faktoren, wie die Kosten der Identifizierung und den dafür erforderlichen Zeitaufwand, abzustellen, wobei die zum Zeitpunkt der

---

8 Erwgr. 26 DSGVO.

9 BfDI, Positionspapier zur Anonymisierung unter der DSGVO unter besonderer Berücksichtigung der TK-Branche, S. 4, https://www.bfdi.bund.de/SharedDocs/Downloads/DE/Konsultationsverfahren/1_Anonymisierung/Positionspapier-Anonymisierung.pdf?__blob=publicationFile&v=4.

10 *Ziebarth*, in: Sydow/Marsch, DS-GVO/BDSG, Art. 4 Rn. 30.

11 *Schild*, in: BeckOK DatenschutzR, Art. 4 DSGVO Rn. 15a.

12 Erwgr. 26 DSGVO.

13 *Krügel/Pfeiffenbring*, in: Ebers/Heinze/Krügel/Steinrötter, Künstliche Intelligenz und Robotik, § 11 Rn. 11.

Verarbeitung verfügbaren Technologien und technologischen Entwicklungen zu berücksichtigen sind.[14] Eine Identifizierung, die einen unverhältnismäßigen Aufwand an Zeit, Kosten und Arbeitskräften erfordern würde, kann sich nach diesen Maßstäben als unwahrscheinlich darstellen.[15]

Aufgrund der vielfältigen Möglichkeiten, mittels Künstlicher Intelligenz Daten auf neue Weise miteinander zu verknüpfen und auch große Datenmengen in kurzer Zeit auszuwerten, kann auch aus für sich betrachtet belanglosen Daten noch mit einer gewissen Wahrscheinlichkeit ein Personenbezug hergestellt werden; insoweit gibt es im Zeitalter von Künstlicher Intelligenz kein „belangloses" Datum mehr.[16] Außer Betracht bleiben sollen aber gesetzlich verbotene Möglichkeiten der Identifizierung der betroffenen Person.[17] **12**

bb) Personenbezug im Kontext Künstlicher Intelligenz

Einen Personenbezug können sowohl Trainingsdaten als auch die Inputdaten eines KI-Systems enthalten. Ebenso kann der Output eines KI-Systems Personenbezug aufweisen, wenn er die Identifizierung einer natürlichen Person ermöglicht. **13**

Spätestens seit der Veröffentlichung von ChatGPT im Herbst 2022 sind sogenannte große Sprachemodelle (Large Language Models – LLM) sprichwörtlich in aller Munde. Auch für den Bereich des Datenschutzrechts gibt es hier eine Reihe von Einschätzungen zur Relevanz von LLM: **14**

Nach Auffassung des Landesbeauftragten für Datenschutz und Informationsfreiheit Baden-Württemberg muss der Anbieter eines LLM sorgfältig prüfen, ob die Herstellung eines Personenbezugs durch Dritte unter Zugrundelegung der beschriebenen Maßstäbe wahrscheinlich ist, etwa durch die Eingabe bestimmter Prompts, die zur Ausgabe personenbezogener Daten führen.[18] Eine Zurechnung solcher Prompts soll jedoch nur dann erfolgen, **15**

---

14 Erwgr. 26 DSGVO.

15 Vgl. bereits zur DSRL EuGH, Urt. v. 19.10.2016 – C-582/14, Rn. 46 – Breyer/Deutschland.

16 Vgl. bereits BVerfG, Urt. v. 15.12.1983 – 1 BvR 209/83 u. a., NJW 1984, 419, 422.

17 Vgl. bereits zur DSRL EuGH, Urt. v. 19.10.2016 – C-582/14, Rn. 46 – Breyer/Deutschland.

18 Der Landesbeauftragte für Datenschutz und Informationsfreiheit Baden-Württemberg, Rechtsgrundlagen im Datenschutz beim Einsatz von Künstlicher Intelligenz, Wann und wie dürfen personenbezogene Daten für das Training und die Anwendung von Künstlicher Intelligenz verarbeitet werden? – Diskussionspapier. Aktuelle Version 2.0 vom 17.10.2024, S. 8, https://www.baden-wuerttemberg.datenschutz.de/rechtsgrundlagen-datenschutz-ki/#_ftn20.

wenn der Anbieter diese vernünftigerweise erwarten kann.[19] Zudem bestehe ein gewisses Risiko für eine mittelbare Identifizierung bei Angriffen auf das LLM, etwa im Rahmen von sogenannten Membership Inference Attacks, bei denen versucht wird, personenbezogene Daten in den Trainingsdaten zu identifizieren, oder Model Inversion Attacks, die darauf abzielen, aus den Ergebnissen des Trainings Informationen über die eingeflossenen Trainingsdaten abzuleiten.[20]

16 Nach Auffassung des Hamburgischen Beauftragten für Datenschutz und Informationsfreiheit stellt die bloße Speicherung eines LLM selbst keine Verarbeitung personenbezogener Daten dar, da in dem LLM selbst keine personenbezogenen Daten, sondern nur eine mathematische Repräsentation des antrainierten Inputs gespeichert ist.[21] Konkrete Informationen zu bestimmten Personen würden nicht gespeichert, sondern allgemeine Muster und Zusammenhänge.[22] Model Attacks sollen demnach als praktisch unverhältnismäßiger Aufwand bzw. als gesetzlich verbotenes Mittel zur Herstellung eines Personenbezugs angesehen werden und damit nach der Rechtsprechung des EuGH[23] außer Betracht bleiben.[24] In der Folge können etwa Be-

---

19 Der Landesbeauftragte für Datenschutz und Informationsfreiheit Baden-Württemberg, Rechtsgrundlagen im Datenschutz beim Einsatz von Künstlicher Intelligenz, Wann und wie dürfen personenbezogene Daten für das Training und die Anwendung von Künstlicher Intelligenz verarbeitet werden? – Diskussionspapier. Aktuelle Version 2.0 vom 17.10.2024, S. 8, https://www.baden-wuerttemberg.datenschutz.de/rechtsgrundlagen-datenschutz-ki/#_ftn20.

20 Der Landesbeauftragte für Datenschutz und Informationsfreiheit Baden-Württemberg, Rechtsgrundlagen im Datenschutz beim Einsatz von Künstlicher Intelligenz, Wann und wie dürfen personenbezogene Daten für das Training und die Anwendung von Künstlicher Intelligenz verarbeitet werden? – Diskussionspapier. Aktuelle Version 2.0 vom 17.10.2024, S. 8 (https://www.baden-wuerttemberg.datenschutz.de/rechtsgrundlagen-datenschutz-ki/#_ftn20).

21 Der Hamburgische Beauftragte für Datenschutz und Informationsfreiheit, Diskussionspapier: Large Language Models und personenbezogene Daten, S. 3 f., https://datenschutz-hamburg.de/fileadmin/user_upload/HmbBfDI/Datenschutz/Informationen/240715_Diskussionspapier_HmbBfDI_KI_Modelle.pdf.

22 Der Hamburgische Beauftragte für Datenschutz und Informationsfreiheit, Diskussionspapier: Large Language Models und personenbezogene Daten, S. 3 f., https://datenschutz-hamburg.de/fileadmin/user_upload/HmbBfDI/Datenschutz/Informationen/240715_Diskussionspapier_HmbBfDI_KI_Modelle.pdf.

23 EuGH, Urt. v. 19.10. 2016 – C-582/14, Rn. 46 – Breyer/Deutschland.

24 Der Hamburgische Beauftragte für Datenschutz und Informationsfreiheit, Diskussionspapier: Large Language Models und personenbezogene Daten, S. 7 f., https://datenschutz-hamburg.de/fileadmin/user_upload/HmbBfDI/Datenschutz/Informationen/240715_Diskussionspapier_HmbBfDI_KI_Modelle.pdf; so auch *Moos*, CR 2024, 442, 446 ff.

troffenenrechte nicht das Modell selbst zum Gegenstand haben.[25] Auch soll ein möglicher Rechtsverstoß beim Training eines LLM ohne Auswirkung auf die Zulässigkeit der Nutzung eines solchen Modells in einem KI-System bleiben.[26] Datenschutzverletzungen während des Trainings eines LLM sind danach nicht dem Nutzer, sondern dem Anbieter zuzurechnen.[27] Die Verarbeitung von personenbezogenen Daten durch das LLM muss dagegen den Anforderungen des Datenschutzes genügen, sodass das LLM bzw. das KI-System in Bezug auf seinen Input und seinen Output die Wahrnehmung von Betroffenenrechten ermöglichen muss.

Der Europäische Datenschutzausschuss (EDSA) nimmt an, dass ein Perso- **17**
nenbezug bei LLMs nur dann besteht, wenn die eingehenden personenbezogenen Daten in das Modell integriert werden und bei der Nutzung des LLM reproduzierbar sind.[28] Das bedeutet, dass KI-Modelle (einschließlich LLMs), die mit personenbezogenen Daten trainiert wurden, nicht in allen Fällen als anonym angesehen werden können.[29] Anonymität soll nur dann gegeben sein, wenn (i) die Wahrscheinlichkeit einer direkten (einschließlich probabilistischen) Extraktion personenbezogener Daten von Personen, deren Daten für das Training verwendet wurden, und (ii) die Wahrscheinlichkeit, solche personenbezogenen Daten absichtlich oder unbeabsichtigt durch Abfragen zu erhalten, für jede betroffene Person unerheblich sind.[30]

Angesichts der bestehenden Risiken der Extraktion und der Inferenz geht **18**
der EDSA davon aus, dass die Frage, ob ein KI-Modell selbst einen Personenbezug aufweist, nur anhand einer sorgfältigen Prüfung und Bewertung

---

25 So auch *Ulbricht*, in: Ulbricht/Brajovic/Duhme/Hawighorst/Huber/Iber/Nemec, Praxishandbuch KI und Recht, S. 83.

26 Der Hamburgische Beauftragte für Datenschutz und Informationsfreiheit, Diskussionspapier: Large Language Models und personenbezogene Daten, S. 1, https://datenschutz-hamburg.de/fileadmin/user_upload/HmbBfDI/Datenschutz/Informationen/240715_Diskussionspapier_HmbBfDI_KI_Modelle.pdf.

27 Der Hamburgische Beauftragte für Datenschutz und Informationsfreiheit, Diskussionspapier: Large Language Models und personenbezogene Daten, S. 9, https://datenschutz-hamburg.de/fileadmin/user_upload/HmbBfDI/Datenschutz/Informationen/240715_Diskussionspapier_HmbBfDI_KI_Modelle.pdf.

28 EDSA, Report of the work undertaken by the ChatGPT Taskforce vom 23.5.2024, Rn. 25, https://www.edpb.europa.eu/system/files/2024-05/edpb_20240523_report_chatgpt_taskforce_en.pdf.

29 European Data Protection Board, Opinion 28/2024 on certain data protection aspects related to the processing of personal data in the context of AI models Adopted on 17th December 2024, Rn. 34, https://www.edpb.europa.eu/system/files/2024-12/edpb_opinion_202428_ai-models_en.pdf.

30 European Data Protection Board, Opinion 28/2024 on certain data protection aspects related to the processing of personal data in the context of AI models Adopted on 17th December 2024, Rn. 43, https://www.edpb.europa.eu/system/files/2024-12/edpb_opinion_202428_ai-models_en.pdf.

der Risiken der Identifizierung von natürlichen Personen erfolgen kann.[31] Bei dieser Prüfung sollen, entsprechend Erwgr. 26 DSGVO, „alle Mittel berücksichtigt werden, die von dem Verantwortlichen oder einer anderen Person nach allgemeinem Ermessen wahrscheinlich genutzt werden", wozu unter anderem auch die Kosten der Identifizierung und der dafür erforderliche Zeitaufwand und die zum Zeitpunkt der Verarbeitung verfügbare Technologie und technologische Entwicklungen gehören.[32] Die Anonymität eines KI-Modells bzw. das Risiko der Identifizierbarkeit soll dabei unter anderem anhand der folgenden Kriterien bestimmt werden:

- **Design des KI-Modells**: Wurden bereits in der Entwicklungsphase Maßnahmen getroffen, um Anonymität zu gewährleisten? Aus welchen Quellen stammen die Trainingsdaten und welche Maßnahmen wurden getroffen, um die Erhebung und Verarbeitung personenbezogener Daten zu minimieren oder zu vermeiden?

  In Bezug auf die Trainingsphase ist maßgeblich, ob auch die Verwendung von anonymisierten oder pseudonymisierten personenbezogenen Daten in Erwägung gezogen wurde, sowie die Strategien zur Datenminimierung und der Einsatz von Filtern, um irrelevante personenbezogene Daten vor dem Training des KI-Modells zu entfernen. Zudem soll relevant sein, ob Maßnahmen zur Generalisierung und zur Reduzierung von Overfitting getroffen wurden und ob sonstige Maßnahmen implementiert sind, welche die Wahrscheinlichkeit verringern, durch Anfragen an das KI-Modell personenbezogene Daten extrahieren zu können.
- **Bewertung des KI-Modells**: Wurden dokumentenbasierte Prüfungen (interne oder externe) durchgeführt, welche eine Bewertung der getroffenen Maßnahmen und ihrer Auswirkungen zur Begrenzung der Wahrscheinlichkeit der Identifizierung beinhalten?
- **Test des KI-Modells**: In welchem Umfang, mit welcher Häufigkeit und mit welcher Qualität wurden Tests des KI-Modells durchgeführt?
- **Dokumentation**: Die Rechenschaftspflicht aus Art. 5 DSGVO verpflichtet Verantwortliche dazu, ihre Verarbeitungstätigkeiten angemessen zu dokumentieren. Das gilt auch für die Verarbeitung von personenbezogenen Daten durch KI-Modelle. Anhand dieser Dokumentation muss nachgewiesen werden können, dass keine personenbezogenen Daten durch

31 European Data Protection Board, Opinion 28/2024 on certain data protection aspects related to the processing of personal data in the context of AI models, Adopted on 17th December 2024, Rn. 40, https://www.edpb.europa.eu/system/files/2024-12/edpb_opinion_202428_ai-models_en.pdf.

32 European Data Protection Board, Opinion 28/2024 on certain data protection aspects related to the processing of personal data in the context of AI models, Adopted on 17th December 2024, Rn. 41, https://www.edpb.europa.eu/system/files/2024-12/edpb_opinion_202428_ai-models_en.pdf.

das KI-Modell verarbeitet werden. Kann eine Datenschutzaufsichtsbehörde anhand der Dokumentation nicht bestätigen, dass wirksame Maßnahmen zur Anonymisierung des KI-Modells ergriffen wurden, kann die Aufsichtsbehörde nach Ansicht des EDSA davon ausgehen, dass der Verantwortliche seinen Rechenschaftspflichten gemäß Art. 5 Abs. 2 DSGVO nicht nachgekommen ist.[33]

cc) Verarbeitung

Die DSGVO definiert Verarbeitung als „jeden mit oder ohne Hilfe auto- **19**
matisierter Verfahren ausgeführten Vorgang oder jede solche Vorgangsreihe im Zusammenhang mit personenbezogenen Daten wie das Erheben, das Erfassen, die Organisation, das Ordnen, die Speicherung, die Anpassung oder Veränderung, das Auslesen, das Abfragen, die Verwendung, die Offenlegung durch Übermittlung, Verbreitung oder eine andere Form der Bereitstellung, den Abgleich oder die Verknüpfung, die Einschränkung, das Löschen oder die Vernichtung".[34] Automatisierte Verfahren beziehen sich auf sämtliche Prozesse, die unter Nutzung von Datenverarbeitungssystemen durchgeführt werden.[35] Letztlich fällt damit jeglicher Umgang mit personenbezogenen Daten durch Einsatz von KI-Systemen unter den Begriff der Verarbeitung.

2. Datenschutzgrundsätze

Jede Verarbeitung von personenbezogenen Daten muss die Datenschutz- **20**
grundsätze des Art. 5 DSGVO wahren. Die Datenschutzgrundsätze sind im Wesentlichen: (i) Rechtmäßigkeit, Verarbeitung nach Treu und Glauben, Transparenz; (ii) Zweckbindung; (iii) Datenminimierung; (iv) Richtigkeit; (v) Speicherbegrenzung und (vi) Integrität und Vertraulichkeit.

a) Rechtmäßigkeit der Datenverarbeitung

Nach dem Grundsatz der Rechtmäßigkeit der Verarbeitung darf eine Ver- **21**
arbeitung nur erfolgen, sofern für die jeweilige Verarbeitung eine Rechtsgrundlage gegeben ist. Bei der Verarbeitung von personenbezogenen Daten durch ein KI-Modell ist nach den einzelnen Verarbeitungsschritten zu differenzieren. Diese lassen sich typischerweise in die folgenden Schritte unterteilen: (i) Erhebung von Trainingsdaten und deren Aufbereitung dieser Da-

33 European Data Protection Board, Opinion 28/2024 on certain data protection aspects related to the processing of personal data in the context of AI models, Adopted on 17th December 2024, Rn. 57, https://www.edpb.europa.eu/system/files/2024-12/edpb_opinion_202428_ai-models_en.pdf.

34 Art. 4 Nr. 2 DSGVO.

35 *Schild*, in: BeckOK DatenschutzR, Art. 4 DSGVO Rn. 34.

ten für das weitere Training; (ii) Training des KI-Modells; (iii) Nutzung des KI-Modells einschließlich des dabei produzierten Outputs des KI-Modells.[36]

22 Für jeden dieser Verarbeitungsschritte muss im konkreten Fall eine Rechtsgrundlage bestehen. In Betracht kommen hier verschiedene Rechtsgrundlagen, wobei die praktisch größte Bedeutung Art. 6 Abs. 1 DSGVO zukommt.

aa) Rechtsgrundlagen der DSGVO

(1) Erhebung von Trainingsdaten und Aufbereitung für das weitere Training

23 Nach Art. 6 Abs. 1 lit. a DSGVO kann eine Verarbeitung gerechtfertigt sein, wenn die betroffene Person ihre Einwilligung zu der Verarbeitung ihrer personenbezogenen Daten für einen oder mehrere bestimmte Zwecke erteilt hat. Die Wirksamkeit der Einwilligung unterliegt den Voraussetzungen der Art. 4 Nr. 11, Art. 6 Abs. 1 lit. a und Art. 7 DSGVO. Danach muss die Einwilligung insbesondere freiwillig, für den bestimmten Fall, in informierter Weise und unmissverständlich abgegeben werden.

24 Aufgrund der damit verbundenen hohen Anforderungen an die Wirksamkeit wird die Einwilligung in vielen Fällen als Rechtsgrundlage ausscheiden. Insbesondere bei der Erhebung von großen Datenmengen, die häufig frei verfügbar im Internet auffindbar sind, ist die Einholung einer Einwilligung von jeder einzelnen betroffenen Person praktisch nicht darstellbar.[37] Dennoch erscheint die Einwilligung in bestimmten Konstellationen als Rechtsgrundlage der Verarbeitung denkbar, z. B. im Hinblick auf die Eingabedaten von Nutzern eines KI-Systems[38] (näher zu den Einzelheiten hinsichtlich der Anforderungen an die Wirksamkeit der Einwilligung unten in Kap. 5 Rn. 79 ff.).

25 Problematisch erscheint auch die Einhaltung der Anforderungen an die Informiertheit einer Einwilligung, wenn die Daten schon nicht im Hinblick auf einen konkreten Zweck erhoben werden[39] oder nicht klar ist, was mit den Daten im Rahmen der Nutzung in einem KI-Modell geschieht.[40]

---

36 Aufteilung angelehnt an European Data Protection Board, Report of the work undertaken by the ChatGPT Taskforce, 23.5.2024, Rn. 14, https://www.edpb.europa.eu/system/files/2024-05/edpb_20240523_report_chatgpt_taskforce_en.pdf.

37 *Dieker*, ZD 2024, 132, 133; *Hüger*, ZfDR 2024, 263, 271.

38 Der Landesbeauftragte für Datenschutz und Informationsfreiheit Baden-Württemberg, Rechtsgrundlagen im Datenschutz beim Einsatz von Künstlicher Intelligenz, Wann und wie dürfen personenbezogene Daten für das Training und die Anwendung von Künstlicher Intelligenz verarbeitet werden? – Diskussionspapier. Aktuelle Version 2.0 vom 17.10.2024, S. 15, https://www.baden-wuerttemberg.datenschutz.de/rechtsgrundlagen-datenschutz-ki/.

39 *Hessel/Dillschneider*, RDi 2023, 458, 460.

40 *Dieker*, ZD 2024, 132, 133.

Darüber hinaus weist die Einwilligung als Rechtsgrundlage noch einen weiteren entscheidenden Nachteil auf: Sie kann jederzeit mit Wirkung für die Zukunft widerrufen werden.[41] Die jeweiligen personenbezogenen Daten müssten im Falle eines Widerrufs gemäß Art. 17 Abs. 1 lit. b DSGVO unverzüglich gelöscht werden, wobei unklar ist, ob ein Löschen nach dem Training des KI-Modells überhaupt möglich ist.[42] **26**

Das Abstellen auf die Erforderlichkeit der Verarbeitung für die Durchführung eines Vertrags oder zur Durchführung vorvertraglicher Maßnahmen, die auf Anfrage der betroffenen Person erfolgen, nach Art. 6 Abs. 1 lit. b DSGVO scheidet ebenfalls regelmäßig aus, da der Verantwortliche in der Regel nicht mit allen betroffenen Personen in einer (vor-) vertraglichen Beziehung steht.[43] **27**

Maßgeblich kommt es also darauf an, ob die Sammlung von Trainingsdaten auf ein berechtigtes Interesse nach Art. 6 Abs. 1 lit. f DSGVO gestützt werden kann. Art. 6 Abs. 1 lit. f DSGVO erlaubt die Verarbeitung, wenn sie zur Wahrung der berechtigten Interessen des Verantwortlichen oder eines Dritten erforderlich ist, sofern nicht die Interessen oder Grundrechte und Grundfreiheiten der betroffenen Person, die den Schutz personenbezogener Daten erfordern, überwiegen. Daraus ergibt sich eine dreistufige Prüfung: (i) Bestehen eines berechtigten Interesses; (ii) Erforderlichkeit der Verarbeitung zur Wahrung dieser Interessen und (iii) Abwägung der berechtigten Interessen mit den Interessen bzw. Grundrechten und Grundfreiheiten der betroffenen Person. **28**

Da die DSGVO den Begriff des berechtigten Interesses nicht definiert, kann grundsätzlich ein breites Spektrum an Interessen als berechtigt gelten.[44] Davon erfasst werden auch wirtschaftliche oder ideelle Interessen.[45] Erforderlich ist aber, dass das berechtigte Interesse zum Zeitpunkt der Verarbeitung entstanden und tatsächlich vorhanden ist und nicht bloß hypothetisch ist.[46] Als Beispiele für berechtigte Interessen nennt der EDSA etwa die Entwicklung eines Dienstes für einen Sprachassistenten zur Unterstützung von Nutzern, die Entwicklung eines KI-Systems zur Erkennung von betrügerischen **29**

41 Art. 7 Abs. 3 Satz 1 DSGVO.
42 *Paal*, ZfDR 2024, 129, 148.
43 *Hüger*, ZfDR 2024, 263, 272.
44 EuGH, Urt. v. 7.12.2023 – C-26/22, C-64/22, NZI 2024, 98 Rn. 76.
45 *Albers/Veit*, in: BeckOK DatenschutzR, Art. 6 DSGVO Rn. 68.
46 EuGH, Urt. v. 11.12.2019 – C-708/18, BeckRS 2019, 31011 Rn. 44; siehe auch die Leitlinien des EDSA, Guidelines 1/2024 on processing of personal data based on Article 6(1)(f) GDPR Version 1.0, Adopted on 8th October 2024, Rn. 17, https://www.edpb.europa.eu/system/files/2024-10/edpb_guidelines_202401_legitimateinterest_en.pdf.

Inhalten oder Verhaltensweisen oder die Verbesserung der Bedrohungserkennung in einem Informationssystem.[47]

30 Die Erforderlichkeit der Verarbeitung zur Wahrung der berechtigten Interessen ist gegeben, wenn der Zweck der Verarbeitung nicht in zumutbarer Weise durch andere Mittel erreicht werden kann.[48] Vor dem Hintergrund des Grundsatzes der Datenminimierung ist dabei auch das Volumen der personenbezogenen Daten, die in das KI-Modell einfließen sollen, zu berücksichtigen und zu überprüfen, ob das verfolgte Ziel nicht auch mit weniger einschneidenden Mitteln erreicht werden kann oder ob die Entwicklung des KI-Modells auch ganz ohne personenbezogene Daten möglich ist.[49] Zu berücksichtigen ist ebenfalls, ob der Verantwortliche eine direkte Beziehung zu den betroffenen Personen hat (First-Party-Daten) oder nicht (Third-Party-Daten).[50] Zudem können technische Sicherheitsmaßnahmen bei der Prüfung der Erforderlichkeit zu berücksichtigen sein, die zwar nicht zu einer Anonymisierung der personenbezogenen Daten führen, aber die Identifizierung von Betroffenen erschweren.[51]

31 Im Rahmen der Interessenabwägung ist das berechtige Interesse den Interessen oder Grundrechten und Grundfreiheiten der betroffenen Person gegenüberzustellen. Zu den zu berücksichtigenden Grundrechten und Grundfreiheiten der betroffenen Personen zählen neben dem Recht auf Datenschutz und Privatsphäre unter anderem auch das Recht auf Freiheit und Sicherheit, Meinungsfreiheit, Gewissens- und Religionsfreiheit und Versammlungsfreiheit.[52] Im Kontext der Entwicklung eines KI-Modells können diese In-

47 European Data Protection Board, Opinion 28/2024 on certain data protection aspects related to the processing of personal data in the context of AI models, Adopted on 17th December 2024, Rn. 69, https://www.edpb.europa.eu/system/files/2024-12/edpb_opinion_202428_ai-models_en.pdf.

48 Erwgr. 39 DSGVO.

49 European Data Protection Board, Opinion 28/2024 on certain data protection aspects related to the processing of personal data in the context of AI models, Adopted on 17th December 2024, Rn. 73, https://www.edpb.europa.eu/system/files/2024-12/edpb_opinion_202428_ai-models_en.pdf.

50 European Data Protection Board, Opinion 28/2024 on certain data protection aspects related to the processing of personal data in the context of AI models, Adopted on 17th December 2024, Rn. 74, abrufbar unter https://www.edpb.europa.eu/system/files/2024-12/edpb_opinion_202428_ai-models_en.pdf.

51 European Data Protection Board, Opinion 28/2024 on certain data protection aspects related to the processing of personal data in the context of AI models, Adopted on 17th December 2024, Rn. 75, https://www.edpb.europa.eu/system/files/2024-12/edpb_opinion_202428_ai-models_en.pdf.

52 European Data Protection Board, Guidelines 1/2024 on processing of personal data based on Article 6(1)(f) GDPR, Version 1.0, Adopted on 8th October 2024, Rn. 37, https://www.edpb.europa.eu/system/files/2024-10/edpb_guidelines_202401_legitimateinterest_en.pdf.

teressen der betroffenen Person unter anderem das Interesse an Selbstbestimmung und die Kontrolle über die eigenen personenbezogenen Daten umfassen.[53]

Bei der Gewichtung der Auswirkungen der Verarbeitung auf betroffene Personen sind die Art der verarbeiteten Daten, der Kontext der Verarbeitung und die weiteren Konsequenzen der Verarbeitung für die betroffene Person zu berücksichtigen.[54] Besondere Kategorien personenbezogener Daten im Sinne der Art. 9 und 10 DSGVO sind besonders schutzbedürftig. Nach der Wertung des Art. 9 Abs. 2 lit. e DSGVO sind solche Daten weniger schutzbedürftig, die von der betroffenen Person offensichtlich öffentlich gemacht wurden. Das setzt aber voraus, dass die Veröffentlichung aufgrund einer bewussten Entscheidung in voller Kenntnis der Sachlage erfolgte.[55] Zu berücksichtigen ist auch, wie die personenbezogenen Daten verarbeitet werden, also ob sie etwa mit anderen Datensätzen zusammengeführt werden, sowie der Umfang der Verarbeitung und der verarbeiteten Daten.[56] Ebenfalls in die Abwägung einzustellen ist die Wahrscheinlichkeit von weiteren Konsequenzen der Verarbeitung, wie etwa die Erstellung von Deepfakes oder Chatbots zu Desinformationszwecken, für das Phishing oder für Betrugszwecke, sowie die Maßnahmen zur Eindämmung solcher Konsequenzen.[57] **32**

Bei der Abwägung sind die vernünftigen Erwartungen der betroffenen Personen, die auf ihrer Beziehung zu dem Verantwortlichen beruhen, zu berücksichtigen.[58] Dabei wird eine betroffene Person allein aufgrund des Umstandes, dass ihre personenbezogenen Daten öffentlich auffindbar sind, vernünftigerweise nicht automatisch erwarten, dass diese Daten für das Training von KI-Modellen genutzt werden.[59] Auch die bloße Erfüllung der **33**

---

53 European Data Protection Board, Opinion 28/2024 on certain data protection aspects related to the processing of personal data in the context of AI models, Adopted on 17th December 2024, Rn. 77, https://www.edpb.europa.eu/system/files/2024-12/edpb_opinion_202428_ai-models_en.pdf.

54 European Data Protection Board, Opinion 28/2024 on certain data protection aspects related to the processing of personal data in the context of AI models, Adopted on 17th December 2024, Rn. 82 ff., https://www.edpb.europa.eu/system/files/2024-12/edpb_opinion_202428_ai-models_en.pdf.

55 EuGH, Urt. v. 4.7.2023 – C-252/21, ZD 2023, 664 Rn. 82 – Meta Platforms u. a.

56 European Data Protection Board, Opinion 28/2024 on certain data protection aspects related to the processing of personal data in the context of AI models, Adopted on 17th December 2024, Rn. 86, https://www.edpb.europa.eu/system/files/2024-12/edpb_opinion_202428_ai-models_en.pdf.

57 European Data Protection Board, Opinion 28/2024 on certain data protection aspects related to the processing of personal data in the context of AI models, Adopted on 17th December 2024, Rn. 90, https://www.edpb.europa.eu/system/files/2024-12/edpb_opinion_202428_ai-models_en.pdf.

58 Erwgr. 47 Satz 1 Hs. 2 DSGVO.

59 So auch *Hüger*, ZfDR 2024, 263, 273; a. A. *Piltz/Weiss*, DSB 2024, 291, 294.

Informationspflichten nach der DSGVO soll nicht ausreichen, um die vernünftigen Erwartungen einer betroffenen Person zu beeinflussen.[60]

34 In die Abwägung einzubeziehen sind aber auch technische und organisatorische Maßnahmen, die der Verantwortliche ergreift, um die Auswirkungen der Verarbeitung auf betroffene Personen zu minimieren. Dazu gehören Maßnahmen, welche die Gefahr der Re-Identifizierung von betroffenen Personen verringern, ebenso wie die Pseudonymisierung von personenbezogenen Daten.[61] Im Kontext von Webscraping können solche Maßnahmen darin bestehen, bestimmte Daten von vornherein auszuschließen, insbesondere solche von Webseiten, die dem Scraping ihrer Inhalte oder der Nutzung ihrer Inhalte für die Zwecke der Entwicklung eines KI-Modells widersprechen.[62]

35 Bei der Abwägung spielen daneben insbesondere angemessene Sicherheitsmaßnahmen eine Rolle. Solche Sicherheitsmaßnahmen können unter anderem technisch-organisatorische Maßnahmen sein, aber auch die Eingrenzung von zu sammelnden Daten, sodass sichergestellt wird, dass bestimmte Kategorien personenbezogener Daten (wie z. B. von öffentlichen Social-Media-Profilen) gar nicht erst erhoben werden.[63]

(2) Training des KI-Modells

36 Aus den zuvor beschriebenen Gründen kommt auch für das Training eines KI-Modells regelmäßig nur das berechtigte Interesse nach Art. 6 Abs. 1 lit. f DSGVO in Betracht.[64] Maßgeblich ist damit auch hier eine Interessenabwägung im Einzelfall. Dabei sind auch hier die oben beschriebenen Parameter im Rahmen der Abwägung zu berücksichtigen.

---

60 European Data Protection Board, Opinion 28/2024 on certain data protection aspects related to the processing of personal data in the context of AI models, Adopted on 17th December 2024, Rn. 92, https://www.edpb.europa.eu/system/files/2024-12/edpb_opinion_202428_ai-models_en.pdf.

61 European Data Protection Board, Opinion 28/2024 on certain data protection aspects related to the processing of personal data in the context of AI models, Adopted on 17th December 2024, Rn. 99 ff., https://www.edpb.europa.eu/system/files/2024-12/edpb_opinion_202428_ai-models_en.pdf.

62 European Data Protection Board, Opinion 28/2024 on certain data protection aspects related to the processing of personal data in the context of AI models, Adopted on 17th December 2024, Rn. 105, https://www.edpb.europa.eu/system/files/2024-12/edpb_opinion_202428_ai-models_en.pdf.

63 European Data Protection Board, Report of the work undertaken by the ChatGPT Taskforce, 23rd May 2024, Rn. 17, https://www.edpb.europa.eu/system/files/2024-05/edpb_20240523_report_chatgpt_taskforce_en.pdf.

64 So auch *Paal*, ZfDR 2024, 129, 149.

(3) Nutzung des KI-Modells einschließlich des erzeugten Outputs des KI-Modells

Bei der Nutzung eines KI-Systems kommt in Bezug auf durch den Nutzer mittels eines Prompts in das KI-Modell eingegebenen personenbezogenen Daten eine Einwilligung nach Art. 6 Abs. 1 lit. a DSGVO in Betracht. Diese Einwilligung kann sich aber nur auf personenbezogene Daten des Nutzers selbst beziehen, nicht dagegen auf die Verarbeitung personenbezogener Daten Dritter. **37**

Daneben erscheint im Einzelfall auch eine Verarbeitung auf Grundlage des Art. 6 Abs. 1 lit. b DSGVO denkbar, sofern der Einsatz eines KI-Systems für die Durchführung eines Vertrags erforderlich ist. Dabei ist aber zu beachten, dass nach der Rechtsprechung des EuGH eine Verarbeitung nur dann als für die Erfüllung eines Vertrags erforderlich anzusehen ist, wenn die Verarbeitung „objektiv unerlässlich ist, um einen Zweck zu verwirklichen, der notwendiger Bestandteil der für diese Nutzer bestimmten Vertragsleistung ist, sodass der Hauptgegenstand des Vertrags ohne diese Verarbeitung nicht erfüllt werden könnte.“[65] **38**

Praktisch die größte Bedeutung hat auch bei der Nutzung des KI-Modells bzw. KI-Systems das berechtigte Interesse gemäß Art. 6 Abs. 1 lit. f DSGVO. Die beschriebenen Abwägungskriterien (siehe oben Rn. 23 ff. zu Trainingsdaten) sind auch beim Einsatz des KI-Systems bzw. Modells heranzuziehen. **39**

bb) Rechtsgrundlagen der KI-Verordnung

Die KI-VO tritt neben die DSGVO und lässt diese grundsätzlich unberührt.[66] Allerdings führt die KI-VO zwei neue datenschutzrechtliche Erlaubnistatbestände ein: Art. 10 Abs. 5 KI-VO und Art. 59 Abs. 1 KI-VO. **40**

(1) Art. 10 Abs. 5 KI-VO

Art. 10 Abs. 5 KI-VO erlaubt die Verarbeitung von besonderen Kategorien personenbezogener Daten, „soweit dies für die Erkennung und Korrektur von Verzerrungen im Zusammenhang mit Hochrisiko-KI-Systemen […] unbedingt erforderlich ist“, wobei aber „angemessene Vorkehrungen für den Schutz der Grundrechte und Grundfreiheiten natürlicher Personen“ getroffen werden müssen. **41**

---

65 EuGH, Urt. v. 4.7.2023 – C-252/21, EuZW 2023, 950, 125 Rn. 98 – Meta Platforms Inc. ua/BKartA.

66 Art. 2 Abs. 7 KI-VO.

42 Mit diesem Tatbestand schafft die KI-VO eine eigenständige Erlaubnisnorm für die Verarbeitung von personenbezogenen Daten.[67] Der Anwendungsbereich dieser Rechtsgrundlage ist jedoch in mehrfacher Hinsicht beschränkt: In persönlicher Hinsicht findet sie nur Anwendung auf Anbieter von Hochrisiko-KI-Systemen im Sinne des Art. 6 KI-VO. In sachlicher Hinsicht gilt sie nur für die Verarbeitung von besonderen Kategorien personenbezogener Daten und nur, soweit die Verarbeitung für die Erkennung und Korrektur von Verzerrungen unbedingt erforderlich ist. Zusätzlich macht sie die Zulässigkeit der Verarbeitung von weiteren Bedingungen abhängig, insbesondere davon, ob die Erkennung und Korrektur durch Verarbeitung anderer Daten, einschließlich synthetischer oder anonymisierter Daten, nicht effektiv durchgeführt werden kann (lit. a), von der Einhaltung modernster Sicherheits- und Datenschutzmaßnahmen, einschließlich der Pseudonymisierung (lit. b), sowie von der Einhaltung angemessener Sicherheitsvorkehrungen (lit. c).

43 Neben den spezifischen Anforderungen aus Art. 10 Abs. 5 KI-VO muss stets zusätzlich eine der allgemeinen Erlaubnisnormen des Art. 6 DSGVO erfüllt sein. In diesen Fällen spricht aber viel dafür, dass eine Interessenabwägung gemäß Art. 6 Abs. 1 lit. f DSGVO zugunsten des Verantwortlichen ausfallen wird, wenn die Voraussetzungen des Art. 10 Abs. 5 KI-VO erfüllt sind.[68]

(2) Art. 59 KI-VO

44 Art. 59 Abs. 1 KI-VO erlaubt die Verarbeitung von „rechtmäßig für andere Zwecke erhobene personenbezogene Daten“ im Zusammenhang mit KI-Reallaboren und stellt damit eine weitere eigenständige Rechtsgrundlage der KI-VO für die Verarbeitung personenbezogener Daten dar.[69] KI-Reallabore bieten einen behördlich geschaffenen kontrollierten Rahmen für Anbieter und zukünftige Anbieter von KI-Systemen, in dem sie für einen begrenzten Zeitraum unter regulatorischer Aufsicht ein KI-System entwickeln, trainieren, validieren und testen können.[70] Dies soll Innovationen fördern und die Entwicklung von KI-Systemen erleichtern.[71] Dennoch erlaubt Art. 59 KI-VO die Verarbeitung personenbezogener Daten nur unter hohen Voraussetzungen: Die KI-Systeme müssen zur Wahrung eines „erheblichen öffentlichen Interesses“ innerhalb der Bereiche öffentliche Sicherheit und öffentliche Gesundheit, Umweltschutz, nachhaltige Energie, Verkehr, öffentliche Verwaltung und öffentliche Dienste entwickelt werden. Weiter müssen die verarbeiteten Daten für die Erfüllung der Pflichten von Anbietern von Hoch-

67 *Kilian/Schefzig*, in: BeckOK KI-Recht, Art. 10 KI-VO Rn. 59.
68 *Kilian/Schefzig*, in: BeckOK KI-Recht, Art. 10 KI-VO Rn. 68.
69 *Botta*, in: Martini/Wendehorst, KI-VO, Art. 59 Rn. 1.
70 Art. 3 Nr. 55 KI-VO.
71 Vgl. Art. 57 Abs. 5 KI-VO.

risiko-KI-Systemen erforderlich sein und das auch nur, „sofern diese Anforderungen durch die Verarbeitung anonymisierter, synthetischer oder sonstiger nicht personenbezogener Daten nicht wirksam erfüllt werden können."[72]

cc) Auswirkungen einer rechtswidrigen Verarbeitung in der Entwicklung auf die Rechtmäßigkeit der späteren Verarbeitung

45 Anwender von KI-Systemen werden in der Regel keinen Einblick in die Trainingsprozesse der Modelle haben und daher vielfach gar nicht in der Lage sein, nachzuvollziehen, ob die Datenverarbeitung im Entwicklungsstadium datenschutzrechtlichen Anforderungen entsprochen hat. Vor diesem Hintergrund stellt sich insbesondere für Anwender von KI-Systemen die Frage, ob und inwieweit eine rechtswidrige Verarbeitung personenbezogener Daten im Entwicklungsstadium eines KI-Modells Auswirkungen auf die spätere Nutzung oder den Betrieb dieses Modells hat.

46 Hinsichtlich der datenschutzrechtlichen Konsequenzen einer rechtswidrigen Entwicklung auf die spätere Nutzung differenziert der EDSA nach drei Konstellationen:[73]

(1) Anonymisierung vor Einsatz des KI-Modells

47 Wird das KI-Modell nach der rechtswidrigen Verarbeitung zum Zwecke des Trainings derart anonymisiert, dass bei seinem Einsatz eine Verarbeitung dieser personenbezogenen Trainingsdaten nicht stattfindet, ist die DSGVO im Hinblick auf die so anonymisierten Daten nicht länger anwendbar. Entscheidend dabei ist, dass das Modell nach der rechtswidrigen Entwicklung so anonymisiert wurde, dass keine personenbezogenen Daten mehr verarbeitet werden. Die Rechtswidrigkeit der ursprünglichen Verarbeitung hat in diesem Fall keine durchgreifende Wirkung auf die spätere Nutzung, sofern nachweislich ein ausreichender Anonymisierungsgrad erreicht wurde.[74]

---

72 Art. 59 Abs. 1 lit. b KI-VO.

73 European Data Protection Board, Opinion 28/2024 on certain data protection aspects related to the processing of personal data in the context of AI models, Adopted on 17th December 2024, Rn. 109 ff., https://www.edpb.europa.eu/system/files/2024-12/edpb_opinion_202428_ai-models_en.pdf.

74 European Data Protection Board, Opinion 28/2024 on certain data protection aspects related to the processing of personal data in the context of AI models, Adopted on 17th December 2024, Rn. 133 ff., https://www.edpb.europa.eu/system/files/2024-12/edpb_opinion_202428_ai-models_en.pdf.

(2) Weiterverarbeitung durch den Entwickler

48 Verarbeitet ein Verantwortlicher personenbezogene Daten rechtswidrig für das Training eines KI-Modells und weist das damit trainierte KI-Modell selbst noch einen Personenbezug auf, ist die weitere Verarbeitung (insbesondere beim Einsatz des KI-Modells) an den Vorgaben der DSGVO zu messen. Nach Auffassung des EDSA sollen die Auswirkungen des rechtswidrigen Trainings auf die anschließenden Verarbeitungen desselben Verantwortlichen bzw. des Entwicklers für jeden Einzelfall ermittelt werden.[75] Dabei soll insbesondere im Falle der Verarbeitung auf Grundlage eines berechtigten Interesses nach Art. 6 Abs. 1 lit. f DSGVO im Rahmen der vorzunehmenden Interessenabwägung berücksichtigt werden, ob die initiale Verarbeitung zu Trainingszwecken rechtswidrig war und die betroffene Person daher gegebenenfalls nicht mit dieser Art der Verarbeitung rechnen musste.[76]

(3) Weiterverarbeitung durch einen Dritten

49 In der Praxis werden aber nur wenige Anwender von KI-Systemen diese auch vollständig selbst entwickelt und trainiert haben. Der für die Mehrheit der Anwender relevanteste Fall dürfte daher der sein, dass der Entwickler des KI-Modells personenbezogene Daten in rechtswidriger Art und Weise für die Entwicklung und das Training seines Modells nutzt und das so entwickelte KI-System anschließend durch Dritte genutzt wird. Für diese Anwender wird es praktisch nur schwer möglich sein, nachzuvollziehen, ob das Training des KI-Modells rechtmäßig erfolgt ist.

50 Nach dem EDSA soll es vor diesem Hintergrund vor allem darauf ankommen, ob sich der das KI-Modell einsetzende Verantwortliche „in geeigneter Weise vergewissert hat, dass für die Entwicklung des KI-Modells keine rechtswidrig verarbeiteten personenbezogenen Daten verarbeitet wurden."[77] Um seiner datenschutzrechtlichen Rechenschaftspflicht nach Art. 5 Abs. 2 DSGVO zu entsprechen, muss der Verantwortliche also die Herkunft des Modells und der verwendeten Trainingsdaten sorgfältig prüfen. Dafür soll

---

75 European Data Protection Board, Opinion 28/2024 on certain data protection aspects related to the processing of personal data in the context of AI models, Adopted on 17th December 2024, Rn. 119 ff., https://www.edpb.europa.eu/system/files/2024-12/edpb_opinion_202428_ai-models_en.pdf.

76 European Data Protection Board, Opinion 28/2024 on certain data protection aspects related to the processing of personal data in the context of AI models, Adopted on 17th December 2024, Rn. 123, https://www.edpb.europa.eu/system/files/2024-12/edpb_opinion_202428_ai-models_en.pdf.

77 European Data Protection Board, Opinion 28/2024 on certain data protection aspects related to the processing of personal data in the context of AI models, Adopted on 17th December 2024, Rn. 129, https://www.edpb.europa.eu/system/files/2024-12/edpb_opinion_202428_ai-models_en.pdf.

der Anwender z. B. prüfen, ob die Datenquelle bzw. das KI-Modell unter Verstoß gegen die DSGVO erstellt wurde, was insbesondere dann der Fall sein soll, wenn eine Aufsichtsbehörde oder ein Gericht derartige Verstöße festgestellt hat und die Rechtswidrigkeit damit nicht zu ignorieren war.[78] Der Prüfungsmaßstab richtet sich dabei unter anderem nach dem Risiko der Verarbeitung für die betroffenen Personen, d. h. diejenigen, deren personenbezogene Daten für die Entwicklung verwendet wurden, sowie nach den konkreten Umständen des Erwerbs. Insbesondere bei KI-Modellen mit breiten Einsatzmöglichkeiten spricht vor diesem Hintergrund viel für die Erforderlichkeit einer tiefergehenden Prüfung.

Jedenfalls Anbieter von Hochrisiko-KI-Systemen sind gemäß Art. 16 lit. g **51**
KI-VO ohnehin verpflichtet, eine Konformitätserklärung nach Art. 47 KI-VO auszustellen. Bestandteil dieser Konformitätserklärung ist nach Anhang V Nr. 5 KI-VO auch die Angabe, dass das KI-System den Vorgaben der DSGVO entspricht. Der EDSA weist jedoch darauf hin, dass eine solche Erklärung allein nicht ausreichend sein wird, um die Datenschutzkonformität anzunehmen.[79]

b) Verarbeitung nach Treu und Glauben, Transparenz

Der Grundsatz der Verarbeitung nach Treu und Glauben verlangt, dass per- **52**
sonenbezogene Daten auf faire, transparente und rechtmäßige Weise verarbeitet werden. Fairness bedeutet, dass die Verarbeitung personenbezogener Daten nicht in einer Weise erfolgen darf, die die betroffene Person unangemessen benachteiligt. Der Verantwortliche ist zur Rücksichtnahme auf die berechtigten Interessen der Betroffenen verpflichtet und darf das Vertrauen der Betroffenen nicht missbrauchen.

Stützt sich der Verantwortliche auf eine andere Rechtsgrundlage als die Ein- **53**
willigung, holt aber dennoch vom Betroffenen eine Einwilligung ein und weist nicht darauf hin, lässt er den Betroffenen über die tatsächliche Kontrolle über seine personenbezogenen Daten im Unklaren, weil er dem Betroffenen den Eindruck vermittelt, Kontrolle über seine Daten zu haben.[80]

78 European Data Protection Board, Opinion 28/2024 on certain data protection aspects related to the processing of personal data in the context of AI models, Adopted on 17th December 2024, Rn. 129, https://www.edpb.europa.eu/system/files/2024-12/edpb_opinion_202428_ai-models_en.pdf.

79 European Data Protection Board, Opinion 28/2024 on certain data protection aspects related to the processing of personal data in the context of AI models, Adopted on 17th December 2024, Rn. 131, https://www.edpb.europa.eu/system/files/2024-12/edpb_opinion_202428_ai-models_en.pdf.

80 *Schantz*, in: BeckOK DatenschutzR, Art. 5 DSGVO Rn. 8; European Data Protection Board, Guidelines 5/2020 on consent under Regulation 2016/679, Version 1.1, Adopted

54 Der Grundsatz der Transparenz erfordert, dass für Betroffene nachvollziehbar ist, welche sie betreffende personenbezogene Daten erhoben, verwendet, eingesehen oder anderweitig verarbeitet werden und welchen Umfang die Verarbeitung hat oder künftig haben wird.[81] Das setzt voraus, dass entsprechende Informationen leicht zugänglich, verständlich und in klarer und einfacher Sprache bereitgestellt werden.[82] Der Transparenzgrundsatz wird konkretisiert durch die Informationspflichten der Art. 12 ff. DSGVO.

c) Grundsatz der Zweckbindung

55 Von zentraler Bedeutung, gleich einem „Fixpunkt"[83], ist der Grundsatz der Zweckbindung nach Art. 5 Abs. 1 lit. b DSGVO. Danach dürfen personenbezogene Daten nur „für festgelegte, eindeutige und legitime Zwecke" erhoben werden und „nicht in einer mit diesen Zwecken nicht zu vereinbarenden Weise weiterverarbeitet werden".

56 Der Einsatz von Künstlicher Intelligenz steht in einem grundlegenden Spannungsverhältnis zu diesem Grundsatz: Da KI-Systeme oft dynamisch und adaptiv arbeiten, können klare Verwendungszwecke nicht immer im Voraus festgelegt werden. Gleichzeitig sind KI-Systeme häufig darauf angewiesen, Zusammenhänge aus großen Datenmengen zu finden, die zum Zeitpunkt der Datenerhebung nicht vorhersehbar waren.[84]

d) Grundsatz der Datenminimierung

57 Ein weiteres zentrales Prinzip der DSGVO ist der Grundsatz der Datenminimierung nach Art. 5 Abs. 1 lit. c DSGVO. Nach diesem Grundsatz muss die Verarbeitung personenbezogener Daten „dem Zweck angemessen und erheblich sowie auf das für die Zwecke der Verarbeitung notwendige Maß beschränkt sein."[85] Dieses Prinzip steht in einem Spannungsverhältnis zu den datengetriebenen Anforderungen vieler KI-Modelle, die häufig gerade beim Training auf große Datenmengen angewiesen sind, um leistungsfähige und genaue Ergebnisse zu liefern.[86]

58 Bei genauerer Betrachtung steht dieser Grundsatz dem Training von KI-Modellen nicht prinzipiell entgegen: Es kommt darauf an, ob die Zwecke der

---

on 4th May 2020, Rn. 121 ff., https://www.edpb.europa.eu/sites/default/files/files/file1/edpb_guidelines_202005_consent_en.pdf.

81 Erwgr. 39 DSGVO.

82 Erwgr. 39 DSGVO.

83 *Schantz*, in: BeckOK DatenschutzR, Art. 5 DSGVO Rn. 13.

84 *Paal*, in: Kaulartz/Braegelmann, Rechtshandbuch Artificial Intelligence und Machine Learning, Kap. 8.7 Rn. 13 f.

85 Art. 5 Abs. 1 lit. c DSGVO.

86 *Schäfer*, ZD 2025, 12, 15.

Verarbeitung auch auf andere (datensparsamere) Weise erreicht werden können. Maßgeblich ist also eine relative Betrachtung der Datenverarbeitung und keine absolute Grenze.[87] Für dieses relative Verständnis spricht neben dem Wortlaut des Art. 5 Abs. 1 lit. c DSGVO auch Erwgr. 39 Satz 9 DSGVO: Danach dürfen personenbezogene Daten verarbeitet werden, wenn der Zweck der Verarbeitung nicht in zumutbarer Weise durch andere Mittel erreicht werden kann. Nun könnte man in Bezug auf jede einzelne Information argumentieren, sie allein sei nicht notwendig für das Training des KI-Modells, da auf andere Daten zurückgegriffen werden könnte. Diese zirkulär anmutende Argumentation liefe aber auf eine innovationsfeindliche Verhinderung des Trainings von KI-Modellen hinaus und überzeugt infolgedessen nicht.[88] Daher kann das Training von KI-Modellen durchaus in bestimmten Fällen als „notwendig“ für die Erreichung der Verarbeitungszwecke im Sinne des Art. 5 Abs. 1 lit. c DSGVO angesehen werden.

Dem Grundsatz der Datenminimierung kann zudem durch technische Maß- **59**
nahmen Rechnung getragen werden, die sicherstellen, dass weniger personenbezogene Daten verarbeitet werden, etwa durch Anonymisierung oder umfangreiche Pseudonymisierung.[89] Eine weitere Option kann die Verwendung von synthetischen Daten, die keine echten personenbezogenen Daten enthalten, darstellen. Die Verwendung solcher Daten kann aber Auswirkungen auf die Genauigkeit des KI-Modells haben (sogenannter „privacy-utility-trade-off“).[90]

Im Rahmen der differential privacy wird den Trainingsdaten für den Trai- **60**
ningsprozess ein sorgfältig kalibriertes Maß an Rauschen (noise) hinzugefügt, um zu begrenzen, wie viel das Modell über die Daten einzelner Personen lernen kann, aber gleichzeitig in der Lage bleibt, nützliche Muster aus dem gesamten Datensatz zu erfassen.[91]

e) Grundsatz der Richtigkeit

Art. 5 Abs. 1 lit. d DSGVO fordert, dass personenbezogene Daten sachlich **61**
richtig und erforderlichenfalls auf dem neuesten Stand sein müssen. Jede „unrichtige“ Verarbeitung personenbezogener Daten ist im Hinblick auf den Verarbeitungszweck unzulässig und bedarf geeigneter Maßnahmen zur Korrektur oder Löschung. Der Grundsatz der Datenrichtigkeit besagt, dass (i)

---

87 *Paal*, ZfDR 2024, 129, 140 f.

88 So auch *Paal*, ZfDR 2024, 129, 140 f.

89 *Schantz*, in: BeckOK DatenschutzR, Art. 5 DSGVO Rn. 25.1.

90 *Bengio*, International AI Safety Report 2025, S. 209 f., https://internationalaisafetyreport.org/publication/international-ai-safety-report-2025.

91 *Bengio*, International AI Safety Report 2025, S. 210, https://internationalaisafetyreport.org/publication/international-ai-safety-report-2025.

personenbezogene Daten sachlich richtig und aktuell sein müssen; (ii) unrichtige Daten unverzüglich zu löschen oder zu berichtigen sind und (iii) der Verantwortliche geeignete Maßnahmen zur Sicherstellung der Datenrichtigkeit treffen muss. Dieser Grundsatz hat besondere Bedeutung in KI-Modellen und selbstlernenden Systemen, da diese in hohem Maße abhängig von den Trainingsdaten sind. Dem Grundsatz der Richtigkeit ist darum bereits beim Training von KI-Systemen Rechnung zu tragen, indem besonderes Augenmerk auf die Richtigkeit der Trainingsdaten gelegt wird.

62 Wurden unrichtige personenbezogene Daten für das Training eines KI-Modells verwendet, verbleibt deren Informationsgehalt selbst bei einer späteren Löschung der unrichtigen personenbezogenen Daten aus dem Trainingsdatensatz in dem trainierten Modell.[92] In diesen Fällen kommt es dann maßgeblich darauf an, ob dieser verbleibende Informationsgehalt selbst einen Personenbezug aufweist.[93]

f) Grundsatz der Speicherbegrenzung

63 Nach dem Grundsatz der Speicherbegrenzung dürfen personenbezogene Daten nur in einer Form gespeichert werden, die die Identifizierung der betroffenen Personen nur so lange ermöglicht, wie es für die Zwecke, für die sie verarbeitet werden, erforderlich ist.[94] Sobald diese Zwecke erreicht wurden, sind die personenbezogenen Daten grundsätzlich zu löschen, es sei denn, es besteht z. B. eine entgegenstehende gesetzliche Aufbewahrungspflicht. In diesen Fällen erfolgt die weitere Speicherung zur Erfüllung einer rechtlichen Verpflichtung und kann auf Grundlage des Art. 6 Abs. 1 lit. c DSGVO erfolgen. Das erfordert insbesondere auch, die Frist für die Speicherung personenbezogener Daten auf das Minimum zu begrenzen.[95]

64 Insbesondere im Hinblick auf Trainingsdaten, die für das Anlernen eines KI-Modells verwendet wurden, ist sicherzustellen, dass diese nach Abschluss des Trainings gelöscht werden bzw. der Personenbezug in einer Weise entfernt wird, dass ein Rückschluss auf die betroffenen Personen nicht mehr möglich ist.[96]

---

92 *Werkmeister/Laux*, PinG 2023, 103, 110.
93 *Werkmeister/Laux*, PinG 2023, 103, 110.
94 Art. 5 Abs. 1 lit. e DSGVO.
95 Vgl. Erwgr. 39 DSGVO.
96 Vgl. *Schneider*, in: Specht/Mantz, Europäisches und deutsches Datenschutzrecht, § 15 Rn. 37.

g) Grundsatz der Integrität und Vertraulichkeit

Nach dem Grundsatz der Integrität und Vertraulichkeit muss der Verantwortliche zudem eine angemessene Sicherheit der personenbezogenen Daten gewährleisten, was insbesondere den Schutz vor unbefugter und unrechtmäßiger Verarbeitung, vor unbeabsichtigtem Verlust und unbeabsichtigter Zerstörung oder Schädigung umfasst.[97] Art. 5 Abs. 1 lit. f DSGVO verpflichtet den Verantwortlichen dazu, geeignete technische und organisatorische Maßnahmen zu ergreifen, um ein angemessenes Schutzniveau für die Verarbeitung personenbezogener Daten zu erreichen. Art. 32 DSGVO konkretisiert diese Anforderungen dahingehend, dass die Maßnahmen „unter Berücksichtigung des Stands der Technik, der Implementierungskosten und der Art, des Umfangs, der Umstände und der Zwecke der Verarbeitung sowie der unterschiedlichen Eintrittswahrscheinlichkeiten und Schwere des Risikos für die Rechte und Freiheiten natürlicher Personen" getroffen werden müssen. Zu diesen Maßnahmen gehören neben der Pseudonymisierung und Verschlüsselung personenbezogener Daten auch die Fähigkeit, betroffene Daten nach einem Zwischenfall zügig wiederherzustellen, sowie Verfahren zur regelmäßigen Überprüfung, Bewertung und Evaluierung der Wirksamkeit der getroffenen Maßnahmen.[98] **65**

Insbesondere bei generativen KI-Modellen besteht ein Risiko, dass diese ihre Trainingsdaten bei der Anwendung oder unter dem Eindruck von Model Inversion Attacks unverändert ausgeben.[99] Entwickler und Hersteller von generativen KI-Modellen sind daher gehalten, entsprechende Gegenmaßnahmen zu ergreifen. Solche können etwa darin bestehen, personenbezogene Daten nur auf der eigenen physischen Infrastruktur laufen zu lassen.[100] **66**

h) Rechenschaftspflicht, Art. 5 Abs. 2 DSGVO

Sowohl Entwickler als auch Anwender von KI-Systemen müssen die Einhaltung der datenschutzrechtlichen Vorschriften nachweisen können.[101] Damit verpflichtet die DSGVO einen Datenverarbeiter nicht nur zur Beachtung der Datenschutzgrundsätze aus Art. 5 Abs. 1 DSGVO, sondern auch dazu, **67**

---

97 Art. 5 Abs. 1 lit. f DSGVO.

98 Art. 32 Abs. 1 Hs. 2 DSGVO.

99 Bundesamt für Sicherheit in der Informationstechnologie, AI Security Concerns in a Nutshell, Version 1.0, 9.3.2023, S. 8, https://www.bsi.bund.de/SharedDocs/Downloads/EN/BSI/KI/Practical_AI-Security_Guide_2023.pdf?__blob=publicationFile&v=5#page=8&zoom=100,72,76.

100 Konferenz der unabhängigen Datenschutzaufsichtsbehörden des Bundes und der Länder, Orientierungshilfe zu empfohlenen technischen und organisatorischen Maßnahmen bei der Entwicklung und beim Betrieb von KI-Systemen, Version 1.0, S. 18, https://www.datenschutzkonferenz-online.de/media/oh/DSK-OH_KI-Systeme.pdf.

101 Art. 5 Abs. 2 DSGVO.

die Einhaltung dieser Grundsätze aktiv belegen zu können. Die Herstellung und Sicherstellung von Datenschutz-Compliance ist damit eine proaktive Daueraufgabe.

3. Datenschutzfreundliche Technikgestaltung, Art. 25 DSGVO

68 Art. 25 Abs. 1 und 2 DSGVO normieren die Pflicht zur datenschutzfreundlichen Technikgestaltung („data protection by design") sowie zur datenschutzfreundlichen Voreinstellung („data protection by default"). Diese Grundsätze verpflichten Verantwortliche dazu, geeignete technische und organisatorische Maßnahmen zu ergreifen, um die Datenschutzprinzipien des Art. 5 Abs. 1 DSGVO bereits bei der Auswahl und Gestaltung von Verarbeitungstätigkeiten sowie bei der Konfiguration von Systemen zur Anwendung zu bringen.

69 Art. 25 Abs. 1 DSGVO verpflichtet den Verantwortlichen unter Berücksichtigung des Stands der Technik, der Implementierungskosten und der Art, des Umfangs und der Umstände und der Zwecke sowie der unterschiedlichen Eintrittswahrscheinlichkeit und Schwere der Risiken, geeignete technische und organisatorische Maßnahmen zum Schutz der personenbezogenen Daten zu treffen. Verantwortliche müssen den Datenschutz schon in der Phase der Konzeption von KI-Modellen berücksichtigen.[102] Aber auch beim Einsatz von KI-Systemen sind diese Grundsätze zu beachten.[103] Gemäß Erwgr. 78 DSGVO können solche technischen und organisatorischen Maßnahmen unter anderem darin bestehen, die Verarbeitung personenbezogener Daten zu minimieren, personenbezogene Daten so schnell wie möglich zu pseudonymisieren, Transparenz in Bezug auf die Funktionen und die Verarbeitung personenbezogener Daten herzustellen, der betroffenen Person zu ermöglichen, die Verarbeitung ihrer personenbezogenen Daten zu überwachen, sodass sich der Verantwortliche damit in die Lage versetzt, Sicherheitsfunktionen zu schaffen und zu verbessern. Zur Gewährleistung dieser Anforderungen kommen eine Reihe von technischen Maßnahmen (sogenannten Privacy Enhancing Technologies) in Betracht, von denen beispielhaft die folgenden näher beleuchtet werden sollen:

- **Nutzung synthetischer Daten**: Synthetische Daten sind künstlich erzeugte Daten, die reale Daten statistisch nachbilden und dieselben relevanten Eigenschaften haben, jedoch keinen direkten Personenbezug aufweisen, weil sie nicht auf die zugrunde liegenden Daten zurückgeführt werden

102 *Paulus/Schmidt*, in: BeckOK DatenschutzR, Art. 25 DSGVO Rn. 4a.

103 Vgl. DSK, Orientierungshilfe der Konferenz der unabhängigen Datenschutzaufsichtsbehörden des Bundes und der Länder vom 6.5.2024, S. 11, https://www.datenschutzkonferenz-online.de/media/oh/20240506_DSK_Orientierungshilfe_KI_und_Datenschutz.pdf.

können.[104] Synthetische Daten eignen sich besonders für das Training von KI-Systemen. Allerdings besteht das Risiko, dass KI-Modelle aus diesen Daten dennoch personenbezogene Merkmale ableiten können.[105]

- **Hashing**: Beim Hashing werden Daten durch eine mathematische Funktion in einen Hashwert umgewandelt, der idealerweise nicht rückrechenbar ist.[106] Hashing eignet sich zur Identifikation von Dateninhalten ohne Offenlegung des Inhalts. Solange eine Rückrechnung ausgeschlossen ist und keine Verknüpfung zu einer Person besteht, kann Hashing zur Anonymisierung beitragen. Ist das Hashing tatsächlich irreversibel und besteht keine Möglichkeit zur Verknüpfung mit einer identifizierbaren Person, kann es zur wirksamen Anonymisierung von Daten beitragen. Sofern Hashwerte aber rückführbar sind und damit Rückschlüsse auf die ursprünglichen Daten zulassen, gelten sie als personenbezogene Daten.[107]
- **Differential Privacy**: Differential Privacy fügt gezielt Rauschen zu Datensätzen hinzu, um Rückschlüsse auf Einzelpersonen zu verhindern.[108] Dadurch soll sichergestellt werden, dass keine Rückschlüsse auf einzelne Personen aus den Ergebnissen einer Datenanalyse gezogen werden können, bzw. darauf, ob eine bestimmte Person in den Daten enthalten ist oder nicht.[109] Eine einzelne Person hat dann keinen merklichen Einfluss mehr auf das statistische Gesamtergebnis. Dadurch lassen sich aus den Daten nur noch übergeordnete, statistische Informationen gewinnen, während Details zu einzelnen Personen verborgen bleiben. Dadurch bleiben statistische Aussagen über eine Gesamtheit möglich, ohne individuelle Daten offenzulegen. Differential Privacy eignet sich damit besonders für die Nutzung von Daten zu Forschungszwecken. Diese Maßnahme kann aber zu Verlusten bei der Präzision der Daten führen.[110]
- **Homomorphe Verschlüsselung**: Homomorphe Verschlüsselung erlaubt es, mit verschlüsselten Daten zu arbeiten und Erkenntnisse aus diesen zu gewinnen, ohne diese zu entschlüsseln.[111] Dadurch können sensible Daten sicher verarbeitet werden, etwa in Cloud-Umgebungen. Die Methode bietet hohe Sicherheit, ist jedoch aufgrund ihrer Komplexität und Rechen-

---

104 DSK, Orientierungshilfe zu empfohlenen technischen und organisatorischen Maßnahmen bei der Entwicklung und beim Betrieb von KI-Systemen, Version 1.0, S. 28, https://www.datenschutzkonferenz-online.de/media/oh/DSK-OH_KI-Systeme.pdf.
105 Vgl. *Lukas*, ZD 2023, 321.
106 Vgl. *Durmus*, DSB 2024, 236, 238.
107 Vgl. *Lukas*, ZD 2023, 321, 323.
108 Vgl. *Paal*, ZfDR 2024, 129, 139 f.
109 Vgl. *Paal*, ZfDR 2024, 129, 139 f.
110 Vgl. *Lukas*, ZD 2023, 321, 323.
111 *Martini*, in: Paal/Pauly, DS-GVO BDSG, Art. 32 Rn. 34a.

intensität derzeit nur eingeschränkt praxistauglich und wohl noch nicht Stand der Technik.[112]

- **Federated Learning**: Beim Federated Learning verbleiben die Daten auf den Endgeräten der Nutzer, während nur die lokal trainierten Modelle zentral aggregiert werden.[113] So kann maschinelles Lernen erfolgen, ohne dass personenbezogene Daten übertragen werden. Diese Methode erhöht die Datensicherheit, erfordert jedoch zusätzliche Schutzmaßnahmen gegen Rückschlüsse aus aggregierten Modellen.[114]

70 Art. 25 Abs. 2 DSGVO verpflichtet Verantwortliche darüber hinaus dazu, durch geeignete technische und organisatorische Maßnahmen sicherzustellen, dass durch Voreinstellung nur personenbezogene Daten verarbeitet werden, deren Verarbeitung für den jeweiligen bestimmten Verarbeitungszweck erforderlich ist (data protection by default). Dieser Grundsatz verlangt, dass Systeme standardmäßig datenschutzfreundlich eingestellt sind, d. h. ohne aktives Zutun der Nutzer dürfen grundsätzlich nur solche personenbezogenen Daten verarbeitet werden, die für den jeweiligen Zweck erforderlich sind. Diese Pflicht bezieht sich auf die Menge der erhobenen personenbezogenen Daten, den Umfang ihrer Verarbeitung, die Speicherfrist und ihre Zugänglichkeit, Art. 25 Abs. 2 Satz 2 DSGVO. Eine KI-Anwendung sollte „out of the box" daher möglichst nur erforderliche persönliche Daten erheben, sie nur für eine begrenzten Zeittraum speichern und die Verwaltung der Zugriffsberechtigungen vorsehen. Zusätzliche Funktionalitäten, die mit einer weitergehenden Verarbeitung personenbezogener Daten verbunden sind, sollten standardmäßig deaktiviert sein, bis der Nutzer diese aktiv einschaltet. Sollen etwa Beschäftige ein KI-System für ihre Arbeit nutzen, ist darauf zu achten, dass die Einstellungen zur Nutzung von Eingaben für das weitere Training so gewählt werden, dass die Eingabedaten nicht für Trainingszwecke verarbeitet werden und der Verlauf nicht über die jeweiligen Sitzung hinaus gespeichert wird.[115] Ferner ist sicherzustellen, dass Ausgaben des Systems, die einem bestimmten Benutzerkonto zugeordnet werden können, nicht automatisiert veröffentlicht oder anderweitig ohne Prüfung Dritten zugänglich gemacht werden.[116]

---

112 *Martini*, in: Paal/Pauly, DS-GVO BDSG, Art. 32 Rn. 34a.

113 *Kaulartz*, in: Kaulartz/Braegelmann, Rechtshandbuch Artificial Intelligence und Machine Learning, Kap. 8.9 Rn. 26.

114 Vgl. *Puschky*, ZD-Aktuell 2022, 00019.

115 DSK, Orientierungshilfe der Konferenz der unabhängigen Datenschutzaufsichtsbehörden des Bundes und der Länder vom 6.5.2024, Künstliche Intelligenz und Datenschutz, Version 1.0, Rn. 43, https://www.datenschutzkonferenz-online.de/media/oh/20240506_DSK_Orientierungshilfe_KI_und_Datenschutz.pdf.

116 DSK, Orientierungshilfe der Konferenz der unabhängigen Datenschutzaufsichtsbehörden des Bundes und der Länder vom 6.5.2024, Künstliche Intelligenz und Da-

Verantwortliche müssen zudem sicherstellen, dass sie die Einhaltung dieser Anforderungen nachweisen können. Das folgt schon aus der allgemeinen Rechenschaftspflicht des Art. 5 Abs. 2 DSGVO. Ein Verantwortlicher sollte also auch über eine entsprechende Dokumentation der getroffenen Maßnahmen verfügen.[117] Zum Nachweis der Einhaltung der Vorgaben des Art. 25 Abs. 1 und Abs. 2 DSGVO kann gemäß Art. 25 Abs. 3 DSGVO ein genehmigtes Zertifizierungsverfahren nach Art. 42 DSGVO als Faktor herangezogen werden. 71

4. ePrivacy-Verordnung und nationale Regelungen

a) ePrivacy-Verordnung

Anknüpfend an die Vorgaben der DSGVO sollte die ePrivacy-Verordnung eine präzisierte und modernisierte Regelung des Schutzes personenbezogener Daten im Bereich der elektronischen Kommunikation schaffen. Die EU-Kommission hatte einen entsprechenden Vorschlag für eine Verordnung über die Achtung des Privatlebens und den Schutz personenbezogener Daten in der elektronischen Kommunikation Anfang 2017 vorgelegt.[118] Diese sollte die bestehende ePrivacy-Richtlinie[119] ablösen und speziellere Regelungen zum Schutz personenbezogener Daten im Bereich der elektronischen Kommunikation sicherstellen. Der Entwurf der Verordnung verfolgte das Ziel, die Vorschriften zur elektronischen Kommunikation mit den Vorgaben der DSGVO in Einklang zu bringen. Im Mittelpunkt standen dabei insbesondere der Schutz der Vertraulichkeit digitaler Kommunikation, der Umgang mit Kommunikationsinhalten und -metadaten sowie der Zugriff auf Informationen, die auf Nutzerendgeräten gespeichert sind – etwa durch den Einsatz von Cookies oder vergleich- 72

---

tenschutz, Version 1.0, Rn. 43, https://www.datenschutzkonferenz-online.de/media/oh/20240506_DSK_Orientierungshilfe_KI_und_Datenschutz.pdf.

117 Vgl. European Data Protection Board, Leitlinien 4/2019 zu Artikel 25, Datenschutz durch Technikgestaltung und durch datenschutzfreundliche Voreinstellungen, Version 2.0, Angenommen am 20.10.2020, S. 8, https://www.edpb.europa.eu/system/files/2021-04/edpb_guidelines_201904_dataprotection_by_design_and_by_default_v2.0_de.pdf.

118 Vorschlag für eine Verordnung des Europäischen Parlaments und des Rates über die Achtung des Privatlebens und den Schutz personenbezogener Daten in der elektronischen Kommunikation und zur Aufhebung der Richtlinie 2002/58/EG (Verordnung über Privatsphäre und elektronische Kommunikation), COM(2017) 10 final 2017/0003(COD), https://eur-lex.europa.eu/legal-content/DE/ALL/?uri=CELEX:52017PC0010.

119 Richtlinie 2002/58/EG des Europäischen Parlaments und des Rates vom 12.7.2002 über die Verarbeitung personenbezogener Daten und den Schutz der Privatsphäre in der elektronischen Kommunikation (Datenschutzrichtlinie für elektronische Kommunikation).

baren Technologien zur Nutzerverfolgung. Zudem sah der Entwurf eine ausdrückliche Erstreckung auf Over-the-Top-Kommunikationsdienste wie WhatsApp oder Skype vor.

73 Aufgrund der absehbar fehlenden Einigung der Mitgliedstaaten und der vorangeschrittenen technologischen und gesetzgeberischen Entwicklungen hat die EU-Kommission den Entwurf der ePrivacy-Verordnung mit der Vorstellung ihres Arbeitsprogramms 2025 zurückgezogen.[120] Stattdessen hat die EU-Kommission im letzten Quartal 2025 ein „Digital-Omnibus-Package" vorgeschlagen, das bestehende Datenschutzregelungen in den Blick nehmen will, um ein vereinfachtes, klares und kohärentes Rechtsrahmenwerk zu schaffen, das es Unternehmen und öffentlichen Stellen ermöglicht, Daten nahtlos und in großem Umfang – unter Wahrung hoher Datenschutz- und Sicherheitsstandards – zu teilen.[121]

b) BDSG und Entwurf eines Beschäftigtendatenschutzgesetzes

74 Im Zuge der voranschreitenden Digitalisierung der Arbeitswelt, insbesondere durch den Einsatz von Künstlicher Intelligenz, algorithmischer Entscheidungsfindung und digitalen Tools im Personalbereich, hat die praktische Relevanz des Datenschutzes auch im Beschäftigungskontext erheblich zugenommen. Trotz dieser wachsenden Bedeutung fehlt in Deutschland bislang ein eigenständiges, umfassendes Beschäftigtendatenschutzgesetz. Das bestehende BDSG sieht keine speziellen Regelungen für den Einsatz von KI im Beschäftigungsverhältnis vor.

75 Vor dem Hintergrund dieser lückenhaften gesetzlichen Regelung gibt es schon seit geraumer Zeit gesetzgeberische Bestrebungen zum Erlass eines Beschäftigtendatenschutzgesetzes. Im Oktober 2024 haben das Bundesministerium für Arbeit und Soziales bzw. das Bundesinnenministerium einen entsprechenden Referentenentwurf vorgelegt.[122] Dieser sah auch explizite

---

120 Annexes to the communication from the commission to the European parliament, the council, the European economic and social committee and the committee of the regions, Commission work programme 2025, S. 26, https://commission.europa.eu/document/download/7617998c-86e6-4a74-b33c-249e8a7938cd_en?filename=COM_2025_45_1_annexes_EN.pdf.

121 European Commission, A simpler and faster Europe: Communication on implementation and simplification, S. 6, https://commission.europa.eu/document/download/8556fc33-48a3-4a96-94e8-8ecacef1ea18_en?filename=250201_Simplification_Communication_en.pdf.

122 Referentenentwurf des Bundesministeriums für Arbeit und Soziales und des Bundesministeriums des Inneren und für Heimat, Entwurf eines Gesetzes zur Stärkung eines fairen Umgangs mit Beschäftigtendaten und für mehr Rechtssicherheit für Arbeitgeber und Beschäftigte in der digitalen Arbeitswelt (Beschäftigtendatengesetz – BeschDG), https://www.itm.nrw/wp-content/uploads/2024/10/bdsg-beschdg.pdf.

Regelungen im Hinblick auf den Einsatz von KI-Systemen vor, insbesondere im Hinblick auf vom Arbeitgeber zu treffende Schutzmaßnahmen[123] und die Transparenz bei deren Einsatz.[124]

Nach dem Scheitern der Ampelkoalition im Herbst 2024 und den Neuwahlen Anfang 2025 hat die neue Bundesregierung die Einführung eines Beschäftigtendatenschutzgesetzes wieder auf die Agenda gesetzt (näher zum Beschäftigtendatenschutz siehe Kap. 8 dieses Handbuchs).[125] **76**

III. Verarbeitung personenbezogener Daten

1. Einwilligung und Rechtmäßigkeit der Verarbeitung

Die DSGVO statuiert ein Verbot mit Erlaubnisvorbehalt. Das bedeutet, dass die Verarbeitung personenbezogener Daten grundsätzlich unzulässig ist, es sei denn, im konkreten Verarbeitungsfall ist eine Rechtsgrundlage einschlägig. Sowohl das Training als auch die Nutzung eines KI-Systems bedürfen daher einer datenschutzrechtlichen Erlaubnis, sofern dabei personenbezogene Daten verarbeitet werden. Art. 6 Abs. 1 DSGVO nennt sechs Erlaubnistatbestände, von denen insbesondere die Einwilligung und das berechtigte Interesse von besonderer Relevanz sind. **77**

Gemäß Art. 6 Abs. 1 lit. a DSGVO ist die Verarbeitung rechtmäßig, wenn die betroffene Person ihre Einwilligung zu der Verarbeitung der sie betreffenden personenbezogenen Daten für einen oder mehrere bestimmte Zwecke gegeben hat. Diese Einwilligung muss freiwillig, spezifisch, informiert und unmissverständlich sein.[126] Damit verbunden sind strenge Anforderungen an die Datenerhebung und -verarbeitung. Die Erfüllung dieser Anforderungen ist gerade im Hinblick auf die Verarbeitung personenbezogener Daten im Kontext von künstlicher Intelligenz mit erheblichen Herausforderungen verbundenen, insbesondere durch die inhärente Unvorhersehbarkeit der Datenverarbeitung, die dynamische Weiterentwicklung der Modelle und die Problematik der Transparenz bei „Blackbox-Systemen". **78**

a) Einwilligung, Art. 6 Abs. 1 lit. a DSGVO

Die Einwilligung muss freiwillig erteilt werden. Das bedeutet, dass die betroffene Person eine echte Wahlmöglichkeit haben und in der Lage sein muss, die Einwilligung zu verweigern oder zurückzuziehen, ohne Nachteile **79**

---

123 § 10 BeschDG-E.

124 § 25 BeschDG-E.

125 Vgl. Tagesschau, Welche Prioritäten die Regierung setzen will, erreichbar unter: https://www.tagesschau.de/inland/innenpolitik/sofortprogramm-bundesregierung-102.html.

126 Art. 4 Nr. 11 DSGVO.

zu erleiden.[127] Sie darf nicht im Rahmen des Abschlusses eines Vertrages oder des Zugangs zu einer Dienstleistung zu einer Einwilligung gezwungen werden. Dies ist besonders relevant in Situationen, in denen die betroffene Person in einer ungleichen Machtposition zum Verantwortlichen steht, beispielsweise im Arbeitsverhältnis oder bei der Nutzung essenzieller Online-Dienste. Dabei führt es grundsätzlich zur Unwirksamkeit der Einwilligung, wenn die betroffene Person durch unangemessenen Druck oder sonstige unzulässige Einflussnahme daran gehindert wird, ihren freien Willen auszuüben.[128] Bei der Beurteilung der Freiwilligkeit ist zudem zu berücksichtigen, ob unter anderem die Erfüllung eines Vertrags, einschließlich der Erbringung einer Dienstleistung, von der Einwilligung zu einer Verarbeitung personenbezogener Daten abhängig ist, die für die Erfüllung des Vertrags nicht erforderlich ist.[129] Das ist das datenschutzrechtliche Kopplungsverbot. Danach gilt eine Einwilligung insbesondere dann nicht als freiwillig erteilt, wenn die Erfüllung eines Vertrags von der Erteilung der Einwilligung abhängig gemacht wird, obwohl diese für die Vertragserfüllung nicht erforderlich ist.[130] Problematisch ist vor diesem Hintergrund insbesondere die Einwilligung in Situationen, in denen sich die betroffene Person mit vorformulierten Vertragsbedingungen konfrontiert sieht, bei denen sie keinen eigenen Verhandlungsspielraum hat, sondern nur vor der Wahl steht, die vorformulierten Bedingungen insgesamt zu akzeptieren oder sie insgesamt abzulehnen. Vielfach wird die Einwilligung in solchen Situationen unwirksam sein.[131] Unter diesem Gesichtspunkt besonders kritisch ist die Verarbeitung auf Grundlage der Einwilligung im Arbeitsverhältnis. Arbeitnehmer stehen in einem wirtschaftlichen und sozialen Abhängigkeitsverhältnis zu ihrem Arbeitgeber. Aufgrund dieser Abhängigkeit wird es daher vielfach naheliegen, dass der Arbeitnehmer eine Einwilligung in die Verarbeitung seiner personenbezogenen Daten vor allem vor dem Hintergrund von drohenden oder zumindest befürchteten Nachteilen (z. B. bei der Vergabe von Aufgaben oder Beförderungen) erteilt.[132] Besondere Drucksituationen können nicht erst im laufenden Arbeitsverhältnis erstehen, sondern werden

127 Erwgr. 42 DSGVO.

128 European Data Protection Board, Leitlinien 05/2020 zur Einwilligung gemäß Verordnung 2016/679, Version 1.1, angenommen am 4.5.2020, S. 8, https://datenschutzarchiv.org/fileadmin/Dokumente/2020/LL_EDPB_Leitlinien_202005_de.pdf.

129 Art. 7 Abs. 4 DSGVO.

130 Erwgr. 43 DSGVO.

131 European Data Protection Board, Leitlinien 05/2020 zur Einwilligung gemäß Verordnung 2016/679, Version 1.1, angenommen am 4.5.2020, S. 8, https://datenschutzarchiv.org/fileadmin/Dokumente/2020/LL_EDPB_Leitlinien_202005_de.pdf.

132 Vgl. European Data Protection Board, Leitlinien 05/2020 zur Einwilligung gemäß Verordnung 2016/679, Version 1.1, angenommen am 4.5.2020, S. 10, https://datenschutzarchiv.org/fileadmin/Dokumente/2020/LL_EDPB_Leitlinien_202005_de.pdf.

sich vielfach bereits vor der Begründung des Arbeitsverhältnisses im Bewerbungsverfahren ergeben. Dort sieht sich ein potenzieller Arbeitnehmer erst recht dazu gedrängt, die Einwilligung in die Verarbeitung seiner personenbezogenen Daten zu erteilen, um überhaupt für die Begründung eines Arbeitsverhältnisses in Betracht gezogen zu werden. Das betrifft z. B. die Einwilligung in die Durchführung sogenannter Bewerber-Screenings oder Background-Checks. Der EDSA hält es folglich für unwahrscheinlich, dass die Einwilligung des (zukünftigen) Arbeitnehmers in diesen Fällen freiwillig erteilt wird.[133] Gleichwohl soll auch in Fällen eines strukturellen Machtgefälles die Einwilligung nur dann als Rechtsgrundlage ausscheiden, wenn es „in Anbetracht aller Umstände in dem speziellen Fall unwahrscheinlich ist, dass die Einwilligung freiwillig gegeben wurde".[134] Maßgeblich ist also nicht eine pauschale Betrachtung des Verhältnisses zwischen Arbeitgeber und Arbeitnehmer, sondern ob sich das Machtgefälle im konkreten Einzelfall auswirkt.[135] Dabei sind durchaus Konstellationen denkbar, in denen sich im Beschäftigungskontext das Machtgefälle im konkreten Fall nicht auswirkt, etwa wenn die Verweigerung der Einwilligung für die betroffene Person mit keinerlei Nachteilen verbunden ist.[136] Das mag z. B. bei freiwilligen und anonymem Mitarbeiterumfragen der Fall sein.[137]

Ferner muss sich die Einwilligung auf einen bestimmten Zweck der Daten- **80**
verarbeitung beziehen. Es ist nicht ausreichend, allgemeine Zustimmungen für eine unbestimmte Vielzahl von Verarbeitungszwecken einzuholen.[138] Die betroffene Person muss vor der Erteilung der Einwilligung klar und verständlich darüber informiert werden, welche Daten zu welchem Zweck verarbeitet werden und welche Rechte sie hat.[139] Dies erfordert detaillierte Datenschutzinformationen und eine klare Strukturierung der Einwilligungsprozesse. Pauschale Einwilligungen oder Blankett-Einwilligungen, aus denen die Verarbeitungszwecke nicht klar hervorgehen, sind unzulässig.[140] Der EDSA verlangt vor diesem Hintergrund (i) eine klare Zweckbestimmung,

---

133 European Data Protection Board, Leitlinien 05/2020 zur Einwilligung gemäß Verordnung 2016/679, Version 1.1, angenommen am 4.5.2020, S. 10, https://datenschutzarchiv.org/fileadmin/Dokumente/2020/LL_EDPB_Leitlinien_202005_de.pdf.

134 Erwgr. 43 DSGVO.

135 Stellungnahme 2/2017 zur Datenverarbeitung am Arbeitsplatz (WP 249), S. 26, https://ec.europa.eu/newsroom/article29/items/610169; European Data Protection Board, Leitlinien 05/2020 zur Einwilligung gemäß Verordnung 2016/679, Version 1.1, angenommen am 4.5.2020, S. 10, https://datenschutzarchiv.org/fileadmin/Dokumente/2020/LL_EDPB_Leitlinien_202005_de.pdf.

136 *Stemmer*, in: BeckOK DatenschutzR, DS-GVO, Art. 7 Rn. 53.

137 Vgl. *Lemke*, Datenschutz in der Betriebsratsarbeit, V. 80.

138 Vgl. Art. 6 Abs. 1 lit. a DSGVO.

139 Erwgr. 32 DSGVO.

140 *Taeger*, in: Taeger/Gabel, DSGVO BDSG TTDSG, Art. 7 DSGVO Rn. 137; *Frenzel*, in: Paal/Pauly, DS-GVO BDSG, Art. 7 Rn. 8.

um eine schleichende Ausweitung derselben zu vermeiden; (ii) ein gewisses Maß an Granularität bei der Einwilligung und (iii) eine klare gestalterische Trennung zwischen Informationen im Zusammenhang mit dem Einholen der Einwilligung in die Datenverarbeitung und Informationen, die andere Angelegenheiten betreffen.[141] Die Wahrung dieser Anforderungen bei der Einholung einer Einwilligung stellt gerade beim Einsatz von KI-Systemen eine besondere Herausforderung dar, da die Verarbeitungsvorgänge oft komplex und für die betroffene Person kaum nachzuvollziehen sind.[142] Selbst für den Anbieter wird es in vielen Fällen kaum bis ins letzte Detail nachvollziehbar sein, wie genau ein KI-System zu seinen Ergebnissen kommt (Opazität des KI-Systems). KI-Systeme arbeiten häufig mit großen Datenmengen, die aus verschiedenen Quellen stammen, sind zudem extrem komplex aufgebaut und lernen selbständig weiter. Darüber hinaus können die Zwecke für die Verarbeitung großer Mengen an personenbezogenen Daten bei Erhebung der Daten in vielen Fällen noch nicht feststehen, auch und gerade weil durch fortschreitende technische Möglichkeiten bestimmte Verarbeitungszwecke bei Erhebung der personenbezogenen Daten noch nicht existieren oder unbekannt sind. Zudem können sich auch die Verarbeitungszwecke im Laufe der Zeit ändern. Durch diese Umstände wird die Bereitstellung der notwendigen Informationen für eine spezifische und informierte Einwilligung, wie sie die DSGVO verlangt, in der Praxis kaum umsetzbar sein.

81 Bei mehreren Verarbeitungszwecken muss zudem für alle Verarbeitungszwecke eine Einwilligung erteilt werden,[143] sofern für die konkrete Verarbeitung keine andere Rechtsgrundlage einschlägig[144] ist. Praktisch heißt das, dass bei Einholung einer Einwilligung für mehrere Zwecke für jeden Zweck eine gesonderte Einwilligung bereitgestellt werden sollte.[145] Gerade bei der Entwicklung und dem Einsatz von Künstlicher Intelligenz stellen diese Anforderungen Hürden für die Entwickler und Anbieter auf: Bei Big-Data-Analysen wird es in vielen Fällen bei Erhebung der personenbezogenen Daten noch nicht klar sein, zu welchen zukünftigen Zwecken die Daten ver-

141 European Data Protection Board, Leitlinien 05/2020 zur Einwilligung gemäß Verordnung 2016/679, Version 1.1, angenommen am 4.5.2020, S. 16, https://datenschutz-archiv.org/fileadmin/Dokumente/2020/LL_EDPB_Leitlinien_202005_de.pdf.

142 *Laue/Nink/Kremer*, in: Laue/Nink/Kremer, Datenschutzrecht in der betrieblichen Praxis, § 14 Rn. 18; *Schürmann*, ZD 2022, 316, 317.

143 Vgl. Erwgr. 32 DSGVO.

144 European Data Protection Board, Leitlinien 05/2020 zur Einwilligung gemäß Verordnung 2016/679 Version 1.1, angenommen am 4.5.2020, S. 16, https://datenschutz-archiv.org/fileadmin/Dokumente/2020/LL_EDPB_Leitlinien_202005_de.pdf.

145 European Data Protection Board, Leitlinien 05/2020 zur Einwilligung gemäß Verordnung 2016/679, Version 1.1, angenommen am 4.5.2020, S. 16, https://datenschutz-archiv.org/fileadmin/Dokumente/2020/LL_EDPB_Leitlinien_202005_de.pdf.

arbeitet werden.[146] Für die Entwicklung und das Training von KI-Systemen bedeutet das, dass für jeden Verarbeitungszweck eine Einwilligung einzuholen wäre.[147]

Damit eine betroffene Person überhaupt einschätzen kann, wozu sie ihre Einwilligung erteilt, muss ihr ein Mindestmaß an Informationen bereitgestellt werden. Um dem Erfordernis der Einwilligung „in informierter Weise" Rechnung zu tragen, muss die betroffene Person alle Informationen erhalten, die für ihre Entscheidungsfindung wesentlich sind.[148] Mindestens muss die betroffene Person darüber informiert werden, wer der Verantwortliche ist und für welche Zwecke ihre personenbezogenen Daten verarbeitet werden.[149] Der EDSA verlangt darüber hinaus noch Informationen über **82**
- die Art der Daten, die erhoben und verwendet werden,
- das Bestehen eines Rechts, die Einwilligung nach Art. 7 Abs. 3 DSGVO zu widerrufen,
- gegebenenfalls Informationen über die Verwendung der personenbezogenen Daten für eine automatisierte Entscheidungsfindung gemäß Art. 22 Abs. 2 DSGVO sowie
- Angaben zu möglichen Risiken von Datenübermittlungen ohne Vorliegen eines Angemessenheitsbeschlusses und ohne geeignete Garantien nach Art. 46 DSGVO.[150]

Speziell im Zusammenhang mit der Information über die Verarbeitung personenbezogener Daten durch künstliche Intelligenz differenziert die DSK hinsichtlich des geforderten Transparenzgrades nach der Zielgruppe: Für Betroffene, Verantwortliche und Aufsichtsbehörden sollen demnach unterschiedliche Level an Transparenz erforderlich sein.[151] Die strengsten An- **83**

---

146 Vgl. *Ebers*, in: *Ebers/Heinze/Krügel/Steinrötter*, Künstliche Intelligenz und Robotik, § 3 Rn. 89.

147 European Data Protection Board, Leitlinien 05/2020 zur Einwilligung gemäß Verordnung 2016/679 Version 1.1, angenommen am 4.5.2020, S. 17, https://datenschutz-archiv.org/fileadmin/Dokumente/2020/LL_EDPB_Leitlinien_202005_de.pdf.

148 European Data Protection Board, Leitlinien 05/2020 zur Einwilligung gemäß Verordnung 2016/679, Version 1.1, angenommen am 4.5.2020, S. 17 https://datenschutz-archiv.org/fileadmin/Dokumente/2020/LL_EDPB_Leitlinien_202005_de.pdf.

149 Vgl. Erwgr. 42 DSGVO.

150 European Data Protection Board, Leitlinien 05/2020 zur Einwilligung gemäß Verordnung 2016/679, Version 1.1, angenommen am 4.5.2020, S. 17 f., https://datenschutz-archiv.org/fileadmin/Dokumente/2020/LL_EDPB_Leitlinien_202005_de.pdf.

151 DSK, Positionspapier der Konferenz der unabhängigen Datenschutzaufsichtsbehörden des Bundes und der Länder – 6.11.2019, Stand: 6.11.2019, https://www.datenschutzkonferenz-online.de/media/en/20191106_positionspapier_kuenstliche_intelligenz.pdf.

forderungen sollen gegenüber Aufsichtsbehörden gelten.[152] Gegenüber Verantwortlichen sollen nachvollziehbare Erläuterungen für alle Schritte des KI-Systems bereitgestellt werden.[153] Gegenüber Betroffenen soll eine geringere Detailtiefe ausreichen, solange darüber informiert wird, dass ein KI-System eingesetzt wird und wo ggf. weitere Details in Erfahrung gebracht werden können.[154] Für eine solche Differenzierung lässt sich anführen, dass ein durchschnittlicher Betroffener mit detaillierten Informationen über die einzelnen Verarbeitungsschritte und deren technische Funktionsweise im Ergebnis nicht viel wird anfangen können.[155] Ein solcher „information overload" würde letztlich nicht zu einem Erkenntnisgewinn, sondern vielfach zu Überforderung führen. Dem Ziel, der betroffenen Person zu einer informierten Entscheidung zu verhelfen, wäre damit nicht gedient. Zweckmäßiger erscheint daher eine Aufklärung, die sich auf die wesentlichen Punkte beschränkt und nur wenige wichtige Details beinhaltet.[156] Um den Anforderungen der DSGVO dennoch gerecht zu werden, können Verantwortliche verschiedene Ansätze verfolgen: Eine häufig genutzte Herangehensweise ist dabei die Schaffung von Transparenz durch Layered Information. Dabei werden der betroffenen Person zunächst die wesentlichen Informationen in kurzer und prägnanter Form bereitgestellt, während detailliertere Informationen über weiterführende Links zugänglich gemacht werden.[157] Durch die gestaffelte Darstellung wird eine klare und verständliche Übersicht über die wesentlichen Informationen gewährleistet, während tiefergehende Details bei Bedarf abgerufen werden können. Dies fördert die Transparenz und hilft den Betroffenen, fundierte Entscheidungen zu treffen, ohne von Anfang an mit zu vielen Details überfordert zu werden.

84 Die wirksame Einholung einer Einwilligung für die Verarbeitung personenbezogener Daten durch KI-Systeme wird zudem dadurch erschwert, dass

152 DSK, Positionspapier der Konferenz der unabhängigen Datenschutzaufsichtsbehörden des Bundes und der Länder – 6.11.2019, Stand: 6.11.2019, https://www.datenschutzkonferenz-online.de/media/en/20191106_positionspapier_kuenstliche_intelligenz.pdf.

153 DSK, Positionspapier der Konferenz der unabhängigen Datenschutzaufsichtsbehörden des Bundes und der Länder – 6.11.2019, Stand: 6.11.2019, https://www.datenschutzkonferenz-online.de/media/en/20191106_positionspapier_kuenstliche_intelligenz.pdf.

154 DSK, Positionspapier der Konferenz der unabhängigen Datenschutzaufsichtsbehörden des Bundes und der Länder – 6.11.2019 Stand: 6.11.2019, https://www.datenschutzkonferenz-online.de/media/en/20191106_positionspapier_kuenstliche_intelligenz.pdf.

155 *Werkmeister/Laux*, PinG 2023, 103, 107.

156 So auch *Werkmeister/Laux*, PinG 2023, 103, 107.

157 European Data Protection Board, Leitlinien 05/2020 zur Einwilligung gemäß Verordnung 2016/679, Version 1.1, angenommen am 4.5.2020, S. 19, https://datenschutzarchiv.org/fileadmin/Dokumente/2020/LL_EDPB_Leitlinien_202005_de.pdf.

mehr als eine Partei an der Verarbeitung beteiligt sein kann. Wollen sich mehrere (gemeinsam) Verantwortliche auf dieselbe Einwilligung stützen, müssen alle Verantwortlichen in der Einwilligung genannt sein.[158]

Der Rückgriff auf die Einwilligung ist auch deshalb kritisch, weil Betroffene das Recht haben, ihre Einwilligung jederzeit zu widerrufen.[159] Die Rechtmäßigkeit der aufgrund der Einwilligung bis zum Widerruf erfolgten Verarbeitung bleibt davon berührt.[160] Verantwortliche sind verpflichtet, die betroffene Person vor der Erteilung der Einwilligung über das Recht zum Widerruf zu informieren und den Widerruf genauso einfach wie die Erteilung der Einwilligung zu gestalten.[161] Der Widerruf wirkt nur für die Zukunft, das heißt die bisherige Verarbeitung personenbezogener Daten wird von dem Widerruf nicht berührt. Nach Ausübung des Widerrufsrechts muss der Verantwortliche die auf Grundlage der widerrufenen Einwilligung verarbeiteten Daten grundsätzlich unverzüglich löschen.[162] **85**

b) Berechtigtes Interesse

Vor dem Hintergrund der beschriebenen Probleme beim Rückgriff auf die Einwilligung kommt dem Erlaubnistatbestand des berechtigten Interesses nach Art. 6 Abs. 1 lit. f DSGVO besondere Bedeutung zu. Das gilt sowohl für das Training von KI-Modellen als auch für die Nutzung von KI-Systemen. **86**

aa) Training von KI-Modellen

Gerade für das Training von KI-Modellen kommt dem berechtigten Interesse eine besondere Bedeutung zu, da KI-Entwickler typischerweise keinen unmittelbaren Kontakt zu den Betroffenen, deren personenbezogene Daten für das Training verwendet werden sollen, haben. Die Einholung einer Einwilligung würde schon an dem faktischen Problem der fehlenden Kontaktaufnahmemöglichkeit scheitern. **87**

Art. 6 Abs. 1 lit. f DSGVO erlaubt die Verarbeitung personenbezogener Daten, wenn diese zur Wahrung der berechtigten Interessen des Verantwortlichen oder eines Dritten erforderlich ist, sofern nicht die Interessen oder Grundrechte und Grundfreiheiten der betroffenen Person überwiegen. Maß- **88**

158 European Data Protection Board, Leitlinien 05/2020 zur Einwilligung gemäß Verordnung 2016/679, Version 1.1, angenommen am 4.5.2020, S. 17 f., https://datenschutz-archiv.org/fileadmin/Dokumente/2020/LL_EDPB_Leitlinien_202005_de.pdf.

159 Art. 7 Abs. 3 DSGVO.

160 Art. 7 Abs. 3 DSGVO.

161 Art. 7 Abs. 3 Satz 3, 4 DSGVO.

162 *Stemmer*, in: BeckOK DatenschutzR, Art. 7 DSGVO Rn. 96.

geblich ist also eine Interessenabwägung. Im Rahmen dieser Interessenabwägung sind gemäß ErwGr. 47 DSGVO auch die vernünftigen Erwartungen der betroffenen Personen, die auf ihrer Beziehung zu dem Verantwortlichen beruhen, zu berücksichtigen.

89 Zu den berechtigten Interessen zählen insbesondere auch wirtschaftliche Interessen.[163] Daneben können aber auch weitere Interessen berücksichtigt werden, beispielsweise das Interesse, neue Systeme oder Funktionalitäten für Nutzer eines Dienstes zu entwickeln, einen Dienst zu verbessern, um seine Leistungsfähigkeit zu steigern, oder ein Dialogsystem zur Unterstützung von Nutzern anzubieten.[164]

90 Im Rahmen der vorzunehmenden Interessenabwägung sind den berechtigten Interessen des Verantwortlichen die Risiken für die Betroffenen gegenüberzustellen, die sich gerade bei der Entwicklung von KI-Modellen insbesondere aus einem Verlust der Selbstbestimmung und der Kontrolle über die eigenen personenbezogenen Daten ergeben können.[165] Dabei können zu Gunsten des KI-Entwicklers technische Maßnahmen berücksichtigt werden, die dieser zur Minimierung des Risikos für die Rechte und Freiheiten Betroffener getroffen hat.[166] Zu diesen Maßnahmen können die sorgfältige Auswahl und Prüfung der Quellen der in den Trainingsdaten enthaltenen personenbezogenen Daten, die Anonymisierung oder Pseudonymisierung dieser Daten, der Einsatz von sogenannten Privacy Enhancing Techniques (wie z. B. Differential Privacy) sowie Maßnahmen, welche die Rechteausübung für Betroffene erleichtern und Transparenz erhöhen, zählen.[167]

---

163 Vgl. EuGH, Urt. v. 4.10.2024 – C-621/22, NJW 2024, 3769, 3772.

164 Der Landesbeauftragte für Datenschutz und Informationsfreiheit Baden-Württemberg, Rechtsgrundlagen im Datenschutz beim Einsatz von Künstlicher Intelligenz, Wann und wie dürfen personenbezogene Daten für das Training und die Anwendung von Künstlicher Intelligenz verarbeitet werden? – Diskussionspapier. Aktuelle Version 2.0 vom 17.10.2024, S. 21, https://www.baden-wuerttemberg.datenschutz.de/rechtsgrundlagen-datenschutz-ki/#_ftn20.

165 Vgl. European Data Protection Board, Opinion 28/2024 on certain data protection aspects related to the processing of personal data in the context of AI models, Adopted on 17th December 2024, Rn. 77, https://www.edpb.europa.eu/system/files/2024-12/edpb_opinion_202428_ai-models_en.pdf.

166 Vgl. *Paal*, ZfDR 2024, 129, 153.

167 Vgl. European Data Protection Board, Opinion 28/2024 on certain data protection aspects related to the processing of personal data in the context of AI models, Adopted on 17th December 2024, Rn. 96 ff., https://www.edpb.europa.eu/system/files/2024-12/edpb_opinion_202428_ai-models_en.pdf.

bb) Nutzung von KI-Systemen

Bei der Nutzung von KI-Systemen ist zu unterscheiden zwischen einerseits der Verarbeitung von im KI-Modell ggf. enthaltenen personenbezogenen Daten und andererseits der Verarbeitung von personenbezogenen Daten, die Nutzer eines KI-Systems in das System geben. **91**

Sofern ein KI-Modell selbst einen Personenbezug aufweist, sind in diesem typischerweise personenbezogene Daten von einer Reihe von Personen enthalten. Der Nutzer eines auf Grundlage eines solchen KI-Modells erstellten KI-Systems hat in der Regel keinen Kontakt zu den Personen, deren personenbezogene Daten im KI-System enthalten sind, und kennt diese auch gar nicht. Vor diesem Hintergrund kommt in diesen Fällen typischerweise Art. 6 Abs. 1 lit. f DSGVO als Rechtsgrundlage in Betracht.[168] **92**

Gibt ein Nutzer eines KI-Systems in dieses personenbezogene Daten ein, insbesondere im Rahmen seines Prompts, stellt auch dies im Ausgangspunkt eine rechtfertigungsbedürftige Verarbeitung personenbezogener Daten dar. Dabei kommen grundsätzlich sämtliche datenschutzrechtliche Erlaubnistatbestände in Betracht. Zwar erscheint es nicht ausgeschlossen, dass die Verarbeitung personenbezogener Daten auf Grundlage der Einwilligung gemäß Art. 6 Abs. 1 lit. a DSGVO des Nutzers eines KI-Systems erfolgt, eine solche kann sich aber immer nur auf die eigenen personenbezogenen Daten des Nutzers beziehen und nicht auf personenbezogene Daten Dritter. Gleichsam erscheint auch die Verarbeitung zur Erfüllung einer vertraglichen Verpflichtung gemäß Art. 6 Abs. 1 lit. b DSGVO nicht ausgeschlossen, sofern das jeweilige Vertragsverhältnis den Einsatz des KI-Systems bedingt. Vielfach wird aber auch im Rahmen der Nutzung von KI-Systemen auf die Rechtsgrundlage des berechtigten Interesses nach Art. 6 Abs. 1 lit. f DSGVO abzustellen sein. Im Rahmen der Abwägung der widerstreitenden Interessen sind dabei insbesondere die getroffenen technischen Schutzmaßnahmen zu berücksichtigen.[169] **93**

2. Automatisierte Entscheidungsfindung und Profiling

Automatisierte Entscheidungsfindung und Profiling können zentrale Anwendungsfelder datengetriebener KI-Systeme sein. Angesichts der zunehmenden Nutzung von generativen KI-Technologien stellen sich damit auch komplexe datenschutzrechtliche Fragen im Hinblick auf die Zulässigkeit solcher Technologien. **94**

Art. 22 Abs. 1 DSGVO verbietet es, eine betroffene Person einer ausschließlich auf einer automatisierten Verarbeitung – einschließlich Profiling – beru- **95**

---

168 Vgl. *Reichert/Radtke/Eske*, ZD 2024, 483, 484.

169 Vgl. *Hüger*, ZfDR 2024, 263, 283.

henden Entscheidung zu unterwerfen, die ihr gegenüber rechtliche Wirkung entfaltet oder sie in ähnlicher Weise erheblich beeinträchtigt. „Profiling" ist dabei definiert als jede Art der automatisierten Verarbeitung personenbezogener Daten, die darin besteht, dass diese personenbezogenen Daten verwendet werden, um bestimmte persönliche Aspekte, die sich auf eine natürliche Person beziehen, zu bewerten, insbesondere um Aspekte bezüglich Arbeitsleistung, wirtschaftlicher Lage, Gesundheit, persönlichen Vorlieben, Interessen, Zuverlässigkeit, Verhalten, Aufenthaltsort oder Ortswechsel dieser natürlichen Person zu analysieren oder vorherzusagen, Art. 4 Nr. 4 DSGVO.

96 Profiling und automatisierte Entscheidungsfindung sind nicht notwendig deckungsgleich: Nicht jedes Profiling führt zu einer Entscheidung, und nicht jede automatisierte Entscheidung basiert auf einem Profiling. Gleichwohl ist in der Praxis oft eine enge Verknüpfung gegeben.

97 Nach der vielbeachteten SCHUFA-Entscheidung des EuGH kann eine „automatisierte Entscheidung im Einzelfall" im Sinne des Art. 22 Abs. 1 DSGVO bereits dann vorliegen, wenn ein auf personenbezogene Daten gestützter Wahrscheinlichkeitswert (z. B. ein Score-Wert) automatisiert erstellt wird, sofern diesem Wahrscheinlichkeitswert maßgebliche Bedeutung im Rahmen der späteren (menschlichen) Entscheidung zukommt.[170] Damit hat der EuGH den Anwendungsbereich des Art. 22 Abs. 1 DSGVO erheblich erweitert.

98 Eine Übertragung dieser Argumentation des EuGH auf KI-Systeme liegt nahe: Auch diese können dazu eingesetzt werden, um vorbereitende Entscheidungsgrundlagen zu treffen, z. B. im Rahmen eines KI-gestützten Bewerbungsverfahrens oder der Vorsortierung von Patienten für eine Studie.[171] Aufgrund der beschriebenen Blackbox-Problematik beim Einsatz von KI-Systemen ist für Anwender häufig nicht vollständig und klar nachvollziehbar, wie solche vorbereitenden Entscheidungsgrundlagen zustande gekommen sind. Gleichwohl können solche vorbereitenden Entscheidungen maßgeblichen Einfluss auf die spätere menschliche Entscheidung haben. Insofern besteht eine deutliche Parallele zum vom EuGH entschiedenen Fall des SCHUFA-Scores.

---

170 EuGH, Urt. v. 7.12.2023 – C-634/21, NJW 2024, 413 – OQ/Land Hessen.

171 So auch der Hamburgische Beauftragte für Datenschutz und Informationssicherheit, Pressemitteilung vom 7.12.2023, S. 1 f., https://datenschutz-hamburg.de/fileadmin/user_upload/HmbBfDI/Pressemitteilungen/2023/2023-12-07-PM_EuGH_Urteil_Schufa_Auswirkungen_auf_KI.pdf.

IV. Rechte der Betroffenen

Bei der Entwicklung und dem Einsatz von KI-Systemen stellt die Gewährleistung der datenschutzrechtlichen Betroffenenrechte der DSGVO Entwickler und Anwender vor erhebliche Herausforderungen. Gerade in KI-gestützten Verarbeitungsprozessen besteht die Gefahr einer faktischen Entwertung dieser Rechte aufgrund mangelnder Transparenz, der Komplexität der Verarbeitung und fehlender Nachvollziehbarkeit der Entscheidungen. Dessen ungeachtet sind Verantwortliche verpflichtet, sicherzustellen, dass betroffene Personen ihre Rechte auch bei der Verarbeitung ihrer personenbezogenen Daten wahrnehmen können. **99**

1. Auskunftsrecht

Art. 15 DSGVO gewährt Betroffenen ein weitreichendes Auskunftsrecht über die Verarbeitung ihrer personenbezogenen Daten. Dies umfasst insbesondere die Kategorien verarbeiteter Daten, Verarbeitungszwecke und das Bestehen automatisierter Entscheidungsfindung einschließlich Profiling nach Art. 22 DSGVO sowie die Tragweite und die angestrebten Auswirkungen einer derartigen Verarbeitung für die betroffene Person. **100**

Die Erstreckung des Auskunftsrechts auf das Bestehen einer automatisierten Entscheidungsfindung (einschließlich Profiling) hat vor dem Hintergrund der SCHUFA-Entscheidung des EuGH erheblich an Bedeutung gewonnen. **101**

Im Rahmen der Auskunftserteilung stellt sich dann insbesondere die Frage, ob und in welchem Umfang die betroffene Person Auskunft über die involvierte „Logik“ des KI-Systems verlangen kann. Der Auskunftsanspruch soll es betroffenen Personen ermöglichen, nachzuvollziehen, auf Grundlage welcher Daten der Verantwortliche eine Entscheidung getroffen hat. Der EuGH verlangt diesbezüglich, den jeweils betroffenen Personen in „präziser, transparenter, verständlicher und leicht zugänglicher Form die Verfahren und Grundsätze zu erläutern, die bei der automatisierten Verarbeitung ihrer personenbezogenen Daten zur Gewinnung eines bestimmten Ergebnisses – beispielsweise eines Bonitätsprofils – konkret angewandt wurden.“[172] Den Betroffenen ist also Auskunft darüber zu erteilen, in welchem Zusammenhang die jeweilige Verarbeitung personenbezogener Daten mit der getroffenen Entscheidung steht.[173] Informationen über die involvierte „Logik“ umfassen dabei mindestens eine „Methode der Datenverarbeitung bezogen **102**

172 EuGH, Urt. v. 27.2.2025 – C-203/22, NZA 2025, 413 – CK/Magistrat der Stadt Wien.
173 *Schmidt-Wudy*, in: BeckOK DatenschutzR, Art. 15 DSGVO Rn. 78.3.

auf die Funktionsweise des Programmablaufs im Zusammenhang mit der konkreten Anwendung“.[174]

2. Recht auf Löschung („Recht auf Vergessenwerden“)

103 KI-Systeme operieren oftmals auf Basis großer Mengen personenbezogener Daten, die sowohl in der Trainingsphase als auch bei der Anwendung der KI-Systeme verarbeitet werden. Die Erfüllung des Anspruchs auf Löschung gegenüber den Betroffenen stellt Entwickler und Betreiber von KI-Systemen vor erhebliche praktische Herausforderungen.

104 Im Ausgangspunkt normiert Art. 17 Abs. 1 DSGVO bestimmte Konstellationen, unter denen eine betroffene Person die Löschung ihrer personenbezogenen Daten verlangen kann. Insbesondere sind die personenbezogenen Daten zu löschen, wenn die Zwecke für ihre Verarbeitung weggefallen sind (Art. 17 Abs. 1 lit. a DSGVO), wenn die betroffene Person ihre Einwilligung widerrufen hat (Art. 17 Abs. 1 lit. b DSGVO) oder wenn die personenbezogenen Daten unrechtmäßig verarbeitet wurden (Art. 17 Abs. 1 lit. d DSGVO). Der Verantwortliche muss die personenbezogenen Daten dann unverzüglich löschen. Bei der Erfüllung des Löschungsanspruchs muss der Verantwortliche insbesondere berücksichtigen, dass bestimmte KI-Systeme durch das Kombinieren verschiedener Informationen unter Umständen wieder einen Bezug zu einzelnen Personen herstellen können. Bei der Entfernung personenbezogener Informationen muss der Verantwortliche daher sicherstellen, dass eine nachträgliche Rekonstruktion des Personenbezugs ausgeschlossen bleibt.[175]

105 Problematisch erscheint die Löschungspflicht zudem in Fällen, in denen das KI-Modell selbst einen Personenbezug aufweist. Sofern die vom Löschungsverlangen erfassten personenbezogenen Daten ohne Beeinträchtigung des Gesamtmodells technisch möglich ist, sind diese zu löschen.[176] In Konstellationen hingegen, in denen personenbezogene Informationen nicht unmittelbar im Modell abrufbar gespeichert sind, sondern nur durch gezielte Eingaben rekonstruiert werden können, stellt sich die Frage, ob ein

---

174 DSK, Orientierungshilfe der Konferenz der unabhängigen Datenschutzaufsichtsbehörden des Bundes und der Länder vom 6.5.2024, Künstliche Intelligenz und Datenschutz, Version 1.0, S. 6 f., https://www.datenschutzkonferenz-online.de/media/oh/20240506_DSK_Orientierungshilfe_KI_und_Datenschutz.pdf.

175 DSK, Orientierungshilfe der Konferenz der unabhängigen Datenschutzaufsichtsbehörden des Bundes und der Länder vom 6.5.2024, Künstliche Intelligenz und Datenschutz, Version 1.0, S. 8, https://www.datenschutzkonferenz-online.de/media/oh/20240506_DSK_Orientierungshilfe_KI_und_Datenschutz.pdf.

176 Vgl. Bayerisches Landesamt für Datenschutzaufsicht, Datenschutzkonforme Künstliche Intelligenz Checkliste mit Prüfkriterien nach DS-GVO, S. 6, https://www.lda.bayern.de/media/ki_checkliste.pdf.

„technisches Löschen" überhaupt möglich ist. In derartigen Fällen kann es angezeigt sein, das Modell nachträglich durch gezieltes Nachtraining (sog. „machine-unlearning") oder durch die Modifikation spezifischer Modellparameter so anzupassen, dass die Generierung der konkret beanstandeten personenbezogenen Inhalte unterbunden wird und so einmal gelernte Informationen wieder „vergessen" werden.[177]

In der Praxis dürfte sich die Löschung von personenbezogenen Daten aus einem KI-Modell als schwierig erweisen, insbesondere dann, wenn diese Daten bereits in das Modell eingeflossen und Teil desselben geworden sind. Das nachträgliche Herausfiltern bestimmter Ergebnisse durch technische Maßnahmen allein erfüllt in der Regel nicht die Anforderungen an eine Löschung, denn die Daten können dann weiterhin für das KI-Modell in personenbeziehbarer Form verfügbar sein.[178] Gleichwohl können solche Filter einen wichtigen Baustein dafür darstellen, gezielt bestimmte Resultate zu unterdrücken und dadurch die Interessen sowie Rechte der betroffenen Personen besser zu wahren.[179] **106**

3. Widerspruchsrecht

Das Widerspruchsrecht nach Art. 21 DSGVO erlaubt es betroffenen Personen, aus besonderen Gründen gegen die Verarbeitung ihrer personenbezogenen Daten Widerspruch einzulegen. Das Widerrufsrecht besteht insbesondere in dem Fall, dass sich die Verarbeitung auf ein berechtigtes Interesse nach Art. 6 Abs. 1 lit. f DSGVO stützt. Nach der Ausübung des Widerspruchsrechts darf der Verantwortliche die personenbezogenen Daten nicht mehr nutzen, es sei denn, er kann zwingende schutzwürdige Gründe für die Verarbeitung nachweisen, die die Interessen, Rechte und Freiheiten der betroffenen Person überwiegen. **107**

Das Widerspruchsrecht nimmt im Rahmen der Zulässigkeit der Verarbeitung personenbezogener Daten zu Trainingszwecken bei KI-Modellen eine zentrale Rolle ein. Insbesondere bei Verarbeitungen, die auf Art. 6 Abs. 1 lit. f DSGVO gestützt werden, stellt es ein entscheidendes Abwägungselement **108**

---

177 Vgl. BfDI, Manteldokument zum KI-Fragenkatalog, Version 1.0.1, S. 61 ff., https://www.bfdi.bund.de/SharedDocs/Downloads/DE/DokumenteBfDI/AccessForAll/2025/Manteldokument-KI-Fragenkatalog.pdf?__blob=publicationFile&v=1.

178 DSK, Orientierungshilfe der Konferenz der unabhängigen Datenschutzaufsichtsbehörden des Bundes und der Länder vom 6.5.2024, Künstliche Intelligenz und Datenschutz, Version 1.0, S. 8, https://www.datenschutzkonferenz-online.de/media/oh/20240506_DSK_Orientierungshilfe_KI_und_Datenschutz.pdf.

179 DSK, Orientierungshilfe der Konferenz der unabhängigen Datenschutzaufsichtsbehörden des Bundes und der Länder vom 6.5.2024, Künstliche Intelligenz und Datenschutz, Version 1.0, S. 8, https://www.datenschutzkonferenz-online.de/media/oh/20240506_DSK_Orientierungshilfe_KI_und_Datenschutz.pdf.

zwischen den berechtigten Interessen des Verantwortlichen und den Grundrechten der betroffenen Person dar.

109 Gerade bei der massenhaften Verarbeitung öffentlich zugänglicher Daten (etwa aus sozialen Netzwerken) kann die Einräumung eines transparenten und unkompliziert auszuübenden Widerspruchsrechts ein bedeutendes Element zur Abschwächung der Eingriffsintensität sein.[180]

110 Die Einräumung eines transparenten und unkompliziert auszuübenden Widerspruchsrechts gegen die Nutzung der eigenen personenbezogenen Daten für die Zwecke des Trainings von KI-Modellen ist zudem ein wichtiges Element zur Reduzierung der Eingriffsintensität bei den Betroffenen und spielt daher eine bedeutende Rolle im Rahmen der nach Art. 6 Abs. 1 lit. f DSGVO vorzunehmenden Interessenabwägung.[181]

V. Verantwortlichkeiten und Sanktionen

1. Bußgelder und Sanktionen

111 Zur Durchsetzung ihrer Vorgaben sieht die DSGVO ein umfangreiches Sanktionsregime vor.

112 Insbesondere die unrechtmäßige Verarbeitung personenbezogener Daten beim Training von KI-Modellen (z.B. das Training ohne Rechtsgrundlage) hat das Potenzial, erhebliche Sanktionen nach sich zu ziehen. Aufsichtsbehörden können im Falle der Feststellung eines entsprechenden Verstoßes die Verantwortlichen auffordern, Gegenmaßnahmen zu ergreifen, um die Rechtswidrigkeit der Verarbeitung abzustellen. Nach Auffassung des EDSA kommt dabei neben der Verhängung von Geldbußen auch in Betracht, die Verarbeitung vorübergehend zu beschränken, den rechtswidrig verarbeiteten Datensatz (teilweise) zu löschen oder im Extremfall sogar das KI-Modell selbst zu löschen.[182]

113 Innerhalb dieser Maßnahmen gewinnt die Bußgeldpraxis gerade im Kontext von KI eine besondere Relevanz: Die große Skalierbarkeit, Intransparenz und Autonomie von KI-Systemen birgt ein erhebliches Risiko für die Rechte und Freiheiten betroffener Personen. Bußgeldern kommt damit die Rolle ei-

---

180 Vgl. European Data Protection Board, Guidelines 1/2024 on processing of personal data based on Article 6(1)(f) GDPR, Version 1.0, Adopted on 8th October 2024, Rn. 57, https://www.edpb.europa.eu/system/files/2024-10/edpb_guidelines_202401_legitimateinterest_en.pdf.

181 Vgl. OLG Köln, Urt. v. 23.5.2025 – 15 UKl 2/25, GRUR-RS 2025, 10988.

182 European Data Protection Board, Opinion 28/2024 on certain data protection aspects related to the processing of personal data in the context of AI models, Adopted on 17th December 2024, Rn. 114, https://www.edpb.europa.eu/system/files/2024-12/edpb_opinion_202428_ai-models_en.pdf.

nes zentralen Steuerungsinstruments zur effektiven Absicherung der Einhaltung datenschutzrechtlicher Vorgaben in der Entwicklung und beim Einsatz von KI zu. Durch sie sollen Verantwortliche vor der potenziell massenhaften Verletzung des Schutzes personenbezogener Daten abgeschreckt werden.

Gemäß Art. 83 DSGVO können Aufsichtsbehörden gegen Verantwortliche **114**
und Auftragsverarbeiter bei Datenschutzverstößen Geldbußen verhängen. Die Bestimmung unterscheidet zwei Bußgeldkategorien:

- Verstöße gegen zentrale Grundsätze der Verarbeitung (insbesondere gegen die Art. 5, 6, 7 und 9 sowie die Art. 12 ff. DSGVO) können mit Geldbußen bis zu 20 Mio. EUR oder 4 % des weltweiten Jahresumsatzes des vorangegangenen Geschäftsjahres geahndet werden (Art. 83 Abs. 5 DSGVO).
- Verstöße gegen andere Pflichten (insbesondere gegen die Art. 8, 11, 25 bis 39 DSGVO) können mit Geldbußen bis zu 10 Mio. EUR oder 2 % des Jahresumsatzes geahndet werden (Art. 83 Abs. 4 DSGVO).

Die Bemessung der Bußgeldhöhe erfolgt gemäß Art. 83 Abs. 2 DSGVO an- **115**
hand eines Kriterienkatalogs. Relevante Faktoren sind u. a.:

- Art, Schwere und Dauer des Verstoßes,
- Grad des Verschuldens (vorsätzlich oder fahrlässig),
- getroffene Maßnahmen zur Minderung des Schadens,
- Kooperation mit der Aufsichtsbehörde,
- frühere einschlägige Verstöße,
- Datenkategorien (z. B. besonders schützenswerte Daten im Sinne des Art. 9 DSGVO).

2. Haftung und Schadensersatzansprüche

Nach Art. 82 Abs. 1 DSGVO hat jede Person, der wegen eines Verstoßes **116**
gegen die DSGVO ein materieller oder immaterieller Schaden entstanden ist, Anspruch auf Schadensersatz gegen den Verantwortlichen oder Auftragsverarbeiter. Voraussetzung eines Schadensersatzanspruchs ist damit (i) ein Schaden, (ii) ein Verstoß gegen die DSGVO und (iii) ein Kausalzusammenhang zwischen dem Schaden und dem Verstoß.[183] Auf ein Verschulden kommt es grundsätzlich nicht an.[184] Allerdings sieht Art. 82 Abs. 3 DSGVO die Möglichkeit einer Haftungsbefreiung vor, wenn der Verantwortliche oder der Auftragsverarbeiter nachweist, dass ihn kein Verschulden trifft.

---

183 EuGH, Urt. v. 4.5.2023 – C-300/21, NJW 2023, 1930 Rn. 32, 33 – UI/Österreichische Post AG.

184 *Frenzel*, in: Paal/Pauly, DS-GVO BDSG, Art. 82 Rn. 6.

117 Daraus wird bereits deutlich, dass ein Verstoß gegen die DSGVO für sich allein genommen noch nicht zu einem Schaden führt; es ist vielmehr an der jeweils betroffenen Person, einen Schaden nachzuweisen.[185]

118 Allerdings gibt es bei der Feststellung des Schadens nach der Rechtsprechung des EuGH keine „Bagatellgrenze“.[186] Vielmehr kann bereits der kurzzeitige Verlust der Hoheit über die eigenen Daten für die betroffenen Personen einen immateriellen Schaden darstellen.[187]

119 Diese Rechtsprechung hat erhebliche Auswirkungen auf die Verarbeitung personenbezogener Daten für das Training von KI-Modellen. Wird ein KI-Modell ohne ausreichende Rechtsgrundlage mit personenbezogenen Daten trainiert – etwa durch Scraping aus öffentlich verfügbaren Quellen – und bleiben diese personenbezogenen Daten latent enthalten oder rekonstruierbar, könnten Betroffene Schadensersatzansprüche geltend machen, sofern sie nachweisen, dass ihnen dadurch ein Schaden entstanden ist. Der BGH hat sich bereits dahingehend geäußert, dass er aus rechtlicher Sicht keine Bedenken gegen einen Schadensersatzanspruch in Höhe von 100 EUR für einen eingetretenen Kontrollverlust über die personenbezogenen Daten hätte.[188]

3. Rolle des Datenschutzbeauftragten

120 Vor dem Hintergrund der beschriebenen Bußgeld- und Haftungsrisiken sollten betriebliche Datenschutzbeauftragte frühzeitig in Entscheidungen über die Einführung und Nutzung von KI-Systemen eingebunden werden, um datenschutzrechtliche Risiken frühzeitig zu erkennen und gegebenenfalls erforderliche Maßnahmen zum Schutz der Rechte und Freiheiten von betroffenen Personen zu ergreifen. Neben der datenschutzrechtlichen Expertise des Datenschutzbeauftragten wird zukünftig darüber hinaus auch eine spezifische KI-Kompetenz immer mehr Relevanz gewinnen.[189]

---

185 EuGH, Urt. v. 4.10.2024 – C-507/23, NJW 2025, 141 Rn. 24 – *A/Patērētāju tiesību aizsardzības centrs.*

186 EuGH, Urt. v. 14.12.2023 – C-456/22, ZD 2024, 208 Rn. 18.

187 EuGH, Urt. v. 4.10.2024 – C-200/23, ZD 2025, 87 Rn. 150.

188 BGH, Urt. v. 18.11.2024 – VI ZR 10/24, NJW 2025, 298 Rn. 100.

189 Vgl. auch Art. 4 KI-VO, der Anbieter und Betreiber von KI-Systemen dazu verpflichtet, ihr Personal und andere Personen, die ihn ihrem Auftrag KI-Systeme nutzen, mit einem ausreichenden Maß an KI-Kompetenz auszustatten.

Kapitel 6
Data Act

Literatur: *Antoine*, Datenzugangsrechte im finalen Data Act – Fortschritt, Rückschritt, neue Fragen?, CR 2024, 1; *Apel/Huber*, Das neue Datenrecht der EU – Eine Übersicht, JuS 2024, 410; *Bomhard*, Der Anwendungsbereich des Data Act, Offene Fragen rund um Art. 1 DA, MMR 2024, 71; *Bomhard/Zdanowiecki*, Datenschutzgetriebene Flucht aus dem Data Act?, Teil II zur Data Act-Umsetzung vor dem Omnibus-Paket, RDi 2025, 419; *Dannhausen/Abel*, Spotlight auf den Nutzer – Wer ist Anspruchsberechtigter nach dem DA? – Vertiefte Betrachtung der zentralen Figur des Data Act, MMR 2024, 931; *Dannhausen/Abel*, Nutzerverifikation nach dem Data Act – Mission Impossible?, Überlegungen für eine praxisnahe Umsetzung, MMR 2025, 342; *Etzkorn*, (Vertragliche) Datenzugangsansprüche nach dem Data Act, RDi 2024, 116; *Frank/Freifrau von Imhoff*, Die Bereitstellung von Daten im Data Act RInPrax 2025, 51; *Henke*, Der Zugang zu IoT-Gerätedaten und ihre Nutzung unter dem Data Act, VuR 2024, 403; *Kaesling*, B2B- und B2C-Datenzugang nach dem Data Act – Datengetriebene Innovation zwischen Datenmaximierung und Datensparsamkeit, GRUR 2024, 821; *Pauly/Wichert/Baumann*, Schutz von Geschäftsgeheimnissen nach dem Data Act, Reichweite und Wirksamkeit, MMR 2024, 211; *Peters*, EU-Datenverordnung (Data Act) – praktische Herausforderungen für den Maschinen- und Anlagenbau, RInPrax 2025, 252; *Schmidt-Kessel*, Heraus- und Weitergabe von IoT-Gerätedaten, Analyse des Vertragsnetzes unter dem Data Act, MMR 2024, 75; *Metzger*, Datenschutz oder Datenzugang? Neuausrichtung des europäischen Datenrechts nach dem Data Act, NJW 2025 2729; *Specht/Hennemann* (Hrsg.), Data Act/ Data Governance Act, 2. Aufl. 2025; *Specht-Riemenschneider*, Der Entwurf des Data Act – Eine Analyse der vorgesehenen Datenzugangsansprüche im Verhältnis B2B, B2C und B2G, MMR 2022, 809; *Vogel*, Countdown zum Data Act: Was Unternehmen jetzt wissen müssen, DSB 2025, 128; *Wiesemann*, Vier Herausforderungen und praktische Lösungsansätze bei der Implementierung des Data Act, Der DA in der praktischen Umsetzung aus Sicht eines Dateninhabers, MMR 2025, 707; *Wilkening/Müller*, Data Act: Neue Datenzugangs- und Datennutzungsregeln für die Daten- und Cloudwirtschaft, DB 2024, 166; *Wolff/Brink/v. Ungern-Sternberg* (Hrsg.), BeckOK Datenschutzrecht, 52. Edition, Stand: 1.5.2025.

Alle Internetfundstellen wurden zuletzt am 2.3.2026 abgerufen.

Übersicht

I. Einleitung

1 Die digitale Transformation hat bei dem europäischen Gesetzgeber das Bedürfnis geweckt, einen Rechtsrahmen für die wirtschaftliche Nutzung von Maschinen- und Sensordaten zu schaffen. Mit dem Data Act (DA) hat die EU ein Gesetz erlassen, das den Zugang zu und die Nutzung von Daten von Internet-of-Things (IoT)-Produkten innerhalb der EU harmonisieren soll.[1]

2 Als horizontaler Rechtsakt entfaltet der Data Act seine Wirkung sektorenübergreifend und erfasst damit weite Teile der digitalen Wirtschaft – von der Automobilindustrie über die Medizintechnik bis hin zu Haushaltsgeräten. Durch das beabsichtigte Aufbrechen der bisherigen „faktischen Datenherrschaft“ der Hersteller zugunsten einer nutzerzentrierten Datenhoheit entstehen komplexe neue Rechtsbeziehungen zwischen Herstellern, Nutzern und weiteren Datenempfängern hinsichtlich IoT-Produkten. Angesichts der engen Verzahnung mit anderen Rechtsmaterien wie der DSGVO und der Einführung neuer Konzepte wie des „verbundenen Dienstes“ stehen Unternehmen vor der dringenden Aufgabe, ihre Geschäftsmodelle und Vertragswerke auf Konformität zu überprüfen. In diesem Kapitel werden insbesondere folgende Fragen behandelt:

- Wie können Unternehmen feststellen, ob und in welchem Umfang sie vom Data Act betroffen sind?
- Welche konkreten Pflichten ergeben sich aus dem Data Act für Unternehmen?

1 Vgl. *Henke*, VuR 2024, 403; *Metzger*, NJW 2025, 2729, 2729 f.

– Wie lassen sich diese Pflichten in der Praxis effektiv umsetzen und einhalten?

1. Systematische Einordnung im europäischen Datenrecht

3 Der Data Act konzentriert sich auf das Datenwirtschaftsrecht, während die Datenschutz-Grundverordnung den rechtlichen Rahmen für den Schutz personenbezogener Daten bildet. Beide Regelwerke verfolgen jedoch das gemeinsame Ziel, den freien Datenverkehr innerhalb der Europäischen Union zu fördern. In Art. 1 Abs. 5 DA wird ausdrücklich klargestellt, dass dessen Bestimmungen unbeschadet der datenschutzrechtlichen Regelungen gelten. Im Falle eines Konflikts haben allerdings die Regelungen der DSGVO Vorrang. Ergänzend wird in Erwgr. 7 DA betont, dass dieser das Datenschutzrecht nicht einschränkt, sondern vielmehr ergänzt. Gemeinsam mit weiteren Gesetzen wie dem Data Governance Act (DGA) und dem Digital Markets Act (DMA) bildet der Data Act einen zentralen Baustein der europäischen Datenstrategie. Ziel dieser Strategie ist es, einen einheitlichen digitalen Binnenmarkt für Daten zu schaffen.

2. Grundprinzipien des Data Acts

4 Der Data Act basiert auf den Grundprinzipien eines fairen und transparenten Zugangs zu Daten. Der Zugang zu Daten wird sowohl für Nutzer von IoT-Produkten als auch für öffentliche Stellen geregelt, um die Datenverfügbarkeit zu erhöhen, Datensilos aufzubrechen und neue Geschäftsmodelle im Rahmen der Datenwirtschaft entstehen zu lassen. Zudem enthält der Data Act Bestimmungen, die den Wechsel zwischen Cloud-Diensten vereinfachen und so Abhängigkeiten von einzelnen Anbietern reduzieren, welche hier aber nicht der Schwerpunkt der Darstellung dieses Kapitels sein sollen. Diese Grundprinzipien sollen dazu beitragen, einen einheitlichen Binnenmarkt für Daten zu schaffen, die Fragmentierung der rechtlichen Rahmenbedingungen innerhalb der EU zu überwinden und die Wertschöpfung durch einen verbesserten Zugang zu Daten nachhaltig zu steigern (Erwgr. 1 DA).

II. Wer ist vom Data Act betroffen?

5 Für die Anwendbarkeit des Data Acts ist zunächst entscheidend, ob das betroffene IoT-Produkt als vernetztes Produkt einzuordnen ist (**Ziffer 1 im Schaubild**). Der zentrale Mechanismus des Data Acts besteht darin, dass der Nutzer eines solchen vernetzten Produkts einen Anspruch auf Zugang zu den durch die Nutzung generierten Produktdaten gegenüber dem Dateninhaber hat. Maßgeblich ist, ob das besagte Unternehmen in der jeweiligen Konstellation als Dateninhaber im Sinne des Data Acts einzustufen ist (**Ziffer 2**

im Schaubild). Dies kommt insbesondere dann in Betracht, wenn die vom Unternehmen bereitgestellten Portale, Softwaredienste oder Plattformen hinsichtlich der IoT-Produkte als „verbundene Dienste" im Sinne des Data Acts zu qualifizieren sind (**Ziffer 3 im Schaubild**). Darüber hinaus ist Voraussetzung für einen Anspruch auf Datenzugang, dass die betroffene Partei als Nutzer im Sinne des Data Acts eingestuft wird (**Ziffer 4 im Schaubild**).

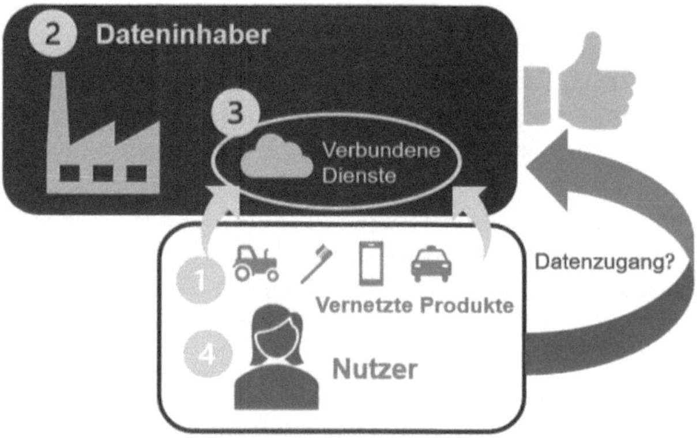

Abb. 1: Datenzugang nach dem Data Act

1. Sachlicher Anwendungsbereich des Data Acts

a) Vernetzte Produkte

6 Ein „vernetztes Produkt" i. S. d. Art. 2 Nr. 5 DA beschreibt einen Gegenstand, der Daten über seine Nutzung oder Umgebung erlangt, generiert oder erhebt und der Produktdaten über einen elektronischen Kommunikationsdienst, eine physische Verbindung oder einen geräteinternen Zugang übermitteln kann und dessen Hauptfunktion nicht die Speicherung, Verarbeitung oder Übertragung von Daten im Namen einer anderen Partei – außer dem Nutzer – ist.

7 Vernetzte Produkte sind im Wesentlichen Gegenstände, die in der Lage sind, Daten über ihre Nutzung oder Umgebung zu generieren und zu übermitteln. Dabei ist nicht erforderlich, dass eine ständige Internetverbindung oder eine kontinuierliche Datenübertragung besteht. Selbst Geräte, die lediglich einmal im Jahr über einen physischen Anschluss ausgelesen werden, können unter diese Definition fallen.[2] Der Fokus des Verordnungsgebers lag insbesondere auf Anwendungen, die dem Internet-of-Things zuzuordnen sind.[3]

2 *Vogel,* DSB 2025, 128.
3 Vgl. Erwgr. 14 DA.

b) Verbundener Dienst

Ein „verbundener Dienst“ ist ein digitaler Dienst, der nicht als elektronischer Kommunikationsdienst einzustufen ist – einschließlich Software – und der entweder zum Zeitpunkt des Kaufs, der Miete oder des Leasings so mit einem Produkt verbunden ist, dass das vernetzte Produkt ohne diesen Dienst eine oder mehrere seiner Funktionen nicht ausführen könnte oder der nachträglich vom Hersteller oder einem Dritten mit dem Produkt verbunden wird, um die Funktionen des vernetzten Produkts zu ergänzen, zu aktualisieren oder anzupassen (Art. 2 Nr. 6 DA). **8**

Ein digitaler Dienst ist stets funktional mit einem vernetzten Produkt verbunden.[4] Er steuert, ergänzt oder aktualisiert dessen Funktionen, wodurch eine enge Abhängigkeit und ständige Interaktion zwischen beiden entstehen.[5] Ein typisches Beispiel hierfür sind Betriebssysteme, die für die Nutzung der Hardware unerlässlich sind, wie eine App zum Einstellen der Helligkeit von Lichtern oder zum Regulieren der Temperatur eines Kühlschranks.[6] **9**

Nach Erwgr. 17 Satz 2 DA erfolgt bei verbundenen Diensten ein Datenaustausch zwischen dem vernetzten Produkt und dem Diensteanbieter. Solche Dienste sind ausdrücklich mit dem Betrieb und den Funktionen des vernetzten Produkts verknüpft. Dies umfasst beispielsweise Dienste, die Befehle an das vernetzte Produkt übermitteln und dessen Aktivität oder Verhalten beeinflussen können. Dienste, die keinen Einfluss auf den Betrieb des vernetzten Produkts haben und bei denen vom Diensteanbieter keine Daten oder Befehle an das Produkt übermittelt werden, fallen hingegen nicht unter die Definition eines verbundenen Dienstes. Beispiele für nicht verbundene Dienste sind zusätzliche Beratungs-, Analyse- oder Finanzdienstleistungen sowie regelmäßige Reparatur- und Wartungsarbeiten. **10**

Zur weiteren Eingrenzung, ob ein digitaler Dienst als verwandter Dienst einzustufen ist, können folgende Aspekte hilfreich sein[7]: **11**

- die Erwartungen der Nutzer an die jeweilige Produktkategorie,
- Marketingmaßnahmen, die das vernetzte Produkt und/oder den digitalen Dienst begleiten,
- Inhalte und Ergebnisse von Vertragsverhandlungen,

4 Vgl. Erwgr. 17 DA.

5 *Frank/Freifrau von Imhoff*, RInPrax 2025, 51, 53.

6 FAQ 10 der Frequently Asked Questions der EU-Kommission zum Data Act (Version 1.4) v. 22.1.2026, https://ec.europa.eu/newsroom/dae/redirection/document/108144.

7 Hierzu FAQ 10 der Frequently Asked Questions der EU-Kommission zum Data Act (Version 1.4) v. 22.1.2026, https://ec.europa.eu/newsroom/dae/redirection/document/108144.

– die Austauschbarkeit bzw. Ersetzbarkeit des digitalen Dienstes,
– die Vorinstallation des digitalen Dienstes auf dem vernetzten Produkt.

c) Daten: Produktdaten und verbundene Dienstdaten

12 Der Data Act liefert eine Vielzahl neuer Datenbegriffe. „Daten" im Sinne des Art. 2 Nr. 1 DA sind dabei als digitale Darstellungen von Handlungen, Tatsachen oder Informationen zu verstehen, auch in Form von Ton-, Bild- oder audiovisuellem Material. Erfasst werden sämtliche Informationen, die von Menschen und/oder Maschinen generiert werden, unabhängig von ihrer Ursprungsform.[8] Gemäß Art. 2 Nr. 15 und 16 DA wird des Weiteren zwischen „Produktdaten" und „verbundenen Dienstdaten" unterschieden. Auf diese beiden beziehen sich die Datenzugangsregelungen der Art. 3 ff. DA primär.[9]

aa) Produktdaten

13 Produktdaten sind in Art. 2 Nr. 15 DA definiert als Daten, die durch die Nutzung eines vernetzten Produkts generiert werden und die der Hersteller so konzipiert hat, dass sie über einen elektronischen Kommunikationsdienst, eine physische Verbindung oder einen geräteinternen Zugang von einem Nutzer, Dateninhaber oder Dritten – gegebenenfalls einschließlich des Herstellers – abgerufen werden können.

14 Bei Produktdaten handelt es sich demnach um Daten, die bei der Verwendung eines vernetzten Produkts entstehen, unabhängig davon, ob sie in Rohform vorliegen oder aufbereitet wurden. Unerheblich ist auch, ob der Produkteinsatz vom Nutzer zur Datenerzeugung erfolgt oder die Daten unwillentlich als Nebenprodukt erzeugt werden und ob der Nutzer aktiv oder inaktiv ist.[10] Produktdaten umfassen sowohl nicht personenbezogene als auch personenbezogene Daten.[11] In jedem Fall muss eine Datenerhebung über Hardwarekomponenten erfolgen.[12] Keine Produktdaten sind Daten, die beim Gebrauch anderer, nicht verbundener Dienste oder beim Konsum von Inhalten entstehen.[13]

bb) Verbundene Dienstdaten

15 „Verbundene Dienstdaten" sind gemäß Art. 2 Nr. 16 DA Daten, die die Digitalisierung von Nutzerhandlungen oder Vorgängen im Zusammenhang mit

8 *Schild*, in: BeckOK DatenschutzR, Art. 2 DA Rn. 6, 9.
9 *Denga*, in: Specht/Hennemann, Data Act/Data Governance Act, Art. 2 DA Rn. 17.
10 *Denga*, in: Specht/Hennemann, Data Act/Data Governance Act, Art. 2 DA Rn. 17.
11 *Schild*, in: BeckOK DatenschutzR, Art. 2 DA Rn. 89a.
12 *Denga*, in: Specht/Hennemann, Data Act/Data Governance Act, Art. 2 DA Rn. 19.
13 *Denga*, in: Specht/Hennemann, Data Act/Data Governance Act, Art. 2 DA Rn. 18.

dem vernetzten Produkt darstellen und vom Nutzer absichtlich aufgezeichnet oder als Nebenprodukt der Handlung des Nutzers während der Bereitstellung eines verbundenen Dienstes durch den Anbieter generiert werden. Während Produktdaten demnach vom Hersteller erfasst werden, erfolgt dies bei verbundenen Dienstdaten durch den Nutzer. Produktdaten sind eng mit den verbundenen Dienstdaten verknüpft.[14] Als Dienstdaten zählen beispielsweise Standortinformationen zu bestimmten Zeitpunkten eines vernetzten Navigationsgeräts.[15]

2. Persönlicher Anwendungsbereich

a) Nutzer

Nutzer gem. Art. 2 Nr. 12 DA ist eine natürliche oder juristische Person, die ein vernetztes Produkt besitzt oder der vertraglich zeitweilige Rechte für die Nutzung des vernetzten Produkts übertragen wurden oder die verbundene Dienste in Anspruch nimmt. Hierunter fallen beispielsweise Verbraucher, Unternehmen oder öffentliche Stellen.[16] **16**

Nutzer ist zunächst die Person oder das Unternehmen, die/das ein vernetztes Produkt besitzt. Dabei ist entgegen dem Wortlaut von Art. 2 Nr. 12 DA unter Berücksichtigung von Erwgr. 18 DA nicht der bloße Besitz, sondern das Eigentum am Produkt maßgeblich.[17] Personen, denen vertraglich befristete Rechte zur Nutzung eines vernetzten Produkts eingeräumt wurden, gelten ebenfalls als Nutzer. Dies umfasst beispielsweise Mieter oder Leasingnehmer, die durch einen Miet- oder Leasingvertrag zeitlich begrenzte Rechte auf Zugang zu den Daten des Produkts erhalten (vgl. Erwgr. 18 Satz 1 DA). Die Nutzung muss im Eigeninteresse und nicht ausschließlich im Fremdinteresse erfolgen, daher gelten beispielsweise abhängig Beschäftigte nicht als Nutzer, sondern vielmehr deren Arbeitgeber.[18] Zuletzt kann derjenige ein Nutzer sein, der einen verbundenen Dienst in Anspruch nimmt. **17**

Gemäß Art. 1 Abs. 3 lit. b DA muss ein Nutzer in der EU ansässig sein. Er kann jedoch unabhängig davon, ob die Daten innerhalb oder außerhalb der EU gespeichert sind, auf Grundlage des Data Acts Zugang zu den Daten verlangen. Es kann auch mehrere Nutzer eines vernetzten Produkts geben, beispielsweise bei der Untervermietung eines vernetzten Produkts von Nut- **18**

---

14 *Schild*, in: BeckOK DatenschutzR, Art. 2 DA Rn. 92.

15 *Denga*, in: Specht/Hennemann, Data Act/Data Governance Act, Art. 2 DA Rn. 25.

16 *Schild*, in: BeckOK DatenschutzR, Art. 2 DA Rn. 75; vgl. Erwgr. 18 Satz 1 DA .

17 *Dannhausen/Abel*, MMR 2024, 931; *Raue*, in: BeckOK DatenschutzR, Art. 4 n. 11; *Denga*, in: Specht/Hennemann, Data Act/Data Governance Act, Art. 2 DA Rn. 53; *Kaesling*, GRUR 2024, 821, 822; *Antoine*, CR 2024, 1, 14.

18 *Dannhausen/Abel*, MMR 2024, 931, 933; *Raue*, in: BeckOK DatenschutzR, Art. 4 DA Rn. 12.

zer zu Nutzer.[19] Durch mehrgliedrige Vertragsverhältnisse können komplexe Nutzerketten und -netzwerke entstehen, bei denen unterschiedliche Interaktionen eine Vielzahl von Daten generieren.

19 Ein solches Vertragsverhältnis könnte beispielsweise zwischen Hersteller, E-Scooter-Vermieter und E-Scooter-Nutzern bestehen. Ein Unternehmen produziert vernetzte E-Scooter, die Daten zu Standort, Batteriestatus und Nutzungshäufigkeit generieren. Der Hersteller verkauft die E-Scooter an einen Sharing-Anbieter. Der Sharing-Anbieter erwirbt die E-Scooter und bietet sie Endnutzern zur zeitweiligen Nutzung im Rahmen eines Mietmodells an. Der Anbieter wird durch seine Eigentümerstellung am E-Scooter zum Nutzer. Der Endnutzer mietet einen E-Scooter über eine App und erhält dadurch zeitlich befristete Rechte zur Nutzung des Fahrzeugs. Er wird ebenfalls zum Nutzer, indem ihm ein befristetes Nutzungsrecht eingeräumt wird. Dabei ist es auch möglich, dass Personen, die ein Produkt lediglich mitnutzen (z. B. im familiären Umfeld), Daten erzeugen, ohne selbst in einer direkten rechtlichen Beziehung zum Produkt zu stehen.[20] Dabei leisten die verschiedenen Nutzer unterschiedliche Beiträge zur Datengenerierung und haben entsprechend korrespondierende Interessen an den generierten Daten.

20 Um die Ansprüche aus dem Data Act für Dateninhaber überschaubar und praktikabel zu gestalten, ist es wichtig, eine unkontrollierbare Vielzahl von Anspruchsberechtigten zu vermeiden.[21] Eine mögliche technische Lösung könnte die Einführung individueller Accounts sein. Diese Accounts würden die Datenerhebung eindeutig zuordnen und als Grundlage für die Durchsetzung von Rechten dienen.[22] Voraussetzung hierfür ist jedoch, dass zwischen den Accountinhabern und dem Dateninhaber eine vertragliche Beziehung besteht.[23] Der Dateninhaber sollte einfache Wechsel zwischen diesen Accounts in das Produkt implementieren, denn wenn Nutzer diese Möglichkeit nicht nutzen, verhalten sie sich widersprüchlich, wenn sie dann später geltend machen, sie hätten der Datennutzung nicht zugestimmt.[24]

b) Dateninhaber

21 Ein „Dateninhaber" im Sinne des Art. 2 Nr. 13 DA ist eine natürliche oder juristische Person, die nach dieser Verordnung, nach geltendem Unionsrecht oder nach nationalen Rechtsvorschriften zur Umsetzung des Unionsrechts

19 FAQ 16 der Frequently Asked Questions der EU Kommission zum Data Act (Version 1.3) v. 12.9.2025, https://ec.europa.eu/newsroom/dae/redirection/document/108144.

20 *Wilkening/Müller*, DB 2024, 166, 168.

21 *Denga*, in: Specht/Hennemann, Data Act/Data Governance Act, Art. 2 DA Rn. 57.

22 *Antoine*, CR 2024, 1, 4; *Denga*, in: Specht/Hennemann, Data Act/Data Governance Act, Art. 2 DA Rn. 57.

23 *Denga*, in: Specht/Hennemann, Data Act/Data Governance Act, Art. 2 DA Rn. 58.

24 *Raue*, in: BeckOK DatenschutzR, Art. 4 DA Rn. 8.

berechtigt oder verpflichtet ist, Daten – soweit vertraglich vereinbart, auch Produktdaten oder verbundene Dienstdaten – zu nutzen und bereitzustellen, die sie während der Erbringung eines verbundenen Dienstes abgerufen oder generiert hat.

Als Dateninhaber wird somit diejenige Person oder dasjenige Unternehmen bezeichnet, das über den technischen Zugriff auf Produktdaten oder verbundene Daten verfügt und diesen Zugriff bereitstellen kann.[25] Entscheidend hierfür ist, wer die Kontrolle über den Zugang ausübt. Hierzu müssen die Daten entweder in der eigenen technisch-faktischen Verfügungsgewalt gespeichert sein oder von einem Dritten verwaltet werden, dessen Zugriff der Dateninhaber kontrolliert. Dieser Dritte muss die Daten auf Anforderung bereitstellen können.[26] Unbeachtlich ist nach Art. 1 Abs. 3 lit. c DA die Niederlassung des Unternehmens. **22**

Es können auch mehrere Parteien gleichzeitig als Dateninhaber eines Objekts betrachtet werden, darunter beispielsweise der Hersteller, ein Zulieferer oder ein Anbieter eines verbundenen Dienstes, sofern sie jeweils Zugang zu den entsprechenden Daten haben.[27] Wenn der Hersteller keinen Zugang zu den Daten hat, ist er aber gerade nicht Dateninhaber. Es kann auch Situationen geben, in denen eine Person Nutzer ist, ohne dass ein Dateninhaber existiert. Dies ist beispielsweise der Fall, wenn ein Nutzer ein vernetztes Produkt verwendet, dessen Daten ausschließlich auf dem Gerät selbst gespeichert oder direkt auf den Computer des Nutzers übertragen werden. In solchen Fällen hat der Hersteller keinen Zugriff auf die Daten. Da der Zugang zu den Daten ausschließlich beim Nutzer liegt, entfällt in diesem Szenario die Rolle des Dateninhabers vollständig. Zu beachten ist, dass eine natürliche oder juristische Person an sich nicht gleichzeitig für dieselben Daten sowohl Nutzer als auch Dateninhaber sein kann. **23**

c) Datenempfänger

Ein „Datenempfänger" im Sinne des Art. 2 Nr. 14 DA ist eine natürliche oder juristische Person, die zu Zwecken innerhalb ihrer gewerblichen, geschäftlichen, handwerklichen oder beruflichen Tätigkeit handelt, ohne Nutzer eines vernetzten Produktes oder verbundenen Dienstes zu sein, und dem vom Dateninhaber Daten bereitgestellt werden, einschließlich eines Dritten, dem der Dateninhaber auf Verlangen des Nutzers oder im Einklang mit einer rechtlichen Verpflichtung aus anderem Unionsrecht oder aus nationalen Rechtsvorschriften, die im Einklang mit Unionsrecht erlassen wurden, Daten bereitstellt. **24**

25 *Raue*, in: BeckOK DatenschutzR, Art. 4 DA Rn. 5.
26 Vgl. *Specht-Riemenschneider*, MMR 2022, 809, 813.
27 *Etzkorn*, RDi 2024, 116, 118.

25 Da der Datenempfänger nicht zu eigenen Zwecken tätig wird, ist er weder als Nutzer noch als Dateninhaber einzuordnen.[28] Der Datenempfänger bezieht die Daten auf Anforderung des Nutzers[29] direkt vom Dateninhaber.[30]

3. Räumlicher Anwendungsbereich

26 Der räumliche Anwendungsbereich des Data Acts wird maßgeblich durch das Marktortprinzip bestimmt (Art. 1 Abs. 3 DA).[31] Dies bedeutet, dass die Verordnung extraterritoriale Wirkung entfaltet und auch für Hersteller, Dateninhaber und Anbieter verbundener Dienste gilt, die keine Niederlassung in der Europäischen Union haben. Voraussetzung ist lediglich, dass diese Akteure vernetzte Produkte im Binnenmarkt in den Verkehr bringen oder verbundene Dienste für Datenempfänger in der Union bereitstellen. Entscheidend ist somit nicht der Sitz des verpflichteten Unternehmens, sondern die Ausrichtung der geschäftlichen Tätigkeit auf den EU-Markt.[32] Um die effektive Durchsetzung der Verordnung sicherzustellen, müssen Unternehmen ohne Niederlassung in der EU, die in den Anwendungsbereich der Verordnung fallen, einen gesetzlichen Vertreter benennen.

27 Auf der Seite der Anspruchsberechtigten setzt der Data Act hingegen einen Inlandsbezug voraus. Nutzer sind nur dann anspruchsberechtigt, wenn sie sich in der Union befinden.[33] Gleiches gilt für Datenempfänger: Die Pflicht zur Bereitstellung von Daten an Dritte besteht grundsätzlich nur gegenüber solchen Empfängern, die in der Union niedergelassen sind[34]; eine Verpflichtung zur Datenweitergabe an Akteure in Drittstaaten wird durch den Data Act nicht begründet. Für die Anwendbarkeit des Gesetzes ist es hingegen unerheblich, ob die Daten physisch innerhalb oder außerhalb der EU gespeichert werden.

III. Welche Pflichten ergeben sich aus dem Data Act?

1. Pflichten des Dateninhabers

28 Den Dateninhaber treffen zahlreiche neue Pflichten unter dem Data Act, die nachfolgend dargestellt werden sollen:

---

28 *Denga*, in: Specht/Hennemann, Data Act/Data Governance Act, Art. 2 DA Rn. 66
29 *Schild*, in: BeckOK DatenschutzR, Art. 2 DA Rn. 86.
30 *Veil*, in: BeckOK DatenschutzR, Art. 1 DA Rn. 66.
31 *Bomhard*, MMR 2024, 71, 72.
32 *Apel/Huber*, JuS 2024, 410, 412.
33 *Veil*, in: BeckOK DatenschutzR, Art. 1 DA Rn. 176.
34 Vgl. *Veil*, in: BeckOK DatenschutzR, Art. 1 DA Rn. 180.

a) Datenbereitstellungspflichten zugunsten von Nutzern

Das zentrale Element des Data Acts sind die Datenzugangsrechte der Nutzer vernetzter Produkte. Gemäß Art. 3 Abs. 1 DA ist der Dateninhaber verpflichtet, den Zugang zu den Daten im Sinne von „Data Accessibility by Design & Default" bereitzustellen. Das bedeutet, dass Nutzern der Zugriff auf die Daten idealerweise direkt über das jeweilige Produkt ermöglicht werden sollte.[35] Ist dies technisch nicht möglich, muss der Zugang zu den nutzergenerierten Daten gemäß Art. 4 Abs. 1 DA auf Verlangen des Nutzers gewährt werden. 29

Dabei ist zu beachten, dass der Zugang ausschließlich zu den vom Nutzer generierten Produktdaten im Sinne von Art. 2 Nr. 15 DA gewährt werden muss. Der Begriff der verbundenen Dienstdaten (Art. 2 Nr. 16 DA) ergänzt die Definition der Produktdaten. Zu den bereitzustellenden Daten gehören insbesondere Primärdaten (Rohdaten), aufbereitete Daten und Metadaten.[36] 30

Laut Erwgr. 15 DA sind aufbereitete Daten solche, die von einem einzelnen Sensor oder einer Gruppe miteinander verbundener Sensoren erhoben wurden, um die erfassten Informationen für verschiedene Anwendungsfälle verständlicher zu machen. Dies geschieht durch die Bestimmung physikalischer Größen oder Eigenschaften wie Temperatur, Druck, Durchflussmenge, Ton, pH-Wert, Flüssigkeitsstand, Position, Beschleunigung oder Geschwindigkeit. Wichtig ist, dass der Begriff „aufbereitete Daten" nicht so ausgelegt werden darf, dass der Dateninhaber verpflichtet ist, erhebliche Investitionen in die Bereinigung oder Transformation der Daten zu leisten. Die bereitzustellenden Daten sollten jedoch relevante Metadaten enthalten, einschließlich grundlegender Kontexte und Zeitstempel. So wird es ermöglicht, die Daten in Kombination mit anderen Informationen zu nutzen, beispielsweise durch Sortierung, Klassifizierung oder Umformatierung in ein gängiges Format. 31

Gemäß Erwgr. 15 Satz 12 DA fallen abgeleitete Daten nicht in den Anwendungsbereich der Verordnung. Dabei handelt es sich um Daten, die durch zusätzliche Investitionen in die Analyse oder die Ableitung von Erkenntnissen aus den ursprünglichen Daten generiert werden. Dies geschieht insbesondere durch den Einsatz komplexer proprietärer Algorithmen, die häufig Bestandteil geschützter Software sind. Ein Beispiel hierfür sind Informationen, die durch Sensorfusion gewonnen werden. Hier werden Daten aus mehreren Sensoren kombiniert, analysiert und mithilfe proprietärer Algorithmen verarbeitet, um neue Erkenntnisse oder Werte abzuleiten. Solche Daten können zudem geistigen Eigentumsrechten unterliegen und sind daher von den Bereitstellungspflichten des Data Acts ausgenommen. Hieraus ergibt sich 32

35 *Schemmel*, in: BeckOK DatenschutzR, Art. 2 DA Rn. 86.

36 Vgl. Erwgr. 15 DA .

jedoch keine Pflicht des Herstellers, seine Produkte so zu gestalten oder umzugestalten, dass Nutzer direkt auf die Daten zugreifen können.

b) Datenlizenzpflicht

33 Ein Unternehmen als Dateninhaber, das die durch ein vernetztes Produkt oder einen verbundenen Dienst generierten Daten nutzen möchte, darf dies nur auf Grundlage einer entsprechenden Vereinbarung mit dem Nutzer nach Art. 4 Abs. 13 DA.[37] Gleiches gilt, wenn der Dateninhaber diese Daten an Dritte, wie Datenanalyseunternehmen im Bereich Künstliche Intelligenz, weitergeben möchte.[38]

34 Art. 4 Abs. 13 DA ist dabei ein zentraler Bestandteil des systematischen Verständnisses von Kapitel II des Data Acts. Der nutzerzentrierte Ansatz des Data Acts wird maßgeblich durch diese Regelung geprägt. Nach Art. 4 Abs. 13 DA werden die vom Data Act erfassten, ohne Weiteres zugänglichen und nicht personenbezogenen Daten grundsätzlich dem Nutzer zugeordnet.[39] Bisher hatten Dateninhaber, die häufig auch Hersteller der vernetzten Produkte oder Anbieter der verbundenen Dienste waren, faktisch die Kontrolle über diese Daten. Sie konnten diese als Geschäftsgeheimnisse schützen und im Rahmen ihrer allgemeinen Handlungsfreiheit nutzen, da sie über den direkten Zugriff auf die Daten verfügten.[40] Mit Art. 4 Abs. 13 DA wird diese Handlungsfreiheit aufgehoben. Stattdessen wird ein Nutzungsverbot für den Dateninhaber eingeführt, das nur durch die Zustimmung des Nutzers aufgehoben werden kann. Damit wird die bisherige, vom Unionsgesetzgeber als unbefriedigend empfundene Situation beendet, und die Nutzung der Daten wird an den Willen des Nutzers und der Datensubjekte gebunden.[41]

35 Der Data Act enthält keine Übergangsregelungen für Bestands- oder Altdaten, wie aus Art. 50 DA hervorgeht. Unternehmer als Dateninhaber sind daher verpflichtet, nachträglich eine Datenlizenzvereinbarung gemäß Art. 4 Abs. 13 DA mit den Nutzern abzuschließen, um eine rechtskonforme Nutzung sicherzustellen.[42]

---

37 *Raue*, in: BeckOK DatenschutzR, Art. 4 DA Rn. 81.

38 Vgl. *Raue*, in: BeckOK DatenschutzR, Art. 4 DA Rn. 81.

39 Vgl. *Schmidt-Kessel*, MMR 2024, 75, 78.

40 *Sattler*, in: Specht/Hennemann, Data Act/Data Governance Act, Art. 4 DA Rn. 162, 163.

41 *Sattler*, in: Specht/Hennemann, Data Act/Data Governance Act, Art. 4 DA Rn. 162, 163.

42 *Hennemann*, in: Specht/Hennemann, Data Act/Data Governance Act, Art. 50 DA Rn. 5.

c) Datenweitergabepflicht an Dritte

Nutzer haben gemäß Art. 5 Abs. 1 DA das Recht, vom Dateninhaber die Weitergabe von Produkt- und Dienstdaten (einschließlich Metadaten) an Dritte zu verlangen. Der Dritte nimmt hierzu zunächst Kontakt mit dem Nutzer auf (**Ziffer 1 im Schaubild**). Dieser weist den Dateninhaber an, dem Dritten Zugang zu den relevanten Produkt- und Dienstdaten (einschließlich Metadaten) zu gewähren (**Ziffer 2 im Schaubild**). Der Dateninhaber ist verpflichtet, jederzeit technisch und organisatorisch in der Lage zu sein, die angeforderten Daten unverzüglich, ohne schuldhaftes Zögern, an den Dritten zu übermitteln (**Ziffer 3 im Schaubild**). 36

Im Gegenzug kann der Dateninhaber von dem Dritten eine angemessene Vergütung für die Bereitstellung der Daten verlangen, Art. 9 DA (**Ziffer 4 im Schaubild**). 37

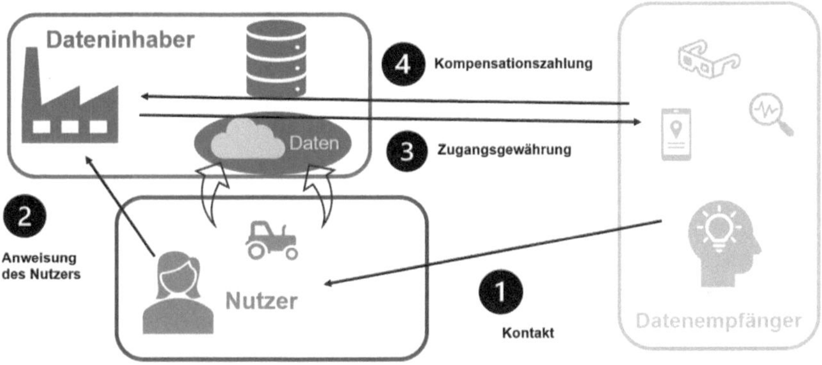

Abb. 2: Datenweitergabepflicht an Dritte

Regelmäßig handelt es sich beim Dateninhaber um einen Unternehmer. Wenn nun auch der Dritte ein Unternehmer ist, was nach der Begriffsbestimmung des Art. 2 Nr. 14 DA üblicherweise der Fall sein wird, handelt es sich um ein Geschäft im B2B-Bereich, das gesonderter Regelungen bedarf. Im B2B-Bereich ist es erforderlich, dass zwischen dem Dateninhaber und dem Datenempfänger eine Vereinbarung geschlossen wird, wie in Art. 8 DA vorgesehen. Entsprechend den Vorgaben des Art. 8 DA ist der Dateninhaber verpflichtet, die angeforderten Daten zu FRAND-Bedingungen, also fair, angemessen, nichtdiskriminierend und transparent, bereitzustellen. Gleichzeitig hat er das Recht, ein angemessenes Entgelt für die Datenbereitstellung zu verlangen, wie in Art. 9 DA geregelt. Diese Vereinbarung unterliegt zudem einer AGB-Kontrolle gemäß Art. 13 DA, um sicherzustellen, dass die Bedingungen transparent und rechtlich einwandfrei sind. Auf die Besonderheiten des B2C-Verhältnisses wird dieses Kapitel nicht eingehen. 38

39 Um diese Pflicht effektiv umzusetzen, empfiehlt es sich, dass Unternehmen standardisierte Vertragsvorlagen entwickeln, die die FRAND-Bedingungen berücksichtigen, und interne Prozesse zur Vertragsprüfung etablieren, um die Einhaltung der gesetzlichen Vorgaben sicherzustellen. Ebenfalls sollten Unternehmen eine IT-Infrastruktur aufbauen, die eine sichere, schnelle und zuverlässige Übermittlung der angeforderten Daten ermöglicht.

d) Vertragliche Informations- und Transparenzpflichten

40 Gemäß Art. 3 Abs. 2 und 3 DA treffen Verkäufer, Vermieter und Anbieter verbundener Dienste umfassende vorvertragliche Transparenzpflichten. Ziel ist es, dem Nutzer eine informierte Entscheidung zu ermöglichen und die effektive Durchsetzung seiner Zugangsrechte nach Art. 3 Abs. 1 und Art. 4 ff. DA sicherzustellen.

41 Der Katalog der bereitzustellenden Informationen ist weitreichend. Neben Identität und Kontaktmöglichkeiten des Dateninhabers sind insbesondere Art, Umfang und Häufigkeit der erhobenen Daten, Speicherfristen sowie die geplante Eigennutzung und etwaige Weitergabe an Dritte offenzulegen. Ferner ist über Beschwerderechte bei der zuständigen Behörde (Art. 37 DA), das Vorliegen von Geschäftsgeheimnissen sowie Vertragsdauer und Kündigungsoptionen zu informieren.

42 Ein Schwerpunkt liegt auf den Zugangsmodalitäten: Nutzer müssen darüber aufgeklärt werden, ob ein direkter Zugang (Art. 3 Abs. 1 DA; technisch unmittelbarer Zugriff ohne Mitwirkung des Dateninhabers) oder ein indirekter Zugang (Art. 4 Abs. 1 DA; Zugriff auf Anfrage) besteht. Die Ausgestaltung obliegt dem Hersteller nach Maßgabe der technischen Machbarkeit. Die Informationen sind klar und verständlich bereitzustellen (z. B. via QR-Code oder Weblink) und müssen für den Nutzer dauerhaft speicherbar sein.

e) Zwischenergebnis

43 Die Analyse der Pflichten zeigt, dass der Data Act die Rolle des Dateninhabers grundlegend neu definiert: Die bisherige faktische Datenherrschaft weicht einer gesetzlich determinierten Verwaltung der Zugangsrechte. Für Unternehmen bedeutet dies, dass die wirtschaftliche Verwertung von IoT-Daten kein automatisches Nebenprodukt der Herstellung mehr ist, sondern aktiv legitimiert werden muss. Zentral sind dabei zwei Handlungsstränge:

– **Technisch** muss die Produktarchitektur so angepasst werden, dass Datenströme separierbar und zugänglich sind.

- **Rechtlich** wird der Abschluss von Datenlizenzverträgen (Art. 4 Abs. 13 DA) zur zwingenden Voraussetzung, um den Zugriff auf die eigenen Produktdaten nicht zu verlieren.

Werden diese Anforderungen nicht erfüllt, drohen nicht nur ein Verstoß gegen die Verordnung, sondern auch der faktische Verlust der Monetarisierungsmöglichkeit der Daten. Der Datenzugang des Nutzers wird zur Regel, die exklusive Nutzung durch den Hersteller zur rechtfertigungsbedürftigen Ausnahme. **44**

2. Pflichten des Datenempfängers

Unternehmen, die als Datenempfänger (Dritte) agieren, treffen nach dem Data Act Pflichten zum Schutz der Nutzerinteressen und der Datenintegrität: **45**

- **Zweckbindung und Nutzungsverbote:** Die Datennutzung ist strikt auf den mit dem Nutzer vereinbarten Zweck beschränkt (Art. 6 Abs. 1 DA). Untersagt sind insbesondere die Entwicklung konkurrierender Produkte auf Basis der Daten (Art. 11 Abs. 3 lit. b DA), die Einschränkung der Nutzerautonomie (Zwang/Täuschung) sowie Profiling, sofern nicht datenschutzrechtlich zulässig oder für den Dienst zwingend erforderlich (Art. 6 Abs. 2 DA).
- **Weitergabeverbot:** Eine Weitergabe der Daten an weitere Dritte ist grundsätzlich untersagt (Art. 6 Abs. 2 lit. c DA), es sei denn, sie erfolgt im Rahmen der engen gesetzlichen und vertraglichen Grenzen.
- **Löschungspflicht:** Daten müssen unverzüglich gelöscht werden, sobald der vereinbarte Zweck erfüllt ist oder eine berechtigte Aufforderung durch den Nutzer, Dateninhaber oder Geschäftsgeheimnisinhaber vorliegt (Art. 6 Abs. 1 Satz 2 DA; Art. 11 Abs. 2 lit. a DA).
- **Achtung technischer Schutzmaßnahmen:** Vom Dateninhaber implementierte technische Schutzmaßnahmen zur Wahrung der Datenintegrität dürfen weder deaktiviert noch umgangen werden (Art. 11 Abs. 3 lit. d, e DA).
- **Einstellung der Nutzung:** Droht durch eine unrechtmäßige Datennutzung erheblicher Schaden für den Dateninhaber oder Nutzer, muss die betreffende Nutzung oder Geschäftstätigkeit auf Aufforderung eingestellt werden (Art. 11 Abs. 2 lit. b DA).
- **Informations- und Entschädigungspflicht:** Bei unbefugter Nutzung oder Offenlegung sind die Betroffenen zu unterrichten (Art. 11 Abs. 2 lit. c DA). Entsteht hieraus ein Schaden, ist der Datenempfänger zum Ersatz verpflichtet (Art. 11 Abs. 2 lit. d DA).

– **Verbot der Irreführung:** Es ist untersagt, dem Dateninhaber falsche oder irreführende Informationen bereitzustellen, um Zugang zu Daten zu erlangen (Art. 11 Abs. 3 lit. a DA).

46 Für die Praxis bedeutet dies, dass der Datenempfänger keinesfalls als bloßer Nutznießer des Zugangsrechts agieren kann, sondern eine eigene, robuste Compliance-Struktur etablieren muss. Zentral ist hierbei die präzise vertragliche Definition des Nutzungszwecks mit dem Nutzer, da dieser den rechtlichen Rahmen für jede Weiterverarbeitung festlegt. Unternehmen müssen zudem technische Prozesse implementieren (z. B. automatisierte Löschroutinen und Datensilos), um sicherzustellen, dass zugeflossene Daten nicht versehentlich für unzulässige Sekundärzwecke – wie die Entwicklung konkurrierender Produkte – verwendet werden.

IV. Umsetzung zentraler Vorgaben des Data Acts in die Unternehmenspraxis

47 Die Überführung der abstrakten gesetzlichen Vorgaben in die unternehmerische Praxis erfordert einen strukturierten Projektansatz, der technische Infrastruktur und rechtliche Bewertung eng miteinander verzahnt. Um den Verlust der Datenhoheit zu verhindern und Bußgeldrisiken proaktiv zu begegnen, sollten Unternehmen die Umsetzung in den folgenden fünf strategischen Handlungsfeldern priorisieren. Dies reicht von der initialen Datenklassifizierung über die Etablierung technischer Zugangsprozesse bis hin zur Anpassung des gesamten Vertragswerks.

1. Identifizierung von Daten, zu denen Zugang zu gewähren ist (Data Scoping)

48 Der fundamentale erste Schritt für jedes betroffene Unternehmen ist die Durchführung eines präzisen Data Scoping. Da der Data Act keine pauschale Herausgabe aller Daten fordert, sondern den Anspruch auf „Produktdaten" und „verbundene Dienstdaten" beschränkt[43], liegt hier die wichtigste Demarkationslinie. Unternehmen müssen eine granulare Bestandsaufnahme ihrer Datenströme vornehmen und technisch wie juristisch bewerten, welche Datensätze als Produkt- und verbundene Dienstdaten zu qualifizieren sind. Diese fallen in den Anwendungsbereich des Data Acts und müssen verfügbar gemacht werden. Hierzu zählen beispielsweise einfache Sensorwerte, physikalische Messgrößen (Temperatur, Druck, Drehzahl) sowie die für deren Verständnis notwendigen Metadaten. Die technische Herausforderung liegt oft darin, dass in der Ingenieurspraxis Begriffe wie „Rohdaten" anders

43 Vgl. *Schild*, in: BeckOK DatenschutzR, Art. 2 DA Rn. 93.

belegt werden als das rechtliche Verständnis im Data Act, was eine enge Abstimmung zwischen Rechtsabteilung und Produktentwicklung erfordert.[44]

Strategisch entscheidend ist die Abgrenzung gegenüber den sogenannten „abgeleiteten Daten", also gegenüber proprietären Veredelungen von Daten. Daten, die erst durch den Einsatz komplexer, oft proprietärer Algorithmen oder durch die Verknüpfung verschiedener Datenquellen (Sensorfusion) gewonnen werden, sind vom Zugangsanspruch ausgenommen.[45] Unternehmen sollten daher in ihren Data-Governance-Strukturen dokumentieren, an welcher Stelle der Wertschöpfungskette ein Datum durch Investitionen von einem reinen Messwert zu einer veredelten Information transformiert wird (z. B. eine komplexe Diagnosemeldung statt eines bloßen Fehlercodes). Je höher der Grad der Verarbeitung und je größer der Aufwand zur Erzeugung der Information, desto robuster ist die Argumentation, dass diese Daten nicht herauszugeben sind. **49**

Ein weiteres entscheidendes Filterkriterium ist das Merkmal der „ohne Weiteres verfügbaren Daten".[46] Nicht alle Daten, die theoretisch in einem Produkt entstehen, sind auch „verfügbar". Daten, die nur temporär im Arbeitsspeicher anfallen, aber sofort überschrieben werden oder die nur mit unverhältnismäßigem Aufwand (z. B. durch physisches Auslesen mittels Spezialhardware vor Ort) extrahiert werden können, unterfallen nicht der Bereitstellungspflicht. Hersteller sollten ihre Produktarchitektur dahingehend analysieren, welche Daten standardmäßig ausgeleitet werden oder mit einfachem Aufwand abrufbar sind. Daten, die im normalen Geschäftsbetrieb nicht für den Hersteller sichtbar sind, müssen nicht extra für den Nutzer „geborgen" werden. Eine saubere Dokumentation dieser technischen Verfügbarkeit schützt im Streitfall vor pauschalem Herausgabeverlangen. **50**

2. Verteidigungsstrategien: Datenschutz und Geschäftsgeheimnisse

Die effektivste Verteidigungslinie gegen weitreichende Zugangsansprüche bietet paradoxerweise das Datenschutzrecht – eine Strategie, die in der Literatur treffend als „Flucht ins Datenschutzrecht" bezeichnet wird.[47] Da der Data Act ausdrücklich „unbeschadet" der DSGVO gilt (Art. 1 Abs. 5 DA), darf eine Datenbereitstellung nicht erfolgen, wenn sie gegen datenschutzrechtliche Grundsätze verstößt. Dies ist besonders relevant bei gemischten Datensätzen, in denen personenbezogene Daten Dritter (z. B. Beifahrer, andere Maschinenbediener, Passanten) untrennbar enthalten sind. Fehlt für die **51**

44 Vgl. *Peters*, RInPrax 2025, 252, 253 f.

45 Vgl. *Wiesemann*, MMR 2025, 707, 708.

46 Vgl. hierzu allgemein *Denga*, in: Specht/Hennemann, Data Act/Data Governance Act, Art. 2 DA Rn. 30 ff.

47 *Bomhard/Zdanowiecki*, RDi 2025, 419, 420.

Übermittlung dieser Drittdaten eine Rechtsgrundlage (z. B. eine Einwilligung, die der Dateninhaber in der Regel nicht einholen kann), muss der Dateninhaber den Zugang verweigern.[48] Unternehmen sollten daher prozessual prüfen, inwieweit Datensätze so „kontaminiert" sind, dass eine rechtssichere Herausgabe ohne unverhältnismäßigen Aufwand (z. B. komplexe Anonymisierung) unmöglich ist.

52 Eine weitere, wenn auch zweischneidige Strategie, ist die Anonymisierung im Sinne von „Privacy by Design". Wenn Daten bereits im Produkt oder unmittelbar bei der Übermittlung an das Backend so anonymisiert werden, dass sie keinem spezifischen Nutzer mehr zugeordnet werden können, läuft der Anspruch auf Datenzugang ins Leere. Denn Datenzugang setzt voraus, dass Daten einem verifizierten Nutzer zugeordnet werden können. Kann der Dateninhaber glaubhaft darlegen, dass er aufgrund datenschutzfreundlicher Voreinstellungen (Datenminimierung) technisch nicht in der Lage ist, die Daten einer spezifischen anfragenden Person zuzuordnen, entfällt die Bereitstellungspflicht.[49] Diese Strategie erfordert jedoch eine unternehmerische Abwägung, da die Daten durch die aggressive Anonymisierung auch für die eigenen Zwecke des Herstellers (z. B. Produktverbesserung) an Wert verlieren können.

53 Hinsichtlich der Geschäftsgeheimnisse hat der Gesetzgeber die Hürden für eine totale Verweigerung hoch angesetzt. Es muss ein drohender „schwerer wirtschaftlicher Schaden" nachgewiesen werden.[50] Erfolgversprechender ist daher eine defensive Vertragsgestaltung. Unternehmen sollten Geschäftsgeheimnisse in ihren Datensätzen vorab identifizieren und die Herausgabe vertraglich strikt an die Einhaltung technischer und organisatorischer Schutzmaßnahmen sowie Vertraulichkeitsvereinbarungen (NDAs) knüpfen.[51] Wird der Nutzer oder Dritte diesen Anforderungen nicht gerecht, kann die Herausgabe temporär verweigert werden. Zudem sollten Unternehmen das Recht nutzen, mit Datenempfängern (Dritten) zu vereinbaren, dass die Daten keinesfalls für die Entwicklung konkurrierender Produkte verwendet werden dürfen, und bei Verstößen Vertragsstrafen oder Unterlassungsansprüche vorbereiten.

3. Implementierung von Datenzugangsprozessen

54 Obwohl der Data Act technologieoffen formuliert ist und keine starren Vorgaben zur technischen Ausgestaltung des Datenzugangs macht, kristallisiert sich in der Praxis die Einrichtung dedizierter Nutzer-Accounts als Vorzugs-

48 Vgl. hierzu *Bomhard/Zdanowiecki*, RDi 2025, 419, 423 f.
49 Vgl. hierzu *Bomhard/Zdanowiecki*, RDi 2025, 419, 420 ff.
50 Vgl. hierzu *Pauly/Wichert/Baumann*, MMR 2024, 211, 213.
51 Vgl. *Pauly/Wichert/Baumann*, MMR 2024, 211, 212 f.

lösung heraus. Zwar sind theoretisch auch niederschwellige Lösungen wie E-Mail-Anfragen denkbar, diese bergen jedoch erhebliche Compliance-Risiken: Ohne eine robuste Identifizierung des Anfragenden laufen Unternehmen Gefahr, Daten an Unbefugte herauszugeben und damit sowohl gegen den Data Act als auch gegen die DSGVO zu verstoßen.[52] Ein passwortgeschützter Account ermöglicht hingegen eine rechtssichere Verifizierung der Nutzeridentität und erlaubt die Zuordnung spezifischer vernetzter Produkte. Zudem entspricht dies der Intention des Gesetzgebers, der in Erwgr. 21 ausdrücklich die Einrichtung separater Benutzerkonten nahelegt, über die Nutzer nicht nur Zugangsanträge stellen, sondern auch Datenlöschungen veranlassen oder Zugriffsrechte verwalten können.

Der Prozess der Datenbereitstellung selbst bewegt sich in einem Spannungs- **55**
feld zwischen der gesetzlich geforderten Unmittelbarkeit und dem Schutzbedürfnis des Unternehmens. Während Erwgr. 21 eine „automatische Ausführung" ohne vorherige Prüfung favorisiert, räumt Art. 4 Abs. 1 DA dem Dateninhaber das Recht ein, Daten „unverzüglich" bereitzustellen, was jedenfalls keine sofortige automatisierte Bereitstellung bedingt. In der Praxis könnte ein Kompromiss sein, dass Unternehmen automatisierte Prüfroutinen implementieren, die Standardanfragen in Echtzeit freigeben, jedoch bei sensiblen Datensätzen eine „Sicherheitsschleuse" vorsehen. Solche Prüfroutinen sind notwendig, um vor der Herausgabe prüfen zu können, ob einer Bereitstellung berechtigte Einwände entgegenstehen – etwa die Gefährdung von Geschäftsgeheimnissen oder die Betroffenheit personenbezogener Daten Dritter. Ein vollständig ungeprüfter Automatismus könnte das Unternehmen der Gefahr eines unwiederbringlichen Abflusses von Know-how und schwerwiegender Compliance-Verstöße (etwa gegen die DSGVO) aussetzen.

Hinsichtlich der Qualität und der Modalitäten der Bereitstellung gelten **56**
strenge Anforderungen, die technisch in die IT-Architektur integriert werden müssen. Daten sind in einem „umfassenden, strukturierten, gängigen und maschinenlesbaren Format"[53] (z. B. JSON, XML, CSV) bereitzustellen, das Interoperabilität gewährleistet. Maßgeblich für die Datenqualität ist dabei der interne Standard des Unternehmens: Der Nutzer hat Anspruch auf Daten in derselben Qualität, wie sie dem Dateninhaber selbst zur Verfügung stehen. Für die technische Umsetzung kann sich bei kontinuierlicher Datenzurverfügungstellung die Bereitstellung über standardisierte Schnittstellen (APIs) empfehlen, während für einmalige Anfragen Download-Pakete in Betracht kommen. In jedem Fall müssen die Übertragungswege dem aktuellen Stand der Technik entsprechen und gegen unbefugte Zugriffe gesichert

52 *Dannhausen/Abel*, MMR 2025, 342, 343 f.
53 Erwgr. 20 DA.

sein (Verschlüsselung), ohne dabei durch unnötige Hürden (z.B. Dark Patterns) den Zugang faktisch zu erschweren.

4. Datenlizenzen und neue vorvertragliche Informationspflichten

57 Neben den technischen Bereitstellungspflichten zwingt der Data Act Unternehmen dazu, die rechtliche Basis ihrer Datennutzung neu zu kodifizieren. Der bisherige Zustand, in dem Hersteller allein aufgrund ihrer faktischen Kontrolle frei über die Nutzung von Maschinen- und Sensordaten entscheiden konnten, wird durch Art. 4 Abs. 13 DA beendet. Will ein Dateninhaber (z.B. der Hersteller eines vernetzten Produkts) die generierten nicht personenbezogenen Daten weiterhin für eigene Zwecke nutzen – etwa zur Produktverbesserung, für Big-Data-Analysen oder zur Entwicklung von KI-Modellen –, benötigt er hierfür zwingend eine vertragliche Vereinbarung mit dem Nutzer (Datenlizenz). Da der Data Act keine Übergangsfristen für die Datennutzung vorsieht, besteht hier dringender Handlungsbedarf: Unternehmen müssen nicht nur zukünftige Verträge anpassen, sondern auch Bestandsverträge analysieren und gegebenenfalls nachträglich Lizenzen einholen, um nicht den Zugriff auf wertvolle Datenbestände zu verlieren.

58 Flankiert wird diese Lizenzpflicht durch umfassende vorvertragliche Informationspflichten gemäß Art. 3 Abs. 2 und 3 DA. Bevor ein Kauf-, Miet- oder Leasingvertrag über ein vernetztes Produkt oder einen verbundenen Dienst geschlossen wird, muss der Nutzer transparent darüber aufgeklärt werden, welche Daten erhoben werden, wer der Dateninhaber ist und wie der Nutzer auf diese zugreifen kann. Diese Transparenz ist kein bloßer Formalismus, sondern die strategische Grundlage für die spätere Datenlizenz: Nur Daten, die in den Vorabinformationen als Erhebungsgegenstand definiert wurden, können später auch wirksam lizenziert werden. Unternehmen müssen daher ihre AGB oder ihre weitere Vertragsdokumentation grundlegend überarbeiten.

5. Data-Act-spezifische AGB-Vorgaben für die Vertragsgestaltung

59 Zur Sicherstellung der Data-Act-Konformität sollten Unternehmen ihre Vertragsklauseln einem Prüfprozess unterziehen. Denn Art. 13 DA führt eine AGB-Kontrolle für datenbezogene B2B-Verträge ein[54], insbesondere für Datenweitergabe-Vereinbarungen nach Art. 4, 5 DA. Das Schutzsystem basiert auf einem dreistufigen Modell:

- **Schwarze Liste (Art. 13 Abs. 4 DA):** Diese Klauseln gelten unwiderlegbar als missbräuchlich und sind stets unwirksam. Hierzu zählen etwa der

54 Vgl. *Raue*, in: BeckOK DatenschutzR, Art. 13 DA Rn. 18 ff.

Haftungsausschluss für Vorsatz und grobe Fahrlässigkeit oder der Ausschluss von Rechtsbehelfen bei Nichterfüllung.[55]

- **Graue Liste (Art. 13 Abs. 5 DA):** Bei diesen Klauseln wird die Missbräuchlichkeit vermutet, kann aber widerlegt werden.[56] Beispiele sind unangemessene Kündigungsfristen oder einseitige Beschränkungen der Datennutzung, die den Interessen der anderen Partei erheblich schaden.
- **Generalklausel (Art. 13 Abs. 3 DA):** Sie fängt Fälle auf, die nicht gelistet sind. Eine Klausel ist missbräuchlich, wenn sie grob von der guten Geschäftspraxis abweicht und gegen Treu und Glauben verstößt.

Eine grobe Abweichung liegt vor, wenn berechtigte wirtschaftliche Inter- **60** essen objektiv beeinträchtigt werden (Erwgr. 61 DA). Ein bloßes Ungleichgewicht der Verhandlungspositionen genügt nicht; erforderlich ist eine missbräuchliche Ausnutzung dieser Position (Erwgr. 58 DA). Mangels starrer Kriterien ist eine Gesamtbetrachtung aller Umstände erforderlich, ähnlich der Rechtsprechung des EuGH zur Klausel-RL.[57] Missbräuchliche Klauseln sind nicht bindend (Art. 13 Abs. 1 DA). Der Vertrag bleibt im Übrigen wirksam, sofern die Klausel abtrennbar ist (Art. 13 Abs. 7 DA); eine geltungserhaltende Reduktion ist unzulässig.[58] Da der Klauselverwender beweisen muss, dass eine Klausel nicht einseitig auferlegt wurde (Art. 13 Abs. 6 DA), ist eine sorgfältige Dokumentation des Verhandlungsprozesses essenziell. Zur Orientierung und Risikominimierung können Unternehmen die von der Kommission veröffentlichten Mustervertragsklauseln (Art. 41 DA) heranziehen.

V. Fazit

Der Data Act markiert eine Zäsur im europäischen Datenwirtschaftsrecht: **61** Er beendet die Ära der faktischen Datenherrschaft der Hersteller und ersetzt sie durch eine gesetzlich determinierte Zugangsordnung, in deren Zentrum der Nutzer steht. Für Unternehmen im IoT-Sektor bedeutet dies, dass Daten nicht mehr als bloßes Nebenprodukt der Hardwareherstellung betrachtet werden können, das ihnen automatisch zusteht. Vielmehr wird die wirtschaftliche Verwertung von Maschinendaten künftig an zwei strikte Voraussetzungen geknüpft: die technische Befähigung zur Datenbereitstellung und die rechtliche Legitimation durch vertragliche Datenlizenzen (Art. 4 Abs. 13 DA). Wer diese Hausaufgaben – insbesondere das granulare Data Scoping und die Anpassung seiner Vertragsdokumentation – versäumt, riskiert nicht

---

55 Vgl. *Determann/Hennemann*, in: Specht/Hennemann, Data Act/Data Governance Act, Art. 13 DA Rn. 83 ff.

56 Vgl. *Raue*, in: BeckOK DatenschutzR, Art. 13 DA Rn. 53.

57 Vgl. *Raue*, in: BeckOK DatenschutzR, Art. 13 DA Rn. 6.

58 Vgl. *Raue*, in: BeckOK DatenschutzR, Art. 13 DA Rn. 77.

nur den Verlust wertvoller Datenbestände für die eigene Produktentwicklung, sondern setzt sich auch erheblichen Compliance-Risiken aus.

62 Besonders relevant in diesem Zusammenhang ist auch das nationale Durchsetzungsregime. Der deutsche Gesetzgeber sieht die Bundesnetzagentur als zentrale Aufsichtsbehörde vor. Diese wird mit weitreichenden Untersuchungs- und Abhilfebefugnissen ausgestattet sein, die von Anordnungen zur Datenherausgabe bis hin zu Zwangsgeldern reichen. Das Bußgeldregime ist dabei gestaffelt konzipiert: Während formale Verstöße mit bis zu 50.000 EUR geahndet werden können, drohen bei schweren Verstößen (z.B. der Verweigerung der Datenportabilität oder der Umgehung von Zugangsrechten) Geldbußen von bis zu 500.000 EUR.

63 Für die Praxis ergibt sich hieraus eine „doppelte Zange“ der Rechtsdurchsetzung: Einerseits drohen behördliche Maßnahmen der BNetzA bei Verstößen gegen den Data Act, andererseits bleiben die Datenschutzaufsichtsbehörden für die Einhaltung der DSGVO zuständig. Da IoT-Daten häufig personenbeziehbare Mischdaten sind, kann ein unbedachter Umgang mit Datenzugangsverlangen schnell in die Zuständigkeit beider Behörden fallen – mit dem Risiko kumulativer Sanktionen. Unternehmen sind daher gut beraten, ihre Datenstrategie proaktiv anzupassen. Die Implementierung robuster Prozesse zur Data-Act-Compliance ist dabei keine bloße „Kür“, sondern die zwingende Voraussetzung, um zukünftig rechtskonform zu agieren.

Kapitel 7
Haftung im Zusammenhang mit Künstlicher Intelligenz

Literatur: *Baumgärtel/Kiparski* (Hrsg.), DGRI Jahrbuch 2021/2022, 2023; *Becker/Feuerstack*, Die EU-KI-Verordnung, Überblick und Bewertung der finalen Fassung der KI-VO, KIR 2024, 62; *Beyer*, Richtlinie über KI-Haftung, Richtlinie der Europäischen Kommission zur Anpassung der Vorschriften über außervertragliche zivilrechtliche Haftung an künstliche Intelligenz, WzS 2023, 211; *Blasek*, Haftung für KI – Zum Vorschlag der EU-Kommission, DSB 2022, 299; *Dauner-Lieb/Langen* (Hrsg.), Nomos-Kommentar, BGB Schuldrecht, ProdHaftG | UKlaG, Band 2: §§ 241-853, 4. Aufl. 2021; *Denga*, Deliktische Haftung für künstliche Intelligenz, CR 2018, 69; *Ebers/Heinze/Krügel/Steinrötter* (Hrsg.), Künstliche Intelligenz und Robotik, Rechtshandbuch, 1. Aufl. 2020; *Eichelberger*, Der Vorschlag einer „Richtlinie über KI-Haftung", DB 2022, 2783; *Frost/Steininger/Vivekens*, Nutzen, Chancen, Risiken und Haftung bei der Verwendung von Künstlicher Intelligenz im Kontext der KI-Verordnung und KI-Haftungsrichtlinie, MPR 2024, 4; *Graf v. Westphalen*, Das neue Produkthaftungsgesetz, NJW 1990, 83; *Grüneberg* (Hrsg.), Bürgerliches Gesetzbuch mit Nebengesetzen, Kommentar, 84. Aufl. 2025; *Gsell/Krüger/Lorenz/Reyman* (Gesamthrsg.), beck-online.GROSSKOMMENTAR BGB, Stand 1.5.2025; *Hau/Poseck* (Hrsg.), Beck'scher Online-Kommentar BGB, 74. Edition, Stand: 1.5.2025; *Krüger/Wagner*, Das Phänomen „Künstliche Intelligenz" aus regulatorischer und haftungsrechtlicher Sicht, ZfPC 2023, 124; *Lenz* (Hrsg.), Produkthaftung, 2. Aufl. 2022; *Leupold/Wiebe/Glossner* (Hrsg.), IT-Recht, Recht, Wirtschaft und Technik der digitalen Transformation, Handbuch, 4. Aufl. 2021; *Oechsler/Hager* (Hrsg.), J. von Staudingers Kommentar zum Bürgerlichen Gesetzbuch: Staudinger BGB – Buch 2: Recht der Schuldverhältnisse: §§ 826-829; ProdHaftG, Neubearbeitung 2021; *Reusch*, Künstliche Intelligenz: Änderungen des haftungsrechtlichen Rahmens, ZdjW 2022, 429; *Säcker/Rixecker/Oetker/Limperg/Schubert* (Hrsg.), Münchener Kommentar zum Bürgerlichen Gesetzbuch, Band 7, 9. Aufl. 2024; *Schrader/Langeleh*, Aktuelle Regelungen von KI im „AI-Act" der EU – mehr Antworten oder Fragen?, Mitt 2024, 119; *Spindler*, Roboter, Automation, künstliche Intelligenz, selbststeuernde Kfz – Braucht das Recht neue Haftungskategorien?, CR 2015, 766; *Staudenmeyer*, Haftung für Künstliche Intelligenz, Die deliktsrechtliche Anpassung des europäischen Privatrechts an die Digitalisierung, NJW 2023, 894; *Veith/Gräfe/Lange/Rogler* (Hrsg.), Der Versicherungsprozess, Handbuch, 5. Aufl. 2023; *Wagner*, Produkthaftung für autonome Systeme, AcP 2017, 707; *Wendehorst/Nessler/Aufreiter/Aichinger*, Der Begriff des „KI-Systems" unter der neuen KI-VO, Vorschlag eines „Drei-Faktor-Ansatzes" zur Bewältigung technischer und juristischer Ungereimtheiten, MMR 2024, 605; *Wendt/Wendt* (Hrsg.), Das neue Recht der Künstlichen Intelligenz, 2. Aufl. 2025.

Alle Internetfundstellen wurden zuletzt am 2.3.2026 abgerufen.

Übersicht

I. Allgemeines

1 Bei der Nutzung von Künstlicher Intelligenz stellt sich in rechtlicher Sicht nicht allein die Frage nach der Regulierung ihres Einsatzes. Mindestens genauso spannend und klärungsbedürftig ist die Frage nach der Haftung. Wer haftet – und nach welchen Maßstäben –, wenn Schäden durch KI-Systeme verursacht werden? Zwar ist die viel diskutierte KI-VO der EU in Kraft getreten, spezialgesetzliche Regelungen für den zivilrechtlichen Ausgleich von Schäden, die im Zusammenhang mit Künstlicher Intelligenz entstehen, sind darin allerdings nicht vorgesehen. Stattdessen finden hier bislang die allgemeinen haftungsrechtlichen Gesetze der Mitgliedstaaten Anwendung.

2 Um eine Vereinheitlichung auf EU-Ebene zu schaffen, hatte die Kommission zwei Richtlinienvorschläge auf den Weg gebracht, die sich ausschließlich mit KI- und Produkthaftung beschäftigten. Inhalt und mögliche Auswirkungen dieser Entwürfe sollen im Laufe des Kapitels auch betrachtet werden. Zunächst einmal soll aber unser nationales Haftungsrecht genauer unter die Lupe genommen werden. Denn dies war jedenfalls bislang das ganz wesentliche Werkzeug, das den Gerichten in KI-Haftungsfällen zur Verfügung stand. Die Funktion der heimischen Regelungen besteht im ersten Schritt darin, Schäden für die Zukunft zu vermeiden.[1] Im Allgemeinen soll die Schadensersatzpflicht potenzielle Schädiger zu einem sorgsameren und rücksichtsvolleren Verhalten innerhalb vertraglicher, aber auch nicht vertraglicher Beziehungen bewegen. Kommt es trotzdem einmal zu einem Schadensfall, so soll das Haftungsrecht im zweiten Schritt für einen angemessenen Ausgleich zwischen den Betroffenen sorgen.[2] Im Grundsatz beruht das deutsche Haftungssystem auf dem Verschuldensprinzip. Dabei ist es allerdings wenig überraschend, dass dieses Prinzip nicht ausnahmslos Anwendung findet.

1 Vgl. *Oetker*, in: MüKoBGB, § 249 Rn. 9.
2 Vgl. *Oetker*, in: MüKoBGB, § 249 Rn. 8.

II. Nationale Haftungsgrundsätze für Künstliche Intelligenz in Deutschland

1. Grundsatz der Verschuldenshaftung

Das Verschuldensprinzip gilt im deutschen Zivilrecht als Regelfall. Danach **3** besteht eine Schadensersatzpflicht grundsätzlich nur, wenn der Schädiger den Schaden durch ein vorwerfbares Verhalten – konkret Vorsatz oder Fahrlässigkeit (§ 276 BGB) – verursacht hat.[3] Dem Prinzip liegt der Gedanke der allgemeinen Handlungsfreiheit zugrunde. Wer die im Verkehr erforderliche Sorgfalt beachtet, soll im Schadensfall nicht mit einer Ersatzpflicht belastet werden.[4]

Das BGB enthält keine Legaldefinition des Vorsatzes. Vom Grundprinzip **4** her aber lässt sich zusammenfassen, dass darunter das Wissen und Wollen des pflichtwidrigen Erfolgs zu verstehen ist.[5] Mit anderen Worten, der Handelnde muss den pflichtwidrigen Erfolg vorausgesehen und in seinen Willen aufgenommen haben.[6] Der Vorsatz erstreckt sich in der Regel auf die Verletzung von Vertragspflichten, geschützten Rechten oder Rechtsgütern, nicht auf den eingetretenen Schaden.[7] Fahrlässigkeit hingegen ist in § 276 Abs. 2 BGB definiert. Danach handelt fahrlässig, wer die im Verkehr erforderliche Sorgfalt außer Acht lässt. Aus Gründen des Verkehrsschutzes findet ein objektiver Sorgfaltsmaßstab Anwendung, denn im Rechtsverkehr muss sich jeder darauf verlassen können, dass sein Gegenüber die für die Erfüllung seiner Pflicht erforderliche Fähigkeit und Kenntnis besitzt.[8] Mögliche persönliche Entlastungsgründe bleiben unberücksichtigt. Konkret erforderlich ist das Maß an Sorgfalt, das nach dem Urteil besonnener und gewissenhafter Angehöriger des in Betracht kommenden Verkehrskreises zu beachten ist.[9] Zunächst ist also der Verkehrskreis zu bestimmen und im Anschluss findet eine Bewertung statt, welche Verhaltensweisen innerhalb dieses Verkehrskreises gewöhnlich und angemessen sind. Entscheidend für die Festlegung des Maßstabs sind daher immer die Umstände des Einzelfalls.

2. Gefährdungshaftung

Eine wichtige Ausnahme der Verschuldenshaftung ist die Gefährdungs- **5** haftung. Die Begründung einer Gefährdungshaftung beruht regelmäßig auf

3 Vgl. *Grüneberg*, in: Grüneberg, BGB, § 276 Rn. 3; *Dauner-Lieb*, in: Dauner-Lieb/Langen, BGB, § 276 Rn. 6.
4 Vgl. *Dauner-Lieb*, in: Dauner-Lieb/Langen, BGB, § 276 Rn. 6.
5 Vgl. BGH, Urt. v. 20. 12. 2011 – VI ZR 309/10, NJW-RR 2012, 404.
6 Vgl. BGH, Urt. v. 20. 12. 2011 – VI ZR 309/10, NJW-RR 2012, 404.
7 Vgl. *Grüneberg*, in: Grüneberg, BGB, § 276 Rn. 10.
8 Vgl. *Oetker*, in: MüKoBGB, § 276 Rn. 55; *Grüneberg*, in: Grüneberg, BGB, § 276 Rn. 15.
9 *Grüneberg*, in: Grüneberg, BGB § 276 Rn. 16.

dem Gedanken, dass derjenige, der im eigenen Interesse eine besondere Gefahrenquelle schafft, für die daraus resultierenden Schäden einzustehen hat.[10] Dabei ist es unbeachtlich, ob diese Schäden selbst bei pflichtgemäßer Sorgfalt unvermeidbar gewesen wären. Es handelt sich um eine verschuldensunabhängige Haftung. Prominentes Beispiel für diese Art der Haftung ist die Halterhaftung bei Kfz nach § 7 StVG. Argumentiert wird damit, dass mit dem Betrieb eines Kfz erlaubterweise eine Gefahrenquelle im Straßenverkehr eröffnet wird.[11] Dies reicht als Anknüpfungspunkt für die Haftung im Schadensfall aus, wenn sich eine von einem Kfz ausgehende typische Gefahr verwirklicht hat.[12] Man spricht hier von der sogenannten Betriebsgefahr. Daneben fallen aber auch etwa die Tierhalterhaftung und vor allem die Produkthaftung nach deutschem Rechtsverständnis in die Kategorie der gesetzlich festgeschriebenen Gefährdungstatbestände.

6 Da hier offensichtlich von dem vorherrschenden Verschuldensprinzip abgewichen wird, bedarf die verschuldensunabhängige Haftung immer einer gesetzlichen Grundlage.[13] Regelmäßig kann dann im Einzelfall nur die Darlegung höherer Gewalt eine Haftung ausschließen, was in der Praxis äußerst selten vorkommt. Damit die Haftung aber nicht völlig ausufert, ist der Haftungsumfang meist auf Höchstbeträge begrenzt.

3. Haftung in Zusammenhang mit KI

7 Wie können die autonomen Systeme nun in das geltende Haftungsrecht eingeordnet werden? Wer ist für das „Verhalten“ eines KI-Systems verantwortlich, wenn dieses einen bestimmten Autonomiegrad überschreitet? Welcher gesetzliche Haftungstatbestand ist einschlägig? Eine Haftung der Künstlichen Intelligenz selbst scheidet aus. In Betracht kommt eine Einstandspflicht des Herstellers, aber auch des Nutzers oder des Betreibers des autonomen Systems. Und nicht nur die Zuordnung der Verantwortlichkeit bereitet Schwierigkeiten bei der rechtlichen Beurteilung, sondern auch der Umstand, dass die inneren Prozesse autonomer Systeme für den außenstehenden Beobachter regelmäßig nur schwer nachzuvollziehen sind. Woran ist bei der Bewertung, ob ein Sorgfaltspflichtverstoß vorliegt oder nicht, anzuknüpfen? An Fehler bei der Programmierung oder bei der Umsetzung von Lerninhalten? Nach und nach werden in diesem Kapitel die Problemfelder aufgezeigt und die Lösungsansätze dazu herausgearbeitet.

---

10 *Walter*, in: BeckOGK, StVG § 7 Rn. 3; BGH, Urt. v. 19.4.1988 – VI ZR 96/87, NJW 1988, 2802.

11 BGH, Urt. v. 3.7.1962 – VI ZR 184/61, NJW 1962, 1676.

12 *Sprau*, in: Grüneberg, BGB, Einf v § 823 Rn. 11; BGH, Urt. v. 3.7.1962 – VI ZR 184/61, NJW 1962, 1676.

13 *Sprau*, in: Grüneberg, BGB, Einf v § 823 Rn. 24; *Lenz*, in: Lenz, Produkthaftung, § 3 Rn. 274.

a) Haftung des Herstellers

Der Hersteller haftet für einen Schaden, der durch Fehlfunktion der von ihm hergestellten Künstlichen Intelligenz verursacht wurde, nach den Grundsätzen der spezialgesetzlichen Produkthaftung im Sinne des Produkthaftungsgesetzes (ProdHaftG) und der allgemeinen deliktsrechtlichen Produzentenhaftung.[14] Die Produzentenhaftung beruht dabei auf § 823 Abs. 1 BGB. Zwar handelt es sich um unterschiedliche Haftungstatbestände. Da aber jeweils an die Verletzung von Verkehrssicherungspflichten des Herstellers angeknüpft wird, kann häufig eine Haftung unter beiden Gesichtspunkten parallel begründet werden. **8**

aa) Haftung nach dem Produkthaftungsgesetz

(1) Produktbegriff

Erforderlich für die Haftung nach dem ProdHaftG ist die Fehlerhaftigkeit eines Produkts. Gemäß § 2 ProdHaftG fällt unter den Produktbegriff jede bewegliche Sache, auch wenn sie einen Teil einer anderen beweglichen Sache oder unbeweglichen Sache bildet. Problematisch ist bereits die Definition der Sache. Denn Sachen im Sinne des § 90 BGB sind nur körperliche Gegenstände. Bei künstlicher Intelligenz in Form von Hardware-Software-Systemen fällt die Einordung leicht, da das System als Gesamtprodukt und damit als körperlicher Gegenstand betrachtet wird.[15] Hier dient das selbstfahrende Fahrzeug als gutes Beispiel. Der Fahrzeughersteller, der die Steuerungssoftware von Beginn an in das Fahrzeug implementiert hat, kann für die dadurch verursachten Schäden verantwortlich sein. Es ist für die Haftungsbegründung dann gleichgültig, ob die Hard- oder die Software des Fahrzeugs fehlerhaft ist.[16] **9**

Problematischer ist die Frage zu beantworten, ob Software auch dann ein Produkt nach dem ProdHaftG darstellt, wenn sie unabhängig von einer Hardware vertrieben wird. Denn hier fehlt es an der erforderlichen Verkörperung. Zum einen wird die Auffassung vertreten, dass jedenfalls Software, die mit einem Datenträger verbunden ist, dem Produktbegriff des ProdHaftG unterfällt, da in diesem Fall alle Eigenschaften einer beweglichen Sache erfüllt seien.[17] Bei Software allein hingegen handele es sich ledig- **10**

---

14 *Eichelberger*, in: Ebers/Heinze/Krügel/Steinrötter, Künstliche Intelligenz und Robotik, § 5 Rn. 6; *Leupold/Wiesner*, in: Leupold/Wiebe/Glossner, IT-Recht, Teil 9.6.4. Rn. 39.

15 *Wagner*, AcP 2017, 707, 715; *Leupold/Wiesner*, in: Leupold/Wiebe/Glossner, IT-Recht, Teil 9.6.4. Rn. 40.

16 *Leupold/*Wiesner, in: Leupold/Wiebe/Glossner, IT-Recht, Teil 9.6.4. Rn. 40; *Wagner*, in: MüKoBGB, § 2 ProdHaftG Rn. 24.

17 *Förster*, in: BeckOK BGB, § 2 ProdHaftG Rn. 22; *Wagner*, AcP 2017, 707, 717.

lich um geistige Inhalte; sie sei daher als immaterielles Gut zu betrachten.[18] Gegenstimmen sprechen sich dafür aus, dass die Produkteigenschaft auch unabhängig von ihrer Verkörperung und für online herunterladbare Software bejaht werden kann.[19] Man müsse dazu nur auf den Sinn und Zweck des ProdHaftG abstellen, der darin liegt, die Haftung für das Inverkehrbringen fehlerhaft konstruierter oder fabrizierter Ware zu regeln.[20] Mit Blick auf einen effektiven Verbraucherschutz sei nicht ersichtlich, warum Software, die wie jede andere Sache am Markt erhältlich ist und gewisse Gefahren mit sich bringt, im modernen Digital-Zeitalter nicht von dem Anwendungsbereich des ProdHaftG umfasst sein solle.[21] Stellt man also auf die aktuelle Fassung des ProdHaftG ab, so ist dessen Anwendbarkeit auf von Hardware losgelöster Software sichtlich umstritten.

11 Diese Problematik hat auch die Europäische Kommission erkannt und sich aus diesem Grund in der neuen Produkthaftungsrichtlinie[22] für eine explizite Erweiterung des Produktbegriffs auf Software entschieden. Mit Umsetzung der Richtlinie ins nationale Recht werden solche Abgrenzungsschwierigkeiten in Zukunft wohl nicht mehr auftreten (genauer dazu in Rn. 86 ff.). Bis zum Inkrafttreten wird mehr Argumentationsarbeit erforderlich bleiben, will man Schäden aufgrund fehlerhafter Software auf Grundlage des ProdHaftG geltend machen. Anderenfalls bleibt nur der „Umweg" über die Produzentenhaftung nach § 823 Abs. 1 BGB (hierzu unten unter Rn. 30 ff.).

(2) Hersteller und Ersatzberechtigter

12 Nach § 1 ProdHaftG haftet der Hersteller für die Fehlerhaftigkeit des Produkts. Hersteller ist, wer das Endprodukt, einen Grundstoff oder ein Teilprodukt hergestellt hat (§ 4 Abs. 1 ProdHaftG). In dem Beispiel des selbstfahrenden Fahrzeugs fällt gemäß der Legaldefinition zum einen der Fahrzeughersteller, zum anderen aber auch der Zulieferer als Teilhersteller, der die Bauteile für die Fahrzeuge in Auftrag des Fahrzeugherstellers selbst fertigt und konstruiert und im Anschluss an diesen liefert, unter den Herstel-

---

18 *Graf v. Westphalen*, NJW 1990, 83, 87.

19 *Wagner*, AcP 2017, 707, 718; *Rebin*, in: BeckOGK, ProdHaftG § 2 Rn. 50 ff; *Wagner*, in: MüKoBGB, § 2 ProdHaftG Rn. 23.

20 *Rebin*, in: BeckOGK, ProdHaftG § 2 Rn. 50 ff.; *Wagner*, AcP 2017, 707, 718.

21 *Rebin*, in: BeckOGK, ProdHaftG § 2 Rn. 52.

22 Vorschlag für eine Richtlinie des europäischen Parlaments und des Rates über die Haftung für fehlerhafte Produkte, eur-lex.europa.eu/legal-content/DE/TXT/PDF/?uri=CELEX:52022SC0317.

lerbegriff.[23] Der Fahrzeughersteller trägt dabei die Gesamtverantwortung, der Zulieferer nur für Fehler seines Teilprodukts.[24]

Bereits anhand des vorstehend gebildeten Beispiels lässt sich erahnen, dass die Abgrenzung von Gesamt- und Teilprodukt zur Feststellung der Fehlerquelle im Einzelfall sehr schwerfallen kann. In der Praxis ergeben sich Fehler häufig erst durch die Verbindung des Bauteils mit dem Endprodukt. In diesem Fall scheidet eine Ersatzpflicht des Teilherstellers aus, wenn der Fehler durch die Konstruktion des Endprodukts verursacht wurde.[25] Wird die Software hingegen speziell für das komplexe Endprodukt programmiert und mit den anderen Systemen abgestimmt, so haftet der Zulieferer wiederum für die Fehlerhaftigkeit.[26] Bei der Bewertung kommt es also auf die Konstellation und Konstruktion im Einzelfall an. Die beschriebenen Abgrenzungsschwierigkeiten stellen allerdings keine dem digitalen Zeitalter geschuldete neue Problematik dar. Vielmehr stellt sich diese Frage bei sämtlichen Produktkombinationen. Dabei wird es wohl auch in Zukunft bleiben, denn auch die Produkthaftungsrichtlinie hält hierfür keinen Lösungsvorschlag bereit. **13**

Immerhin weist die Bestimmung des Ersatzberechtigten keine besonderen Schwierigkeiten auf und kann daher in der gebotenen Kürze dargestellt werden. In den Kreis der Berechtigten fallen alle Personen, die unmittelbar durch das fehlerhafte Produkt eine Rechtsgutsverletzung erlitten haben. Dies kann beispielsweise der Käufer des selbstfahrenden Fahrzeugs oder ein Dritter sein, der durch das Auto verletzt wird. **14**

(3) Sorgfaltsmaßstab

Ein Produkt ist fehlerhaft im Sinne des ProdHaftG, wenn es die körperliche Gesundheit des Benutzers oder Dritter beeinträchtigt oder deren Eigentum beschädigt.[27] Liegt ein Produktfehler vor, so stellt dies einen Verstoß des Herstellers gegen die im Verkehr erforderliche Sorgfalt dar (§ 276 Abs. 2 BGB).[28] Maßgeblich für die Bestimmung der Sorgfaltspflicht ist gemäß § 3 Abs. 1 ProdHaftG die Sicherheitserwartung im Einzelfall unter Berücksichtigung aller Umstände, insbesondere der Darbietung, des Gebrauchs und des Zeitpunkts der Inverkehrbringung des Produkts. **15**

Das ProdHaftG orientiert sich bei der Bestimmung der Sorgfaltspflicht an den Maßstäben der Verkehrssicherungspflichten in der deliktsrechtlichen **16**

---

23 *Leupold/Wiesner*, in: Leupold/Wiebe/Glossner, IT-Recht, Teil 9.6.4. Rn. 47.
24 *Wagner*, in: MüKoBGB, § 1 ProdHaftG Rn. 64.
25 *Leupold/Wiesner*, in: Leupold/Wiebe/Glossner, IT-Recht, Teil 9.6.4. Rn. 48.
26 *Leupold/Wiesner*, in: Leupold/Wiebe/Glossner, IT-Recht, Teil 9.6.4. Rn. 48.
27 *Sprau*, in: Grüneberg, BGB, § 3 ProdHaftG Rn. 2.
28 *Wagner*, in: MüKoBGB, § 3 ProdHaftG Rn. 3.

Produzentenhaftung.[29] Dort wird der Hersteller zur ordnungsgemäßen Konstruktion, Fabrikation und Instruktion verpflichtet.[30] Maßgeblicher Zeitpunkt der Bewertung ist das Inverkehrbringen des Produkts. Diese Pflichten gelten für den Hersteller auch im Rahmen des ProdHaftG. Fehler innerhalb der aufgezählten Kategorien stellen Sorgfaltspflichtverstöße dar, die ohne weiteres auch bei autonomen Systemen auftreten können.

(4) Konstruktionsfehler

17 Konstruktionsfehler machen das Produkt infolge fehlerhafter technischer Konzeption oder Planung für eine gefahrlose Benutzung ungeeignet und haften der ganzen Serie an.[31] Dabei handelt es sich um Mängel, durch die das Produkt schon seiner Konzeption nach hinter den gebotenen Sicherheitsstandards zurückbleibt.[32] Erforderlich sind Maßnahmen, die nach dem Stand von Wissenschaft und Technik zum maßgeblichen Zeitpunkt konstruktiv möglich sind und als geeignet und genügend erscheinen, um Schäden zu verhindern.[33]

18 Bei der Hardware autonomer Systeme besteht kein Unterschied in der Bewertung zu herkömmlichen Produkten. Ein Konstruktionsfehler liegt beispielsweise vor, wenn ein Sensor eines selbstfahrenden Fahrzeugs, der Signale von außen empfängt, aufgrund defizitärer Konstruktion während der Fahrt ausfällt.[34]

19 Bei der Software autonomer Systeme gestaltet sich die Bewertung, wann ein Fehler vorliegt, durchaus schwieriger. Unproblematisch als Konstruktionsfehler einzuordnen sind Programmierfehler, bei denen die Software schon konzeptionell nicht in der Lage ist, die an sie gestellten Anforderungen zu erfüllen.[35] Unübersichtlicher wird die Einordnung, wenn nicht ganz klar ist, ob die später eintretende Fehlfunktion ihre Ursache in einer fehlerhaften Programmierung hat (dann Konstruktionsfehler) oder Ergebnis eines fehlerhaften Lernprozesses ist.[36] Dabei ist zu berücksichtigen, dass (KI-gestützte) Software nach dem derzeitigen Stand teilweise bereits so komplex

---

29 *Wagner*, in: MüKoBGB, § 3 ProdHaftG Rn. 3; *Wagner*, AcP 2017, 707, 712.
30 *Leupold/Wiesner*, in: Leupold/Wiebe/Glossner, IT-Recht, Teil 9.6.4. Rn. 51.
31 *Sprau*, in: Grüneberg, BGB, § 3 ProdHaftG Rn. 8.
32 *Lenz*, in: Lenz, Produkthaftung, § 3 Rn. 323.
33 *Sprau*, in: Grüneberg, BGB, § 3 ProdHaftG Rn. 8.
34 *Leupold/Wiesner*, in: Leupold/Wiebe/Glossner, IT-Recht, Teil 9.6.4. Rn. 54.
35 *Eichelberger*, in: Ebers/Heinze/Krügel/Steinrötter, Künstliche Intelligenz und Robotik, § 5 Rn. 22.
36 *Eichelberger*, in: Ebers/Heinze/Krügel/Steinrötter, Künstliche Intelligenz und Robotik, § 5 Rn. 22 f.

ist, dass eine fehlerfreie Programmierung faktisch unmöglich ist.[37] Dieser Entwicklung kann nur eine angepasste Sicherheitserwartung gerecht werden, die mögliche Fehlerquellen in die Bewertung des Erwartungshorizonts einbezieht. Eine erhebliche Herabsetzung kann daraus aber nicht folgen.[38] Denn zusätzlich muss auch immer das Gefahrenpotenzial der spezifischen Anwendung berücksichtigt werden. Gerade bei selbstfahrenden Fahrzeugen mit KI-basierter Steuerung ist das Gefahrenpotenzial angesichts möglicher Schäden als besonders hoch einzustufen. Schon der kleinste Fehler kann sich schlimmstenfalls lebensgefährlich auswirken. Unerwartete Programmabstürze würden die Sicherheitserwartung keinesfalls erfüllen und einen Konstruktionsfehler darstellen.[39] Mindestvoraussetzung dürfte ein Sicherheitsmodus sein, der bei Funktionsstörung die Fahrt unterbricht und das Fahrzeug gefahrlos zum Stillstand bringt.[40] Im Vergleich dazu ist eine potenziell geringere Erwartung an Software zu stellen, deren Fehlerhaftigkeit nicht unmittelbar eine Gefahr für so gewichtige Rechtsgüter wie Leib und Leben darstellt.

Selbstlernende Systeme bringen das veraltete Produkthaftungssystem an **20**
seine Grenzen und ändern die Maßstäbe der Fehlerhaftigkeit. Es ist dem autonomen Konzept immanent, dass der Hersteller ex ante regelmäßig nicht vorhersagen kann, wie das System auf eine bestimmte Situation reagieren wird. Dies stellt gerade den Reiz und die Innovation dieser technischen Errungenschaft dar. Fraglich ist daher, ob sich der Hersteller der Haftung für entstandene Schäden mit der Begründung entziehen kann, dass das Verhalten des Systems nach Inverkehrbringung auf seiner autonomen Entscheidungsfähigkeit beruht, welche charakteristisch für ein selbstlernendes autonomes System ist, und demnach schon kein Konstruktionsfehler vorliegen kann.[41] Bei genauerer Betrachtung wird eine solche Exkulpation aber wohl zu verneinen sein:

Die Flexibilität und Anpassungsfähigkeit des Systems ist das ausschlagge- **21**
bende Verkaufsargument und sowohl vom Hersteller als auch vom Nutzer gewollt.[42] Im Gegenzug muss der Hersteller aber auch die Verantwortung für sicherheitsgefährdende Entscheidungen des Systems übernehmen, soweit sie für ihn beherrschbar sind. Entscheidender Anknüpfungspunkt für

37 *Oechsler*, in: Staudinger, BGB, § 3 ProdHaftG Rn. 126; Leupold/Wiesner, in: Leupold/Wiebe/Glossner, IT-Recht, Teil 9.6.4. Rn. 54.

38 *Oechsler*, in: Staudinger, BGB § 3 ProdHaftG Rn. 126, *Leupold/Wiesner*, in: Leupold/Wiebe/Glossner, IT-Recht, Teil 9.6.4. Rn. 54.

39 *Wagner*, AcP 2017, 707, 727; *Leupold/Wiesner*, in: Leupold/Wiebe/Glossner, IT-Recht, Teil 9.6.4. Rn. 54.

40 *Leupold/Wiesner*, in: Leupold/Wiebe/Glossner, IT-Recht, Teil 9.6.4. Rn. 54.

41 *Leupold/Wiesner*, in: Leupold/Wiebe/Glossner, IT-Recht, Teil 9.6.4. Rn. 56.

42 *Leupold/Wiesner*, in: Leupold/Wiebe/Glossner, IT-Recht, Teil 9.6.4. Rn. 56.

die Fehlerhaftigkeit ist, ob die selbst erlernte schädigende Verhaltensweise bereits in der Programmierung angelegt war.[43] Ein Produktfehler in Form eines Konstruktionsfehlers kommt also durchaus in Betracht, wenn dem System eine nach dem Stand von Wissenschaft und Technik unzureichende Ausgestaltung der Lern- und Entscheidungsstruktur zugrunde liegt. Eine Entlastungsmöglichkeit des Herstellers nach § 1 Abs. 2 Nr. 5 ProdHaftG bleibt möglich.

22 Daraus darf aber nicht der falsche Schluss gezogen werden, dass bei jeder Schadensverursachung durch ein autonomes System ein Produktfehler angenommen werden kann.[44] Es muss – wie bereits oben erwähnt – die allgemeine Sicherheitserwartung unterschritten werden, damit ein Produktfehler bejaht werden kann. Eine Sicherheitserwartung dahingehend, dass autonomen Systemen eine hundertprozentige Schadensvermeidung abverlangt wird, wäre überspannt und praktisch nicht realisierbar.[45]

23 Hingegen erscheint aber auch die Orientierung an dem hypothetischen Verhalten eines sorgfältigen Menschen, um das erforderliche Sicherheitsmaß zu ermitteln, als nicht zielführend. Dieser Ansatz entspricht ebenfalls nicht der technischen Realität. Der Hersteller programmiert beispielsweise das Fahrverhalten nicht anhand einzelner Verkehrssituationen, sondern entwickelt einen autonomen Algorithmus, der in der Lage ist, aufgrund der im Lernprozess gesammelten Daten selbstständig auf die verschiedensten Anforderungen im Straßenverkehr zu reagieren.[46] Die Fehlerquellen eines Algorithmus sind mit denen eines Menschen (Trunkenheitsfahrt, Geschwindigkeitsverstoß, „Augenblicksversagen“) nicht vergleichbar.[47] Hinzu käme, dass mit Erreichen des mit einem menschlichen Fahrer vergleichbaren Sicherheitsstandards für den Hersteller aus haftungsrechtlicher Sicht kein Anreiz mehr bestünde, das Sicherheitsniveau weiter zu steigern.[48]

24 Die Sorgfaltspflichten müssen in der Konsequenz an die Programmierung des Algorithmus geknüpft werden.[49] Sachgerechter zur Bestimmung der Sicherheitserwartung ist entsprechend ein KI-spezifischer, systembezogener Maßstab.[50] Dieser entwickelt sich aus verschiedenen Komponenten:

---

43 *Leupold/Wiesner*, in: Leupold/Wiebe/Glossner, IT-Recht, Teil 9.6.4. Rn. 56.
44 *Wagner*, AcP 2017, 707, 728.
45 *Wagner*, AcP 2017, 707, 728.
46 *Wagner*, AcP 2017, 707, 734.
47 *Leupold/Wiesner*, in: Leupold/Wiebe/Glossner, IT-Recht, Teil 9.6.4. Rn. 57.
48 *Eichelberger*, in: Ebers/Heinze/Krügel/Steinrötter, Künstliche Intelligenz und Robotik, § 5 Rn. 14.
49 *Wagner*, AcP 2017, 707, 734.
50 *Leupold/Wiesner*, in: Leupold/Wiebe/Glossner, IT-Recht, Teil 9.6.4. Rn. 57.

Zum einen sind die bereits am Markt verfügbaren vergleichbaren Systeme zu berücksichtigen.[51] Weiterhin muss das System dem Stand von Wissenschaft und Technik entsprechen, denn es kann nicht zwingend davon ausgegangen werden, dass die vergleichbaren Systeme den aktuellen Stand eingehalten haben.[52] Entspricht das System diesen Anforderung und kommt es trotzdem zu einem Schaden, muss weiter geprüft werden, ob nach gesichertem Fachwissen praktisch einsatzfähige Lösungen zur Verfügung standen, die den verursachten Schaden vermieden hätten.[53] Gibt es solche Lösungen, haftet der Hersteller, wenn er sie nicht eingesetzt hat, unabhängig davon, ob er die Lösungsansätze kannte oder nicht. Dies erscheint auch sachgerecht, da so sichergestellt wird, dass alle Möglichkeiten der Gefahrverminderung auch tatsächlich eingesetzt werden. Aufgrund der Neuartigkeit intelligenter Systeme ist eine konkretere Bestimmung des Maßstabs derzeit noch nicht möglich. Künftige Haftungsprozesse werden hier mehr Klarheit bringen müssen. Es ist davon auszugehen, dass die zuvor genannten Aspekte im Entscheidungsprozess der Gerichte Berücksichtigung finden und gegeneinander abgewogen werden. **25**

(5) Fabrikationsfehler

Fabrikationsfehler entstehen während der Herstellung, wenn das Produkt eine andere Beschaffenheit aufweist als konzeptionell vorgesehen.[54] Sie haften nur einzelnen Stücken an und weichen vom allgemeinen Standard, den der Hersteller für seine Produkte vorgesehen hat, ab.[55] Diese Fehlerkategorie spielt bei autonomen Systemen hauptsächlich hinsichtlich der Hardware-Komponente eine Rolle. Auch hier ergeben sich keine Besonderheiten zu herkömmlichen Produkten. In Betracht kommen fehlerhafte Sensoren, Sender oder Kameras.[56] Bei der Software-Komponente können Fabrikationsfehler beispielsweise bei der Übertragung eines KI-Systems von einem Medium auf ein anderes entstehen, wenn diese unvollständig oder mangelhaft erfolgt.[57] **26**

---

51 *Leupold/Wiesner*, in: Leupold/Wiebe/Glossner, IT-Recht, Teil 9.6.4. Rn. 57.
52 *Leupold/Wiesner*, in: Leupold/Wiebe/Glossner, IT-Recht, Teil 9.6.4. Rn. 57.
53 *Eichelberger*, in: Ebers/Heinze/Krügel/Steinrötter, Künstliche Intelligenz und Robotik, § 5 Rn. 14; *Leupold/Wiesner*, in: Leupold/Wiebe/Glossner, IT-Recht, Teil 9.6.4. Rn. 57.
54 *Sprau*, in: Grüneberg, BGB, § 3 ProdHaftG Rn. 9.
55 *Sprau*, in: Grüneberg, BGB, § 3 ProdHaftG Rn. 9.
56 *Wagner*, AcP 2017, 707, 725.
57 *Leupold/Wiesner*, in: Leupold/Wiebe/Glossner, IT-Recht, Teil 9.6.4. Rn. 51; *Wagner*, AcP 2017, 707, 725.

(6) Instruktionsfehler

27 Instruktionsfehler bestehen in mangelhafter Gebrauchsanweisung oder nicht ausreichender Warnung vor gefahrbringenden Eigenschaften des Produkts zum Zeitpunkt des Inverkehrbringens.[58] Dem Hersteller obliegt im Umkehrschluss also die Pflicht, auf die konkrete Handhabung und auf bestimmte Gefahren, die entstehen können, hinzuweisen.[59] Zu warnen ist vor denjenigen Gefahren, die bei bestimmungsgemäßem Gebrauch oder naheliegendem Fehlgebrauch drohen und nicht zum allgemeinen Gefahrenwissen des Benutzerkreises gehören.[60] Die Anforderungen sind abhängig von den gefährdeten Rechtsgütern und der Größe der Gefahr.[61] In Bezug auf KI-Systeme muss der Nutzer über die Einsatzmöglichkeiten und Schadensrisiken aufgeklärt werden, insbesondere ist darauf hinzuweisen, dass die Nutzung des Produkts aufgrund der Fähigkeit zu lernen zu nicht vorhersehbarem Verhalten führen und ein Fehler in der Anlernphase den Lernprozess beeinträchtigen kann.[62] Der Nutzer muss insofern verstehen können, wie er das autonome System bedienen und konfigurieren kann, inwiefern er das System überwachen muss und wie auf eine Systemstörung zu reagieren ist.[63]

(7) Beweislast

28 Gemäß § 1 Abs. 4 ProdHaftG trägt der Geschädigte die Beweislast für den Fehler des Produkts, ohne dabei konkret die Art des Fehlers benennen zu müssen.[64] Es reicht aus, wenn er das Vorliegen eines Fehlers plausibel darstellt.[65] Des Weiteren muss der Geschädigte beweisen, dass ihm ein Schaden an einem der in § 1 Abs. 1 ProdHaftG genannten Rechtsgüter entstanden ist und ein ursächlicher Zusammenhang zwischen Fehler und Schaden besteht. Gerade beim Einsatz künstlicher Intelligenz kann es bei dem letzten Punkt zu erheblichen Beweisproblemen kommen. Denn der Geschädigte muss bei autonomen Systemen nachweisen, dass eine gefährdende, selbst erlernte Verhaltensweise auf einer fehlerhaften Programmierung beruht und gerade keinen Anwendungsfehler darstellt.[66] Das ist im Einzelfall eine kaum zu bewältigende Aufgabe, da die technischen Abläufe des „Lern- und Entschei-

---

58 *Lenz*, in: Lenz, Produkthaftung, § 3 Rn. 326; *Sprau*, in: Grüneberg, BGB, § 3 ProdHaftG Rn. 10.
59 *Lenz*, in: Lenz, Produkthaftung, § 3 Rn. 326.
60 *Sprau*, in: Grüneberg, BGB, § 3 ProdHaftG Rn. 10.
61 *Sprau*, in: Grüneberg, BGB, § 3 ProdHaftG Rn. 10.
62 *Eichelberger*, in: Ebers/Heinze/Krügel/Steinrötter, Künstliche Intelligenz und Robotik, § 5 Rn. 26.
63 *Leupold/Wiesner*, in: Leupold/Wiebe/Glossner, IT-Recht, Teil 9.6.4. Rn. 58.
64 *Förster*, in: BeckOK BGB, § 1 ProdHaftG Rn. 74.
65 *Förster*, in: BeckOK BGB, § 1 ProdHaftG Rn. 74.
66 *Leupold/Wiesner*, in: Leupold/Wiebe/Glossner, IT-Recht, Teil 9.6.4. Rn. 67.

dungsprozesses“ für einen Laien nicht nachvollziehbar sind (sog. „Blackbox-Effekt“; siehe dazu unter Rn. 58). Dies kann es den Geschädigten in vielen Fällen schlicht unmöglich machen, ihrer Beweislast bei der Darlegung von KI-Fehlern nachzukommen.

Auch dieser Problematik hat sich die EU-Kommission in ihren Richtli- **29** nien(-entwürfen) zum ProdHaftG und zur KI-Haftung[67] angenommen und möchte mit der Regelung zur Kausalitätsvermutung in Zukunft eine Erleichterung schaffen (siehe dazu unter Kap. 1 Rn. 28).[68] Bis zur Umsetzung der Richtlinienvorgaben in nationales Recht stellt die dem Geschädigten auferlegte Beweislast allerdings erst einmal weiterhin eine erhebliche Hürde des deutschen Haftungsrechts für den Ausgleich von durch Künstliche Intelligenz versursachten Schäden dar.

bb) Haftung nach der deliktsrechtlichen Produzentenhaftung

Bei der Haftung des Herstellers spielt auch die deliktische Produzentenhaf- **30** tung eine Rolle. Diese richtet sich nach § 823 Abs. 1 BGB, weist aber viele Parallelen zur zuvor dargestellten Haftung nach dem ProdHaftG auf. Aus diesem Grunde wird der Fokus nachfolgend auf die Unterschiede der Tatbestände gelegt. Der gewichtigste Unterschied besteht darin, dass es sich bei der deliktsrechtlichen Produzentenhaftung im Gegensatz zur Haftung nach dem ProdHaftG (Gefährdungshaftung) um eine Verschuldenshaftung handelt, also an die schuldhafte Verletzung von Sorgfaltspflichten angeknüpft wird. Die Herstellung eines fehlerhaften Produkts allein begründet hier noch keine Haftung.

(1) Anwendungsbereich

Zunächst einmal ist festzuhalten, dass der Anwendungsbereich des § 823 **31** Abs. 1 BGB nicht auf Hersteller beweglicher Sachen beschränkt ist, sondern auch Hersteller von Software und Erbringer von Dienstleistungen ohne weiteres umfasst sind.[69] Abgrenzungsprobleme hinsichtlich des Produktbegriffs wie unter dem ProdHaftG stellen sich hier konsequenterweise nicht.

---

67 Vorschlag für eine Richtlinie des Europäischen Parlaments und des Rates zur Anpassung der Vorschriften über außervertragliche zivilrechtliche Haftung an künstliche Intelligenz, COM(2022) 496 final, https://eur-lex.europa.eu/legal-content/DE/TXT/HTML/?uri=CELEX:52022PC0496.

68 *Leupold/Wiesner*, in: Leupold/Wiebe/Glossner, IT-Recht, Teil 9.6.4. Rn. 67.

69 *Eichelberger*, in: Ebers/Heinze/Krügel/Steinrötter, Künstliche Intelligenz und Robotik, § 5 Rn. 7.

(2) Rechtsgutsverletzung

32 Haftungsvoraussetzung ist die Verletzung eines geschützten Rechtsguts oder sonstigen absoluten Rechts im Sinne des § 823 Abs. 1 BGB. Darunter fallen beispielsweise Rechtsgüter wie Leben, körperliche Unversehrtheit oder Eigentum.

33 Bei Eigentumsverletzungen ist zu berücksichtigen, dass deliktsrechtlich nur das Integritätsinteresse geschützt ist.[70] Das Integritätsinteresse bezieht sich auf das Interesse des Geschädigten, den Ursprungszustand vor dem Schadensfall wiederherzustellen. Daraus folgt, dass nur bereits bestehende Rechtsgüter vom Schutzbereich umfasst sind.[71] Das ist so lange unproblematisch, wie Schäden an anderen Sachen oder Rechtsgütern und nicht an der fehlerhaften Sache selbst auftreten. Wird jedoch aufgrund der Fehlfunktion der Sache diese selbst beschädigt, so ist das Äquivalenzinteresse des Eigentümers betroffen, denn er hat von Beginn an kein mangelfreies Eigentum erworben.[72] Ein deliktsrechtlicher Ersatzanspruch scheidet dann grundsätzlich aus.

34 Relevant kann in diesem Fall jedoch die von der Rechtsprechung konstruierte Fallgruppe des sogenannten Weiterfresserschadens werden.[73] Davon umfasst sind Konstellationen, in denen eine Sache bereits im Zeitpunkt ihrer Herstellung einen Defekt aufweist, der sich jedoch erst nach dem Eigentumserwerb eines Dritten bei diesem materialisiert und die Sache selbst beschädigt oder gänzlich zerstört.[74] Ein Anspruch aus § 823 Abs. 1 BGB wegen Eigentumsverletzung besteht in diesem Fall nur dann, wenn die mangelhafte Sache und das Endprodukt nicht stoffgleich sind.[75] Stoffgleichheit ist nach wirtschaftlicher Betrachtungsweise anzunehmen, wenn das fehlerhafte Einzelteil mit der beschädigten Gesamtsache derart zu einer Einheit verbunden ist, dass sie nur unter Inkaufnahme erheblicher Beschädigung getrennt werden oder der Mangel nicht in wirtschaftlich vertretbarer Weise behoben werden kann.[76] Ein Weiterfresserschaden könnte beispielsweise bei dem Ausfall eines als Komfortfunktion eingebauten Autopiloten in Betracht kommen, wenn dadurch ein Schaden am Fahrzeug entsteht, da der Autopilot nur einen Teil des gesamten Kraftfahrzeugs ausmacht und theoretisch ohne erhebliche Beschädigung der Gesamtsache oder Funktionsbeeinträchtigung von

---

70 BGH, Urt. v. 27.1.2005 – VII ZR 158/03, NJW 2005, 1423, 1425.
71 *Boche*, in: Veith/Gräfe/Lange/Rogler, Der Versicherungsprozess, § 15 Rn. 308.
72 *Eichelberger*, in: Ebers/Heinze/Krügel/Steinrötter, Künstliche Intelligenz und Robotik, § 5 Rn. 9.
73 BGH, Urt. v. 24.11.1976 – VIII ZR 137/75, NJW 1977, 379, 381.
74 *Wagner*, in: MüKoBGB, § 823 Rn. 322.
75 *Sprau*, in: Grüneberg, BGB, § 823 Rn. 181.
76 *Förster*, in: BeckOK BGB, § 823 Rn. 136.

dieser getrennt werden könnte.[77] Hier besteht überwiegend Einigkeit über die Möglichkeit einer Haftung nach den Maßstäben des § 823 Abs. 1 BGB. Unterschiedlich wird dies hingegen bei einem vollautonomen Kraftfahrzeug beurteilt:

Nach Teilen der Literatur sei die manuelle Steuerung nur für Notfälle vorgesehen, weshalb ein Ausbau der Steuerungssoftware nicht vorgenommen werden könne, ohne dass die Sache ihren Nutzwert vollständig verlöre.[78] Ein Weiterfresserschaden würde nach dieser Auffassung ausscheiden. Nach der Gegenmeinung überzeuge dies unter Zugrundelegung der Definition von Stoffgleichheit nicht. Für die Abgrenzung komme es maßgeblich darauf an, ob der Mangel vor Schädigung der Gesamtsache technisch möglich und wirtschaftlich vertretbar hätte behoben werden können.[79] Gerade Softwarefehler ließen sich typischerweise mit vertretbarem Aufwand – beispielsweise durch ein Update – beheben, sobald sie erkannt worden seien.[80] Die stärker differenzierende, zuletzt dargestellte Ansicht scheint vorzugswürdig, da sie zum einen eine ungerechtfertigte Besserstellung autonomer Systeme verhindert und zum anderen nicht darauf angewiesen ist, das technisch faktische Vorhandensein einer manuellen Steuerung zur Begründung des eigenen Ergebnisses schlicht zu ignorieren. Eindeutig kann die Frage bislang jedoch noch nicht beantwortet werden. Es bleibt mithin abzuwarten, welcher Ansicht die Gerichte folgen werden, bzw. ob weitere klärende Rechtsakte hier zusätzliche Rechtssicherheit schaffen können. **35**

Zusätzlich zur vorstehenden Eigentumsverletzung ist an eine Verletzung des Rechts am eingerichteten und ausgeübten Gewerbebetrieb zu denken, wenn beispielsweise das autonome System die Produktion in einer Fabrik oder sonstige unternehmerische Prozesse für einen gewissen Zeitraum stört oder komplett lahmlegt. Um eine Rechtsverletzung bejahen zu können, bedarf es hier aber eines zielgerichteten betriebsbezogenen Eingriffs.[81] Der Eingriff muss sich also gegen den Betrieb als solchen richten und nicht nur davon ablösbare Rechte oder Rechtsgüter betreffen, um eine deliktische Haftung zu begründen.[82] Ein derartiger Eingriff wird in der Regel jedoch nicht vorliegen. **36**

77 *Eichelberger*, in: Ebers/Heinze/Krügel/Steinrötter, Künstliche Intelligenz und Robotik, § 5 Rn. 9.
78 *Eichelberger*, in: Ebers/Heinze/Krügel/Steinrötter, Künstliche Intelligenz und Robotik, § 5 Rn. 9.
79 *Wagner*, AcP 2017, 707, 724.
80 *Wagner*, AcP 2017, 707, 724.
81 *Sprau*, in: Grüneberg, BGB, § 823 Rn. 139.
82 BGH, Urt. v. 28.2.2013 – I ZR 237/11, GRUR 2013, 917, 918.

(3) Sorgfaltsmaßstab/Konstruktions-, Fabrikations- und Instruktionsfehler

37 Bei der Beurteilung, ob ein Verstoß gegen eine Verkehrssicherungspflicht vorliegt, gilt der gleiche Sorgfaltsmaßstab wie bereits im Rahmen des ProdHaftG. Zu berücksichtigen sind insbesondere die berechtigten Sicherheitserwartungen, der Kreis der Abnehmer sowie das Gefahrenpotenzial.[83] Zudem sind die gleichen Fehlerkategorien maßgeblich. Die obigen Ausführungen zu Konstruktions-, Fabrikations- und Instruktionsfehlern gelten daher entsprechend.

(4) Produktbeobachtungspflicht

38 Zusätzlich hat der BGH für die deliktische Produzentenhaftung die Produktbeobachtungspflicht des Herstellers entwickelt. Danach muss der Hersteller ab Inverkehrbringen seine Produkte beobachten, ob sich noch unbekannt gebliebene schädliche Eigenschaften zeigen, um möglichen Gefahren rechtzeitig entgegenwirken zu können.[84] Neue Erkenntnisse oder technische Weiterentwicklungen nach Inverkehrbringung des Produkts machen dieses also nicht fehlerhaft, sondern spielen lediglich für die Produktbeobachtungspflicht eine Rolle.

39 Die Intensität der Produktbeobachtungspflicht richtet sich nach dem Gefahren- und Schädigungspotenzial des jeweils infrage stehenden Produkts.[85] Gefordert ist hier neben einer passiven Produktbeobachtung (z.B. Kunden-Reklamation) auch eine aktive Produktbeobachtung; insbesondere können hier Testberichte in Fachzeitschriften und Ähnlichem zu erfassen sein, Unfallanalysen auszuwerten oder relevante Tagungen zu besuchen sein.[86]

40 Kommt der Hersteller seiner Beobachtungspflicht nicht nach, so verursacht dies allein noch keine Schäden. Diese resultieren erst daraus, dass der Hersteller nicht entsprechend seinen Beobachtungen reagiert oder er aufgrund fehlender Beobachtungen gar nicht erst reagieren kann.[87] Der Produktbeobachtungspflicht folgt damit eine Reaktionspflicht.[88] Inhalt und Umfang dieser Reaktionspflicht hängt wesentlich von der Art der Gefahr und der Effektivität der Gefahrenabwehr ab:[89]

---

83 BGH, Urt. v. 16.6.2009 – VI ZR 107/08, NJW 2009, 2952, 2953.
84 *Sprau*, in; Grüneberg, BGB, § 823 Rn. 178.
85 *Eichelberger*, in: Ebers/Heinze/Krügel/Steinrötter, Künstliche Intelligenz und Robotik, § 5 Rn. 33.
86 *Katzenmeier*, in: Dauner-Lieb/Langen, BGB, § 823 Rn. 318.
87 *Wagner*, in: MüKoBGB, § 823 Rn. 1112.
88 *Wagner*, in: MüKoBGB, § 823 Rn. 1112.
89 *Leupold/Wiesner*, in: Leupold/Wiebe/Glossner, IT-Recht, Teil 9.6.4. Rn. 74.

Die Herstellung künftiger Produkte muss so angepasst werden, dass die erkannten Gefahren beseitigt werden, während hinsichtlich der sich bereits im Umlauf befindlichen Produkte zunächst eine geeignete Warnung vor den Gefahren erfolgen muss, die bei bestimmungsgemäßer Benutzung mit einiger Wahrscheinlichkeit bestehen.[90] Eine darüber hinausgehende Reaktion – wie ein Rückruf des Produkts oder Nachrüstung – ist aus Sicht des BGH nur dann notwendig, wenn eine solche Maßnahme im konkreten Fall erforderlich ist, um drohenden Produktgefahren für die Rechtgüter von Benutzern oder Dritten effektiv abzuwehren.[91] Dies könne beispielsweise dann der Fall sein, wenn Grund zur Annahme besteht, dass die Warnung allein den Nutzern nicht die Möglichkeit eröffnet, die Gefahren einschätzen und ihr Verhalten darauf einrichten zu können.[92] Entscheidend bei der Bewertung sind, wie so häufig, die Umstände des Einzelfalls. Nach den Ausführungen des BGH ist nur sehr restriktiv von weitergehenden Reaktionspflichten auszugehen. Das Gericht betont, dass Ziel der deliktischen Produzentenhaftung die effektive Beseitigung von Produktgefahren sei und nicht, den Nutzern ein fehlerfreies Produkt zur Verfügung zu stellen.[93] **41**

Die Nachrüstpflicht ist mit dem BGH dem Vertragsrecht vorbehalten.[94] Dass der BGH auch im Hinblick auf den Rückruf Zurückhaltung vorschreibt, hängt hauptsächlich damit zusammen, dass mit dem Rückruf erhebliche Kosten für den Hersteller einhergehen.[95] Es ist insoweit für das Gericht nicht gerechtfertigt, dass der Hersteller diese Kosten tragen muss, wenn sich die Gefahr durch eine kostengünstigere Warnung zuverlässig beheben lässt. **42**

Anders ist der Pflichtenkatalog im Hinblick auf Software zu beurteilen. Hier besteht die Besonderheit im Gegensatz zu herkömmlichen Produkten darin, dass der Hersteller Software-Updates praktisch ohne nennenswerte Kosten auch für Produkte zur Verfügung stellen kann, die sich bereits im Umlauf befinden.[96] Die Produkte sind in der Regel über eine Datenleitung, Funknetze oder in sonstiger Weise dauerhaft oder zumindest immer mal wieder mit dem Hersteller verbunden.[97] Die Verbreitung des Updates ist dadurch ein Leichtes und im Vergleich zu der Verbreitung einer Warnung nur mit minimalem Mehraufwand verbunden. Ein Produkt mit integrierter Software muss von Beginn an so konstruiert sein, dass Updates jederzeit technisch **43**

---

90 *Sprau*, in: Grüneberg, BGB, § 823 Rn. 179.
91 BGH, Urt. v. 16.12.2009 – VI ZR 170/07, NJW 2009, 1080, 1081.
92 BGH, Urt. v. 16.12.2009 – VI ZR 170/07, NJW 2009, 1080, 1081.
93 BGH, Urt. v. 16.12.2009 – VI ZR 170/07, NJW 2009, 1080, 1082.
94 BGH, Urt. v. 16.12.2009 – VI ZR 170/07, NJW 2009, 1080, 1082.
95 *Wagner*, AcP 2017, 707, 756.
96 *Wagner*, in: MüKoBGB, § 823 Rn. 1130.
97 *Wagner*, AcP 2017, 707, 756; *Wagner*, in: MüKoBGB, § 823 Rn. 1130.

möglich sind.[98] Eine Verpflichtung zum digitalen Rückruf durch Software-Update ist in Anbetracht dessen und der geringen Kosten der effektiven Gefahrvermeidung zu bejahen. Damit geht gleichzeitig aber auch eine Erweiterung der Instruktionspflicht einher, die normalerweise nur zum Zeitpunkt des Inverkehrbringens vorliegt.[99] Denn nach der Durchführung eines Updates könnte aufgrund der Anpassungen und Änderungen möglicherweise eine erneute Instruktion des Benutzers erforderlich sein.[100]

(5) Beweislast

44 Die Darlegungs- und Beweislast stimmt überwiegend mit der des Produkthaftungsrechts überein. Der wichtigste – aber eben auch folgenschwere – Unterschied zum Produkthaftungsrecht besteht darin, dass es sich bei der Produzentenhaftung um eine verschuldensabhängige Haftung handelt, weshalb dafür gesonderte Darlegungs- und Beweislastregeln vorgesehen sind.

45 Der Geschädigte muss Fehler, Schaden und Ursächlichkeit des Fehlers für den Schaden beweisen, während der Hersteller beweisen muss, dass er die ihm obliegende Sorgfalt beachtet hat und ihn deshalb kein Verschulden trifft.[101] Der Hersteller muss sich also entlasten. Es handelt sich dabei um einen Fall der Beweislastumkehr. Dies ist dem Umstand geschuldet, dass der Geschädigte regelmäßig keinen Einblick in die Prozess- und Arbeitsabläufe des Herstellers hat und eine dahingehend auferlegte Beweislast für ihn eine erhebliche Hürde darstellen würde.[102] Dem Hersteller dürfte es im Gegensatz dazu deutlich leichter fallen, den Sachverhalt aufzuklären, weshalb die Beweislastumkehr eine angemessene Maßnahme darstellt. Im Hinblick auf den Fehlernachweis muss der Geschädigte zwar nicht die genaue technische Ursache des Fehlers aufdecken, jedoch muss er darlegen und gegebenenfalls beweisen, „dass sein Schaden im Organisations- und Gefahrenbereich des Herstellers durch einen objektiven Mangel oder Zustand der Verkehrswidrigkeit ausgelöst worden ist".[103] Er muss also den Nachweis erbringen, dass der Produktfehler in der Sphäre des Herstellers entstanden ist.[104] Auch dies stellt einen relevanten Unterschied zum Produkthaftungsrecht dar, wo lediglich eine plausible Darstellung ausreicht. Die oben bereits geschilderten Beweisprobleme im Zusammenhang mit der Haftung für Schäden, die durch Künstliche Intelligenz verursacht wurden (siehe hierzu vorstehend

---

98 *Wagner*, in: MüKoBGB, § 823 Rn. 1130.
99 *Wagner*, in: MüKoBGB, § 823 Rn. 1132.
100 *Wagner*, AcP 2017, 707, 757.
101 *Sprau*, in: Grüneberg, BGB § 823 Rn. 188 f.; *Wagner*, in: MüKoBGB, § 823 Rn. 1138.
102 *Förster*, in: BeckOK BGB, § 823 Rn. 781 ff.
103 BGH, Urt. v. 17.3.1981 – VI ZR 191/79, NJW 1981, 1603, 1605.
104 *Wagner*, in: MüKoBGB, § 823 Rn. 1143.

Rn. 28 f.), sind im Übrigen auch innerhalb der Produzentenhaftung gleichermaßen relevant.

b) Haftung des Anwenders

46 Auch die Anwender eines KI-Systems können für durch dessen Einsatz verursachte Schäden haftbar gemacht werden. Darunter fallen beispielsweise Betreiber oder Nutzer des KI-Systems. Wie näher in Kap. 3 dieses Handbuchs dargestellt wurde, sind mit der KI-VO Betreiber natürliche oder juristische Personen, Behörden, Einrichtungen oder sonstige Stellen, die ein KI-System in eigener Verantwortung verwenden, es sei denn, das KI-System wird im Rahmen einer persönlichen und nicht beruflichen Tätigkeit verwendet.[105] Die Unterscheidung zwischen den beiden Gruppen ist unter anderem abhängig von der Eigentümerstellung und der Verfügungsmacht über das System, speziell für die deliktische Haftung jedoch kaum relevant.[106] Aus diesem Grund wird nachfolgend von ihnen auch in ihrer Gesamtheit als Anwender gesprochen.

aa) Deliktische Haftung

47 Für den Anwender kommt eine deliktische Haftung aus § 823 Abs. 1 BGB in Betracht, wenn er mit seinem Verhalten gegen eine Verkehrssicherungspflicht verstoßen und dadurch das Rechtsgut eines Dritten verletzt hat. Auch hier bestimmt sich der Sorgfaltsmaßstab nach den Umständen des Einzelfalls. Zunächst einmal muss er das System entsprechend den Angaben des Herstellers konfigurieren.[107] Bei der sich daran anschließenden Anwendung sind Sicherheitshinweise einzuhalten und gegebenenfalls ausgesprochene Warnungen des Herstellers zu beachten.[108] Des Weiteren obliegt es dem Anwender, das autonome System dauerhaft zu überwachen und zu kontrollieren.[109]

bb) Verkehrssicherungspflichten

48 Die Überwachung ist eine der zentralen Pflichten des Anwenders.[110] Dies beinhaltet nicht nur die Überwachung der Funktionalität, sondern auch die

---

105 Art. 3 Nr. 4 KI-VO.

106 *Leupold/Wiesner*, in: Leupold/Wiebe/Glossner, IT-Recht, Teil 9.6.4. Rn. 82.

107 *Leupold/Wiesner*, in: Leupold/Wiebe/Glossner, IT-Recht, Teil 9.6.4. Rn. 83.

108 *Leupold/Wiesner*, in: Leupold/Wiebe/Glossner, IT-Recht, Teil 9.6.4. Rn. 83.

109 *Denga*, CR 2018, 69, 74; *Leupold/Wiesner*, in: Leupold/Wiebe/Glossner, IT-Recht, Teil 9.6.4. Rn. 83.

110 *Denga*, CR 2018, 69, 74; *Spindle*r, CR 2015, 766, 768; *Eichelberger*, in: Ebers/Heinze/Krügel/Steinrötter, Künstliche Intelligenz und Robotik, § 5 Rn. 54.

Analyse von Ausgabedaten und Entscheidungen der Künstlichen Intelligenz auf Plausibilität und mögliche Fehlfunktionen. Insbesondere bei sicherheitskritischen Anwendungen, wie etwa autonomen Fahrzeugen oder medizinischen Diagnosegeräten, sind die Anforderungen besonders hoch.[111] Versäumt der Anwender seiner Überwachungspflicht nachzukommen und ein Schaden entsteht, so kann er dafür haftbar gemacht werden. Des Weiteren hat der Anwender die Pflicht, das System regelmäßig zu warten und technisch (im Rahmen seiner Möglichkeiten) auf dem aktuellen Stand zu halten.[112] Spielt der Anwender beispielsweise ein vom Hersteller bereitgestelltes und empfohlenes Update nicht auf, so kann dies einen Verstoß gegen die Wartungs- und Aktualisierungspflicht darstellen und im Schadensfall zu einer Haftung des Anwenders führen. Wird das autonome System missbräuchlich eingesetzt oder werden nicht vorgesehene Modifikationen vorgenommen, so liegt unproblematisch ein Sorgfaltspflichtverstoß vor. Gleiches gilt für das Ignorieren von Warnungen und Sicherheitshinweisen. Die Intensität der Pflichten ist auch hier abhängig von dem Gefahrenpotenzial des spezifischen Systems. Zudem sind auch die technischen Kenntnisse des Anwenders zu berücksichtigen.

cc) Verschulden

49 Ein Verschulden ist nicht bereits der Verwendung des Systems immanent. Dem Anwender, der ein autonomes System lediglich anschaltet, kann in der Regel kein Fahrlässigkeitsvorwurf gemacht werden.[113] Er trägt jedoch die Verantwortung dafür, dass er ein geeignetes System ausgewählt hat, es hinreichend kontrolliert und wartet.[114] Kommt er dieser Verantwortung nicht nach, kommt schuldhaftes Handeln in Betracht.

dd) Beweislast

50 Hinsichtlich der Darlegungs- und Beweislast haftungsbegründender Umstände finden die allgemeinen zivilrechtlichen Grundsätze Anwendung: Der Geschädigte hat die Anspruchsvoraussetzungen nachzuweisen, was ihm je nach Gestaltung des Einzelfalls sehr schwerfallen wird. Beweiserleichterungen – wie die Beweislastumkehr im Rahmen der Produzentenhaftung – greifen hier nicht.

---

111 *Leupold/Wiesner*, in: Leupold/Wiebe/Glossner, IT-Recht, Teil 9.6.4. Rn. 84.
112 *Leupold/Wiesner*, in: Leupold/Wiebe/Glossner, IT-Recht, Teil 9.6.4. Rn. 84.
113 *Leupold/Wiesner*, in: Leupold/Wiebe/Glossner, IT-Recht, Teil 9.6.4. Rn. 85.
114 *Spindler*, CR 2015, 766, 768; *Leupold/Wiesner*, in: Leupold/Wiebe/Glossner, IT-Recht, Teil 9.6.4. Rn. 85.

4. Fazit

Das nationale Haftungsrecht in seiner derzeitigen Ausgestaltung ist nicht ausreichend gewappnet, um den Herausforderungen, die das Schadensrecht in Bezug auf Künstliche Intelligenz mit sich bringt, gerecht zu werden. Zu vieles ist noch im Unklaren. Wann fällt Künstliche Intelligenz unter den Produktbegriff des ProdHaftG? Wann weist Künstliche Intelligenz einen Produktfehler auf? Welcher Sorgfaltsmaßstab ist beim Inverkehrbringen bzw. beim Einsatz von Künstlicher Intelligenz anzulegen? In der Konsequenz bleibt es aktuell den Gerichten überlassen, die Auslegung des Gesetzes an die neuen Sachverhalte anzupassen. Hier setzen die bereits angesprochenen Richtlinien(-entwürfe) an und greifen unterstützend ein. Beispielsweise sieht die neue Produkthaftungsrichtlinie eine Konkretisierung des Produktbegriffs vor, sodass eine Auseinandersetzung mit der Frage, ob KI-Software ein Produkt im Sinne des ProdHaftG ist, in Zukunft entfallen wird. **51**

Der digitale Wandel schreitet im Eiltempo voran und Künstliche Intelligenz kommt im Alltag immer häufiger zum Einsatz; sei es bei Fahrzeugen, Küchengeräten oder unseren geliebten Smartphones. Wie oben aufgezeigt, sind gesetzliche Anpassungen notwendig, um den damit einhergehenden Gefahren und rechtlichen Unsicherheiten entgegenzuwirken. Hier werden die Produkthaftungsrichtlinie und weitere Rechtsakte einen ergänzenden Rechtsrahmen schaffen müssen. Wie im folgenden Abschnitt dargestellt wird, können sie dann einen entscheidenden und wichtigen Schritt darstellen, um für alle Wirtschaftsakteure mehr Klarheit im Bereich der Haftung für den Einsatz von KI zu schaffen. **52**

III. Gesetzgebung der Europäischen Union zur Haftung im Bereich des Einsatzes Künstlicher Intelligenz

1. KI-Haftungsrichtlinie

a) Allgemeines

Am 28.9.2022 hatte die Europäische Kommission dem Parlament einen Richtlinienvorschlag zur Anpassung der Vorschriften über außervertragliche zivilrechtliche Haftung an künstliche Intelligenz (Richtlinie über KI-Haftung; COM/2022/496) unterbreitet. Dieser sah vor, das nationale Haftungsrecht um eine widerlegliche Kausalitätsvermutung sowie einen vereinfachten Zugang zu Beweismitteln bei Schäden im Zusammenhang mit künstlicher Intelligenz zu ergänzen. Der Vorschlag ist nicht zu verwechseln mit der KI-VO, die im Mai 2024 wirksam verabschiedet wurde. Zwar besteht eine Kohärenz zwischen den beiden Regelwerken, was bereits dadurch deutlich wird, dass die Richtlinie über KI-Haftung auf die Definitionen der KI-VO **53** verweist. Jedoch wäre beiden Gesetzeswerken ein jeweils eigener Regelungsbereich zugeordnet worden, die sich gegenseitig verstärken sollten:[115]

54 Während die KI-VO Vorschriften zur Verringerung der Risiken für die Sicherheit und zum Schutze der Grundrechte beinhaltet, sah die geplante Richtlinie über KI-Haftung ein Sicherheitsnetz für Entschädigungen im Schadensfall vor. Mit anderen Worten, die sicherheitsorientierten Vorschriften der Verordnung zielen in erster Linie darauf ab, Risiken zu verringern und Schäden zu vermeiden, ohne diese vollständig beseitigen zu können.[116] Die Haftungsbestimmungen der Richtlinie sollten hingegen sicherstellen, dass bei Eintritt eines Schadens eine wirksame und realistische Entschädigung geleistet wird.[117] Die Richtlinie sollte also das ausgleichen, was in der KI-VO offen gelassen wurde, und die Haftung für Schäden durch KI-Systeme regeln.

55 Auch noch zwei Jahre nach Veröffentlichung des Vorschlags befand sich die Richtlinie über KI-Haftung im Entwurf, bis sie im Februar 2025 von der Europäischen Kommission offiziell zurückgezogen wurde. Die Kommission begründete den Rückzug mit dem fehlenden Konsens zwischen dem Europäischen Parlament und dem Rat. Zudem gab es Bedenken hinsichtlich der Komplexität und potenziellen Innovationshemmnisse für Unternehmen, insbesondere im Kontext der bereits bestehenden EU-Produkthaftungsrichtlinie und der KI-VO[118]. Es bleibt abzuwarten, ob die Europäische Kommission in Zukunft einen neuen Anlauf für eine spezifische KI-Haftungsregelung unternimmt. Wegen der gegebenen Regelungsrelevanz (siehe oben Rn. 3 ff.) bestünde diesbezüglich aber durchaus Handlungsbedarf. Dass dann zumindest in Grundzügen wieder auf die Überlegungen des bereits existierenden Richtlinienentwurfs zurückgegriffen wird, erscheint bereits aus Effektivitätsgesichtspunkten opportun. Vor diesem Hintergrund haben wir nachfolgend zumindest die wichtigsten Eckpunkte des zurückgezogenen Richtlinienentwurfs über KI-Haftung skizziert.

115 Vorschlag für eine Richtlinie des Europäischen Parlaments und des Rates zur Anpassung der Vorschriften über außervertragliche zivilrechtliche Haftung an künstliche Intelligenz (Richtlinie über KI-Haftung), COM(2022) 496 final, https://eur-lex.europa.eu/legal-content/DE/TXT/HTML/?uri=CELEX:52022PC0496 (kurz: Richtlinienvorschlag KI-Haftung, COM(2022) 496 final).

116 Europäische Kommission – Fragen und Antworten: Richtlinie über KI-Haftung, 28.9.2022, https://ec.europa.eu/commission/presscorner/api/files/document/print/de/qanda_22_5793/qanda_22_5793_de.pdf.

117 Europäische Kommission – Fragen und Antworten: Richtlinie über KI-Haftung, 28.9.2022, https://ec.europa.eu/commission/presscorner/api/files/document/print/de/qanda_22_5793/qanda_22_5793_de.pdf.

118 Vgl. American Chamber of Commerce to the European Union, https://www.amchameu.eu/news/industry-calls-withdrawal-ai-liability-directive.

b) Problematik

Durch den rasanten technologischen Fortschritt der letzten Jahre, gerade im Bereich der Künstlichen Intelligenz, werden immer wieder neue Regelungslücken aufgezeigt (siehe ausführlich oben Rn. 3 ff.). Hier ist es Aufgabe des Gesetzgebers, die Interessen der Betroffenen in einen angemessenen Ausgleich zu bringen und vorhandene Lücken zu schließen. **56**

Eine Umfrage aus dem Jahr 2020 ergab, dass gerade ungeklärte Haftungsfragen in den Augen europäischer Unternehmen eines der größten externen Hindernisse für den Einsatz von Künstlicher Intelligenz darstellen.[119] Die Rechtunsicherheit hinsichtlich der Haftungsthematik führt dazu, dass viele Unternehmen es bevorzugen Abstand von der technologischen Innovation zu nehmen, anstatt die Vorteile zu nutzen und damit möglicherweise die Wirtschaftlichkeit ihres Unternehmens zu steigern. Diese Entwicklung widerspricht wesentlich dem selbstgesetzten Ziel der EU, die Entwicklung und Einführung von Künstlicher Intelligenz zu fördern.[120] **57**

Im Zusammenhang mit KI-Haftung spielt noch ein weiteres Ziel der EU, nämlich den höchsten Schutzstandard für Verbraucherinnen und Verbraucher zu gewährleisten, eine entscheidende Rolle.[121] Hier erweisen sich die nationalen Haftungstatbestände als unzureichend, da sie der digitalen Entwicklung, insbesondere auf der Ebene der Beweislast, hinterherhinken.[122] Innerhalb nationaler Vorschriften über die verschuldensabhängige Haftung ist es in der Regel Aufgabe des Geschädigten, das Verschulden, den Schaden und den Kausalzusammenhang zu beweisen (siehe unter Rn. 44 ff.). Bei Einsatz von Künstlicher Intelligenz und der damit einhergehenden Intransparenz kann dies besondere Schwierigkeiten bereiten. Künstliche Intelligenz ist komplex, autonom und für den Normal-Verbraucher absolut undurchsichtig.[123] Man spricht hier von dem sogenannten „Blackbox-Effekt".[124] Interne Funktionsweisen der Künstlichen Intelligenz, Entscheidungsabläufe und Einflussfaktoren bleiben dem menschlichen Benutzer ganz regelmäßig unbekannt. Deshalb benachteiligt eine Abwicklung nach den allgemeinen Haftungsgrundsätzen die Verbraucherinnen und Verbraucher erheblich, da **58**

---

119 Umfrage unter europäischen Unternehmen zum Einsatz von KI-gestützten Technologien, Ipsos 2020, Abschlussbericht, S. 58, https://op.europa.eu/en/publication-detail/-/publication/f089bbae-f0b0-11ea-991b-01aa75ed71a1.

120 Richtlinienvorschlag KI-Haftung, COM(2022) 496 final, Begründung Nr. 1.

121 Europäische Kommission – Fragen und Antworten: Richtlinie über KI-Haftung, 28.9.2022, https://ec.europa.eu/commission/presscorner/api/files/document/print/de/qanda_22_5793/qanda_22_5793_de.pdf.

122 *Frost/Steininger/Vivekens*, MPR 2024, 4, 14.

123 *Krüger/Wagner*, ZfPC 2023, 124; *Reusch*, ZdiW 2022, 429, 439.

124 Richtlinienvorschlag KI-Haftung, COM(2022) 496 final, Begründung Nr. 1.

es für sie eine enorme Hürde darstellt, wenn nicht sogar schlicht unmöglich ist, den erforderlichen Beweis zu erbringen.[125]

59 Bei Haftungsfragen sind also die Interessen der Unternehmen, nicht für sämtliche Schäden, die mit der Verwendung von Künstlicher Intelligenz im Zusammenhang stehen, haftbar gemacht zu werden, mit den Interessen von Verbraucherinnen und Verbrauchern, für die mögliche Verwirklichung bestimmter Risiken eine angemessene Entschädigung verlangen zu können, in Ausgleich zu bringen. Um die aktuell bestehende rechtliche Fragmentierung zu beseitigen, sollte mit der Richtlinie über KI-Haftung das Haftungsrecht harmonisiert und ein einheitlicher Rechtsrahmen auf EU-Ebene geschaffen werden.

c) Zweck der Richtlinie über KI-Haftung

60 Um den Interessenausgleich zu schaffen, verfolgte der EU-Gesetzgeber mit der Richtlinie über KI-Haftung neben der Harmonisierung des Haftungsrechts noch weitere wichtige Ziele. Es sollte Vertrauen in Künstliche Intelligenz geschaffen werden, damit deren Vorteile im EU-Binnenmarkt auch tatsächlich voll ausgeschöpft werden.[126] Es sollte der gleiche Schutz für durch Künstliche Intelligenz verursachte Schäden hergestellt werden, wie er für Schäden, die durch Produkte im Allgemeinen verursacht werden, bereits besteht.[127] Zudem sollte die auf Unternehmensseite bestehende Rechtsunsicherheit in Bezug auf das mögliche Haftungsrisiko, das mit der Nutzung oder Entwicklung von Künstlicher Intelligenz einhergeht, beseitigt werden.[128] Die Haftungsregelungen sollen dabei nicht die Fälle abdecken, in denen das KI-System nur Informationen oder Entscheidungsgrundlagen zur Verfügung stellt, die dann von der handelnden Person berücksichtigt wurden.[129] In diesen Situationen sei die Feststellung der Kausalität nicht schwieriger als in Situationen, in denen kein KI-System beteiligt ist.[130] Im Ergebnis sollte die Richtlinie über KI-Haftung nur dann anzuwenden sein, wenn das KI-System letztendlich ganz autonom eine „Entscheidung“ trifft.

61 In dem Vorschlag wurden neben den allgemeinen Bestimmungen zwei entscheidende Regelungen geschaffen, die es dem (potenziellen) Kläger vereinfachen sollen, für die bei ihm entstandenen Schäden einen angemessenen Ausgleich zu verlangen, ohne dabei zu sehr in die Rechte der betroffenen Unternehmen einzugreifen. Konkret handelt es sich um Art. 3 und 4 der

125 *Krüger/Wagner*, ZfPC 2023, 124.
126 Richtlinienvorschlag KI-Haftung, COM(2022) 496 final, Erwgr. 7.
127 Richtlinienvorschlag KI-Haftung, COM(2022) 496 final, Erwgr. 7.
128 Richtlinienvorschlag KI-Haftung, COM(2022) 496 final, Erwgr. 7.
129 Richtlinienvorschlag KI-Haftung, COM(2022) 496 final, Erwgr. 15.
130 Richtlinienvorschlag KI-Haftung, COM(2022) 496 final, Erwgr. 15.

Richtlinie, die Regelungen zur Beweiserleichterung enthalten. Eigene Haftungstatbestände waren hingegen nicht vorgesehen. Zur gezielten Untersuchung der Maßnahmen hatte die Kommission in Art. 5 einen Überprüfungsmechanismus verankert. Nach Ablauf einer gewissen Zeitspanne sollte bewertet werden können, ob sich Art. 3 und 4 auf die Verwirklichung der mit der Richtlinie verfolgten Ziele auch tatsächlich auswirken.

Rechtspolitisch hatte die Kommission den Ansatz der Mindestharmonisierung gewählt, das heißt, es findet keine Vereinheitlichung des gesamten Schadensersatzrechts der Mitgliedstaaten statt, sondern es werden nur die Komponenten angepasst und harmonisiert, die bei der Haftung in Bezug auf Künstliche Intelligenz besondere Probleme aufweisen.[131] Günstigere Vorschriften des nationalen Rechts wären weiterhin möglich geblieben.[132] Zwar ist die zurückhaltende Linie nicht optimal, da in grenzüberschreitenden Fällen immer noch unterschiedliche Regelungen, wie eine über die Beweiserleichterung hinausgehende Beweislastumkehr, bestehen bleiben.[133] Allerdings hatte man sich erhofft, dass das Instrument der Mindestharmonisierung die Erfolgsaussichten der Verabschiedung erhöhen würde, da eine vergleichsweise einfache Integration in die teils sehr verschiedenen Haftungsregelungen der einzelnen Mitgliedstaaten ermöglicht worden wäre[134] – und Nachjustieren im Anschluss immer noch möglich geblieben wäre.[135] Wie gezeigt konnte für den aktuellen Entwurf selbst auf Basis einer Mindestharmonisierung kein Konsens gefunden werden. Auf Basis dieser Erfahrung ist klar davon auszugehen, dass etwaige künftige Gesetzgebungsvorhaben erst einmal sicherlich keinen noch weitergehenden Harmonisierungsgrad anstreben werden. **62**

d) Regelungen im Einzelnen

aa) Gegenstand und Anwendungsbereich (Art. 1)

Art. 1 der Richtlinie über KI-Haftung sah vor, dass die Richtlinie nur beschränkt auf außervertragliche und verschuldensabhängige zivilrechtliche Schadensersatzansprüche in Bezug auf Schäden gilt, die durch ein KI-System verursacht wurden. Davon umfasst sind insbesondere die Regelungen, die eine gesetzliche Haftung für vorsätzlich oder fahrlässig verursachte Schäden vorsehen (z. B. § 823 Abs. 1 BGB). Es handelt sich dabei um eine punktuelle Harmonisierung des Haftungsrechts.[136] **63**

131 *Blasek*, DSB 2022, 299; *Staudenmayer*, NJW 2023, 894, 895.
132 *Blasek*, DSB 2022, 299.
133 Richtlinienvorschlag KI-Haftung, COM(2022) 496 final, Erwgr. 14.
134 *Krüger/Wagner*, ZfPC 2023, 124, 128.
135 *Staudenmayer*, NJW 2023, 894, 896
136 *Eichelberger*, DB 2022, 2783, 2784

64 Die geplanten Maßnahmen hätten kein eigenes europäisches Haftungssystem geschaffen, sondern dazu gedient, die bestehenden nationalen Haftungssysteme zu ergänzen.[137] Das ergibt sich bereits daraus, dass die Richtlinie keine eigenen Anspruchsgrundlagen zur Entschädigung vorsieht und grundlegende Begriffe wie „Verschulden" und „Schaden" nicht berührt wurden.[138] Sie behalten die von dem jeweiligen Mitgliedstaat vorgegebene Definition.[139] Zusammen mit dem Vorschlag für eine Überarbeitung der Produkthaftungsrichtlinie (COM/2022/495) sollten die nationalen Haftungsvorschriften an das digitale Zeitalter angepasst werden. Zeitlich erstreckte sich der geplante Anwendungsbereich auf Schäden, die nach dem Ende der Umsetzungsfrist eintreten.[140]

bb) Begriffsbestimmungen (Art. 2)

65 Innerhalb der Begriffsbestimmungen in Art. 2 der Richtlinie über KI-Haftung wird vermehrt Bezug auf die KI-VO genommen. Der Vorschlag übernimmt beispielsweise die Definition des Begriffs „KI-System" aus Art. 3 Nr. 1 der KI-VO und die damit einhergehenden Abgrenzungsprobleme (ausführlich zum Ganzen siehe Kap. 3 Rn. 1 ff.). Danach ist ein System der künstlichen Intelligenz „ein maschinengestütztes System, das für einen in unterschiedlichem Grade autonomen Betrieb ausgelegt ist und das nach seiner Betriebsaufnahme anpassungsfähig sein kann und das aus den erhaltenen Eingaben für explizite oder implizite Ziele ableitet, wie Ausgaben wie etwa Vorhersagen, Inhalte, Empfehlungen oder Entscheidungen erstellt werden, die physische oder virtuelle Umgebungen beeinflussen können." Mit dieser Definition soll von einfacheren herkömmlichen Softwaresystemen und Programmierungsansätzen abgegrenzt werden.[141] Von der Begriffsbestimmung nicht umfasst sind solche Systeme, die auf ausschließlich von natürlichen Personen definierten Regeln für das automatische Ausführen von Operationen beruhen.[142] Man spricht in diesen Fällen auch von einer sogenannten Wenn-Dann-Software, die bei der Entscheidungsfindung den Zusammenhang zur menschlichen Programmierung unmittelbar erkennen lässt.[143]

66 Ein nach der Definition wesentliches Merkmal von KI-Systemen ist die Autonomie. Autonomie bedeutet, dass KI-Systeme bis zu einem gewissen Grad unabhängig von menschlichem Zutun agieren und in der Lage sind,

137 *Blasek*, DSB 2022, 299; *Staudenmayer*, NJW 2023, 894, 895
138 *Blasek*, DSB 2022, 299; *Staudenmayer*, NJW 2023, 894, 895
139 Richtlinienvorschlag KI-Haftung, COM(2022) 496 final, Ausführungen zu Art. 1.
140 *Staudenmayer*, NJW 2023, 894, 896
141 Verordnung (EU) 2024/1689, Erwgr. 12.
142 Verordnung (EU) 2024/1689, Erwgr. 12.
143 *Schrader/Langeleh*, Mitt 2024, 119, 122.

ohne menschliches Eingreifen zu arbeiten.[144] Erfasst werden verschiedene Autonomiestufen, was eine Abgrenzung zu anderen digitalen Systemen anhand dieses Merkmals äußerst schwierig gestaltet, da nach dem allgemeinen Wortsinn schon die geringste Autonomiestufe von der Definition umfasst ist. Stellt man also nur auf diesen Aspekt der Definition ab, wäre auch nicht-intelligente Software, wie automatisierte Prozesse in einer Excel-Tabelle, vom Begriff des KI-Systems umfasst, da auch solche Softwareprogramme zu einem gewissen Grad unabhängig agieren und in der Lage sind, ohne menschliches Eingreifen zu arbeiten.[145] Hauptmerkmal von KI-Systemen – und besser zur Abgrenzung geeignet – ist daher die Fähigkeit, abzuleiten.[146] Davon umfasst ist die Fähigkeit „den Prozess der Erzeugung von Ausgaben, wie Vorhersagen, Inhalte, Empfehlungen oder Entscheidungen, die physische und digitale Umgebungen beeinflussen zu können, sowie die Fähigkeit von KI-Systemen, Modelle oder Algorithmen oder beides aus Eingaben oder Daten abzuleiten“.[147] Weiter wird in Erwägungsgrund 12 der KI-VO ausgeführt, dass zu den Techniken, die derartige Ableitungen ermöglichen, Ansätze des maschinellen Lernens gehören, die aus Dateien lernen, wie bestimmte Ziele erreicht werden können.[148] KI-Systeme sollen eigene Schlüsse aus Daten ziehen können und damit über die reine Datenverarbeitung hinausgehen. Dabei muss das KI-System nicht die Outputs selbst ableiten, sondern den Weg, wie es zu diesen Outputs kommt.[149]

Trotz der Ausführungen in den Erwägungsgründen verbleibt die Definition sehr weit und lässt einige Fragen offen.[150] Es wird daher zunächst Aufgabe der Gerichte sein, konkretere Abgrenzungskriterien für Grenzfälle herauszuarbeiten. In Art. 96 Abs. 1 lit. f der KI-VO hat sich die Kommission zudem verpflichtet, eine Leitlinie für die Anwendung der Definition eines KI-Systems zu erarbeiten. Das Papier soll unter anderem eine umfassende Liste praktischer Beispiele für Anwendungsfälle von KI-Systemen, die ein hohes Risiko, und Anwendungen, die kein hohes Risiko darstellen, beinhalten.[151] Wann die Leitlinie veröffentlicht wird, ist jedoch unklar. Eine Frist ist nicht vorgesehen. Es bleibt aber zu hoffen, dass die Abgrenzung dadurch erheblich erleichtert wird. **67**

Die Definitionen der weiteren Begriffe weisen keine besonderen Schwierigkeiten auf. Für die Begriffe „Hochrisiko-KI-System“, „Anbieter“ und **68**

---

144 Verordnung (EU) 2024/1689, Erwgr. 12.
145 *Becker/Feuerstack*, KIR 2024, 62, 63.
146 *Wendehorst/Nessler/Aufreiter/Aichinger*, MMR 2024, 605, 609.
147 Verordnung (EU) 2024/1689, Erwgr. 12.
148 Verordnung (EU) 2024/1689, Erwgr. 12.
149 *Wendehorst/Nessler/Aufreiter/Aichinger*, MMR 2024, 605, 609.
150 *Wendehorst/Nessler/Aufreiter/Aichinger*, MMR 2024, 605, 610.
151 Verordnung (EU) 2024/1689, Erwgr. 53.

„Nutzer“ findet aufgrund der Kohärenz zwischen den beiden Regelwerken ebenfalls eine Verweisung in die KI-VO statt. Begriffe wie „Schadensersatzanspruch“, „Kläger“, „potenzieller Kläger“ oder „Sorgfaltspflicht“, die in der KI-VO keine Rolle spielen, werden hingegen erstmals in dem Entwurf der Richtlinie über KI-Haftung definiert.

69 Ein Schadensersatzanspruch ist mit der Richtlinie über KI-Haftung ein „außervertraglicher verschuldensabhängiger zivilrechtlicher Anspruch auf Ersatz des Schadens, der durch ein Ergebnis eines KI-Systems oder aber dadurch, dass dieses System das von ihm erwartete Ergebnis nicht hervorgebracht hat, verursacht wurde“. Eine weitergehende Konkretisierung hinsichtlich des ersetzbaren Schadens erfolgt – wie bereits zuvor erwähnt – weder in der Definition noch in den Erwägungsgründen. Art, Inhalt und Umfang der Schadensersatzleistung richten sich daher nach dem Schadensrecht des jeweiligen Mitgliedstaates; in Deutschland also nach den §§ 249 ff BGB. Dem deutschen Schadensersatzrecht liegt der Ausgleichsgedanke zugrunde, das heißt die Schadensersatzleistung soll die entstandenen Nachteile ausgleichen.[152] Dabei gilt der Grundsatz der Totalreparation, wonach selbst bei leichtester Fahrlässigkeit der gesamte Schaden zu ersetzen ist.[153] Umfasst sind sowohl materielle als auch, unter den besonderen Voraussetzungen des § 253 Abs. 2 BGB, immaterielle Schäden. Die Richtlinie schafft lediglich Erleichterungen im Rahmen der Haftungsbegründung. Änderungen bei der Haftungsausfüllung sind nicht vorgesehen. Bei der Schadensersatzleistung bleibt es bei dem von den jeweiligen Mitgliedstaaten festgelegten Umfang.

70 Kläger im Sinne des Entwurfs der Richtlinie über KI-Haftung ist eine Person, die „einen Schadensersatzanspruch geltend macht und die durch ein Ergebnis eines KI-Systems oder aber dadurch, dass dieses System das von ihm erwartete Ergebnis nicht hervorgebracht hat, geschädigt wurde; von Rechts wegen oder aufgrund eines Vertrags in die Rechte des Geschädigten eingetreten ist oder gemäß dem Unionsrecht oder dem nationalen Recht im Namen eines oder mehrerer Geschädigter handelt“. Es ist also vorgesehen, dass Schadensersatzansprüche nicht nur von dem Geschädigten selbst, sondern auch von Personen geltend gemacht werden können, die in die Rechte des Geschädigten eingetreten oder auf die diese Rechte übergegangen sind.[154] Dritte sind damit berechtigt, die Rechte einer anderen Person zu ihrem eigenen Vorteil geltend zu machen. Art. 2 Nr. 6 lit. c legt abschließend noch die Möglichkeit fest, dass ein Schadensersatzanspruch auch von einer Person geltend gemacht werden kann, die im Namen eines oder mehrerer Geschädigten handelt. Damit wird noch eine weitere Konstellation der gericht-

152 *Grüneberg*, in: Grüneberg, BGB, Vorb v § 249 Rn. 2.
153 *Grüneberg*, in: Grüneberg, BGB, Vorb v § 249 Rn. 3.
154 Richtlinienvorschlag KI-Haftung, COM(2022) 496 final, 2. Begriffsbestimmungen (Art. 2).

lichen Überprüfung geschaffen. Es sollen Fälle umfasst werden, in denen Einzelklagen zu kostspielig oder zu schwerfällig erscheinen oder in denen gemeinsame Klagen einen Größenvorteil mit sich bringen können.[155]

Davon abzugrenzen ist die Person des potenziellen Klägers. Potenzieller Kläger kann jede mit dem Entwurf der Richtlinie über KI-Haftung „natürliche oder juristische Person sein, die erwägt, einen Schadensersatzanspruch geltend zu machen, dies aber noch nicht getan hat". Der einzige Unterschied ist somit der Status der Geltendmachung des Anspruchs. Wurde er bereits geltend gemacht, so spricht man von dem Kläger. Ist dies noch nicht geschehen, ein Schadensersatzanspruch kann aber plausibel belegt werden, so spricht man von einem potenziellen Kläger. 71

Die einzuhaltende Sorgfaltspflicht richtete sich gemäß Art. 2 Nr. 9 des Entwurfs der Richtlinie über KI-Haftung nach einem „im nationalen Recht oder im Unionsrecht festgelegten Verhaltensmaßstab". Rechtliche Bewertungsgrundlage ist demnach auch hier – wie bei der Konkretisierung des Schadens – das deutsche Zivilrecht. Erforderlich ist das Maß an Sorgfalt, das nach dem Urteil besonnener und gewissenhafter Angehöriger des in Betracht kommenden Verkehrskreises zu beachten ist.[156] 72

cc) Offenlegungsanspruch (Art. 3)

Art. 3 des Richtlinienentwurfs plante eine Möglichkeit zur Offenlegung von Beweismitteln im Zusammenhang mit Hochrisiko-KI-Systemen, indem nach Abs. 1 Anbieter und Nutzer hierzu gerichtlich hätten verpflichtet werden können. Damit hätten Geschädigte sich die notwendigen Informationen verschaffen können, um mögliche Schädiger zu identifizieren und Beweismaterial für die Anspruchsbegründung zu sammeln.[157] 73

Der Anspruch auf Offenlegung sollte sich nur auf Hochrisiko-KI-Systeme beziehen, da nur für diese besondere Dokumentationspflichten gelten und die Offenlegung auf das erforderliche Maß beschränkt bleiben sollte.[158] Es sollte vermieden werden, dass unter dem Deckmantel der Offenlegung eine Dokumentationspflicht für alle KI-Systeme eingeführt wird.[159] 74

Hinsichtlich der Anforderungen an den erforderlichen Antrag unterschied der Entwurf der Richtlinie über KI-Haftung zwischen Klägern und potenziellen Klägern: Der Kläger muss vor Antragstellung alle angemessenen 75

155 Richtlinienvorschlag KI-Haftung, COM(2022) 496 final, 2. Begriffsbestimmungen (Art. 2).
156 *Grüneberg*, in: Grüneberg, BGB, § 276 Rn. 16.
157 Richtlinienvorschlag KI-Haftung, COM(2022) 496 final, Erwgr. 17.
158 *Beyer*, WzS 2023, 211, 213.
159 Richtlinienvorschlag KI-Haftung, COM(2022) 496 final, Erwgr. 18.

Anstrengungen unternommen haben, die Beweismittel vom Beklagten zu beschaffen, während es beim potenziellen Kläger ausreicht, wenn dieser vorher erfolglos versucht hat, die Beweismittel beim Anbieter oder Nutzer anzufordern. Dies ist einleuchtend, da der potenzielle Kläger den späteren Beklagten noch gar nicht kennt. Für einen Geschädigten ist es in der Regel schwer nachzuvollziehen, welche Personen an der Konzeption, der Entwicklung, dem Einsatz und dem Betrieb von Hochrisiko-KI-Systemen beteiligt sind.[160] Deshalb sollte der Offenlegungsanspruch auch für potenzielle Kläger gelten, um es Geschädigten zu ermöglichen, gerade das herauszufinden. Erforderlich ist jedoch, dass er zuvor die Plausibilität seines Schadensersatzanspruchs ausreichend belegt hat.[161]

76 Art. 3 Abs. 4 verlangte zusätzlich, dass die Offenlegung zur Stützung des (potenziellen) Schadensersatzanspruchs erforderlich und verhältnismäßig ist. Erforderlich ist die Offenlegung nach Ansicht der Kommission dann, wenn sie Beweismittel betrifft, die im Hinblick auf den (potenziellen) Anspruch entscheidungserheblich sind.[162] Hierdurch sollte eine Antragsflut verhindert werden. Zur Gewährleistung der Verhältnismäßigkeit sollte eine Interessenabwägung zwischen den Parteien stattfinden, wobei insbesondere der Schutz von Geschäftsgeheimnissen und anderen vertraulichen Informationen der Unternehmen auf der einen und die Interessen des Geschädigten auf der anderen Seite Berücksichtigung finden sollten.[163] Daraus ergibt sich unter anderem die Notwendigkeit, den Gerichten im Verfahren zur Wahrung dieser Vertraulichkeit entsprechende Mittel an die Hand zu geben. Umfasst sein sollten Maßnahmen, mit denen der Zugang zu Dokumenten, die Geschäftsgeheimnisse beinhalten, auf bestimmte Personen beschränkt wird.[164]

77 Kommt ein Beklagter der Anordnung des Gerichts zur Offenlegung nicht nach, so sollte gemäß Art. 3 Abs. 5 vermutet werden, dass der Beklagte gegen die einschlägige Sorgfaltspflicht verstoßen hat. Begründet wird die Wahl der Vermutungsregel damit, dass sonst erforderliche Durchsetzungsmaßnahmen das gerichtliche Verfahren verzögern und zu zusätzlichen Kosten für die Verfahrensbeteiligten führen würden.[165] Ziel ist also ein effizienteres Gerichtsverfahren.[166] Dies scheint auch deshalb angemessen, da es sich um eine widerlegbare Vermutung handelt und der Beklagte gegenteilige Beweismittel jederzeit vorlegen kann.

---

160 *Beyer*, WzS 2023, 211, 213.
161 *Wagner*, in: Baumgärtel/Kirparski, DGRI Jahrbuch 2021/2022, S. 282.
162 Richtlinienvorschlag KI-Haftung, COM(2022) 496 final, Erwgr. 20.
163 Richtlinienvorschlag KI-Haftung, COM(2022) 496 final, Erwgr. 20.
164 Richtlinienvorschlag KI-Haftung, COM(2022) 496 final, Erwgr. 20.
165 Richtlinienvorschlag KI-Haftung, COM(2022) 496 final, Erwgr. 21.
166 Richtlinienvorschlag KI-Haftung, COM(2022) 496 final, Erwgr. 21.

dd) Kausalitätsvermutung (Art. 4)

Mit Art. 4 des Richtlinienentwurfs über KI-Haftung wurde die widerlegbare Kausalitätsvermutung zur Beweiserleichterung eingeführt. Bei einer solchen Vermutung handelt es sich um die am wenigsten belastende Maßnahme, die der Notwendigkeit einer angemessenen Entschädigung der Opfer aber trotzdem gerecht wird.[167] Auch hier wird der rechtspolitische Ansatz der Verhältnismäßigkeit deutlich, denn die Kommission hat bewusst von den weitreichenderen Optionen wie Gefährdungshaftung oder Beweislastumkehr abgesehen.[168] Nach Art. 4 Abs. 1 wäre ein ursächlicher Zusammenhang zwischen dem Verschulden des Beklagten und dem vom KI-System hervorgebrachten Ergebnis zu vermuten gewesen, wenn drei Bedingungen kumulativ erfüllt sind: **78**

Erstens muss der Kläger nachgewiesen haben, dass gegen eine Sorgfaltspflicht verstoßen wurde, deren unmittelbarer Zweck darin besteht, den eingetretenen Schaden zu verhindern. Zweitens muss das Verschulden des Beklagten – wie die Nichteinhaltung einer Sorgfaltspflicht – das vom KI-System hervorgebrachte Ergebnis oder die Tatsache, dass das KI-System kein Ergebnis hervorgebracht hat, beeinflusst haben. Hier reicht es aus, wenn nach vernünftigem Ermessen im Einzelfall davon ausgegangen werden kann.[169] Notwendig ist nach Erwägungsgrund 25 des Richtlinienentwurfs eine gewisse Wahrscheinlichkeit. Zur Verdeutlichung nennt die Kommission einige Beispiele, bei denen ein Einfluss ausgeschlossen werden kann. Dabei handelt es sich vornehmlich um die Missachtung formaler Pflichten, wie einer Registrierungspflicht oder einer Pflicht, bestimmte Unterlagen bei Behörden einzureichen.[170] Drittens muss das vom KI-System hervorgebrachte Ergebnis oder aber die Tatsache, dass das KI-System kein Ergebnis hervorgebracht hat, zu dem Schaden geführt haben. Die Nachweispflicht dafür liegt beim Kläger.[171] **79**

Im Ergebnis ist es wichtig, folgende Systematik zu verstehen: Die Vermutung betrifft weder das Vorliegen einer Sorgfaltspflichtverletzung noch den Kausalzusammenhang zwischen dieser und dem Schaden.[172] Schließlich betrifft sie auch nicht die Ursächlichkeit des KI-Systems für den erlittenen Schaden.[173] Vielmehr umfasst sie allein das Verursachungsverhältnis zwischen Sorgfaltspflichtverletzung und Output des KI-Systems. Die Vermutung sollte nach Erwägungsgrund 25 des Richtlinienentwurfs nur dann **80**

167 Richtlinienvorschlag KI-Haftung, COM(2022) 496 final, Ausführungen zu Art. 4.
168 *Staudenmayer*, NJW 2023, 894, 897.
169 *Eichelberger*, DB 2022, 2783, 2787.
170 Richtlinienvorschlag KI-Haftung, COM(2022) 496 final, Erwgr. 25.
171 *Eichelberger*, DB 2022, 2783, 2787.
172 *Wagner*, in: Baumgärtel/Kirparski, DGRI Jahrbuch 2021/2022, S. 283.
173 *Wagner*, in: Baumgärtel/Kirparski, DGRI Jahrbuch 2021/2022, S. 283.

greifen, wenn es wahrscheinlich ist, dass das Verschulden des Beklagten das hervorgebrachte Ergebnis oder das Nichthervorbringen eines Ergebnisses beeinflusst hat. Außer für den zuletzt genannten Fall verbleibt die Nachweispflicht also beim Geschädigten.

81 Die Erleichterung beschränkt sich somit auf den Beweis der Opazität. Opazität bedeutet dabei, dass es bei komplizierten Formen von Künstlicher Intelligenz teilweise sehr schwierig nachzuvollziehen ist, wie deren Entscheidung zustande kommt.[174] Es muss einen Input von Daten geben, damit Künstliche Intelligenz zu einem Output gelangt. Allerdings bleibt häufig unklar, warum eine auf maschinellem Lernen beruhende Künstliche Intelligenz aufgrund eines bestimmten Dateninputs genau zu diesem konkreten Output kommt.[175] Hier soll die Beweiserleichterung greifen.

82 Während Art. 4 Abs. 1 die allgemeinen Voraussetzungen der Kausalitätsvermutung enthält, sollten alle weiteren Absätze bestimmte Sonderkonstellationen regeln und legten dafür qualifizierende Anforderungen fest. Abs. 2 beispielsweise regelt den Fall eines Schadensersatzanspruches gegenüber einem Anbieter eines Hochrisiko-KI-Systems. Hier sollte der Geschädigte etwa nachweisen, dass eine ganz bestimmte Pflicht – aufgelistet in einem abschließenden Pflichtenkatalog unter Abs. 2 lit. a bis e – verletzt wurde. Spezielle Regelungen sollten auch für Schadensersatzansprüche gegenüber Nutzern von Hochrisiko-KI-Systemen gelten. Nach Abs. 3 besteht ein Anspruch, wenn der Kläger nachweisen kann, dass der Nutzer seiner Pflicht zur Verwendung entsprechend der Gebrauchsanweisung nicht nachgekommen ist oder Eingabedaten verwendet hat, die der Zweckbestimmung des Systems nicht entsprechen. Im Unterschied zu Abs. 2 handelt es sich hier nicht um eine abschließende Auflistung.

83 Auch die Art. 4 Abs. 5 und 6 enthielten weitere Sonderbestimmungen. Gemäß Art. 4 Abs. 5 sollte es bei Nicht-Hochrisiko-KI-Systemen, damit die Vermutungsregelung greift, der Feststellung eines Gerichts bedürfen, dass es für den Kläger eine übermäßige Hürde darstellt, den Kausalzusammenhang nachzuweisen. Dies sollte anhand der spezifischen KI-Merkmale wie Autonomie und Opazität für den Einzelfall bewertet werden.[176] Art. 4 Abs. 6 hätte Anwendung gefunden, wenn es sich bei dem Beklagten nicht um einen gewerblichen, sondern einen privaten Nutzer des KI-Systems handelt. Die Verringerung der Beweislast wird von dem Gesetzgeber dann als unangemessen erachtet, wenn ein nicht-gewerblicher Nutzer das KI-System entsprechend seinem Zweck in Betrieb nimmt. Aus diesem Grund sollte die Vermutungsregel nur greifen, wenn der Beklagte die Betriebsbedingungen

174 *Staudenmayer*, NJW 2023, 894, 895; *Krüger/Wagner*, ZfPC 2023, 124, 125.
175 *Staudenmayer*, NJW 2023, 894, 895.
176 Richtlinienvorschlag KI-Haftung, COM(2022) 496 final, Erwgr. 28.

des KI-Systems wesentlich verändert hat oder wenn er verpflichtet und in der Lage war, die Betriebsbedingungen festzulegen, und dies unterlassen hat. Davon umfasst ist insbesondere auch, wenn der Nutzer die Gebrauchsanweisung nicht einhält.[177]

Trotz der teils sehr unterschiedlichen Anforderungen bleibt allen Absätzen **84**
eines gemein. Greift die Vermutung, so sollte der Beklagte nach Art. 4 Abs. 7 das Recht haben, diese zu widerlegen; z. B. durch den Nachweis, dass der Schaden eine alternative Ursache hatte.[178]

ee) Evaluierung und gezielte Überprüfung (Art. 5)

Während der Verhandlungen über den Entwurf stand auch eine verschul- **85**
densunabhängige Haftung für Ansprüche gegenüber Betreibern bestimmter KI-Systeme und ein Versicherungsschutz im Raum. Der entsprechende Vorschlag vom Europäischen Parlament betraf KI-Systeme mit hohem Risiko.[179] Die Kommission hat sich in ihrem Richtlinienentwurf jedoch gegen eine Umsetzung entschieden und mit Art. 5 als Kompromisslösung einen Überprüfungsmechanismus eingebaut, der fünf Jahre nach Ablauf der Umsetzungsfrist die Prüfung ermöglichen sollte, ob Vorschriften über eine verschuldensunabhängige Haftung und ein Versicherungsschutz notwendig sind. In der Bewertung sind dabei die technologischen und regulatorischen Entwicklungen der kommenden Jahre und deren Auswirkungen, insbesondere für KMU, zu berücksichtigen.[180] Es sollten zudem die Risiken für wichtige Rechtsgüter Dritter, die möglicherweise mit dem Einsatz von KI-Systemen einhergehen und zu Schäden führen können, bewertet werden.[181] Anhand der während der Umsetzungsfrist gesammelten Daten hätte dann analysiert werden müssen, ob die bisherigen Regelungen zur Erreichung dieser Ziele ausreichend waren oder es an der einen oder anderen Stelle einer Verschärfung der Haftung bedarf.

---

177 Richtlinienvorschlag KI-Haftung, COM(2022) 496 final, Erwgr. 29.

178 *Karner/Koch/Geistfeld*, Comparative Law Study on Civil Liability for Artificial Intelligence, 2020, S. 32, https://op.europa.eu/en/publication-detail/-/publication/8a32ccc3-0f83-11ec-9151-01aa75ed71a1/language-en.

179 Entschließung des Europäischen Parlaments vom 20.10.2020 mit Empfehlungen an die Kommission für eine Regelung der zivilrechtlichen Haftung beim Einsatz künstlicher Intelligenz (2020/2014(INL)).

180 Richtlinienvorschlag KI-Haftung, COM(2022) 496 final, Erwgr. 31.

181 Richtlinienvorschlag KI-Haftung, COM(2022) 496 final, Erwgr. 31.

2. Produkthaftungsrichtlinie

a) Allgemeines

86 Anders als der zwischenzeitlich zurückgenommene Entwurf der Richtlinie über KI-Haftung hat die neue Produkthaftungsrichtlinie das europäische Gesetzgebungsverfahren bereits erfolgreich durchlaufen. Die neue EU-Produkthaftungsrichtlinie 2024/2853 ist am 8.12.2024 in Kraft getreten und ersetzt die bisherige Richtlinie 85/374/EWG aus dem Jahr 1985. Die Mitgliedstaaten der EU haben bis zum 9.12.2026 Zeit, die Richtlinie in nationales Recht umzusetzen.

87 Die Produkthaftungsrichtlinie nimmt eine umfassende Reform des bislang geltenden Produkthaftungsrechts ins Visier. Denn die bisherige Produkthaftungsrichtlinie (RL 85/374/EWG) stammt aus dem Jahr 1985 und trägt den technologischen Entwicklungen der letzten Jahrzehnte kaum noch Rechnung.[182] Eine Anpassung an das digitale Zeitalter ist daher längst überfällig. Die Kommission selbst sah die beiden Entwürfe an sich als Gesamtpaket und verfolgte einen ganzheitlichen Ansatz, indem eine Anpassung der Herstellerhaftung für fehlerhafte Produkte im Rahmen der Produkthaftungsrichtlinie auf der einen und die gezielte Harmonisierung der Haftung im Rahmen der Richtlinie über KI-Haftung auf der anderen Seite intendiert wurden.[183] Dieser Ansatz wurde nun aber infolge der Zurücknahme des Entwurfs der Richtlinie über KI-Haftung nicht zu Ende geführt.

b) Unterschiede zum Entwurf der Richtlinie über KI-Haftung

88 Um der Digitalisierung gerecht zu werden, sieht die neue Produkthaftungsrichtlinie eine erhebliche Erweiterung des Produktbegriffs vor. Gemäß Art. 1 sollen künftig auch Software und digitale Bauunterlagen umfasst sein, sodass die Produkthaftung auch für KI-Systeme als Software greift.[184] Die beiden Regelwerke stehen selbstständig nebeneinander und weisen, neben ein paar Gemeinsamkeiten, hauptsächlich Unterschiede auf.[185] Im Gegensatz zum zurückgenommenen Entwurf der Richtlinie über KI-Haftung fallen unter die Produkthaftungsrichtlinie sämtliche – auch nicht KI-basierte – Produkte, und die Haftung für deren Fehlerhaftigkeit ist verschuldensunabhängig. Nach Art. 5 Abs. 1 sind nur natürliche Personen anspruchsberechtigt und können auch nur bestimmte Schäden geltend gemacht werden, wie körperliche und psychische Schäden, Sachschäden und Datenverluste (Art. 4 Nr. 6

182 *Frost/Steininger/Vivekens*, MPR 2024, 4, 15; *Krüger/Wagner*, ZfPC 2023, 124, 126.
183 Richtlinienvorschlag Produkthaftung, COM(2022) 495 final, Begründung unter 1.2; Richtlinienvorschlag KI-Haftung, COM(2022) 496 final, Begründung unter 1.; *Frost/Steininger/Vivekens*, MPR 2024, 4, 14.
184 Richtlinienvorschlag Produkthaftung, COM(2022) 495 final, Erwgr. 12.
185 *Reusch*, ZdiW 2022, 429, 431.

ProdukthaftungsRL). Die Richtlinie über KI-Haftung hätte hingegen jegliche Schäden abdecken sollen, die auf dem Verschulden einer natürlichen oder juristischen Person gründen und durch den Einsatz eines KI-Systems verursacht wurden (siehe oben Rn. 53 ff.).

Die Offenlegung von Beweismitteln wird unter vergleichbaren Vorausset- **89**
zungen auch in der Produkthaftungsrichtlinie in Art. 8 geregelt. Der Anspruch steht hier jedoch nur dem Kläger, nicht auch dem potenziellen Kläger zu. Das lässt sich dadurch erklären, dass die Bestimmung des Beklagten im Rahmen einer Produkthaftungsklage keine grundsätzlichen Schwierigkeiten bereitet. Sie richtet sich immer und ausschließlich gegen den Hersteller des Produkts. Das ergibt sich vornehmlich aus Art. 7 der Produkthaftungsrichtlinie und wird in den Erwägungsgründen auch immer wieder aufgegriffen.[186] Zudem enthält der Vorschlag ebenfalls widerlegbare Vermutungsregeln, die dem Kläger die Beweisführung erleichtern soll.

Im Verhältnis zueinander hätte die Richtlinie über KI-Haftung dort wirken **90**
sollen, wo der begrenzte Schutzbereich der Produkthaftungsrichtlinie nicht greift.[187] Überschneidungen wäre so vermieden worden. Die Produkthaftungsrichtlinie regelt die Haftung des Herstellers für ein fehlerhaftes Produkt und kreiert damit einen eigenen, verschuldensunabhängigen Anspruch.[188] Die Richtlinie über KI-Haftung hingegen modifiziert lediglich die prozessualen Anforderungen für die Geltendmachung von Ansprüchen gegenüber Herstellern, Anbietern oder Nutzern einer Künstlichen Intelligenz nach nationalem Recht.[189]

186 Vgl. Richtlinienvorschlag Produkthaftung, COM(2022) 495 final, Erwgr. 26
187 *Wagner*, in: Baumgärtel/Kirparski, DGRI Jahrbuch 2021/2022, S. 289.
188 *Krüger/Wagner*, ZfPC 2023, 124, 128; *Wendt*, in: Wendt/Wendt, Das neue Recht der Künstlichen Intelligenz, § 14 Rn. 9.
189 *Krüger/Wagner*, ZfPC 2023, 124, 128; *Wendt*, in: Wendt/Wendt, Das neue Recht der Künstlichen Intelligenz, § 14 Rn. 9.

Dritter Teil
Ausgewählte Praxisfelder

Kapitel 8
Einsatz Künstlicher Intelligenz im Beschäftigungsverhältnis

Literatur: *Albert*, Entschädigungsansprüche bei Benachteiligungen von Bewerbern, NJW 2025, 614; *Ammann/Pohle*, KI-Verordnung – Was bisher geschah und jetzt zu tun ist, CB 2024, 137; *Arnold/Günther* (Hrsg.), Arbeitsrecht 4.0, Praxishandbuch zum Arbeits-, IP- und Datenschutzrecht in einer digitalisierten Arbeitswelt, 2. Aufl. 2022; *Bauer/Sura*, Datenschutzverstöße durch Arbeitnehmer und (fehlende?) Exkulpationsmöglichkeiten des Arbeitgebers, ZD 2025, 7; *Betz*, Automatisierte Sprachanalyse zum Profiling von Stellenbewerbern, Überprüfung der datenschutzrechtlichen Zulässigkeit eines Praxistrends, ZD 2019, 148; *Boemke/Gallner/Gaul/Rudkowski* (Gesamthrsg.), beck-online.GROSSKOMMENTAR BetrVG, Stand: 1.1.2025; *Borges/Keil* (Hrsg.), Big Data, Grundlagen, Rechtsfragen, Vertragspraxis, Rechtshandbuch, 1. Aufl. 2024; *Bortnikov/Dukart,* Informationelle Selbstbestimmung und KI, Datenschutzrechtliche Anforderungen an die Transparenz von KI, ZD 2024, 558; *Brors/ Krumnack*, KI-Training unter Einsatz von Arbeitnehmerdaten und Hürden für Arbeitgeber, SPA 2024, 181; *Chibanguza/Kuß/Steege* (Hrsg.), Künstliche Intelligenz, Recht und Praxis automatisierter und autonomer Systeme, Generative KI, 1. Aufl. 2024; *Dilling/Musiol,* KI-Verordnung und interne Ermittlungen, CCZ 2024, 257; *Dornau/Buschkühle*, KI-Nutzung am Arbeitsplatz, Risiken erfordern Handlungs- und Arbeitsanweisungen, BC 2024, 107; *Dreier/Schulze* (Hrsg.), Urheberrechtsgesetz: UrhG, Kommentar, 8. Aufl. 2025; *Dzida/Groh*, Diskriminierung nach dem AGG beim Einsatz von Algorithmen im Bewerbungsverfahren, NJW 2018, 1917; *Dzida/Groh*, Rechtliche Risiken beim Einsatz von Algorithmen im Betrieb, ArbRB 2018, 179; *Ebers/Heinze/Krügel/Steinrötter* (Hrsg.), Künstliche Intelligenz und Robotik, Rechtshandbuch, 1. Aufl. 2020; *Ebers/Streitbörger*, Die Regulierung von Hochrisiko-KI-Systemen in der KI-Verordnung, RDi 2024, 393; *Engel*, Erfinderische Tätigkeit und Künstliche Intelligenz, Der Einfluss vermehrten KI-Einsatzes auf das Verständnis der erfinderischen Tätigkeit, GRUR 2022, 864; *Fitting/Trebinger/Linsenmaier/Schelz/Schmidt* (Hrsg.), Betriebsverfassungsgesetz, Kommentar, 32. Aufl. 2024; *Förster/Gehrmann*, Die KI-Verordnung aus HR-Sicht, SPA 2024, 113; *Frank/Heine,* Die algorithmische Personalauswahl, CB 2024, 326; *Frank/Heine*, Arbeitsrechtliche Dimension der KI-Verordnung, NZA 2024, 433; *Frank/Heine*, Das KI-basierte Arbeitsverhältnis, NZA 2023, 935; *Franzen/Gallner/Oetker* (Hrsg.), Kommentar zum europäischen Arbeitsrecht, 5. Aufl. 2024, *Freyler*, Robot-Recruiting, Künstliche Intelligenz und das Antidiskriminierungsrecht, NZA 2020, 284; *Fröhlich*, Antidiskriminierungsrechtskonforme Entscheidungen durch KI-Systeme, GRUR-Prax 2024, 415; *Fuhlrott/Rettenmaier*, Einführung von künstlicher Intelligenz als Betriebsänderung, ArbRAktuell 2025, 111; *Gerlach/Straßer*, AI-Tools als Arbeitsmittel im betrieblichen Alltag – Chancen und Risiken für Arbeitnehmer und Arbeitgeber, ArbRAktuell 2024, 473; *Greger*, Wahrung von Betriebsinterna bei eigenmächtiger Nutzung von KI-Tools durch Arbeitnehmer – Arbeitsrechtliche Grundlage, Grenzen und Gestaltungsspielräume, DB 2025, 660; *Grossmann/Grunicke/Henke,* KI-Tools im Recruiting und ihre arbeitsrechtliche Implikationen, BB 2024, 2229; *Günther/Gerigk/Berger*, Von Algorithmen und Arbeitnehmern: Die europäische Regulierung von KI im arbeitsrechtlichen Kontext, NZA 2024, 234; *Heine/Köhler*, Das Beschäftigtendatengesetz als Blaupause der KI-Regulierung?, NZA 2024, 1547; *Herberger,* „Künstliche Intelligenz“ als Tatbestandsmerkmal, ZFA 2023, 367; *Hoeren/Sieber/Holznagel* (Hrsg.), Handbuch Multimedia-Recht, Rechtsfragen des elektronischen Geschäftsverkehrs, Stand: 62. EL Juni 2024; *Holthausen*, Big Data, People Analytics, KI und Gestaltung von Betriebsvereinbarungen – Grund-, arbeits- und datenschutzrechtliche An- und Herausforderungen, RdA 2021, 19; *Holthausen*, Einsatz künstlicher Intelligenz im HR-Bereich und Anforderungen an die „schöne neue Arbeitswelt X.0“, RdA 2023, 361; *Höpfner/Daum,* Der „Robo-Boss“ – Künstliche Intelligenz im Arbeitsverhältnis, ZFA 2021, 467; *Jandt/Steidle* (Hrsg.), Datenschutz und Internet, Handbuch, 2. Aufl. 2025; *Kahl/Rabsahl*, Anforderungen der Datenschutzbehörden an den Einsatz von KI im Unternehmen, CB 2025, 50; *Kalbfus/Schöberle,* Arbeitsrechtliche Fragen beim Einsatz von KI am Beispiel von ChatGPT, ArbRAktuell 2023, 251; *Kätscher*, Der Entwurf eines Beschäftigtendatengesetzes – nur ein frommer Wunsch?, ZD 2025, 63; *Kaufmann/Chakrabarti*, Künstliche Intelligenz im Betrieb – Neue Herausforderungen für die betriebliche Mitbestimmung?, NZA 2025, 372; *Kindshofer,* KI-VO als datenschutzrechtliche Herausforderung, Theoretische und praktische Einführung mit Lösungsmöglichkeiten für DSB, ZD 2024, 673; *Klos/Taylan*; Von der Theorie zur Praxis: Die EU-KI-Verordnung effektiv umsetzen, CCZ 2024, 205; *Knappertsbusch,* Innovative HR-Lösungen durch KI: Potenziale und rechtliche Rahmenbedingungen, LTZ 2024, 40; *Körner*, Beschäftigtendatenschutz in Betriebsvereinbarungen unter der Geltung der DS-GVO, NZA 2019, 1389; *Kramer* (Hrsg.), IT-Arbeitsrecht, Digitalisierung, Homeoffice, KI, Virtuelle Betriebsratsarbeit, Handbuch, 3. Aufl. 2023; *Kühling/Buchner* (Hrsg.), Datenschutz-Grundverordnung, Bundesdatenschutzgesetz: DS-GVO/BDSG, Kommentar, 4. Aufl. 2024; *Küttner* (hrsg. v. Röller), Personalbuch 2025, Chat-Book, Arbeitsrecht, Lohnsteuerrecht, Sozialversicherungsrecht, 32. Aufl. 2025; *Lang/Reinbach,* Künstliche Intelligenz im Arbeitsrecht, NZA 2023, 1273; *Lang/Schwaab*, Einsatz von künstlicher Intelligenz in Personalabteilungen, LTZ 2025, 28; *Legner*, KI-Verordnung und algorithmische Diskriminierung, RDi 2024, 426; *Lommatzsch/Albrecht*, Einsatz von KI im Personalwesen von Unternehmen – Neue Herangehensweise nach Geltung der KI-VO, GWR 2025, 37; *Malorny*, Datenschutz als Grenze KI-basierter Auswahlentscheidungen im Arbeitsrecht, RdA 2022, 170; *Meyer*, Künstliche Intelligenz im Personalmanagement und Arbeitsrecht, NJW 2023, 1841; *Mohn*, Dürfen Arbeitnehmer ChatGPT zur Erledigung ihrer Aufgaben einsetzen?, NZA 2023, 538; *Moll/Eckhoff/Reufels* (Hrsg.), Münchener Anwaltshandbuch Arbeitsrecht, 6. Aufl. 2025; *Möller*, Get Ready for AI-Investigations – Teil 1, CB 2025, Heft 03, Beilage, 25; *Müller*, Künstliche Intelligenz (KI) im Arbeitsverhältnis, öAT 2024, 26; *Nebeling/Johna*, Gefahr erkannt, Gefahr gebannt: KI im Arbeitsschutz, ARP 2024, 354; *Paal/Hüger,* Die KI-VO und das Recht auf menschliche Entscheidung, Eine Analyse von Art. 22 DS-GVO im Lichte des neuen EU-Regelungsregimes zu Künstlicher Intelligenz, MMR 2024, 540; *Paal/Pauly* (Hrsg.), Datenschutz-Grundverordnung Bundesdatenschutzgesetz: DS-GVO BDSG, Kommentar, 3. Aufl. 2021; *Pant/Lang*, Get Ready for AI-Investigations-Teil 4, CB 2025, Heft

03, Beilage, 39; *Reiss/Schoch/Erlekam/Haugwitz*, KI-Biases bei internen Untersuchungen: Irren ist nicht nur menschlich!?, CB 2025, 15; *Rieger*, Das Betriebsverfassungsgesetz und der Begriff der Künstlichen Intelligenz, Auslegung und betriebsverfassungsrechtliche Implikationen des KI-Begriffs, RdA 2024, 205; *Ritter*, KI und Weisungsrecht, ZAT 2025, 11; *Rudkowski,* Die Neuregelung des Beschäftigtendatenschutzes – weniger ist mehr, ZRP 2025, 41; *Rudkowski/Stadelmann*, Das Arbeitsverhältnis im Cybervorfall, NZA 2024, 1665; *Sachs/Meder*, Datenschutz-Folgenabschätzung bei Training und Einsatz von LLMs, ZD 2024, 363; *Schemmel,* KI im HR – Herausforderungen und Chancen für die Praxis, SPA 2024, 12; *Schneider*, Künstliche Intelligenz am Arbeitsplatz, ARP 2023, 194; *Schüttauf*, Die Erforderlichkeit des KI-Sachverständigen für den Betriebsrat nach § 80 Abs. 3 S. 2 BetrVG, BB 2025, 52; *Schwaab/Prenzel*, Get Ready for AI-Investigations – Teil 3, CB 2025, Heft 03, Beilage, 33; *Sesing/Tschesch,* AGG und KI-VO-Entwurf beim Einsatz von Künstlicher Intelligenz, Einschätzung aus der Perspektive des (Anti-)Diskriminierungsrechts, MMR 2022, 24; *Steege,* Algorithmenbasierte Diskriminierung durch Einsatz künstlicher Intelligenz, Rechtsvergleichende Überlegungen und relevante Einsatzgebiete, MMR 2019, 715; *Stück*, Neues Beschäftigtendatengesetz (BeschDG RefE) auf dem Prüfstand von Compliance & HR, CCZ 2024, 331; *von Lewinski/de Barros*, Arbeitgeberhaftung nach dem AGG infolge des Einsatzes von Algorithmen bei Personalentscheidungen, NZA 2018, 620; *Voudoulaki*, Künstliche Intelligenz und Datenschutz, Erklärbarkeit von KI-Entscheidungen und ihre Auswirkungen auf die Transparenzpflicht, ZGI 2025, 9; *Waas*, KI und Arbeitsrecht, RdA 2022, 125; *Weiand/Yushkova/Speicher,* Get Ready for AI -Investigations – Teil 2, CB 2025, Heft 03, Beilage, 29; *Weiand/Yushkova/Speicher*, Get Ready for AI-Investigations – Teil 5, CB 2025, Heft 03, Beilage, 42; *Witteler/Moll*, Künstliche Intelligenz am Arbeitsplatz – Datenschutz und Rechte des Betriebsrats, NZA 2023, 327; *Wünschelbaum/Sorber*, Beschäftigtendatenschutz (wieder) gescheitert?, Lehren aus dem BMAS-Referentenentwurf 2024, NZA 2024, 1540; *Zöllner*, Mitbestimmung von ChatGPT und KI-Systemen, Besprechung von ArbG Hamburg Beschl. v. 16.1.2024 – 24 BVGa 1/24, NZA-RR 2024, 137 = NZA 2024, 426 Ls., NZA 2024, 386.

Alle Internetfundstellen wurden zuletzt am 2.3.2026 abgerufen.

Übersicht

I. Problemaufriss

1 Auch im Kontext von Beschäftigungsverhältnissen erlangt die Nutzung von Künstlicher Intelligenz eine immer größere Bedeutung, die vor dem Hintergrund des geltenden Rechts und entsprechender Bestrebungen vielfältige Fragen aufwirft. Neben dem auszuschöpfenden Potenzial des Einsatzes von KI-Systemen, der unter anderem zu einer Produktivitätssteigerung, Prozessautomatisierung und beschleunigter Entscheidungsfindung führen kann, wird die Praxis gleichzeitig mit einer Reihe von Herausforderungen und Risiken konfrontiert. Chancen bei der Nutzung regulierter Künstlicher Intelligenz in der Arbeitswelt werden auch darin gesehen, den Folgen des demographischen Wandels sowie des immer präsenter werdenden Fachkräftemangels entgegenzuwirken.[1] Andere befürchten eine Veränderung der Tätigkeitsfelder und damit einhergehende Kürzungen von Arbeitsplätzen.[2] So vielfältig

1 *Müller*, öAT, 26.
2 *Schneider*, ARP 2023, 194, 196.

Einsatzmöglichkeiten und verbundene Gefahren sein mögen, dürfte eines feststehen: Die Einbindung von Künstlicher Intelligenz wird das bisherige Arbeitsleben revolutionieren und tiefgreifende Veränderungen herbeiführen. Eine rechtliche Aufarbeitung der Thematik ist mithin unerlässlich.

Dieser Abschnitt gibt einen detaillierten Überblick über die wichtigsten **2** Rechtsaspekte im Kontext der Nutzung von Künstlicher Intelligenz in Beschäftigungsverhältnissen und beleuchtet dabei insbesondere die einzelnen Phasen eines Beschäftigungsverhältnisses, etwaige KI-spezifische Mitbestimmungsrechte sowie sich in diesem Zusammenhang ergebende Haftungsfragen. Gefordert werden im Arbeitsrecht bereichsspezifische Regulierungen, die eine transparente Nachvollziehbarkeit KI-basierter Entscheidungen ermöglichen.[3] Zu fragen ist auch, ob als Ansatzpunkt der Regulierung das Augenmerk auf dem individuellen oder dem kollektiven Arbeitsrechtsschutz liegen sollte. Im Bereich des Individualarbeitsrechts werden beispielsweise im AGG durch Ausgleichsansprüche insbesondere in retrospektiver Hinsicht Schutzmechanismen geschaffen, wohingegen im kollektiven Arbeitsrecht der Fokus auf präventiven Maßnahmen, insbesondere durch Beteiligung des Betriebsrats, liegt.[4]

II. Einsatz Künstlicher Intelligenz bei der Entstehung des Arbeitsverhältnisses

Schon vor tatsächlichem Bestehen eines Arbeitsverhältnisses ergeben sich **3** denkbar viele Einsatzmöglichkeiten von KI-basierten Systemen. So besteht etwa im Bereich des Recruiting enormes Potenzial, was Zeit- und Kosteneffizienz angeht.[5] Potenziellen Bewerbern kann auf diesem Wege u. a. eine Art „24h-Service" – ohne Wartezeit – zur Beantwortung während des Bewerbungsprozesses anfallender Fragen durch Einsatz von KI-basierten Chatbots angeboten werden, der gleichermaßen eine signifikante Entlastung der in der Personalabteilung Beschäftigten mit sich bringen kann.[6]

Auf den ersten Blick kann der Eindruck entstehen, dass KI-basierte Aus- **4** wahlentscheidungen in der HR-Abteilung gerade dadurch, dass ihnen keine persönlich geprägten Kriterien wie Sympathie und Empathie innewohnen, keine Angriffsfläche für den Vorwurf einer Diskriminierung beziehungsweise Benachteiligung bieten.[7] Nicht vergessen werden darf dabei aber, dass die Künstliche Intelligenz auch immer auf einem bestimmten Datenbestand

3 *Steege*, MMR 2019, 715, 720.

4 *Waas*, RdA 2022, 125, 129.

5 *Lang/Schwaab*, LTZ 2025, 28.

6 *Grossmann/Grunicke/Henke*, BB 2024, 2229, 2229 f.; *Lang/Schwaab*, LTZ 2025, 28, 28 f.

7 Vgl. *Witteler/Moll*, NZA 2023, 327, 328.

und menschlich vorgegebenen Entscheidungskriterien beruht, sodass der Anknüpfungspunkt zur Beurteilung eines rechtmäßigen Einsatzes bereits vielfach vorverlagert zu verorten sein dürfte.[8] Maßgeblich zur Vermeidung hierdurch auftretender Ungleichbehandlungen („Bias"), die die grundsätzlich angestrebte Objektivität beeinträchtigen, ist daher die Art und Menge der für das KI-System zugänglich gemachten Trainingsdaten.[9]

1. Rechtliche Grundlagen

5 Der Einsatz von KI-Systemen zur effizienten Durchführung des Recruiting-Prozesses zum Zwecke des Abschlusses eines Arbeitsvertrags berührt insbesondere Vorschriften mit datenschutzrechtlichem Hintergrund sowie solche, die die Gleichbehandlung während dieser Phase sicherstellen sollen, wobei etwaige Besonderheiten der nunmehr geltenden KI-VO Berücksichtigung finden müssen. Die zentralen Aspekte, die es hier im Auge zu behalten gilt, werden nachstehend näher beleuchtet.

a) DSGVO

6 Im Zusammenhang mit durch die Personalabteilung geführten Einstellungsprozessen ist in normativer Hinsicht insbesondere Art. 22 DSGVO zentraler Anknüpfungspunkt. Der Regelungsinhalt der Vorschrift erstreckt sich dabei auf das Recht der betroffenen Person, nicht einer ausschließlich auf einer automatisierten Verarbeitung beruhenden Entscheidung unterworfen zu werden. Diese Wertung steht im Einklang mit der aus Art. 1 Abs. 1 GG garantierten Menschenwürde, die eine Degradierung des Menschen zu einer Art Objekt verhindert.[10] Die Entscheidung muss den Einzelnen individuell und wesentlich betreffen, was im Falle einer Nichteinstellung und der damit verbundenen Absage gegenüber dem Bewerber gegeben ist.[11] Letzteres dürfte gleichermaßen für unternehmensinterne Bewerbungen gelten, das heißt bei der Bewerbung auf eine andere Position bei bereits bestehendem Arbeitsverhältnis.[12] In Erwgr. 71 Satz 1 DSGVO wird beispielhaft die automatische Ablehnung eines Online-Einstellungsverfahrens ohne jegliches menschliche Eingreifen genannt. Verbleibt es daher bei einem menschlichen Letztentscheidungsrecht, fehlt es an einer ausschließlich automatischen Verarbeitung, selbst wenn die wesentliche Vorarbeit – ggf. inklusive Empfehlung – auf KI-basierten Tools beruht.[13] Maßgebend ist insofern, dass von

8 Vgl. *Witteler/Moll*, NZA 2023, 327, 328.
9 *Knappertsbusch*, LTZ 2024, 40, 42.
10 *Malorny*, RdA 2022, 170, 176.
11 *Holthausen*, RdA 2021, 19, 25.
12 *Höpfner/Daum*, ZFA 2021, 467, 481.
13 *Holthausen*, RdA 2021, 19, 25.

der Letztentscheidungskompetenz auch Gebrauch gemacht wurde, wogegen die ungenutzt gebliebene Möglichkeit in Ansehung der weiten Auslegung des Entscheidungsbegriffs durch den EuGH in seiner SCHUFA-Entscheidung[14] wohl nicht ausreichen dürfte.[15] Die im Urteil entwickelten Grundsätze lassen sich auch auf einige Konstellationen im Zusammenhang mit dem Einsatz von KI-Systemen im arbeitsrechtlichen Kontext übertragen.[16] Das heißt, dass es bei der Einordnung als auf einer vollautomatisierten Verarbeitung beruhenden Entscheidung verbleibt, sofern sich die menschliche Mitwirkung als bloßer Übermittlungsvorgang darstellt.[17]

Bisher hat der deutsche Gesetzgeber die Öffnungsklausel des Art. 22 Abs. 2 lit. b DSGVO nicht beansprucht, da er vom Erlass einer das Verbot aus Abs. 1 abdingenden Rechtsvorschrift abgesehen hat.[18] Rechtmäßig kann die automatisierte Entscheidung in Bezug auf den Abschluss eines Arbeitsvertrags daher – ohne Einwilligung – derzeit nur sein, wenn die Entscheidung für den Abschluss zwischen dem Arbeitnehmer als betroffener Person und dem Arbeitgeber als Verantwortlichem erforderlich ist (Art. 22 Abs. 2 lit. a DSGVO).[19] Letzteres dürfte beispielsweise der Fall sein, wenn die Personalabteilung aufgrund nahezu menschlich nicht zu überwältigendem Bewerbungsandrang ohne den Einsatz automatisierter Entscheidungen im Ergebnis dazu gezwungen wäre, eine gewisse Anzahl an Bewerbern ohne Einsichtnahme in die Bewerberunterlagen abzulehnen.[20] Erforderlich könnte der automatisierte Vorgang in dieser Konstellation unter anderem zudem dann sein, wenn lediglich solche Bewerber, deren Unterlagen nicht den formalen Anforderungen entsprechen, aus dem Bewerbungsverfahren ausgesondert werden.[21] Daneben möglich bleibt schließlich auch eine Rechtmäßigkeit aufgrund einer ausdrücklichen und den Anforderungen an die Freiwilligkeit gerecht werdenden Einwilligung nach Art. 22 Abs. 2 lit. c DSGVO. In diesem Fall hat der Arbeitgeber jedoch zu beachten, dass eine solche Einwilligung jederzeit durch den Arbeitnehmer widerrufen werden kann, sodass sich der Arbeitgeber hinsichtlich der Rechtmäßigkeit der Verarbeitung nicht gänzlich auf das Vorliegen einer Einwilligung verlassen sollte.[22] **7**

14 EuGH, Urt. v. 7.12.2023 – C-634/21, NZA 2024, 45, 47.
15 *Paal/Hüger*, MMR 2024, 540, 541; *Martini*, in: Paal/Pauly, DS-GVO BDSG, Art. 22 Rn. 19; *Buchner*, in: Kühling/Buchner, DS-GVO/BDSG, Art. 22 Rn. 15.
16 Vgl. *Schemmel*, SPA 2024, 12, 14.
17 *Grentzenberg/Kirchner*, in: Borges/Keil, Big Data, § 8 Rn. 123.
18 *Frank/Heine*, NZA 2023, 935, 937.
19 *Frank/Heine*, NZA 2023, 935, 937.
20 *Günther/Gerigk/Berger*, NZA 2024, 234, 236; *Frank/Heine*, NZA 2023, 935, 937.
21 *Frank/Heine*, NZA 2023, 935, 938.
22 *Frank/Heine*, CB 2024, 326, 328.

8 Liegen die Voraussetzungen vor, so hat der Arbeitgeber nach Art. 22 Abs. 3 DSGVO als datenschutzrechtlich Verantwortlicher mindestens die Rechte auf Erwirkung des Eingreifens einer arbeitgeberzugehörigen Person, auf Darlegung des eigenen Standpunkts und auf Anfechtung der Entscheidung zu wahren und entsprechende Maßnahmen zur Sicherung der Rechte des Betroffenen zu treffen. Zweck der Regelung ist es, die Erzwingung einer individuellen Entscheidung durch einen Menschen zu ermöglichen, um ein Korrektiv zu der nur ausnahmsweise rechtmäßigen auf automatisierter Verarbeitung beruhenden Entscheidung zu ermöglichen.[23] Die Regelung erschöpft sich jedoch in der Herbeiführung einer menschlichen Überprüfung, nicht hingegen wird dadurch ein Recht auf eine abweichende Entscheidung begründet.[24]

9 Zuzustimmen ist der Ansicht in der Literatur, die den Anwendungsbereich des Art. 22 Abs. 1 DSGVO nicht auf lediglich vorteilhaft wirkende Entscheidungen erstreckt sieht, was bereits die Tatbestandsalternative „in ähnlicher Weise erheblich beeinträchtigt" und der Schutzweck der Norm nahelegen.[25] Perspektivisch dürfte dies arbeitnehmerseits auch weiterhin zu einem Schutz vor gänzlich KI-generierten Entscheidungen führen, was wiederum Umsetzungsschwierigkeiten bei Optimierungsversuchen in Form von Prozess- und Entscheidungsautomatisierungen nach sich zieht.[26] In jedem Fall empfiehlt sich bei Nutzung von KI-basierten Systemen arbeitgeberseitig eine Dokumentation über den Umfang und die Beteiligung von Menschen im Rahmen der Entscheidungsfindung.[27] Dies gilt insbesondere vor dem Hintergrund, dass der Arbeitgeber als datenschutzrechtlich Verantwortlicher im Streitfall Rechenschaft darüber ablegen muss, inwiefern eine Differenzierung zwischen automatisiertem und menschlichem Beitrag erfolgen kann.[28]

b) Allgemeines Gleichbehandlungsgesetz (AGG)

10 Im arbeitsrechtlichen Kontext liegt bei benachteiligenden Maßnahmen gegenüber Arbeitnehmern eine Betroffenheit der §§ 1,7 AGG nahe, was potenziell eine Haftung des Arbeitgebers auf Schadensersatz nach § 15 Abs. 1 und 2 AGG nach sich ziehen kann. Insoweit stellt sich nicht die Problematik der Zurechnung eines „Verschuldens der Künstlichen Intelligenz", da Anknüpfungspunkt in der Regel ein Organisationsverschulden des Arbeitgebers selbst ist (vgl. § 12 AGG).[29] Diesem obliegt in seiner Stellung als Be-

23 *Frank/Heine*, NZA 2023, 935, 938.
24 *Frank/Heine*, CB 2024, 326, 328.
25 Ausführlich hierzu *Günther/Gerigk/Berger*, NZA 2024, 234, 235.
26 *Kalbfus/Schöberle*, ArbRAktuell 2023, 251, 254.
27 *Dzida/Groh*, ArbRB 2018, 179, 180; *Holthausen*, RdA 2021, 19, 25.
28 *Hermonies*, in: Jandt/Steidle, Datenschutz und Internet, VII. Rn. 88.
29 *Albert*, NJW 2025, 614, 616.

treiber von KI-Systemen im Sinne der KI-VO eine sich aus deren Nutzung ergebende Überwachung daraus resultierender Risiken.[30]

Der sachliche Anwendungsbereich des AGG und des daraus abzuleitenden Benachteiligungsverbotes ist weit gefasst und erstreckt sich von der Bewerbungsphase bis hin zur Beendigung des Arbeitsverhältnisses.[31] Er unterscheidet dabei nicht zwischen benachteiligenden Behandlungen, die unmittelbar durch einen Menschen oder durch beziehungsweise unter Zuhilfenahme eines KI-Systems erfolgen, wobei in letzterem Fall die entscheidende Frage die der Zurechenbarkeit sein dürfte.[32] Klärungsbedarf auf Subsumtionsebene bietet insoweit bereits der Begriff der „Behandlung" und wirft die Frage danach auf, ob die Verwendung KI-basierter Systeme und vollumfänglich hierauf beruhende Entscheidungen vom Regelungszweck der Vorschrift umfasst sind.[33] Jedenfalls dürfte bereits aus datenschutzrechtlicher Sicht nach § 22 DSGVO im Regelfall ein menschliches Hinzutreten erforderlich sein, sodass in diesen Fällen folglich von einer „Behandlung" im Sinne des § 3 AGG auszugehen sein wird.[34] Aber auch solche KI-generierten Entscheidungen, denen es an einem Dazwischentreten eines Menschen fehlt, dürften nach jetzigem Stand unter den Behandlungsbegriff nach dem AGG fallen, da der Schutzzweck des Benachteiligungsverbotes in derartigen Konstellationen ansonsten weitestgehend leerliefe.[35] **11**

Unterschieden wird in puncto Benachteiligung zwischen solchen, die unmittelbare (§ 3 Abs. 1 AGG) Wirkung entfalten, und solchen, die sich bloß mittelbar auswirken (§ 3 Abs. 2 AGG). Unmittelbare Diskriminierung findet statt, wenn die Künstliche Intelligenz bereits nach verbotenen Kriterien differenziert, wobei hier vereinzelt eine Zurechnung entsprechend § 278 BGB herangezogen wird, sofern die Diskriminierung Folge menschlicher Programmierung ist.[36] Beruht die Entscheidung nicht allein auf dem diskriminierenden Merkmal, kann eine Kausalität zumindest dann angenommen werden, wenn dieses im Vergleich zu anderen Motiven nicht gänzlich in den Hintergrund tritt.[37] **12**

Im Zusammenhang mit mittelbaren Diskriminierungen, die grundsätzlich neutrale Kriterien heranziehen, entstehen aufgrund der Komplexität der Funktionsweise der Künstlichen Intelligenz häufig Beweisschwierigkeiten **13**

---

30 *Holthausen*, RdA 2023, 361, 369.
31 *Sesing/Tschech*, MMR 2022, 24, 25.
32 *Sesing/Tschech*, MMR 2022, 24, 26.
33 *von Lewinski/de Barros*, NZA 2018, 620, 621.
34 *von Lewinski/de Barros*, NZA 2018, 620, 621.
35 *Steege*, MMR 2019, 715, 718; *von Lewinski/de Barros*, NZA 2018, 620, 621.
36 *Knappertsbusch*, LTZ 2024, 40, 42.
37 *Freyler*, NZA 2020, 284, 288.

für den Arbeitnehmer („Blackbox“).[38] Das „Blackbox“-Dilemma beschreibt die Problematik, dass aufgrund der nach außen nicht vollständig nachvollziehbaren Arbeits- und Funktionsweise der Künstlichen Intelligenz Schwierigkeiten bestehen, die Ursache diskriminierender Ergebnisse ausfindig zu machen und diese vollumfänglich beheben zu können.[39] Insofern kommt dem Beschäftigten jedoch die Beweislastumkehr nach § 22 AGG zugute, die dem Arbeitgeber die Beweislast für das Fehlen einer Diskriminierung auferlegt, sofern der Mitarbeiter hierfür nachvollziehbare Indizien vorbringen kann.[40] Eine solche Indizwirkung wird teilweise dem grundsätzlichen Einsatz von KI-basierten Persönlichkeitstests sowie Sprachanalysen zugesprochen.[41] Weitere die Beweislastumkehr hervorrufende Indizien können beispielsweise eine voreingenommen ausgedrückte Stellenausschreibung oder die auserwählte Gruppierung zwecks der Einladung zu einem Bewerbungsgespräch sein.[42]

14 Eine Garantie zur Einhaltung etwaiger programmierbarerer Parameter, die eine Entscheidung auf Basis der in § 1 AGG genannten Merkmale verhindern, dürfte im Ergebnis nur bei Letztentscheidungen durch einen Menschen gegeben sein, da eine Fehlerbehaftung vollautomatisierter Entscheidungen nicht zweifelsfrei ausgeschlossen werden kann.[43] Schließlich ist Schutzzweck des AGG eine Verhinderung der Beurteilung anhand bestimmter Gruppierungsmerkmale; eine solche ist dem Einsatz von Künstlicher Intelligenz und deren Funktionsweise jedoch im Ergebnis regelmäßig immanent.[44]

c) KI-Verordnung (KI-VO)

15 Der Verordnungsgeber verfolgt im Rahmen der KI-VO einen risikobasierten Ansatz, der die KI-Systeme in ein entweder unannehmbares, hohes oder geringes beziehungsweise minimales Risiko aufgliedert.[45] Eine Zuordnung erweist sich in der Realität jedoch aufgrund der dynamischen Ausgestaltung der Kategorisierung oftmals als komplex.[46]

16 Weitestgehend unproblematisch dürfte die Einordnung von Arbeitgebern als Betreiber im Sinne der KI-VO erfolgen, sofern diese KI-Systeme in ihrem

---

38 *Knappertsbusch*, LTZ 2024, 40, 42.
39 *Schemmel*, SPA 2024, 12, 13; *Malorny*, RdA 2022, 170, 172.
40 *Knappertsbusch*, LTZ 2024, 40, 42.
41 *Freyler*, NZA 2020, 284, 290; *Dzida/Groh*, NJW 2018, 1917, 1922.
42 *Legner*, RDi 2024, 426, 431.
43 *Kalbfus/Schöberle*, ArbRAktuell 2023, 251, 254.
44 *Malorny*, RdA 2022, 170, 171; *Freyler*, NZA 2020, 284, 285 f.
45 *Günther/Gerigk/Berger*, NZA 2024, 234, 239.
46 *Ammann/Pohle*, CB 2024, 137, 140.

Unternehmen für das Bewerbungsverfahren einsetzen.[47] Die Anbietereigenschaft kommt arbeitgeberseitig insbesondere dann in Betracht, wenn sie wesentliche Änderungen an einem Hochrisiko-KI-System vornehmen.[48]

Als verbotene Praktik im KI-Bereich gilt im Kontext von Arbeitsverhältnissen jedenfalls nach Art. 5 Abs. 1 lit. f KI-VO das Inverkehrbringen, die Inbetriebnahme für diesen spezifischen Zweck oder die Verwendung von KI-Systemen zur Ableitung von Emotionen einer natürlichen Person am Arbeitsplatz, es sei denn, die Verwendung des KI-Systems soll aus medizinischen Gründen oder Sicherheitsgründen eingeführt oder auf den Markt gebracht werden. **17**

In den Bereichen Beschäftigung, Personalmanagement und Zugang zur Selbstständigkeit gelten KI-Systeme, die bestimmungsgemäß für die Einstellung oder Auswahl natürlicher Personen verwendet werden sollen, insbesondere um gezielte Stellenanzeigen zu schalten, Bewerbungen zu sichten oder zu filtern und Bewerber zu bewerten, als Hochrisiko-KI-Systeme (Art. 6 Abs. 2 KI-VO in Verbindung mit Nr. 4 lit. a Anhang III KI-VO). Dies gilt gleichermaßen für KI-Systeme in diesen Bereichen, die bestimmungsgemäß für Entscheidungen, die die Bedingungen von Arbeitsverhältnissen, Beförderungen und Kündigungen von Arbeitsvertragsverhältnissen beeinflussen, für die Zuweisung von Aufgaben aufgrund des individuellen Verhaltens oder persönlicher Merkmale oder Eigenschaften oder für die Beobachtung und Bewertung der Leistung und des Verhaltens von Personen in solchen Beschäftigungsverhältnisses verwendet werden sollen (Art. 6 Abs. 2 KI-VO in Verbindung mit Nr. 4 lit. b Anhang III KI-VO). Hiervon erfasst werden sowohl deterministische, also vorher bestimmbare KI-Systeme, die aufgrund gleichbleibenden Inputs immer entsprechenden Output generieren, als auch nicht-deterministische Systeme, deren Handeln nicht vorhersehbar ist.[49] **18**

Eine abweichende Beurteilung von der grundsätzlichen Einordnung als Hochrisiko-KI-System sieht Art. 6 Abs. 3 UAbs. 1 KI-VO vor, wenn das KI-System das Ergebnis der Entscheidungsfindung nicht wesentlich beeinflusst und daher kein erhebliches Risiko der Beeinträchtigung in Bezug auf die Gesundheit, Sicherheit oder Grundrechte natürlicher Personen aufweist. Dies kann beispielsweise für das sogenannte „CV-Parsing" (also die automatisierte Extraktion und Strukturierung von Informationen aus Lebensläufen) nach dem Kriterium erreichter Noten angenommen werden, da hierin die Durchführung einer „eng gefassten Verfahrensaufgabe" gesehen werden **19**

47 *Förster/Gehrmann*, SPA 2024, 113, 114; *Frank/Heine*, NZA 2024, 433, 434; *Lang/Schwaab*, LTZ 2025, 28, 30.

48 *Witteler/Moll*, NZA 2023, 327, 333.

49 *Frank/Heine*, NZA 2023, 935; *Witteler/Moll*, NZA 2023, 327.

kann (Art. 6 Abs. 3 UAbs. 2 lit. a KI-VO).[50] Es handelt sich bei den in Art. 6 Abs. 3 UAbs. 2 genannten Fallgruppen um abschließende Bedingungen.[51]

2. Stellenausschreibungsprozess

20 Zuvorderst kommt ein Einsatz KI-gestützter Tools zur Ermittlung des im Unternehmen herrschenden Personalbedarfs in Betracht, um anschließend hierauf basierende Stellenanzeigen zu generieren.[52] Erfolgt im Anschluss ein KI-basiertes, zielgruppenorientiertes Einblenden von Stellenanzeigen (sogenanntes „Ad-Targeting“ oder „Programmatic Advertising“), birgt dies bereits im Vorfeld des eigentlichen Einstellungsprozesses die Gefahr einer nachteiligen Informationsvorenthaltung gegenüber potenziellen Bewerbern.[53] Hierbei werden programmatische Softwarelösungen zur Analyse von Zielgruppenpräferenzen verwendet und entsprechende Optimierungen im Hinblick auf die Stellenanzeigen vorgenommen.[54] Dies tangiert das Benachteiligungsverbot insofern, als dass ein Arbeitsplatz nach § 11 AGG nicht unter Verstoß gegen § 7 Abs. 1 AGG ausgeschrieben werden darf. Das heißt, Stellenausschreibungen unterliegen einem hieraus resultierenden Neutralitätsgebot, was neben der konkreten Formulierung und der optischen Darstellung auch ihre Platzierung betrifft.[55]

21 Gleichzeitig besteht die Möglichkeit, in sozialen Netzwerken wie Xing oder LinkedIn sogenanntes „Active Sourcing“ unter Zuhilfenahme von Crawling und Scraping zu betreiben.[56] Ziel ist es, dass durch das Folgen von Internetlinks Informationen gesammelt werden und im Wege einer anschließenden Analyse dem Unternehmen potenzielle Bewerber vorgeschlagen werden, mit denen infolgedessen aktiv durch die HR-Abteilung ein Bewerbungsverfahren eingeleitet werden kann.[57] In die Analyse fließen dabei nicht nur die unternehmensseitig gestellten Einstellungskriterien ein, sondern beispielsweise auch Informationen, die das Verhalten des Betroffenen im Hinblick auf Arbeitgeberwechsel und die Aktualität seines Profils betreffen.[58] Als datenschutzrechtliche Grundlage einer derartigen Verarbeitung kann häufig Art. 6 Abs. 1 Satz 1 lit. f DSGVO herangezogen werden, wobei bei frei ab-

---

50 *Förster/Gehrmann*, SPA 2024, 113, 115.
51 *Ebers/Streitbörger*, RDi 2024, 393, 397.
52 *Lang/Schwaab*, LTZ 2025, 28, 35.
53 *Fröhlich*, GRUR-Prax 2024, 415, 416 f.
54 *Knappertsbusch*, LTZ 2024, 40.
55 *Fröhlich*, GRUR-Prax, 415, 417.
56 *Witteler/Moll*, NZA 2023, 327, 328.
57 *Witteler/Moll*, NZA 2023, 327, 328.
58 *Witteler/Moll*, NZA 2023, 327, 328 m. w. N.

rufbaren Daten aus Suchmaschinen in der Regel ein berechtigtes Interesse des Arbeitnehmers an der Datenverarbeitung anzunehmen ist.[59]

Nicht übertragen lassen sich die zuvor dargestellten Überlegungen hingegen auf soziale Netzwerke, die ein Verbot des automatisierten Zugriffs auf personenbezogene Daten explizit vorsehen, oder für solche Netzwerke, die keinerlei Verbindung zur beruflichen Tätigkeit des Betroffenen aufweisen und bei denen dieser daher nicht mit der Erhebung rechnen muss.[60] Möglich ist hingegen eine KI-gestützte Analyse, die die Resonanz zu anderen, bereits veröffentlichten Stellenausschreibungen vergleicht und berücksichtigt, ob, und wenn ja, wie viele Bewerbungen durch diese generiert wurden und welche Personengruppen auf diese aufmerksam geworden sind.[61] **22**

3. KI-gestützte Analyse von Bewerberdaten

Bereits zu Beginn des Einstellungsprozesses gelangen die Bewerberdaten oftmals in Berührung mit KI-gestützten Tools, zum Beispiel mittels dieser durchgeführter Persönlichkeitsanalysen oder durch sogenanntes CV-Parsing.[62] Letzteres beschreibt die KI-basierte Analyse von Lebensläufen durch Texterkennung, beispielsweise im Hinblick auf Noten, Fremdsprachenkenntnisse oder auch bereits gesammelte Berufserfahrung.[63] **23**

Bei Verwendung der genannten Tools lässt sich nicht sicher ausschließen, dass es zu einer Wechselwirkung zwischen einem Benachteiligungsmerkmal im Sinne des § 1 AGG und einem weiteren Attribut kommt, was zu einer verdeckten unmittelbaren Diskriminierung oder zu einer mittelbaren Diskriminierung führen kann.[64] Letzteres kann selbst dann der Fall sein, wenn die als unmittelbar benachteiligend identifizierten Merkmale entfernt wurden, da auch dann die Möglichkeit besteht, dass die Künstliche Intelligenz Ersatzindikatoren findet, die im Ergebnis immer noch – wenn auch nur mittelbar – diskriminierend wirken.[65] Wird das KI-System auf Basis menschlich gesammelter und zusammengestellter historischer Daten trainiert, so liegt es in der Natur der Sache, dass die (un-)bewussten Tendenzen des für das Recruiting zuständigen Mitarbeiters in den Entscheidungsprozess der Künstlichen Intelligenz einfließen.[66] **24**

---

59 *Grossmann/Grunicke/Henke*, BB 2024, 2229, 2230.
60 *Grossmann/Grunicke/Henke*, BB 2024, 2229, 2230.
61 *Höpfner/Daum*, ZFA 2021, 467, 472.
62 *Sesing/Tschesch*, MMR 2022, 24, 25.
63 *Höpfner/Daum*, ZFA 2021, 467, 482.
64 *Sesing/Tschesch*, MMR 2022, 24, 25.
65 *Schemmel*, SPA 2024, 12, 13 mit einem veranschaulichenden Anwendungsbeispiel bei Amazon.
66 *Schemmel*, SPA 2024, 12, 13.

25 Wird Software zur Sprachanalyse – beispielsweise im Nachgang zu automatisierten Telefoninterviews[67] – eingesetzt, birgt dies insbesondere für Nicht-Muttersprachler oder sprachbehinderte Personen das Risiko, eine Benachteiligung im Einstellungsverfahren zu erfahren.[68] Dieses Risiko wird teilweise auch im Zusammenhang mit § 19 GenDG gesehen, da die Sprache des Einzelnen zentraler Aspekt seiner Persönlichkeit ist.[69] Andere Stimmen halten Sprachanalysen zumindest insoweit für zulässig, als dass hierdurch für die konkrete Beschäftigungsstelle erforderliche Merkmale als Kriterien herangezogen werden.[70] Jedenfalls wird in dem Einsatz von Sprachanalyse-Tools grundsätzlich Potenzial zur effizienten Beurteilung von Softskills, beispielsweise in Bezug auf Team- oder Kommunikationsfähigkeit gesehen.[71] Neben Sprachanalysen kommt auch eine KI-gestützte Videoanalyse in Betracht, die zusätzlich Aspekte wie Mimik, Gestik in die Auswertung miteinbezieht.[72] Die im Hinblick auf die Risiken einer Sprachanalyse geteilten Bedenken gelten insoweit entsprechend.

26 Im Rahmen der praktischen Anwendung des Ausnahmetatbestands nach § 3 Abs. 2 Hs. 2 AGG wird man bei der Nutzung von KI-Systemen regelmäßig vor der Schwierigkeit stehen, dass diese auf trainierten Daten basieren und insofern nur schwerlich ein dem Regelungszweck entsprechendes sachliches Ziel verfolgen.[73] Anknüpfungspunkt ist insofern nicht der Einsatz Künstlicher Intelligenz als solcher, sondern die darauf beruhende Benachteiligung im konkreten Einzelfall.[74] Arbeitgeberseitig wird man als Argumentationsansatz wohl heranziehen können, dass sich Bewerbende mit den entsprechenden Eigenschaften am besten für die in der konkreten Position anfallenden Aufgaben eignen und so das vom BAG[75] als rechtmäßig erachtete Ziel der bestmöglichen Verrichtung der Tätigkeit verfolgt wird.[76]

27 Ungeachtet dessen birgt beispielsweise der Einsatz KI-gestützter Recruiting-Plattformen auch die Chance, durch die Nutzung von Algorithmen eine zeiteffiziente und objektivierte Vorauswahl zu treffen.[77] So werden etwa auf KI basierende Chatbots verwendet, die möglichen Bewerbern Screening-Fragen und Testaufgaben zur Feststellung ihrer kognitiven Fähigkeiten stellen und mit denen im Anschluss bei positivem Ausgang direkt ein

67 *Dzida/Groh*, NJW 2018, 1917, 1919.
68 *Steege*, MMR 2019, 715, 719; *Freyler*, NZA 2020, 284, 287.
69 *Malorny*, RdA 2022, 170, 176.
70 *Betz*, ZD 2019, 148, 152; *Malorny*, RdA 2022, 170, 176.
71 *Betz*, ZD 2019, 148.
72 *Knappertsbusch*, LTZ 2024, 40.
73 *Sesing/Tschesch*, MMR 2022, 24, 25.
74 *Fröhlich*, GRUR-Prax 2024, 415.
75 BAG, Urt. v. 29.6.2017 – 8 AZR 402/15, NZA 2018, 33, 39.
76 *Dzida/Groh*, NJW 2018, 1917, 19120.
77 *Knappertsbusch*, LTZ 2024, 40.

Folgetermin vereinbart werden kann, sodass erst zu diesem Zeitpunkt ein menschlicher Recruiter in den Bewerbungsprozess eintritt.[78] Von diesem Standpunkt aus besteht durchaus das Potenzial, eine von Diversität und Inklusion geprägte Arbeitnehmerschaft im Unternehmen zu etablieren.[79]

4. Onboarding-Prozess

Steht die Begründung eines Beschäftigungsverhältnisses fest, können KI-gestützte Systeme dem neuen Mitarbeiter das Onboarding erleichtern durch einen personalisierten Prozess mittels individueller Schulungen und den Einsatz von Chatbots, die aufkommenden Standardfragen in Echtzeit entgegnen können.[80] Solchen KI-basierten Chatbots im Rahmen des Onboarding wird im Lichte der KI-VO ein eher begrenztes beziehungsweise geringes Risiko beigemessen.[81] **28**

III. KI-Einsatz während des Beschäftigungsverhältnisses

Stehen Arbeitnehmer und Arbeitgeber bereits in einem Arbeitsverhältnis, existiert ebenfalls eine große Bandbreite an denkbaren Einsatzgebieten von KI-Systemen. Möglich ist unter anderem ein eher administrativ geprägter Einsatz im Wege der automatisierten Zuteilung von Aufgaben zum Zwecke der Prozessoptimierung.[82] Die zu befürchtende Kehrseite hiervon liegt allerdings darin, dass dies bei besonders effizient arbeitenden Mitarbeitern unter Umständen zu einer erhöhten Arbeitsbelastung führen kann, die sich dann in der Folge wiederum nachteilig sowohl in quantitativer als auch qualitativer Hinsicht auswirken kann.[83] Auch in Betracht kommt die Nutzung zur Erstellung beziehungsweise ergänzenden Optimierung von Einsatz- und/oder Urlaubsplänen.[84] Nicht zuletzt können während des Beschäftigungsverhältnisses auch Chatbots zur Erleichterung des Auffindens von Informationen zu unternehmensbezogenen Fragen (z. B. Einreichung von Krankmeldungen oder Urlaubsanträgen) oder zur Erlangung von Feedback hinsichtlich des empfundenen Arbeitsklimas dienen.[85] Sollen auf Führungsebene Entscheidungen über wesentliche Aspekte des Beschäftigungsverhältnisses, wie etwa Beförderungen oder Gehaltserhöhungen, getroffen werden, kann **29**

---

78 *Schemmel*, SPA 2024, 12, 13.
79 *Knappertsbusch*, LTZ 2024, 40.
80 *Lang/Schwaab*, LTZ 2025, 28, 35.
81 *Günther/Gerigk/Berger*, NZA 2024, 234, 239; *Kindshofer*, ZD 2024, 673, 675; *Heine/Köhler*, NZA 2024, 1547, 1548.
82 *Witteler/Moll*, NZA 2023, 327, 329.
83 *Witteler/Moll*, NZA 2023, 327, 329.
84 *Lang/Schwaab*, LTZ 2025, 28, 36.
85 *Lang/Schwaab*, LTZ 2025, 28, 36.

auch hier eine KI-gestützte Analyse mit anschließender Auswertung als objektiver Anhaltspunkt dienen, um das Beruhen auf subjektiv empfundenen Sympathien auszuschließen.[86] Andererseits besteht hier beispielsweise in puncto Beförderung bei dem Abstellen auf die durchschnittliche Arbeitszeit die Gefahr, dass es zu einer Benachteiligung weiblicher Angestellter kommt, da diese nach jetzigem Stand vergleichsweise öfter in Teilzeit arbeiten oder durch Schwangerschaften durchschnittlich weniger Arbeitsjahre aufweisen.[87]

1. Verbotene KI-Systeme mit unannehmbarem Risiko nach Art. 5 KI-VO

30 Als verbotene Praktik im KI-Bereich zählt nach Art. 5 Abs. 1 lit. f KI-VO die Verwendung von KI-Systemen zur Ableitung von Emotionen einer natürlichen Person am Arbeitsplatz, es sei denn, die Verwendung des KI-Systems dient medizinischen oder sicherheitstechnischen Gründen. Unter letztere Variante fallen unter anderem im Kontext von erhöhter Unfallgefahr KI-Systeme zur Erkennung von Müdigkeit beziehungsweise Aufmerksamkeitsdefiziten oder solche Systeme, die der Personenidentifikation dienen.[88] Von den beiden Alternativen nicht gedeckt sind dagegen solche KI-Systeme, die dazu bestimmt sind, die menschliche Gefühlslage, ungeachtet der positiven oder negativen Wahrnehmung, zu analysieren.[89] Unerheblich ist dabei, ob der Einsatz im Rahmen einer konfrontativen offenen Befragung stattfindet oder beispielsweise durch Videoüberwachung, unabhängig davon, ob die Aufnahme dem Beschäftigten bewusst ist.[90] Bekannt sind beispielsweise in den USA in Callcentern eingesetzte KI-Analysesysteme, die in Echtzeit auf das Gespräch zwischen Kunden und Mitarbeiter reagieren und hieraus Anweisungen für den Mitarbeiter erstellen, wie beispielsweise mehr Empathie oder ein selbstbewussteres Auftreten zu zeigen.[91] Anders als im räumlichen Geltungsbereich des EU-Verordnungsgebers herrscht in den USA derzeit eine Art „regulatorisches Vakuum“, wenn es um den Einsatz von KI-Systemen geht.[92]

31 Art. 5 Abs. 1 lit. c Ziff. ii KI-VO sieht zudem vor, dass keine Verwendung von KI-Systemen zur Bewertung oder Einstufung auf der Grundlage sozialen Verhaltens oder bekannter, abgeleiteter oder vorhergesagter persönlicher

---

86 *Knappertsbusch*, LTZ 2024, 40, 41.

87 *Knappertsbusch*, LTZ 2024, 40, 42; *Grossmann/Grunicke/Henke*, BB 2024, 2229, 2233; *Legner*, RDi 2024, 426, 429.

88 *Förster/Gehrmann*, SPA 2024, 113, 114.

89 *Förster/Gehrmann*, SPA 2024, 113, 114.

90 *Dilling/Musiol*, CCZ 2024, 257, 262.

91 *Waas*, RdA 2022, 125, 127.

92 *Waas*, RdA 2022, 125, 127.

Eigenschaften oder Persönlichkeitsmerkmale erfolgen darf, wenn hierdurch eine ungerechtfertigte beziehungsweise unverhältnismäßige Schlechterstellung/Benachteiligung erfolgt. Darunter fallen kann beispielsweise ein KI-gestütztes Scoring, mit dem eine Ermittlung verschiedener Scorewerte für Mitarbeiter in bestimmten Kategorien einhergeht und auf dessen Basis eine Versetzungsentscheidung getroffen wird.[93]

2. Arbeitgeberseitige Rechte und Pflichten

Arbeitgeber müssen beim Einsatz von KI-Systemen im Unternehmen bei der Ausübung ihrer Rechte einige Besonderheiten beachten. In Anbetracht der derzeitigen Rechtslage und den damit einhergehenden Auslegungsspielräumen dürfte auf Arbeitgeberseite die größte Herausforderung darin liegen, den technologischen Fortschritt mit den arbeitsrechtlichen Rahmenbedingungen in Einklang zu bringen. In diesem Zusammenhang ist es daher von Bedeutung, mögliche Handlungsspielräume des Arbeitgebers zu evaluieren, um so zwischen den unternehmerischen wie auch den arbeitnehmerseitigen Interessen in der Praxis ein entsprechendes Gleichgewicht herstellen zu können. **32**

a) Direktions-/Weisungsrecht des Arbeitgebers

Durch den Arbeitsvertrag wird eine Weisungsgebundenheit des Arbeitnehmers begründet, die Inhalt, Ort, Durchführung, Zeit und Ort der Tätigkeit betreffen kann (§ 611a Abs. 1, 2 BGB). Bereits vor einigen Jahren hat das BAG klargestellt, dass es dem Arbeitgeber nach den Grundsätzen des arbeitsvertraglichen Weisungsrechts nach § 106 GewO einseitig zusteht, die Einzelheiten der vom Arbeitnehmer zu erbringenden Arbeitsleistungen zu bestimmen.[94] Mangels – derzeitiger – Rechtspersönlichkeit von KI-Systemen und der damit zusammenhängenden Einordnung als Arbeitsmittel dürfte sich das Direktionsrecht insofern auch auf die (Nicht-)Implementierung solcher im Unternehmen erstrecken.[95] Letzteres kann dabei auch durch konkludentes Verhalten wie das Bereitstellen von unternehmensinternen Accounts für KI-Systeme erfolgen.[96] Für die Praxis bedeutet dies, dass die Nutzung von KI-Systemen, sei es einzelfallbezogen oder generell, durch den Arbeitgeber untersagt werden kann, sodass ein (vorsätzlich) entgegenstehendes Verhalten des Arbeitnehmers eine Pflichtverletzung begründen kann, was wiederum arbeitsrechtliche Sanktionen nach sich zieht.[97] Möglich **33**

---

93 *Lommatzsch/Albrecht*, GWR 2025, 37 f.

94 BAG, Urt. v. 5.6.2003 – 6 AZR 237/02, BeckRS 2003, 30370448 Rn. 14.

95 *Gerlach/Straßer*, ArbRAktuell 2024, 473, 474; *Kalbfus/Schöberle*, ArbRAktuell 2023, 251, 252; *Lang/Reinbach*, NZA 2023, 1273, 1278.

96 *Lang/Schwaab*, LTZ 2025, 28, 32.

97 *Mohn*, NZA 2023, 538, 539.

erscheint insofern die Implementierung von Nutzungsvorgaben beispielsweise in Arbeitsverträgen, Betriebsvereinbarungen sowie Unternehmensrichtlinien mit der Möglichkeit der Erstellung von Anwendungsfallgruppen (Use-Cases) sowie der Festlegung von arbeitnehmerseitigen Informationspflichten bei Nutzung von KI-Systemen im Hinblick auf die Überschreitung einer vom Arbeitgeber definierten Grenze.[98] In diesem Zuge sollte auch die Problematik sogenannter „Shadow-AI", die die Nutzung privat registrierter Accounts im beruflichen Kontext beschreibt, berücksichtigt werden und arbeitgeberseitig entsprechende Risikovorkehrungen, beispielsweise durch Bereitstellung unternehmensinterner Accounts, getroffen werden.[99]

34 Die wohl überwiegende Auffassung in der Literatur hält unter Verweis auf die Eigenart von Weisungen als rechtsgestaltende Willenserklärungen in diesem Kontext Art. 22 Abs. 1 DSGVO für anwendbar, sodass sich hierauf bezogene vollautomatisierte Entscheidungen verbieten, sofern hierdurch eine rechtliche Wirkung entfaltet wird bzw. eine erhebliche Beeinträchtigung gegeben ist.[100] Letztere Variante liegt in der Regel jedenfalls dann nicht vor, wenn die Weisung im Wesentlichen der bloßen Konkretisierung des Arbeitsverhältnisses und der arbeitnehmerseitig daraus entstehenden Leistungspflichten dient.[101] Greift die Weisung allerdings nicht nur unbeachtlich in die Rechtsposition des Arbeitnehmers ein, beispielsweise durch Versetzung an einen anderen Arbeitsplatz/-ort, so können durch die hieraus hervorgehenden Veränderungen erhebliche Beeinträchtigungen anhand der konkreten Beurteilung des Einzelfalls im Sinne der DSGVO entstehen.[102] Teilweise wird bereits auch hinterfragt, ob KI-basierte Weisungen mangels Ermessensausübung als unbillig anzusehen und daher schon dem Grunde nach nicht vom Arbeitnehmer zu befolgen sind.[103] Denn das in § 106 GewO enthaltene Tatbestandsmerkmal des billigen Ermessens verlangt als unbestimmter Rechtsbegriff eine Abwägung nach allgemeinen Verhältnismäßigkeitsgrundsätzen anhand des konkreten Einzelfalls.[104] Jedenfalls dürfte eine zulässige Entscheidung bei automatisierter Verarbeitung nicht vorliegen, wenn die darin enthaltene Weisung den Regelungsgehalt der § 95 Abs. 3 Satz 1, 99 Abs. 1 BetrVG berührt, da sowohl das Verbot aus Art. 22 Abs. 1 DSGVO als auch die Normen des BetrVG dieselbe Schutzrichtung aufweisen.[105] Ist die Weisung zur Erfüllung des Arbeitsverhältnisses erforderlich,

---

98 *Ritter*, ZAT 2025, 11, 17.
99 *Kahl/Rabsahl*, CB 2025, 50, 53.
100 *Frank/Heine*, NZA 2023, 935, 937; *Meyer*, NJW 2023, 1841, 1845; *Ritter*, ZAT 2025, 11, 15.
101 *Meyer*, NJW 2023, 1841, 1845.
102 *Meyer*, NJW 2023, 1841, 1845.
103 *Höpfner/Daum*, ZFA 2021, 467, 477.
104 *Ritter*, ZAT 2025, 11, 12; *Lang/Schwaab*, LTZ 2025, 28, 31 f.
105 *Frank/Heine*, NZA 2023, 935, 938.

kann die Entscheidung ggf. unter die Ausnahmeregelung des Art. 22 Abs. 2 lit. a Var. 2 DSGVO fallen.[106]

Teilweise wird bei der Nutzung von KI-Systemen durch Leitungsorgane des als juristische Person agierenden Arbeitgebers eine Heranziehung der ISION-Grundsätze des BGH[107] oder der Business Judgment Rule, gesetzlich verankert in § 93 Abs. 1 Satz 2 AktG, erwogen.[108] **35**

Zur effektiven Umsetzung einer unternehmerischen Entscheidung bezüglich der Nutzung von KI-Systemen im Arbeitskontext empfiehlt sich eine schriftliche Aufnahme in den Arbeitsvertrag beziehungsweise die Betriebsvereinbarung, was in praktischer Hinsicht durch Einrichtung einer systeminternen Zugriffsverweigerung ergänzt werden kann.[109] **36**

b) Transparenz- und Organisationspflichten

KI-Systeme betreibende Arbeitgeber müssen Maßnahmen ergreifen, um sicherzustellen, dass ihr Personal und andere beauftragte Personen über ein ausreichendes Maß an KI-Kompetenz verfügen (Art. 4 KI-VO).[110] Umgesetzt werden kann dies beispielsweise durch Schulungen sowie Weiterbildungen, die nicht zuletzt neben dem Lerneffekt auch ein gewisses Maß an Akzeptanz und Vertrauen in die betroffenen KI-Systeme und deren Nutzung schaffen.[111] **37**

Die ordnungsgemäße Schulung von Mitarbeitern wirkt sich nicht zuletzt auch im Rahmen der Exkulpationsmöglichkeit des Arbeitgebers als datenschutzrechtlich Verantwortlichem nach Art. 82 Abs. 3 DSGVO im Hinblick auf ein etwaiges Organisationsverschulden aus, wenn es zu Datenschutzverstößen durch Mitarbeitende unter Einsatz von KI-Systemen kommt.[112] In Ergänzung dazu sieht Art. 50 KI-VO Transparenzpflichten vor, die unter anderem sicherstellen sollen, dass die KI-Systeme so konzipiert und entwickelt sein müssen, dass die betreffenden natürlichen Personen über die Interaktionsweise mit einem KI-System informiert werden. Letzteres dient nicht **38**

106 *Grentzenberg/Kirchner*, in: Borges/Keil, Big Data, § 8 Rn. 126.

107 BGH, Urt. v. 20. 9. 2011 – II ZR 234/09, ZIP 2011, 2097 ff. – ISION I; BGH, Urt. v. 28.4.2015 – II ZR 63/14, NZG 2015, 792 – ISION II.

108 So *Ritter*, ZAT 2025, 11, 13, der hieraus schließt, „dass der Vorstand ein System zu nutzen hat, das den Anforderungen an seine Aufgaben gerecht wird (fachliche Qualifikation), dieses System mit einer umfassenden Informationsbasis (ggf. als sog. Anleiten der KI) versorgt werden muss, eine unabhängige Analyse zu gewährleisten ist (wobei vor allem sicherzustellen ist, dass bei dem Anlernen kein sog. Framing stattfindet) und anschließend eine eigene Plausibilitätskontrolle durchzuführen ist".

109 *Gerlach/Straßer*, ArbRAktuell 2024, 473, 474.

110 *Gerlach/Straßer*, ArbRAktuell 2024, 473, 475.

111 *Weiand/Yushkova/Speicher*, CB 2025, Heft 03, Beilage, 42, 44.

112 *Bauer/Sura*, ZD 2025, 7, 10.

nur der Stärkung der Position von Künstlicher Intelligenz in der Gesellschaft in Bezug auf Vertrauen und Akzeptanz, sondern gleichermaßen auch der Ermöglichung, auf KI basierende Entscheidungen aufgrund des besseren Verständnisses zu hinterfragen und bei deren Fehlerhaftigkeit entsprechende (rechtliche) Schritte einleiten zu können.[113] Der Transparenzbegriff im Rahmen der KI-VO[114] knüpft insofern an die Transparenz des KI-Systems als solchem an, wohingegen die Transparenzpflichten der DSGVO insbesondere die Offenlegung der Verarbeitung personenbezogener Daten im Blick haben.[115]

39 Mögliche Ansätze zur praktischen Umsetzung der Transparenzanforderungen stellen beispielsweise die Gewährung von Einsicht in die vom Betroffenen verarbeiteten Daten, eine für den Laien nachvollziehbare Darstellung der Arbeitsweise der Künstlichen Intelligenz sowie eine umfassende Dokumentation jeglicher in dieser Hinsicht getroffener Qualitätssicherungsmaßnahmen dar.[116] Von Betreiber- und damit Arbeitgeberseite aus sollte berücksichtigt werden, dass eine pauschale Berufung auf Geschäftsgeheimnisse, insbesondere im Hinblick auf die Funktionsweise einer Künstlichen Intelligenz, in der Regel nicht genügen dürfte, um etwaigen Pflichten zu entgehen.[117]

40 In Sachen Gleichbehandlung verpflichtet § 12 AGG den Arbeitgeber im Beschäftigungskontext zur Ergreifung der erforderlichen (vorbeugenden) Maßnahmen zum Schutz vor Benachteiligungen wegen eines der in § 1 AGG genannten Gründe. In Anbetracht dessen wird im Zusammenhang mit KI-Systemen vorgeschlagen, letztere einem dokumentationspflichtigen Testlauf zu unterziehen, um die sachliche Korrektheit zur Vermeidung etwaiger Benachteiligungen im Sinne des § 3 AGG sicherzustellen.[118]

3. Arbeitnehmerseitige Rechte und Pflichten

41 Integrieren Arbeitnehmer KI-Systeme in ihren täglichen Arbeitsalltag, kann dies zu einem zeit- und ressourcensparenden Einsatz der Arbeitskraft beitragen. Ungeachtet dessen ergeben sich hierdurch jedoch einige Folgefragen

---

113 *Bortnikov/Dukart,* ZD 2024, 558.

114 Vgl. auch Erwgr. 3 Satz 8 KI-VO, wonach unter Transparenz zu verstehen ist, „dass KI-Systeme so entwickelt und verwendet werden, dass sie angemessen nachvollziehbar und erklärbar sind, wobei den Menschen bewusst gemacht werden muss, dass sie mit einem KI-System kommunizieren oder interagieren, und dass die Betreiber ordnungsgemäß über die Fähigkeiten und Grenzen des KI-Systems informieren und die betroffenen Personen über ihre Rechte in Kenntnis setzen müssen."

115 *Kindshofer*, ZD 2024, 673, 676.

116 *Bortnikov/Dukart*, ZD 2024, 558, 563.

117 *Bortnikov/Dukart*, ZD 2024, 558, 563.

118 *Sesing/Tschesch*, MMR 2022, 24, 26.

sowie -risiken. So kann der Einsatz von KI-Systemen die Höchstpersönlichkeit der Erbringung der Arbeitsleistung in Zweifel ziehen und wirft die Frage auf, nach welchen Maßstäben eine Beurteilung stattzufinden hat. Nicht außer Acht gelassen werden dürfen zudem Fragestellungen, die sich durch die Nutzung, insbesondere im Hinblick auf Datenschutz, Geistiges Eigentum und Betriebsgeheimnisse ergeben, da der Arbeitgeber Gefahr läuft, sich etwaigen Bußgeldern oder Schadensersatzansprüchen ausgesetzt sehen zu müssen.[119]

a) Vereinbarkeit mit höchstpersönlicher Erbringung der Arbeitsleistung?

Steht die Unübertragbarkeit der Dienstleistungsverpflichtung nach § 613 Satz 1 BGB der Nutzung von KI-Systemen im Beschäftigungskontext entgegen? Dies dürfte wohl eine der vordergründigen Fragen sein, die sich im Zusammenhang mit dem Einsatz von KI-Systemen durch den Arbeitnehmer im Rahmen des Beschäftigungsverhältnisses stellt. Gesetzlicher Regelfall ist die Erbringung durch den zur Dienstleistung Verpflichteten selbst, wie die Zweifelsregelung aus § 613 Satz 1 BGB klarstellt. Die kritische Hinterfragung hat ihre Daseinsberechtigung, da die Begründung eines Arbeitsverhältnisses schließlich insbesondere auf Basis individueller Eignung und Qualifikation der Bewerber beruht.[120] **42**

Von vornherein kann in der Nutzung keine Pflichtverletzung des Arbeitnehmers liegen, wenn sich der Arbeitgeber ausdrücklich mit der Nutzung des konkret verwendeten KI-Systems einverstanden erklärt hat beziehungsweise betriebsseitig etwaige Zugänge zu solchen Systemen bereitgestellt werden, sodass zumindest eine Art konkludentes Einverständnis auf Arbeitgeberseite vorliegt.[121] Dies folgt aus dem Umstand, dass es sich bei der Regelung des § 613 BGB um dispositives Recht handelt.[122] Insofern ist zu fragen, ob der KI-Einsatz dem bloßen Einsatz eines Hilfsmittels, der der Höchstpersönlichkeit nicht entgegensteht, gleichkommt oder eher einer Übertragung auf eine dritte (Hilfs-)Person entspricht.[123] Mit in die Beurteilung kann hierbei einfließen, dass nach deutschem Rechtsverständnis einer Künstlichen Intelligenz nach derzeitigem Stand keine eigenständige Rechtspersönlichkeit zukommt.[124] Mit Blick auf den Schutzzweck der Norm und vor dem Hintergrund des Regelungsgehalts des Art. 22 Abs. 1 DSGVO liegt es nahe, dass **43**

---

119 *Lang/Schwaab*, LTZ 2025, 28, 32.
120 Vgl. *Müller*, öAT 2024, 26, 27.
121 *Mohn*, NZA 2023, 538, 539.
122 *Lang/Schwaab*, LTZ 2025, 28, 32.
123 *Lang/Schwaab*, LTZ 2025, 28, 32; *Dornau/Buschkühle*, BC 2024, 107; *Frank/Heine*, NZA 2023, 935, 936.
124 *Dornau/Buschkühle*, BC 2024, 107.

der Höchstpersönlichkeitsgrundsatz zumindest in solchen Fällen gewahrt wird, in denen bei wesentlichen Teilaspekten ein menschliches Dazwischentreten erfolgt.[125] Erfolgt die Nutzung hingegen nicht nur bezogen auf einen untergeordneten oder vorbereitenden Teil der Arbeitsleistung, sondern macht den „Kern“ dieser aus, kann dies dem Höchstpersönlichkeitsgrundsatz entgegenstehen.[126] Jedenfalls dürfte bei fehlenden betrieblichen Vereinbarungen eine Einzelfallbetrachtung erforderlich werden, die berücksichtigt, ob die Schwelle einer sich in einem gewissen Rahmen bewegenden, bloß unterstützenden Nutzung überschritten ist.[127]

44 Folgeprobleme können sich aus urheberrechtlicher Sicht im Kontext der Nutzung von KI-Systemen durch Arbeitnehmer dadurch stellen, dass auch im Kontext von Beschäftigungsverhältnissen im Ausgangspunkt nach §§ 7, 43 UrhG der Schöpfer eines Werkes als Urheber anzusehen ist. Ist der Arbeitnehmer vertraglich zur Schaffung urheberrechtlich geschützter Werke verpflichtet, überträgt dieser dem Arbeitgeber im Zweifel stillschweigend die dazugehörigen Nutzungsrechte, ohne dass es einer weiteren ausdrücklichen Vereinbarung bedarf.[128] Für im Rahmen des Beschäftigungsverhältnisses entwickelte Computerprogramme im Sinne des § 69a UrhG steht dem Arbeitgeber – sofern nichts anderes vereinbart ist – das ausschließliche Verwertungsrecht an diesen zu. Eine originäre oder übertragene Urhebereigenschaft ergibt sich für den Arbeitgeber dagegen nicht.[129] Nach dem derzeitigen Begriffsverständnis kann ein Werk im Sinne des § 2 Abs. 2 UrhG als persönliche geistige Schöpfung nur durch Menschen erschaffen werden.[130] Zwar schließt dies den Einsatz technischer Hilfsmittel nicht grundsätzlich aus, jedoch dürften auch insoweit das Maß der Einbindung des KI-Systems und der verbliebene menschliche Einfluss entscheidend bleiben.[131] Zur Beurteilung findet sich in der Literatur der Ansatz, auf die Abgrenzungskriterien zwischen einem tatsächlichen Miturheber und einem bloßen Ideenanreger beziehungsweise Gehilfen abzustellen.[132]

45 Als problematisch erweist sich dieser Umstand insbesondere dann, wenn der Arbeitgeber Dritten exklusive Nutzungsrechte an Ergebnissen einräumt, die keinen beziehungsweise keinen vollumfänglichen urheberrechtlichen Schutz genießen.[133] Infolgedessen muss sich der Arbeitgeber unter Umstän-

---

125 *Frank/Heine*, NZA 2023, 935, 936.
126 *Lang/Schwaab*, LTZ 2025, 28, 32.
127 Vgl. *Mohn*, NZA 2023, 538, 540.
128 BAG, Urt. v. 13.9.1983 – 3 AZR 371/81, NJW 1984, 1579, 1580.
129 BAG, Urt. v. 13.9.1983 – 3 AZR 371/81, NJW 1984, 1579, 1580.
130 *Raue*, in: Dreier/Schulze, UrhG, § 2 Rn. 21.
131 *Raue*, in: Dreier/Schulze, UrhG, § 2 Rn. 21.
132 *Raue*, in: Dreier/Schulze, UrhG, § 2 Rn. 21.
133 *Mohn*, NZA 2023, 538, 541.

den gegenüber seinem Vertragspartner etwaigen Haftungsrisiken ausgesetzt sehen.[134]

Mit Blick auf die dem Erfinder im Rahmen des Patentrechts gebührende „Erfinderehre" kann (Mit-)Erfinder im Sinne des § 37 Abs. 1 PatG nach dem BPatG nur eine natürliche Person, nicht hingegen eine Künstliche Intelligenz sein.[135] Für eine dahingehende richterliche Rechtsfortbildung würde es an einer gesetzlichen Regelungslücke fehlen.[136] Im Falle der bloßen Zuhilfenahme eines KI-Systems dürfte es auf Einzelfallebene entscheidend auf den konkreten Einsatz in sowohl qualitativer als auch quantitativer Hinsicht ankommen, wobei sich auch hier die Möglichkeit einer klaren Grenzziehung als schwierig erweisen dürfte.[137] **46**

b) Nebenpflichten

Die arbeitsvertraglichen Nebenpflichten im Sinne des § 241 Abs. 2 BGB umfassen auf Seiten des Arbeitnehmers die Rücksichtnahme auf die berechtigten Interessen des Arbeitgebers und deren Wahrung im berechtigten Umfang.[138] Eine schwerwiegende Pflichtverletzung kann beispielsweise darin begründet liegen, dass die KI-Nutzung durch den Arbeitnehmer zu einer schweren Irreführung Dritter führt.[139] **47**

Fehlt es an betriebsinternen Vorgaben zum Einsatz von KI-Systemen, kann sich eine nebenvertragliche Pflicht zur Offenlegung der Nutzung solcher Systeme ergeben, die sich insbesondere dann aufdrängen dürfte, wenn dies entscheidende Folgewirkungen (beispielsweise im Urheberrecht oder Datenschutz) haben kann.[140] Nebenpflichten des Arbeitnehmers bestehen zudem in Form von Vertraulichkeits- und Verschwiegenheitspflichten im Hinblick auf Betriebsinterna (wie Geschäftsgeheimnisse nach § 2 Nr. 1 GeschGehG oder sonstige vertrauliche Informationen).[141] Eine unbefugte Preisgabe solcher Daten an KI-Systeme kann eine außerordentliche Kündigung rechtfer- **48**

134 *Mohn*, NZA 2023, 538, 541.
135 BPatG, Beschl. v. 11.11.2021 – 11 W (pat) 5/21, GRUR 2022, 1213, 1216 – FOOD CONTAINER.
136 BPatG, Beschl. v. 11.11.2021 – 11 W (pat) 5/21, GRUR 2022, 1213, 1216 – FOOD CONTAINER.
137 *Engel*, GRUR 2022, 864, 866.
138 ArbG München, Urt. v. 29.2.2024 – 13 Ca 4781/23, MMR 2024, 819, 820.
139 ArbG München, Urt. v. 29.2.2024 – 13 Ca 4781/23, MMR 2024, 819, 820 im Kontext eines durch die Chefredakteurin eines Boulevardmagazins KI-generierten frei erfundenen Interviews, das erst im letzten Drittel des Artikels darüber informiert, dass die vermeintlichen Antworten des Interviewten auf KI basieren.
140 *Mohn*, NZA 2023, 538, 539.
141 *Greger*, DB 2025, 660 f.

tigen, unter Umständen sogar ohne Einhaltung des grundsätzlichen Abmahnungserfordernisses.[142]

4. Überwachung und Datenschutz am Arbeitsplatz

49 Das datenschutzrechtlich relevante Einsatzgebiet von KI-Systemen im Beschäftigungskontext ist breit gefächert. Im Kern zu unterscheiden ist dabei zum einen die Verarbeitung von Beschäftigtendaten durch den Arbeitgeber, beispielsweise im HR-Kontext, und zum anderen die Verarbeitung personenbezogener Daten im Rahmen arbeitnehmerseitiger Nutzung von beispielsweise LLM.[143] Schließlich hat der Arbeitgeber als Verantwortlicher im Sinne des Art. 4 Nr. 7 DSGVO dafür Sorge zu tragen, dass die datenschutzrechtlichen Grundsätze bei der Verarbeitung personenbezogener Daten (Art. 4 Nr. 1 DSGVO) eingehalten werden.[144]

50 In Sachen Leistungsüberwachung ist eine Überprüfung der Produktivität der Beschäftigten denkbar unter Rückgriff auf KI-gestützte Tools, die u. a. Tastatureingaben tracken und anschließend mittels Rekonstruktion analysieren können (sogenannte Keylogger).[145] Letztere dürften unter die Kategorie der Hochrisiko-KI-Systeme nach Art. 6 Abs. 2 in Verbindung mit Anhang III Nr. 4 lit. b KI-VO fallen, da sie bestimmungsgemäß für die Beobachtung und Bewertung der Leistung und des Verhaltens von Personen in Beschäftigungsverhältnissen verwendet werden sollen, sodass wiederum die sich hieraus ergebenden Pflichten nach Art. 26 KI-VO zu beachten sind.[146] Letztere bestehen insbesondere darin, geeignete technische und organisatorische Maßnahmen zu treffen, um eine ordnungsgemäße Verwendung sicherzustellen (Art. 26 Abs. 1 KI-VO), sowie einer entsprechenden Überwachung (Art. 26 Abs. 5 KI-VO).

a) Erforderlichkeit einer Rechtsgrundlage für die Datenverarbeitung

51 Auch im Kontext von KI-Nutzung setzt die rechtmäßige Verarbeitung von Daten von (potenziellen) Mitarbeitern stets das Beruhen auf einer Rechtsgrundlage voraus.[147] Vor dem Hintergrund des geltenden Verbots mit Erlaubnisvorbehalt kommt eine rechtmäßige Datenverarbeitung nur dann in Betracht, wenn ein einschlägiger Erlaubnistatbestand vorliegt.[148] In der Re-

142 *Greger*, DB 2025, 660, 662.
143 *Kahl/Rabsahl*, CB 2025, 50, 53.
144 *Franzen*, in: Franzen/Gallner/Oetker, Kommentar zum europäischen Arbeitsrecht, Art. 4 VO (EU) 2016/679 Rn. 12a.
145 *Lang/Schwaab*, LTZ 2025, 28, 34.
146 *Lang/Schwaab*, LTZ 2025, 28, 34.
147 *Witteler/Moll*, NZA 2023, 327, 333; *Höpfner/Daum*, ZFA 2021, 467, 480.
148 *Holthausen*, RdA 2021, 19, 22.

gel kann die erforderliche Rechtsgrundlage dabei in der Vorschrift des Art. 6 DSGVO gefunden werden, wobei wegen diesbezüglicher Einzelheiten auf die Ausführungen in Kap. 5 Rn. 1 ff. verwiesen wird. Die nachstehenden ergänzenden Erwägungen beschränken sich daher auf spezifische Regelungen im Beschäftigtenkontext.

b) Verarbeitung zu Zwecken des Beschäftigungsverhältnisses nach dem BDSG

Im Beschäftigungskontext sieht § 26 BDSG besondere Vorschriften zur Datenverarbeitung durch den Arbeitnehmer vor. Neben Arbeitnehmern und Arbeitnehmerinnen zählen insbesondere auch Bewerberinnen und Bewerber nach § 26 Abs. 8 BDSG zu Beschäftigten im Sinne des BDSG. Möglich bleibt auch im Beschäftigtenkontext nach § 26 Abs. 2 Satz 1 BDSG stets eine Verarbeitung auf Basis einer durch den Beschäftigten erteilten – freiwilligen – Einwilligung. Das Freiwilligkeitskriterium kann gemäß § 26 Abs. 2 Satz 2 BDSG insbesondere dann erfüllt sein, wenn für die beschäftigte Person ein rechtlicher oder wirtschaftlicher Vorteil erreicht wird oder Arbeitgeber und beschäftigte Person gleichgelagerte Interessen verfolgen. Ein gleichgelagertes Interesse könnte beispielsweise in einer auf objektiv neutralen Kriterien beruhenden Bewertungseinschätzung von Bewerbern liegen.[149] Insbesondere das im Beschäftigungsverhältnis regelmäßig bestehende Subordinationsverhältnis lässt oftmals an einer genuin freiwilligen Entscheidung zweifeln.[150] So sieht Erwgr. 43 DSGVO vor, dass keine gültige Rechtsgrundlage angenommen werden sollte, wenn zwischen betroffener Person und Verantwortlichem ein klares Ungleichgewicht besteht und aufgrund dessen im konkreten Fall Zweifel an der Freiwilligkeit der Einwilligung bestehen. Ohne Einwilligung darf eine Verarbeitung nur dann erfolgen, wenn sie erforderlich ist (§ 26 Abs. 1 Satz 1 a. E. BetrVG), wobei hier von Seiten der Datenschutzbehörden sowie in der Rechtsprechung eine restriktive Handhabung erfolgt.[151] Auf dieser Grundlage ergibt sich das Erfordernis einer jeweils im Voraus vorzunehmenden Interessenabwägung zwischen dem allgemeinen Persönlichkeitsrecht des Beschäftigten aus Art. 2 Abs. 1 GG in Verbindung mit Art. 1 Abs. 1 GG mit dem gegenüberstehenden Verarbeitungsinteresse des Arbeitgebers.[152] 52

Von der Nutzungsphase während des konkreten Beschäftigungsverhältnisses zu unterscheiden ist die Phase, in der das KI-System vorbereitend auf den 53

149 *Knappertsbusch*, LTZ 2024, 40, 44.
150 *Brors/Krumnack*, SPA 2024, 181; *Malorny*, RdA 2022, 170, 177.
151 *Müller*, öAT 2024, 26, 28.
152 *Knappertsbusch*, LTZ 2024, 40, 44; *Witteler/Moll*, NZA 2023, 327, 329.

anschließenden Einsatz im Recruiting-Prozess trainiert wird.[153] Auch hierin ist ein Datenverarbeitungsvorgang im Sinne der DSGVO zu sehen, der eine entsprechende Datenverarbeitungsgrundlage voraussetzt.[154] Problematisch ist insofern, dass die Bestandsdaten, mit denen die Künstliche Intelligenz trainiert werden soll, in der Regel nicht zu diesem Zweck erhoben wurden, sodass Art. 6 Abs. 4 DSGVO und die Transparenzpflichten aus Art. 12 ff. DSGVO einer Verarbeitung entgegenstehen.[155] Der Rechtfertigungsgrund der Verarbeitung zum Zwecke des Beschäftigungsverhältnisses aus § 26 Abs. 1 Satz 1 BDSG greift in diesem Fall nicht, da sich die Verarbeitung zu Trainingszwecken unter keine der dort genannten Fallgruppen subsumieren lässt.[156] Gegen eine auf § 26 Abs. 1 Satz 1 BDSG beruhende Rechtfertigung spricht zudem, dass zu diesem Zeitpunkt auch noch kein Bezug zu einem konkreten Beschäftigungsverhältnis hergestellt wird.[157] In praktischer Hinsicht kann eine Verarbeitung durch ein Überwiegen der berechtigten Arbeitgeberinteressen im Vergleich zu den arbeitnehmerseitigen Interessen nach Art. 6 Abs. 1 lit. f DSGVO gerechtfertigt werden, wobei die Norm stets eine Einzelfallbeurteilung voraussetzt.[158] In die Interessenabwägung haben dabei unter anderem der Umfang und die Dauer der Verarbeitung sowie die Einrichtung technischer Schutzvorkehrungen als maßgebende Faktoren einzufließen.[159] Auch berücksichtigungsfähig ist in diesem Kontext die Anonymisierung beziehungsweise Pseudonymisierung der zu verarbeitenden Daten. Während bei der Pseudonymisierung die Möglichkeit der Rückverfolgung bestehen bleibt, entzieht eine Anonymisierung der Einordnung als „personenbezogene“ Daten die Grundlage.[160] Berechtigte Bedenken werden aber im Hinblick darauf geäußert, dass letztere Vorgehensweise nur dann zum gewünschten Ergebnis führt, wenn keinerlei Rückschlüsse auf die Mitarbeiter mehr erfolgen können, was der Fall wäre, wenn die Betroffenen nur einen sehr kleinen Mitarbeiterkreis bilden.[161] Als Folgeproblem stellt sich in diesem Kontext auch die technisch nur schwer umsetzbare Widerrufbarkeit oder Löschung der Daten (sog. Unlearning), da es sich in der Regel um generative KI-Systeme handelt.[162]

---

153 *Schemmel*, SPA 2024, 12, 14; *Malorny*, RdA 2022, 170, 174.
154 *Brors/Krumnack*, SPA 2024, 181.
155 *Schemmel*, SPA 2024, 12, 14.
156 *Bors/Krumnack*, SPA 2024, 181.
157 *Malorny*, RdA 2022, 174.
158 *Bors/Krumnack*, SPA 2024, 181, 182.
159 *Bors/Krumnack*, SPA 2024, 181, 182.
160 *Bors/Krumnack*, SPA 2024, 181, 182.
161 *John*, in: Hoeren/Sieber/Holznagel, Handbuch Multimedia-Recht, Teil 29 Rn. 13.
162 *Dendorfer-Ditges*, in: MAH ArbR, § 75 Rn. 405; *Schemmel*, SPA 2024, 12, 14.

Als rechtfertigender Ansatz könnte zudem eine Verarbeitung auf Grundlage einer Betriebsvereinbarung nach §26 Abs. 4 DSGVO dienen, sofern ein Betriebsrat im Unternehmen vorhanden ist.[163] **54**

c) Transparenz- und Informationsrechte der betroffenen Beschäftigten

Im Zusammenhang mit automatisierten Entscheidungen, insbesondere Profiling, sehen Art. 13 Abs. 2 lit. f DSGVO und Art. 14 Abs. 2 lit. g DSGVO spezifische Informationspflichten des Arbeitgebers vor, die die Bereitstellung aussagekräftiger Informationen über die involvierte Logik sowie die Tragweite und die angestrebten Auswirkungen der Verarbeitung vorsehen. Auch insoweit können Zweifel an der Erfüllbarkeit dieser Voraussetzungen, insbesondere im Hinblick auf die „involvierte Logik", aufkommen, wenn fremde KI-Systeme eingesetzt werden und es dadurch an einer dahingehenden arbeitgeberseitigen Expertise fehlt.[164] Vor diesem Hintergrund existieren bereits diverse Verbesserungsansätze zur Eindämmung dieser Problematik, wie sog. Post-hoc-Methoden, die existente Modelle im Nachhinein verständlicher machen sollen, sowie sog. intrinsisch erklärbare Modelle, die von vornherein eine transparente Darstellung verfolgen.[165] Nicht ausreichend ist es dagegen, wenn eine Art „Pseudotransparenz" erschaffen wird, die sich bei genauer Betrachtung in bloß oberflächlichen und pauschalen Ausführungen erschöpft, und hierdurch zusätzlich ein gewisses Irreführungspotenzial gegeben ist.[166] **55**

Daneben steht dem betroffenen Beschäftigten gem. Art. 15 Abs. 1 lit. h DSGVO ein Auskunftsrecht über das Bestehen einer automatisierten Entscheidungsfindung im Sinne des Art. 22 Abs. 1 und 4 DSGVO, einschließlich Profiling, in gleichem Umfang zu. **56**

d) Datenschutz-Folgenabschätzung (DFSA)

Insbesondere bei der Verwendung neuer Technologien, unter die auch KI-Systeme gefasst werden können, kann nach Art. 35 Abs. 1 Satz 1 DSGVO eine vorab durchzuführende Abschätzung der Folgen der Verarbeitungsvorgänge durchzuführen sein, wenn aufgrund der Art, des Umfangs, der Umstände und der Zwecke der Verarbeitung voraussichtlich ein hohes Risiko für die Rechte und Freiheiten natürlicher Personen besteht.[167] In Teilen der **57**

---

163 *John*, in: Hoeren/Sieber/Holznagel, Handbuch Multimedia-Recht, Teil 29 Rn. 52; *Bors/Krumnack*, SPA 2024, 181, 182.

164 *Knappertsbusch*, LTZ 2024, 40, 45.

165 *Voudoulaki*, ZGI 2025, 9, 11 f.

166 *Voudoulaki*, ZGI 2025, 9, 11 f.

167 *Holthausen*, RdA 2021, 19, 31; *Dilling*/Musiol, CCZ 2024, 257, 267; *Knappertsbusch*, LTZ 2024, 40, 45.

Literatur wird die DFSA als eine Art „Brandschutzmauer" bezeichnet, die entweder die nachweisbare Eindämmung des Risikos durch den Arbeitgeber als Verantwortlichen zur Folge hat oder eine Information an die zuständige Datenschutzbehörde mit hieraus resultierenden Maßnahmen (Art. 36 Abs. 1 DSGVO) nach sich zieht.[168] Eine Orientierung, wann eine DSFA erforderlich wird, geben die – nicht abschließenden – Fallgruppen aus Art. 35 Abs. 3 DSGVO, die Liste der Verarbeitungstätigkeiten der DSK[169] sowie die Leitlinien der Art. 29-Datenschutzgruppe[170]. Jedenfalls geht nicht zwingend mit der Einordnung als Hochrisiko-KI-System im Sinne der KI-VO das Erfordernis der Durchführung einer Schwellwertprüfung in Form einer DSFA einher.[171] Dennoch gilt auch in Fällen, in denen eine DSFA nicht erforderlich ist, dass der Arbeitgeber als datenschutzrechtlich Verantwortlicher gewisse Risikoabwägungen anstellen muss, um dem Rechenschaftsprinzip aus Art. 24 Abs. 1 DSGVO gerecht zu werden.[172]

5. KI-Einsatz im Bereich Internal Investigations

58 Bei der Untersuchung von Risiken und betrügerischen Handlungen im Unternehmen bietet der Einsatz von KI-Systemen eine besonders zeiteffiziente Methode, um typische Compliance-Verstöße durch eine auf Prompts beruhende Durchforstung etlicher Dateien aufzudecken.[173] Neben der als eine Art Vorstufe dienenden anlassbezogenen Aufarbeitung kommt auch ein Einsatz im Rahmen interner Ermittlungen in Betracht, der eine selbstständige Analyse durch das KI-System zulässt, oder sogar ein präventiv ausgerichteter Einsatz.[174] Empfehlenswert ist eine frühzeitige, nicht konkret anlassbezogene Auseinandersetzung mit der Auswahl der einzusetzenden KI-Systeme, basierend auf den im Unternehmen herrschenden Organisationsstrukturen und anschließendem Aufbau entsprechender Kompetenzen.[175] Dies umfasst unter anderem auch die Entscheidung zwischen der Nutzung eines kosteneffizienten Standardtools im Vergleich zu individuell angepassten KI-Sys-

---

168 *Sachs/Meder*, ZD 2024, 363, 365.

169 Offizielles Kurzpapier der DSK „Liste der Verarbeitungstätigkeiten, für die eine DSFA durchzuführen ist", abrufbar unter https://www.datenschutzkonferenz-online.de/media/ah/20181017_ah_DSK_DSFA_Muss-Liste_Version_1.1_Deutsch.pdf, Version 1.1 vom 17.10.2018.

170 Art. 29-Datenschutzgruppe, WP 248 Rev. 01, Leitlinien zur Datenschutz-Folgenabschätzung (DSFA) und Beantwortung der Frage, ob eine Verarbeitung im Sinne der Verordnung 2016/679 „wahrscheinlich ein hohes Risiko mit sich bringt", abrufbar unter https://www.datenschutz-bayern.de/technik/orient/wp248.pdf, Stand 4.10.2017.

171 *Sachs/Meder*, ZD 2024, 363, 365.

172 *Schemmel*, SPA 2024, 12, 14.

173 *Dilling/Musiol*, CCZ 2024, 257, 259.

174 *Dilling/Musiol*, CCZ 2024, 257, 259.

175 *Möller*, CB Heft 03, Beilage, 25, 27.

temen, die zwar kostenintensiver sind, jedoch insbesondere in komplexen Konstellationen Gewähr dafür bieten, dass die besonderen Umstände des Einzelfalls Berücksichtigung finden.[176]

59 Bei Nutzung von KI-Systemen zur Auswertung von Dokumenten können verschiedene Bias, die auf nicht geeignete beziehungsweise unvollständige Trainingsdaten und fehlerhaftes Prompting zurückzuführen sind, auftreten.[177]

60 Bei zukunftsorientiertem Einsatz gelangt man recht schnell zu dem Verbot des Predictive Policing aus Art. 5 Abs. 1 lit. d KI-VO. Danach ist die Verwendung eines KI-Systems zur Durchführung von Risikobewertungen in Bezug auf natürliche Personen zur Ermittlung eines Straffälligkeitspotenzials verboten. Dies beruht, wie sich aus Erwgr. 42 S. 1 der KI-VO ergibt, auf dem Umstand, dass natürliche Personen entsprechend der Unschuldsvermutung auf dem Gebiet der Union stets nur anhand ihres tatsächlichen Verhaltens beurteilt werden sollen. Konkret soll unter keinen Umständen eine Beurteilung des Verhaltens anhand KI-basierter Erkenntnisse im Hinblick auf Profiling, Persönlichkeitsmerkmale oder -eigenschaften wie Staatsangehörigkeit, Geburtsort, Wohnort, Anzahl der Kinder, Schulden oder Fahrzeugart möglich sein, ohne das Beruhen auf einem begründeten Verdacht der Beteiligung an einer kriminellen Tätigkeit auf der Grundlage objektiver nachprüfbarer Tatsachen, und ohne dass eine menschliche Überprüfung stattfindet.[178] Im Spannungsfeld steht hierbei das Kriterium der „objektiv nachprüfbaren Tatsachen“, da die Anforderungen an die Bejahung eines die internen Ermittlungen einleitenden Anfangsverdachts in der Praxis nicht allzu hoch angesetzt werden, wobei es abzuwarten gilt, ob sich diese Handhabung auch im Kontext des KI-Einsatzes durchsetzen wird.[179] Die Regelung des Art. 5 Abs. 1 lit. d KI-VO enthält dabei keine Beschränkung auf Strafverfolgungsbehörden und adressiert daher auch Arbeitgeber.[180]

61 In der Regel werden im Rahmen interner Untersuchungen mittels KI-gestützter Systeme personenbezogene Daten im Sinne von Art. 4 Nr. 1 DSGVO verarbeitet.[181] Insoweit kommt in datenschutzrechtlicher Hinsicht im Kontext von Investigations eine rechtmäßige Verarbeitung insbesondere auf Grundlage des Art. 6 Abs. 1 lit. f DSGVO im Hinblick auf das berechtigte Interesse der Sachverhaltsaufklärung in Betracht, wohingegen im Zusam-

---

176 *Weiand/Yushkova/Speicher*, CB 2025, Heft 03, Beilage, 29, 30.
177 Ausführlich hierzu *Reiss/Schoch/Erlekamm/von Haugwitz*, CB 2025, 15, 18 f.
178 Erwgr. 42 Satz 2 KI-VO.
179 *Dilling/Musiol*, CCZ 2024, 257, 261 f.
180 *Dilling/Musiol*, CCZ 2024, 257, 261.
181 *Schwaab/Prenzel*, CB 2025, Heft 03, Beilage 33, 35.

menhang mit Straftaten regelmäßig auch § 26 Abs. 1 Satz 2 BDSG heranzuziehen sein dürfte.[182]

62 Stets zu beachten ist, dass solche Daten, die der – rechtmäßigen – Einsicht durch Menschen entzogen sind, nicht durch technische Umgehung im Rahmen einer auf KI basierenden internen Ermittlung zugänglich gemacht werden dürfen.[183] Ansonsten drohen, wie auch parallel für die heimliche Erfassung und Auswertung von Daten durch Menschen, strafrechtliche Konsequenzen insbesondere im Bereich der §§ 201, 201a, 202, 202a und 206 StGB.[184]

63 Es empfiehlt sich, bereits im Unternehmen vorhandene Compliance-Richtlinien bei Nutzung von KI-Systemen zu ergänzen und etwaige Verantwortlichkeiten zu klären.[185] Möglich erscheint insoweit – ähnlich wie in der DSGVO normativ vorgesehen[186] – die Benennung eines „KI-Beauftragten“, der als zentrale Anlaufstelle für im Unternehmen im Zusammenhang mit dem Einsatz von KI anfallende Sachverhalte fungiert.[187] Betroffen sein kann durch die Verwendung von KI-Systemen im Rahmen interner Untersuchungen auch das Mitbestimmungsrecht des Betriebsrates aus § 87 Abs. 1 Nr. 6 BetrVG (vgl. hierzu ausführlich Kap. 8 Rn. 72 ff.), sodass auch insoweit möglichst frühzeitig dies berücksichtigende Kollektivvereinbarungen getroffen werden sollten, um auch kurzfristige beziehungsweise dringende Untersuchungen zu ermöglichen.[188] Hilfreich dürfte sich als Vorstufe sogenanntes Mapping erweisen, wodurch im Unternehmen verwendete KI-Systeme ausfindig gemacht und anschließend nach einschlägiger Adressatenstellung und zugehöriger Risikokategorie nach der KI-VO klassifiziert werden können.[189]

64 In der Regel wird für solche KI-Systeme, die im Rahmen der internen Untersuchung bloße Vorbereitungsmaßnahmen treffen, die Regelung des Art. 6 Abs. 3 KI-VO einschlägig sein und dadurch keine Einstufung als Hochrisiko-KI-System erfolgen, mit der Begründung, dass die Wirkweise nicht in der wesentlichen Beeinflussung der Entscheidungsfindung liegt, sondern vielmehr administrativen Charakter hat.[190]

---

182 *Schwaab/Prenzel,* CB 2025, Heft 03, Beilage 33, 35 f.; *Dilling/Musiol,* CCZ 2024, 257, 266.

183 *Dilling/Musiol,* CCZ 2024, 257, 270.

184 *Dilling/Musiol,* CCZ 2024, 257, 270.

185 *Klos/Taylan,* CCZ 2024, 205, 210.

186 Vgl. Art. 37 ff. DSGVO zur Position des Datenschutzbeauftragten.

187 *Klos/Taylan,* CCZ 2024, 205, 210.

188 *Pant/Lang,* CB 2025, Heft 03, Beilage, 39, 40 f.

189 *Klos/Taylan,* CCZ 2024, 205, 210.

190 Vgl. *Reiss/Schoch/Erlekam/von Haugwitz,* CB 2025, 15, 20.

IV. Beendigung des Arbeitsverhältnisses

65 Das in Art. 22 Abs. 1 DSGVO verankerte Verbot automatisierter Entscheidungen betrifft auch den zur Beendigung des Beschäftigungsverhältnisses führenden Kündigungsausspruch.[191] Dies gilt gleichermaßen für der Kündigung vorgeschaltete Abmahnungen, da es sich in beiden Fällen um eine den Arbeitnehmer erheblich beeinträchtigende Entscheidung handelt.[192] Neben diesem datenschutzrechtlichen Aspekt entspricht eine gänzlich durch Künstliche Intelligenz erfolgte Kündigung auch nicht dem sich aus § 623 BGB ergebenden Schriftformerfordernis, welches nach § 127 BGB eine eigenhändige Unterschrift verlangt. Anders sieht dies zum Teil für vorbereitende Aspekte einer Kündigung aus, wie etwa die Aufstellung von Beurteilungskriterien zur Sozialauswahl im Bereich der betriebsbedingten Kündigung.[193] Denkbar ist auch der Einsatz zur Ermittlung angemessener Abfindungen und die Zuhilfenahme zur Formulierung von Abmahnungen beziehungsweise Kündigungen, sofern obige Grundsätze gewahrt werden.[194]

66 Zu beachten sind auch durch die Nutzung Künstlicher Intelligenz möglicherweise entstehende Auswirkungen auf die Kündigungsfrist aus § 626 Abs. 2 Satz 2 BGB bei außerordentlichen Kündigungen, wenn das KI-Ergebnis dem Kündigungsberechtigten die notwendige Tatsachengrundlage vermittelt, um von einer Kenntniserlangung im Sinne der Norm ausgehen zu können.[195]

67 Für die Variante der Verdachtskündigung gilt, dass diese nicht allein auf – ohnehin nicht zulässiges – Predictive Policing gestützt werden kann, da sich das Verdachtsmoment letztlich in hypothetischen Kalkulationen erschöpft.[196] Denn Hintergrund des Predictive Policing ist gerade, eine auf Wahrscheinlichkeit basierende Vorhersage zu potenziellen Regelverstößen oder strafbarem Handeln von Beschäftigten treffen zu können.[197] Eine wie in den USA zu beobachtende Entwicklung, bei der die Kündigung des Beschäftigungsverhältnisses in automatisierter Weise bereits durch das KI-System selbst erfolgt, ist in Anbetracht der derzeitigen Kündigungsrechtslage und auch im Hinblick auf datenschutzrechtliche Aspekte daher nicht zu befürchten.[198]

---

191 *Frank/Heine*, NZA 2023, 935, 937.
192 *Meyer*, NJW 2023, 1841, 1847.
193 *Höpfner/Daum*, ZFA 2021, 467, 482; *Meyer*, NJW 2023, 1841, 1847.
194 *Knappertsbusch*, LTZ 2024, 40, 41.
195 *Dilling/Musiol*, CCZ 2024, 257, 268 f.
196 *Steege*, MMR 2019, 715, 719 f.; *John*, in: Hoeren/Sieber/Holznagel, Handbuch Multimedia-Recht, Teil 29 Rn. 51.
197 *Knappertsbusch*, LTZ 2024, 40, 41.
198 *Höpfner/Daum*, ZFA 2021, 467, 473.

V. Arbeitsrechtliche Haftungsfragen

68 Nach derzeitigem Status quo besteht kein eigenständiges Haftungssystem in Bezug auf Schäden, die durch oder mit dem Einsatz von KI-Systemen im Rahmen eines Beschäftigungsverhältnisses hervorgerufen werden.[199] Mangels Rechtspersönlichkeit von KI-Systemen sowie der Existenz einer denkbaren Gefährdungshaftung, bleibt es derzeit bei einem Rückgriff auf die allgemeinen Haftungsgrundsätze.[200]

69 Auf vertraglicher Basis kommt eine arbeitgeberseitige Haftung im Hinblick auf Schutzpflichten insbesondere aus §§ 280 Abs. 1 Satz 2, 618, 241 Abs. 2 BGB in Bezug auf deliktsrechtlich geschützte Rechtsgüter aufgrund Organisationspflichtverletzungen aus §§ 823 ff. BGB in Betracht.[201] Für die Haftung des Arbeitnehmers sehen die allgemeinen Haftungsgrundsätze im Arbeitsrecht eine Abweichung von der gesetzlichen Risikoverteilung vor, sodass der Arbeitnehmer nicht bereits bei leichter Fahrlässigkeit aus § 280 Abs. 1 BGB dem Arbeitgeber gegenüber für Schäden, die auf einer Pflichtverletzung aus dem Arbeitsverhältnis beruhen, haftet.[202] Eine Haftung des Arbeitnehmers erfolgt danach bei vorsätzlichem/ grob fahrlässigem Handeln grundsätzlich zu 100 %, bei Fahrlässigkeit hingegen im Wege einer auf Basis des Einzelfalls zu ermittelnden Quotelung.[203] Diese Haftungsgrundsätze dürften dem Grunde nach auch im Kontext der Schadensentstehung unter Einsatz von Künstlicher Intelligenz Anwendung finden.[204] Im Rahmen des Verschuldens ist dann entsprechend zu berücksichtigen, ob die Nutzung von Künstlicher Intelligenz durch den Arbeitgeber gestattet war und, falls ja, in welchem Umfang.

70 Problematisch im Kontext der Nutzung von Künstlicher Intelligenz erscheint bereits das Vorhandensein einer Zurechnungsnorm, die das teilweise autonome „Verhalten“ der Künstlichen Intelligenz dem Nutzer zurechnet. Jedenfalls eine entsprechende Heranziehung des § 278 BGB wird in der Literatur aufgrund fehlender Rechtspersönlichkeit des KI-Systems überwiegend ab-

---

199 *Pils/Rektorschek*, in: Ebers/Heinze/Krügel/Steinrötter, Künstliche Intelligenz und Robotik, § 24 Rn. 53.

200 *Grossmann/Grunicke/Henke*, BB 2024, 2229, 2233.

201 *Henssler/Wewetzer*, in: Chibanguza/Kuß/Steege, Künstliche Intelligenz, E. Rn. 66; *Pils/Rektorschek*, in: Ebers/Heinze/Krügel/Steinrötter, Künstliche Intelligenz und Robotik, § 24 Rn. 53.

202 *Griese*, in: Küttner, Personalbuch, 31. Aufl. 2024, Arbeitnehmerhaftung, Rn. 10.

203 *Henssler/Wewetzer*, in: Chibanguza/Kuß/Steege, Künstliche Intelligenz, E. Rn. 64.

204 *Müller*, öAT 2024, 26, 28; *Henssler/Wewetzer*, in: Chibanguza/Kuß/Steege, Künstliche Intelligenz, E. Rn. 64; *Günther/Böglmüller*, in: Arnold/Günther, Arbeitsrecht 4.0, Kap. 4 Rn. 149.

gelehnt.[205] Dieses Problem stellt sich wiederum nicht bei der Haftung des Arbeitgebers gegenüber dem Arbeitnehmer nach § 670 BGB analog, wenn dem Arbeitnehmer betriebsbedingte Schäden entstanden sind, da es hier nicht auf eine etwaige Zurechenbarkeit ankommt.[206] Bei Cybervorfällen kann ein Mitverschulden auf Seiten des Arbeitgebers in der betrieblichen Nutzung nicht im Sinne der KI-VO zertifizierter KI-Systeme liegen.[207]

Auch in Bezug auf eine etwaige Haftung des Arbeitgebers gegenüber Dritten wird eine (analoge) Anwendung des § 278 BGB abgelehnt, da ein „Verschulden" ein durch den eigenen Willen gesteuertes Handeln voraussetzt.[208] Anknüpfungspunkt muss daher ein schuldhaftes Fehlverhalten des Arbeitgebers sein, was insb. in der Verletzung von Organisations- und Überwachungspflichten liegen kann, so unter anderem, wenn die im Umgang mit Künstlicher Intelligenz erforderlich werdende ausreichende Schulung von Mitarbeitern vernachlässigt wird.[209] **71**

VI. KI-spezifische Beteiligung des Betriebsrates

Seit Inkrafttretens des Betriebsrätemodernisierungsgesetzes (BRMG[210]) **72** hat sich der KI-Begriff auch normativ im Bereich des kollektiven Arbeitsrechts eingefunden.[211] Teilweise wird in einem systematisch-teleologischen Ansatz argumentiert, das Betriebsverfassungsgesetzes (BetrVG) erfasse im Hinblick auf den KI-Begriff nur solche Systeme, die ein menschenähnliches Verhalten nachzuahmen imstande sind, sodass hiervon nur nicht-deterministische Systeme betroffen seien.[212] Dieser Schluss rührt aus der von der Bundesregierung im Zusammenhang mit der Novellierung des BetrVG beschlossenen Strategie „Künstliche Intelligenz", die im Bereich Digitalisierung ein Verständnis der Betriebsräte für „komplexe informationstechnische Zusammenhänge" schaffen will.[213] Konsequenz einer auf dem Kriterium der

---

205 *Schwarze*, in: Ebers/Heinze/Krügel/Steinrötter, Künstliche Intelligenz und Robotik, § 8 Rn. 55 m. w. N.

206 *Schwarze*, in: Ebers/Heinze/Krügel/Steinrötter, Künstliche Intelligenz und Robotik, § 8 Rn. 55 am Beispiel einer Beschädigung am dienstlich eingesetzten Privatfahrzeug des Mitarbeiters durch einen arbeitgeberseitig bereitgestellte KI-betriebene Ladesäule.

207 *Rudkowski/Stadelmann*, NZA 2024, 1665, 1670.

208 *Grossmann/Grunicke/Henke*, BB 2024, 2229, 2233.

209 *Grossmann/Grunicke/Henke*, BB 2024, 2229, 2233.

210 Betriebsrätemodernisierungsgesetz, BGBl. 2021 I, S. 1762.

211 *Knappertsbusch*, LTZ 2024, 40, 42.

212 *Frank/Heine*, NZA 2023, 935, 936; a. A. *Rieger*, RdA 2024, 205, 215; *Herberger*, ZFA 2023, 367, 379 ff. unter Betonung einer bisher fehlenden einheitlichen Definition von KI und einer darauf beruhenden Annahme der Verfassungswidrigkeit durch Verstoß gegen das Gebot der Normenklarheit.

213 BT-Drs. 19/28899, S. 14.

Vorhersehbarkeit beruhenden Auslegung wäre, dass insbesondere Übersetzungs- oder Spracherkennungsprogramme nicht mehr vom Anwendungsbereich mangels Einordnung als Künstliche Intelligenz erfasst würden.[214] Zuspruch findet der Ansatz weitestgehend zumindest im Hinblick darauf, dass nicht-deterministische KI-Systeme aufgrund ihrer Komplexität den Regelanwendungsfall des § 80 Abs. 3 Satz 2 BetrVG darstellen dürften.[215]

73 Daneben steht das KI-spezifische Beteiligungsrecht aus Art. 26 Abs. 7 Satz 1 KI-VO, wonach vor Inbetriebnahme beziehungsweise Verwendung eines Hochrisiko-KI-Systems der Betriebsrat als Arbeitnehmervertreter neben den Arbeitnehmern selbst über den geplanten Einsatz zu informieren ist.

1. Mitbestimmungsrechte unter Einsatz von KI-Systemen

74 Grundsätzlich greift auch in puncto Datenschutz die allgemeine Überwachungspflicht des Betriebsrates nach den §§ 75, 80 BetrVG.[216] Mitbestimmungsrechte ergeben sich in dem Kontext der betrieblichen Nutzung von KI-Systemen insbesondere aus § 87 Abs. 1 Nr. 6 BetrVG hinsichtlich der Einführung und Anwendung technischer Einrichtungen, die dazu bestimmt sind, das Verhalten oder die Leistung der Arbeitnehmer zu überwachen. Soll im Unternehmen etwaige Hard- oder Software zur Leistungsüberwachung zum Einsatz kommen, so steht dem Betriebsrat vor dem Hintergrund der §§ 75 Abs. 2, 80 Abs. 1 Nr. 1 BetrVG die Möglichkeit offen, einen geregelten und datenschutzkonformen Einsatz dieser im Wege einer Betriebsvereinbarung zu fordern.[217] Letzteres versteht sich jedoch als bloßes Mitbestimmungsrecht, eine Art Initiativrecht wird indes hierdurch nicht begründet.[218]

75 Unter technischen Einrichtungen im Sinne von § 87 Abs. 1 Nr. 6 BetrVG sind sowohl optische, mechanische, akustische als auch elektronische Geräte zu verstehen, sodass in der Regel auch KI-Systeme von der Begriffsbestimmung erfasst sind.[219] Ausreichend ist es, wenn die technische Einrichtung zur Überwachung dienen kann, eine dahingehende Absicht des Arbeitgebers wird nicht verlangt.[220] Jedoch setzt die technische Überwachung nach ständiger Rechtsprechung zumindest die Möglichkeit der Erhebung von Daten oder deren Verarbeitung beziehungsweise Auswertung mithilfe einer solchen technischen Einrichtung voraus.[221] Diese Voraussetzung wird beispielsweise

---

214 *Daum*, in: BeckOGK, BetrVG § 80 Rn. 201; *Trebinger/Linsenmaier/Schelz/Schmidt*, in: Fitting, BetrVG, § 80 Rn. 94a.
215 *Daum*, in: BeckOGK, BetrVG § 80 Rn. 201.
216 *Körner*, NZA 2019, 1389, 1390; *Holthausen*, RdA 2021, 19, 22.
217 *Holthausen*, RdA 2021, 19, 22; *Knappertsbusch*, LTZ 2024, 40, 43.
218 *Nebeling/Johna*, ARP 2024, 354, 356.
219 *Kania*, in: ErfK, BetrVG § 87 Rn. 49; *Lang/Schwaab*, LTZ 2025, 28, 33.
220 BAG, Beschl. v. 9.9.1975 – 1 ABR 20/74, NJW 1976, 261, 262.
221 BAG, Beschl. v. 8.11.1994, AP BetrVG 1972 § 87 Überwachung Nr. 27 m. w. N.

regelmäßig beim Einsatz von People-Analytics-Software gegeben sein.[222] Letztere kann dem Vergleich der von Beschäftigten gesammelten Daten mit denen von solchen Mitarbeitern, die in Bezug auf die zu beurteilenden Merkmale eine Art Vorbildfunktion einnehmen, dienen.[223] Auch können mittels einer solchen Software Faktoren wie die generelle Mitarbeiterzufriedenheit und die Wahrscheinlichkeit eines darauf beruhenden beabsichtigen Arbeitgeberwechsels analysiert werden.[224] Nicht hingegen ist dies der Fall, wenn der Arbeitgeber die Beschäftigten zwar zur Nutzung eines LLM wie ChatGPT anweist, die Nutzung jedoch durch schlichten Zugriff auf den Browser oder die Nutzung privat registrierter Accounts erfolgt, sodass gerade keine Installation auf dem Betriebssystem gegeben ist.[225] Zwar kann der Browser als eigene technische Einrichtung das Nutzerverhalten speichern, jedoch stellt dieser Umstand keine Eigenart des verwendeten LLM dar.[226] Gleiches gilt beispielsweise für die Nutzung etwa juristischer Datenbanken, wenn der nutzende Arbeitnehmer einen eigenen und auch selbstbezahlten Account nutzt.[227] In diesem Fall geht der Überwachungsdruck nicht vom Arbeitgeber aus, da dieser keine Meldung zur zeitlichen und inhaltlichen Nutzung durch den Arbeitnehmer erhält, sodass im Ergebnis keine eine Mitbestimmung auslösende Konstellation vorliegt.[228] Die einer Ausuferung des § 87 Abs. 1 Nr. 6 BetrVG vorbeugenden Rechtsprechungsansätze dürfen jedoch nicht missverständlich so interpretiert werden, dass sie grundsätzliche Geltung im Zusammenhang der Nutzung von LLMs durch Arbeitnehmer beanspruchen.[229] Konstellationen, in denen unternehmensinterne Accounts durch den Arbeitgeber bereitgestellt werden oder eine Installation auf der Hardware erfolgt, unterliegen einer hiervon losgelösten Beurteilung.[230]

Als in der Regel ebenfalls keine Mitbestimmung auslösend erweisen sich **76**
Bewerbungsmanagementsysteme, da § 87 Abs. 1 Nr. 6 BetrVG lediglich die Überwachung von bereits Beschäftigten, nicht jedoch von Bewerbern schützt und daher (höchstens) der das System bedienende Arbeitnehmer Schutzobjekt im Sinne der Norm ist.[231] Bewerbungsmanagementsysteme

222 *Knappertsbusch*, LTZ 2024, 40, 43.
223 *Grossmann/Grunicke/Henke*, BB 2024, 2229, 2231, die diese Art von Mitarbeitenden als sog. „Schlüsselmitarbeitenden" bezeichnen.
224 *Raif*, in: Kramer, IT-Arbeitsrecht, § 3 Rn. 270; *John*, in: Hoeren/Sieber/Holznagel, Handbuch Multimedia-Recht, Teil 29 Rn. 37.
225 ArbG Hamburg, Beschl. v. 16.1.2024 – 24 BVGa 1/24, NZA-RR 2024, 137, 140.
226 *Zöllner*, NZA 2024, 386, 387.
227 ArbG Hamburg, Beschl. v. 16.1.2024 – 24 BVGa 1/24, NZA-RR 2024, 137, 140.
228 ArbG Hamburg, Beschl. v. 16.1.2024 – 24 BVGa 1/24, NZA-RR 2024, 137, 140.
229 *Zöllner*, NZA 2024, 386, 389 f.
230 *Zöllner*, NZA 2024, 386, 389 f.
231 *Knappertsbusch*, LTZ 2024, 40, 43; *Grossmann/Grunicke/Henke*, BB 2024, 2229, 2235; *Raif*, in: Kramer, IT-Arbeitsrecht, § 3 Rn. 271.

analysieren dabei gespeicherte Bewerbungsgespräche und erstellen auf Basis dieser Analyse eine Art Ranking unter den betroffenen Bewerbern.[232] Im Bewerbungsverfahren besteht jedoch ein Zustimmungserfordernis des Betriebsrats überwiegend nach § 94 BetrVG bei der Verwendung von Personalfragebögen sowie der Entwicklung der allgemeinen Beurteilungsgrundsätze.[233] Differenziert werden muss beim Einsatz von KI-Systemen daher danach, ob der Arbeitgeber etwaige Beurteilungsgrundsätze als Vorstufe für die anschließende Beurteilung durch Künstliche Intelligenz aufgestellt hat oder ob diese durch die Künstliche Intelligenz selbst erstellt werden, da nur in letzterem Fall das Mitbestimmungsrecht konkret aufgrund der KI-Nutzung ausgelöst wird.[234]

77 In Bezug auf personelle Auswahlrichtlinien betreffend Einstellungen, Versetzungen, Umgruppierungen oder Kündigungen ordnet § 95 Abs. 2a BetrVG ausdrücklich die Geltung der Zustimmungserfordernisse nach § 95 Abs. 1 und 2 BetrVG an, wenn bei der Aufstellung der Richtlinien Künstliche Intelligenz zum Einsatz kommt. Es handelt sich laut Gesetzesbegründung insoweit lediglich um eine deklaratorische Vorschrift.[235] Ein Beispiel für den Anwendungsbereich ist die Aufstellung eigenständiger oder sich innerhalb eines von einem Dritten vorgegebenen Rahmens bewegender Auswahlrichtlinien durch eine KI-Anwendung.[236] In der Literatur erfolgt daher eine Auslegung dahingehend, dass das Mitbestimmungsrecht nur dann zum Tragen kommt, wenn das KI-System selbst als Erschaffer der Auswahlrichtlinie anzusehen ist und nicht hingegen der Arbeitgeber.[237]

2. Recht auf Hinzuziehung eines Sachverständigen

78 Der Gesetzgeber hat in § 80 Abs. 3 Satz 1 BetrVG den Umstand berücksichtigt, dass der Betriebsrat aufgrund des weiten Aufgabenkreises in gewissen Bereichen nicht die notwendige Expertise aufweisen können wird, und insoweit ein Recht auf Hinzuziehung eines Sachverständigen eingeführt, soweit dies erforderlich ist. Vor diesem Hintergrund wird der Regelungsgehalt des § 80 Abs. 3 Satz 2 BetrVG im Kontext der Einführung oder Anwendung von Künstlicher Intelligenz dahingehend ausgelegt, dass die Erforderlichkeit der Hinzuziehung unwiderlegbar fingiert wird.[238] Als Auslöser für die Fiktionswirkung kommen dabei nur solche Konstellationen in Betracht, in denen

232 *Rieger*, RdA 2024, 205, 206.
233 *Körner*, NZA 2019, 1389, 1390; *Holthausen*, RdA 2021, 19, 22.
234 *Kaufmann/Chakrabarti*, NZA 2025, 372, 374.
235 BT-Drs. 19/28899, S. 23.
236 BT-Drs. 19/28899, S. 23.
237 *Kaufmann/Chakrabarti*, NZA 2025, 372, 374.
238 *Herberger*, ZFA 2023, 367, 371; *Knappertsbusch*, LTZ 2024, 40, 42; *Kalbfus/Schöberle*, ArbRAktuell 2023, 251, 253 f.

der Künstlichen Intelligenz ein bedeutendes Gewicht im Hinblick auf die Aufgabenerfüllung des Betriebsrats beigemessen wird, wobei letzterem ein gewisser Beurteilungsspielraum zuzugestehen ist.[239]

In praktischer Hinsicht setzt die Hinzuziehung eine entsprechende formlose Einigung mit dem Arbeitgeber voraus, die das zu begutachtende Thema, die Person des Sachverständigen sowie etwaige Kosten und den Zeitpunkt beziehungsweise -raum des Einsatzes zum Inhalt hat.[240] Schon aus diesem Grund empfiehlt es sich arbeitgeberseitig, etwaige hierdurch entstehende Kosten bei der Überlegung der Einführung bestimmter KI-Systeme in ihre Kalkulation von vornherein miteinzubeziehen.[241] Die Fiktion schließt jedoch nicht das Recht des Arbeitgebers aus, etwaige Einwände gegen die Heranziehung hervorzubringen, solange sich diese nicht als missbräuchlich darstellen.[242] Die Grundsätze gelten auch in dringlichen Fällen, sodass es ratsam sein kann, vorbeugende Betriebsvereinbarungen zu schließen, die den Anwendungsbereich des § 80 Abs. 3 Satz 2 BetrVG unternehmensintern näher konkretisieren und dessen Reichweite bestimmen.[243] Erklärt sich der Arbeitgeber nicht mit der Hinzuziehung einverstanden, kommt eine Ersetzung der Zustimmung durch das Arbeitsgericht in Betracht.[244] **79**

3. Unterrichtungs- und Beratungsrechte

Nach § 90 Abs. 1 Nr. 3 BetrVG hat der Arbeitgeber den Betriebsrat über die Planung von Arbeitsverfahren und -abläufen, einschließlich des Einsatzes von Künstlicher Intelligenz, rechtzeitig unter Vorlage der erforderlichen Unterlagen zu unterrichten. In diesem Kontext steht dem Betriebsrat ein Recht auf (rechtzeitige) Beratung mit dem Arbeitgeber vor, das zur Sicherung der Berücksichtigung von Vorschlägen und Bedenken des Betriebsrats bei der Planung dient (§ 80 Abs. 2 Satz 1 BetrVG). Die ebenfalls im Zuge des BRMG eingeführten Rechte erweisen sich im Wesentlichen von nur deklaratorischer Natur, da der KI-Einsatz schon vor Einführung der Planung von Arbeitsverfahren und -abläufen zugeordnet wurde.[245] **80**

Ein weiteres Unterrichtungs- und Beratungsrecht ergibt sich in Unternehmen mit in der Regel mehr als 20 wahlberechtigten Arbeitnehmern aus § 111 BetrVG bei geplanten Betriebsänderungen, die wesentliche Nachteile für die **81**

---

239 *Schüttauf*, BB 2025, 52, 53.

240 *Trebinger/Linsenmaier/Schelz/Schmidt*, in: Fitting, BetrVG, § 80 Rn. 95 m. w.N; *Rieger*, RdA 2024, 205, 207.

241 *Raif*, in: Kramer, IT-Arbeitsrecht, § 3 Rn. 271.

242 *Trebinger/Linsenmaier/Schelz/Schmidt*, in: Fitting, BetrVG, § 80 Rn. 95.

243 *Schüttauf*, BB 2025, 52, 56; *Raif*, in: Kramer, IT-Arbeitsrecht, § 3 Rn. 272 f. mit einer ausführlichen Auflistung iRd Betriebsvereinbarung zu thematisierender Aspekte.

244 *Trebinger/Linsenmaier/Schelz/Schmidt*, in: Fitting, BetrVG, § 80 Rn. 95.

245 *Knappertsbusch*, LTZ 2024, 40, 43; *Witteler/Moll*, NZA 2023, 327, 331.

Belegschaft oder erhebliche Teile der Belegschaft zur Folge haben können. Die potenziell vielfältigen Einsatzmöglichkeiten von KI-Systemen lassen je nach konkreter Ausgestaltung und dadurch hervorgerufener Auswirkung eine Subsumtion unter die Fallgruppen einer Betriebsänderung im Sinne der § 111 Satz 3 (insb. Nrn. 4 und 5) BetrVG zu.[246] Denkbar erscheint im Hinblick auf eine Änderung der Betriebsorganisation im Sinne des § 113 Satz 3 Nr. 4 BetrVG u. a. eine Umstrukturierung durch Übertragung verwaltender Aufgaben auf ein KI-System, wobei diesem dahingehend entsprechende Entscheidungsbefugnisse eingeräumt werden.[247] In puncto Veränderung von Betriebsanlagen ist vor allem die Einführung neuer Betriebsmittel relevant, worunter beispielsweise KI-gesteuerte Logistikzentren fallen können oder auch die Nutzung von LLM wie ChatGPT.[248] Eine trennscharfe Differenzierung zwischen Nr. 4 und Nr. 5 der Regelung, nach der die Einführung grundlegend neuer Arbeitsmethoden und Fertigungsverfahren als Betriebsänderung gilt, erweist sich jedoch oftmals als schwierig.[249]

VII. Ausblick: Mögliche Novellierung durch Beschäftigtendatengesetz

82 Der vorgelegte Referentenentwurf vom 8.10.2024 zu einem Beschäftigtendatengesetz (BeschDG-E)[250] sollte einen verbindlichen Rechtsrahmen zur Verarbeitung von Beschäftigtendaten, die in § 2 Abs. 1 BeschDG-E als personenbezogene Daten von Beschäftigten definiert werden, schaffen (zum BeschDG-E siehe auch Kap. 5 Rn. 74 ff.). Ersetzt werden sollte in diesem Zuge die Regelung des § 26 BDSG, und entsprechende Verweise sollten abgeändert werden.[251] Der Entwurf sah dabei für den Begriff des KI-Systems (§ 2 Abs. 5 BeschDG-E) einen Gleichlauf zu Art. 3 Nr. 1 KI-VO vor. Der Anwendungsbereich des BeschDG-E sollte sich im Bereich des Arbeitsrechts nicht nur auf Hochrisiko-KI-Systeme, sondern auch auf solche mit einem als gering einzustufenden Risiko erstrecken.[252] Zudem war eine zeitliche Geltung der Regelungen von der Anbahnung eines Beschäftigungsverhältnisses

246 *Knappertsbusch*, LTZ 2024, 40, 43.

247 *Fuhlrott/Rettenmaier*, ArbRAktuell 2025, 111, 113.

248 *Fuhlrott/Rettenmaier*, ArbRAktuell 2025, 111, 113.

249 Eingehend hierzu *Kania*, in: ErfK, BetrVG, § 111 Rn. 20; *Trebinger/Linsenmaier/Schelz/Schmidt*, in: Fitting, BetrVG, § 111 Rn. 93; *Fuhlrott/Rettenmaier*, ArbRAktuell 2025, 111, 114.

250 Referentenentwurf des BMAS und des BMI v. 8.10.2024 für ein Gesetz zur Stärkung eines fairen Umgangs mit Beschäftigtendaten und für mehr Rechtssicherheit für Arbeitgeber und Beschäftigte in der digitalen Arbeitswelt, https://www.itm.nrw/wp-content/uploads/2024/10/bdsg-beschdg.pdf.

251 *Stück*, CCZ 2024, 331, 333.

252 *Heine/Köhler*, NZA 2024, 1547, 1548.

bis zu dessen Beendigung vorgesehen.[253] Nach dem Bruch der Koalition im Herbst 2024 rückt der genannte Referentenentwurf zwar in den Hintergrund; eine Neuregelung dürfte dennoch in absehbarer Zeit durch die nächste Bundesregierung zu erwarten sein.[254]

1. Unionsrechtliche Ausgangslage

Die Öffnungsklausel des Art. 88 Abs. 1 DSGVO sieht vor, dass die Mitglied- **83**
staaten Vorschriften zur Gewährleistung des Schutzes der Rechte und Freiheiten hinsichtlich der Verarbeitung personenbezogener Beschäftigtendaten im Beschäftigungskontext erlassen können. Regelungsgehalt solcher Vorschriften sollen gem. Art. 88 Abs. 2 DSGVO geeignete und besondere Maßnahmen zur Wahrung der menschlichen Würde, der berechtigten Interessen und der Grundrechte der betroffenen Person, insbesondere im Hinblick auf Transparenzgesichtspunkte der Verarbeitung und Übermittlung personenbezogener Daten sowie Überwachungssysteme am Arbeitsplatz, sein. Freilich soll der nationale Gesetzgeber vor dem Hintergrund der Öffnungsklausel nicht in die Lage versetzt werden, ein vollumfassendes, insbesondere sich mit den Vorschriften der DSGVO gänzlich überschneidendes Regelungswerk zu erlassen, sondern vielmehr die Gelegenheit dazu erhalten, spezifische Punkte ergänzend zu regeln.[255] Hintergrund des Wiederholungsverbots ist es, dem Resultat vorzubeugen, dass durch den Verordnungsgeber zur Harmonisierung eingeführte Begrifflichkeiten durch den nationalen Gesetzgeber definiert würden.[256] Die konsequente Einhaltung dieses Verbots wird im Hinblick auf den Inhalt des publik gewordenen Entwurfs kritisch hinterfragt.[257] Ungeachtet dessen wird in diesem Kontext die Gefahr einer Doppel- beziehungsweise Überregulierung, insbesondere im Hinblick auf den Regelungsgehalt der mittlerweile geltenden KI-VO sowie des AGG, befürchtet.[258]

2. Ziel und Regelungsgehalt des Referentenentwurfs vom 8.10.2024

Zweck des Entwurfs ist es, ein Gleichgewicht zwischen der sich stets weiter- **84**
entwickelnden Digitalisierung und sich daraus ergebenden Herausforderungen im Hinblick auf den Schutz der Daten der Beschäftigten zu schaffen.[259] Der Gesetzgeber sieht hierin die Chance, etwaiger Skepsis und daraus resul-

253 *Stück*, CCZ 2024, 331, 332.
254 *Rudkowski*, ZRP 2025, 41.
255 *Rudkowski*, ZRP 2025, 41.
256 *Kätscher*, ZD 2025, 63, 64.
257 Vgl. *Kätscher*, ZD 2025, 63, 66; *Wünschelbaum/Sorber*, NZA 2024, 1540, 1547.
258 *Rudkowski*, ZRP 2025, 41, 42.
259 BeschDG-E, S. 1.

tierendem Misstrauen seitens der Beschäftigten gegenüber KI-Systemen, die zur Verarbeitung großer Datenmengen und umfassender Persönlichkeitsanalysen imstande sind, entgegenzuwirken.[260]

a) Einwilligung (§ 5 BeschDG-E)

85 Dient eine arbeitnehmerseitig erteilte Einwilligung als Grundlage der Verarbeitung der Beschäftigtendaten, sieht der Entwurf in § 5 BeschDG-E eine Berücksichtigung der im Beschäftigungsverhältnis bestehenden Abhängigkeit des Einwilligenden vor und lässt Zweifel an der Freiwilligkeit dieser aufkommen. So soll eine Freiwilligkeit insbesondere dann in Betracht kommen, wenn für den Beschäftigten ein rechtlicher oder wirtschaftlicher Vorteil erreicht wird oder gleichgelagerte Interessen verfolgt werden (§ 5 Abs. 2 Satz 1 BeschDG-E). Das BAG stellt sich derzeit auf den Standpunkt, dass weder die dem Arbeitsverhältnis immanente Abhängigkeit des Arbeitnehmers noch das Weisungsrecht aus § 106 GewO dem Kriterium der „Freiwilligkeit" entgegenstehen.[261] Erforderlich ist nach Auffassung des BAG vielmehr das Hinzutreten dies nahelegender Umstände, wie etwa Druck oder Zwang.[262]

b) Spezifische Kollektivvereinbarungen (§ 7 BeschDG-E)

86 Nach § 7 Abs. 1, 2 BeschDG-E sollten in Kollektivvereinbarungen konkretisierende Regelungen zur Gewährleistung des Schutzes der Rechte und Freiheiten hinsichtlich der Verarbeitung von Beschäftigtendaten möglich sein, wobei sich diese nicht zulasten der Beschäftigten auswirken dürfen sollten. Einen nachhaltigen Mehrwert bietet die Regelung in Anbetracht der bisherigen Handhabung nicht, da solche Regelungen bereits gestützt auf § 75 Abs. 2 BetrVG in Verbindung mit Art. 2 Abs. 1 GG als unzulässig angesehen wurden.[263]

c) Schutzmaßnahmen nach § 9 Abs. 1 Nr. 11 BeschDG-E

87 Werden im Beschäftigtenverhältnis durch den Arbeitgeber Beschäftigtendaten verarbeitet, sollten diesen nach § 9 BeschDG-E besondere Pflichten zur Ergreifung von Schutzmaßnahmen treffen, wobei Nr. 11 spezielle Regelungen für den Einsatz von KI-Systemen vorsah. Dies sollte unter anderem eine regelmäßige Evaluation darüber erfassen, welche personenbezogenen Eingabe- und Ausgabedaten für die Nutzung relevant und erforderlich sind

260 BeschDG-E, S. 1.
261 BAG, Urt. v. 11.12.2014 – 8 AZR 1010/13, NZA 2015, 604, 607.
262 Vgl. BAG, Urt. v. 11.12.2014 – 8 AZR 1010/13, NZA 2015, 604, 607.
263 *Stück*, CCZ 2024, 331, 334.

(§ 9 Abs. 1 Satz 2 Nr. 11 lit. a BeschDG-E). Die Auslegung des Begriffs „regelmäßig“ lässt der Entwurf jedoch offen.[264] Vereinzelt finden sich jedoch bereits Stimmen, die sich im Hinblick auf kleine und mittlere Unternehmen (KMU) für eine jährlich ausreichende Bewertung aussprechen.[265] Die Überprüfungsverpflichtung sollte unter anderem der Datenminimierung und -sicherheit, Integrität, sowie Vertraulichkeit dienen.[266] Daneben sollten gem. § 9 Abs. 1 Satz 2 Nr. 11 lit. b BeschDG-E (Zwischen-)Ergebnisse, die durch KI-Systeme erzeugt wurden, so weit wie möglich anonymisiert werden und vor einer zweckwidrigen Nutzung geschützt werden. Auch die – nicht zeitlich näher definierte – regelmäßige Überprüfung des KI-Systems auf diskriminierende und unrichtige Ergebnisse nach § 9 Abs. 1 Nr. 11 lit. c BeschDG-E sollte dabei unter die vom Arbeitgeber zu gewährleistenden Schutzmaßnahmen fallen. Letztere Anforderung wird teilweise vor dem Hintergrund kritisiert, dass die Adressaten der Prüfpflicht unternehmensintern in der Regel nicht über das notwendige Expertentum verfügen, sodass die Vorschrift infolge der mangelnden Detailkenntnis leerzulaufen drohen würde.[267] Dass hierdurch eine Begrenzung der Überprüfungsmöglichkeit und damit auch -pflicht eintreten kann, sieht der Gesetzgeber bereits selbst insbesondere für solche Fälle als gegeben, in denen der Arbeitgeber nicht als Entwickler des KI-Systems anzusehen ist.[268] Im Ergebnis zielt die Regelung auf die Einführung eines Datenschutz-Compliance-Systems (CMS) ab, falls ein solches nicht ohnehin schon bereits zur Vermeidung von auf Datenschutzverstößen beruhenden Bußgeldern im Unternehmen etabliert ist.[269]

d) Spezifische Betroffenenrechte nach § 10 BeschDG-E

§ 10 Abs. 2 BeschDG-E sollte bei dem Einsatz von KI-Systemen durch den Arbeitgeber ein Informationsrecht des Arbeitnehmers spätestens zu Beginn der Verarbeitung hinsichtlich des Einsatzes als solchem und des damit verbundenen Auskunftsrechts nach Abs. 3 normieren. Auslegungsansätze finden sich dahingehend, dass eine Information lediglich bei erstmals stattfindenden Verarbeitungsvorgängen erfolgen müsse, sodass sich wiederholende Mitteilungen vermieden werden.[270] Letztere Ansichtsweise berücksichtigt, dass nach Art. 26 Abs. 7 Satz 1 KI-VO eine Informationspflicht nur „vor der **88**

264 *Heine/Köhler*, NZA 2024, 1547, 1548.
265 *Heine/Köhler*, NZA 2024, 1547, 1548.
266 BeschDG-E, S. 53.
267 *Heine/Köhler*, NZA 2024, 1547, 1549.
268 BeschDG-E, S. 53.
269 *Stück*, CCZ 2024, 331, 334 f.
270 *Heine/Köhler*, NZA 2024, 1547, 1549.

Inbetriebnahme oder Verwendung“ ausgelöst wird, zumal sich dies nur auf Hochrisiko-KI-Systeme im Sinne des Art. 6 KI-VO bezieht.[271]

89 Dem Arbeitnehmer sollten daneben Auskunftsrechte im Hinblick auf die Funktionsweise des eingesetzten KI-Systems sowie die Funktion der verarbeiteten Beschäftigtendaten innerhalb dessen (§ 10 Abs. 3 Nr. 1 BeschDG-E) sowie über die nach § 9 Abs. 1 Nr. 11 BeschDG-E getroffenen Schutzmaßnahmen (§ 10 Abs. 3 Nr. 2 BeschDG-E) zustehen. Auch insoweit werden Bedenken dahingehend geäußert, dass Voraussetzung der Erteilung etwaiger Auskünfte ein gewisses Know-How sein dürfte, welches man auf Arbeitgeberseite nicht zweifelsohne voraussetzen dürfe.[272] Ziel der Regelung sollte sein, dem jeweils Betroffenen ein tatsächliches Verständnis der Verarbeitungsvorgänge zu vermitteln, auf dessen Grundlage er eine eigene Risikoeinschätzung hinsichtlich der stattfindenden Datenverarbeitung treffen kann.[273]

90 Im Zusammenspiel von Informations- beziehungsweise Transparenzpflichten und der Prüfung der Erforderlichkeit der Verarbeitung von Beschäftigtendaten nach § 4 BeschDG-E sollte die Möglichkeit zur menschlichen Aufsicht beziehungsweise Kontrolle evaluiert werden unter dem Gesichtspunkt, ob dem Betroffenen gegenüber eine verständliche Erklärung der Funktionsweise erfolgen kann.[274]

e) Informationspflicht und Auskunftsrecht bei Profiling

91 Auch bei der Verarbeitung von Beschäftigtendaten durch oder aufgrund Profiling sollte der Betroffene spätestens zu Beginn des Profilings über den Einsatz von KI-Systemen informiert werden (§ 25 Abs. 1 Nr. 3 BeschDG-E). Liegt ein solcher vor, wurde in § 26 Nr. 4 BeschDG-E ein Auskunftsrecht des Beschäftigten über vom Arbeitgeber getroffene Schutzmaßnahmen im Sinne des § 9 Abs. 1 Nr. 11 BeschDG-E bestimmt. Die Norm sollte der Klarstellung dienen, dass das in § 10 Abs. 3 Nr. 2 BeschDG-E vorgesehene Auskunftsrecht auch in dieser spezifischen Konstellation zum Tragen kommt.[275] Die Vorschriften des dritten Kapitels sollten dabei nach § 24 Abs. 1 BeschDG-E indes nur dann Beachtung finden, wenn die Verarbeitung der Beschäftigtendaten nicht bereits nach Art. 22 DSGVO ausgeschlossen ist. Mit dem Tatbestandsmerkmal, dass die arbeitgeberseitigen Interessen die Interessen des Beschäftigten erheblich überwiegen müssen, wird ein über die Anforderungen der DSGVO hinausgehendes Kriterium geschaffen, das insoweit Kritik

271 *Heine/Köhler*, NZA 2024, 1547, 1549.
272 *Heine/Köhler*, NZA 2024, 1547, 1549.
273 BeschDG-E, S. 54.
274 BeschDG-E, S. 46.
275 BeschDG-E, S. 76.

erfuhr, als dass zunächst eine Konkretisierung der Ausnahmen aus Art. 22 Abs. 2 DSGVO hätte praxisorientierte Klarheit schaffen können.[276] Die speziell für das Profiling vorgesehenen Regelungen stellen dabei im Verhältnis zu den Betroffenenrechten aus § 10 Abs. 2 und 3 BeschDG-E die spezielleren Vorschriften dar und verdrängen diese bei Überschneidungen insoweit in deren Regelungsgehalt.[277]

f) Einführung eines Konzernprivilegs nach § 30 BeschDG-E?

Zumindest im Kontext europäischer Konzernstrukturen sieht der Entwurf in § 30 BeschDG-E eine Erleichterung für eine Datenverarbeitung im Konzern vor. Voraussetzung der Offenlegung an ein Konzernunternehmen soll ein konkreter Zweck zur Durchführung des Beschäftigungsverhältnisses oder zur Erfüllung arbeitgeberseitiger kollektivrechtlich vereinbarter Pflichten oder dessen betrieblicher Interessen sein, wobei stets eine Interessenabwägung durchzuführen ist (§ 30 Abs. 1 BeschDG-E). Keine Abhilfe schafft der Entwurf für Konzerne mit Drittstaatenbezug, sodass aus den verbleibenden Unklarheiten resultierende Risiken weiterhin eine Frage der Einzelfallbewertung bleiben würden.[278] Andererseits dürfte auch die erforderliche Interessenabwägung stets zu einer Entscheidung anhand der konkreten Umstände des Einzelfalls erfordern. **92**

276 *Wünschelbaum/Sorber*, NZA 2024, 1540, 1546.
277 BeschDG-E, S. 75.
278 *Stück*, CCZ 2024, 331, 336.

Kapitel 9
Künstliche Intelligenz im Gesundheitssektor

Literatur: *Anhalt/Dieners* (Hrsg.), Medizinprodukterecht, Praxishandbuch, 2. Aufl. 2017; *Botta*, (K)ein Recht auf Behandlung mit KI? – Zugang zu intelligenten Medizinprodukten, ZfPC 2024, 42; *Busch*, Digitale Gesundheitsanwendungen (DiGA) – „Apps auf Rezept“: Eine noch zu wenig beachtete, neue Komponente im Verbraucher- und Patientenschutz, VuR 2024, 441; *Chibanguza/Kuß/Steege* (Hrsg.), Künstliche Intelligenz, Recht und Praxis automatisierter und autonomer Systeme, 1. Aufl. 2022; *Dauner-Lieb/Langen* (Hrsg.), NomosKommentar, BGB Schuldrecht, ProdHaftG | UKlaG, Band 2: §§ 241-853, 4. Aufl. 2021; *Dettling*, Künstliche Intelligenz und digitale Unterstützung ärztlicher Entscheidungen in Diagnostik und Therapie, – Arzt-, arzneimittel- und medizinprodukterechtliche Aspekte, PharmR 2019, 633; *Dettling/Jacobus*, Künstliche Intelligenz im Lebenszyklus eines Arzneimittels, Das AI reflection paper der Europäischen Arzneimittelagentur und die Verzahnung von Arzneimittel- und KI-Regulatorik, A&R 2023, 227; *Droste*, Intelligente Medizinprodukte: Verantwortlichkeiten des Herstellers und ärztliche Sorgfaltspflichten, MPR 2018, 109; *Eberbach*, Der Kampf des Menschen gegen seine natürlichen Grenzen (Teil 2), Heilung – Verbesserung – Befreiung – Fortsetzung zu Teil 1, MedR 2024, 400, MedR 2024, 484; *Ebers/Heinze/Krügel/Steinrötter* (Hrsg.), Künstliche Intelligenz und Robotik, Rechtshandbuch, 1. Aufl. 2020; *Eichelberger*, Arzthaftung beim Einsatz von KI und Robotik, ZfPC 2023, 209; *Frost/Kießling*, Künstliche Intelligenz im Bereich des Gesundheitswesens und damit verbundene haftungsrechtliche Herausforderungen, MPR 2020, 178; *Frost/Steininger/Vivekens*, Nutzen, Chancen, Risiken und Haftung bei der Verwendung von Künstlicher Intelligenz im Kontext der KI-Verordnung und KI-Haftungsrichtlinie, MPR 2024, 4; *Fuderer*, Risikoklassifizierung einer telemedizinischen App, Anmerkung zum Urteil des Oberlandesgerichts Hamburg vom 20. Juni 2024, Az. 3 U 3/24, A&R 2024, 238; *Gassner*, Intelligente Medizinprodukte – Regulierungsperspektiven und Zertifizierungspraxis, MPR 2021, 41; *Genske/Schulz-Große*, Quo vadis Medizin-KI? – Anwenderpflichten und datenschutzrechtliche Anforderungen an künstliche Intelligenz in der Medizin nach dem AI Act der EU, GuP 2024, 177; *Graf/van Hövell/Stoppe*, Künstliche Intelligenz in der Medizin. Datenschutz und Haftungsfragen in der Schnittstelle zwischen KI-VO und MDR, PharmR 2025, 77; *Graf/van Hövell/Stoppe*, Künstliche Intelligenz in der Medizin – Die KI-VO im Lichte möglicher Anwendungsgebiete und regulatorischer Schnittstellen zur MDR, PharmR 2025, 10; *Gsell/Krüger/Lorenz/Reyman* (Gesamthrsg.), beck-online.GROSSKOMMENTAR BGB, Stand: 1.5.2025; *Handorn*, Die geplante Revision des europäischen Produkthaftungsrechts (auch) für Medizinprodukte, MPR 2023, 16; *Handorn/Juknat*, KI und Haftung bei Medizinprodukten, MPR 2022, 77; *Hänold/Schlee/Antweiler/Beckh*, Die Nachvollziehbarkeit von KI-Anwendungen in der Medizin, Eine Betrachtung aus juristischer Perspektive mit Beispielszenarien, MedR 2021, 516; *Hau/Poseck* (Hrsg.), Beck'scher Online-Kommentar BGB, 74. Edition, Stand: 1.5.2025; *Heinrichs/Karger/Heyl/Spranger/Lanzerath/Wagner/Langner/Caspers/Sroka/Eickhoff*, Künstliche Intelligenz in der Medizin, Ein interdisziplinärer Blick auf den Verordnungsentwurf der Europäischen Kommission, MedR 2023, 259; *Hilber/Borges* (Hrsg.), Beck'scher Online-Kommentar IT-Recht, 18. Edition, Stand: 1.4.2025; *Hoeren/Pinelli* (Hrsg.),

Künstliche Intelligenz – Ethik und Recht, 1. Aufl. 2022; *Hoos*, KI trifft auf Medizinprodukte – Das zukünftige Zusammenspiel von AI-Act und MDR, ZfPC 2024, 168; *Jorzig/Kemter*, Der Einsatz Künstlicher Intelligenz in der Medizin im Spannungsfeld zwischen Medizinprodukte- und KI-Recht, ZfPC 2023, 172; *Katzenmeier,* Big Data, E-Health, M-Health, KI und Robotik in der Medizin, Digitalisierung des Gesundheitswesens – Herausforderung des Rechts, MedR 2019, 259; *Katzenmeier*, KI in der Medizin – Haftungsfragen, MedR 2021, 859; *Katzenmeier*, Patientenrechtegesetz 2.0 – Haftungsrecht, MedR 2023, 118; *Kipker* (Hrsg.), Cybersecurity, Rechtshandbuch, 2. Aufl. 2023; *Kühling/Buchner* (Hrsg.), Datenschutz-Grundverordnung, Bundesdatenschutzgesetz: DS-GVO/BDSG, Kommentar, 4. Aufl. 2024; *Laufs/Kern/Rehborn,* Handbuch des Arztrechts, 5. Aufl. 2019; *Marly* (Begr.), Praxishandbuch Softwarerecht, Rechtsschutz und Vertragsgestaltung, 8. Aufl. 2024; *Martini/Wendehorst* (Hrsg.), KI-VO: Verordnung über Künstliche Intelligenz, Kommentar, 1. Aufl. 2024; *Mayr/Rauner/Schweiger*, Die geplante Produkthaftungsreform und ihre Auswirkungen auf die Medizinproduktehaftung, ZfPC 2023, 2; *Molnár-Gábor*, Die Rolle des Arztes bei medizinischen KI-Anwendungen, DSRITB 2019, 277; *Neugebauer*, KI-Anwendungen im Gesundheitswesen und ihre Regulierung durch AI Act und Data Act, DSRITB 2022, 619; *Nolte/Schreitmüller*, Cybersicherheit KI-basierter Medizinprodukte im Lichte der MDR und KI-VO, MPR 2024, 20; *Paal/Pauly* (Hrsg.), Datenschutz-Grundverordnung Bundesdatenschutzgesetz: DS-GVO BDSG, Kommentar, 3. Aufl. 2021; *Ritter*, KI-Einsatz im Krankenhaus und Organhaftung, GuP 2025, 53; *Sachs*, E-Health – Chancen und Herausforderungen bei der digitalen Transformation des Gesundheitsmarktes, MPR 2018, 24; *Säcker/Rixecker/Oetker/Limperg/Schubert* (Hrsg.), Münchener Kommentar zum Bürgerlichen Gesetzbuch, Band 7, 9. Aufl. 2024; *Sahm*, Digitale Anthropologie: Ethische Probleme der Anwendung künstlicher Intelligenz und Robotik in der Pflege und Medizin, MedR 2019, 927; *Sassenberg/Faber* (Hrsg.), Rechtshandbuch Industrie 4.0 und Internet of Things, Praxisfragen und Perspektiven der digitalen Zukunft, 2. Aufl. 2020; *Schulz*-Große, Datenschutzrechtliche Anforderungen an KI-basierte Medizinprodukte – Was ändert sich durch die neue KI-VO-E?, MPR 2022, 210; *Schulz-Große/Genske,* Auswirkungen der neuen KI-Verordnung auf den Behandlungsalltag – Datenschutzrechtliche Anforderungen und Sorgfaltspflichten der Behandelnden beim Einsatz von künstlicher Intelligenz zu Behandlungszwecken, GuP 2023, 81; *Steege*, Chancen und Risiken beim Einsatz künstlicher Intelligenz in der Medizin, GuP 2021, 125; *Ströbel/Grau*, KI-gestützte Medizin-Apps, Rechtliche Herausforderungen eines interdisziplinären Produkts, ZD 2022, 599; *Taeger/Pohle* (Hrsg.) Computerrechts-Handbuch, Stand: April 2024 (39. EL); *Tag*, Digitalisierung im Gesundheitswesen, MedR 2024, 721; *Tessenow/Teichter*, AI Act vs. MDR: Qualifizierung und Klassifizierung von KI-Medizinprodukten, MPR 2024, 232; *Thiermann/Böck*, Künstliche Intelligenz in Medizinprodukten, Regulatorisches Regelwerk und Haftungsvorgaben, RDi 2022, 333; *Thiermann/Wiborg*, Klinische Prüfung mit KI-basierten Medizinprodukten im Anwendungsbereich der KI-Verordnung, MPR 2025, 10; *Ulbricht/Brajovic/Duhme/Hawighorst/Huber/Iber/Nemec* (Hrsg.), Praxishandbuch KI und Recht, 1. Aufl. 2024; *Zech/Hünefeld*, Einsatz von KI in der Medizin: Haftung und Versicherung, MedR 2023, 1.

Alle Internetfundstellen wurden zuletzt am 2.3.2026 abgerufen.

Übersicht

I. Einführung

1 KI-Systeme bergen das Potenzial, in vielerlei Aspekten des Gesundheitswesens, wie beispielsweise den Bereichen der Anamnese und der Diagnose, erhebliche Datenmengen strukturiert und effizient auswerten zu können und darauf basierend Wechselwirkungen zu prognostizieren.[1] Durch KI-basierte

1 *Botta*, ZfPC 2024, 42.

Chatbots und Applikationen wird die Möglichkeit eröffnet, für jedermann einen rundum abrufbereiten medizinischen Service zu schaffen, der nicht primär eine ersetzende Funktion hinsichtlich der menschlichen Tätigkeit hat, sondern vielmehr auch eine Art ergänzende Stellung einnehmen kann.[2]

Auch im Bereich der Forschung können KI-gestützte Systeme beispielsweise bereits im Anfangsstadium zur Auswahl geeigneter Teilnehmer für Studien zur Anwendung gelangen.[3] Der Einsatz von Künstlicher Intelligenz im Gesundheitssektor führt neben der Optimierung von Effizienz und Transparenz insbesondere auch zu einer bürokratischen und kostentechnischen Entlastung, was insbesondere das ein hohes Maß an Organisation und Personal erfordernde Krankenhauswesen betrifft.[4] Jenseits des Arzt-Patient-Verhältnisses gelangen KI-Systeme zudem bereits in der Anfangsphase der Entwicklung von Arzneimitteln und Medizinprodukten zur Anwendung.[5] Mittlerweile können das KI-System und die dahinterstehende Software jedoch auch selbst als Medizinprodukt, bzw. als Teil eines solchen fungieren.[6] **2**

Allerdings werden im Zusammenhang mit der Anwendung von KI-Systemen im medizinischen Bereich auch Bedenken laut. Bei Nutzung KI-basierter Apps besteht die Befürchtung, dass es durch die einfache Verfügbarkeit und die Entbehrlichkeit einer tatsächlichen Gegenüberstellung von Arzt und Patient zu einer drastischen Schwächung der damit verbundenen Warn- und Signalfunktion kommt.[7] Zudem bestehen (berechtigte) Zweifel an der Zuverlässigkeit der KI-Systeme in realen Einzelfallkonstellationen, sofern diese bisher ausschließlich in einer kontrollierbaren Versuchsumgebung angewandt wurden.[8] Der näheren Betrachtung bedürfen zudem Haftungsfragen im Kontext der Behandlung unter Verwendung medizinischer KI-Systeme sowie Fragen der generellen Haftung für eine Fehlerhaftigkeit der KI-gestützten Medizinprodukte. In diesem Punkt gilt es etwaige Verantwortlichkeiten, insbesondere zwischen Anwender und Hersteller, zu klären und die Anwendung bisher geltender Grundsätze zu hinterfragen, unter Berücksichtigung der aktuellen normativen Entwicklungen. **3**

Von großer Bedeutung ist das Zusammenspiel sowohl nationaler als auch europäischer Vorschriften bei der Bestimmung der einschlägigen Rechtsnormen. So ist nicht jedes KI-System, das im Bereich des Gesundheitswesens zur Anwendung gelangt, auch gleichzeitig als softwaregestütztes Medizin- **4**

---

2 *Botta*, ZfPC 2024, 42; vgl. *Frost/Steininger/Vivekens*, MPR 2024, 4, 6.

3 *Eberbach*, MedR 2024, 484; *Graf/van Hövell/Stoppe*, PharmR 2025, 10, 13.

4 Vgl. *Katzenmeier*, MedR 2019, 259.

5 *Schickert/Schweiger/Schuppert*, in: Sassenberg/Faber, Rechtshandbuch Industrie 4.0 und Internet of Things, § 15 Rn. 6.

6 Vgl. *Saliba*, in: Chibanguza/Kuß/Steege, Künstliche Intelligenz, 2.Teil: § 4 F. Rn. 7.

7 *Tag*, MedR 2024, 721, 728.

8 *Schulz-Große/Genske*, GuP 2023, 81, 82.

produkt im Sinne der zu prüfenden medizinischen Regularien anzusehen.[9] Dies betrifft insbesondere Software, die lediglich Speicherungs-, Archivierungs- und Übermittlungszwecken dient.[10] Auch bereits auf dem Markt verfügbare KI-Systeme zur Arztbrieferstellung verfolgen beispielsweise zwar nach weitem Verständnis einen medizinischen Zweck, entfalten ihre „bestimmungsgemäße Hauptwirkung" jedoch nicht im oder am menschlichen Körper, sodass sie letztlich nicht als Medizinprodukt anzusehen sind.[11]

5 Insbesondere in Bezug auf das Inverkehrbringen und die anschließende Nutzung medizinischer KI-Systeme scheinen etwaige sich in diesem Kontext stellende Haftungsfragen noch nicht abschließend geklärt, sodass dahingehende Gesetzgebungs- und Rechtsprechungsentwicklungen weiterhin zu beobachten sind.[12]

II. Anwendungsbereiche Künstlicher Intelligenz in medizinischer Diagnostik und Therapie

6 Das Einsatzgebiet medizinischer KI-Systeme ist denkbar vielfältig, wobei letzteres auch auf die konkrete Erscheinungsform zutrifft. KI-basierte Systeme können zum einen insbesondere als Bestandteil eines Medizinproduktes dessen Funktionsweise durch Software unterstützen (sogenannte „Embedded Software") und zum anderen auch das Medizinprodukt als solches selbst verkörpern (sogenannte „Standalone-Software").[13]

7 Im Zusammenhang mit der Analyse medizinischer Bildaufnahmen kommt Künstliche Intelligenz immer häufiger im Rahmen bildgebender Verfahren zum Einsatz, wodurch eine algorithmenbasierte Auswertung von unter anderem MRT- und CT-Bildern ermöglicht wird.[14] Auch im Bereich der Dermatologie besteht bereits die Möglichkeit einer KI-gestützten Analyse, insbesondere im Bereich der Hautkrebserkennung anhand der Auswertung auffälliger Muttermale.[15]

8 Teilweise wird bereits jetzt angenommen, dass aufgrund des stetigen und automatisierten Lerneffekts der KI-Systeme sogar das Potenzial besteht, etwaige auffällige Gewebestrukturen effizienter erkennen zu können, als dies bei fachärztlich geschultem Personal der Fall ist.[16] Dies nicht zuletzt,

---

9 *Dettling/Jacobus*, A&R 2023, 227, 240.
10 *Schickert/Schweiger/Schuppert*, in: Sassenberg/Faber, Rechtshandbuch Industrie 4.0 und Internet of Things, § 15 Rn. 79.
11 *Graf/van Hövell/Stoppe,* PharmR 2025, 10, 15.
12 Vgl. *Frost/Steininger/Vivekens*, MPR 2024, 4, 17.
13 *Handorn/Juknat*, MPR 2022, 77, 79; *Graf/van Hövell/Stoppe*, PharmR 2025, 10, 15.
14 *Neugebauer*, DSRITB 2022, 619; *Botta*, ZfPC, 2024, 42.
15 *Eberbach*, MedR 2024, 484, 485.
16 *Eichelberger*, ZfPC 2023, 209.

da Deep Learning ermöglichende KI-Systeme in der Lage sind, zu einem vorherigen Zeitpunkt entwickelte Verbindungen mit immer weiteren hinzutretenden Daten zu verknüpfen, und hierdurch menschliche Fähigkeiten dem Grunde nach bei weitem zu übertreffen vermögen.[17] Das Training des KI-Systems hat zum Ziel, durch Algorithmen datenbasierte Muster zu analysieren, welche später unter zeitsparenden und möglichst exakten Bedingungen eine Diagnose beim Patienten ermöglichen.[18] In der Praxis gelangen zu diesem Zweck bereits sogenannte Symptomchecker-Apps zur Anwendung, die von zu Hause aus unter anderem ein Screening von dermatologischen Auffälligkeiten im Bereich der Hautkrebsvorsorge ermöglichen oder eine Art Vordiagnose über diverse Fragenkataloge ermöglichen.[19] Andererseits wird zu bedenken gegeben, dass zwar die Erkennung diverser Hautkrankheiten durch KI-Systeme in der Regel zuversichtlich erfolgen kann, die dahinterstehende Diagnose zu den hervorrufenden Ursachen jedoch Schwierigkeiten bereitet.[20]

Im Bereich der Onkologie werden KI-Systeme bereits zur Anpassung der in- **9**
dividuellen Dosis bei der Durchführung einer Strahlentherapie eingesetzt.[21] Ausgeweitet auf den Bereich der Radiologie ist die Künstliche Intelligenz dazu imstande, Metastasen zu zählen, Tumore zu quantifizieren oder zwischen unterschiedlichen Arten von Tumoren zu unterscheiden.[22] Dies kann insbesondere von entscheidender Relevanz sein beim Auftreten von besonders seltenen Krebsarten, die das eigene Fachwissen und die Erfahrung des behandelnden Arztes übersteigen.[23] Ein weiterer Einsatzbereich findet sich im Bereich der Genom-Sequenzierung, wobei mittels Künstlicher Intelligenz in besonders zeiteffizienter Weise Veränderungen genetischen Erbguts bestimmt werden können.[24] Auch in der Kardiologie bzw. kardiovaskulären Medizin bietet der Einsatz von medizinischen KI-Systemen vielversprechendes Potenzial, um neben Diagnosevorschlägen und anschließenden

17 *Rammos/Lange/Clausen*, in: Ebers/Heinze/Krügel/Steinrötter, Künstliche Intelligenz und Robotik, § 28 Rn. 3.

18 *Schulz-Große*, MPR 2022, 210.

19 *Rammos/Lange/Clausen*, in: Ebers/Heinze/Krügel/Steinrötter, Künstliche Intelligenz und Robotik, § 28 Rn. 6.

20 *Eichelberger*, ZfPC 2023, 209, 210.

21 *Eberbach*, MedR 2024, 484, 485.

22 *Graf/van Hövell/Stoppe*, PharmR 2025, 10, 13.

23 *Rammos/Lange/Clausen*, in: Ebers/Heinze/Krügel/Steinrötter, Künstliche Intelligenz und Robotik, § 28 Rn. 4 am Beispiel der Entdeckung einer seltenen Leukämieart durch einen KI-Algorithmus nach vorheriger monatelanger erfolgloser Therapie.

24 *Graf/van Hövell/Stoppe*, PharmR 2025, 10, 13.

Therapieempfehlungen eine Prognose hinsichtlich des wahrscheinlichen Krankheitsverlaufs zu erstellen.[25]

10 Mithilfe KI-gestützter Auswertung erheblicher Datenmengen soll zudem unter dem Stichwort Systemmedizin eine Ursachenbestimmung durch Ermittlung von Synergien genetischer Merkmale mit individuellen Lebensumständen (bspw. Beruf, Alter) und Umweltfaktoren erfolgen.[26] Hierin wird die Chance gesehen, einen Übergang von dem bisher indikationsgeprägten Behandlungsansatz zu einer mehr personenbezogenen Therapie zu bewirken.[27]

III. Rechtliche Rahmenbedingungen

11 Aus praktischer Sicht sind aufgrund der dynamischen Entwicklung im Zusammenhang medizinisch geprägter Künstlicher Intelligenz stets die aktuellen gesetzgeberischen Entwicklungen sowohl auf nationaler als auch auf Unionsebene zu beobachten. Von Bedeutung sind nach derzeitigem Stand insbesondere die Verordnung (EU) 2017/745 des Europäischen Parlaments und des Rates vom 5.4.2017 über Medizinprodukte (MDR) sowie die KI-VO, wobei deren Bestimmungen insbesondere im Hinblick auf die Klassifizierung von medizinischen KI-Systemen ineinandergreifen.[28]

1. Qualifizierung und Klassifizierung medizinischer KI-Systeme

12 Vor der Einordnung in bestimmte Klassen nach der MDR bzw. der KI-VO, also der sog. Klassifizierung von KI-basierten Medizinprodukten, ist die Frage nach der Qualifizierung des zu betrachtenden Produkts zur Bestimmung der konkret anzuwendenden rechtlichen Bestimmungen zu erörtern.[29] In diesem Zusammenhang empfiehlt sich neben der Heranziehung einschlägiger Rechtsvorschriften daneben auch ein Rückgriff auf veröffentlichte Leitfäden, die zwar per se keinen rechtsverbindlichen Charakter aufweisen, jedoch aus praktischer Hinsicht von den zuständigen Stellen regelmäßig als Orientierungshilfe herangezogen werden.[30]

---

25 *Brukamp*, in: Chibanguza/Kuß/Steege, Künstliche Intelligenz, 2.Teil: §4 J. Rn.6 mit dem Beispiel einer Überlebensprognose für von pulmonaler Hypertonie betroffener Personen.

26 *Katzenmeier*, MedR 2019, 259.

27 *Katzenmeier*, MedR 2019, 259, 260.

28 *Zech/Hünefeld*, MedR 2023, 1, 6f.

29 *Tessenow/Teichter*, MPR 2024, 232, 233.

30 *Tessenow/Teichter*, MPR 2024, 232; vgl. Fn.39 bei: *Graf/van Hövell/Stoppe,* PharmR 2025, 10, 14.

a) Medizinprodukteverordnung

Die nunmehr seit dem 26.5.2021 geltende MDR ersetzt das ursprünglich im nationalen Kontext erlassene Medizinproduktegesetz (MPG).[31] Die Ziele der Verordnung sind dabei primär die Sicherstellung der Funktionsfähigkeit des Binnenmarkts im Bereich der Medizinprodukte sowie die Etablierung einheitlicher Vorgaben zur Gewährleistung qualitativer und sicherheitstechnischer Standards.[32] **13**

aa) Begriffsbestimmung des Medizinprodukts

Ein KI-System, das unter die Legaldefinition des Art. 2 Nr. 1 MDR fällt und damit als Medizinprodukt anzusehen ist, darf nach Art. 5 Abs. 1 MDR nur in Verkehr gebracht bzw. in Betrieb genommen werden, „wenn es bei sachgemäßer Lieferung, korrekter Installation und Instandhaltung und seiner Zweckbestimmung entsprechender Verwendung" den Anforderungen der MDR entspricht. Die durch klinische Bewertung im Sinne des Art. 61 MDR gem. Art. 5 Abs. 3 MDR nachzuweisende Einhaltung grundlegender Sicherheits- und Leistungsanforderungen bezieht sich auf die in Anhang I festgelegten Kriterien (Art. 5 Abs. 2 MDR). Der Verordnungsgeber bestimmt für den Medizinproduktebegriff eine extensive Auslegung.[33] **14**

Relevant im Zusammenhang mit KI-Systemen sind zur Feststellung der materiellen Anforderungen im Sinne des Art. 5 Abs. 2 MDR insbesondere die Nrn. 17.1 und 17.2 Anhang I MDR.[34] Danach sollen die Merkmale der Wiederholbarkeit, Zuverlässigkeit und Leistung (17.1) sowie die Entwicklung und Herstellung nach dem Stand der Technik (17.2) gewährleistet werden. In diesem Kontext kommt im Zusammenhang mit KI-Systemen wiederum die „Blackbox"-Problematik zum Tragen, da die Funktionsweise – insbesondere generativer – KI-Systeme und eine damit einhergehende Transparenz der verlangten Gewährleistung entgegenstehen könnten.[35] In praktischer Hinsicht sollten die Hersteller des KI-basierten Medizinprodukts bzw. die dieses in Betrieb nehmenden Personen sicherstellen, dass durch umfangreiche Verwendung von Trainingsdaten ein möglichst hohes Maß an Sicherheit in Bezug auf das gefundene Ergebnis hergestellt wird und letzteres auch nachgewiesen werden kann. **15**

---

31 *Heinrichs/Karger/Heyl/Spranger/Lanzerath/Wagner/Langner/Caspers/Sroka/Eickhoff*, MedR 2023, 259, 262.
32 Vgl. Erwgr. 2 MDR.
33 *Tessenow/Teichter*, MPR 2024, 232, 233.
34 Vgl. *Dettling*, PharmR 2019, 633, 637.
35 *Hänold/Schlee/Antweiler/Beckh*, MedR 2021, 516, 520; *Thiermann/Böck*, RDi 2022, 333, 335.

16 KI-Systeme, die unter die Variante der Software fallen, müssen gemäß Art. 2 Nr. 1 MDR nach Herstellerangabe für Menschen bestimmt sein und alleinstehend bzw. kombiniert mindestens einen der genannten spezifischen medizinischen Zwecke erfüllen, worunter unter anderem Diagnosen, Verhütungen, Überwachungen, Vorhersagen, Prognosen, Behandlungen, Linderung von Krankheiten oder Untersuchungen fallen. Dabei darf nach der Begriffsbestimmung des Art. 2 Nr. 1 MDR die Hauptwirkung weder durch pharmakologische oder immunologische Mittel noch metabolisch erreicht werden, eine Unterstützung dessen bleibt jedoch insoweit unschädlich.

17 Die Erscheinungsformen von KI-Systemen im Softwarekontext sind vielfältig. So kann das KI-System bereits selbst die Voraussetzungen eines Medizinprodukts erfüllen, denkbar ist jedoch auch, dass das KI-System lediglich einen untergeordneten Bestandteil des Medizinprodukts ausmacht oder als Zubehör einzustufen ist.[36]

bb) Subjektive Zweckbestimmung durch den Hersteller – objektive Willkürgrenze

18 Das entscheidende Kriterium für die Einordnung als Medizinprodukt bildet auch im Kontext Künstlicher Intelligenz die Zweckbestimmung.[37] Letztere ist nach der Begriffsbestimmung des Art. 2 Nr. 12 MDR die Angabe des Herstellers auf der Kennzeichnung, in der Gebrauchsanweisung oder dem Werbe- oder Verkaufsmaterial bzw. den diesbezüglichen Angaben und solchen bei der klinischen Bewertung über die Verwendungsbestimmung des Produkts. In diesem Zusammenhang werden dahingehende Bedenken laut, dass die Zweckbestimmung letztlich in der Hand des Herstellers liegt, dieser also durch bestimmte Formulierungs- und Vermarktungsweisen die Einordnung als Medizinprodukt möglicherweise umgehen kann, beispielsweise indem er ausdrücklich in Allgemeinen Geschäftsbedingungen darauf hinweist, dass es sich nicht um ein solches handelt.[38] Denn im Ausgangspunkt obliegt die Zweckbestimmung der subjektiven Bewertung des Herstellers, wenn auch begrenzt durch objektive Einflüsse.[39] So unterliegt die Herstellerbestimmung nach der Rechtsprechung des BGH grundsätzlich den Grenzen der Willkür.[40] Konkret bedeutet dies, dass der nichtmedizinische Zweck für den angesprochenen Verkehrskreis erkennbar sein muss und die dahingehende Einordnung nicht wissenschaftlich unvertretbar oder widersprüchlich

---

36 *Tessenow/Teichter*, MPR 2024, 232, 233 mit Beispielen zu den jeweiligen Erscheinungsformen.

37 *Saliba*, in: Chibanguza/Kuß/Steege, Künstliche Intelligenz, 2. Teil: § 4 F. Rn. 7, 8.

38 *Ströbel/Grau*, ZD 2022, 599, 603; *Graf/van Hövell/Stoppe*, PharmR 2025, 10, 14.

39 *Tessenow/Teichter*, MPR 2024, 232, 233.

40 BGH, Urt. v. 18.4.2013 – I ZR 53/09, GRUR 2013, 1261, 1262.

erscheinen darf.[41] Die Zweckbestimmung muss in Anbetracht dessen eindeutig festlegen, ob ein medizinischer oder nichtmedizinscher Zweck verfolgt wird. Nicht ausreichend wäre es insoweit, wenn der Anbieter einen entsprechenden Hinweis in der Beschreibung im jeweiligen Appstore hinterlegt, sich dies jedoch als nicht stimmig zu den Angaben in der App selbst erweist.[42]

Jedenfalls unterfällt KI-gestützte Software ohne den Zusatz der medizini- **19**
schen Zweckbestimmung in der Regel nicht den Anforderungen der MDR, da sie nicht Gegenstand der Aufzählung in Anhang XVI MDR in Verbindung mit Art. 1 Abs. 2 MDR ist.[43] Dies steht in Einklang mit Erwgr. 19 MDR, wonach „Software als solche, wenn sie vom Hersteller speziell für einen oder mehrere der in der Definition von Medizinprodukten genannten medizinischen Zwecke bestimmt ist, als Medizinprodukt gilt, während Software für allgemeine Zwecke, auch wenn sie in Einrichtungen des Gesundheitswesens eingesetzt wird, sowie Software, die für Zwecke in den Bereichen Lebensstil und Wohlbefinden eingesetzt wird, kein Medizinprodukt ist". Geht insofern aus den konkreten Umständen in eindeutiger Weise für den Adressatenkreis des Produkts hervor, dass es an einem medizinischen Zweck fehlt, handelt es sich um bloße KI-basierte Gesundheitssoftware, die jedoch mangels der Eigenschaft als Medizinprodukt nicht den Regularien der MDR unterfällt.[44]

cc) Klassifizierung von Software nach der MDR

Nach Art. 51 Abs. 1 MDR hat eine Klassifizierung der Produkte in verschie- **20**
dene Risikoklassen anhand des Anhangs VIII MDR zu erfolgen, wobei die jeweilige Zweckbestimmung des konkreten Produkts zu berücksichtigen ist. Die Durchführungsvorschriften zu den in Anhang VIII MDR verorteten Klassifizierungsregeln sehen in Nr. 3.3 vor, dass Software, die zur Steuerung oder Beeinflussung eines Produkts dient, derselben Klasse zuzuordnen ist wie das Produkt selbst; im Übrigen folgt eine Beurteilung jeweils für sich genommen. Insgesamt verfolgt die MDR – wie auch die KI-VO – einen risikobasierten Ansatz.[45] Nach Regel 11 Nr. 6.3 Anhang VIII MDR ist Software, die dazu bestimmt ist, Informationen zu liefern, die zu Entscheidungen für diagnostische oder therapeutische Zwecke herangezogen werden, grundsätzlich der Klasse IIa zuzuordnen. Dies gilt nicht, wenn die betrof-

---

41 BGH, Urt. v. 18.4.2013 – I ZR 53/09, GRUR 2013, 1261, 1262.
42 *Schickert/Schweiger/Schuppert*, in: Sassenberg/Faber, Rechtshandbuch Industrie 4.0 und Internet of Things, § 15 Rn. 81.
43 *Fuderer*, A&R 2024, 238, 240.
44 *Tessenow/Teichter*, MPR 2024, 232, 233 mit eingehenden Beispielen zur Abgrenzung.
45 *Hoos*, ZfPC 2024, 168, 169.

fenen Entscheidungen potenziell zum Tod, einer irreversiblen Verschlechterung des Gesundheitszustands (Klasse III) oder zu einer schwerwiegenden Verschlechterung bzw. einem chirurgischen Eingriff führen können (Klasse IIb). Ebenfalls grundsätzlich der Klasse IIa zuzuordnen ist Software, die bestimmungsgemäß der Kontrolle von physiologischen Prozessen dient, wobei eine Hochstufung in die Klasse IIb zu erfolgen hat, sofern die Kontrolle auf vitale physiologische Parameter ausgerichtet ist und die Art der Änderung dieser Parameter zu einer unmittelbaren Gefahr für den Patienten führen könnte. Im Übrigen erfolgt eine Zuordnung in die Klasse I. Allerdings wird letzteres aufgrund des im Hinblick auf das vom Verordnungsgeber bezweckte hohe Sicherheits- und Gesundheitsschutzniveau und den dadurch streng anzulegenden Maßstab eher selten der Fall sein.[46] Jedenfalls für digitale Gesundheitsanwendungen, wovon insbesondere auch gesundheitsbezogene Apps betroffen sind, erscheint eine Einordnung in die Klasse I naheliegend, wenn es sich um nicht invasive Produkte handelt (Anhang VIII Kapitel III Nr. 4.1).[47] Abgesehen davon wird im Regelfall zumindest eine Einstufung in die Risikoklasse IIa für Standalone-Software gegeben sein.[48] Wird das Medizinprodukt in eine zu niedrige Risikoklasse eingestuft, besteht die Gefahr, dass ein unzutreffendes Konformitätsbewertungsverfahren durchgeführt wird, insbesondere statt der Einbindung einer Benannten Stelle eine herstellereigene EU-Konformitätserklärung im Sinne des Art. 52 Abs. 7 MDR erfolgt, sodass hierdurch die Zulässigkeit des Inverkehrbringens in Frage gestellt werden kann.[49]

dd) Konformitätsbewertung und Marktzugang, CE-Kennzeichnung

21 Das für KI-Medizinprodukte durchzuführende Konformitätsbewertungsverfahren hat bei sämtlichen Produkten, außer solchen, die der Klasse I unterfallen, unter Mitwirkung einer Benannten Stelle zu erfolgen.[50] Erste Anhaltspunkte zur praktischen Durchführung der notwendigen Konformitätsbewertung bietet der von der Interessengemeinschaft der Benannten Stellen für Medizinprodukte in Deutschland („IG-NB") und mittlerweile in Zusammenarbeit mit dem Team NB (The European Association of Medical

46 Vgl. hierzu OLG Hamburg, Urt. v. 20.6.2024 – 3 U 3/24, PharmR 2024, 451, 454; *Graf/van Hövell/Stoppe*, PharmR 2025, 10, 16.

47 *Schickert/Schweiger/Schuppert*, in: Sassenberg/Faber, Rechtshandbuch Industrie 4.0 und Internet of Things, § 15 Rn. 84 mit dem Beispiel eines Injektionspens mit digitaler Funktionalität durch algorithmengesteuerte Arzneimittelabgabe als invasives Produkt, das demzufolge nicht mehr in die Klasse I, sondern vielmehr zumindest in die Klasse IIa eingeordnet werden müsste.

48 *Tessenow/Teichter*, MPR 2024, 232, 236.

49 Vgl. *Fuderer*, A&R 2024, 238.

50 *Dettling*, PharmR 2019, 633, 638.

devices Notified Bodies) veröffentlichte und jährlich aktualisierte Fragenkatalog[51] zum Thema Künstliche Intelligenz. Der Fragebogen stellt dabei nicht das Produkt als solches in den Vordergrund, sondern folgt vielmehr einem prozessorientierten Ansatz entlang des Lebenszyklus.[52] Die IG-NB nimmt hierbei im Ausgangspunkt eine grundsätzliche Unterscheidung zwischen statischen und dynamischen KI-Systemen vor, lässt jedoch Spielraum für die jeweils vorzunehmende Einordnung.[53] Aufgrund der unklaren Rechtslage im Hinblick auf die regulatorischen Rahmenbedingungen zu dynamischen KI-Systemen wird derzeit von deren Nichtzertifizierbarkeit ausgegangen.[54] Gewarnt wird in diesem Kontext vor einer eher zurückhaltenden bzw. zu starr gelebten Zertifizierung in der Praxis, da man so Gefahr läuft, das große Potenzial der KI-Systeme nicht vollständig auszuschöpfen.[55] Gelangt die Benannte Stelle zur Feststellung der Konformität des KI-Medizinprodukts, stellt sie gemäß den Anhängen IX, X und XI MDR eine entsprechende Konformitätsbescheinigung aus (Art. 56 Abs. 1 MDR).

Die unionsweite Zulassung KI-gestützter Medizinprodukte setzt zudem **22**
grundsätzlich nach Art. 20 Abs. 1 MDR die Erlangung einer CE-Kennzeichnung voraus, die mit der Durchführung eines Konformitätsbewertungsverfahrens nach der MDR bzw. der IVD-VO einhergeht.[56] Die CE-Kennzeichnung dient dabei ausweislich des Erwgr. 40 MDR dem Nachweis der Übereinstimmung mit den Vorgaben der MDR und stellt damit gleichermaßen die Bedingung für den EU-weiten freien Verkehr dar. Mit dem Erstellen der EU-Konformitätserklärung übernimmt der Hersteller bei Produkten der Klasse I gem. Art. 19 Abs. 3 MDR die Verantwortung dafür, dass das Produkt den Anforderungen der MDR sowie sonstiger unionsrechtlicher Vorschriften genügt. Auch insoweit bildet jedoch die parallele Beurteilung durch Benannte Stelle und Hersteller mangels Vorliegens der Klasse I den Regelfall.[57]

---

51 Joint Team-NB/IG-NB, Artificial Intelligence in Medical Devices, Questionnaire, Version 1.1 vom 9.12.2024, https://www.ig-nb.de/fileadmin/user_upload/ig-nb/Joint-Team-NB-IG-NB-PositionPaper-AI-in-MD-Questionnaire-Version_1.1.pdf.

52 Joint Team-NB/IG-NB, Artificial Intelligence in Medical Devices, Questionnaire, Version 1.1 vom 9.12.2024, S. 3, https://www.ig-nb.de/fileadmin/user_upload/ig-nb/Joint-Team-NB-IG-NB-PositionPaper-AI-in-MD-Questionnaire-Version_1.1.pdf.

53 Vgl. *Gassner*, MPR 2021, 41, 50.

54 *Handorn*, MPR 2023, 16, 21; Joint Team-NB/IG-NB, Artificial Intelligence in Medical Devices, Questionnaire, Version 1.1, Stand 9.12.2024, S. 4, https://www.ig-nb.de/fileadmin/user_upload/ig-nb/Joint-Team-NB-IG-NB-PositionPaper-AI-in-MD-Questionnaire-Version_1.1.pdf.

55 Vgl. *Gassner*, MPR 2021, 41, 50.

56 *Thiermann/Böck*, RDi 2022, 333, 335.

57 *Dettling*, PharmR 2019, 633, 638.

b) In-vitro-Diagnostika-Verordnung

23 Nach Art. 2 Nr. 2 der Verordnung (EU) 2017/746 des Europäischen Parlaments und des Rates vom 5.4.2017 über In-vitro-Diagnostika und zur Aufhebung der Richtlinie 98/79/EG und des Beschlusses 2010/227/EU der Kommission (IVD-VO) unterfallen auch softwaregestützte In-vitro-Diagnostika, die vom Hersteller zur In-vitro-Untersuchung von aus dem menschlichen Körper stammenden Proben, einschließlich Blut- und Gewebespenden, bestimmt sind und ausschließlich oder hauptsächlich einer bestimmten Informationslieferung dienen, unter den Begriff der Medizinprodukte. Die Systematik der Klassifizierung hierunter fallender KI-Systeme folgt einem der MDR ähnlichen Prinzip; Art. 47 Abs. 1 IVD-VO sieht eine Aufteilung der Produkte in die Klassen A–D anhand der Bestimmungen des Anhangs VIII IVD-VO vor. So ist in Nr. 1.4 Anhang VIII IVD-VO vorgesehen, dass Software, die ein Produkt steuert oder dessen Anwendung beeinflusst, mithin bei Bestehen einer gewissen Abhängigkeit, derselben Klasse zugerechnet wird wie das Produkt selbst. In Erwgr. 56 IVD-VO stellt der Verordnungsgeber klar, dass für die Risikoklassen B–D von der alleinigen Verantwortung des Herstellers Abstand genommen und insofern eine verpflichtende Mitwirkung einer Benannten Stelle eingeführt werden soll. Die Klassifizierungsregeln in Anhang VIII IVD-VO sehen in Nr. 1.1 eine Orientierung bei der Klassifizierung insbesondere anhand der jeweiligen Zweckbestimmung der Produkte vor.

c) KI-VO

24 Das bereits jetzt vielfältige Angebot an KI-Medizinprodukten und deren unterschiedliche Anwendungsbereiche verdeutlichen die Wichtigkeit des Zusammenspiels verschiedener Regelungswerke für die Praxis.[58] Aufgrund der horizontalen Ausrichtung der KI-VO schließt die Qualifizierung als Medizinprodukt im Sinne der MDR eine gleichzeitige Einordnung als KI-System im Sinne des KI-VO nicht aus, bedingt diese jedoch auch nicht.[59] Beide Anwendungsbereiche müssen vielmehr sorgfältig getrennt voneinander anhand ihrer konkreten Voraussetzungen bezogen auf den Einzelfall geprüft werden, wobei grundsätzlich keine Vorrangigkeit hinsichtlich der Prüfungsreihenfolge besteht.[60]

---

58 *Ruschemeier*, in: Martini/Wendehorst, KI-VO, Art. 6 Rn. 76.
59 *Tessenow/Teichter*, MPR 2024, 232, 233.
60 *Tessenow/Teichter*, MPR 2024, 232, 233.

aa) Persönlicher Anwendungsbereich im Gesundheitswesen

Hersteller KI-gestützter Medizinprodukte im Sinne des MDR dürften gleichzeitig als Anbieter im Sinne des Art. 3 Nr. 3 KI-VO anzusehen sein.[61] Wesentliches Merkmal der Anbietereigenschaft ist danach, dass ein KI-System bzw. -Modell mit allgemeinem Verwendungszweck selbst entwickelt wird oder entwickeln gelassen wird und dieses unter eigenem Namen/Handelsmarke in Verkehr gebracht oder in Betrieb genommen wird. Für behandelnde Ärzte und Krankenhausträger kommt dagegen insbesondere eine Adressatenstellung als Betreiber im Sinne des KI-VO in Betracht, sofern in der Behandlungspraxis KI-Systeme zum Einsatz gelangen.[62] Nach Art. 3 Nr. 4 KI-VO setzt die Betreibereigenschaft nach der Begriffsbestimmung die Verwendung des KI-Systems in eigener Verantwortung im Rahmen einer beruflichen Tätigkeit voraus. 25

bb) Klassifizierung als Hochrisiko-KI-System und Zusammenspiel mit anderen Vorschriften

Anders als bei der Qualifizierung und damit der Bestimmung des Anwendungsbereichs der jeweiligen Verordnung, sollte im Rahmen der Klassifizierung zunächst eine Prüfung anhand der in der MDR festgelegten Kriterien erfolgen vor der Heranziehung der Klassifizierungsregeln der KI-VO.[63] Denn wie aus Erwgr. 50 KI-VO hervorgeht, wird ein gesundheitsbezogenes KI-gestütztes System, das sowohl die Definition eines KI-Systems nach der KI-VO als auch die eines Medizinprodukts nach Art. 2 Nr. 1 MDR erfüllt und für das ein Konformitätsbewertungsverfahren im Sinne des Art. 52 MDR durchzuführen ist, regelmäßig als hochriskant im Sinne des KI-VO anzusehen sein. Das Ergebnis der Einstufung als Hochrisiko-KI-System wird in der Literatur teilweise als zu pauschal kritisiert, da hierdurch etwaige Einsatzgebiete nicht ausdifferenziert betrachtet und so letztlich die Klassifizierungsvorgaben der MDR in dieser Hinsicht verschwimmen würden.[64] Entsprechend Erwgr. 129 KI-VO und Art. 48 KI-VO ergibt sich gleichlaufend zur MDR das grundsätzliche Erfordernis, das als Hochrisiko-KI-System einzustufende Medizinprodukt zur Gewährleistung der Einhaltung der aus der KI-VO hervorgehenden Anforderungen mit einer CE-Kennzeichnung auszustatten. Von geringerer praktischer Bedeutung dürften KI-basierte Systeme mit geringem bzw. minimalem Risiko sein, was bspw. der Fall sein dürfte, wenn zwar medizinische Berührungspunkte bestehen, diese 26

61 *Jorzig/Kernter*, ZfPC 2023, 172, 173.
62 *Genske/Schulz-Große*, GuP 2024, 177, 178.
63 *Tessenow/Teichter*, MPR 2024, 232, 236.
64 Vgl. *Heinrichs/Karger/Heyl/Spranger/Lanzerath/Wagner/Langner/Caspers/Sroka/Eickhoff*, MedR 2023, 259, 262; vgl. *Hoos*, ZfPC 2024, 168, 171.

jedoch nicht zwingend beabsichtigt sind, wie bei überwiegend administrativem Einsatzzweck.[65]

27 Erwgr. 84 Satz 3 KI-VO stellt jedoch ausdrücklich klar, dass die Regelungen der KI-VO ergänzend zu den Vorschriften der MDR Geltung beanspruchen, letztere daher nicht grundsätzlich durch diese verdrängt werden im Kontext von KI-Systemen. Als explizites Beispiel nennt Erwgr. 84 Satz 4 KI-VO die Bestimmung des Art. 16 Abs. 2 MDR, wonach bestimmte Tätigkeiten nicht als eine sich auf die Konformitätsanforderungen auswirkende Änderung eines (Medizin-)Produkts anzusehen sind, und erklärt die Anwendbarkeit auch für Hochrisiko-KI-Systeme, die gleichermaßen ein Medizinprodukt im Sinne der MDR darstellen. Bei Fehlen einer solchen Regelung und mithin schlichter Beurteilung nach den Vorgaben der MDR würden an dieser Stelle nur „frozen models" nicht das erneute Erfordernis einer Konformitätsbewertung begründen.[66]

28 Niederschlag gefunden haben obige Erwägungen in Art. 6 Abs. 1 KI-VO, der maßgeblich darauf abstellt, dass ein Produkt in Form eines KI-Systems bzw. mit letzterem als Bestandteil durch unionsrechtliche Harmonisierungsvorschriften einer Konformitätsbewegung durch Dritte unterliegen muss (lit. b). Die MDR stellt dabei ausweislich Anhang I Nr. 11 KI-VO eine solche Harmonisierungsrechtsvorschrift der Union dar. Daneben sind gem. Art. 6 Abs. 2 KI-VO auch die in Anhang III KI-VO aufgeführten Systeme als hochriskant einzustufen. Von Relevanz sind im Bereich des Gesundheitswesens insbesondere KI-Systeme nach Anhang III Nr. 5 lit. d KI-VO, die bestimmungsgemäß zur Bewertung und Klassifizierung von Notrufen oder für die Entsendung/Priorisierung des Einsatzes von Not- und Rettungsdiensten oder für die Triage von Patienten bei der Notfallversorgung verwendet werden sollen. Die Einstufung gilt – abgesehen von Fällen des Profilings – jedoch nach Art. 6 Abs. 3 UAbs. 1 KI-VO nicht, wenn durch das System keine erheblichen Risiken in Bezug auf Gesundheits-, Sicherheits- oder Grundrechtsaspekte hervorgerufen werden, wobei UAbs. 2 hierzu weitere Bedingungen aufstellt.

29 Das Zusammenspiel von MDR und KI-VO wirkt sich zudem im Bereich des Sozialrechts im Kontext digitaler Gesundheitsanwendungen (DiGA) aus.[67] Nach § 33a Abs. 1 Satz 1 SGB V haben Versicherte unter bestimmten Voraussetzungen einen Anspruch auf Versorgung mit Medizinprodukten niedrigerer und höherer Risikoklasse, die als digitale Gesundheitsanwendungen einzustufen sind. In der Praxis werden DiGA in Anbetracht

65 Vgl. *Schulz-Große/Genske*, GuP 2023, 81, 84 – da in diesem Fall auch kein Medizinprodukt im Sinne des MDR anzunehmen ist.
66 *Dettling/Jacobus*, A&R 2023, 227, 230.
67 *Frost/Steininger/Vivekens*, MPR 2024, 4, 11 f.

dessen daher bezeichnend „Apps auf Rezept“ genannt, da diese vom Arzt unter Abrechenbarkeit gegenüber der gesetzlichen Krankenkasse verschreibungsfähig sind.[68] Gemäß § 33a Abs. 2 Satz 1, 2 SGB V sind unter Medizinprodukten niedrigerer Klasse solche der Risikoklassen I oder IIa nach Anhang VIII MDR, unter Medizinprodukten mit höherer Risikoklasse solche der Risikoklasse IIb nach Anhang VIII MDR zu verstehen. Handelt es sich um diesen Risikoklassen unterfallende Medizinprodukte, sind in Anbetracht obiger Darstellungen parallel auch die Vorschriften der KI-VO heranzuziehen, sofern deren Anwendungsbereich durch KI-basierte Elemente des Medizinprodukts eröffnet ist.[69] In der Praxis zeigen sich die Auswirkungen der Regelung des § 33a SGB V insbesondere anhand der angebotenen Vielfalt an gesundheitsbezogenen Apps und sogenannten Wearable Devices, die in erster Linie Kontroll- und Präventionszwecken dienen.[70]

cc) Erweiterte Anwenderpflichten bei medizinischen Hochrisiko-KI-Systemen

Anbieter von Hochrisiko-KI-Systemen im medizinischen Bereich müssen nach Art. 16 lit. a, 9 Abs. 1 KI-VO ein Risikomanagementsystem einrichten, anwenden, dokumentieren und aufrechterhalten. Gegenstand hiervon sind Risiken, „die durch die Entwicklung oder Konzeption des Hochrisiko-KI-Systems oder durch die Bereitstellung ausreichender technischer Informationen angemessen gemindert oder behoben werden können“ (Art. 9 Abs. 3 KI-VO). Im Hinblick auf medizinische KI-Systeme ist in Anbetracht dessen zu prüfen, welche Einflüsse diese auf Patienten bzw. deren Therapieverlauf haben können, unter Einbeziehung etwaiger prognostizierbarer Abweichungen vom erwarteten Verhalten.[71] **30**

dd) Erweiterte Betreiberpflichten bei medizinischen Hochrisiko-KI-Systemen

Als Betreiber im Sinne des KI-VO agierende Ärzte bzw. Träger medizinischer Einrichtungen müssen diese gemäß Art. 26 Abs. 1 KI-VO bei der Inbetriebnahme von Hochrisiko-KI-Systemen geeignete technische und organisatorische Maßnahmen treffen, die der Sicherstellung einer der dem jeweiligen System beigefügten Betriebsanleitung entsprechenden Verwendung dienen. Die Überwachung hat dabei gemäß Art. 26 Abs. 2 KI-VO durch menschliche Aufsicht zu erfolgen. Personen, die letztere Aufsicht **31**

---

68 *Busch*, VuR 2024, 441; *Rammos/Lange/Clausen*, in: Ebers/Heinze/Krügel/Steinrötter, Künstliche Intelligenz und Robotik, § 28 Rn. 31.

69 Vgl. *Frost/Steininger/Vivekens*, MPR 2024, 4, 12.

70 Vgl. *Steege*, GuP 2021, 125, 129.

71 *Jorzig/Kernter*, ZfPC 2023, 172, 174.

ausüben, müssen über die notwendige „KI-Kompetenz" verfügen, worunter gemäß Art. 3 Nr. 56 KI-VO insbesondere Fähigkeiten, Kenntnisse und das Verständnis im Hinblick auf den sachkundigen Einsatz des KI-Systems, etwaige Chancen und Risiken und mögliche Schäden gefasst werden. Bei wesentlichen Veränderungen im Sinne des Art. 3 Nr. 23 KI-VO durch den Betreiber an dem Hochrisiko-KI-System (Art. 25 Abs. 1 lit. b KI-VO) läuft dieser Gefahr, als Anbieter angesehen zu werden und hierdurch den strengeren Voraussetzungen nach Art. 16 KI-VO zu unterliegen.[72] Der Umstand, dass eine Entscheidung unter der Zuhilfenahme von Hochrisiko-KI-Systemen getroffen wurde, muss der betroffenen Person nach Art. 26 Abs. 11 KI-VO offengelegt werden.

IV. Aspekte des Datenschutzrechts

32 Die Verwendung von KI-Systemen im medizinischen Bereich ruft bereits im Ausgangspunkt den Konflikt hervor, dass zur Erreichung möglichst präziser und risikominimierender Ergebnisse die Verarbeitung enormer Datenmengen erforderlich ist, wobei die DSGVO vom Ansatz her den Grundsatz der Datenminimierung verfolgt (vgl. Art. 5 Abs. 1 lit. c DSGVO).[73] Letzteres ist zusammengenommen mit weiteren einfachgesetzlich in der DSGVO normierten Grundsätzen, wie der Zweckbindung oder der Transparenz, eine Ausprägung des Rechts auf informationelle Selbstbestimmung aus Art. 2 Abs. 1 und Art. 1 Abs. 1 GG.[74]

1. Verhältnis zwischen KI-VO, DSGVO und BDSG

33 Trotz Inkrafttretens der KI-VO stellt die DSGVO aufgrund ihrer Technologieneutralität, mangels eigenständiger datenschutzrechtlicher Bestimmungen, weiterhin das vordergründige Regelungswerk in Sachen KI-gestützter Datenverarbeitung dar.[75] Dies fußt insbesondere auf dem in Art. 2 Abs. 7 KI-VO normierten Verhältnis der KI-VO zur DSGVO, wonach der Regelungsinhalt letzterer im Grundsatz unberührt bleibt. Dieser Ansatz ist sinnvoll, wenn man die Schutzrichtung der beiden Verordnungen gegenüberstellt:

34 So dient die KI-VO in erster Linie nicht dem Schutz personenbezogener Daten, sondern wählt einen risikobezogenen Ansatz auf Basis des konkret betroffenen KI-Systems, sodass mit Inkrafttreten der KI-VO nur in Teilen

---

72 *Genske/Schulz-Große*, GuP 2024, 177, 186; *Schulz-Große*, MPR 2022, 210 f.

73 *Steege*, GuP 2021, 125, 131.

74 *Rammos/Lange/Clausen*, in: Ebers/Heinze/Krügel/Steinrötter, Künstliche Intelligenz und Robotik, § 28 Rn. 46.

75 *Graf/van Hövell/Stoppe*, PharmR 2025, 77, 79; *Genske/Schulze-Große*, GuP 2024, 177, 178.

Konsequenzen für das Datenschutzrecht einhergehen.[76] Da die DSGVO Einzelheiten im Bereich der medizinischen Forschung, Diagnostik und Therapie dem nationalen Gesetzgeber überlässt, sind im Kontext des Gesundheitswesens insbesondere die konkretisierenden Vorschriften des § 22 und § 27 BDSG heranzuziehen.[77]

2. Datenschutzrechtlich Verantwortlicher

Datenschutzrechtlich Verantwortlicher nach Art. 4 Nr. 7 DSGVO ist im Zusammenhang medizinischer KI-Systeme zunächst der Anbieter oder Betreiber im Sinne des KI-VO.[78] Wirken jedoch mehrere Parteien an der Verarbeitung mit, beispielweise im Rahmen klinischer Studien, bedarf es einer differenzierten Auseinandersetzung hinsichtlich der datenschutzrechtlichen Verantwortlichkeit, wobei die Abgrenzung insbesondere nach dem Kriterium der Kontrolle über die Verarbeitung erfolgt.[79] Die Bestimmung des Verantwortlichen und des Verhältnisses der Beteiligten im Rahmen der Verarbeitung ist dabei wichtig, um den Adressaten der in der DSGVO normierten Pflichten zu ermitteln.[80] Denn sofern bloß eine weisungsgebundene Auftragsverarbeitung vorliegt, fehlt es als Konsequenz an der datenschutzrechtlichen Verantwortlichkeit.[81] **35**

3. Betroffenheit besonderer Kategorien personenbezogener Daten

Bei der Datenverarbeitung im medizinischen Kontext handelt es sich der Natur der Sache nach zumeist um personenbezogene Daten, sodass der Anwendungsbereich nach Art. 2 Abs. 1 DSGVO eröffnet ist.[82] **36**

Im Bereich der Diagnostik sind in der Regel Gesundheitsdaten betroffen, die nach Art. 4 Nr. 15 DSGVO personenbezogene Daten sind, die sich auf die „körperliche oder geistige Gesundheit einer natürlichen Person, einschließlich der Erbringung von Gesundheitsdienstleistungen, beziehen und aus denen Informationen über deren Gesundheitszustand hervorgehen“. Originär medizinische Daten stellen in Anbetracht der weiten Formulierung der Be- **37**

---

76 *Schulz-Große*, MPR 2022, 210, 211.
77 *Schickert/Schweiger/Schuppert*, in: Sassenberg/Faber, Rechtshandbuch Industrie 4.0 und Internet of Things, § 15 Rn. 9.
78 *Graf/van Hövell/Stoppe*, PharmR 2025, 77, 79.
79 *Rammos/Lange/Clausen*, in: Ebers/Heinze/Krügel/Steinrötter, Künstliche Intelligenz und Robotik, § 28 Rn. 76 ff.
80 *Rammos/Lange/Clausen*, in: Ebers/Heinze/Krügel/Steinrötter, Künstliche Intelligenz und Robotik, § 28 Rn. 77.
81 Vgl. *Borges*, in: BeckOK IT-Recht, Art. 29 DSGVO Rn. 4.
82 *Steege*, GuP 2021, 125, 130.

griffsbestimmung nur einen Ausschnitt der umfassten Daten dar.[83] Betroffen sein kann zudem die Kategorie der genetischen Daten im Sinne von Art. 4 Nr. 13 DSGVO, worunter personenbezogene Daten „zu den ererbten oder erworbenen genetischen Eigenschaften einer natürlichen Person, die eindeutige Informationen über die Physiologie oder die Gesundheit dieser natürlichen Person liefern und insbesondere aus der Analyse einer biologischen Probe der betreffenden natürlichen Person gewonnen wurden", zu verstehen sind. Die Gewinnung der Informationen erfolgt ausweislich Erwgr. 34 DSGVO insbesondere durch eine Chromosomen-, Desoxyribonukleinsäure- (DNS) oder Ribonukleinsäure (RNS)-Analyse oder durch Analyse eines anderen Elements. Nicht erfasst sind in der Regel dagegen biometrische Daten im Sinne des Art. 4 Nr. 14 DSGVO, da die Erhebung der betroffenen Daten nicht dem Zweck einer Identifizierung bzw. Authentifizierung dient.[84] Eine Pseudonymisierung im Sinne des Art. 4 Nr. 5 DSGVO, die im medizinischen Kontext häufig bei der Anfertigung von MRT-, CT- oder Röntgenbildern aufgrund der nicht namentlichen Nennung der Patienten gegeben ist, ändert an der Einordnung als personenbezogene Daten dabei nichts.[85]

4. Einzelheiten zur Verarbeitung personenbezogener Daten im medizinischen KI-Bereich

a) Rechtsgrundlage für die Verarbeitung

38 Erwgr. 63 Satz 3 KI-VO stellt klar, dass die KI-VO grundsätzlich – außer in ausdrücklich genannten Fällen – keine Rechtsgrundlage hinsichtlich der Verarbeitung personenbezogener Daten, einschließlich solcher besonderen Kategorien, beinhaltet. Im Bereich der Diagnostik und Behandlung bildet insoweit die für eine Datenverarbeitung erforderliche Rechtsgrundlage auch unter Einsatz von medizinischen KI-Systemen nach Art. 6 Abs. 1 lit. b DSGVO in aller Regel der Behandlungsvertrag (§ 630a BGB). Dies betrifft insbesondere die stationäre sowie ambulante Therapie im Rahmen eines Patientenverhältnisses.[86]

39 Nach dem Prinzip des Verbots mit Erlaubnisvorbehalt[87] ist die Verarbeitung von Gesundheitsdaten als besondere Kategorie personenbezogener Daten im Sinne des Art. 9 Abs. 1 DSGVO grundsätzlich untersagt, sofern nicht einer der Ausnahmetatbestände aus Art. 9 Abs. 2 DSGVO einschlägig ist. Die Re-

---

83 *Ernst*, in: Paal/Pauly, DS-GVO BDSG, Art. 4 Rn. 108.

84 *Rammos/Lange/Clausen*, in: Ebers/Heinze/Krügel/Steinrötter, Künstliche Intelligenz und Robotik, § 28 Rn. 51.

85 *Genske/Schulz-Große*, GuP 2024, 177, 181.

86 *Schickert/Schweiger/Schuppert*, in: Sassenberg/Faber, Rechtshandbuch Industrie 4.0 und Internet of Things, § 15 Rn. 37.

87 *Neugebauer*, DSRITB 2022, 619, 624.

gelung des Art. 9 DSGVO normiert dabei weitere Voraussetzungen zur Erhöhung des Schutzniveaus, verdrängt die Regelungen des Art. 6 DSGVO jedoch nicht, sodass diese vielmehr in kumulativer Weise nebeneinander wirken.[88] Gestützt werden kann die Verarbeitung häufig auf die Regelungen des Art. 9 Abs. 2 lit. h, 3 DSGVO in Verbindung mit § 22 Abs. 1 Nr. 1 lit. b BDSG oder auf einschlägige Vorschriften der jeweiligen Landeskrankenhausgesetze.[89] Danach gilt die Einschränkung des Art. 9 Abs. 1 DSGVO unter anderem nicht im Rahmen der erforderlichen Verarbeitung für Zwecke der Gesundheitsvorsorge, der medizinischen Diagnostik oder der Versorgung oder Behandlung im Gesundheits- oder Sozialbereich. Erwgr. 53 Satz 1 DSGVO stellt insoweit klar, dass eine Verarbeitung zu gesundheitsbezogenen Zwecken nur dann erfolgen soll, wenn dies für das Erreichen dieser Zwecke im Interesse einzelner natürlicher Personen und der Gesellschaft insgesamt erforderlich ist. Die Erforderlichkeit ist dabei insbesondere auch im Hinblick auf eine potenzielle Weitergabe an Anbieter von KI-Systemen als Dritte kritisch zu betrachten.[90]

Zusätzlich treten bei der Verarbeitung von Gesundheitsdaten zu dem in Art. 9 **40**
Abs. 2 lit. h DSGVO genannten Zweck die Anforderungen des Art. 9 Abs. 3 DSGVO hinzu. Dieser bestimmt, dass eine zu diesem Zweck erfolgende Verarbeitung grundsätzlich durch Fachpersonal durchgeführt werden muss, das dem Berufsgeheimnis unterliegt. Das Erfordernis einer datenschutzrechtlichen Einwilligung besteht in diesem Fall nicht. Eine rechtmäßige Datenverarbeitung kann danach laut der DSK auf Basis des Art. 9 Abs. 2 lit. h DSGVO in Verbindung mit dem Behandlungsvertrag beispielhaft im Bereich der dermatologischen Diagnostik erfolgen, wenn es sich um ein zugelassenes KI-Medizinprodukt handelt, das dem fachlichen Standard entspricht.[91]

Nicht von Art. 9 Abs. 2 lit. h DSGVO umfasst ist dagegen die Verarbeitung **41**
zu Zwecken der medizinischen Forschung, welche vielmehr unter die Vorschrift des Art. 9 Abs. 2 lit. j DSGVO zu subsumieren ist.[92] Hierunter werden neben dem bisherigen Begriffsverständnis auch Forschungsprojekte zu fassen sein, die der Gewinnung weiterer Erkenntnisse im Bereich von medizinischen KI-Systemen dienen.[93] Mit ins Bild zu nehmen ist in diesem Kontext § 27 Abs. 1 BDSG, der unter anderem die Datenverarbeitung zu wissenschaftlichen Forschungszwecken auf nationaler Ebene regelt und

88 *Weichert*, in: Kühling/Buchner, DS-GVO/BDSG, Art. 9 Rn. 4.
89 *Genske/Schulz-Große*, GuP 2024, 177, 182.
90 Vgl. *Rammos/Lange/Clausen*, in: Ebers/Heinze/Krügel/Steinrötter, Künstliche Intelligenz und Robotik, § 28 Rn. 59.
91 DSK, Orientierungshilfe der Konferenz der unabhängigen Datenschutzaufsichtsbehörden des Bundes und der Länder vom 6.5.2024, Künstliche Intelligenz und Datenschutz, Version 1.0, Rn. 63.
92 *Weichert*, in: Kühling/Buchner, DS-GVO/BDSG, Art. 9 Rn. 93.
93 Vgl. *Rammos/Lange/Clausen*, in: Ebers/Heinze/Krügel/Steinrötter, Künstliche Intelligenz und Robotik, § 28 Rn. 71.

hierfür ebenfalls ein Erforderlichkeitskriterium normiert sowie ein erhebliches Überwiegen der Interessen des Verantwortlichen an der Verarbeitung gegenüber den Interessen der betroffenen Person an einem Ausschluss der Verarbeitung. In praktischer Hinsicht muss der auf medizinische KI-Systeme ausgerichtete Forschungszweck deutliche Optimierungsvorhaben im gesundheitlichen bzw. medizinischen Bereich anstreben und sich hierbei jedoch auf die tatsächlich hierfür notwendigen personenbezogenen Daten beschränken.[94] Letzterer Aspekt lenkt die Verarbeitung von Big Data hin zu „Smart Data" im Einklang mit dem Grundsatz der Datenminimierung.[95]

42 Im Übrigen ist auf das Erfordernis einer ausdrücklichen und freiwilligen Einwilligung nach Art. 9 Abs. 2 lit. a DSGVO zurückzugreifen, die eine entsprechende vorherige Aufklärung über die Umstände des Einsatzes von KI-Systemen voraussetzt.[96] Beruht die Verarbeitung auf einer solchen datenschutzrechtlichen Einwilligung, stellt sich die Löschung etwaiger verarbeiteter Daten bei Widerruf der Einwilligung durch den Betroffenen nach Art. 7 Abs. 3 DSGVO als schwierig dar.[97] Dies folgt unter anderem aus der teilweise nur schwer nachvollziehbaren Funktionsweise des KI-Systems, je nach dessen Komplexitätsgrad und der damit verbundenen Hürde der tatsächlichen Überprüfungsmöglichkeit der Löschung.[98] Zur Lösung dieses Problems wird zum einen die Anonymisierung der Daten in Betracht gezogen und zum anderen die Ausnahme des Art. 17 Abs. 3 lit. c DSGVO, wobei der Begriff der „öffentlichen Gesundheit" durch den Verweis auf Art. 9 Abs. 2 lit. h DSGVO extensiv auf den Bereich der medizinischen Diagnostik auszulegen sei.[99] Eine Anonymisierung kommt allerdings nur dann in Betracht, wenn dadurch der Personenbezug überhaupt nicht bzw. nur mit unverhältnismäßigem Aufwand wiederhergestellt werden kann.[100] Letzteres ist beispielsweise dann nicht der Fall, wenn identifizierende Merkmale im Rahmen eines genetischen Profils anonymisiert werden sollen, da diesen eine Einzigartigkeit und damit Bestimmtheit geradezu innewohnt und eine Rückverfolgbarkeit daher nicht ausgeschlossen werden kann.[101] Dies gilt

94 *Rammos/Lange/Clausen*, in: Ebers/Heinze/Krügel/Steinrötter, Künstliche Intelligenz und Robotik, § 28 Rn. 75.

95 *Schickert/Schweiger/Schuppert*, in: Sassenberg/Faber, Rechtshandbuch Industrie 4.0 und Internet of Things, § 15 Rn. 36.

96 DSK, Orientierungshilfe der Konferenz der unabhängigen Datenschutzaufsichtsbehörden des Bundes und der Länder vom 6.5.2024, Künstliche Intelligenz und Datenschutz, Version 1.0, Rn. 63, https://www.datenschutzkonferenz-online.de/media/oh/20240506_DSK_Orientierungshilfe_KI_und_Datenschutz.pdf.

97 *Graf/van Hövell/Stoppe*, PharmR 2025, 77, 89.

98 *Neugebauer*, DSRITB 2022, 619, 626.

99 *Graf/van Hövell/Stoppe*, PharmR 2025, 77, 89.

100 *Neugebauer*, DSRITB 2022, 619, 634.

101 *Neugebauer*, DSRITB 2022, 619, 635.

selbst dann, wenn sämtliche in direkter Weise zu einer Identifizierung führenden Merkmale entfernt würden.[102] Zudem bietet eine Anonymisierung auch in solchen Fällen, in denen eine langfristige Verarbeitung und Analyse bezweckt ist, keinen lösungsgebenden Ansatz.[103] Denn teilweise ist für die Behandlung der konkrete Krankheitsverlauf des betroffenen Patienten von entscheidender Bedeutung, da so unter anderem bisherige Aspekte der Heilbehandlung in den Behandlungsansatz miteinfließen können.[104] Im Übrigen ist Vorsicht geboten bei einem Rückgriff auf die Rechtmäßigkeitsgrundlage des Art. 6 Abs. 1 lit. f DGSVO, da das Vorliegen eines berechtigten Interesses stets eine Prüfung anhand des konkreten Einzelfalls voraussetzt.[105]

Im Bereich von genetischen Daten als besondere Kategorie personenbezogener Daten sind die Bestimmungen des Gendiagnostikgesetzes (GenDG), wie die Subsidiaritätsklausel des § 1 Abs. 2 Satz 1 BDSG bestimmt, als speziellere Vorschriften vorrangig heranzuziehen. Die Analyse genetischer Daten erfordert hiernach einer ausdrücklichen und schriftlichen Einwilligung gegenüber der verantwortlichen ärztlichen Person, sodass bei Fehlen einer solchen von der Rechtswidrigkeit der Erhebung bzw. Verarbeitung der genetischen Daten auszugehen ist.[106] **43**

b) Zweckbindungsgrundsatz

Der Zweckbindungsgrundsatz aus Art. 5 Abs. 1 lit. b DSGVO ist in der Regel auch bei mehrschrittigem Vorgehen gewahrt, so beispielsweise wenn in bildgebenden Verfahren unter Zuhilfenahme von medizinischen KI-Systemen personenbezogene Daten erhoben werden und diese in einem weiteren Schritt durch den behandelnden Arzt ausgewertet werden.[107] Der Zweckbindungsgrundsatz besagt, dass die personenbezogenen Daten dem Grunde nach nur für solche Zwecke, für die sie erhoben worden sind, verarbeitet werden dürfen.[108] Der in Art. 26 Abs. 4 KI-VO enthaltene Grundsatz, wonach Betreiber dafür zu sorgen haben, dass „die Eingabedaten der Zweckbestimmung des Hochrisiko-KI-Systems entsprechen und ausreichend re- **44**

---

102 *Rammos/Lange/Clausen*, in: Ebers/Heinze/Krügel/Steinrötter, Künstliche Intelligenz und Robotik, § 28 Rn. 52.

103 *Steppe*, GuP 2021, 125, 131.

104 *Rammos/Lange/Clausen*, in: Ebers/Heinze/Krügel/Steinrötter, Künstliche Intelligenz und Robotik, § 28 Rn. 88.

105 Vgl. *Graf/van Hövell/Stoppe*, PharmR 2025, 77, 89.

106 *Rammos/Lange/Clausen*, in: Ebers/Heinze/Krügel/Steinrötter, Künstliche Intelligenz und Robotik, § 28 Rn. 57.

107 Vgl. *Schulz-Große*, MPR 2022, 210, 211.

108 *Schulz-Große*, MPR 2022, 210, 211.

präsentativ sind“, enthält in Anbetracht der Regelungen der DSGVO keine diesbezüglichen Mehranforderungen.[109]

c) Verbot automatisierter Entscheidungen

45 Die Vorschrift des Art. 22 Abs. 1 DSGVO sieht ein Recht des Betroffenen vor, nicht einer ausschließlich auf einer automatisierten Verarbeitung beruhenden Entscheidung unterworfen zu werden, die ihr gegenüber rechtliche Wirkung entfaltet oder sie in ähnlicher Weise erheblich beeinträchtigt. Im Bereich des Gesundheitswesens ist der Anwendungsbereich insbesondere dann tangiert, wenn die Wahl der konkreten Behandlungsmethode ausschließlich auf Basis der Entscheidung eines KI-Systems getroffen wird, das heißt der behandelnde Arzt keinerlei Gebrauch von seinem potenziellen Ermessensspielraum macht.[110] Dies ist beispielweise im Kontext einer Trajektorien-Klassifikation, die anhand eines KI-basierten Systems den potenziellen Verlauf anhand statistischer Zusammenhänge skizzieren kann, in der Regel nicht gegeben, da dies nur eine vorbereitende Prognose beinhaltet, die tatsächliche Behandlungsentscheidung jedoch von dem behandelnden Arzt getroffen wird.[111]

46 Zum Teil von der U. S. Food and Drug Administration (FDA) zugelassene Medizinprodukte zeigen, dass bereits jetzt schon die Entscheidung eines Arztes entbehrlich machende KI-Systeme zur Diagnoseentscheidung einsatzbereit auf dem Markt verfügbar sind.[112] Allerdings ist für auf einem KI-System beruhende automatische Entscheidungen derzeit noch keine besonders hohe Praxisrelevanz zu verzeichnen, sodass die Vorschrift des Art. 22 Abs. 1 DSGVO derzeit in Bezug auf KI-Medizinprodukte (noch) von vergleichsweise geringerer praktischer Bedeutung ist.[113]

d) Verarbeitung personenbezogener (Gesundheits-)Daten zu Trainingszwecken

47 Auch bereits im Vorfeld des tatsächlichen Inverkehrbringens werden als sensibel einzuordnende Gesundheitsdaten verarbeitet, was insbesondere zu Trainingszwecken des KI-Systems dient, sodass auch bereits in diesem Stadium etwaige datenschutzrechtliche Vorgaben Beachtung finden müssen.[114]

109 Vgl. *Schulz-Große*, MPR 2022, 210, 211 zu Art. 29 Abs. 3 KI-VO-E.
110 *Hänold/Schlee/Antweiler/Beckh*, MedR 2021, 516, 521.
111 *Hänold/Schlee/Antweiler/Beckh*, MedR 2021, 516, 521; *Schulz-Große*, MPR 2022, 210, 212.
112 So bspw. *Dettling*, PharmR 2019, 633, 636 zu einem für die diabetische Retinopathie durch die FDA zugelassenen Medizinprodukt.
113 *Schulz-Große*, MPR 2022, 210, 212.
114 *Frost/Steininger/Vivekens*, MPR 2024, 4, 6.

Reguliert wird die Verarbeitung etwaiger Gesundheitsdaten derzeit insbesondere durch allgemeine oder bereichsspezifische Regelungen zum Datenschutz, wobei unter anderem auch der Sozialdatenschutz und die ärztliche Schweigepflicht von Bedeutung sind.[115]

Bei (alleiniger) Weiterverarbeitung der Daten zu Trainingszwecken dürfte **48** bei vorheriger Rechtfertigung nur auf Basis des Behandlungsvertrags der Zweckbindungsgrundsatz nach Art. 5 Abs. 1 lit. b DSGVO entgegenstehen, sofern nicht die Ausnahme des Art. 6 Abs. 4 DSGVO greift.[116] In Bezug auf die dort genannten Rechtsvorschriften der Union dürfte insbesondere Art. 59 KI-VO von Relevanz sein, der die Weiterverarbeitung personenbezogener Daten zur Entwicklung bestimmter KI-Systeme im öffentlichen Interesse im KI-Reallabor regelt.[117]

Als potenzieller Lösungsansatz kommt auch hier die Anonymisierung bzw. **49** Pseudonymisierung von personenbezogenen Daten in Betracht. Kann lediglich letztere erreicht werden, ändert dies nichts an der Eigenschaft der betroffenen Daten als personenbezogen.[118] Die Pseudonymisierung hat zur Folge, dass ohne Hinzuziehung zusätzlicher Informationen eine Zuordnung zu einer spezifischen betroffenen Person nicht mehr möglich ist (Art. 4 Nr. 6 DSGVO). Dies erfolgt beispielsweise durch den Austausch persönlicher Identifizierungsmerkmale mit Kennziffern mit dem Ziel, datenschutzbezogene Risiken für die betroffene Person zu verringern bzw. die Hürden der konformen Umsetzung datenschutzrechtlicher Verpflichtungen zu senken (vgl. Erwgr. 28 DSGVO). Das Mittel der Pseudonymisierung bildet dabei gemäß § 22 Abs. 2 Nr. 6 BDSG eine angemessene und spezifische Maßnahme zur Wahrung der Interessen der betroffenen Person für die zulässige Verarbeitung besonderer Kategorien personenbezogener Daten nach § 22 Abs. 1 BDSG. Sofern nach dem Forschungs- bzw. Statistikzweck möglich, sieht § 27 Abs. 3 BDSG ergänzend zu § 22 Abs. 2 BDSG eine Anonymisierung vor.

Gemäß Art. 10 Abs. 5 Satz 1 KI-VO dürfen Anbieter von Hochrisiko-KI-Sys- **50** temen ausnahmsweise besondere Kategorien personenbezogener Daten, Gesundheitsdaten inbegriffen, verarbeiten, soweit dies für die Erkennung und Korrektur von Verzerrungen im Zusammenhang mit solchen Systemen unbedingt erforderlich ist. Dies stellt eine ausdrückliche Rechtsgrundlage zur Verarbeitung im Rahmen der KI-VO, abweichend von dem Grundsatz in Erwgr. 63 Satz 3 KI-VO, dar.[119] Bedenken werden insoweit im Hinblick auf den Wortlaut des Art. 10 Abs. 5 Satz 1 KI-VO geäußert, der auf bereits be-

115 Ausführlich hierzu *Katzenmeier*, MedR 2019, 259, 262.
116 Vgl. *Genske/Schulz-Große*, GuP 2024, 177, 182.
117 Vgl. *Schulz-Große*, MPR 2022, 210, 213 zu Art. 53 f. KI-VO-E.
118 *Schulz-Große*, MPR 2022, 210, 212.
119 Vgl. *Schulz-Große*, MPR 2022, 210, 213 zu Erwgr. 41 Satz 3 KI-VO-E.

stehende Verzerrungen Bezug nimmt, sodass es in Zukunft zu klären gilt, ob die Vorschrift auch als Rechtsgrundlage für die anfängliche Entwicklung medizinischer KI-Systeme dienen kann.[120]

e) Privacy-by-Design-Vorgaben bei medizinischen Apps und Gadgets

51 Durch Nutzung gesundheitsbezogener Apps oder technischer Gadgets, wie beispielweise einer ein Tracking ermöglichenden Uhr oder einem Ring, wird dem jeweiligen Nutzer die Möglichkeit der Erhebung seiner eigenen Gesundheitsdaten und anschließenden Analyse eröffnet.[121] Bekannt sind in diesem Zusammenhang insbesondere auch KI-basierte Symptomchecker-Apps, die durch das Sammeln bestimmter Informationen und Daten in Vorbereitung auf einen Arzttermin eine Ersteinschätzung bezüglich möglicher Diagnosen treffen können und in Bezug hierauf auch imstande sind, eine Gewichtung in Sachen Dringlichkeit vorzunehmen.[122] Dies geschieht in der Praxis beispielsweise durch Verwendung eines Anamnese-Fragebogens, wobei die Künstliche Intelligenz aufgrund der durch den Patienten gegebenen Antworten hierauf angepasste Folgefragen stellt und durch eine anschließende Analyse eine Grundlage für die Diagnose schafft bzw. eine solche direkt ermöglicht.[123] Als Wearable eingesetzt wurde beispielsweise bereits auch ein körpernaher Sensor, der KI-gesteuerte Messungen und Auswertungen zur weiteren Behandlung der Krankheit Multiple Sklerose durchführt – hierbei jedoch auch eine ständige Offenbarung der personenbezogenen Daten des Verwenders mit sich bringt.[124] Dass die Verarbeitung vordergründig dem eigenen Interesse dient, entbehrt nicht der auch insofern notwendigen Einwilligung in die Datenverarbeitung oder bei Fehlen einer solchen Einwilligung einer sonstigen Rechtsgrundlage.[125] Als Folge müssen daher datenschutzrechtliche Aspekte nach dem Konzept Privacy by Design als integraler Bestandteil des App-Entwicklungsprozesses Berücksichtigung finden und dürfen nicht als bloße Zusatzanforderung angesehen werden (vgl. Art. 25 DSGVO).[126]

---

120 *Schulz-Große*, MPR 2022, 210, 213.
121 *Katzenmeier*, MedR 2019, 259, 264.
122 *Ströbel/Grau*, ZD 2022, 599, 600; *Graf/van Hövell/Stoppe*, PharmR 2025, 10, 13.
123 Vgl. OLG Hamburg, Urt. v. 20.6.2024 – 3 U 3/24, PharmR 2024, 451, 453 f.
124 *Rammos/Lange/Clausen*, in: Ebers/Heinze/Krügel/Steinrötter, Künstliche Intelligenz und Robotik, § 28 Rn. 48.
125 *Katzenmeier*, MedR 2019, 259, 265.
126 Vgl. *Hense*, in: Taeger/Pohle ComputerR-HdB, Teil 3. 33.2 Rn. 6 f; *Schickert/Schweiger/Schuppert*, in: Sassenberg/Faber, Rechtshandbuch Industrie 4.0 und Internet of Things, § 15 Rn. 36.

V. Haftungsfragen

Aus haftungsrechtlicher Sicht scheinen bisher viele Fragen im Bereich des KI-Medizinrechts noch nicht abschließend geklärt. Wer haftet für fehlerhafte Entscheidungen von KI-Systemen, insbesondere wenn deren Ergebnisfindung im Nachhinein nicht mehr zufriedenstellend nachvollzogen werden kann („Blackbox-Problematik")? Und in welchem haftungsrechtlichen Verhältnis steht die Heranziehung KI-basierter Systeme zu den ärztlichen Tätigkeits- bzw. Sorgfaltspflichten? Wie wirkt sich die Einbindung KI-basierter medizinischer Systeme auf etwaige Aufklärungspflichten aus und inwieweit erhöht sich ein daraus folgendes Haftungsrisiko des Behandelnden? Die aktuellen gesetzgeberischen Entwicklungen zeigen jedoch, dass die Relevanz der Künstlichen Intelligenz im medizinrechtlichen Bereich angekommen ist und entsprechende Anpassungen nach und nach erfolgen. In den Fokus rücken dabei zum einen die Haftung für KI-basierte Medizinprodukte aus produkthaftungsrechtlicher Sicht und zum anderen haftungsrechtliche Gesichtspunkte im Hinblick auf die Verwendung von KI-Systemen im Bereich der Diagnostik und Therapie. **52**

1. Produkthaftung im Kontext von KI-basierten Medizinprodukten

Vor allem im Bereich generativer KI-Systeme erweist sich die Zuweisung der haftungsrechtlichen Verantwortlichkeit de lege lata als kompliziert.[127] Wie allgemein bereits im Zusammenhang mit der Nutzung von KI-Systemen diskutiert, stellt sich auch im Bereich KI-gestützter Medizinprodukte die Frage nach der Einführung einer (verschuldensunabhängigen) Gefährdungshaftung, die das Haftungsrisiko entweder dem Hersteller oder dem Betreiber/Anwender eindeutig zuordnet oder klare Vorgaben zu einer gesamtschuldnerischen Haftung vorsieht.[128] Insbesondere die spezifischen Medizinprodukterechtsvorschriften, dabei vor allem die MDR und das MPDG, sehen kein eigenes Haftungsregime für die Nutzung von Medizin-KI-Systemen vor.[129] Mangels eigener Rechtspersönlichkeit scheidet auch die Haftung des KI-Systems bzw. des Medizinprodukts, in welches das KI-System inkorporiert ist, aus.[130] **53**

a) Grundsätze der Produkthaftung

Zu den allgemein geltenden Haftungsgrundsätzen im Bereich der Produkthaftung und den diesbezüglichen aktuellen rechtlichen Entwicklungen im **54**

127 *Frost/Kießling*, MPR 2020, 178, 179.
128 *Zech/Hünefeld*, MedR 2023, 1, 6; *Molnár-Gábor*, DSRITB 2019, 277, 283.
129 *Handorn/Juknat*, MPR 2022, 77, 79; *Graf/van Hövell/Stoppe*, PharmR 2025, 77, 81.
130 *Graf/van Hövell/Stoppe*, PharmR 2025, 77, 81.

Kontext von KI-Systemen sei auf die ausführlichen Darstellungen in Kapitel 7 dieses Handbuchs verwiesen. Die nachfolgenden Ausführungen beschränken sich insofern auf solche Aspekte, die einen konkreten Bezug zu Haftungsfragen bei der Nutzung künstlicher Intelligenz im medizinischen Bereich aufweisen.

aa) Anwendung der Produkthaftungsgrundsätze im Medizinbereich

55 Da derzeit kein eigenes Haftungsregime für Medizinprodukte besteht, muss ein Rückgriff auf die allgemeinen Regelungen des Produkthaftungsgesetzes erfolgen.[131] Neben einer Haftung nach dem ProduktHaftG eröffnet § 15 Abs. 2 ProdHaftG eine Produkthaftung des Herstellers unter anderem nach § 823 Abs. 1 und Abs. 2 BGB. In deren Rahmen gilt eine Beweislastumkehr, die dazu führt, dass bei nachgewiesenem Produktfehler das Vorliegen einer objektiven und kausalen Pflichtverletzung vermutet wird.[132] Dies steht in Einklang mit Art. 10 Abs. 16 MDR, wonach für einen Schaden, der durch ein fehlerhaftes Produkt verursacht wurde, eine Schadensersatzhaftung nach geltendem Unionsrecht bzw. nationalem Recht erfolgt.

bb) Erweiterung des Produkt- und des Fehlerbegriffs

56 Umstritten im Kontext von medizinischen Apps war bisher die Heranziehung des Produkthaftungsgesetzes, da es sich weder um eine bewegliche Sache noch um Elektrizität handelt und daher die Legaldefinition eines Produkts gem. § 2 ProdHaftG nach derzeitiger Fassung nicht einschlägig ist.[133] Abhilfe verschafft jedoch Art. 4 der am 9.12.2024 in Kraft getretenen ProdukthaftungsRL[134], da gemäß deren Art. 4 Nr. 1 unter Produkte auch Software fallen soll. Erwgr. 13 ProdukthaftungsRL begründet die Ausweitung des Produktbegriffs von körperlichen auch auf nicht-körperliche Produkte mit der Entwicklung des digitalen Zeitalters und nennt KI-Systeme explizit als ein unter den Softwarebegriff fallendes Beispiel. Diese Einstufung läuft parallel zu Art. 2 Nr. 1 MDR, wonach Software von der Definition eines Medizinprodukts umfasst wird. In der Konsequenz wird im Hinblick auf die Regelung des Art. 10 Abs. 16 MDR eine Haftung auch nach ProdHaftG in Verbindung mit der ProdukthaftungsRL ermöglicht, da die Vorschrift ansonsten weitestgehend leerliefe.[135] Die ProdukthaftungsRL löst die

---

131 *Frost/Küßling*, MPR 2020, 178, 179.

132 *Katzenmeier*, in: Dauner-Lieb/Langen, BGB, § 823 Rn. 329.

133 *Katzenmeier*, MedR 2019, 259, 265.

134 Richtlinie (EU) 2024/2853 des Europäischen Parlaments und des Rates vom 23.10.2024 über die Haftung für fehlerhafte Produkte und zur Aufhebung der Richtlinie 85/374/EWG des Rates.

135 *Mayr/Rauner/Schweiger*, ZfPC 2023, 2, 4.

(Produkthaftungs-)Richtlinie 85/374/EWG aus dem Jahr 1985 ab, die gem. Art. 21 Satz 1 ProdukthaftungsRL mit Wirkung vom 9.12.2026 aufgehoben wird. Nach Art. 21 Satz 2 ProdukthaftungsRL gilt die alte Produkthaftungsrichtlinie dennoch weiterhin für Produkte, die vor dem Aufhebungsdatum in Verkehr gebracht oder in Betrieb genommen wurden.

Gefordert wird eine Heranziehung des Facharztstandards[136] zur Beurteilung der Haftungsmodalitäten, sofern der Hersteller damit wirbt, dass die jeweilige App eine tatsächliche ärztliche Behandlung ersetzen kann.[137] Der Anwendungsbereich erstreckt sich dabei nicht auf außerhalb einer Geschäftstätigkeit entwickelte bzw. bereitgestellte freie oder quelloffene Software (Art. 2 Abs. 2 ProdukthaftungsRL). In diesem Kontext stellt Erwgr. 14 ProdukthaftungsRL klar, dass eine Geschäftstätigkeit insbesondere auch dann gegeben und der Anwendungsbereich damit eröffnet ist, wenn die Software entweder entgeltlich oder im Austausch gegen personenbezogene Daten bereitgestellt wird, wenn die Daten auf andere Weise als ausschließlich zur Verbesserung der Sicherheit, Kompatibilität oder Interoperabilität der Software verwendet werden. Für den Hersteller einer quelloffenen bzw. freien Software soll entsprechend den Ausführungen in Erwgr. 15 ProdukthaftungsRL eine Haftung auch dann nicht nach Produkthaftungsvorschriften eintreten, wenn die Software anschließend von einem (anderen) Hersteller im Rahmen einer Geschäftstätigkeit als Komponente in ein Produkt integriert und damit in Verkehr gebracht wird, sodass nur für Letzteren eine solches Haftungspotenzial eröffnet wird. **57**

Nicht nur der Produkt-, sondern auch der Fehlerbegriff erfährt eine Ergänzung durch die ProdukthaftungsRL. Gemäß Art. 7 Abs. 2 lit. c ProdukthaftungsRL stellt die Fähigkeit des Produkts, nach seinem Inverkehrbringen oder seiner Inbetriebnahme weiter zu lernen oder neue Funktionen zu erwerben, in Bezug auf die Fehlerhaftigkeit eines Produkts einen zu berücksichtigenden Umstand dar. Dies soll gemäß Erwgr. 32 ProdukthaftungsRL der berechtigten Erwartung Rechnung tragen, dass die Software eines Produkts und die zugrunde liegenden Algorithmen so konzipiert sind, dass ein gefährliches Produktverhalten verhindert wird. Im Ergebnis dient die Regelung dazu, im Schadensfall eine Haftung des Herstellers zu begründen, der ein Produkt entwickelt, das die Fähigkeit aufweist, unerwartetes Verhalten hervorzubringen (Erwgr. 32 ProdukthaftungsRL). Keine Änderung ergibt sich indes im Hinblick auf den Erwartungshorizont, bezogen auf die Sicher- **58**

136 Gemeint ist hiermit der „Standard eines erfahrenen Arztes der jeweiligen Fachrichtung“, eingehend hierzu *Katzenmeier*, in: BeckOK BGB, § 630a Rn. 161.

137 *Rammos/Lange/Clausen*, in: Ebers/Heinze/Krügel/Steinrötter, Künstliche Intelligenz und Robotik, § 28 Rn. 19.

heit eines Produkts.[138] Zwar stellt Art. 7 Abs. 1 ProdukthaftungsRL auf „eine Person“ ab; Erwgr. 30 Satz 2 ProdukthaftungsRL stellt jedoch klar, dass eine objektive Analyse der Sicherheit entlang des Erwartungshorizontes der Öffentlichkeit zu erfolgen hat. Exemplarisch wird in Erwgr. 30 Satz 4 ProdukthaftungsRL für lebenserhaltende Medizinprodukte eine besonders hohe Sicherheitserwartung angenommen, da diese ein besonders hohes Schädigungsrisiko für Menschen bergen.

cc) Beweislastmodifikationen hinsichtlich der Fehlerhaftigkeit des Produkts

59 In Hinblick auf die Beweislast dürfte insbesondere Art. 10 Abs. 4 lit. a ProdukthaftungsRL im Kontext medizinischer KI-Systeme eine Rolle spielen, da dieser eine widerlegbare Vermutung der Fehlerhaftigkeit vorsieht, wenn „es für den Kläger insbesondere aufgrund der technischen oder wissenschaftlichen Komplexität übermäßig schwierig ist, die Fehlerhaftigkeit des Produkts oder den ursächlichen Zusammenhang zwischen dessen Fehlerhaftigkeit und dem Schaden oder beides zu beweisen“. Letzteres dürfte insbesondere Beweiserleichterungen des Geschädigten in Bezug auf die immer wieder und insbesondere im Bereich der generativen Künstlichen Intelligenz auftretende „Blackbox“-Problematik schaffen. Dem Hersteller bleibt es damit verwehrt, sich pauschal auf die Unvorhersehbarkeit eines Produktfehlers zu berufen, mit der Begründung, dass das KI-System zum Zeitpunkt des Inverkehrbringens als fehlerfrei anzusehen gewesen sei.[139]

dd) Modifikation des Haftungsausschlusses im Softwarekontext

60 Die in Art. 11 Abs. 1 ProdukthaftungsRL vorgesehene Haftungsbefreiung für Wirtschaftsakteure, im Falle des Nachweises der Wahrscheinlichkeit, dass die Fehlerhaftigkeit, die den Schaden verursacht hat, zum Zeitpunkt des Inverkehrbringens, der Inbetriebnahme oder des Bereitstellens auf dem Markt noch nicht bestanden hat, erfährt in Art. 11 Abs. 2 ProdukthaftungsRL eine abweichende Regelung. Danach wird ein Wirtschaftsakteur unter anderem nicht von der Haftung befreit, wenn die Fehlerhaftigkeit eines Produkts auf Software (inkl. Software-Updates bzw. -Upgrades) oder das Fehlen solcher Software-Updates bzw. -Upgrades, die zur Aufrechterhaltung der Sicherheit erforderlich sind, beruht und die Ursache der Kontrolle des Herstellers unterliegt. Im Wesentlichen wird die Haftung für Wirtschaftsakteure in puncto Software damit auf den „Post-Market-Bereich“ ausgeweitet und modifiziert

138 *Iber*, in: Ulbricht/Brajovic/Duhme/Hawighorst/Huber/Iber/Nemec, Praxishandbuch KI und Recht, S. 147.

139 *Schickert/Schweiger/Schuppert*, in: Sassenberg/Faber, Rechtshandbuch Industrie 4.0 und Internet of Things, § 15 Rn. 95.

den ursprünglich geltenden Grundsatz, dass der Hersteller bei nicht ausreichend feststellbarer Wahrscheinlichkeit der Fehlerhaftigkeit des Produkts bereits zum Zeitpunkt des Inverkehrbringens nicht haftet.[140] Hintergründig dient dies der Umsetzung der herstellerseitigen Verantwortung für die Produktsicherheit bezogen auf deren gesamten Lebenszyklus, wie Erwgr. 51 Satz 2 ProdukthaftungsRL klarstellt und hierbei konkret auf den diesbezüglichen Regelungsgehalt der MDR als Beispiel verweist. Indes wird hierdurch jedoch keine Verpflichtung zur Bereitstellung von Software-Updates bzw. -Upgrades begründet (Erwgr. 51 Satz 4 ProdukthaftungsRL).

b) Haftung des Herstellers, Importeurs und Bevollmächtigten

Aus Erwgr. 13 ProdukthaftungsRL geht hervor, dass Entwickler oder Her- **61**
steller von Software, einschließlich der Anbieter von KI-Systemen im Sinne des KI-VO, als Hersteller im Sinne der Richtlinie zu betrachten sein sollen. Auf nationaler Ebene umfasst dies auch den sogenannten Quasi-Hersteller[141] im Sinne des § 4 Abs. 1 Satz 2 ProdHaftG, der sich durch das Anbringen seines Namens, seiner Marke oder eines anderen unterscheidungskräftigen Kennzeichens als Hersteller ausgibt.

Das derzeit geltende Produkthaftungsrecht steht vor der Herausforderung, **62**
die mit der Nutzung KI-basierter Medizinprodukte einhergehenden Faktoren der Unvorhersehbarkeit und Unsicherheit angemessen in das Produkthaftungsregime zu integrieren.[142] Denkbar ist dabei unter anderem auch die Haftung des Herstellers bei nicht ordnungsgemäßer Nutzung von gesundheitsbezogenen Apps durch den jeweiligen Nutzer selbst, wenn dies auf einer fehlerhaften Unterweisung des Herstellers beruht.[143]

Sofern der Hersteller seinen Sitz außerhalb der EU hat, rückt auch der Im- **63**
porteur nach Art. 8 Abs. 1 lit. c Ziff. ii ProdukthaftungsRL in Verbindung mit § 4 Abs. 2 ProdHaftG als Haftungsadressat in den Fokus. Insofern ist es im Ergebnis unschädlich, dass sich für letzteren keine mit Art. 10 Abs. 16 MDR vergleichbare Regelung in Art. 13 MDR findet.[144] Im Hinblick auf die in der MDR adressierten Handelnden sind von den nunmehr geltenden Produkthaftungsregelungen sowohl Hersteller, Importeure als auch Bevollmächtigte betroffen.[145]

---

140 *Iber*, in: Ulbricht/Brajovic/Duhme/Hawighorst/Huber/Iber/Nemec, Praxishandbuch KI und Recht, S. 151.
141 *Wagner*, in: MüKoBGB, § 4 ProdHaftG Rn. 34.
142 Vgl. *Zech/Hünefeld*, MedR 2023, 1, 5.
143 *Katzenmeier*, MedR 2019, 259, 265.
144 Vgl. *Handorn/Juknat*, MPR 2022, 77, 80.
145 *Graf/van Hövell/Stoppe*, PharmR 2025, 77, 82.

64 Haftungsbegründend wirkt dagegen die Vorschrift des Art. 11 Abs. 5 MDR, die eine gesamtschuldnerische Haftung des Bevollmächtigten und des nicht in der EU niedergelassenen Herstellers für fehlerhafte Medizinprodukte anordnet.[146] Letzteres ist Konsequenz der Voraussetzung des Art. 11 Abs. 1 MDR, wonach der nicht EU-ansässige Hersteller nur dann Produkte in der Union in Verkehr bringen darf, wenn ein entsprechender Bevollmächtigter benannt wird. Nach der Begriffsbestimmung des Art. 2 Nr. 32 MDR ist darunter eine in der Union niedergelassene Person zu verstehen, die aufgrund schriftlicher Vereinbarung im Namen des nicht EU-ansässigen Herstellers im Rahmen der MDR anfallende Aufgaben und Pflichten wahrnimmt. Weitere Haftungsregelungen sieht die MDR dagegen nicht vor.[147]

c) Haftung der Betreiber und Anwender medizinischer KI-Systeme

65 Betreiber kann sowohl der behandelnde Arzt sein, im Zusammenhang stationärer Klinikaufenthalte auch der Krankenhausträger, je nach konkreter Konstellation im Einzelfall.[148] Im Regelfall wird bei einem KI-Einsatz im Krankenhaus davon auszugehen sein, dass die Krankenhausträgergesellschaft als Betreiber und der behandelnde Arzt lediglich als Nutzer anzusehen ist.[149] Neben einer vertraglichen Haftung kommt hier insbesondere eine deliktische Haftung aus § 823 Abs. 1 BGB in Betracht, begründet durch ein Organisationsverschulden.[150]

66 Die im Zusammenhang mit dem Einsatz von KI-Systemen anzuwendenden Sorgfaltspflichten bestehen für Anwender und Betreiber insbesondere in Auswahl- und Überwachungspflichten, wobei für zuerst genannte vorausgesetzt wird, dass sich der Behandelnde vor Ingebrauchnahme mit der Funktionsweise des Systems auseinandergesetzt hat.[151]

d) Haftung von Zertifizierungsstellen

67 Möglich erscheint zudem eine Haftung der das Medizinprodukt in Vorbereitung auf die Marktzulassung zertifizierenden Benannten Stelle.[152] Letztere nimmt für den Hersteller eine Konformitätsbewertung mit dem Ziel der Ausstellung einer Konformitätsbescheinigung vor, die die CE-Kennzeichnung des Medizinprodukts ermöglicht.[153] Eine Haftung der Benannten

146 *Handorn/Juknat*, MPR 2022, 77, 80.
147 *Steege*, GuP 2021, 125, 132.
148 *Zech/Hünefeld*, MedR 2023, 1, 5.
149 *Ritter*, GuP 2025, 53, 55.
150 *Steege*, GuP 2021, 125, 133.
151 *Eichelberger*, ZfPC 2023, 209, 212.
152 *Zech/Hünefeld*, MedR 2023, 1, 2.
153 *Anhalt/Dieners/Westphal,* in: Anhalt/Dieners, Medizinprodukterecht, § 2 Rn. 50.

Stelle kommt daher insbesondere bei Missachtung etwaiger regulatorischer Vorgaben in Betracht.[154] Normativer Anknüpfungspunkt ist dabei regelmäßig § 823 Abs. 2 BGB, da die in der MDR normierten Vorschriften über das Konformitätsbewertungsverfahren dem Schutz der Endempfänger dienen und damit als Schutzgesetz im Sinne des Norm anzusehen sind.[155] Im Hinblick auf Sinn und Zweck des Konformitätsbewertungsverfahrens geht der BGH davon aus, dass die verschuldensabhängige deliktische Haftung der Benannten Stelle gegenüber dem Betroffenen erforderlich ist, um die „Gefahr asymmetrischer Anreize zulasten der Endempfänger der Medizinprodukte" zu verhindern, was durch eine bloße vertragliche Haftung gegenüber dem Hersteller nicht ausreichend gegeben sei.[156]

2. Weitere Haftungsfragen bei Nutzung Künstlicher Intelligenz in Diagnostik und Therapie

Die Haftung des Behandelnden richtet sich insbesondere nach den §§ 630a, 68
280 BGB bzw. nach § 823 Abs. 1 bzw. Abs. 2 BGB.[157] Eine Schadensersatzpflicht ist sowohl in immaterieller als auch in materieller Hinsicht denkbar, wobei letzteres insbesondere Schäden in Form von Heilbehandlungskosten erfasst.[158] Bei dem behandelnden Arzt als Haftungsadressat ist insbesondere zwischen Behandlungs- und Aufklärungsfehlern zu unterscheiden.[159] Grundsätzlich hat die Behandlung nach den Regeln der Kunst (lege artis) zu erfolgen und muss von einer freiwilligen Einwilligung des zu Behandelnden gedeckt sein, nachdem dieser entsprechend den ärztlichen Aufklärungspflichten im konkreten Einzelfall belehrt wurde.[160]

a) Grundsatz der Therapiefreiheit und ärztliche Aufklärungspflichten

Grundsätzlich steht dem behandelnden Arzt bei der Wahl der konkreten Be- 69
handlungsmethode ein weiter Beurteilungsspielraum zu, der ihn insbesondere nicht dazu verpflichtet, den methodisch am meisten anerkannten Weg zu wählen.[161] Dies bedeutet jedoch nicht, dass eine willkürliche Entscheidung hinsichtlich der erfolgenden Behandlungsart getroffen werden dürfte. Die Grundsätze der Therapiefreiheit gebieten es vielmehr, dass eine medizinisch

154 *Handorn/Junkat*, MPR 2022, 77, 81.
155 BGH, Urt. v. 27.2.2020 – V II ZR 151/18, NJW 2020, 1514, 1517 f.
156 BGH, Urt. v. 27.2.2020 – V II ZR 151/18, NJW 2020, 1514, 1519.
157 *Eberbach*, MedR 2024, 484; *Rammos/Lange/Clausen*, in: Ebers/Heinze/Krügel/Steinrötter, Künstliche Intelligenz und Robotik, § 28 Rn. 21.
158 *Zech/Hünefeld*, MedR 2023, 1.
159 *Schulz-Große/Genske*, GUP 2023, 81, 92.
160 *Rammos/Lange/Clausen*, in: Ebers/Heinze/Krügel/Steinrötter, Künstliche Intelligenz und Robotik, § 28 Rn. 21.
161 BGH, Urt. v. 15.10.2019 – VI ZR 105/18, NJW 2020, 1358, 1359.

fundierte Abwägung etwaiger Vorteile und Risiken anhand des konkreten Behandlungsverhältnisses unter Achtung des Patientenwohls erfolgen muss.[162] Beim Einsatz sogenannter „Neulandmethoden", worunter auch der Einsatz etwaiger KI-Systeme fällt, ergibt sich vor diesem Hintergrund daher ein erhöhtes Maß an einzuhaltender Sorgfalt, das nicht unerhebliche Aufklärungs- und Überwachungspflichten für den Behandelnden nach sich zieht.[163]

70 Die Wirksamkeit der stets vor einer Behandlung einzuholenden Einwilligung setzt nach § 630d Abs. 2 BGB voraus, dass der zur Einwilligung Berechtigte ordnungsgemäß aufgeklärt wurde. Dies umfasst nach § 630e Abs. 1 BGB sämtliche wesentlichen Umstände wie Art, Umfang, Durchführung, zu erwartende Risiken der Maßnahme sowie ihre Notwendigkeit, Dringlichkeit, Eignung und Erfolgsaussichten im Hinblick auf die Diagnose oder die Therapie. Wichtig im Kontext KI-gestützter „Neulandmethoden" ist im Hinblick auf deren regelmäßig noch nicht etablierten Status als Standardmethode die in § 630e Abs. 1 Satz 3 BGB normierte Hinweispflicht bezüglich alternativer Behandlungsmethoden einschließlich hieraus folgender Auswirkungen auf den Gang der Behandlung.[164] Insofern ist vom Behandelnden zu verlangen, dass dieser dem zu Behandelnden gegenüber zum Ausdruck bringt, dass mit der Verwendung nicht standardisierter KI-basierter Systeme noch nicht abschließend geklärte Risiken einhergehen.[165] Mit steigender Etablierung dieser Systeme in den Behandlungsalltag sinken konsequenterweise auch die hieran anknüpfenden Anforderungen an den Umfang der Aufklärung.[166]

b) Eingeschränkte Übertragbarkeit ärztlicher Leistungen

71 Zu hinterfragen ist, ob in der Nutzung von KI-Systemen im Bereich des Gesundheitswesens eine Übertragung üblicherweise durch den Arzt selbst ausgeführter Tätigkeiten zu sehen ist und diese daher im Spannungsfeld mit der in diesem Bereich geltenden eingeschränkten Delegierbarkeit steht. Letztere beinhaltet, dass Aufgaben, die den Kernbereich der ärztlichen Tätigkeit ausmachen, wie beispielsweise chirurgische Eingriffe, nicht übertragen werden dürfen, da sie gerade die besonderen fachlichen Kenntnisse des Arztes erfordern.[167] Dies bedeutet jedoch nicht, dass der Arzt sämtliche Leistungsinhalte in höchstpersönlicher Art und Weise erbringen muss, sondern vielmehr, dass er bestimmend und in eigener Verantwortung über die Grenzen der persönlichen Leistungserbringung bei der Zuhilfenahme Dritter

162 BGH, Urt. v. 15.10.2019 – VI ZR 105/18, NJW 2020, 1358, 1359.
163 *Eichelberger*, ZfPC 2023, 209, 210.
164 Vgl. *Schulz-Große/Genske*, GuP 2023, 81, 91.
165 *Eichelberger*, ZfPC 2023, 209, 211.
166 Vgl. *Eichelberger*, ZfPC 2023, 209, 211.
167 *Steinhilper*, in: Laufs/Kern/Rehborn, Handbuch des Arztrechts, § 30 Rn. 66.

entscheiden muss.[168] Eine hinreichende Vergleichbarkeit mit den Grundsätzen zur Delegierbarkeit an Hilfspersonen erscheint derzeit mangels eigener Rechtspersönlichkeit der Künstlichen Intelligenz eher zweifelhaft, was jedoch nicht gleichzeitig einen Ausschluss der Möglichkeit des Einsatzes von KI-Systemen im Rahmen der Behandlung indiziert.[169]

Von einer Delegation dürfte jedenfalls nicht auszugehen sein, wenn der Arzt **72**
das KI-basierte System als eine Art „Werkzeug" nutzt und entsprechend die volle Kontrolle über dieses behält, was sich jedoch mit der gewissermaßen zu erwartenden Verselbstständigung von KI-Systemen bald ändern könnte.[170] Die Nutzung von KI-Systemen bleibt insofern de lege lata im Hinblick auf den Arztvorbehalt und das damit verbundene Erfordernis der persönlichen Leistungserbringung unschädlich, sofern hierdurch die dem behandelnden Arzt zustehende Therapiehoheit nicht unterlaufen wird.[171]

Insbesondere für die durch den Arzt zu erfolgende Aufklärung nach § 630e **73**
Abs. 2 Satz 1 Nr. 1 BGB wird derzeit eine Übertragbarkeit auf KI-Systeme abgelehnt, da die Aufklärung durch KI-Systeme nicht mit der Aufklärung durch eine Person gleichzusetzen ist, „die über die zur Durchführung der Maßnahme notwendige Ausbildung verfügt".[172]

c) Vermutung eines Behandlungsfehlers

Die Regelung des § 630h Abs. 1 BGB enthält eine Vermutungsregelung für **74**
einen Fehler des Behandelnden für den Fall, dass sich ein „ein allgemeines Behandlungsrisiko verwirklicht hat, das für den Behandelnden voll beherrschbar war". Letzter Umstand, also dass sich ein solches voll beherrschbares Risiko verwirklicht hat, obliegt jedoch der Beweislast des zu Behandelnden, was sich insbesondere in Sachverhalten mit KI-Bezug als schwierig erweisen dürfte.[173] Erfasst ist von der Vermutungsregelung vor allem die Fehlfunktion technisch-medizinischer Geräte, deren Funktionsfähigkeit durch entsprechende Sicherheits- und Kontrollmaßnahmen des Arztes als vorbereitende Maßnahme der Behandlung sichergestellt werden soll.[174]

---

168 *Rammos/Lange/Clausen*, in: Ebers/Heinze/Krügel/Steinrötter, Künstliche Intelligenz und Robotik, § 28 Rn. 37.

169 *Rammos/Lange/Clausen*, in: Ebers/Heinze/Krügel/Steinrötter, Künstliche Intelligenz und Robotik, § 28 Rn. 41 f.

170 *Eichelberger*, ZfPC 2023, 209, 211.

171 Vgl. *Rammos/Lange/Clausen*, in: Ebers/Heinze/Krügel/Steinrötter, Künstliche Intelligenz und Robotik, § 28 Rn. 42.

172 *Katzenmeier*, in: BeckOK BGB, § 630e Rn. 38; *Katzenmeier*, MedR 2021, 859,861; *Voigt*, in: BeckOGK, BGB § 823 Rn. 1088.

173 *Rammos/Lange/Clausen*, in: Ebers/Heinze/Krügel/Steinrötter, Künstliche Intelligenz und Robotik, § 28 Rn. 24.

174 BT-Drs. 17/10488, S. 28; *Katzenmeier*, in: BeckOK BGB, § 630h Rn. 21 f.

Ob sich diese Grundsätze auch auf den Einsatz KI-gestützter Systeme übertragen lassen, bleibt zweifelhaft, da insbesondere bei generativen KI-Systemen nur eine eingeschränkte Vorhersehbarkeit gegeben ist, was sich wiederum schmälernd auf das Kriterium der Beherrschbarkeit auswirkt.[175] In diesem Kontext von Relevanz ist zudem die in § 280 Abs. 1 Satz 2 BGB für ein vermutetes Vertretenmüssen vorgesehene Exkulpationsmöglichkeit, sodass zu klären ist, wie sich das fehlerhafte Ergebnis eines KI-Systems bei im Übrigen erfolgter Anwendung der erforderlichen Sorgfalt durch den Behandelnden auswirkt.[176] Jedenfalls überzeugt es im Ergebnis nicht, das Behandlungsfehlerrisiko anhand des Vorhersehbarkeitskriteriums im Zusammenhang mit KI-basierten Behandlungsentscheidungen gänzlich auf den Patienten als Geschädigten abzuwälzen, sodass hier zukünftig noch weitere Entwicklungen in Rechtsprechung und Gesetzgebung zu erwarten sind.[177]

75 Weiter fraglich ist, ob medizinische KI-Systeme der Anforderung aus § 630a Abs. 2 BGB entsprechen, wonach die Behandlung grundsätzlich „nach den zum Zeitpunkt der Behandlung bestehenden, allgemein anerkannten fachlichen Standards zu erfolgen" hat. Letzteres beurteilt sich insbesondere danach, welche Behandlungsart und -weise von einem gewissenhaften, aufmerksamen und fachkundigen Behandelnden unter Berücksichtigung bisheriger Erfahrungen und naturwissenschaftlicher Erkenntnisse erwartet werden kann.[178] Für KI-Systeme hat sich ein solcher Standard bisher nicht etabliert.[179] Dies führt indes nicht direkt zu einem Verstoß gegen § 630a Abs. 2 BGB, vielmehr ist in einem solchen Fall die „Sorgfalt eines vorsichtig Behandelnden einzuhalten".[180] Dieser Sorgfaltsmaßstab dürfte im Vergleich zu dem, der bei der Nutzung medizintechnischer Geräte zur Anwendung gelangt, insbesondere im Bereich nicht-deterministischer KI-Systeme höher sein, da hierdurch ein erhöhter Unsicherheitsfaktor durch deren geminderte Vorhersehbarkeit besteht.[181] Es ist in Anbetracht dessen daher auch nicht von vornherein von einem Behandlungsfehler auszugehen, wenn vom medizinischen Standard abgewichen wird, da dieser zwar eine teilweise Vereinheitlichung bewirkt, allerdings im Ergebnis nur empfehlenden Charakter hat.[182]

---

175 *Eichelberger*, ZfPC 2023, 209, 212; *Voigt*, in: BeckOGK, BGB § 823 Rn. 1089.
176 *Schulz-Große/Genske*, GuP 2023, 81, 92.
177 *Rammos/Lange/Clausen*, in: Ebers/Heinze/Krügel/Steinrötter, Künstliche Intelligenz und Robotik, § 28 Rn. 25 f.
178 Vgl. *Dettling*, PharmR 2019, 633, 634.
179 *Zech/Hünefeld*, MedR 2023, 1, 3.
180 BT-Drs. 17/10488, S. 19; *Walter*, in: BeckOGK, BGB § 630a Rn. 33.1.
181 *Zech/Hünefeld*, MedR 2023, 1, 4.
182 *Molnár-Gábor*, DSRITB 2019, 277, 280.

VI. Herausforderungen und Risiken

1. Bias und Diskriminierung in medizinischen KI-Systemen

Das in puncto Diskriminierungsfreiheit als Ausgangspunkt dienende grundgesetzlich verankerte allgemeine Gleichheitsgebot aus Art. 3 Abs. 1 GG wird durch das AGG auf einfachgesetzlicher Ebene konkretisiert.[183] Das zivilrechtliche Benachteiligungsverbot aus § 19 Abs. 2 AGG erstreckt sich auch auf den Bereich des Gesundheitsdienstes im Sinne des § 2 Abs. 1 Nr. 5 AGG. Das heißt, auch insofern ist eine Benachteiligung aus Gründen der Rasse oder wegen der ethnischen Herkunft durch einen Arzt oder ein Krankenhaus bei der Frage nach dem Zugang zur Gesundheitsversorgung unzulässig.[184] **76**

Denkbar ist eine Diskriminierung durch unmittelbare Benachteiligung aufgrund einer weniger günstigen Behandlung nach § 3 Abs. 1 AGG oder eine mittelbare Benachteiligung[185] nach § 3 Abs. 2 AGG. Insofern stellt sich auch in diesem Kontext – wie generell beim Einsatz von KI-Systemen im Zusammenhang mit dem AGG – die Frage, ob eine Behandlung nach dem zugrunde liegenden Begriffsverständnis vorliegt. Letzteres setzt nach derzeitigem Stand im Ansatz jedenfalls ein menschliches Tun oder Unterlassen voraus.[186] Das Vorliegen einer Behandlung im Sinne des § 3 Abs. 1 AGG dürfte daher regelmäßig zumindest dann zu bejahen sein, wenn ein gewisses Maß an tatsächlicher menschlicher Beteiligung erfolgt, die Entscheidung mithin nicht gänzlich als KI-basiert anzusehen ist.[187] **77**

Im Bereich des Gesundheitswesens sind Benachteiligungen unter anderem gegeben bei nicht ausreichender Repräsentation des Betroffenen, beispielsweise aufgrund der Zugehörigkeit zu einer ethnischen Minderheit, in den für das konkret genutzte KI-System verwendeten Trainingsdaten.[188] Des Weiteren besteht die potenzielle Möglichkeit einer mittelbaren Diskriminierung exemplarisch dann, wenn die Trainingsdaten ausschließlich auf der Verarbeitung der Daten männlicher Personen beruhen und sich dies für weibliche Betroffene als defizitär herausstellt, wie bei der Feststellung eines Myokardinfarkts.[189] **78**

183 *Steege*, GuP 2021, 125, 134.
184 *Horcher*, in: BeckOK BGB, § 2 AGG Rn. 22.
185 Zur Begriffsbestimmung siehe *Horcher*, in: BeckOK BGB, § 3 AGG Rn. 44.
186 *Haag*, in: Hoeren/Pinelli, Künstliche Intelligenz – Ethik und Recht, Kap. 6 C. I.
187 *Steege*, GuP 2021, 125, 134.
188 *Hänold/Schlee/Antweiler/Beckh*, MedR 2021, 516, 522.
189 *Steege*, GuP 2021, 125, 133.

2. Transparenz und Nachvollziehbarkeit

79 Auch im medizinischen Kontext ist die im Zusammenhang mit der Nutzung von KI-Systemen auftretende „Blackbox"-Problematik präsent.[190] Insbesondere bei selbstlernenden KI-Systemen dürfte es mit fortschreitender Entwicklung zu einer abnehmenden Nachvollziehbarkeit und damit auch Transparenz kommen. Wichtig ist es daher, dem Laien eine simpel nachzuvollziehende Vorstellung darüber zu geben, zu welchen Zwecken und unter welchen Bedingungen eine ihn betreffende Datenverarbeitung erfolgt.[191]

3. Berufs- und branchenbedingte Bedenken

80 Ein für die Praxis bestehendes Risiko wird unter anderem darin gesehen, dass eine unentgeltliche Überlassung von KI-Systemen zum Zwecke der Etablierung auf dem Markt sowohl gegen straf- als auch heilmittelwerberechtliche bzw. standes- und berufsrechtliche Regelungen verstoßen würde, da dies als unzulässiger Vorteil anzusehen sein könnte.[192] In diesem Kontext sind aus strafrechtlicher Sicht für den Behandelnden als Angehörigen eines Heilberufs die Vorschrift des § 299a StGB und für den Hersteller als Anbieter die des § 299b StGB von besonderer Bedeutung.[193]

81 Konsequenzen drohen zudem aus der Zugehörigkeit zu der Kategorie der Berufsgeheimnisträger, was insbesondere Ärzte, Zahnärzte, Psychotherapeuten, Psychologische Psychotherapeuten, Kinder- und Jugendlichenpsychotherapeuten, Apotheker und Hebammen betrifft (vgl. § 53 StPO). Letzteres kann vor allem in Fällen der Weitergabe von Patientendaten, die diesen Geheimnisschutz genießen, ohne Zustimmung des Betroffenen zu weitreichenden Folgen führen.[194]

4. Cybersicherheit im KI-Gesundheitswesen

82 Insbesondere aufgrund der im medizinischen Bereich betroffenen gewichtigen Rechtsgüter stellen potenzielle Cyberangriffe im Kontext KI-gestützter Medizinprodukte einen nicht zu vernachlässigenden Aspekt dar. Beispielsweise könnten KI-Medizinprodukte von einem Hackerangriff betroffen sein und hierdurch eine Fehlfunktion hervorrufen.[195] Medizinische KI-Systeme

190 *Katzenmeier*, MedR 2019, 259, 269.

191 *Tag*, MedR 2024, 721, 729.

192 *Rammos/Lange/Clausen*, in: Ebers/Heinze/Krügel/Steinrötter, Künstliche Intelligenz und Robotik, § 28 Rn. 34; *Sachs*, MPR 2018, 24, 26.

193 *Sachs*, MPR 2018, 24, 26.

194 Vgl. *Sachs*, MPR 2018, 24, 26; *Rammos/Lange/Clausen*, in: Ebers/Heinze/Krügel/Steinrötter, Künstliche Intelligenz und Robotik, § 28 Rn. 35.

195 *Dochow/Herpers/Raptis*, in: Kipker, Cybersecurity, Kap. 16 Rn. 4 mit dem Beispiel einer telematisch gesteuerten Insulinpumpe einer an Diabetes erkrankten Person.

weisen insbesondere aufgrund der stetigen Weiterentwicklung und der damit einhergehenden Komplexität vergleichsweise ein höheres Potenzial an Sicherheitslücken auf als gewöhnliche IT-Systeme, bzw. es erschwert sich hierdurch die Entdeckung etwaiger Risiken.[196]

Die MDR selbst verwendet die Begrifflichkeit der Cybersicherheit als solche **83**
nicht, allerdings sind darin einige Anforderungen an das (Risiko-)Sicherheitsmanagement normiert, die auch den Bereich der Cybersicherheit tangieren.[197] So legt Art. 5 Abs. 2 MDR fest, dass ein Produkt den in Anhang I festgelegten Sicherheits- und Leistungsanforderungen für das Produkt genügen muss. Gemäß Anhang I Nr. 1 MDR haben Medizinprodukte sicher und wirksam zu sein und dürfen dabei weder den klinischen Zustand noch die Sicherheit des Patienten bzw. des Anwenders oder Dritter gefährden. Dabei ist die Beurteilung der Vertretbarkeit von Risiken nach dem allgemein anerkannten Stand der Technik insbesondere anhand des Nutzens für den Patienten zu beurteilen. Ergänzend hierzu sieht Anhang I Nr. 2 MDR vor, dass eine Risikominimierung bis zu dem Punkt zu erfolgen hat, an dem die Minimierung sich nachteilig auf das Nutzen-Risiko-Verhältnis auswirken würde. In Anbetracht dessen haben Hersteller ein Risikomanagementsystem während des gesamten Lebenszyklus des Produktes einzurichten (Anhang I Nr. 3 MDR). Der Aspekt, dass der Hersteller hierbei gem. Anhang I Nr. 4 MDR den aktuellen Stand der Technik zu berücksichtigen hat, führt zu der Schlussfolgerung, dass auch Risiken im Bereich der Cybersicherheit hiervon erfasst werden.[198] Insoweit sind auch etwaige Wechselwirkungen zwischen der Software und der IT-Umgebung zu beachten und daraus folgende Risiken so weit wie möglich zu reduzieren (Anhang I Nr. 14.2 lit. d MDR). Auch die bereits in diesem Kapitel unter Rn. 14 ff. erläuterten Nrn. 17.1–17.4 des Anhangs I der MDR, die unter anderem die Grundsätze der Wiederholbarkeit, Zuverlässigkeit und Leistung vorsehen, sind bei der Beurteilung der Cybersicherheit von KI-Systemen zu beachten.

Ergänzend zu den sektoralen Vorgaben der MDR müssen Hochrisi- **84**
ko-KI-Systeme, unter die KI-Medizinprodukte in der Regel fallen, nach Art. 15 Abs. 1 KI-VO so konzipiert werden, dass sie ausgerichtet auf ihren gesamten Lebenszyklus ein gewisses Maß an Genauigkeit, Robustheit und Cybersicherheit aufweisen. In letzterem Punkt meint dies insbesondere die Widerstandsfähigkeit gegen Versuche unbefugter Dritter im Hinblick auf die Ausnutzung von Systemschwachstellen (Art. 15 Abs. 5 UAbs. 1 KI-VO). Technische Lösungen, die gem. Art. 15 Abs. 5 UAbs. 2 KI-VO an die jeweiligen Umstände und Risiken angepasst werden müssen, umfassen insbesondere Maßnahmen gegen Angriffe auf den Trainingsdatensatz, vortrainierte

196 *Nolte/Schreitmüller*, MPR 2024, 20, 21.
197 *Hessel*, in: Marly, Praxishandbuch Softwarerecht, § 14 Rn. 77.
198 *Nolte/Schreitmüller*, MPR 2024, 20, 24.

Trainingskomponenten, Eingabedaten oder vertrauliche Daten und Modellmängel (vgl. Art. 15 Abs. 5 UAbs. 3 KI-VO). Die sich für das nach Art. 9 Abs. 1 KI-VO für Hochrisiko-KI-Systeme erforderliche Risikomanagementsystem ergebenden Anforderungen können dabei nach Art. 9 Abs. 10 KI-VO Bestandteil eines nach anderen Unionsverschriften verpflichtenden Risikomanagementverfahrens sein bzw. mit dem dortigen Verfahren kombiniert werden. Hierunter ist unter anderem das nach der MDR erforderliche Risikomanagementsystem zu fassen.[199] Art. 9 Abs. 6 Satz 1 KI-VO sieht zudem vor, dass Hochrisiko-KI-Systeme zur Bestimmung der am besten geeigneten Maßnahmen in puncto Risikomanagement getestet werden müssen. Insoweit kursiert der Vorschlag, klinische Prüfungen noch nicht zertifizierter KI-Medizinprodukte zu diesem Zeitpunkt und in diesem Kontext als Test unter Realbedingung im Sinne des Art. 3 Nr. 57 KI-VO einzustufen, da ansonsten die Einordnung als bloße Forschungs-, Test- oder Entwicklungstätigkeit naheliegt, die gemäß Art. 2 Abs. 8 Satz 1 KI-VO zu einem Ausschluss der Anwendungsbereichs der KI-VO führen würde.[200] Die in diesem Kontext wohl gewichtigste Hürde dürfte es darstellen, trotz der Ausrichtung auf eine dem Kriterium der Robustheit entsprechende Entwicklung des KI-Medizinprodukts eine möglichst exakte, transparente und insbesondere nicht diskriminierende Entscheidungsbasis zu ermöglichen.[201]

85 Für DiGA im Kontext gesundheitsbezogener Apps ist Ausgangspunkt in puncto Cybersicherheit nach § 4 Abs. 1, 6 DiGAV im Wesentlichen ebenfalls der Stand der Technik, wobei Anlage 1 DiGAV entsprechende Anhaltspunkte in Form eines Fragebogens gibt.[202] Für DiGA mit sehr hohem Schutzbedarf ist dabei unter anderem die Ergreifung von Maßnahmen zum Schutz gegen DoS und DDos-Angriffe vorgesehen.[203]

VII. Ausblick und zukünftige Entwicklungen

86 Mit der stetigen Weiterentwicklung der Künstlichen Intelligenz auf dem Gebiet des Gesundheitswesens gewinnt auch die rechtliche Regulierung – insbesondere im Hinblick auf KI-basierte Medizinprodukte – immer mehr an Bedeutung. Herausforderungen, die es in Zukunft zu bewältigen gilt, ergeben sich dabei insbesondere im Umgang mit generativen medizinischen KI-Systemen. Auch die bereits etablierten Risikomanagement- und Sicherheitssysteme, die eine auf die Lebensdauer des KI-Systems ausgerichtete Überwachung zur Folge haben, rücken dabei in den Fokus, wobei auch inso-

199 *Nolte/Schreitmüller*, MPR 2024, 20, 26.
200 *Thiermann/Wiborg*, MPR 2025, 10, 12.
201 *Notte/Schreitmüller*, MPR 2024, 20, 26.
202 *Dochow/Herpers/Raptis*, in: Kipker, Cybersecurity, Kap. 16 Rn. 24.
203 *Hessel*, in: Marly, Praxishandbuch Softwarerecht, § 14 Rn. 77.

weit Anpassungen der rechtlichen Rahmenbedingungen mit Blick auf kontinuierliche Neuerungen zu erwarten sind.

87 In Anbetracht der rasanten Entwicklungen im Bereich der Künstlichen Intelligenz und des hierdurch entstehenden Konkurrenzdrucks stellt sich neben wirtschaftlichen Belangen auch die Frage, inwieweit die Implementierung von KI-Systemen nach etablierten ethischen Grundprinzipien zu erfolgen hat.[204] Dass ethische Gesichtspunkte in diesem Kontext von Bedeutung sind, ergibt sich nicht zuletzt bereits aus dem Recht auf informationelle Selbstbestimmung aus Art. 2 Abs. 1 in Verbindung mit. Art. 1 Abs. 1 GG, dessen Schutzbereich sich auf das Recht erstreckt, als Individuum nicht auf die Existenz von Datenbeständen degradiert zu werden.[205] Die Liste der berücksichtigungsfähigen Faktoren und Prinzipien ist lang – dies umfasst zum Beispiel die Wahrung essenzieller Individualrechte, den Schutz personenbezogener Daten, die Verlässlichkeit und Sicherheit verwendeter Systeme, Transparenz- und Diskriminierungsgesichtspunkte sowie die soziale Umwelt.[206] In diesem Zusammenhang spielt zudem auch die „Blackbox"-Problematik eine zentrale Rolle, da diese die Transparenz und im Nachgang entstehende Verantwortlichkeitsfragen als Folgen des Einsatzes von medizinischen KI-Systemen nicht unerheblich erschwert.[207] In Anbetracht der einen hohen Schutz genießenden betroffenen Rechtsgüter sollte eine Nachvollziehbarkeit der Entscheidungsbasis des KI-Systems stets angestrebt werden.[208] Durch Berücksichtigung etwaiger ethischer Prinzipien wird dem Umstand, dass die im Gesundheitswesen durch KI-Systeme verarbeiteten Daten regelmäßig besonders sensibel sind, die notwendige Beachtung geschenkt.[209] Als Ziel sollte eine Nutzung von KI-Systemen im Medizinbereich anvisiert werden, die das volle Potenzial der Assistenzsysteme zum Vorschein zu bringen imstande ist, gleichermaßen jedoch auch bestehende Risiken und Bedenken vollumfänglich miteinbezieht und zwischen diesen Faktoren eine Art Gleichgewicht schafft.[210] Das heißt, dass neben dem durch die Einbindung von Künstlicher Intelligenz ermöglichten technischen Fortschritt insbesondere auch menschliche Bedürfnisse in den Fokus zu rücken

---

204 *Sahm*, MedR 2019, 927, 930.

205 *Tag*, MedR 2024, 721, 727.

206 Vgl. *Sahm*, MedR 2019, 927, 930 f.

207 *Heinrichs/Karger/Heyl/Spranger/Lanzerath/Wagner/Langner/Caspers/Sroka/Eickhoff*, MedR 2023, 259, 261.

208 *Rammos/Lange/Clausen*, in: Ebers/Heinze/Krügel/Steinrötter, Künstliche Intelligenz und Robotik, § 28 Rn. 12.

209 Vgl. *Tag*, MedR 2024, 721, 727.

210 Vgl. *Frost/Steininger/Vivekens*, MPR 2024, 4, 7, die die KI-Nutzung im Gesundheitswesen in Bezug auf damit verbundene Chancen und Risiken in metaphorischer Hinsicht als eine „Medaille mit zwei Seiten" beschreiben.

sind, was vor allem den Aspekt der Sicherheit des Patienten betrifft.[211] Zukünftig wird auch das Spannungsverhältnis zu lösen sein, das auftritt, wenn die KI-basierte Entscheidung konträr zu der persönlichen Einschätzung des behandelnden Arztes ausfällt, und es wird sich die Frage stellen, wie sich ein daran anknüpfendes Verhalten des Arztes im Hinblick auf seine ärztlichen Sorgfaltspflichten auswirkt.[212]

211 *Katzenmeier*, MedR 2023, 118, 126.

212 *Rammos/Lange/Clausen*, in: Ebers/Heinze/Krügel/Steinrötter, Künstliche Intelligenz und Robotik, § 28 Rn. 13.

Kapitel 10
Unternehmenstransaktionen und Künstliche Intelligenz

Literatur: *Angersbach*, Due Diligence beim Unternehmenskauf, 2002; *Baumgartner/Brunnbauer/Cross*, Anforderungen der DS-GVO an den Einsatz von Künstlicher Intelligenz – Welche Regelungen gelten für Anbieter und Anwender?, MMR 2023, 543; *Becker*, Das Urheberrecht als Trostpreis für den Menschen? – Die überraschende Verteilung von Leistungsschutzrechten für KI-Erzeugnisse, GRUR 2024, 505; *Berens/Brauner/Strauch*, Due Diligence bei Unternehmensakquisitionen, 2011; *Binder/Egli*, Umgang mit Hochrisiko-KI-Systemen in der KI-VO – Strenge Anforderungen der Art. 8–15 KI-VO, MMR 2024, 626; *Bomhard/Siglmüller*, AI Act – das Trilogergebnis, RDi 2024, 45; *Borges/Keil* (Hrsg.), Big Data, Grundlagen, Rechtsfragen, Vertragspraxis, Rechtshandbuch, 1. Aufl. 2024; *Bronner*, Risikoklassifizierung, Risikobewertung und Risikominimierung nach der KI-Verordnung – Eine erste Analyse des risikobasierten Regulierungsansatzes der KI-VO, KIR 2024, 55; *Chibanguza/Kuß/Steege* (Hrsg.), Künstliche Intelligenz, Recht und Praxis automatisierter und autonomer Systeme, Generative KI, 1. Aufl. 2024; *Chibanguza/Steege*, Die KI-Verordnung – Überblick über den neuen Rechtsrahmen, NJW 2024, 1769; *Dieker*, Datenschutzrechtliche Zulässigkeit der Trainingsdatensammlung – Wie Scraping und Crawling zur KI-Entwicklung eingesetzt werden können, ZD 2024, 132; *Ebers/Streitbörger*, Die Regulierung von Hochrisiko-KI-Systemen in der KI-Verordnung, RDi 2024, 393; *Ehmann/Selmayr* (Hrsg.), DS-GVO, Datenschutz-Grundverordnung, Kommentar, 3. Aufl. 2024; *Elfring*, Legal Due Diligence Reports, JuS-Beil. 2007, 3; *Eulenpesch/Malczyk*, Wird die neue KI-Verordnung Ihren Alltag verändern? – Zum persönlichen Anwendungsbereich der KI-Verordnung, GRUR 2025, 40; *Flöter/Cordes*, KI und Geistiges Eigentum: Neuronale Netze, Trainingsdaten und Output, GRUR-Prax 2024, 668; *Fuhlrott/Hiéramente* (Hrsg.), BeckOK GeschGehG, 23. Edition, Stand: 1.3.2025; *Gabel/Heinrich/Kiefner* (Hrsg.), Rechtshandbuch Cyber-Security, IT-Sicherheit, Datenschutz, Gesellschaftsrecht, M&A, Versicherungen, Compliance, Aufsichtsrecht, Arbeitsrecht, Litigation, 1. Aufl. 2019; *Götting/Lauber-Rönsberg/Rauer* (Hrsg.), BeckOK Urheberrecht, 46. Edition, Stand: 1.11.2024; *Gran*, Abläufe bei Mergers & Acquisitions, NJW 2008, 1409; *Grieger*, Cybersecurity bei M&A-Transaktionen, WM 2022, 1865; *Gsell/Krüger/Lorenz/Reyman* (Gesamthrsg.), *Brückner* (Hrsg.) beck-online.GROSSKOMMENTAR BGB, Stand 1.4.2025; *Hamann/Sigle/Grub* (Hrsg.), Gesellschaftsrecht, Finanzierung und Unternehmensnachfolge, Gestaltung, Finanzierung, Internationalisierung, Mergers & Acquisitions und Nachfolge, 3. Aufl. 2022; Hessel/Dillschneider, Datenschutzrechtliche Herausforderungen beim Einsatz von Künstlicher Intelligenz – Aktuelle Entwicklungen bei den Datenschutzaufsichtsbehörden, RDi 2023, 458; *Hilgendorf/Roth-Isigkeit* (Hrsg.), Die neue Verordnung der EU zur Künstlichen Intelligenz, 1. Aufl. 2023; *Hoeren/Sieber/Holznagel* (Hrsg.), Handbuch Multimedia-Recht, Rechtsfragen des elektronischen Geschäftsverkehrs, Stand: 62. EL Juni 2024; *Hopt*, Due Diligence und Kautelarpraxis, ZHR 2022, 7; *Hornung/Schallbruch* (Hrsg.), IT-Sicherheitsrecht, Praxishandbuch, 2. Aufl. 2024; *Hüger*, Die Rechtmäßigkeit von Datenverarbeitungen im Lebenszyklus von KI-Systemen – Zum datenschutzrechtlichen Rechtfertigungsbedürfnis im Rahmen der Entwicklung und des Einsatzes von KI-Systemen nach der DS-GVO und der neuen KI-Verordnung, ZfDR 2024, 263;

Jandt/Steidle (Hrsg.), Datenschutz und Internet, 2. Aufl. 2025; *Kaeber/Roth-Isigkeit*, Risikoermittlung für Hochrisiko-KI-Systeme nach der KI-VO, LTZ 2025, 3; *Kalbhenn*, Designvorgaben für Chatbots, Deepfakes und Emotionserkennungssysteme: Der Vorschlag der Europäischen Kommission zu einer KI-VO als Erweiterung der medienrechtlichen Plattformregulierung, ZUM 2021, 663; *Kästle/Oberbracht*, Unternehmenskauf – Share Purchase Agreement, 3. Aufl. 2018; *Kiel/Lunk/Oetker* (Hrsg.), Münchener Handbuch zum Arbeitsrecht, Bd. 1, 6. Aufl. 2024; *Kraft/Schumann*, Der Data Act als Eckpfeiler eines neuen Datenschuldrechts, GRUR-Prax 2024, 324; *Leupold/Wiebe/Glossner* (Hrsg.), IT-Recht, Recht, Wirtschaft und Technik der digitalen Transformation, 4. Aufl. 2021; *Marly* (Begr.), Praxishandbuch Softwarerecht, Rechtsschutz und Vertragsgestaltung, 8. Aufl. 2024; *Martini/Wendehorst* (Hrsg.), KI-VO: Verordnung über künstliche Intelligenz, Kommentar, 1. Aufl. 2024; *Nolte/Schreitmüller*, Cybersicherheit KI-basierter Medizinprodukte im Lichte der MDR und KI-VO, MPR 2024, 20; *Ory/Sorge*, Schöpfung durch Künstliche Intelligenz?, NJW 2019, 710; *Reiland/von Bühler*, Mehr Rechtssicherheit für Arbeitgeber bei verbotenen KI-Praktiken, BB 2025, 953; *Saam/Hermann*, Die Ausnahmeregelung zur Einstufung als Hochrisiko-KI nach Art. 6 III KI-VO – Ein erster Auslegungsversuch unter besonderer Berücksichtigung von Justiz-KI, RDi 2024, 608; *Sassenberg/Faber* (Hrsg.), Rechtshandbuch Industrie 4.0 und Internet of Things, Praxisfragen und Perspektiven der digitalen Zukunft, 2. Aufl. 2020; *Schefzig/Kilian* (Hrsg.), Beck'scher Online-Kommentar zum KI-Recht, 2. Edition, Stand: 1.5.2025; *Schindler*, Künstliche Intelligenz und (Datenschutz-)Recht, ZD-Aktuell 2019, 06647; *Schwartmann/Keber/Zenner* (Hrsg.), KI-VO, Leitfaden für die Praxis, 2. Aufl. 2024; *Schwartmann/Zenner*, GPAI-Anwendungen auf dem Prüfstand: Die Regulierung der KI-VO entlang der Wertschöpfungskette, EuDIR 2025, 3; *Seeger/Lölfing/Belitz/Hembt*, Schwerpunkte der Legal Due Diligence über ein KI-Unternehmen, M&A Review 2024, 421; *Seibt* (Hrsg.), Beck'sches Formularbuch Mergers & Acquisitions, 4. Aufl. 2025; *Seyffarth*, Die KI-Verordnung der EU: Was KI verwendende Unternehmen nun wissen sollten, GWR 2024, 173; *Simitis/Dammann/Geiger/Mallmann/Reh* (Begr.), *Spiecker gen. Döhmann/Bretthauer* (Betr.), Dokumentation zum Datenschutz mit Informationsfreiheitsrecht, Stand: 98. EL 2025; *Skuratovski*, Steuerdeckung in der „Warranty and Indemnity Versicherung“: Praktischer Erfahrungsbericht und Leitfaden für Steuerberater, BB 2023, 1367; *Specht-Riemenschneider/Hennemann* (Hrsg.), Data Act, Data Governance Act, 2. Aufl. 2025; *Sydow/Marsch* (Hrsg.), DS-GVO/BDSG, Datenschutz-Grundverordnung, Bundesdatenschutzgesetz, Handkommentar, 3. Aufl. 2022; *Ulbricht/Brajovic/Duhme/Hawighorst/Huber/Iber/Nemec* (Hrsg.), Praxishandbuch KI und Recht, 1. Aufl. 2024; *Vogel*, Countdown zum Data Act: Was Unternehmen jetzt wissen müssen, DSB 2025, 128; *Voudoulaki*, Künstliche Intelligenz und Datenschutz – Erklärbarkeit von KI-Entscheidungen und ihre Auswirkungen auf die Transparenzpflicht, ZGI 2025, 9; *Weinhold/Schröder*, Data Act – (R)Evolution oder vergebene Chance? – Mehr Wettbewerb in Bezug auf und besserer Zugang zu Daten, ZD 2024, 306; *Wolff/Brink/v. Ungern-Sternberg* (Hrsg.), BeckOK Datenschutzrecht, 52. Edition, Stand: 1.5.2025.

Alle Internetfundstellen wurden zuletzt am 2.3.2026 abgerufen.

Übersicht

I. Problemaufriss

35.000.000 EUR oder bis zu 7% des gesamten weltweiten Jahresumsatzes des vorangegangenen Geschäftsjahres können als Bußgeld bei einer Missachtung des Verbots der in Art. 5 KI-VO genannten KI-Praktiken verhängt werden, je nachdem, welcher Betrag höher ist (vgl. Art. 99 Abs. 3 KI-VO). Die Folgen einer Missachtung der regulatorischen Anforderungen erschöpfen sich jedoch nicht in – wenn auch potenziell sehr hohen – Bußgeldern: Reputationsverlust, Schadensersatzansprüche und unbeabsichtigte Mehraufwendungen sind weitere Risiken, die mitunter die Existenz eines Unternehmers bedrohen können – Risiken, die im Rahmen einer Unternehmenstransaktion dann mit eingekauft würden. Eine vollumfängliche Auseinandersetzung mit den stetig zunehmenden regulatorischen Anforderungen im Zusammenhang mit künstlicher Intelligenz ist folglich auch im M&A-Kontext unerlässlich. Durch hinreichende AI Due Diligence sowie eine präzise Vertragsgestaltung lassen sich etwaige Risiken identifizieren und ausräumen oder zumindest mitigieren. 1

Der Einsatz künstlicher Intelligenz spielt eine immer zentralere Rolle in Unternehmen und ist zunehmend auch ein Schlüsselfaktor bei Unternehmenstransaktionen. Neben Unternehmen, die sich auf die Entwicklung künstlicher Intelligenz ausrichten, dient künstliche Intelligenz vermehrt der 2

Optimierung innerbetrieblicher Prozesse. Über datengetriebene Geschäftsmodelle bis hin zur Innovationskraft eines Unternehmens – die Bedeutung von KI-Technologien für die Bewertung eines Unternehmens kann kaum überschätzt werden. Insbesondere im Rahmen der Due Diligence müssen Käufer folglich sicherstellen, dass die KI-Systeme bzw. KI-Modelle des Zielunternehmens nicht nur technologisch robust sind, sondern auch rechtlichen Anforderungen entsprechen. Im Mittelpunkt steht folglich die Compliance mit den gesetzlichen Vorgaben, wie etwa – aber nicht nur – der KI-Verordnung. Die Prüfung, ob die Nutzung des KI-Systems im Zielunternehmen rechtskonform erfolgt, umfasst verschiedene Aspekte, darunter beispielsweise die Transparenz der genutzten Algorithmen, die Einhaltung von Datenschutzvorgaben oder die Gewährleistung der Nichtdiskriminierung. Zudem können Haftungsfragen sowie die potenziellen Risiken, die mit Hochrisiko-KI-Systemen verbunden sind, wesentliche Faktoren für die Bewertung darstellen.

3 Neben der KI-VO selbst sind zahlreiche andere rechtliche Anforderungen beim Einsatz von Künstlicher Intelligenz im Unternehmen zu beachten: Hinsichtlich der im jeweiligen KI-System eingesetzten Daten sind insbesondere der EU Data Act sowie die DSGVO zu berücksichtigen (werden etwa KI-Systeme zur Unterstützung im Personalbereich zur Verarbeitung von Bewerberdaten eingesetzt, wird die Gewährleistung des Beschäftigtendatenschutzes in zentrales Prüfthema sein[1]).

4 Überdies können besondere Anforderungen an die Cybersicherheit gestellt werden. Von Bedeutung sind hierbei vor allem der Cybersecurity Act, die NIS-2-RL sowie der Cyber Resilience Act. Und schließlich stellen sich im Zusammenhang mit der Nutzung Künstlicher Intelligenz regelmäßig Fragen des ausreichenden Urheberrechts- und Geschäftsgeheimnisschutzes, die im M&A-Prozess Gegenstand einer Due Diligence sowie der nachfolgenden Vertragsgestaltung sein müssen.

5 Dieses Kapitel soll eine Strukturierung der unterschiedlichen Anforderungen vornehmen und eine Hilfestellung bei der durchzuführenden Risikoanalyse bieten sowie Mechanismen aufzeigen, um die Handhabe identifizierter Risiken vertraglich abzubilden. Dabei werden insbesondere auch die konkreten Themenbereiche spezifiziert, die im Rahmen einer rechtlichen Due Diligence anzufragen sind, um einen rechtskonformen Einsatz Künstlicher Intelligenz im Zielunternehmen prüfen zu können.

---

1 *Ulbricht*, in: Ulbricht/Brajovic/Duhme/Hawighorst/Huber/Iber/Nemec, Praxishandbuch KI und Recht, S. 78.

II. Problemfelder in der Due Diligence

6 Bevor ein Unternehmenskaufvertrag geschlossen wird, erfolgt in der Regel eine sogenannte Due Diligence[2] (zu Deutsch: „gebotene Sorgfalt“)[3], mithin eine Beschaffung relevanter Informationen über das Zielunternehmen, um insbesondere die möglichen Risiken zu ermitteln.[4] Aufgabe der juristischen Due Diligence ist nicht zuletzt die Evaluierung von Bestands- und Haftungsrisiken – Informationen, welche Auswirkungen bis hin auf den Bestand des Unternehmens haben können.[5] Ziel der Due Diligence ist es, einen detaillierten Überblick über das Zielunternehmen zu gewinnen, wobei sich ermittelte Risiken insbesondere auf den Kaufpreis auswirken.[6] In diesem Zusammenhang dient die Due Diligence insbesondere auch zur Bestimmung des Umfangs etwaiger Gewährleistungs- und Garantieregelungen in den abschließenden Kaufvereinbarungen.[7] Die Art der Betrachtung im Rahmen der Due Diligence unterscheidet sich dabei selbstverständlich danach, welche Partei sie im Rahmen eines Transaktionsprozesses durchführt, also ob dies durch den Verkäufer vor Einleitung des Verkaufsprozesses geschieht (als Vendor Due Diligence) oder im Wege einer vom Käufer angestoßenen Purchaser Due Diligence.[8]

7 Ausgangspunkt für die juristische Due-Diligence-Prüfung ist dabei zunächst die Frage danach, welche Informationen und Dokumentation notwendig sind, um die Risiken der Transaktion für Käufer- und Verkäuferseite abschätzen zu können. Hierzu übermittelt der Käufer typischerweise einen Fragen- und Dokumentenanforderungskatalog an den Verkäufer zur Beantwortung.[9] Dabei ist zu beachten, dass Künstliche Intelligenz auf unterschiedlichste Weise im Zielunternehmen Anklang finden kann: Unterschieden werden kann in Unternehmen, die Künstliche Intelligenz lediglich peripher einsetzen, Unternehmen, die fremde KI-Systeme gezielt in zentralen Bereichen nutzen, die den Unternehmenserfolg maßgeblich mitbestimmen, und Unternehmen, die KI-Systeme entwickeln oder entwickeln und zusätzlich vertreiben.[10]

---

2 *Wilhelmi*, in: BeckOGK, BGB § 453 Rn. 375.
3 *Angersbach*, in: Due Diligence beim Unternehmenskauf, S. 22.
4 *Wilhelmi*, in: BeckOGK, BGB § 453 Rn. 376.
5 *Fritzsche/Stalmann*, in: Berens/Brauner/Strauch, Due Diligence bei Unternehmensakquisitionen, S. 473.
6 *Wilhelmi*, in: BeckOGK, BGB § 453 Rn. 398.
7 *Gran*, NJW 2008, 1409, 1411, 712.
8 *Elfring*, JuS-Beil. 2007, 3.
9 *Wilhelmi*, in: BeckOGK, BGB § 453 Rn. 390.
10 Seeger/Lölfing/Belitz/Hembt, M&A Review 2024, 421.

1. Rechte an Künstlicher Intelligenz

8 Sofern das Zielunternehmen beispielsweise selbst KI-Produkte und/oder -Verfahren entwickelt, ist im Rahmen der Due Diligence zunächst zu prüfen, welche Rechte an dem KI-System selbst bestehen. Schließlich kann die entwickelte Künstliche Intelligenz eines der Kernanliegen der Transaktion sein. Es können sich nicht zuletzt auch Fragen nach der urheberrechtlichen Schutzfähigkeit erzeugter Inhalte sowie nach möglichen Rechtsverletzungen durch den Output der Künstlichen Intelligenz stellen.[11]

a) Sicherstellung der Rechte an selbst entwickelten und eingesetzten KI-Systemen

9 Die Entwicklung von KI-Systemen setzt erhebliche finanzielle Aufwendungen voraus.[12] Bevor folglich überprüft wird, inwiefern ein solches System die regulatorischen Anforderungen erfüllt, ist zunächst zu prüfen, inwiefern diese Investitionen geschützt sind.

aa) Schutz des KI-Systems, des Algorithmus sowie der Weights

10 Nach gegenwärtigem Erkenntnisstand wird angenommen, dass KI-Konzepte, beispielsweise neuronale Netze, regelmäßig nicht als Erfindungen im Sinne des Patentgesetzes anzusehen sind.[13] Sofern ein Computerprogramm jedoch „in den Ablauf einer technischen Einrichtung eingebettet ist“[14], ist der Schutz durch das Patentrecht denkbar.[15] Zudem könnte in diesem Kontext das Halbleiterschutzgesetz relevant werden.[16] In Betracht kommt weiterhin der Schutz der Künstlichen Intelligenz als Computerprogramm im Sinne des § 69a UrhG. In diesem Zusammenhang sollten die folgenden Themenbereiche in einer vollständigen Due Diligence abgeklärt werden:

11 Existieren im Zielunternehmen selbst entwickelte (durch Eigenleistung oder in Auftragsarbeit speziell für das Zielunternehmen) KI-Systeme in Form „computerimplementierter KI“[17]? Wenn ja, existiert entsprechender Patentschutz?

---

11 *Seeger/Lölfing/Belitz/Hembt*, M&A Review 2024, 421, 423.
12 *Kuss/Sassenberg*, in: Sassenberg/Faber, Rechtshandbuch Industrie 4.0 und Internet of Things, § 13 Rn. 41.
13 *Wiebe*, in: Leupold/Wiebe/Glossner, IT-Recht, Teil 9.6.1 Rn. 4.
14 BGH, Beschl. v. 20. 1. 2009 – X ZB 22/07, GRUR 2009, 479.
15 *Kuss/Sassenberg*, in: Sassenberg/Faber, Rechtshandbuch Industrie 4.0 und Internet of Things, § 13 Rn. 44.
16 *Flöter/Cordes*, GRUR-Prax 2024, 668 Rn. 7
17 *Wiebe*, in: Leupold/Wiebe/Glossner, IT-Recht, Teil 9.6.1 Rn. 5.

Geprüft werden sollte bei Eigenentwicklungen weiterhin, ob es sich um ein untrainiertes oder trainiertes KI-System handelt, da sich hieraus unterschiedliche Folgefragen ergeben können: Die Schutzfähigkeit eines programmierten, untrainierten KI-Systems als Computerprogramm ergibt sich aus § 69a UrhG.[18] Der Algorithmus ist in diesem Sinne nicht schutzfähig.[19] Problematisch ist überdies, inwiefern die sogenannten Weights – bildlich gesprochen das Wissen eines neuronalen Netzes[20] – schutzfähig sind.[21] Im Ergebnis ist für den urheberrechtlichen Schutz entscheidend, inwiefern eine menschliche Prägung vorliegt, wobei dies eher bei dem überwachten sowie dem bestärkenden Lernen vorliegt.[22] Geprüft werden sollte zudem, ob die Weights im konkreten Einzelfall als Datenbank im Sinne des § 87a Abs. 1 UrhG schutzfähig sind.[23] **12**

Besonders zu berücksichtigen ist in diesem Zusammenhang weiter der Geschäftsgeheimnisschutz. Sowohl der Algorithmus als auch das künstliche neuronale Netzwerk sowie die Weights können Schutz durch das GeschGehG erfahren.[24] Demnach ist insbesondere zu prüfen, ob die für den Geschäftsgeheimnisschutz erforderlichen Voraussetzungen gegeben sind. Entsprechend des § 2 Nr. 1 lit. b GeschGehG muss die Information „Gegenstand von den Umständen nach angemessenen Geheimhaltungsmaßnahmen durch ihren rechtmäßigen Inhaber" sein. Diese Voraussetzung ist konstitutiv für die Begründung des Schutzes nach dem GeschGehG.[25] Daher ist sicherzustellen, dass angemessene Geheimhaltungsmaßnahmen ergriffen wurden zum Schutz etwaiger, in der Künstlichen Intelligenz inkludierter Geschäftsgeheimnisse. Insbesondere ist hier zu fragen nach physischen und technischen Zugangsbeschränkungen, vertraglichen Sicherungsmaßnahmen und der Implementierung von internen Richtlinien, Weisungen und Ähnlichem **13**

---

18 *Nemec*, in: Ulbricht/Brajovic/Duhme/Hawighorst/Huber/Iber/Nemec, Praxishandbuch KI und Recht, S. 54; *Kuss/Sassenberg*, in: Sassenberg/Faber, Rechtshandbuch Industrie 4.0 und Internet of Things, § 13 Rn. 45.

19 *Ory/Sorge*, NJW 2019, 710, 712.

20 *Kuss/Sassenberg*, in: Sassenberg/Faber, Rechtshandbuch Industrie 4.0 und Internet of Things, § 13 Rn. 7.

21 *Schröler/Kuß*, in: Chibanguza/Kuß/Steege, Künstliche Intelligenz, 1. Teil: § 2 E. Rn. 50 ff.

22 *Kuss/Sassenberg*, in: Sassenberg/Faber, Rechtshandbuch Industrie 4.0 und Internet of Things, § 13 Rn. 48.

23 *Kuss/Sassenberg*, in: Sassenberg/Faber, Rechtshandbuch Industrie 4.0 und Internet of Things, § 13 Rn. 49.

24 *Lampe*, in: Hoeren/Sieber/Holznagel, Handbuch Multimedia-Recht, Teil 29 Rn. 30; *Kuss/Sassenberg*, in: Sassenberg/Faber, Rechtshandbuch Industrie 4.0 und Internet of Things, § 13 Rn. 50 ff.

25 *Fuhlrott*, in: BeckOK GeschGehG, § 2 Rn. 20.

(vor allem gegenüber Personal, das mit der Einwicklung von KI-Systemen befasst ist) zur Gewährleistung der Vertraulichkeit.[26]

bb) Umgang mit etwaigen Rechten Dritter

14 Das Training der Künstlichen Intelligenz erfolgt anhand einer Vielzahl von Daten, die unterschiedlichsten Quellen entstammen können.[27] Hiermit steigt die Chance, dass Drittrechte an den Trainingsdaten vorliegen – man nehme beispielsweise Code, an welchem gem. §§ 69a ff. UrhG ein Urheberrecht bestehen kann.[28] Wichtiges Fallbeispiel ist ebenfalls das Nutzen von öffentlichen Datensammlungen (zum Beispiel Online-Enzyklopädien wie Wikipedia), an denen ein Datenbankherstellerrecht (vgl. § 87a UrhG) bestehen kann.[29] In diesem Sinne ist zu überprüfen, welche Maßnahmen ergriffen werden, um Rechtsverletzungen vorzubeugen.

15 Ebenfalls zu berücksichtigen ist – vorausgesetzt, die in Frage stehenden Vermögenswerte wurden vom Unternehmen selbst entwickelt bzw. für dieses –, ob sämtliche Rechte auf das Zielunternehmen übertragen wurden. Relevant wird dies nicht nur für Freelancer oder andere Agenten, sondern auch im Fall der Entwicklung durch eigene Arbeitnehmer.[30] Im Fall von Arbeitnehmerentwicklungen existiert zwar mit § 69b Abs. 1 UrhG eine Vermutungsregelung, nach der „*ausschließlich der Arbeitgeber zur Ausübung aller vermögensrechtlichen Befugnisse an dem Computerprogramm berechtigt*" ist, sofern nichts anderes vereinbart ist. Diese Regelung gilt aber einzig für Rechte an Computerprogrammen und nicht für etwaige andere schutzfähige (immaterielle) Vermögensgegenstände, wie Geschäftsgeheimnisse. Daher ist in diesem Kontext immer eine zwingende Überprüfung dazu erforderlich, dass arbeitsvertragliche oder ähnliche Regelungen eine ausreichende Übertragung der Rechte an den KI-Systemen enthalten, die für das geprüfte Unternehmen entwickelt wurden.

16 Liegt keine Eigenentwicklung durch das Zielunternehmen vor, sondern vielmehr eine Lizenzierung, so sind diese Lizenzverträge sorgfältig zu prüfen.[31] Insbesondere ist sicherzustellen, dass Künstliche Intelligenz nur in Einklang mit etwaigen Lizenzbestimmungen verwendet wird. Eine typische Risikoquelle kann hier zum Beispiel die übermäßige Nutzung eingekaufter KI-Tools sein, etwa wenn nur einzelne Lizenzen für wenige Mitarbeiter er-

---

26 Beispiele nach der Gesetzesbegründung: BT-Drs. 19/4724, S. 24.
27 *Flöter/Cordes*, GRUR-Prax 2024, 668, 669.
28 *Flöter/Cordes*, GRUR-Prax 2024, 668, 669 f.
29 *Flöter/Cordes*, GRUR-Prax 2024, 668, 670.
30 *Seeger/Lölfing/Belitz/Hembt*, M&A Review 2024, 421, 423.
31 *Seeger/Lölfing/Belitz/Hembt*, M&A Review 2024, 421, 423.

worben wurden, diese dann aber faktisch durch eine Vielzahl Angestellter (durch die Weitergabe von Zugangsdaten etc.) genutzt wurden.

b) Rechte an dem Output der Künstlichen Intelligenz

Der Werkschutz des Urheberrechts setzt eine persönliche Schöpfung, mithin eine menschliche Leistung, voraus.[32] Ob der Output in diesem Sinne schutzfähig ist, beurteilt sich folglich anhand des konkreten Einsatzes. Sofern ein Schutz von Arbeitsergebnissen beabsichtigt ist, sollte in der rechtlichen Due Diligence ebenfalls untersucht werden, wie der Einsatz Künstlicher Intelligenz in diesem Bereich des Zielunternehmens bedacht wurde und inwiefern Dokumentationen angefertigt werden.[33] Allein für den Fall, dass die Künstliche Intelligenz als bloßes Werkzeug des Menschen eingesetzt und das Erzeugte nicht ausschließlich von dem KI-System erzeugt wurde, kommt die Einordnung als Werk im Sinne des § 2 UrhG – und damit originärer Urheberrechtsschutz – in Betracht.[34] Sofern ein Urheberrechtsschutz ausscheidet, wäre zu kontrollieren, ob die KI-Erzeugnisse im Rahmen der urheberrechtsverwandten Schutzrechte monopolisiert werden können, beispielsweise durch den Film- und Laufbildherstellerschutz (§§ 94 ff. UrhG), den Schutz des Tonträgerherstellers (§ 85 UrhG), den Schutz des Sendeunternehmens (§ 87 UrhG) oder durch den Schutz für Presseverleger (§ 87f UrhG) geschützt sind.[35] **17**

Demgegenüber sollte eine Überprüfung dahingehend stattfinden, inwiefern die KI-Inhalte nicht auch die Rechte Dritter – namentlich bekannte Immaterialgüterrechte – verletzen.[36] **18**

2. Einhaltung der Compliance-Vorgaben nach der KI-VO

Nicht nur die Verletzung des Datenschutzes beim Einsatz von Künstlicher Intelligenz kann empfindliche Bußgelder nach sich ziehen. Ähnliches gilt auch für eine Nichteinhaltung der Vorgaben nach der KI-VO. Gerade, aber nicht zuletzt deshalb sollte im Rahmen der rechtlichen Due Diligence ein ausreichender Themenkatalog hinsichtlich der unterschiedlichen Anforderungen an KI-Systeme beziehungsweise KI-Modelle abgeprüft werden. Schließlich stellt ein Target, das bis zur vollständigen Anwendbarkeit der KI-VO die Pflichten der KI-VO nicht erfüllt, auch wegen der möglichen Bußgelder ein Risiko dar.[37] Sollte ein Unternehmen noch keine Maßnahmen **19**

---

32 *Rauer/Bibi*, in: BeckOK UrhR, § 2 UrhG Rn. 47.
33 *Seeger/Lölfing/Belitz/Hembt*, M&A Review 2024, 421, 424.
34 *Flöter/Cordes*, GRUR-Prax 2024, 668, 670.
35 *Becker*, GRUR 2024, 505, 509 ff.
36 *Seeger/Lölfing/Belitz/Hembt*, M&A Review 2024, 421, 424.
37 *Seeger/Lölfing/Belitz/Hembt*, M&A Review 2024, 421, 423.

getroffen haben, um den geltenden Pflichten der KI-VO nachzukommen, muss der Käufer mit zusätzlichen Investitionen nach dem Closing rechnen.[38]

a) Anwendungsbereich

20 Zunächst ist im Rahmen der Due Diligence zu evaluieren, ob das im Unternehmen beispielsweise entwickelte oder genutzte System überhaupt ein KI-System im Sinne der KI-VO darstellt. Sofern das Vorliegen eines KI-Systems beziehungsweise das Vorhandensein eines KI-Modells mit allgemeinem Verwendungszweck verneint wird, ist der Anwendungsbereich – und die damit einhergehenden Pflichten – nicht eröffnet.[39]

21 Ausgangspunkt ist hier die Frage nach der Eröffnung des Anwendungsbereiches aufgrund des Art. 2 Abs. 1 lit. a bis c KI-VO. Die KI-VO findet insbesondere Anwendung auf sogenannte Anbieter und Betreiber.[40] Anbieter ist „eine natürliche oder juristische Person, Behörde, Einrichtung oder sonstige Stelle, die ein KI-System oder ein KI-Modell mit allgemeinem Verwendungszweck entwickelt oder entwickeln lässt und es unter ihrem eigenen Namen oder ihrer Handelsmarke in Verkehr bringt oder das KI-System unter ihrem eigenen Namen oder ihrer Handelsmarke in Betrieb nimmt, sei es entgeltlich oder unentgeltlich" (Art. 3 Nr. 3 KI-VO). Betreiber ist demgegenüber „eine natürliche oder juristische Person, Behörde, Einrichtung oder sonstige Stelle, die ein KI-System in eigener Verantwortung verwendet, es sei denn, das KI-System wird im Rahmen einer persönlichen und nicht beruflichen Tätigkeit verwendet" (Art. 3 Nr. 4 KI-VO). Für die weiteren Definitionen kann auf Art. 3 KI-VO verwiesen werden. Im Ergebnis kommt es maßgeblich darauf an, ob durch den Einsatz eines KI-Systems Personen innerhalb der EU betroffen sind.[41]

22 Art. 2 KI-VO enthält demgegenüber auch zahlreiche Einschränkungen und Ausnahmen. Hierzu gehören Abs. 2–4, 6, 8, 10 sowie Abs. 12.[42] Relevant kann hier im Verteidigungsbereich etwa werden, ob das KI-System ausschließlich für militärische, verteidigungspolitische oder nationale Sicherheitszwecke eingesetzt wird. Bereits Art. 2 Abs. 3 UAbs. 1 KI-VO stellt insoweit klar, dass die KI-VO allein nur in den unter das Unionsrecht fallenden Bereichen Anwendung findet. Zuständigkeiten der Mitgliedstaaten in Bezug auf die nationale Sicherheit werden keinesfalls berührt. Bereiche der natio-

38 *Seeger/Lölfing/Belitz/Hembt*, M&A Review 2024, 421, 422.

39 Vgl. *Wendehorst*, in: Martini/Wendehorst, KI-VO, Art. 3 Rn. 3; *Kirschke-Biller/Füllsack*, in: BeckOK KI-Recht, Art. 3 KI-VO Rn. 25 ff.

40 *Hawighorst*, in: Ulbricht/Brajovic/Duhme/Hawighorst/Huber/Iber/Nemec, Praxishandbuch KI und Recht, S. 164.

41 Vgl. *Hawighorst*, in: Ulbricht/Brajovic/Duhme/Hawighorst/Huber/Iber/Nemec, Praxishandbuch KI und Recht, S. 164.

42 Vgl. *Voigt*, in: BeckOK KI-Recht, Art. 2 KI-VO Rn. 31 ff.

nalen Sicherheit unterfallen traditionell nicht der Rechtsetzung der EU.[43] Infolgedessen regelt Art. 2 Abs. 3 UAbs. 2 KI-VO, dass die KI-VO nicht für KI-Systeme gilt, „wenn und soweit sie ausschließlich für militärische Zwecke, Verteidigungszwecke oder Zwecke der nationalen Sicherheit in Verkehr gebracht, in Betrieb genommen oder, mit oder ohne Änderungen, verwendet werden, unabhängig von der Art der Einrichtung, die diese Tätigkeiten ausübt." Ebenso gilt die KI-VO nicht für KI-Systeme, „die nicht in der Union in Verkehr gebracht oder in Betrieb genommen werden, wenn die Ausgaben in der Union ausschließlich für militärische Zwecke, Verteidigungszwecke oder Zwecke der nationalen Sicherheit verwendet werden, unabhängig von der Art der Einrichtung, die diese Tätigkeiten ausübt" (Art. 2 Abs. 3 UAbs. 3 KI-VO). Auf Grundlage des Art. 2 Abs. 6 KI-VO gilt die KI-VO weiter nicht für KI-Systeme oder KI-Modelle, einschließlich ihrer Ausgabe, „die eigens für den alleinigen Zweck der wissenschaftlichen Forschung und Entwicklung entwickelt und in Betrieb genommen werden." Ebenso wie die Abs. 8 und 12 wird beabsichtigt, die freie Forschung und Entwicklung zu fördern.[44]

b) KI-Kompetenz

Sobald der Anwendungsbereich der Verordnung eröffnet ist, ist – unabhängig von der Risikoklassifizierung des KI-Systems – Art. 4 KI-VO zu beachten. Hierbei handelt es sich um eine der wenigen Normen der KI-VO, welche für alle KI-Systeme gilt.[45] **23**

Nach Art. 4 KI-VO haben Anbieter und Betreiber von KI-Systemen Maßnahmen zu ergreifen, „um nach besten Kräften sicherzustellen, dass ihr Personal und andere Personen, die in ihrem Auftrag mit dem Betrieb und der Nutzung von KI-Systemen befasst sind, über ein ausreichendes Maß an KI-Kompetenz verfügen, wobei ihre technischen Kenntnisse, ihre Erfahrung, ihre Ausbildung und Schulung und der Kontext, in dem die KI-Systeme eingesetzt werden sollen, sowie die Personen oder Personengruppen, bei denen die KI-Systeme eingesetzt werden sollen, zu berücksichtigen sind" (Art. 4 KI-VO). Ausweislich des Art. 3 Nr. 56 ist KI-Kompetenz „die Fähigkeiten, die Kenntnisse und das Verständnis, die es Anbietern, Betreibern und Betroffenen unter Berücksichtigung ihrer jeweiligen Rechte und Pflichten im Rahmen dieser Verordnung ermöglichen, KI-Systeme sachkundig einzusetzen sowie sich der Chancen und Risiken von KI und möglicher Schäden, die sie verursachen kann, bewusst zu werden." **24**

43 *Voigt*, in: BeckOK KI-Recht, Art. 2 KI-VO Rn. 34.

44 *Wendehorst*, in: Martini/Wendehorst, KI-VO, Art. 2 Rn. 73.

45 *Wendehorst*, in: Martini/Wendehorst, KI-VO, Art. 4 Rn. 3; *Kaufmann*, in: BeckOK KI-Recht, Art. 4 KI-VO Rn. 1.

25 Nicht abschließend geklärt ist jedoch, ob Art. 4 KI-VO auch in Fällen von Anbietern von KI-Modellen mit allgemeinem Verwendungszweck zur Geltung kommt. Die Frage resultiert aus der Überlegung, dass der Wortlaut des Art. 4 KI-VO „Anbieter von KI-Systemen" berücksichtigt, die Legaldefinition des Begriffs „Anbieter" gem. Art. 3 Nr. 3 KI-VO jedoch zusätzlich „KI-Modelle mit allgemeinem Verwendungszweck" beinhaltet.[46] Im Ergebnis könne in solchen Fällen ein Verstoß indes nicht nach Art. 101 Abs. 1 lit. a KI-VO sanktioniert werden, da dies sowohl dem Bestimmtheitsgrundsatz als auch dem Analogieverbot des Art. 49 Abs. 1 GRCh widersprechen würde.[47] In der Due Diligence sollte im Ergebnis überprüft werden, ob die Mitarbeiter des Targets, die mit dem Einsatz von Künstlicher Intelligenz in Kontakt kommen, das notwendige Wissen vermittelt bekommen haben und inwiefern interne Abläufe geschaffen wurden, die gewährleisten, dass die Schulungsmaßnahmen zweckdienlich durchgeführt werden.[48] Beispielhaft kann dabei die Etablierung von Maßnahmen wie interner Richtlinien, Fortbildungen, Schulungen sowie Teilnahmen an Zertifizierungsprogrammen abgefragt werden.[49] Die zuständige Marktüberwachungsbehörde ist berechtigt, die Vorlage relevanter Dokumente, welche der wirksamen Durchsetzung der KI-VO dienen, zu verlangen, sodass die Wahrung der aus Art. 4 KI-VO resultierenden Pflicht dokumentiert – und diese Dokumentierung abgefragt – werden sollte (vgl. Art. 74 Abs. 1 KI-VO i. V. m. Art. 14 Abs. 4 Marktüberwachungs-VO).[50]

26 Darüber hinaus besteht die Möglichkeit, einen unternehmensinternen KI-Beauftragten zu benennen.[51] Zum Teil wird die KI-VO durch Aufsichtsbehörden so verstanden, dass ein KI-Beauftragter, aufgrund zahlreicher Anforderungen in der KI-VO, vorausgesetzt sei.[52] Dem widerspräche jedoch, dass sich der Gesetzgeber – trotz der Kenntnis des Datenschutzbeauftragten – gegen eine ausdrückliche Regelung entschieden hat.[53] Vielmehr wurde eine menschliche Aufsicht für Hochrisiko-KI-Systeme geregelt (vgl. Art. 14 KI-VO), woraus im Umkehrschluss zu folgern sei, dass die Benennung freiwillig sei.[54] Ungeachtet dessen spricht die Benennung eines KI-Beauftragten bei einem Zielunternehmen regelmäßig dafür, dass eine institutionalisierte

---

46 *Kaufmann*, in: BeckOK KI-Recht, Art. 4 KI-VO Rn. 14.
47 *Kaufmann*, in: BeckOK KI-Recht, Art. 4 KI-VO Rn. 57.
48 *Seeger/Lölfing/Belitz/Hembt*, M&A Review 2024, 421, 422.
49 *Wendehorst*, in: Martini/Wendehorst, KI-VO, Art. 4 Rn. 12 ff.
50 *Kaufmann*, in: BeckOK KI-Recht, Art. 4 KI-VO Rn. 49.
51 *Wendehorst*, in: Martini/Wendehorst, KI-VO, Art. 4 Rn. 18 f.
52 BayLDA, KI-VO und DS-GVO, Spannungsverhältnis oder Synergiepotenzial?, https://www.lda.bayern.de/de/ki.html.
53 *Kaufmann*, in: BeckOK KI-Recht, Art. 4 KI-VO Rn. 42.
54 *Kaufmann*, in: BeckOK KI-Recht, Art. 4 KI-VO Rn. 42.

Herangehensweise an das Thema implementiert wurde – und damit auch ein gewisses Indiz für die Einhaltung der Vorgaben nach Art. 4 KI-VO vorliegt.

c) Risikoklassifizierung der KI

Im Weiteren gilt es die Künstliche Intelligenz systematisch in den von der KI-VO verfolgten risikobasierten Ansatz einzuordnen, um zu eruieren, welche Anforderungen konkret von der Zielgesellschaft eingehalten werden müssen.[55] Eine Klassifizierung kann für die Zwecke der Due Diligence erfolgen in verbotene Praktiken, Hochrisiko-KI-Systeme sowie KI-Systeme niedrigeren Risikos[56] („limited risk" und „minimal risk"). KI-Modelle mit allgemeinem Verwendungszweck, auch General Purpose AI (GPAI) genannt[57], ordnen sich neben den Hochrisiko-KI-Systemen sowie den KI-Systemen nach Art. 50 KI-VO ein.[58] Hieran orientiert sich die folgende Darstellung. Auch im Zusammenhang mit der GPAI wird zwischen KI-Systemen und KI-Modellen unterschieden, wobei die Art. 51 ff. KI-VO allein auf KI-Modelle mit allgemeinem Verwendungszweck abstellen.[59] Art und Inhalt der Vorgaben, die von der jeweiligen Zielgesellschaft einzuhalten sind, orientieren sich dabei an der Intensität und dem Umfang der Risiken, welche von dem KI-System ausgehen können.[60] **27**

aa) Verbotene Praktiken

Bestimmte Praktiken sind „besonders schädlich und missbräuchlich und sollten verboten werden, weil sie im Widerspruch zu den Werten der Union stehen, nämlich der Achtung der Menschenwürde, Freiheit, Gleichheit, Demokratie und Rechtsstaatlichkeit sowie der in der Charta verankerten Grundrechte, einschließlich des Rechts auf Nichtdiskriminierung, Datenschutz und Privatsphäre sowie der Rechte des Kindes."[61] Kapitel II der KI-VO regelt dementsprechend KI-Praktiken, welche ein für die Grundrechte nicht hinnehmbares Risiko begründen.[62] Einige der in Art. 5 KI-VO verbotenen Praktiken sind de lege lata bereits, beispielsweise durch Datenschutzrecht und **28**

55 Vgl. *Chibanguza/Steege*, NJW 2024, 1769, 1771.
56 *Hawighorst*, in: Ulbricht/Brajovic/Duhme/Hawighorst/Huber/Iber/Nemec, Praxishandbuch KI und Recht, S. 170.
57 *Hawighorst*, in: Ulbricht/Brajovic/Duhme/Hawighorst/Huber/Iber/Nemec, Praxishandbuch KI und Recht, S. 198.
58 *Bernsteiner/Schmitt*, in: Martini/Wendehorst, KI-VO, Art. 51 Rn. 5.
59 *Bernsteiner/Schmitt*, in: Martini/Wendehorst, KI-VO, Art. 51 Rn. 5.
60 Erwgr. 26 KI-VO.
61 Erwgr. 28 KI-VO.
62 *Wendehorst*, in: Martini/Wendehorst, KI-VO, Art. 5 Rn. 1.

Strafprozessrecht, verboten.[63] Weiterhin lässt Art. 5 KI-VO solche Verbote unberührt, die gelten, wenn KI-Praktiken gegen andere Rechtsvorschriften der Union verstoßen (vgl. Art. 5 Abs. 8 KI-VO). Dies gilt insbesondere für Datenschutzrecht, Nichtdiskriminierungsrecht, Verbraucherschutzrecht und Wettbewerbsrecht.[64] Mithin setzt sich stets die strengste Vorschrift durch.[65] Da eine Missachtung der Verbote der in Art. 5 KI-VO genannten Praktiken eine Geldbuße in Höhe von bis zu 35.000.000 EUR bzw. von bis zu 7% des gesamten weltweiten Jahresumsatzes des vorangegangenen Geschäftsjahres, je nachdem, welcher Betrag höher ist, nach sich ziehen kann (vgl. Art. 99 Abs. 3 KI-VO) – mithin der höchste Sanktionsrahmen der KI-VO[66] –, sollte dieser Aspekt im Rahmen der Due Diligence besonderes berücksichtigt werden. Entsprechend sollte insbesondere danach gefragt werden, ob KI-Systeme genutzt werden, die Techniken der unterschwelligen Beeinflussung außerhalb des Bewusstseins einer Person einsetzen, oder absichtlich manipulative oder täuschende Techniken mit dem Ziel oder der Wirkung, das Verhalten einer Person oder einer Gruppe von Personen wesentlich zu verändern (Art. 5 Abs. 1 UAbs. 1 lit. a KI-VO). Dies kann etwa der Fall sein, wenn im Beschäftigungskontext Arbeitnehmer unterbewusst durch KI-gesteuerte Techniken spielerisch zu Mehrarbeit verleitet werden sollen.[67] Daneben ist zu prüfen, ob KI-Systeme zur Beeinflussung des Verhaltens schutzbedürftiger Personen eingesetzt werden (Art. 5 Abs. 1 UAbs. 1 lit. b KI-VO). Und weiter ist sicherzustellen, dass Künstliche Intelligenz vom Zielunternehmen nicht eingesetzt wird für

- Social Scoring (Art. 5 Abs. 1 UAbs. 1 lit. c KI-VO),
- die Durchführung von Risikobewertungen in Bezug auf natürliche Personen, um das Risiko der Begehung von Straftaten, ausschließlich auf der Grundlage des Profilings oder der Bewertung ihrer persönlichen Merkmale und Eigenschaften zu bewerten oder vorherzusagen (Art. 5 Abs. 1 UAbs. 1 lit. d KI-VO),
- die Erstellung oder Erweiterung einer Datenbank zur Gesichtserkennung (Art. 5 Abs. 1 UAbs. 1 lit. e KI-VO),
- die Emotionserkennung (Art. 5 Abs. 1 UAbs. 1 lit. f KI-VO),
- die biometrische Kategorisierung (Art. 5 Abs. 1 UAbs. 1 lit. g KI-VO).

29 Demgegenüber weist Art. 5 KI-VO eine Vielzahl von Ausnahmen auf. Diese gelten insbesondere für den Bereich der Strafverfolgung (vgl. Art. 5

63 *Raue*, in: BeckOK KI-Recht, Art. 5 KI-VO Rn. 2; *Hawighorst*, in: Ulbricht/Brajovic/Duhme/Hawighorst/Huber/Iber/Nemec, Praxishandbuch KI und Recht, S. 172; zum Trilogergebnis: *Bomhard/Siglmüller*, RDi 2024, 45 Rn. 13

64 Erwgr. 45 KI-VO.

65 *Raue*, in: BeckOK KI-Recht, Art. 5 KI-VO Rn. 14.

66 *Wendehorst*, in: Martini/Wendehorst, KI-VO, Art. 5 Rn. 7.

67 *Reiland/von Bühler*, BB 2025, 953.

Abs. 2 ff. KI-VO).[68] Weiterhin ist die besondere Stellung für biometrische Echtzeit-Fernidentifizierung zu Strafverfolgungszwecken zu berücksichtigen. Bei Art. 5 Abs. 1 UAbs. 1 lit. h KI-VO handelt es sich nicht um ein Verbot. Stattdessen statuiert Art. 5 KI-VO in dieser Hinsicht Voraussetzungen für deren Einsatz.[69]

bb) Hochrisiko-KI-Systeme

Zentraler Aspekt der KI-VO ist die Regulierung von Hochrisiko-KI-Systemen.[70] Hierbei wird von einer maßgeblichen praktischen Relevanz ausgegangen.[71] Nach der Kommission stellen zwischen 5 und 15 % der Systeme auf dem Unionsmarkt Hochrisiko-KI-Systeme dar.[72] **30**

(1) Einstufung als Hochrisiko-KI-System

Maßgebliche Vorschrift zur Einstufung als Hochrisiko-KI-System ist Art. 6 KI-VO. Hiernach kann eine Einordnung als hochriskant anhand zwei unterschiedlicher Herangehensweisen erfolgen.[73] Die Einstufung muss der Verpflichtete selbst vornehmen, was einerseits den Vorteil eines geringeren bürokratischen Aufwandes mit sich bringt, andererseits ebenfalls die Gefahr einer Fehlbeurteilung in sich trägt.[74] Im Zweifel sollte eher ein false positive, mithin die Einhaltung der Pflichten trotz Nichtnotwendigkeit, angenommen werden, statt mit einem false negative die Gefahr eines Bußgeldes einzugehen.[75] Folge der Einstufung als Hochrisiko-KI-System ist insbesondere die Anwendung der in Art. 8 ff. KI-VO aufgeführten umfangreichen Pflichten[76], weshalb die Prüfung, ob es sich um ein Hochrisiko-KI-System handelt, eine Frage von zentraler Bedeutung für Unternehmen ist.[77] **31**

---

68 *Hawighorst*, in: Ulbricht/Brajovic/Duhme/Hawighorst/Huber/Iber/Nemec, Praxishandbuch KI und Recht, S. 172.
69 *Wendehorst*, in: Martini/Wendehorst, KI-VO, Art. 5 Rn. 4.
70 *Ebers/Streitbörger*, RDi 2024, 393.
71 *Wendehorst*, in: Martini/Wendehorst, KI-VO, Art. 6 Rn. 5.
72 Impact Assessment Accompanying the Proposal for a Regulation of the European Parliament and of the Council laying down harmonised rules on artificial intelligence (Artificial Intelligence Act) and amending certain Union legislative acts [SWD(2021) 84 final] 69, https://digital-strategy.ec.europa.eu/en/library/impact-assessment-regulation-artificial-intelligence.
73 *Binder/Egli*, MMR 2024, 626.
74 *Klawonn*, in: BeckOK KI-Recht, Art. 6 KI-VO Rn. 1.
75 *Klawonn*, in: BeckOK KI-Recht, Art. 6 KI-VO Rn. 1.
76 *Saam/Hermann*, RDi 2024, 608 Rn. 3
77 *Hawighorst*, in: Ulbricht/Brajovic/Duhme/Hawighorst/Huber/Iber/Nemec, Praxishandbuch KI und Recht, S. 172.

32 Zunächst kann die Einstufung als Hochrisiko-KI-System anhand des Art. 6 Abs. 1 KI-VO erfolgen. Demzufolge sind zwei Fragen zu stellen:

- Soll das KI-System als Sicherheitsbauteil eines Produkts verwendet werden, das unter die in Anhang I aufgeführten Harmonisierungsrechtsvorschriften der Union fällt, oder ist das KI-System selbst ein solches Produkt?
- Muss das Produkt, dessen Sicherheitsbauteil das KI-System ist, oder das KI-System selbst als Produkt einer Konformitätsbewertung durch Dritte unterzogen werden, um es gemäß den in Anhang I aufgeführten Harmonisierungsrechtsvorschriften der Union in Verkehr zu bringen oder in Betrieb zu nehmen?

33 Die Fragen spiegeln maßgeblich den Inhalt des Art. 6 Abs. 1 lit. a und b KI-VO wider. Die Voraussetzungen müssen beide erfüllt sein.[78] Folglich ist von Relevanz, ob es sich um Produkte, oder Sicherheitskomponenten dieser Produkte, handelt, die dem unionalen Produktsicherheitsrecht unterliegen.[79] Folgende Beispiele nennt der Gesetzgeber: „Maschinen, Spielzeuge, Aufzüge, Geräte und Schutzsysteme zur bestimmungsgemäßen Verwendung in explosionsgefährdeten Bereichen, Funkanlagen, Druckgeräte, Sportbootausrüstung, Seilbahnen, Geräte zur Verbrennung gasförmiger Brennstoffe, Medizinprodukte, In-vitro-Diagnostika, Automobile und Flugzeuge."[80]

34 Entsprechend Art. 6 Abs. 2 KI-VO sind zusätzlich die in Anhang III der KI-VO genannten KI-Systeme als hochriskant einzustufen. Hierbei handelt es sich um sogenannte eigenständige KI-Systeme, mithin um Hochrisiko-KI-Systeme.[81] Darunter können namentlich die folgenden Bereiche fallen: Biometrie, soweit ihr Einsatz nach einschlägigem Unionsrecht oder nationalem Recht zugelassen ist, Kritische Infrastruktur, Allgemeine und berufliche Bildung, Beschäftigung, Personalmanagement und Zugang zur Selbstständigkeit, Zugänglichkeit und Inanspruchnahme grundlegender privater und grundlegender öffentlicher Dienste und Leistungen, Strafverfolgung, soweit ihr Einsatz nach einschlägigem Unionsrecht oder nationalem Recht zugelassen ist, Migration, Asyl und Grenzkontrolle, soweit ihr Einsatz nach einschlägigem Unionsrecht oder nationalem Recht zugelassen ist, Rechtspflege und demokratische Prozesse.

35 Als Ausnahme hiervon ist jedoch Art. 6 Abs. 3 KI-VO näher zu betrachten. Diesem nach gilt abweichend von Abs. 2 ein KI-System nicht als hochriskant, „wenn es kein erhebliches Risiko der Beeinträchtigung in Bezug auf

---

78 *Ruschemeier*, in: Martini/Wendehorst, KI-VO, Art. 6 Rn. 28.

79 *Martini*, in: Hilgendorf/Roth-Isigkeit, Die neue Verordnung der EU zur Künstlichen Intelligenz, § 4 Rn. 40.

80 Erwgr. 50 KI-VO.

81 Erwgr. 52 KI-VO.

die Gesundheit, Sicherheit oder Grundrechte natürlicher Personen birgt, indem es unter anderem nicht das Ergebnis der Entscheidungsfindung wesentlich beeinflusst." Die Vorschrift gilt nur für eigenständige KI-Systeme.[82] Zu berücksichtigen ist im Rahmen der Due Diligence jedoch auch, dass ein KI-System immer dann als hochriskant gilt, wenn es ein Profiling natürlicher Personen vornimmt (vgl. Art. 6 Abs. 3 UAbs. 2 Satz 2 KI-VO). In den Abs. 4 bis 6 ist überdies das Verfahren zu den Ausnahmen geregelt.[83]

(2) Anforderungen an Hochrisiko-KI-Systeme gemäß Abschnitt 2 KI-VO

Ein Verstoß beispielsweise gegen die Pflichten der Anbieter von Hochrisiko-KI-Systemen sanktioniert die KI-VO entsprechend des Art. 99 Abs. 4 KI-VO mit Geldbußen von bis zu 15.000.000 EUR oder – im Falle von Unternehmen – von bis zu 3 % des gesamten weltweiten Jahresumsatzes des vorangegangenen Geschäftsjahres, je nachdem, welcher Betrag höher ist. Folglich ist zwingend zu prüfen, ob die durch die KI-VO aufgestellten Anforderungen eingehalten werden. 36

Nach Art. 16 lit. a KI-VO müssen Anbieter zunächst sicherstellen, dass ihre Hochrisiko-KI-Systeme die in Abschnitt 2 (Art. 8 bis 15 KI-VO) festgelegten Anforderungen erfüllen. Klargestellt sei an dieser Stelle, dass sich im Rahmen der juristischen Due Diligence die Erfüllung der technischen Vorgaben an die Ausgestaltung von Hochrisiko-KI-Systemen nur sehr bedingt überprüfen lässt. Diese Aspekte sind daher regelmäßig entweder durch entsprechende Garantien des Verkäufers abzudecken bzw. (vorab) im Rahmen einer technischen Due Diligence zu adressieren. 37

In Hinblick auf die Ausgestaltung von Hochrisiko-KI-Systemen ist zu prüfen, ob ein Risikomanagementsystem eingerichtet, angewandt, dokumentiert und aufrechterhalten wird (Art. 9 KI-VO). Dem Risikomanagementsystem ist ein immenser Stellenwert zuzumessen[84], weshalb dessen ausreichende Implementierung sicherzustellen ist. Nicht zuletzt ist der Kern des Risikomanagementsystems die Ermittlung von Risiken.[85] 38

Überprüft werden muss zudem, ob es sich bei dem Hochrisiko-KI-System um ein solches handelt, in dem Techniken eingesetzt werden, bei denen KI-Modelle mit Daten trainiert werden (Art. 10 KI-VO). Art. 10 Abs. 1 KI-VO enthält eine Regelung zu Daten und Daten Governance. Danach müssen diese Systeme mit Trainings-, Validierungs- und Testdatensätzen entwickelt werden, die bestimmten Qualitätskriterien entsprechen. Art. 10 Abs. 2 bis 5 39

82 *Klawonn*, in: BeckOK KI-Recht, Art. 6 KI-VO Rn. 20.
83 *Ruschemeier*, in: Martini/Wendehorst, KI-VO, Art. 6 Rn. 96.
84 *Gerdemann*, in: BeckOK KI-Recht, Art. 9 KI-VO Rn. 4.
85 *Kaeber/Roth-Isigkeit*, LTZ 2025, 3, 4.

KI-VO bestimmen diese Qualitätskriterien dann im Einzelnen.[86] Die Regelung nimmt ausschließlich Bezug auf Hochrisiko-KI-Systeme. Unabhängig davon können Daten den Betrieb jedoch substanziell negativ beeinträchtigen.[87] Datenqualität und Leistung stehen in einem unmittelbaren Zusammenhang – neben der Vermeidung von Reputationsschäden und Haftungsrisiken dient die Einhaltung der rechtlichen Anforderungen der Verwendbarkeit und letztendlich damit dem Interesse des Nutzers selbst.[88] Die Verwendbarkeit[89] kann in diesem Sinne für den Käufer von erheblicher Bedeutung sein. Weshalb ökonomisch eine (technische) Prüfung der Datenqualität auch außerhalb von Hochrisiko-Systemen regelmäßig sinnvoll sein wird.

40 Prüfungsrelevant ist im Übrigen, ob vor dem Inverkehrbringen bzw. der Inbetriebnahme des KI-Systems eine technische Dokumentation erstellt und in der Folge auf dem neuesten Stand gehalten wurde (Art. 11 KI-VO). Nach Erwgr. 71 der KI-VO sind detaillierte Informationen über die Entwicklung des Hochrisiko-KI-Systems unabdingbar, um die Nachvollziehbarkeit des Systems sicherzustellen und insbesondere die Einhaltung der durch die KI-VO gesetzten Vorgaben überprüfen zu können.

41 Die Technik eines Hochrisiko-KI-Systems muss die automatische Aufzeichnung von Ereignissen während des Lebenszyklus des Systems im Rahmen einer Protokollierung ermöglichen (Art. 12 KI-VO). Hintergrund ist die Steigerung der Transparenz des Systems, welche insbesondere aufgrund der Problemkonstellation des KI-Systems als sogenannte Blackbox[90] erforderlich ist.[91] Daher ist das Vorhandensein der entsprechenden Protokollierung abzufragen und im Rahmen der technischen Due Diligence bei Bedarf zu überprüfen. In diesem Zusammenhang sollte ebenfalls abgeprüft werden, ob das Hochrisiko-KI-System so konzipiert und entwickelt wurde, dass die Betreiber die Ausgaben des Systems angemessen interpretieren und verwenden können (Art. 13 KI-VO). Art. 13 KI-VO intendiert ebenfalls eine erhöhte Transparenz.[92] Neben der aufsichtsbehördlichen Kontrolle dient diese vielmehr auch der Verständlichkeit der erzielten Ergebnisse und somit den Betreibern selbst.[93]

42 Zu prüfen ist darüber hinaus, ob das Hochrisiko-KI-System so gestaltet ist, dass Menschen es jederzeit wirksam überwachen können (Art. 14

---

86 *Wilmer*, in: Jandt/Steidle, Datenschutz und Internet, V. Rn. 680.
87 *Beurskens*, in: Marly, Praxishandbuch Softwarerecht, § 16 Rn. 116.
88 *Beurskens*, in: Marly, Praxishandbuch Softwarerecht, § 16 Rn. 116.
89 *Beurskens*, in: Marly, Praxishandbuch Softwarerecht, § 16 Rn. 116.
90 Zur KI als Blackbox: *Kumkar*, in: Hilgendorf/Roth-Isigkeit, Die neue Verordnung der EU zur Künstlichen Intelligenz, § 6 Rn. 3.
91 *Siglmüller/Zdanowiecki*, in: BeckOK KI-Recht, Art. 12 KI-VO Rn. 3.
92 *Martini*, in: Martini/Wendehorst, KI-VO, Art. 13 Rn. 2.
93 *Martini*, in: Martini/Wendehorst, KI-VO, Art. 13 Rn. 23.

Abs. 1 KI-VO). Die Überwachung hat über geeignete Instrumente, wie eine Mensch-Maschine-Schnittstelle, zu geschehen. Ebenso ist festzustellen, ob geeignete Mensch-Maschine-Schnittstellen vorhanden sind, die eine solche Aufsicht tatsächlich ermöglichen. Art. 14 verfolgt vor allem ethische Zwecke.[94] Nicht zuletzt soll die menschliche Aufsicht jedoch auch das Vertrauen in Hochrisiko-KI-Systeme steigern.[95]

Ein maßgebliches Kriterium zur Bestimmung des Wertes eines intelligenten Systems liegt in der Fähigkeit des Systems, auf Fehlfunktionen und Störungen – gleich welcher Ursache – adäquat und resilient zu reagieren.[96] Da der Wert des Systems demzufolge in erheblichem Maße von der beschriebenen Fähigkeit beeinflusst wird, sollte diesem Aspekt im Rahmen der Due Diligence besondere Beachtung geschenkt werden. Sicherzustellen ist im Rahmen der Due Diligence schließlich auch, dass das Hochrisiko-KI-System in seiner Konzeption und Entwicklung darauf ausgelegt ist, ein angemessenes Niveau an Genauigkeit, Robustheit und Cybersicherheit zu gewährleisten. Dabei ist zu gewährleisten, dass diese Leistungsmerkmale über den gesamten Lebenszyklus des Systems stabil und verlässlich erhalten bleiben (Art. 15 Abs. 1 KI-VO). **43**

(3) Pflichten des Anbieters von Hochrisiko-KI-Systemen

Agiert das Zielunternehmen als Anbieter eines Hochrisiko-KI-Systems, ist zu prüfen, ob die in Art. 16 KI-VO statuierten Pflichten eingehalten wurden. Dabei ist zunächst sicherzustellen, dass die Anforderungen an Hochrisiko-KI-Systeme nach Abschnitt 2 der KI-VO erfüllt werden (Art. 16 lit. a KI-VO). Um diesem Erfordernis nachzukommen, sind die Art. 9 bis 15 KI-VO einzuhalten[97] – mithin die Aspekte, die vorstehend unter Rn. 36 ff. skizziert wurden. **44**

Daneben ist sicherzustellen, inwiefern auf dem Hochrisiko-KI-System der Name, die eingetragene Handelsmarke und Kontaktanschrift des anbietenden Zielunternehmens angegeben sind. Ist die Angabe auf dem System selbst nicht möglich, sind die Angaben auf seiner Verpackung oder in der beigefügten Dokumentation anzugeben (Art. 16 lit. b KI-VO). Mit der Kennzeichnungspflicht sollen die Marktüberwachungsbehörden in die Lage versetzt werden, ein Hochrisiko-KI-System entlang der Lieferkette zurückzuverfolgen.[98] **45**

---

94 *Buchner*, in: BeckOK KI-Recht, Art. 14 KI-VO Rn. 11.
95 *Kalbhenn*, ZUM 2021, 663, 668.
96 Vgl. *Martini*, in: Martini/Wendehorst, KI-VO, Art. 15 Rn. 1.
97 *Eisenberger*, in: Martini/Wendehorst, KI-VO, Art. 16 Rn. 15.
98 *Henke*, in: BeckOK KI-Recht, Art. 16 KI-VO Rn. 17.

46 Der Anbieter muss weiter dahin überprüft werden, dass ein ausreichendes Qualitätsmanagementsystem implementiert wurde, das dem Art. 17 KI-VO entspricht (Art. 16 lit. c KI-VO). Art. 16 lit. c KI-VO nimmt Bezug auf Art. 17 KI-VO und enthält keinen selbstständigen Regelungsgehalt.[99] Das Qualitätsmanagementsystem sollte insbesondere ein Konzept zur Einhaltung der KI-VO (Art. 17 Abs. 1 Satz 1 lit. a KI-VO) sowie das in Art. 9 KI-VO aufgeführte Risikomanagementsystem (Art. 17 Abs. 1 Satz 1 lit. g KI-VO) umfassen. Art. 17 Abs. 1 KI-VO selbst führt auf, was das Qualitätsmanagementsystem mindestens bereitstellen sollte, sodass es sich hierbei um keine abschließende Aufzählung handelt.

47 Zusätzlich ist zu prüfen, ob die in Art. 18 KI-VO genannte Dokumentation vorhanden ist (Art. 16 lit. d KI-VO). Ausweislich Art. 18 Abs. 1 KI-VO hält der Anbieter für einen Zeitraum von zehn Jahren ab dem Inverkehrbringen oder der Inbetriebnahme des Hochrisiko-KI-Systems die notwendigen Unterlagen bereit. Zu prüfen ist insbesondere, ob die in Art. 11 KI-VO genannte technische Dokumentation (Art. 18 Abs. 1 lit. a KI-VO), die Dokumentation zu dem in Art. 17 KI-VO genannten Qualitätsmanagementsystem (Art. 18 Abs. 1 lit. b KI-VO), die Dokumentation über etwaige von notifizierten Stellen genehmigte Änderungen (Art. 18 Abs. 1 lit. c KI-VO), gegebenenfalls die von den notifizierten Stellen ausgestellten Entscheidungen und sonstigen Dokumente (Art. 18 Abs. 1 lit. d KI-VO) sowie die in Art. 47 KI-VO genannte EU-Konformitätserklärung (Art. 18 Abs. 1 lit. e KI-VO) vorliegen. Die KI-VO statuiert keine ausdrücklichen Anforderungen, die dem Anbieter im Zusammenhang mit der Aufbewahrung auferlegt werden. Teils wird daher ein Rückgriff auf die zum Datenschutz entwickelten Grundsätze nach Art. 5 Abs. 2 DSGVO diskutiert.[100]

48 Neben den bereits genannten Pflichten enthält Art. 16 KI-VO in den lit. e bis l noch weitere Vorgaben. Hierzu gehört die Aufbewahrung der von dem Hochrisiko-KI-System automatisch erzeugten Protokolle gem. Art. 19 KI-VO, sofern diese der eigenen Kontrolle unterliegen (Art. 16 lit. e KI-VO). Weiterhin muss sichergestellt sein, dass das Hochrisiko-KI-System dem betreffenden Konformitätsbewertungsverfahren gemäß Art. 43 KI-VO unterzogen wurde, bevor es in Verkehr gebracht oder in Betrieb genommen wurde (Art. 16 lit. f KI-VO). Zudem ist zu überprüfen, ob eine EU-Konformitätserklärung gem. Art. 47 KI-VO ausgestellt wurde (Art. 16 lit. g KI-VO). Weiterhin enthält Art. 16 KI-VO Regelungen zur CE-Kennzeichnung (Art. 16 lit. h KI-VO), den in Art. 49 Abs. 1 KI-VO genannten Registrierungspflichten (Art. 16 lit. i KI-VO) sowie erforderlichen Korrekturmaßnahmen (Art. 16 lit. j KI-VO). Darüber hinaus besteht die Pflicht, auf begründete Anfrage

99 *Eisenberger*, in: Martini/Wendehorst, KI-VO, Art. 16 Rn. 21.
100 *Haar/Kremer*, in: Schwartmann/Keber/Zenner, KI-VO, Rn. 375.

einer zuständigen nationalen Behörde nachzuweisen zu können, dass das Hochrisiko-KI-System die Anforderungen in Abschnitt 2 der KI-VO erfüllt (Art. 16 lit. k KI-VO), ebenso wie die Pflicht zur Einhaltung der Barrierefreiheitsanforderungen (Art. 16 lit. l KI-VO).

Im Falle eines Anbieters, der in einem Drittland niedergelassen ist, ist Art. 22 **49**
KI-VO zu berücksichtigen. Ebenfalls haben Einführer die Anforderungen des Art. 23 KI-VO zu erfüllen. In beiden Fällen ist insbesondere die Bestellung eines in der Europäischen Union niedergelassenen Bevollmächtigten im Rahmen der rechtlichen Due Diligence sicherzustellen.

Zwingend zu prüfen ist überdies, ob Händler, Einführer, Betreiber oder **50**
sonstige Dritte aufgrund des Art. 25 KI-VO zu Anbietern eines Hochrisiko-KI-Systems werden. Folge ist die Geltung der Anbieterpflichten gem. Art. 16 KI-VO auch für solche „Quasi-Anbieter“.[101] Hiermit einher geht die Haftung, sofern die Einhaltung der durch die Verordnung statuierten Anforderungen nicht gewährleistet wird.[102] Zu evaluieren ist somit, ob Anhaltspunkte vorliegen, aus denen sich eine Stellung des Zielunternehmens als Quasi-Anbieter ergeben könnte:

- Wurde ein bereits in Verkehr gebrachtes oder in Betrieb genommenes Hochrisiko-KI-System mit dem Namen oder der Handelsmarke des Zielunternehmens versehen (Art. 25 Abs. 1 lit. a KI-VO)?
- Wurde durch das Zielunternehmen eine wesentliche Veränderung eines Hochrisiko-KI-Systems, das bereits in Verkehr gebracht oder in Betrieb genommen wurde, so vorgenommen, dass es weiterhin ein Hochrisiko-KI-System gemäß Art. 6 KI-VO bleibt (Art. 25 Abs. 1 lit. b KI-VO)?
- Wurde die Zweckbestimmung eines KI-Systems, einschließlich eines KI-Systems mit allgemeinem Verwendungszweck, das nicht als hochriskant eingestuft wurde und bereits in Verkehr gebracht oder in Betrieb genommen wurde, vom Zielunternehmen so verändert, dass das betreffende KI-System zu einem Hochrisiko-KI-System im Sinne von Art. 6 wird (Art. 25 Abs. 1 lit. c KI-VO)?

Gleichzeitig gilt gemäß Art. 25 Abs. 2 KI-VO in Quasi-Anbieter-Szenarien **51**
der eigentliche Erstanbieter des Hochrisiko-KI-Systems nicht mehr als Anbieter; diesen trifft jedoch weiter eine Kooperationspflicht.[103] Prüfungsrelevant ist in diesem Zusammenhang ebenfalls die Regelung des Art. 25 Abs. 3 KI-VO, wonach auch Produkthersteller unter den Voraussetzungen der lit. a bis b als Anbieter gelten können.[104]

---

101 *Gössl*, in: Martini/Wendehorst, KI-VO, Art. 25 Rn. 4.
102 *Gössl*, in: Martini/Wendehorst, KI-VO, Art. 25 Rn. 23.
103 *Martini*, in: Martini/Wendehorst, KI-VO, Art. 25 Rn. 30 ff.
104 *Gössl*, in: BeckOK KI-Recht, Art. 25 KI-VO Rn. 127.

52 Des Weiteren normiert Art. 25 Abs. 4 KI-VO eine öffentlich-rechtliche Pflicht zum Vertragsabschluss zwischen dem Anbieter eines Hochrisiko-KI-Systems und einem Dritten, der ein KI-System, Instrumente, Dienste, Komponenten oder Verfahren bereitstellt, die in einem Hochrisiko-KI-System verwendet oder integriert werden. In einem solchen Fall wäre zu prüfen, ob eine solche Vereinbarung vorliegt und inwiefern diese die Anforderungen des Art. 25 Abs. 4 KI-VO erfüllt.

(4) Pflichten des Händlers sowie des Betreibers von Hochrisiko-KI-Systemen

53 Ist das Zielunternehmen zwar nicht Anbieter, wohl aber Händler von Hochrisiko-KI-Systemen, sind insbesondere die Anforderungen aus Art. 24 KI-VO zu beachten. Danach muss vor allem sichergestellt werden, dass die gehandelten Systeme mit der erforderlichen CE-Kennzeichnung versehen sind und dass eine EU-Konformitätserklärung sowie Betriebsanleitungen beigefügt sind. Darüber hinaus muss der Händler überprüft haben, ob Anbieter und gegebenenfalls der Einführer der Hochrisiko-KI-Systeme ihre in Art. 16 lit. b und c sowie Art. 23 Abs. 3 festgelegten jeweiligen Pflichten erfüllt haben – und diese Überprüfung muss wiederum im Rahmen der Due Diligence abgefragt und sicherstellt werden.

54 Ferner sind, sofern die Eigenschaft als Betreiber im Sinne von Art. 3 Nr. 4 KI-VO angenommen wird, die Pflichten für eben solche im Falle von Hochrisiko-KI-Systemen nach Art. 26 KI-VO zu berücksichtigen. Für Verstöße werden ausweislich des Art. 99 Abs. 4 lit. e KI-VO Geldbußen von bis zu 15.000.000 EUR oder – im Falle von Unternehmen – von bis zu 3 % des gesamten weltweiten Jahresumsatzes des vorangegangenen Geschäftsjahres verhängt, je nachdem, welcher Betrag höher ist.

55 Ist das Zielunternehmen Betreiber eines Hochrisiko-KI-Systems, ist sicherzustellen, dass beim Unternehmen geeignete technische und organisatorische Maßnahmen getroffen wurden, um sicherzustellen, dass solche Systeme nur im Einklang mit den Betriebsanleitungen verwendet werden, die dem System beigefügt wurden (Art. 26 Abs. 1 KI-VO). Ferner ist abzufragen, ob einer natürlichen Person die menschliche Aufsicht über die Künstliche Intelligenz übertragen wurde (Art. 26 Abs. 2 KI-VO). Diese Person muss über die erforderliche Kompetenz, Ausbildung und Befugnis verfügen sowie die erforderliche Unterstützung zur Überwachung erhalten.

56 Daneben muss der Betreiber sicherstellen, dass Eingabedaten, die seiner Kontrolle unterliegen, der Zweckbestimmung des Hochrisiko-KI-Systems entsprechen (Art. 26 Abs. 4 KI-VO). Die Einhaltung der Zweckbestimmung ist dabei nicht nur originäre Pflicht des Betreibers, sondern verhindern auch, dass er als (Quasi-)Anbieter dem erweiterten Pflichtenkatalog der KI-VO unterfallen kann.

Zusätzlich muss der Betreiber das Hochrisiko-KI-System anhand der Betriebsanleitung überwachen. Im Fall der Verifizierung von bestimmten Risiken im Rahmen der Überwachung muss außerdem der Anbieter hierüber in Kenntnis gesetzt werden (Art. 26 Abs. 5 KI-VO). Im Rahmen der Due Diligence ist daher zu überprüfen, dass ausreichende Prozesse zur Überwachung implementiert und dokumentiert sind. Außerdem ist abzufragen, ob es in der Vergangenheit identifizierte Risiken gab und inwieweit diese dem Anbieter zur Kenntnis gebracht wurden. In diesem Zusammenhang ist auch das Vorhandensein von Protokollen zu verifizieren, die gemäß Art. 26 Abs. 6 KI-VO für einen der Zweckbestimmung des Hochrisiko-KI-Systems angemessenen Zeitraum (von mindestens sechs Monaten) aufzubewahren sind. **57**

Schließlich ist zu beachten, dass Arbeitnehmervertreter und die betroffenen Arbeitnehmer vor Inbetriebnahme bzw. Verwendung eines Hochrisiko-KI-Systems am Arbeitsplatz hierüber zu informieren sind (Art. 26 Abs. 7 KI-VO). Die ausreichende Zurverfügungstellung dieser Pflichtinformation ist im Rahmen der rechtlichen Due Diligence sicherzustellen. **58**

Zu prüfen ist ebenfalls, ob eine erforderliche Grundrechte-Folgenabschätzung (Art. 27 Abs. 1 Satz 1 KI-VO) vom Zielunternehmen vorgenommen wurde. Erwgr. 96 der KI-VO zählt Adressaten dieser Pflicht wie folgt auf: „Betreiber von Hochrisiko-KI-Systemen, bei denen es sich um Einrichtungen des öffentlichen Rechts oder private Einrichtungen, die öffentliche Dienste erbringen, handelt, und Betreiber, die bestimmte Hochrisiko-KI-Systemen gemäß einem Anhang dieser Verordnung betreiben, wie Bank- oder Versicherungsunternehmen.“ Sofern die Erforderlichkeit der Folgenabschätzung festgestellt wurde, ist anschließend nachzuprüfen, ob die Abschätzung folgendes umfasst: **59**

- eine Beschreibung der Verfahren des Betreibers, bei denen das Hochrisiko-KI-System im Einklang mit seiner Zweckbestimmung verwendet wird (lit. a),
- eine Beschreibung des Zeitraums und der Häufigkeit, innerhalb dessen bzw. mit der jedes Hochrisiko-KI-System verwendet werden soll (lit. b),
- die Kategorien der natürlichen Personen und Personengruppen, die von seiner Verwendung im spezifischen Kontext betroffen sein könnten (lit. c),
- die spezifischen Schadensrisiken, die sich auf die gemäß lit. c ermittelten Kategorien natürlicher Personen oder Personengruppen auswirken könnten, unter Berücksichtigung der vom Anbieter gemäß Art. 13 KI-VO bereitgestellten Informationen (lit. d),
- eine Beschreibung der Umsetzung von Maßnahmen der menschlichen Aufsicht entsprechend den Betriebsanleitungen (lit. e),

– die Maßnahmen, die im Falle des Eintretens dieser Risiken zu ergreifen sind, einschließlich der Regelungen für die interne Unternehmensführung und Beschwerdemechanismen (lit. f).

60 Die Abschätzung hat üblicherweise einmalig zu erfolgen.[105] Zu verifizieren ist im Rahmen der Due Diligence weiterhin, dass nach Durchführung der Abschätzung gemäß Art. 27 Abs. 3 KI-VO der Marktüberwachungsbehörde die Ergebnisse mitgeteilt wurden.

cc) Transparenzpflichtige KI-Systeme

61 KI-Systeme im Sinne des Art. 50 KI-VO werden teils als eigene Risikokategorie betrachtet.[106] Bei einem Verstoß gegen den Art. 50 KI-VO seitens der Anbieter oder Betreiber werden Geldbußen von bis zu 15.000.000 EUR oder – im Falle von Unternehmen – von bis zu 3 % des gesamten weltweiten Jahresumsatzes des vorangegangenen Geschäftsjahres verhängt, je nachdem, welcher Betrag höher ist (vgl. Art. 99 Abs. 4 lit. g KI-VO). Mithin ist sorgfältig zu prüfen, ob die durch Art. 50 KI-VO statuierten Pflichten gewahrt sind.

62 Hinsichtlich der Voraussetzungen ist zunächst zu prüfen, ob ein **Anbieter** eines KI-Systems im Sinne von Art. 50 KI-VO vorliegt. In diesem Zusammenhang ist insbesondere zu klären, ob das jeweils fragliche KI-System für die direkte Interaktion mit natürlichen Personen bestimmt ist – wie das zum Beispiel bei Chatbots der Fall ist.[107] Einzuhalten sind dann bestimmte Transparenzpflichten.[108] Deren Einhaltung ist abzufragen, indem im Rahmen der Due Diligence geprüft wird, ob die von der Nutzung der Künstlichen Intelligenz betroffenen natürlichen Personen darüber informiert wurden, dass sie mit einem KI-System interagieren (Art. 50 Abs. 1 KI-VO). Sofern diese Information vorhanden ist, muss weiter untersucht werden, ob die nötigen Informationen den betreffenden natürlichen Personen spätestens zum Zeitpunkt der ersten Interaktion bzw. Aussetzung in klarer und eindeutiger Weise bereitgestellt wurden (Art. 50 Abs. 5 KI-VO).

63 Weiterhin haben **Anbieter** von KI-Systemen, einschließlich KI-Systemen mit allgemeinem Verwendungszweck, die synthetische Audio-, Bild-, Video- oder Textinhalte erzeugen, sicherzustellen, dass die Ausgaben des KI-Systems in einem maschinenlesbaren Format gekennzeichnet und als künstlich erzeugt oder manipuliert erkennbar sind (Art. 50 Abs. 2 KI-VO). Daneben müssen Anbieter solcher Systeme im Rahmen der Möglichkeit dafür gesorgt haben, dass die eingesetzten technischen Lösungen wirksam,

105 *Eisenberger*, in: Martini/Wendehorst, KI-VO, Art. 27 Rn. 50.
106 *Martini*, in: Martini/Wendehorst, KI-VO, Art. 50 Rn. 1.
107 *Bronner*, KIR 2024, 55, 59.
108 *Seyffarth*, GWR 2024, 173, 175.

interoperabel, belastbar und zuverlässig sind und den allgemein anerkannten Stand der Technik einhalten (Art. 50 Abs. 2 KI-VO).

Weiterhin enthält Art. 50 Abs. 4 Pflichten für **Betreiber**. Um die Erfüllung dieser Pflichten nachvollziehen zu können, ist im Rahmen der Due Diligence bei dem Betreiber eines KI-Systems, das Bild-, Ton- oder Videoinhalte erzeugt oder manipuliert, die ein Deepfake sind, zu verifizieren, dass die künstliche Erzeugung bzw. Manipulation der Inhalte offengelegt wurde. **64**

dd) KI-Modelle mit allgemeinem Verwendungszweck (General Purpose AI)

Direkt zu Beginn des fünften Kapitels der KI-VO werden in Art. 51 Abs. 1 KI-VO die Voraussetzungen für die Einstufung als KI-Modell mit allgemeinem Verwendungszweck mit systemischem Risiko geregelt. Bereits die exponierte Stellung im Gesetz macht deutlich, dass der genauen Einordnung eines KI-Modells mit allgemeinem Verwendungszweck hohe Relevanz zukommt.[109] Obgleich die KI-VO auch in Teilen auf KI-Systeme mit allgemeinem Verwendungszweck Bezug nimmt, erfassen die Art. 51 ff. KI-VO diese KI-Modelle allein, sofern sie ein systemisches Risiko aufweisen.[110] **65**

Ausweislich des Art. 55 KI-VO gelten weitere Pflichten für Anbieter von KI-Modellen mit allgemeinem Verwendungszweck mit systemischem Risiko, die zusätzlich zu jenen in Art. 53 f. KI-VO zu beachten sind. [111] Zu prüfen ist folglich, ob es sich um ein solches KI-Modell handelt. Dies ist im Zuge der Due Diligence anhand der in Art. 51 Abs. 1 KI-VO normierten Kriterien zu beurteilen. Danach liegt ein KI-Modell mit allgemeinem Verwendungszweck mit systemischem Risiko vor, wenn das System entweder über Fähigkeiten mit hohem Wirkungsgrad verfügt oder über eine Fähigkeit bzw. Wirkung, die denen eines Systems mit hohem Wirkungsgrad entsprechen. Der hohe Wirkungsgrad wird dabei technisch (insbesondere über Indikatoren und Benchmarks) bewertet. Eine entsprechende Fähigkeit bzw. Wirkung muss entweder von der Kommission von Amts wegen festgestellt oder aufgrund einer qualifizierten Warnung des wissenschaftlichen Gremiums getroffenen werden. **66**

---

109 *Martini*, in: Martini/Wendehorst, KI-VO, Art. 51 Rn. 4.
110 *Martini*, in: Martini/Wendehorst, KI-VO, Art. 51 Rn. 5.
111 *Schwartmann/Zenner*, EuDIR 2025, 3 Rn. 9

3. Feststellung der Datenschutz-Compliance beim Anbieten und beim Betrieb von KI-Systemen

67 Der facettenreiche Einsatz künstlicher Intelligenz – vom autonomen Fahren über Sprachassistenten bis hin zur Diagnose von Tumoren[112] – wirft zahlreiche datenschutzrechtliche Fragestellungen auf. In der DSGVO selbst findet Künstliche Intelligenz keine ausdrückliche Erwähnung – was der Anwendbarkeit der DSGVO jedoch nicht entgegensteht.[113] Die KI-VO stellt insoweit in Art. 2 Abs. 7 zunächst klar, dass die Rechtsvorschriften der Union zum Schutz personenbezogener Daten, der Privatsphäre und der Vertraulichkeit der Kommunikation für die Verarbeitung personenbezogener Daten auch im Rahmen der Rechte und Pflichten gelten, die durch die KI-VO normiert werden. Geldbuße, Schadensersatzansprüche, oder auch eine geminderte Reputation können daher beim Einsatz Künstlicher Intelligenz Folgen einer Nichteinhaltung der durch die DSGVO auferlegten Verpflichtungen sein.[114] Nicht zuletzt besteht das Risiko, dass ein unzureichendes Datenschutzkonzept des Targets zu einem unbeabsichtigten Mehraufwand führt.[115] Gerade deshalb sollte die Beachtung der DSGVO besonders sorgfältig überprüft werden.

68 Vor dem Training der künstlichen Intelligenz gilt es in einem ersten Schritt zunächst Daten für das Training zu sammeln – was zentrale Voraussetzung für ein sinnvolles Training ist.[116] Da allgemein zugängliche Daten einen ressourcenschonenden Weg zum Training eines KI-Systems darstellen, dienen sie als äußerst relevant Quelle.[117] Bereits bei der Datenerhebung ist allerdings, soweit diese Daten personenbezogen sind, das Datenschutzrecht zu berücksichtigen.[118] Und nicht nur die vorgelagerte Datensammlung ist datenschutzrechtlich von Relevanz. Vielmehr ist ebenfalls zentral, dass die Künstliche Intelligenz nachfolgend im Einklang mit datenschutzrechtlichen Anforderungen trainiert wurde.[119] Mithin ist bereits dieses Frühstadium der KI-Entwicklung prüfungsrelevant, da bei einer Nichtbeachtung der DSGVO die dort normierten Bußgelder drohen.[120] Neben der Frage des datenschutzkonformen Sammelns von sowie des Trainierens mit Daten ist im Rahmen einer Due Diligence zu prüfen, inwiefern sich Datenschutzpro-

---

112 *Schindler*, ZD-Aktuell 2019, 06647.
113 *Sydow*, in: Sydow/Marsch, DS-GVO/BDSG, Einl. Rn. 173.
114 *Wybitul*, in: Kiel/Lunk/Oetker, Münchener Handbuch zum Arbeitsrecht, § 96 Rn. 4.
115 Vgl. *Grieger*, WM 2022, 1865, 1868.
116 *Dieker*, ZD 2024, 132.
117 *Seeger/Lölfing/Belitz/Hembt*, M&A Review 2024, 421, 424.
118 *Ulbricht*, in: Ulbricht/Brajovic/Duhme/Hawighorst/Huber/Iber/Nemec, Praxishandbuch KI und Recht, S. 78.
119 *Spiecker gen. Döhmann/Bretthauer*, in: Spiecker gen. Döhmann/Bretthauer, Dokumentation zum Datenschutz, G 2.4.146 Rn. 7.
120 *Dieker*, ZD 2024, 132, 133.

bleme aus dem Einsatz Künstlicher Intelligenz ergeben können. Relevant ist hier gleichermaßen die eigentliche Nutzung eines KI-Systems wie auch die anschließende Verwendung der Ergebnisse.[121] Eine gute Orientierung bietet hierbei – sowohl für die eigene Untersuchung als auch die folgenden Erwägungen – der Fragenkatalog des Unabhängigen Landeszentrums für Datenschutz Schleswig-Holstein, der am 19.4.2023 an die OpenAI L.L.C übermittelt wurde und wesentliche zu prüfende Punkte enthält.[122]

a) Ausgangspunkt: Nutzung personenbezogener Daten

Kernfrage bei der Eröffnung des Anwendungsbereichs der DSGVO ist, ob **69** personenbezogene Daten verarbeitet werden.[123] Zu prüfen ist folglich zunächst, ob und in welchem Umfang personenbezogene Daten für die Künstliche Intelligenz genutzt werden. Je größer die Datenmenge ist, desto eher kann dabei davon ausgegangen werden, dass personenbezogene Daten enthalten sind.[124] Zu berücksichtigen ist, dass Daten, denen es ursprünglich an einem Personenbezug mangelte, auch nachträglich zu personenbeziehbaren Informationen werden können, wenn sie – in Kombination mit anderen Informationen – die Identifizierung einer natürlichen Person ermöglichen.[125] Nicht erfasst sind demgegenüber anonyme Informationen.[126]

b) Grundsätze der Datenverarbeitung

Bereits die in Art. 5 DSGVO aufgeführten Grundsätze sind verbindlich.[127] **70** In diesem Zusammenhang kann somit auch von „Grundpflichten" die Rede sein,[128] deren Einhaltung im Rahmen der rechtlichen Due Diligence zu hinterfragen ist. Insoweit ist insbesondere zu prüfen, wie die Grundsätze der Zweckbindung, der Datenminimierung und der Speicherbegrenzung im Zielunternehmen im Hinblick auf die KI-Nutzung gewährleistet werden. Die Speicherdauer genutzter personenbezogener Daten ist zu beziffern, und es ist zu beschreiben, wie die Richtigkeit von Daten im Sinne des Art. 5 Abs. 1 lit. d DSGVO gewährleistet wird. Für all diese Punkte sind die notwendigen Nachweise vorzulegen (Art. 5 Abs. 2 DSGVO).

---

121 *Ulbricht*, in: Ulbricht/Brajovic/Duhme/Hawighorst/Huber/Iber/Nemec, Praxishandbuch KI und Recht, S. 79 f.

122 Schreiben des ULD an OpenAI LLC vom 19.4.2023, S. 2, https://www.datenschutzzentrum.de/uploads/chatgpt/20230419_Request-OpenAI_ULD-Schleswig-Holstein_IZG.pdf.

123 *Duisberg*, in: Borges/Keil, Big Data, § 6 Rn. 8.

124 Vgl. *Dieker*, ZD 2024, 132, 133.

125 *Duisberg*, in: Borges/Keil, Big Data, § 6 Rn. 11.

126 Erwgr. 26 DSGVO.

127 *Schantz*, in: BeckOK DatenschutzR, Art. 5 DSGVO Rn. 2.

128 *Reimer*, in: Sydow/Marsch, DS-GVO/BDSG, Art. 5 Rn. 2.

71 Erfahrungsgemäß kann vor allem der Grundsatz der Datenminimierung in einem diametralen Gegensatz zum Wesen von KI-Systemen stehen, die häufig gerade auf dem Einsatz immenser Datenmengen basieren. Diesem Problem kann beim Zielunternehmen beispielweise durch Anonymisierung oder den Einsatz synthetischer Trainingsdaten begegnet werden.[129]

c) Prüfung der Rechtsgrundlage für eine Nutzung personenbezogener Daten

72 In dem Umfang, wie personenbezogene Daten in die Künstliche Intelligenz einbezogen sind, ist sicherzustellen, dass deren Verarbeitung rechtmäßig erfolgt (vgl. Art. 6 DSGVO).[130] Eine rechtliche Grundlage wird häufig in Art. 6 Abs. 1 Satz 1 lit. f DSGVO zu suchen sein – sofern ein nicht nachrangiges Interesse an der Datennutzung etabliert werden kann. Die Einholung von Einwilligungen im Sinne des Art. 6 Abs. 1 Satz 1 lit. a DSGVO kann hingegen oft unpraktikabel sein, was sie im vorliegenden Kontext häufig nicht zur geeigneten Rechtsgrundlage macht (siehe hierzu im Einzelnen Kap. 5 Rn. 23 ff.[131]

73 Auch das Unabhängige Landeszentrum für Datenschutz Schleswig-Holstein verlangte in seiner Anfrage vom 19.4.2023 an die OpenAI L.L.C Informationen dazu, auf welche Rechtsgrundlage die Verarbeitungsvorgänge der KI-Systeme des Unternehmers gestützt werden, wobei dieses sich auf die Einwilligung (Art. 6 Abs. 1 Satz 1 lit. a, 7 DSGVO) sowie auf eine nach Art. 6 Abs. 1 Satz 1 lit. f DSGVO erfolgte Interessenabwägung beschränkte. Soweit erkennbar, erachtet die Datenschutzbehörde diese Rechtfertigungstatbestände für plausibel.[132] Ebenso interessierte sich das ULD unter anderem für die konkreten Quellen, aus welchen personenbezogene Daten stammen, inwiefern bei der Erhebung und weiteren Verarbeitung nach dem Vorliegen eines Personenbezuges differenziert wurde sowie, ob erhobene und eingegebene Daten als Trainingsdaten genutzt werden.

d) Prüfung der Nutzung besonderer Kategorien personenbezogener Daten

74 Geprüft werden muss ferner, ob die vom Zielunternehmen zum Training eingesetzten Informationen auch besondere Kategorien personenbezogener Daten (sogenannte sensible Daten) im Sinne des Art. 9 Abs. 1 DSGVO beinhalten. Eine solche Untersuchung ist gerade auch deshalb angezeigt, weil

129 *Baumgartner/Brunnbauer/Cross*, MMR 2023, 543, 545.
130 *Hessel/Dillschneider*, RDi 2023, 458, 460.
131 *Dieker*, ZD 2024, 132, 133 f.
132 *Hessel/Dillschneider*, RDi 2023, 458, 460.

der Ausschluss einer Nutzung sensibler Daten – insbesondere bei umfangreichen Datenbeständen – bei dem Training der Künstlichen Intelligenz oft nicht gewährleistet werden kann.[133] Nach Art. 9 Abs. 1 DSGVO ist „die Verarbeitung personenbezogener Daten, aus denen die rassische und ethnische Herkunft, politische Meinungen, religiöse oder weltanschauliche Überzeugungen oder die Gewerkschaftszugehörigkeit hervorgehen, sowie die Verarbeitung von genetischen Daten, biometrischen Daten zur eindeutigen Identifizierung einer natürlichen Person, Gesundheitsdaten oder Daten zum Sexualleben oder der sexuellen Orientierung einer natürlichen Person“ untersagt. Zu beachten sind die Ausnahmen des Art. 9 Abs. 2 sowie des Abs. 3. In der Due Diligence sollte ebenfalls abgefragt werden, welche Maßnahmen getroffen werden, um die Verwendung sensibler Daten in größtmöglichem Umfang zu verringern.[134] Mögliche Maßnahmen umfassen beispielsweise die Durchführung eines Verfahrens zur Filterung von Daten sowie die Verwendung von Natural Language Processing zur Analyse, ob sensible Informationen vorliegen, um diese zu anonymisieren beziehungsweise zu entfernen.[135]

e) Transparenz und Betroffenenrechte

Um die Betroffenenrechte der Art. 15 ff. DSGVO überhaupt geltend machen **75**
zu können, ist im ersten Schritt erforderlich, dass der Betroffene darüber unterrichtet wird, dass seine Daten verarbeitet werden.[136] Daher ist sicherzustellen, dass bestehende Informationspflichten nach der DSGVO umgesetzt wurden, Art. 12 ff. DSGVO: Wurden Daten bei Betroffenen unmittelbar erhoben, gelten die Informationspflichten nach Art. 13 DSGVO, deren Umsetzung sichergestellt sein muss. Werden personenbezogene Daten nicht bei der betroffenen Person – sondern über Drittquellen, wie insbesondere frei zugängliche Internetquellen – erhoben, muss der Verantwortliche die betroffene Person über die in Art. 14 Abs. 1 DSGVO aufgeführten Einzelheiten informieren. Im Falle des Scraping oder Crawling können dabei die Ausnahmen nach Art. 14 Abs. 5 lit. b DSGVO in Betracht kommen.[137] Das Unabhängige Landeszentrum für Datenschutz Schleswig-Holstein wies in seiner Anfrage vom 19.4.2023 an die OpenAI L. L.C insbesondere auf die Rechte auf Transparenz, Auskunft, Berichtigung sowie Löschung hin. Ebenfalls erkundigte sich das Unabhängige Landeszentrum für Datenschutz danach, ob Nutzer über die vom KI-System eingesetzte Logik aufgeklärt werden. Zu-

133 *Hüger*, ZfDR 2024, 263, 275; *Seeger/Lölfing/Belitz/Hembt*, M&A Review 2024, 421, 424.
134 *Seeger/Lölfing/Belitz/Hembt*, M&A Review 2024, 421, 424.
135 *Seeger/Lölfing/Belitz/Hembt*, M&A Review 2024, 421, 425.
136 *Knyrim*, in: Ehmann/Selmayr, DSGVO, Art. 13 Rn. 1.
137 *Dieker*, ZD 2024, 132, 136.

dem wollte das Unabhängige Landeszentrum für Datenschutz in Erfahrung bringen, ob eine Datenlöschung nach Art. 17 DSGVO möglich ist und ob es automatisierte Entscheidungen nach Art. 22 DSGVO gibt.

76 Ein Spannungsfeld wird hier insbesondere in Hinblick auf die erforderliche Transparenz bestehen, soweit sich in den Blackboxes neuraler Netze nur eingeschränkt nachvollziehen – und gegenüber dem Betroffenen kommunizieren – lässt, auf welche Weise die Künstliche Intelligenz aus einem bestimmten Input einen spezifischen Output generiert[138]. Im Rahmen der Due Diligence ist mithin besonders scharfen Auges auf Datenschutzerklärungen zu sehen, soweit diese die Art und Weise der Datenverarbeitung eingesetzter KI-Systeme beschreiben (müssen).

f) Datensicherheit

77 Zentral setzt Art. 32 DSGVO den Rahmen für technische und organisatorische Maßnahmen, die zur Gewährleistung einer hinreichenden Datensicherheit zu implementieren sind. Technische und organisatorische Maßnahmen sind nach Art. 25 Abs. 1 DSGVO durch den Verantwortlichen so zu treffen, dass dabei Datenschutz durch Technik (data protection by design) und durch datenschutzfreundliche Voreinstellungen (data protection by default) erreicht werden.[139] Die Prüfung technischer und organisatorischer Maßnahmen ist danach wesentlicher Teil einer Datenschutz-Due-Diligence. Diese erfolgt dabei optimalerweise nicht nur juristisch, sondern eben auch auf technischer Ebene durch Überprüfung der implementierten Maßnahmen. Beim Anbieter Künstlicher Intelligenz ist hierbei regelmäßig zu hinterfragen, inwieweit Pseudonymisierungs- und Anonymisierungsmechanismen eingesetzt werden und inwiefern ein Re-Identifizierbarkeitsrisiko durch die Nutzung von Daten innerhalb des KI-Systems besteht. In diesem Zusammenhang ist letztlich auch zu klären, wie gewährleistet wird, dass erhobene personenbezogene Daten sich nicht im Output anderer Nutzenden wiederfinden lassen.

g) Datenschutz-Folgenabschätzung

78 Eine Datenschutz-Folgenabschätzung ist nach einem Positionspapier der Konferenz der unabhängigen Datenschutzaufsichtsbehörden des Bundes und der Länder (DSK) vom 6.11.2019 insbesondere dann durchzuführen, wenn „[...]die Auswirkungen automatisierter Entscheidungen oder Entscheidungsvorbereitungen voraussichtlich hohe Risiken für die Rechte

---

138 *Voudoulaki*, ZGI 2025, 9.
139 Erwgr. 78 DSGVO.

und Freiheiten natürlicher Personen zur Folge haben […]".[140] Zu prüfen ist im Rahmen der Due Diligence folglich, ob das Anbieten bzw. der Einsatz Künstlicher Intelligenz durch das Zielunternehmen als Szenario einzustufen ist, in dem eine Datenschutz-Folgenabschätzung nötig wird.

Ist diese Frage positiv zu beantworten, ist die ordnungsgemäße Durchführung der Datenschutz-Folgenabschätzung und die Plausibilität der hierin dargestellten Ergebnisse zu überprüfen. Wurde die Datenschutz-Folgenabschätzung dementgegen nicht vorgenommen, ist zu erörtern welche Gründe diese Entscheidung hatte. **79**

III. Due-Diligence-Checkliste

Im Folgenden wird das zentrale Thema der Einhaltung von Vorgaben nach der KI-VO nochmals zusammengefasst, die – je nach Transaktionsszenario – im Rahmen der rechtlichen Due Diligence relevant werden können im Hinblick auf die Nutzung Künstlicher Intelligenz. Die Checkliste kann dabei sowohl als Anforderungskatalog für eine typische „document request list" zur Vorbereitung der rechtlichen Due Diligence genutzt werden als auch als Startpunkt für die KI-bezogene Legal Expert Session oder den Q&A-Prozess. **80**

Zur Klarstellung sei darauf hingewiesen, dass sich der nachfolgende Fragenkatalog primär auf die Compliance des Zielunternehmens mit der KI-VO fokussiert. Wie im Einzelnen in diesem Kapitel skizziert, sind daneben insbesondere auch Fragen des Datenschutzes, der IT-Sicherheit sowie des Geistigen Eigentums und Urheberrechts im Rahmen der Due Diligence zu adressieren. **81**

Anwendungsbereich KI-VO eröffnet
Ist das Unternehmen Anbieter von KI-Systemen, die in der EU in Verkehr gebracht oder eingesetzt werden?
Ist das Unternehmen Betreiber eines KI-Systems mit Sitz oder Aktivität in der EU?
Hat das Unternehmen seinen Sitz außerhalb der EU, aber nutzt KI-Systeme, deren Ausgabe in der EU verwendet wird?
Tritt das Unternehmen als Einführer oder Händler von KI-Systemen in der EU auf?

140 Datenschutzkonferenz, Positionspapier der DSK zu empfohlenen technischen und organisatorischen Maßnahmen bei der Entwicklung und dem Betrieb von KI-Systemen, 6.11.2019, https://www.datenschutzkonferenz-online.de/media/en/20191106_positionspapier_kuenstliche_intelligenz.pdf.

Tritt das Unternehmen als Produkthersteller auf, der ein KI-System mit seinem Produkt vertreibt?
Handelt das Unternehmen als Bevollmächtigter eines nicht in der EU ansässigen Anbieters?
Sind natürliche Personen in der EU durch die Nutzung der KI-Systeme betroffen?
Ausnahmen vom Anwendungsbereich?
Wird das KI-System ausschließlich für militärische, verteidigungspolitische oder nationale Sicherheitszwecke eingesetzt?
Wird das KI-System im Rahmen internationaler Strafverfolgungszusammenarbeit mit der EU eingesetzt?
Dient das KI-System ausschließlich der wissenschaftlichen Forschung und Entwicklung, ohne Markteinführung?
Wird das KI-System lediglich getestet oder entwickelt, ohne bereits im Markt eingesetzt zu sein?
Wird das KI-System im Rahmen einer ausschließlich persönlichen, nicht beruflichen Tätigkeit verwendet?
Wird das KI-System als Open-Source bereitgestellt?
Gibt es eine Übersicht über alle genutzten KI-Systeme inklusive deren Einsatzzwecke?
Werden KI-Systeme in der EU oder mit Auswirkungen auf die EU betrieben?
Verbotene Praktiken?
Wurde geprüft, ob verbotene KI-Praktiken in den KI-Systemen des Unternehmens Verwendung finden?
Setzt das KI-System unterschwellige, manipulative oder täuschende Techniken ein, die Entscheidungen von Personen unbewusst beeinflussen?
Kann das System Verhalten in einer Weise verändern, dass die Entscheidung nicht mehr selbstbestimmt getroffen wird und Schaden verursacht?
Wird das KI-System gezielt bei Personen eingesetzt, die besonders schutzbedürftig sind?
Bewertet oder klassifiziert das KI-System Personen über einen längeren Zeitraum aufgrund ihres Verhaltens oder ihrer Persönlichkeitsmerkmale, und falls ja, werden die daraus resultierenden Entscheidungen in nicht zusammenhängenden Kontexten verwendet oder sind sie unverhältnismäßig?
Werden KI-Systeme im Unternehmen eingesetzt, die das Risiko bewerten, dass eine Person eine Straftat begeht, allein auf Basis von Profiling oder Persönlichkeitsmerkmalen?

Werden durch ein KI-System automatisiert Gesichtsbilder aus dem Internet oder Überwachungsmaterial ohne Einwilligung gesammelt, um Datenbanken zur Gesichtserkennung zu erstellen oder zu erweitern?
Werden Emotionserkennungssysteme in Bildungseinrichtungen oder am Arbeitsplatz eingesetzt?
Dienen eingesetzte KI-Systeme der Ableitung sensibler Merkmale wie Rasse, Religion, politische Überzeugung, Gewerkschaftszugehörigkeit, Sexualleben, etc.? Erfolgt lediglich die Filterung bereits rechtmäßig erworbener Daten (z.B. Sortierung von Bildern bei Ermittlungen)?
Wird ein biometrisches Echtzeit-Fernidentifizierungssystem in öffentlich zugänglichen Räumen durch Strafverfolgungsbehörden eingesetzt? Gehört der Einsatz zu folgenden Ausnahmefällen: gezielte Opfersuche, konkrete Gefahr für Leben, Aufspüren von Verdächtigen schwerer Straftaten?
Ermittlung von Hochrisiko-KI-Systemen
Liegt eine Risikoklassifizierung der KI-Systeme vor, die im Unternehmen eingesetzt werden?
Ist das KI-System ein Sicherheitsbauteil eines Produkts, das unter die in Anhang I KI-VO aufgeführten Harmonisierungsrechtsvorschriften der EU fällt? Muss das KI-System selbst (oder das übergeordnete Produkt) vor dem Inverkehrbringen oder der Inbetriebnahme eine Konformitätsbewertung durch Dritte durchlaufen? Art. 6 Abs. 1
Fällt das KI-System unter einen in Anhang III KI-VO genannten Anwendungsfall? Oder liegt eine Ausnahme vor?
Führen vom Unternehmen eingesetzte KI-Systeme ein Profiling natürlicher Personen durch?
Sicherstellung der KI-Kompetenz beim Einsatz durch geschultes Personal
Haben Anbieter und Betreiber Maßnahmen ergriffen, um die KI-Kompetenz des mit KI-Systemen befassten Personals sicherzustellen?
Wie dokumentiert das Unternehmen die durchgeführten Maßnahmen zur Förderung und Sicherung der KI-Kompetenz?
Wurde ein formelles Risikomanagementsystem speziell für Hochrisiko-KI-Systeme eingerichtet, dokumentiert und gepflegt und ist das System als kontinuierlicher, iterativer Prozess über den gesamten Lebenszyklus des Systems konzipiert?
Werden bekannte und vorhersehbare Risiken, die mit dem Einsatz der Hochrisiko-KI-Systeme einhergehen, identifiziert und analysiert?
Werden Risiken auch für Fehlanwendungen des Hochrisiko-KI-Systems betrachtet?
Werden Daten aus dem Post-Market Monitoring (Art. 72 KI-VO) der Hochrisiko-KI-Systeme zur Risikoerkennung genutzt?

Welche Maßnahmen zur Risikobewältigung wurden auf Basis der Analyse ergriffen?
Werden Restrisiken sowie das Gesamtrestrisiko von Hochrisiko-KI-Systemen als „vertretbar" beurteilt?
Wurden Risiken bereits bei Konzeption und Entwicklung des Hochrisiko-KI-Systems berücksichtigt?
Gibt es ergänzende Minderungs- oder Kontrollmaßnahmen zur Mitigierung von Risiken, die mit den vom Unternehmen eingesetzten Hochrisiko-KI-Systemen verbunden sind?
Wurden Schulungen für Betreiber durchgeführt, um Risiken korrekt handhaben zu können?
Werden KI-Systeme getestet, um die wirksamsten Risikomanagementmaßnahmen zu identifizieren? Werden dabei auch Tests unter Realbedingungen durchgeführt (Art. 60 KI-VO)? Erfolgen Tests zu jedem geeigneten Zeitpunkt während der Entwicklung, insbesondere vor dem Inverkehrbringen?
Basieren Tests auf vordefinierten Metriken und Schwellenwerten, die zur Zweckbestimmung der Hochrisiko-KI-Systeme passen?
Wird das Risiko von nachteiligen Auswirkungen auf Kinder (<18 Jahre) oder andere schutzbedürftige Gruppen explizit berücksichtigt? Art. 9
Einhaltung der Anforderungen bei Hochrisiko-KI-Systemen – Daten und Daten-Governance
In welchem Umfang werden für das Hochrisiko-KI-System Trainings-, Validierungs- oder Testdaten zur Entwicklung verwendet?
Gibt es dokumentierte Datenverwaltungsverfahren für alle Phasen der Datenverwendung (Training, Validierung, Test)?
Werden für genutzte Trainings-, Validierungs- und Testdatensätze geeignete Daten-Governance- und Datenverwaltungsverfahren eingesetzt, die sich auf die folgenden Aspekte beziehen: a) die einschlägigen konzeptionellen Entscheidungen, b) die Datenerhebungsverfahren und die Herkunft der Daten und im Falle personenbezogener Daten den ursprünglichen Zweck der Datenerhebung, c) relevante Datenaufbereitungsvorgänge wie Annotation, Kennzeichnung, Bereinigung, Aktualisierung, Anreicherung und Aggregierung, d) die Aufstellung von Annahmen, insbesondere in Bezug auf die Informationen, die mit den Daten erfasst und dargestellt werden sollen, e) eine Bewertung der Verfügbarkeit, Menge und Eignung der benötigten Datensätze, f) eine Untersuchung im Hinblick auf mögliche Verzerrungen (Bias), die die Gesundheit und Sicherheit von Personen beeinträchtigen, sich negativ auf die Grundrechte auswirken oder zu einer nach den Rechtsvorschriften der Union verbotenen Diskriminierung führen könnten, insbesondere wenn die Datenausgaben die Eingaben für künftige Operationen beeinflussen,

g) geeignete Maßnahmen zur Erkennung, Verhinderung und Abschwächung möglicher gemäß Buchstabe f ermittelter Verzerrungen, h) die Ermittlung relevanter Datenlücken oder Mängel, die der Einhaltung dieser Verordnung entgegenstehen, und wie diese Lücken und Mängel behoben werden können.
Sind die verwendeten Datensätze für die Zweckbestimmung der Hochrisiko-KI-Systeme relevant, repräsentativ, möglichst fehlerfrei und vollständig?
Wurden statistische Merkmale der Zielgruppen in der verwendeten Datensätzen der Hochrisiko-KI-Systeme korrekt berücksichtigt?
Werden Merkmale entweder pro Datensatz oder in Kombination erfüllt?
Werden besondere Kategorien personenbezogener Daten (Art. 9 DSGVO) für die Bias-Korrektur der Datensätze in den Hochrisiko-KI-Systemen verwendet?
Wurde geprüft, ob die Nutzung synthetischer oder anonymisierter Daten statt der Nutzung besonderer Kategorien personenbezogener Daten (Art. 9 DSGVO) in Klardatenform ausreicht?
Wurden Pseudonymisierung und technische Schutzmaßnahmen implementiert, um den Grad der Nutzung besonderer Kategorien personenbezogener Daten (Art. 9 DSGVO) möglichst gering zu halten?
Ist sichergestellt, dass kein Zugriff durch Dritte auf diese besonderen Kategorien personenbezogener Daten (Art. 9 DSGVO) erfolgt?
Werden die besonderen Kategorien personenbezogener Daten (Art. 9 DSGVO) sofort gelöscht, sobald sie nicht mehr erforderlich sind?
Gibt es Dokumentation, warum diese Verarbeitung besonderer Kategorien personenbezogener Daten (Art. 9 DSGVO) unvermeidbar war?
Einhaltung der Anforderungen bei Hochrisiko-KI-Systemen – Technische Dokumentation
Wurde vor dem Inverkehrbringen oder der Inbetriebnahme des Hochrisiko-KI-Systems eine vollständige technische Dokumentation erstellt?
Wird die Dokumentation regelmäßig aktualisiert?
Ist die Dokumentation so gestaltet, dass nationale Behörden und notifizierte Stellen die Informationen klar und verständlich bewerten können?
Handelt es sich beim Anbieter um ein KMU oder Start-up-Unternehmen?
Ist das Hochrisiko-KI-System mit einem Produkt verbunden, das unter Harmonisierungsrechtsvorschriften der Union (Anhang I Abschnitt A KI-VO) fällt?
Einhaltung der Anforderungen bei Hochrisiko-KI-Systemen – Aufzeichnungspflichten
Ist das Hochrisiko-KI-System technisch in der Lage, automatisch Ereignisse aufzuzeichnen (Protokollierung)?

Wird die Protokollierung während des gesamten Lebenszyklus des Systems gewährleistet?
Unterstützt die Protokollierung die Rückverfolgbarkeit des Systemverhaltens entsprechend der Zweckbestimmung?
Werden Ereignisse aufgezeichnet, die auf ein mögliches Risiko nach Art. 79 Abs. 1 KI-VO oder auf wesentliche Änderungen hinweisen?
Unterstützt die Protokollierung die Beobachtung nach dem Inverkehrbringen (Post-Market Monitoring nach Art. 72 KI-VO)?
Ermöglicht die Protokollierung die laufende Systemüberwachung durch den Betreiber?
Wird das Hochrisiko-KI-System für biometrische Echtzeit- oder Fernidentifizierung eingesetzt? Falls ja: Wird jeder Nutzungszeitraum dokumentiert (Datum, Uhrzeit Beginn/Ende)? Wird die verwendete Referenzdatenbank protokolliert? Werden die konkreten Eingabedaten dokumentiert, die zu einer Übereinstimmung geführt haben? Wird die Identität der prüfenden Personen festgehalten?
Einhaltung der Anforderungen bei Hochrisiko-KI-Systemen – Transparenz und Bereitstellung von Informationen für die Betreiber
Wurde das Hochrisiko-KI-System so gestaltet, dass seine Ausgaben für die Betreiber nachvollziehbar und interpretierbar sind?
Wird das KI-System mit präzisen, vollständigen und verständlichen Betriebsanleitungen bereitgestellt und erfolgt die Bereitstellung der Informationen digital oder auf andere geeignete Weise, barrierefrei und nutzerfreundlich?
Sind folgende Informationen in der Betriebsanleitung enthalten: a) den Namen und die Kontaktangaben des Anbieters sowie gegebenenfalls seines Bevollmächtigten; b) die Merkmale, Fähigkeiten und Leistungsgrenzen des Hochrisiko-KI-Systems, einschließlich i. seiner Zweckbestimmung, ii. des Maßes an Genauigkeit – einschließlich diesbezüglicher Metriken –, Robustheit und Cybersicherheit gemäß Artikel 15, für das das Hochrisiko-KI-System getestet und validiert wurde und das zu erwarten ist, sowie aller bekannten und vorhersehbaren Umstände, die sich auf das erwartete Maß an Genauigkeit, Robustheit und Cybersicherheit auswirken können; iii. aller bekannten oder vorhersehbaren Umstände bezüglich der Verwendung des Hochrisiko-KI-Systems im Einklang mit seiner Zweckbestimmung oder einer vernünftigerweise vorhersehbaren Fehlanwendung, die zu den in Artikel 9 Absatz 2 genannten Risiken für die Gesundheit und Sicherheit oder die Grundrechte führen können, iv. gegebenenfalls der technischen Fähigkeiten und Merkmale des Hochrisiko-KI-Systems, um Informationen bereitzustellen, die zur Erläuterung seiner Ausgaben relevant sind;

v. gegebenenfalls seiner Leistung in Bezug auf bestimmte Personen oder Personengruppen, auf die das System bestimmungsgemäß angewandt werden soll;
vi. gegebenenfalls der Spezifikationen für die Eingabedaten oder sonstiger relevanter Informationen über die verwendeten Trainings-, Validierungs- und Testdatensätze, unter Berücksichtigung der Zweckbestimmung des Hochrisiko-KI-Systems;
vii. gegebenenfalls Informationen, die es den Betreibern ermöglichen, die Ausgabe des Hochrisiko-KI-Systems zu interpretieren und es angemessen zu nutzen;

c) etwaige Änderungen des Hochrisiko-KI-Systems und seiner Leistung, die der Anbieter zum Zeitpunkt der ersten Konformitätsbewertung vorab bestimmt hat;
d) die in Artikel 14 genannten Maßnahmen zur Gewährleistung der menschlichen Aufsicht, einschließlich der technischen Maßnahmen, die getroffen wurden, um den Betreibern die Interpretation der Ausgaben von Hochrisiko-KI-Systemen zu erleichtern;
e) die erforderlichen Rechen- und Hardware-Ressourcen, die erwartete Lebensdauer des Hochrisiko-KI-Systems und alle erforderlichen Wartungs- und Pflegemaßnahmen einschließlich deren Häufigkeit zur Gewährleistung des ordnungsgemäßen Funktionierens dieses KI-Systems, auch in Bezug auf Software-Updates;
f) gegebenenfalls eine Beschreibung der in das Hochrisiko-KI-System integrierten Mechanismen, die es den Betreibern ermöglicht, die Protokolle im Einklang mit Artikel 12 ordnungsgemäß zu erfassen, zu speichern und auszuwerten.

Einhaltung der Anforderungen bei Hochrisiko-KI-Systemen – Menschliche Aufsicht

Ist das Hochrisiko-KI-System so konzipiert, dass es während seiner Verwendung wirksam von Menschen beaufsichtigt werden kann (inklusive Mensch-Maschine-Schnittstellen)?

Sind die gewählten Maßnahmen dem Risiko, Autonomiegrad und Nutzungskontext des Systems angemessen?

Sind die Personen, denen die menschliche Aufsicht übertragen wurde, angemessen und verhältnismäßig in der Lage,
a) die einschlägigen Fähigkeiten und Grenzen des Hochrisiko-KI-Systems angemessen zu verstehen und seinen Betrieb ordnungsgemäß zu überwachen, einschließlich in Bezug auf das Erkennen und Beheben von Anomalien, Fehlfunktionen und unerwarteter Leistung;
b) sich einer möglichen Neigung zu einem automatischen oder übermäßigen Vertrauen in die von einem Hochrisiko-KI-System hervorgebrachte Ausgabe („Automatisierungsbias") bewusst zu bleiben, insbesondere wenn Hochrisiko-KI-Systeme Informationen oder Empfehlungen ausgeben, auf deren Grundlage natürliche Personen Entscheidungen treffen;
c) die Ausgabe des Hochrisiko-KI-Systems richtig zu interpretieren, wobei beispielsweise die vorhandenen Interpretationsinstrumente und -methoden zu berücksichtigen sind;

d) in einer bestimmten Situation zu beschließen, das Hochrisiko-KI-System nicht zu verwenden oder die Ausgabe des Hochrisiko-KI-Systems außer Acht zu lassen, außer Kraft zu setzen oder rückgängig zu machen; e) in den Betrieb des Hochrisiko-KI-Systems einzugreifen oder den Systembetrieb mit einer „Stopptaste“ oder einem ähnlichen Verfahren zu unterbrechen, was dem System ermöglicht, in einem sicheren Zustand zum Stillstand zu kommen.
Einhaltung der Anforderungen bei Hochrisiko-KI-Systemen – Genauigkeit, Robustheit und Cybersicherheit
Wurde das Hochrisiko-KI-System so konzipiert, dass es während des gesamten Lebenszyklus ein angemessenes Maß an Genauigkeit, Robustheit und Cybersicherheit aufweist?
Werden geeignete Metriken verwendet, um Genauigkeit und Robustheit zu messen und zu dokumentieren? Wird die Entwicklung solcher Metriken durch interne Benchmarks oder externe Standards unterstützt? Sind Genauigkeitsmetriken in den Betriebsanleitungen dokumentiert?
Ist das KI-System möglichst widerstandsfähig gegenüber internen oder externen Fehlern, Störungen oder Systemwechselwirkungen?
Lernen die Systeme nach dem Inverkehrbringen weiter? Falls ja: a) Wird das Risiko von Rückkopplungsschleifen (Feedback Loops) erkannt? b) Gibt es Maßnahmen zur Begrenzung und Korrektur verzerrter Ergebnisse?
Sind die Hochrisiko-KI-Systeme widerstandsfähig gegen Versuche unbefugter Dritter, ihre Verwendung, Ausgaben oder Leistung durch Ausnutzung von Systemschwachstellen zu verändern?
Sind die technischen Lösungen zur Gewährleistung der Cybersicherheit von Hochrisiko-KI-Systemen den jeweiligen Umständen und Risiken angemessen?
Qualitätsmanagementsystem
Existiert ein dokumentiertes Qualitätsmanagementsystem mit Prozessen für Änderungen und Konformität?
Aufbewahrung der Dokumentation
Hat das Unternehmen als Anbieter eines Hochrisiko-KI-Systems für einen Zeitraum von zehn Jahren ab dem Inverkehrbringen oder der Inbetriebnahme des Systems folgende Unterlagen für die zuständigen nationalen Behörden im ausreichenden Umfang bereitgehalten: a) technische Dokumentation; b) Dokumentation zum Qualitätsmanagementsystem; c) die Dokumentation über etwaige von notifizierten Stellen genehmigte Änderungen; d) gegebenenfalls die von den notifizierten Stellen ausgestellten Entscheidungen und sonstigen Dokumente; e) die EU-Konformitätserklärung?

Automatisch erzeugte Protokolle
Werden automatisch erzeugte Protokolle systematisch gespeichert?
Verantwortlichkeiten entlang der KI-Wertschöpfungskette
Gibt es im Unternehmen Einschätzungen (Gutachten, Prüf-/Auditergebnisse etc.) dazu, in welchem Umfang eine Verantwortung nach der KI-VO als Anbieter, Händler, Einführer oder Betreiber eines KI-Systems besteht?
Wurden vom Unternehmen Hochrisiko-KI-Systeme, die bereits in Verkehr gebracht oder in Betrieb genommen wurden, mit dem Namen des Unternehmens oder seiner Handelsmarke versehen? Falls ja, werden alle Anbieterpflichten gemäß Artikel 16 KI-VO erfüllt?
Wurde eine wesentliche Veränderung an einem bereits in Verkehr gebrachten oder in Betrieb genommenen Hochrisiko-KI-System vorgenommen, sodass es weiterhin ein Hochrisiko-KI-System bleibt? Falls ja, wie wird sichergestellt, dass die regulatorischen Anforderungen weiterhin erfüllt sind?
Wurde durch das Unternehmen die ursprüngliche Zweckbestimmung eines KI-Systems geändert, sodass ein ursprünglich nicht als hochrisikorelevant eingestuftes System zu einem Hochrisiko-KI-System wird? Wenn ja, wurden infolgedessen die regulatorischen Anforderungen an ein Hochrisiko-KI-System überprüft?
Falls das Unternehmen als Erstanbieter das Hochrisiko-KI-System ursprünglich in Verkehr gebracht oder in Betrieb genommen hat, wurden die erforderlichen Dokumentationen und Informationen über Änderungen an das Unternehmen weitergegeben, das das System nun betreibt oder verändert hat?
Hat das Unternehmen sichergestellt, dass alle relevanten Informationen und der technische Zugang für eine ordnungsgemäße Konformitätsbewertung zur Verfügung gestellt wurden?
Wurde vom Unternehmen, sofern als Erstanbieter agierend, ausdrücklich festgelegt, dass das KI-System nicht in ein Hochrisiko-KI-System umgewandelt werden darf? Falls ja, wurde dies dokumentiert und mit anderen Parteien kommuniziert?
Fallen Hochrisiko-KI-Systeme des Unternehmens unter die Kategorie von Sicherheitsbauteilen, die in einem Produkt integriert sind, das den Harmonisierungsrechtsvorschriften der Union unterliegt? Falls ja, wie stellt das Unternehmen sicher, dass der Produkthersteller alle erforderlichen Anbieterpflichten gemäß Artikel 16 KI-VO erfüllt?
Verantwortlichkeiten entlang der KI-Wertschöpfungskette – Pflichten der Betreiber von Hochrisiko-KI-Systemen
Trifft das Unternehmen als Betreiber von Hochrisiko-KI-Systemen geeignete technische und organisatorische Maßnahmen, um sicherzustellen, dass solche Systeme entsprechend den den Systemen beigefügten Betriebsanleitungen verwendet werden?

Hat das Unternehmen als Betreiber von Hochrisiko-KI-Systemen natürlichen Personen, die über die erforderliche Kompetenz, Ausbildung und Befugnis verfügen, die menschliche Aufsicht übertragen und kommt ihnen die erforderliche Unterstützung zu?
Dokumentation & Protokollierung
Werden Systemereignisse automatisch protokolliert?
Wie lange werden Protokolle gespeichert?
Informations- und Transparenzpflichten
Besteht ein Prozess zur Information bei Risiken?
Werden Arbeitnehmer und Betroffene über den KI-Einsatz informiert?
Nutzen vom Unternehmen angebotene KI-Systeme eine direkte Schnittstelle zur Interaktion mit natürlichen Personen? Wird sichergestellt, dass die Nutzer darüber informiert sind, dass sie mit einem KI-System interagieren?
Erzeugen vom Unternehmen angebotene KI-Systeme synthetische Inhalte (Audio, Bild, Video oder Text)? Werden diese Inhalte in einem maschinenlesbaren Format als künstlich erzeugt oder manipuliert gekennzeichnet? Sind die eingesetzten technischen Lösungen interoperabel, belastbar und orientieren sich am Stand der Technik? Wird geprüft, ob das KI-System nur „unterstützende Funktionen" erfüllt und daher von der Pflicht befreit ist?
Setzen im Unternehmen betriebene KI-Systeme Emotionserkennung oder biometrische Kategorisierung ein? Werden betroffene Personen über die Nutzung dieser Systeme informiert? Wie wird sichergestellt, dass alle personenbezogenen Daten gemäß DSGVO verarbeitet werden?
Werden von KI-Systemen, die vom Unternehmen betrieben werden, Bild-, Ton- oder Videoinhalte erstellt oder manipuliert, die als Deepfakes gelten? Wie ist sichergestellt, dass diese Inhalte als künstlich erzeugt erkennbar gemacht werden? Handelt es sich um künstlerische, fiktionale oder satirische Werke?
Wird von KI-Systemen, die vom Unternehmen betrieben werden, Text erzeugt oder manipuliert, der zur Information über Angelegenheiten von öffentlichem Interesse veröffentlicht wird? Wird offengelegt, dass der Text künstlich erzeugt wurde? Erfolgt eine menschliche Überprüfung und trägt eine verantwortliche Person redaktionelle Verantwortung?
KI-Modelle mit allgemeinem Verwendungszweck
Bietet das Unternehmen ein KI-Modell mit allgemeinem Verwendungszweck an? Falls zutreffend, wurde die Kommission unverzüglich (spätestens binnen 2 Wochen) informiert, wenn das Modell über Fähigkeiten mit einem hohen Wirkungsgrad verfügt?
Wird das Modell unter einer freien und quelloffenen Lizenz bereitgestellt? Sind Gewichte, Architektur, Nutzungshinweise öffentlich zugänglich?

Hat der Anbieter im Rahmen seiner Information an die Kommission begründete Argumente eingereicht, warum das Modell ausnahmsweise keine systemischen Risiken birgt? Hat die Kommission diese Argumente zurückgewiesen, weil sie nicht hinreichend begründet waren? Wurde bei einer Einstufung durch die Kommission ein Antrag auf Neubewertung gestellt? Enthält der Antrag neue, objektive und detaillierte Gründe, die seit der Entscheidung entstanden sind? Wurde der Antrag frühestens sechs Monate nach der letzten Entscheidung gestellt?
Pflichten für Anbieter von KI-Modellen mit allgemeinem Verwendungszweck
Hat das Unternehmen als Anbieter von KI-Modellen mit allgemeinem Verwendungszweck die folgenden Maßnahmen implementiert: a) Erstellen und Aktualisieren der technischen Dokumentation des Modells, einschließlich seines Trainings- und Testverfahrens und der Ergebnisse seiner Bewertung, die mindestens die in Anhang XI der KI-VO aufgeführten Informationen enthält; b) Erstellen und Aktualisieren der Informationen und der Dokumentation und Zurverfügungstellung an Anbieter von KI-Systemen, die beabsichtigen, das KI-Modell mit allgemeinem Verwendungszweck in ihre KI-Systeme zu integrieren; c) Aufgleisen der Strategie zur Einhaltung des Urheberrechts der Union und damit zusammenhängender Rechte und insbesondere zur Ermittlung und Einhaltung eines gemäß Artikel 4 Absatz 3 der Richtlinie (EU) 2019/790 geltend gemachten Rechtsvorbehalts, auch durch modernste Technologien; d) Erstellen und Veröffentlichen einer hinreichend detaillierten Zusammenfassung der für das Training des KI-Modells mit allgemeinem Verwendungszweck verwendeten Inhalte nach einer vom Büro für Künstliche Intelligenz bereitgestellten Vorlage.
Pflichten der Anbieter von KI-Modellen mit allgemeinem Verwendungszweck mit systemischem Risiko
Hat das Unternehmen als Anbieter von KI-Modellen mit allgemeinem Verwendungszweck mit systemischem Risiko die folgenden Vorgaben erfüllt: a) Durchführung einer Modellbewertung mit standardisierten Protokollen und Instrumenten, die dem Stand der Technik entsprechen, wozu auch die Durchführung und Dokumentation von Angriffstests beim Modell gehören, um systemische Risiken zu ermitteln und zu mindern, b) Bewertung und Minderung möglicher systemischer Risiken auf Unionsebene – einschließlich ihrer Ursachen –, die sich aus der Entwicklung, dem Inverkehrbringen oder der Verwendung von KI-Modellen mit allgemeinem Verwendungszweck mit systemischem Risiko ergeben können, c) Erfassung und Dokumentation einschlägiger Informationen über schwerwiegende Vorfälle und mögliche Abhilfemaßnahmen und unverzügliche Unterrichtung des Büros für Künstliche Intelligenz und gegebenenfalls der zuständigen nationalen Behörden darüber, d) Gewährleistung eines angemessenen Maßes an Cybersicherheit für die KI-Modelle mit allgemeinem Verwendungszweck mit systemischem Risiko und Gewährleistung der physischen Infrastruktur des Modells.

Beobachtung nach dem Inverkehrbringen durch die Anbieter und Plan für die Beobachtung nach dem Inverkehrbringen für Hochrisiko-KI-Systeme
Wurde ein dokumentiertes System zur Beobachtung von Hochrisiko-KI-Systemen nach dem Inverkehrbringen eingerichtet?
Erfasst das System aktiv und systematisch Leistungsdaten über den gesamten Lebenszyklus des Systems?
Werden auch Daten aus der Interaktion mit anderen KI-Systemen berücksichtigt (falls zutreffend)?
Ist sichergestellt, dass keine sensiblen operativen Daten von Strafverfolgungsbehörden verwendet werden?
Liegt ein Plan für die Beobachtung nach dem Inverkehrbringen vor, und falls ja, ist dieser Plan Bestandteil der technischen Dokumentation?
Meldung schwerwiegender Vorfälle durch Anbieter von Hochrisiko-KI-Systemen
Wurden schwerwiegende Vorfälle unverzüglich den zuständigen Marktüberwachungsbehörden gemeldet?
Werden nach der Meldung Untersuchungen und Risikobewertungen durchgeführt?

Stichwortverzeichnis

Kapitel = fettgedruckte Zahl, Randnummern = mager gedruckte Zahlen

Komplexes Regelwerk – praxisnah erklärt

Bomhard/Pieper/Wende (Hrsg.)

KI-VO

Verordnung über künstliche Intelligenz

1. Auflage 2025 | Kommentar | 1.718 Seiten
Hardcover | € 199,00
ISBN: 978-3-8005-1830-2

Weitere Informationen
shop.ruw.de

Der Kommentar bietet praxisnahe und umfassende Erläuterungen der neuen, von der EU eingeführten, gesetzlichen Anforderungen an die Entwicklung, das Inverkehrbringen und den Einsatz von KI-Systemen:

- Detaillierte Kommentierung sämtlicher Vorschriften der KI-Verordnung
- Einordnung der KI-VO im Kontext der Marktregulierung
- Wechselwirkungen der KI-VO mit anderen EU-Rechtsakten und ihre Funktion als Referenzrahmen für künftige Regelungen (z. B. KI-Haftung)
- Beleuchtung der praktischen Auswirkungen des komplexen Regelwerks

Herausgegeben von

Dr. **David Bomhard**, Physiker und Rechtsanwalt bei Aitava in München.

Fritz-Ulli Pieper, LL.M., Rechtsanwalt und Fachanwalt für Informationstechnologierecht, Salary Partner bei Taylor Wessing PartGmbB, Düsseldorf.

Prof. Dr. **Susanne Wende**, LL.M. (Dublin), Professorin für Wirtschaftsrecht und Unternehmensrecht, HM Business School, Hochschule München.

dfv Mediengruppe

www.shop.ruw.de
info@suedost-service.de

R&W Fachmedien Recht und Wirtschaft

Maßgeblich im Datenschutzrecht

Taeger/Gabel (Hrsg.)

DSGVO – BDSG – TDDDG

5. Auflage 2026 | Kommunikation & Recht
Kommentar | 2.696 Seiten
Hardcover | € 309,00
ISBN: 978-3-8005-1897-5

Weitere Informationen
shop.ruw.de

Der umfassende Kommentar erläutert die DSGVO, das BDSG und das TDDDG (vormals TTDSG) **aktuell, verständlich und praxisnah**. Die neue Rechtsprechung des EuGH und der nationalen Gerichte, umfangreiche Literatur sowie Veröffentlichungen und Tätigkeitsberichte der Aufsichtsbehörden machten eine grundlegende Überarbeitung des Kommentars erforderlich.

Herausgeber und Autoren

Univ.-Prof. Prof. h.c. Dr. **Jürgen Taeger** war Hochschullehrer an der Carl von Ossietzky Universität Oldenburg und dort Begründer des Studiengangs „Informationsrecht LL.M.". Bis Februar 2024 war er Rechtsanwalt und Of Counsel bei DLA Piper.

Dr. **Detlev Gabel** ist Rechtsanwalt und Partner im Frankfurter Büro von White & Case LLP. Er leitet dort die deutsche Praxisgruppe Data, Privacy & Cybersecurity.

Die Kommentatoren sind erfahrene Praktiker, Rechtswissenschaftler mit Schwerpunkt Datenschutz sowie Datenschutzbeauftragte und ehemalige Aufsichtsbehördenvertreter.

dfv Mediengruppe
www.shop.ruw.de
info@suedost-service.de
R&W Fachmedien Recht und Wirtschaft

Die Arbeitshilfe zur Umsetzung der KI-VO

Tim Wybitul

Arbeitsbuch AI Act
Gebrauchsanleitung für Unternehmen zur Umsetzung der KI-Verordnung

1. Auflage 2025 | 282 Seiten | Broschur
€ 49,00 | ISBN: 978-3-8005-1956-9
Als **E-Book-pdf** € 42,99
ISBN: 978-3-8005-9762-8

Weitere Informationen
shop.ruw.de

Der Titel auf einen Blick

- Eine knapp 100 Seiten umfassende Einführung für die KI-VO mit Anwendungshinweisen, Schaubildern, Arbeitshilfen, Beispielen und Checklisten
- Konkrete Empfehlungen zur Umsetzung der KI-V in der Praxis
- Verordnungstext und Erwägungsgründe mit Querverweisen auf den Einführungsteil sowie die jeweiligen relevanten Erwägungsgründe und Artikel
- Stichwortverzeichnis, das das Auffinden der relevanten Artikel, Erläuterungen und Arbeitshilfen erleichtert

Der Autor

Tim Wybitul ist Anwalt für Daten-, Cyber- und Technologierecht. Er berät deutsche und internationale Unternehmen zu komplexen Fragen des Datenschutzes, der künstlichen Intelligenz und anderen digitalen Themen. Er vertritt Mandanten in Datenschutzverfahren, Verhandlungen und Prozessen mit Aufsichtsbehörden und in anderen technologie- und datenbezogenen Streitigkeiten.

dfv Mediengruppe

www.shop.ruw.de
info@suedost-service.de

R&W Fachmedien Recht und Wirtschaft